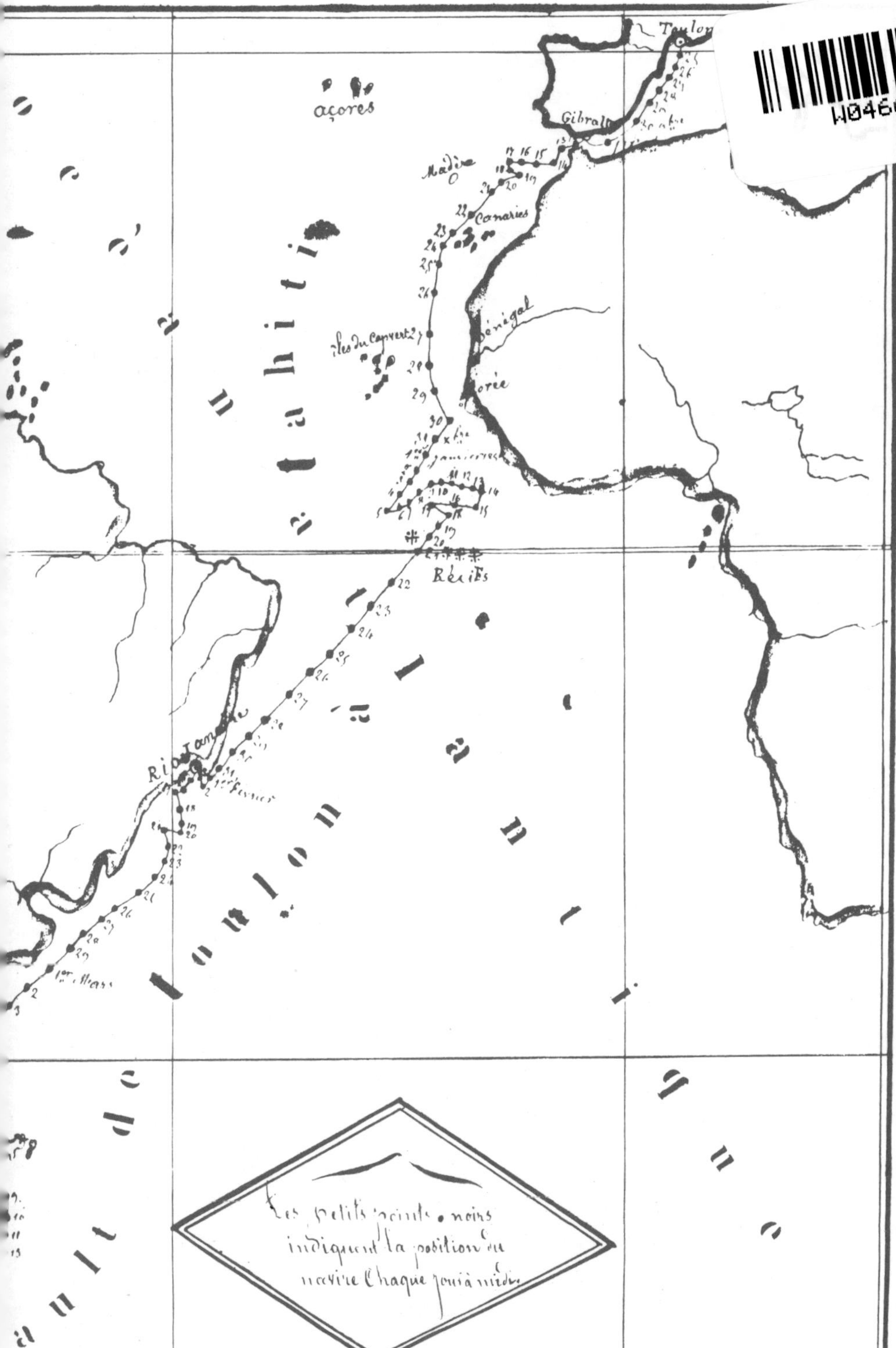

25 octobre 1855
19 mai 1856
Arch. Saint-Joseph de Cluny

TAHITI
1834-1984

150 ans de vie chrétienne en Eglise

OUVRAGES DU MÊME AUTEUR

Un enfant nous est né, Gerka, Paris, 1970

Géologie de Nouvelle-Calédonie, Coll. Eveil, D.E.C., Nouméa, 1977

La mer et les hommes, Coll. Eveil, D.E.C., Nouméa, 1979

Le nickel, Coll. Eveil, D.E.C., Nouméa, 1976

Conscience du temps et éducation chez les Océaniens
Thèse de doctorat en Sciences de l'Education, Université Lyon II, 1981

Paul HODÉE

TAHITI
1834-1984

150 ans de vie chrétienne en Eglise

Archevêché de Papeete
TAHITI

Editions Saint-Paul
PARIS-FRIBOURG

ISBN 2.85049.272.8

A la mémoire des anciens missionnaires,
Pères, Frères et Sœurs.

Au bon Père Coudrin,
fondateur de la Congrégation
des Sacrés-Cœurs (dite de Picpus)
initiateur de la Mission en Océanie.

« N'ayez pas le goût des grandeurs,
mais laissez-vous attirer par ce qui est simple »

Rm 12.16

« Si le Seigneur ne bâtit la maison,
en vain travaillent les maçons »

Ps 126

Ami des hommes, Jésus-Christ,
Tu donnes sens à notre histoire ;
Les yeux fixés sur l'avenir,
L'Eglise vit de ta mémoire.

Hymne de Tierce ; Carême

REMERCIEMENTS

L'auteur remercie de grand cœur toutes les personnes qui l'ont encouragé, accueilli, aidé et corrigé dans la réalisation du présent ouvrage sur la Mission catholique en Polynésie à l'occasion du 150e anniversaire du 7 août 1834.

Nos remerciements vont tout particulièrement à:

- Mgr Michel COPPENRATH, Archevêque de Papeete, initiateur du projet;
- R.P. Amerigo COOLS, archiviste général de la Congrégation des Sacrés-Cœurs à Rome, véritable co-auteur de ce travail;
- R.P. Patrick O'REILLY, ferme soutien depuis l'origine;
- R.P. Pierre LAPORTE, Vicaire épiscopal de Papeete, qui a suivi et annoté jour après jour le manuscrit.

Notre reconnaissance va aux divers archivistes qui nous ont tous accueilli sans réserve et avec efficacité:

- Mlle MENIER et le personnel des archives de la F.O.M. au Ministère des D.O.M.-T.O.M. à Paris;
- M. Pierre MORILLON, directeur des Archives territoriales à Papeete;
- Le Directeur et le personnel de l'Institut Louis-Malardé à Papeete;
- Mme Anne LAVONDES et l'équipe du Musée de Tahiti et des Iles;
- M. BAUDCHON et le personnel de l'Institut territorial de la Statistique à Papeete;
- Le Pasteur Maurice PONT, Mmes M.-C. HELD et A.-M. GRATIOT du D.E.F.A.P. à Paris;
- Le Pasteur Albert SCHNEIDER de l'Eglise Evangélique de Polynésie française;
- R.P. METZLER, Directeur des Archives de la S.C. *Propaganda Fide* à Rome;
- R.P. Amerigo COOLS et les PP. Th. MATEL à Paris, X. RIOU et les PP. DE SARZEAU, J. JEGARD à Graves, E. ESQUENET à Brunoy, G. CHEVALIER à Papeete et Sœur MARGUERITE de la maison Picpus à Paris;

- C.F. Hubert LIBERT, archiviste des Frères de Ploërmel à Rome et le Frère Claude SIMON, provincial des Frères à Papeete;
- Les Sœurs Jean HEBERT, Archiviste des Sœurs de Saint-Joseph de Cluny à Paris et Roger ESPINASSE, Elisabeth GAVEAU à Papeete;
- Sœur Mariette TREPANIER, provinciale des Sœurs missionnaires N.-D.-des-Anges à Papeete.

Nous voulons remercier très vivement les personnes qui ont accepté de lire et de corriger le manuscrit. Leurs remarques ont été précieuses.

- Mgr Michel COPPENRATH qui a tout revu avec attention;
- R.P. Pierre LAPORTE, Vicaire épiscopal de Papeete;
- Dr Paul MOORTGAT, Président de la Société des Etudes océaniennes à Papeete;
- M. François MERCERON, professeur agrégé d'Histoire et Géographie à Papeete;
- Me Gérald COPPENRATH, avocat et ancien sénateur de la Polynésie;
- R.P. Amerigo COOLS, à Rome;
- R.P. Patrick O'REILLY de la Société des Océanistes à Paris;
- M. Gilles ARTUR, conservateur du Musée Paul-Gauguin à Papeari (Tahiti);
- Quatre amis discrets (H.C., R.C., B.H., E.T.) ont aussi apporté une contribution appréciée.

Un merci tout spécial à Rosa KAVERA, secrétaire de l'Archevêché de Papeete, qui a mis en page et tapé tout le travail.

Tout ceci montre que si le rédacteur est unique, ce livre du Jubilé est une œuvre collective au service de tous.

Les photographies viennent:
- des collections du «Semeur tahitien» à Papeete,
- des archives de la Congrégation des Sacrés-Cœurs à Rome,
- des archives des Frères de Ploërmel à Rome.

Elles ont été choisies par Sœur Joséphine AH-SHAM, Gérald TEARIKI et l'auteur.

PRÉFACE

Les limites assignées à ce livre – 1834-1984 – procèdent d'un choix délibéré, mais imposé par une évidence fondamentale.

Tout catholique de Polynésie admet aujourd'hui que l'Esprit Saint a conduit les premiers missionnaires de la Société missionnaire de Londres à Tahiti le 5 mars 1797. Leurs efforts ont été finalement couronnés de succès par la conversion à l'Evangile. En 1976, lorsque le P. Patrick O'Reilly prévoyait l'agencement des salles de « Tenete » dans la 3e partie du Musée de Tahiti et des Iles, et inaugurées le 30 mai 1977, il me soumettait l'idée d'évoquer le commencement de l'époque chrétienne par une croix rappelant celle que Boenechea avait plantée en 1774 à Tautira pour le compte d'une mission espagnole et franciscaine venant du Pérou. Là-dcssus mon parti était déjà pris. Inutile pour un chrétien de prendre comme point de départ un événement qui n'a pas de suite et qui n'a pas eu d'influence sur la population elle-même. Cette expédition était sans doute méritoire, des hommes ont sans doute prié, offert la messe, mais finalement elle est restée totalement extérieure à la vie du pays. Un portrait de Boenechea a trouvé cependant une place très honorable parmi les navigateurs qui ont hâté ou completé la découverte de la Polynésie.

La date du 150e anniversaire d'une vie chrétienne en Eglise à Mangareva n'est pas la seule raison de ce livre. En 1970, et 1973, aux deux Synodes diocésains, l'absence d'un ouvrage de référence pour des travaux pastoraux s'était fait sentir. Obligé d'assurer l'enseignement de quelques cours d'histoire aux élèves katekita et aux élèves diacres, les sources me sont apparues bien dispersées. Enfin de 1969 à 1979, en dix ans, le P. Cools, archiviste de la Congrégation des Sacrés-Cœurs, avait mis en ordre les archives de l'Archidiocèse de Papeete et des diocèses des Marquises et des Cook. Ce fut l'occasion pour lui d'écrire plusieurs monographies très précieuses pour notre mission. Tout cela ne faisait qu'accroître la nécessité de publier un livre, qui ne soit pas purement historique. L'Eglise n'a pas à se raconter. Elle doit plutôt le craindre, tant elle est toujours inférieure à sa tâche. D'où l'idée d'un livre qui nous tourne plus vers l'avenir que vers le passé, d'un livre où l'évocation du passé n'a d'intérêt que pour les instruments qu'il nous offre d'une revision apostolique profonde... car telle est l'aspiration de l'ouvrage. Le Pape Paul VI, dans «Evangelii Nuntiandi», nous a rappelé que «l'Eglise n'existe que pour prêcher l'Evangile». Tout chrétien se sent animé de deux forces qui sont les composantes de l'Evangile: l'une nous pousse à vivre intensément les paroles de vie, à les intérioriser, l'autre à les vivre en société et les faire partager aux autres.

Depuis 1970 cet ouvrage était resté à l'état de projet, un peu comme un rêve, tour à tour, enchanteur pour les jours heureux et calmes, ou vraiment redoutable pour les soirs d'insomnie! Il y a toujours le risque d'être maladroit dans la réalisation. Et comme il est difficile d'exhumer le passé en restant vrai sans heurter!

Le P. Paul Hodée, du diocèse d'Angers, depuis cinq ans au service du diocèse, et depuis dix ans dans le Pacifique, avait déjà l'expérience nécessaire pour la conception d'un ouvrage pastoral; mais encore fallait-il que toutes les archives soient inventoriées... Qui le ferait? J'exprime ici au P. Paul Hodée ma profonde reconnaissance pour avoir accepté un pareil travail et d'écrire ce livre. Merci aussi à Mgr Jean Orchampt, évêque d'Angers, d'avoir bien voulu que le Père prolonge son contrat pour mener à bien une telle œuvre qui dura trois ans: un an consacré uniquement à la découverte des documents et à leur classement en Europe, et le reste à la présentation de ce qui a marqué le plus notre passé pour enfin parvenir à «l'Evangile aujourd'hui». Certainement l'ouvrage porte la marque d'un travail intense, de la méthode et de la rigueur de son auteur qui a cependant eu l'humble prudence de soumettre son livre à la lecture de personnes avisées et passionnées de Tahiti. L'auteur a investi aussi dans cet ouvrage sa connaissance du Territoire et de ses habitants, sa flamme évangélique à laquelle le samedi et le dimanche beaucoup sont allés se réchauffer en écoutant ses homélies à la cathédrale ou à Maria no te Hau.

Ce livre ne remplacera pas hélas celui que Mgr Mazé désirait tant. Il se proposait de l'écrire lui-même à partir de ses propres souvenirs. Il avait connu la première génération des chrétiens de Takoto par exemple.

En lisant d'un trait le manuscrit, j'ai pensé à tous les lecteurs qui comme moi seraient vivement déroutés par l'atmosphère tout à fait irréelle qui se dégage des querelles incessantes qui opposèrent les protagonistes du Vicariat apostolique à ceux de l'administration ou de la Mission protestante, des procès d'intention perpétuels qui ont miné le courage des uns, dévoré les heures de travail des autres, procuré un alibi commode pour retarder les solutions. Nous tenons beaucoup au dialogue à notre époque et nous constatons que pratiquement Tahiti a vécu sans dialogue vrai, pendant des décades et des décades entre ses plus hauts responsables. Plus que certains événements, certaines paroles, certains comportements, c'est cela qui est finalement scandaleux, et qui pose une des plus fortes interrogations de ce livre.

Beaucoup d'acteurs n'ont pas été à la hauteur de la situation et au niveau de leurs charges. Mais comment les distinguer de ceux qui au contraire se sont montrés des hommes de valeur? «Nos œuvres nous suivent...» Ceux qui ont vraiment laissé un héritage spirituel, contribué à la prospérité du pays, à son avancement culturel, bien que mêlés, malgré eux à toute une série de conflits, apparaissent alors comme des hommes exceptionnels.

Tout n'est pas à prendre au tragique non plus! La Polynésie au temps des Commissaires impériaux, et bien après encore sous la 3e République, apparaît comme «Charlot» avec ses souliers à la pointure trop longue, et ses vêtements amples. Les vêtements ne sont pas à la mesure de l'homme; ça fait pitié, mais ça fait rire aussi! Pendant longtemps il en a été de même ici. La Polynésie n'était qu'une poussière d'îlots avec un vide humain dû à une chute démographique sans pareille... Et on l'a habillée de vêtements inutiles, trop amples dûs à un appareil politique, institutionnel, administratif, et même parfois religieux qui n'allait pas pour sa taille!

Une troisième remarque c'est que le Vicariat apostolique, et malgré des crises extrêmement profondes, n'a jamais entamé un processus de contestation qui aille jusqu'à l'élimination ou de la Mission ou de l'autorité en place. On verra ainsi les trois premiers Vicaires apostoliques à un moment donné de leur épiscopat proposer au Saint-Siège que les missionnaires soient remplacés par des prêtres séculiers ou une autre congrégation. Ils cédaient leur place non pour interrompre la Mission, mais pour qu'elle puisse mieux repartir. Ils ne sont révoltés ni contre l'autorité de l'Eglise qui les avait envoyés, et cela va de soi, ni contre l'autorité politique. Ils ont vécu les conseils de saint Pierre: «Soyez soumis à toute institution humaine à cause du Seigneur...» (1 P 2,13-17). Certains penseront: «Mais le Vicariat apostolique avait-il les moyens de faire autrement?»

N'oublions pas malgré les conflits qui éclataient à Mangareva ou à Papeete, qu'il y a eu aussi une croissance très pacifique de la vie chrétienne en Eglise, moins perceptible à travers les écrits qui restent, mais non moins réelle. Chaque paroisse, chaque amuiraa s'est finalement élevée dans la Foi, la prière, l'entraide... et peu à peu s'est développé ce sens de l'Eglise si fort aux Tuamotu. Après les deux cyclones successifs, en janvier de «Nano», en février de

«Orama», qui ont éprouvé si fortement les atolls, la Foi, l'attachement à l'Eglise, à l'amuiraa, aux plantations commencées dans l'Est joueront certainement un grand rôle pour le maintien des populations éprouvées sur leurs îles. La vie chrétienne en Eglise n'est-elle pas une raison de vivre d'abord? Si un chrétien sait pourquoi il vit, il saura faire demain les choix à la lumière de la Parole de Dieu. Dans les paroisses renouvelées ou toute nouvelles de la ville ou des districts, la vie chrétienne en amuiraa porte aussi une espérance qui permet aux uns et aux autres selon leur âge, leur condition, leur culture, de faire face à tous les défis de l'urbanisation de Tahiti et de la Polynésie.

L'art de conduire le peuple de Dieu comme le Grand Berger le ferait aujourd'hui, c'est la pastorale. Ce livre, surtout dans la 4e partie, aborde tous les domaines où cet art doit procurer à l'Eglise les moyens d'accomplir sa mission. Un art qui ne concerne pas l'inspiration d'un seul, comme un peintre devant sa toile, mais un art qui concerne tous les chrétiens. La pastorale, c'est un peu un tapa qui requiert l'activité, l'habileté de tout un village; un tapa aussi car les beaux et grands tapa sont des œuvres de circonstance qui répondent aux besoins spécifiques d'un peuple en fête à une date donnée.

A ce titre «Tahiti 1834-1984 – Vie chrétienne en Eglise» est un tapa... Il répond à un certain nombre de nécessités d'aujourd'hui. Certains chapitres trouveront certainement matière à d'autres publications, car ils ouvrent de nouvelles voies et il faudra bien aller jusqu'au bout de la réflexion qui s'amorce. L'œcuménisme en est à ses débuts, c'est dans les années à venir qu'on en verra les prolongements voulus et inspirés par Dieu; le «culturel» passionne aujourd'hui les artistes, les pédagogues, les linguistes, les hommes politiques. Dans tout ce bouillonnement des courants vont se dessiner et les chrétiens conscients de l'enjeu, éclairés par la Parole de Dieu, l'enseignement de l'Eglise, ne se laisseront pas emporter par n'importe quel d'entre eux.

Ce livre n'est pas un catéchisme. Il pose beaucoup de questions, il donne quelques réponses qui sont déjà plus ou moins formulées dans les faits, les aspirations des croyants. C'est plutôt un carrefour où peuvent se rencontrer des hommes en dialogue.

C'est un livre écrit en français dont il sera tiré quelques éléments pour une traduction en tahitien. De toute façon il pourra être utilisé à temps et à contretemps en Polynésie même. Malheureusement il ne connaîtra pas d'emblée à travers le monde la diffusion du livre du P. Ralph Wiltgen, s.v.d., «The Founding of the Roman Catholic Church in Oceania 1825-1850» écrit lui dans la langue du Pacifique! Mais il le complétera, non seulement pour la période au-delà de 1850, mais parce que les études et les observations de son émule le P. Paul Hodée portent surtout sur la croissance et à partir des Iles elles-mêmes.

Enfin, que l'ouvrage, malgré les difficultés de langue, permette à notre Eglise locale d'être plus elle-même au sein de la Conférence épiscopale du Pacifique, d'y être mieux comprise. Quel que soit l'avenir du regroupement des différentes Conférences du Pacifique, que l'originalité de notre Eglise en Polynésie soit préservée. Du reste sa particularité s'est développée en même temps qu'un profond et indéfectible attachement à la Congrégation pour l'Evangélisation des Peuples. Malgré l'éloignement géographique, elle a été pendant presque cent cinquante ans notre lien direct et institutionnel avec le Saint-Siège et l'Eglise universelle. La collégialité permet à tous les Evêques d'ouvrir maintenant par d'autres voies leurs diocèses à l'Eglise universelle. C'est encore un domaine que le livre amorce tout juste et qui connaîtra sans doute des prolongements.

Le Pape Jean-Paul II rencontré peu après son élection le 13 novembre 1978 m'interrogeant sur le développement de l'œcuménisme me dit: «Vous devez apporter une plus grande conviction encore à travailler pour l'unité des chrétiens.» Effectivement, c'est l'œcuménisme qui peut par le dialogue qu'il propage, la prière, l'estime mutuelle, être le moteur d'une joie de vivre ensemble en Polynésie et prendre à tout instant dans tous les secteurs de la vie sociale, avec tous, le relais de nombreuses années de mésestime et de crainte.

Un livre ne suffit pas pour une révision apostolique, il peut nous mettre cependant sur le chemin de la découverte des ressources spirituelles d'un peuple à l'heure même où il est touché par le renouveau dans l'Esprit.

† Mgr Michel Coppenrath,
Archevêque de Papeete

Papeete, le 25 février 1983

ABRÉVIATIONS ET SIGLES

A.F.C. Association familiale catholique.
A.M.D.J. Association du monde des jeunes (à Tahiti).
Ar. F.I.C. Archives générales des Frères de Ploërmel à Rome.
Ar. S.J.C. Archives Sœurs de Saint-Joseph de Cluny.
Ar. SS.CC. Archives générales de la Congrégation des Sacrés-Cœurs à Rome.
B.O. Bulletin Officiel.
C.P.M. Centre de préparation au mariage.
D.E.F.A.P. Département Evangélique Français d'Action Apostolique (Paris).
D.E.F.A.P. Océanie: Archives d'Océanie au D.E.F.A.P. à Paris.
Doc. Cath. Documentation Catholique (revue de Bayard-Presse).
E.E.P.F. Eglise Evangélique de Polynésie Française.
E.F.O. Etablissements Français d'Océanie (dénomination ancienne de la Polynésie Française).
F.I.C. Frères de l'Instruction Chrétienne, dits de Ploërmel.
F.O.M. France d'Outre-Mer (archives du Secrétariat d'Etat à Paris).
F.O.M. Océanie: Archives de la F.O.M., fonds Océanie; exemple: C 13, A 71 signifie: carton 13, dossier A 71.
J.O. Journal Officiel.
L.A.M.O. Lettres autographes manuscrites d'Océanie (premières lettres des missionnaires des Sacrés-Cœurs, reliées en 3 tomes).
L.M.S. London Missionnary Society (Société missionnaire de Londres).
O.R.S.T.O.M. Office de Recherche Scientifique et Technique Outre-Mer.
P. ou R.P. Père ou Révérend Père (prêtre catholique).
Rév. Révérend (pasteur anglais).
S.M.E.P. Société des Missions Evangéliques de Paris (remplacée actuellement par la C.E.V.A.A. depuis 1971).
S.C. Sacrée Congrégation (de la Curie Romaine).
SS.CC. Sacrés-Cœurs de Jésus et de Marie.
T.C.F. Très cher Frère (Supérieur général).
T.R.P. Très Révérend Père (Supérieur général).

AVANT-PROPOS

1834-1984...

150e anniversaire de l'implantation de la Foi catholique aux Gambier. De ce modeste archipel, elle rayonnera peu à peu dans tout ce qui deviendra la Polynésie française et dans bien d'autres îles du Pacifique Sud. Depuis octobre 1825, la Sacrée Congrégation de la Propagation de la Foi avait confié à la Congrégation des Sacrés-Cœurs de Jésus et de Marie – appelés Pères de Picpus ou Picpuciens, du nom de la rue où était située leur Maison-Mère à Paris [1] – la Mission de l'Océanie orientale. Les premiers missionnaires, les RR.PP. Bachelot et Short, étaient arrivés aux îles Sandwich (Hawaii) le 7 juillet 1827 au terme d'un voyage de près de huit mois.

C'est donc peu de temps après ce tout premier essai missionnaire catholique en Océanie que, « le 7 août 1834, vers les 9 ou 10 heures du matin par un beau temps », les RR.PP. François d'Assise Caret, Honoré Laval et le frère Colomban Murphy aperçurent les deux pics les plus élevés des Gambier. A 5 heures du soir, la « Peruviana », aux ordres du capitaine Sweetland et venant de Valparaiso, jetait l'ancre à Tokani. La Mission fut consacrée à Notre-Dame de Paix selon le désir de Mgr Etienne Rouchouze, premier Vicaire apostolique et resté encore en France. Le dimanche 10 août, en la fête de saint Laurent, diacre et martyr, le P. Caret célébra la première messe à bord du navire. Le 15 août 1834, sur l'île d'Aukena au lieu dit Arikirou-mei et près de la case de Tematokoveta où ils

---

(1) Le chapitre général de la Congrégation des Sacrés-Cœurs, tenu en 1964, a décidé que « l'appellation Picpus sera supprimée dans les documents officiels de la Congrégation ».

logeaient, les RR.PP. Caret et Laval dirent en plein air leur première Eucharistie célébrée en terre polynésienne [2].

L'étonnante et difficile aventure de la Mission catholique en Polynésie était lancée en ce début d'un XIXe siècle bouillonnant tant en Europe, particulièrement en France, qu'en Océanie. Le Pacifique était déjà très marqué par la présence anglaise et l'Evangélisation protestante; les premiers missionnaires de la London Missionnary Society étaient arrivés à Tahiti le 5 mars 1797 à bord du « Duff ». Enfin, pour bien situer ce 7 août 1834, il convient de signaler, même si ce fut un échec malheureux, la présence à Tahiti, du 27 novembre 1774 au 12 novembre 1775, de deux franciscains espagnols: Narciso González et Jerónimo Clota, aidés de l'interprète Máximo Rodríguez et du marin Francisco Pérez. La croix de Tautira rappelle cette première tentative missionnaire et celle qui y fut érigée le 1er janvier 1775 [3].

Perspective

Un tel anniversaire est tout naturellement l'occasion de faire le point. Mgr Michel Coppenrath, Archevêque de Papeete, écrivait le 6 mars 1980: « Une célébration historique ne nous intéresse pas. Nous voulons nous situer sur un autre plan. Certes on a beaucoup publié sur le Tahiti religieux, mais il n'y a pas d'ouvrage de réflexion pastorale; un livre nous manque à ce sujet. Dans le flot des publications sur Tahiti nous avons besoin d'un ouvrage pastoral qui puisse reprendre tout le problème de la Foi à Tahiti pour notre Eglise particulière vue à la lumière de Vatican II. » Le 2 février 1981, il précisait: « Il faut que nous fassions nous-mêmes l'histoire de la Mission catholique par elle-même en Polynésie, selon l'intuition et la méthode utilisées par Jacques Loew et Michel Meslin » [4].

La perspective est claire: expliciter la manière dont l'Eglise catholique en Polynésie vit la joie de sa Foi, découvrir son visage particulier et son style évangélique au cours de ces cent cinquante années, dégager ses orientations et ses charismes dans le monde incertain de notre temps. Il ne s'agit donc pas de décrire les événements comme tels, mais de les situer dans la Mission évangélisatrice de l'Eglise, « Peuple de Dieu » en marche; la mémoire du passé est racine des fruits à venir dans la fidélité à la Tradition qui transmet l'unique Parole de Dieu de génération en génération. C'est un témoignage sur la manière dont l'Eglise catholique se voit et vit l'Evangile; c'est une réflexion missiologique

---

(2) *H. LAVAL:* Mémoires pour servir à l'histoire de Mangareva; *W. NEWBURY et P. O'REILLY:* Publication de la Société des Océanistes *n° 15, Paris 1968, pp. 8, 19, 25.*

(3) *P. O'REILLY:* Tahitiens. Société des Océanistes, *n° 36, 1975, articles Clota (Jerónimo), pp. 116-117 et Rodriguez (Máximo), pp. 491-492.*

(4) *J. LOEW, M. MESLIN:* Histoire de l'Eglise par elle-même, *Fayard, 1978, 679 pages.*

sur les buts poursuivis, sur l'esprit qui animait les missionnaires, sur la conscience qu'ils avaient de leur mission, sur les solutions adoptées face aux divers événements et interlocuteurs. En ce sens, le travail projeté ne constitue pas un ouvrage d'Histoire, mais plutôt une recherche pastorale appuyée sur l'Histoire, les faits dûment établis, les documents certains.

La perspective ainsi définie se situe en complément et à la suite de la recherche historique du P. Ralph M. Wiltgen consacrée à la « Fondation de l'Eglise catholique romaine en Océanie » (5)*. L'auteur y étudie, dans une analyse documentaire très fouillée, l'implantation de l'Eglise catholique dans le Pacifique en fonction des décisions de Rome et de l'action de la Sacrée Congrégation de la Propagation de la Foi. Sa recherche ne recouvre que la stricte période de la fondation picpucienne et mariste de 1825 à 1850, soit vingt-cinq ans seulement, enracinée dans le rêve grandiose de la mission confiée à l'abbé de Solages, Préfet apostolique de l'île Bourbon, mission recouvrant les Océans Indien et Pacifique d'un seul regard.*

Le point de vue envisagé ici se situe au-delà et en complément : au-delà, puisque la réflexion recouvre les 150 ans de Mission catholique en Polynésie dont l'étude historique de R.M. Wiltgen ne recouvre que 25 années (1825-1850) ; en complément, puisque la recherche se veut une réflexion pastorale de l'Eglise catholique sur elle-même. Son point de départ est l'aujourd'hui de l'Eglise locale de Tahiti dans son identité catholique et sa personnalité polynésienne. Notre Eglise polynésienne, diocèse de l'Eglise universelle rassemblée autour du successeur de Pierre le Pape Jean-Paul II, est insérée depuis 1834 dans le peuple de ces îles où elle témoigne, à sa manière, de l'unique Evangile de Jésus-Christ. Elle n'y est pas seule ; elle n'y fut pas, malgré le petit essai de Tautira, la première. Elle y vit dans le choc continuel des groupes humains et religieux très divers, dans la confrontation culturelle des projets variés des peuples d'une Océanie en mutation rapide et profonde.

« Que dis-tu de toi-même ? »

Question décisive et essentielle, posée à tous les témoins du Dieu vivant au moment crucial de leur Mission ! Question des prêtres à Jean-Baptiste (6) *; ques-*

---

(5) R. M. WILTGEN : The Founding of the Roman Catholic Church in Oceania, *1825 to 1850, Australian National University Press. Canberra, Australia 1979, 610 pages.*

Il n'y a pas encore de traduction française de ce travail historique minutieux et indispensable. La Société des Etudes océaniennes de Papeete envisage de traduire et publier dans son bulletin le chapitre concernant la Polynésie française.

(6) Jn 1,22.

tion de Jésus à ses disciples [7]*; question exprimée dès les premiers jours au Concile Vatican II, le 3 décembre 1962, par Mgr Huyghe, Evêque d'Arras. Telle est la question centrale que nous nous posons après cent cinquante ans d'histoire vécue avec les Polynésiens: Eglise catholique en Polynésie, que dis-tu de toi-même? Réponds à ceux qui te regardent, à ceux qui s'émerveillent et à ceux qui s'irritent, à ceux qui vivent avec toi et à ceux qui passent! Avec tes ombres et tes lumières, à travers des faiblesses humaines et ta fidélité évangélique, comment as-tu transmis la Bonne Nouvelle de la rencontre d'amour du Dieu de Jésus-Christ avec les hommes dispersés dans les îles sans nombre de l'Océanie orientale?*

La réponse à cette question se fera par un regard intériorisé sur la Mission; à partir des faits et des témoignages, nous chercherons à découvrir les valeurs profondes, les motivations, la conscience évangélique des missionnaires. L'Eglise se regarde d'abord à la lumière de la Parole de Dieu, vécue dans la Tradition apostolique; ainsi elle « rend compte de l'espérance qui la fait vivre » [8]*. Le christianisme est essentiellement religion historique, centrée sur l'Incarnation en Jésus de Nazareth du « Fils du Dieu Vivant » venu partager notre condition humaine en un temps précis et un lieu donné afin de « tout récapituler » en lui. Ainsi l'histoire des hommes a-t-elle un « dedans »; elle est celle du Peuple de Dieu marchant péniblement sur la route des hommes vers « les cieux nouveaux et la terre nouvelle »* [9]*.*

Le projet missionnaire, dit et vécu par l'Eglise catholique depuis cent cinquante ans et plus en Polynésie, est confronté à d'autres projets religieux, sociaux, politiques ou culturels, exprimés et réalisés par d'autres groupes. Nous avons signalé que le 7 août 1834 s'insère dans un ensemble historique complexe et mouvant. Aussi, pour la communauté catholique polynésienne, dire ce qui la fait vivre et la constitue, c'est aussi se situer par rapport aux autres communautés humaines et réagir aux événements. Se regarder, c'est aussi accepter les autres regards; l'action de l'Eglise peut être vue avec d'autres yeux que ceux des chrétiens, analysée avec une autre « grille » que l'Evangile. L'homme chrétien est inséré dans le déroulement d'une histoire; l'Evangile le convie à une croissance continue et à un engagement perpétuel « à travers les changements de ce monde » [10]*. Selon l'expression du P. Chenu, « l'Histoire entre dans le tissu de la Foi ». Ainsi l'Eglise, Peuple de Dieu « qui n'a pas de demeure permanente en ce monde », ne peut être un « establishment »; le chrétien n'est jamais un « homme tranquille », au sens de Péguy* [11]*.*

---

(7) Mt 16,13-15.
(8) 1 P 3,15.
(9) 2 P 3,13. P. HODÉE: Conscience du Temps et Education chez les Océaniens, *chap. 8, pp. 215 sq.*
(10) Oraison du 21e dimanche ordinaire.
(11) P. PIERRARD: « L'Eglise et son passé », in La Croix *du 20-8-1981.*

Le regard de Foi que nous désirons projeter sur les cent cinquante années de l'Eglise catholique en Polynésie sera proche de la « révision de vie » [(12)]*. Nous envisageons une sorte de « revision apostolique » de cette longue période initiale pour reconnaître le Seigneur de l'Histoire présent par son Esprit dans le déroulement des événements du monde. C'est une expérience de vie théologale, à la fois contemplation et engagement dans la Foi vécue comme espérance par les chrétiens de Polynésie. Ce n'est donc pas une chronologie des événements, même s'il est nécessaire de situer ceux-ci avec lucidité, courage et précision. Ce n'est pas un examen de conscience ni une recherche d'excuses, même s'il convient de bien voir tout en voyant le bien, puisque Dieu seul connaît le mystère des cœurs et s'en réserve le jugement. Ce regard de Foi qui revoit le passé, accepte la solidarité des générations où chacun est « pierre vivante de la maison spirituelle fondée sur le Christ »* [(13)]*; il veut éviter les choix arbitraires et partiels ainsi que les anachronismes qui font évaluer le passé ou l'avenir selon nos idées d'aujourd'hui. On ne peut apprécier comme il convient les hommes et les événements sans se rendre compte du moment et des lieux, sans comprendre les mentalités successives. On ne peut constater que tout change très vite et garder les yeux immobiles. Ce sens du temps, ce respect des étapes de la croissance du Peuple de Dieu en marche, demande un cœur bienveillant, modeste et patient, comme il convient à une petite Eglise du bout du monde qui se veut « servante et pauvre », selon Vatican II.*

Un appel à voir

Le P. Georges Eich, missionnaire exceptionnel et que sa santé délabrée par trente-huit ans de Mission en Polynésie a fait renoncer à l'épiscopat en 1904, écrivait cet appel à voir de l'intérieur dans une lettre du 11 juillet 1895 [(14)]*... « Si dans quelques années d'ici, des voyageurs passent par ici et s'ils voient les établissements de la Mission, ils seront étonnés et publieront peut-être des articles à sensation sur les richesses de la Mission catholique, etc. Ils n'auront pas même l'idée de s'informer et de demander quelques renseignements sur les commencements de la Mission et comment elle s'est établie. Ah, s'ils savaient ce que le pauvre missionnaire a dû faire et souffrir, les privations qu'il s'est imposées, le dévouement de nos bons frères convers et des catéchistes qui quittent leur pays et viennent avec leurs familles pour aider les missionnaires, comme ils parleraient autrement ! Quand des Messieurs, voire même des aumôniers de navires de guerre viennent d'Europe à Tahiti, quand ils voient l'Evêché de Papeete et nos*

---

(12) Cor Unum, *Revue des Groupes Evangile et Mission, juin-juillet 1979. P. HODÉE:* Conscience du Temps et Education chez les Océaniens, *pp. 267 sq.*

(13) 1 P 2,4-10.

(14) Arch. SS.CC. 60, 2. G. Eich au T.R.P.: 11-7-1895. Rarotonga, îles Cook.

églises et nos presbytères dans les districts, ils sont stupéfaits de voir de pareilles bâtisses à Tahiti. Que la Mission doit être riche ! Et sans examen aucun, sans demander qui a construit ces églises, etc. ils écrivent des articles et publient un peu partout les choses les plus absurdes... S'ils avaient pris la peine de demander qui sont ceux qui ont construit ces bâtiments et comment ils ont fait, ils changeraient de langage et au lieu de dire tant de faussetés, ils exalteraient le dévouement, l'esprit de sacrifice et les talents de nos bons frères convers que la Congrégation a donné autrefois à Sa Grandeur Mgr d'Axieri [15] *et qui ont opéré tant de merveilles avec des ressources minimes. Ils exalteraient également l'esprit de sacrifice de nos anciens missionnaires et leur savoir-faire : les RR.PP. Clair, Loubat, Cyprien, Laval, Collette, Albert, Nicolas, Germain, Paul, etc., et qui ont vécu si pauvrement afin de pouvoir finir leurs églises et chapelles, etc. Quand on dit les noms des bons frères Gilbert, Martin, Cyprien, Alois, Henri, Alexandre, Théophile, André, Théodule, Clément, Fabien, etc., tous, tant Européens qu'indigènes ne tarissent pas en faisant leurs éloges et en exaltant leurs vertus et leur esprit de Foi. A plusieurs reprises le Gouvernement même a demandé à Mgr d'Axieri pour qu'il permette que le bon frère Alois donne son opinion dans telle ou telle affaire difficile. Je crois que peu de Missions ont été aussi favorisées sous ce rapport. Quels hommes dévoués et capables ! Quels bons et saints religieux ! Comme ils travaillaient bien, comme ils priaient bien après leurs travaux pénibles ! Aussi comme on pleurait, nos dignes Evêques les premiers, en les conduisant après une vie bien remplie et une sainte mort, au champ de Dieu. Espérons que tôt ou tard, une plume bien exercée rétablisse la vérité sur la Mission de Tahiti et sur bien d'autres erreurs que des hommes mal intentionnés ou mal renseignés ont cherché à faire accréditer contre la Mission dans le public... »*

Passage étonnant de lucidité sur le « signe de contradiction » qu'est la Mission catholique en Polynésie ; extraordinaire synthèse qui campe admirablement les personnages principaux, leurs œuvres et les questions qu'ils ont suscitées ; lettre qui situe clairement combien il est difficile de « faire la vérité » sur Tahiti et avec quelles précautions il convient d'utiliser les écrits des visiteurs, même bienveillants comme ceux des « aumôniers » ; demande prémonitoire qui rejoint le projet actuel dans son esprit, car une apologétique historique est tout à fait exclue [16] *; « laissons les morts enterrer leurs morts »* [17].

---

(15) Mgr Tepano (Etienne) Jaussen, premier Vicaire apostolique de Tahiti de 1848 à 1884, mort en 1891, Evêque titulaire d'Axieri.

(16) Lire sur ce sujet : Georges GOYAU : Le premier demi-siècle de l'Apostolat des Picpuciens aux îles Gambier. *Revue d'Histoire des Missions, décembre 1927, pp. 481-521. Ann. SS.CC., avril-mai 1928, 64 pages. Honoré LAVAL :* Mémoires pour l'Histoire de Mangareva.

(17) Mt 8,22.

Voir

Sous ce titre, Teilhard de Chardin a rédigé l'admirable prologue du « Phénomène humain » [18]*. Son analyse est fort pertinente pour notre recherche. « Ces pages représentent un effort pour voir et faire voir... On pourrait dire que toute la vie est là... Voir plus et mieux n'est pas une fantaisie, une curiosité, un luxe ; voir ou périr. » Pour voir il faut avant tout donner la parole à ceux qui vivent sur place, aux acteurs qui ont construit les événements. A Tahiti, plus qu'ailleurs, le poids de la mythologie paradisiaque lancée par Bougainville, la vigueur renouvelée des slogans touristiques, le poids des préjugés issus d'une Histoire mouvementée, le rêve éveillé entretenu par le charme des îles et l'accueil des Polynésiens, le complexe îlien qui amplifie les menus incidents d'une vie sans cesse donnée en spectacle sur ces petites terres lointaines, etc., tout cela rend aussi urgent que délicat l'effort pour voir avec objectivité. La présente étude ne cherche pas à être l'explication complète des choses, encore moins à proposer une vision synthétique de cent cinquante ans d'histoire d'une société éclatée. On veut simplement présenter le passé de l'Eglise catholique en Polynésie « tel qu'il apparaît à un observateur d'aujourd'hui et non en soi ; méthode sûre et modeste qui peut faire surgir, par symétrie, de surprenantes visions d'avenir... Rien n'est aussi difficile à apercevoir, souvent, que ce qui devrait nous crever les yeux ».*

Un autre aspect important souligné par Teilhard est que « nous sommes inévitablement centre de perspective par rapport à nous-mêmes ; l'observateur transporte avec soi, où qu'il aille, le centre du paysage qu'il traverse. Objet et sujet s'épousent et se transforment mutuellement dans l'acte de connaissance ». On ne peut voir qu'à travers des yeux qui voient. Cette évidence, un peu oubliée au temps de la Science naissante, est désormais bien mise en relief. Si le scientifique ne construit pas la réalité qu'il étudie, si l'historien n'invente pas les événements qu'il rapporte, ce réel objectif n'est cependant pas séparable de lui. Aussi le danger peut être grand de juger le passé selon nos idées d'aujourd'hui. Il faut s'efforcer de ne comparer que ce qui est comparable, surtout dans le domaine religieux. Les événements de notre époque nous montrent combien les croyances mènent les foules plus que les réalités ; les sentiments, les passions, l'irrationnel sont des faits sociaux au même titre que le rationnel et le mesurable. Sans vouloir « réanimer le passé ni laisser couler le gigantesque fleuve d'erreurs nommé Histoire » [19]*, cette recherche situe la Mission catholique en Polynésie par rapport à elle-même, à son identité, à ses racines pour en saisir les fils conducteurs. Ainsi, en même temps qu'un approfondissement de la conscience chrétienne, ce pourra être une purification de la mémoire collective éclairée par la*

---

(18) Teilhard de CHARDIN : Phénomène Humain. *Seuil 1955, pp. 25-30.*

(19) Barraclough, cité par L. GUISSARD : « L'Histoire n'est plus ce qu'elle était », *in* La Croix, *8-12-1980, p. 9.*

compréhension et le respect des autres. « Une vérité qui n'est pas charitable procède d'une charité qui n'est pas véritable[20]*. » Il y faut une vraie conversion des mentalités et des cœurs*[21]*.*

« Une interprétation, même positiviste, de l'Univers doit, pour être satisfaisante, couvrir le dedans aussi bien que le dehors des choses, l'Esprit autant que la Matière », soulignait Teilhard. Les Tahitiens aiment à citer ce mot de Saint-Exupéry : « On ne comprend bien qu'avec le cœur. » Ce troisième aspect du « voir » situe l'Homme comme « Centre de la Construction de l'Univers ». Cette perspective rejoint la vision biblique de l'homme « fait à l'image et ressemblance de Dieu, établi pour dominer et soumettre la terre »[22]*. Ainsi « l'homme est la première route et la route fondamentale de l'Eglise, le but et le centre de tout travail », comme Jean-Paul II le rappelle inlassablement*[23]*. D'une manière ou d'une autre, voir l'homme par le dedans pour le libérer, faire appel aux valeurs du « cœur » pour le mettre debout, ce fut une attitude fondamentale pour des missionnaires consacrés aux « Sacrés-Cœurs de Jésus et de Marie ». C'est une identité et un regard qu'il conviendra de ne pas oublier pour comprendre ces cent cinquante années de Mission catholique en Océanie orientale.*

Documentation

La « Bibliographie de Tahiti et de la Polynésie française » recensait en 1967 11.501 titres[24]*. C'est plus qu'un « flot de publications » ; c'est un déluge auquel s'ajoutent les multiples ouvrages édités depuis ! Même si tout n'est pas de même importance ni de même valeur, on reste confondu par une telle abondance au sujet de si petites îles, concernant une si faible population et pour une période d'environ deux siècles. Les ouvrages utilisés seront signalés dans la bibliographie.*

Dans l'optique de la réflexion missionnaire définie ci-dessus, l'essentiel du travail de recherche a consisté à étudier les documents manuscrits rédigés par les missionnaires et les divers acteurs des événements, surtout en France et à Rome. Partout les archivistes ont été d'un accueil et d'une efficacité remarquables ; cela a bien facilité la tâche. Un répertoire détaillé des sources manuscrites sera proposé à la fin du livre. Le tout représente plus de 60.000 pages manuscrites, inven-

---

(20) Saint François de Sales.
(21) Mc 1,15.
(22) Gn 1,26-28.
(23) JEAN-PAUL II : Encycliques Redemptor Hominis *et* Laborem exercens.
(24) P. O'REILLY – E. REITMAN : Bibliographie de Tahiti et de la Polynésie française. *Société des Océanistes, n° 14, Musée de l'Homme, Paris 1967, 1046 pages.*

toriées, résumées ou parfois photocopiées. Cette documentation est désormais archivée à l'Archevêché de Papeete. Les principales sources ont été :

POUR LA FRANCE

à Paris :
- *Les Archives de la France d'Outre-Mer, fonds Océanie ;*
- *Les Archives des Sœurs de Saint-Joseph de Cluny ;*
- *Les Archives du D.E.F.A.P. aux Missions protestantes ;*
- *Les Archives provinciales des Pères des Sacrés-Cœurs ;*
- *La documentation du P. O'Reilly sur l'Océanie ;*

en Province :
- *Les Archives de la Maison de retraite des Pères SS.CC. à Sarzeau ;*
- *Les Archives de la Maison de formation des Pères SS.CC. à Graves ;*
- *Les entretiens avec les anciens missionnaires ;*

POUR ROME
- *Les Archives de la Maison générale des Pères des Sacrés-Cœurs ;*
- *Les Archives de la Maison générale des Frères de Ploërmel ;*
- *Les Archives de la Sacrée-Congrégation pour la Propagation de la Foi.*

POUR PAPEETE
- *Les Archives de la Mission catholique ;*
- *Les Archives de l'Eglise évangélique ;*
- *Les Archives du Territoire ;*
- *La documentation des Etudes océaniennes ;*
- *Les Archives de l'Institut Malardé.*

Nature des documents

La correspondance en constitue, de loin, la part la plus importante : correspondance familiale peu abondante, correspondance confraternelle relativement peu importante, correspondance des missionnaires avec leurs Supérieurs très développée. La correspondance est complétée par des lettres plus officielles ; ce sont, soit des lettres détaillées de missionnaires sur une situation précise et contresignées par l'autorité religieuse ou ecclésiastique, soit des rapports explicites des autorités religieuses, civiles ou militaires, soit des comptes rendus de réunions diverses.

Outre qu'une part importante des documents est rédigée par les responsables, il faut bien constater que ce sont les difficultés de tous ordres et les conflits de personnes qui occupent l'essentiel de ce qui a été écrit. Cet aspect conflictuel est particulièrement développé pour la Polynésie dès l'origine de la Mission ; l'enflure des dossiers Gambier, Laval ou Collette, pour ne parler que des plus célèbres, démontre le caractère exagéré, voire caricatural, donné à certaines situations compliquées à plaisir. L'éloignement à 20.000 km de la Métropole et l'isolement îlien donnent une couleur très locale aux événements et aux psychologies. On sous-estime trop souvent combien ces îles dispersées, à 6.000 km de tout continent, sont situées « ailleurs » et comment chacun y devient « autre ». De plus il ne faut pas apprécier la transmission de ces documents selon l'instantanéité et la mondialisation des communications actuelles qui font de la Terre « un grand village » [25]*. Jusqu'aux bateaux à vapeur, le courrier mettait parfois une année pour parvenir à destination. Par exemple, l'expulsion des missionnaires de Sandwich en 1831 n'a été connue qu'en 1833. Un an et demi entre l'événement vécu en Océanie et l'événement appris par les autorités en France et à Rome ; il ne peut être reçu et compris de la même façon* [26]*.*

*De plus il convient de saisir que cette micro-histoire lointaine était accueillie et utilisée dans le contexte métropolitain bouillonnant du XIX*e *siècle et dans la période active de la « crise des nationalités » en Europe dont les principales puissances se partageaient le Globe par la colonisation. Cela prête à bien des erreurs de lecture et d'appréciation. Dans un tel contexte passionné et partisan, on comprend que tout n'ait pas été écrit ; les responsables préféraient les rencontres personnelles et les échanges oraux. Par exemple, Mgr Tepano Jaussen fera, pour résoudre les crises les plus graves, deux voyages en Europe qui lui prendront cinq ans ; ils ont laissé peu de traces écrites. Aussi ne peut-on identifier l'histoire d'une communauté ou d'un peuple avec les documents écrits qu'ils nous ont laissés et qui nous sont parvenus. Il en est de l'Histoire des hommes comme de l'Histoire de la terre ; un fossile en bon état correspond à un million d'êtres vivants qui n'ont laissé aucune trace* [27]*. Trop souvent les documents qui nous sont parvenus sont les inscriptions des pierres tombales de l'immense cimetière des agressivités humaines ; la vie des cœurs et l'espérance des hommes y occupent moins de place, tant il est vrai, en Polynésie comme ailleurs, que « les peuples heureux n'ont pas d'Histoire ».*

En conséquence, si les innombrables documents que nous avons à propos des cent cinquante années de la Mission catholique sont vrais et respectables, ils sont aussi à manier avec précaution. La vie quotidienne y est très minimisée. Il faut les resituer dans des « îles lointaines », à population peu nombreuse et dispersée, avec un personnel religieux, civil et militaire très faible jusque vers les années 1960. Ils sont l'écho dont chacun et chaque groupe, à son niveau et selon son propre projet et dans un contexte violent marqué par de nombreux conflits et trois guerres importantes – (1870-71, 1914-18, 1939-45) – s'est efforcé de vivre les problèmes d'un monde en évolution rapide. Sans sombrer dans un relativisme scep-

---

(25) Mc. LUHAN : Planète Gutenberg.

(26) Quidquid recipitur ad modum recipientis recipitur, *écrivait saint Thomas d'Aquin ; ce que le bon sens traduit : « Chacun voit midi à sa porte. »*

(27) P. et G. TERMIER : Introduction à la Paléontologie. *A. Colin.*

tique ou un irénisme de façade – (« Tout le monde il est beau, tout le monde il est gentil » !) – il convient de reconnaître et d'accepter les particularismes, parfois trop chauvins, de nos ancêtres et pères dans la Foi (28). *Dans l'optique œcuménique actuelle, il nous appartient de jeter des ponts entre ces îles dispersées pour les rassembler dans le « Peuple de Dieu » en marche laborieuse vers le Royaume.*

Contexte actuel

Dans le monde d'aujourd'hui, il est fait une grande consommation d'Histoire : livres, revues, émissions diverses, témoignages. Dans notre société éclatée et apeurée, la recherche des « racines » est à la mode. C'est un fait qu'il faut constater ; mais cette ambiance n'a influencé en aucune façon le projet de recherche entrepris. Ce n'est qu'une coïncidence liée au calendrier et au désir de l'Eglise locale de Polynésie, en état de Synode depuis une dizaine d'années, de mieux prendre conscience d'elle-même pour un meilleur service du peuple polynésien dans la lancée du Concile Vatican II.

L'Histoire religieuse est particulièrement prisée, d'ailleurs selon des approches diverses permises par les découvertes des Sciences humaines. Ce n'est pas le réveil vigoureux du phénomène religieux en cette fin du XXe siècle qui diminue l'intérêt du public pour cet aspect de l'Histoire des hommes.

Par contre, l'Histoire des « Missions » est toujours objet de gêne et de suspicion. En effet, comme le remarque B. Plongeron (29)*, « notre mentalité collective a pris l'habitude d'associer les Missions et les missionnaires avec les terres lointaines. Celles-ci étant en grande majorité des colonies, il n'en a pas fallu davantage pour opérer une collusion quasi fatale entre Mission et colonialisme. A l'heure de la décolonisation, il n'était pas surprenant que la Mission, nouveau péché originel de l'Occident chrétien, soit ressentie par l'opinion, au même titre que les croisades, comme une sorte de vice honteux sur lequel il était préférable de jeter un voile pudique ou, dans le meilleur des cas, comme une pièce à verser au dossier déjà lourd des « erreurs » de l'Eglise... Les concurrences souvent sordides entre catholiques et protestants dans les missions du XIXe siècle ont souvent envenimé cette situation ». Une telle analyse se vérifie pleinement pour les petites Eglises du Pacifique francophone en cette fin du XXe siècle. Elles sont bien sou-*

---

(28) R.P. V.F. JANEAU écrit des Gambier au R.P. Ildefonse Alazard à Paris le 19-3-1903 (Arch. SS.CC. 70¹) : « M. Deschanel n'a pas vu Mangareva, m'a dit un commandant ; il a lu des rapports... Et Dieu sait s'il y en a et si tous méritent créance ! C'était à un tel point que l'un des premiers représentants laïques de la France aux Gambier en offrait les originaux aux gendarmes comme livres de lecture ! Vous pouvez penser si l'Administration en agit ainsi avec des pièces sérieuses... »

(29) B. PLONGERON : « Conscience missionnaire et histoire des Missions (XIIe s.-XXe s.) ». Revue Etudes, *mai 1981, pp. 673-687.*

vent victimes de « l'ignorance invincible » d'une montagne de préjugés, entretenus par un flot littéraire intarissable et la mythologie touristique. Le sujet est à la fois piégé, explosif et tabou, selon le mot polynésien qui a fait fortune dans bien des langues.

Appuyé par la demande de Mgr Michel Coppenrath et soutenu par la Congrégation des Sacrés-Cœurs et les autres Instituts qui ont sollicité ce travail, j'entreprends cette « mission impossible » avec la naïveté lucide et la disponibilité d'un prêtre « Fidei Donum » *au service des diocèses du Pacifique francophone depuis 1973. Il peut sembler étonnant qu'un prêtre diocésain d'Angers, naturaliste et pédagogue de surcroît, se lance dans une telle aventure* (30)*. C'est une limite qui s'ajoute à toutes celles qui ont été détaillées dans cet avant-propos. C'est aussi un témoignage cordial et un partage fraternel à l'égard de ces Eglises si méconnues, si accueillantes et qui donnent avec tant de cœur leur confiance.*

Envoi

Il en est de tout ce qui concerne Tahiti et la Polynésie comme de la plongée sous-marine si pratiquée dans les îles; on peut voir la mer du dessus et du dedans. La surface, magnifique de bleu et miroitante de lumière, laisse deviner coraux multiformes, poissons colorés et coquillages merveilleux. Elle est aussi agitée par l'alizé, blanchie de moutonnements ou déferlante avec force, déposant sur le rivage coquilles vides, algues mortes et débris broyés. C'est une approche bien fragmentaire et inerte de l'immense océan.

Aussi chacun préfère-t-il prendre masque, tuba et palmes pour glisser à l'aise sous la surface de l'onde et s'immerger dans le grouillement vivant du lagon aux innombrables formes et couleurs.

Les visiteurs du château d'Angers ou de la cathédrale d'Albi peuvent éprouver le même contraste saisissant entre l'austérité des murs extérieurs et l'exubérance colorée des Tapisseries, sculptures et voûtes décorées.

C'est à une expérience analogue qu'est convié le lecteur de cet ouvrage rédigé à l'occasion du 150e anniversaire de l'arrivée des premiers missionnaires de la Congrégation des Sacrés-Cœurs, les PP. François d'Assise Caret, Honoré Laval et le frère Colomban Murphy le 7 août 1834 à Mangareva.

Après une introduction, cette étude se fera en quatre parties:
1. Repères historiques *pour situer le plus clairement possible, sous forme de*

---

(30) Nicolas GRIMALDI*:* Le Désir et le Temps. *P.U.F., Paris. N'a-t-il pas écrit: « La paléontologie est la science de toute l'histoire et l'histoire de toute la science. »*

tableaux et de synthèses, les événements et les hommes dans l'histoire générale des deux derniers siècles.

2. Jalons missionnaires, *explicitant les projets d'Evangélisation et en détaillant les étapes diverses.*

3. La Rencontre, *analysant la confrontation des missionnaires avec les divers groupes, personnages et événements; c'est la phase d'implantation de l'Eglise catholique.*

4. L'Eglise locale, *situant l'Eglise catholique en Polynésie dans le monde de notre temps marqué par de profondes mutations et le Concile Vatican II; c'est l'étape de prise de conscience de l'identité propre par l'approfondissement de la Foi face aux défis de l'avenir.*

INTRODUCTION

Ce vendredi 11 septembre 1891 le tout Tahiti polynésien et européen, officiel et populaire, protestant et catholique, était rassemblé devant l'Evêché pour les obsèques de Mgr Tepano Jaussen, premier Vicaire apostolique de Tahiti. Son décès, le 9 septembre à 4 heures du matin, avait causé une profonde émotion; c'était «la mort d'un père» (1).

Dès l'annonce de sa mort, le Directeur de l'Intérieur avait proposé au Conseil Général «d'organiser les funérailles aux frais de la Colonie en témoignage de reconnaissance pour les services rendus par l'éminent prélat». Dans le Journal Officiel encadré de noir, le Gouverneur Lacascade invitait l'Administration à se joindre à lui pour «faire des funérailles que la France réserve à ses grands hommes. Elles honoraient non seulement lc prêtre et le dignitaire de l'Eglise, mais aussi le pionnier de la civilisation qui avait arraché les îles Tuamotu au cannibalisme, qui avait doté la France du magnifique archipel des Gambier. Elles s'adressaient au savant qui avait recueilli les origines de la race Maori, qui avait fixé les règles et les éléments de la langue kanake (sic), enrichi l'Histoire d'ouvrages uniques et précieux. Elles étaient faites au soldat de l'humanité qui avait aboli les sacrifices humains en renversant les idoles du paganisme et avait conquis des peuplades barbares à la cause de l'Eglise et de la France».

La famille royale protestante était représentée par le Prince Hinoi; en effet le roi Pomare V, dernier roi de Tahiti et avec qui Mgr Tepano avait des relations

(1) V. Prat: *Vie de Mgr Tepano Jaussen,* en 4 tomes. Manuscrit unique au crayon de bois déposé aux Archives SS.CC. de Rome. Le R.P. V. Prat, SS.CC., était le neveu de Mgr T. Jaussen. T. IV, pp. 62 à 80: mort et funérailles.

amicales, était décédé au mois de juin précédent. Le Pasteur Viénot, Président du Conseil Supérieur des Eglises tahitiennes, était présent en personne. Tout Tahiti, sans distinction de races, de religions ou de fonctions se trouvait réuni dans le même hommage. Rassemblement symbolique et exceptionnel quand on sait la vigueur des conflits de l'époque, les profondes divisions et incompréhensions entre les diverses communautés qui s'étaient réunies ce jour-là dans la même prière. L'Evêque de Viviers, département où était né Etienne Jaussen le 12 avril 1815 à Rocles, le soulignait dans la lettre où il annonçait le décès à ses diocésains: «Heureux pays où il est permis aux fonctionnaires de se montrer justes envers un membre du clergé et où ils peuvent, sans se compromettre, laisser tomber sur le cercueil d'un Evêque un hommage de sincère admiration.»

Mgr Verdier était absent de Papeete lors de la mort de son prédécesseur; il était en tournée pastorale aux Tuamotu. A son retour, plusieurs jours après les obsèques, il constatait que «toutes les classes de la société n'avaient qu'un cœur et qu'une âme pour témoigner au vénéré défunt l'hommage d'une sympathie universelle... Vrai bienfaiteur du peuple, les Tahitiens aimaient Mgr Tepano et le vénéraient à l'égal d'un père. Ses obsèques furent un vrai triomphe, car il n'avait pas su se faire un ennemi».

Rencontre exceptionnelle où chacun était là, sincèrement présent au défunt: les Polynésiens avec leur cœur affectueux et filial, la famille royale désormais sans héritier, le Gouvernement et les élus qui ont organisé ces funérailles «nationales», les différentes écoles confessionnelles et publiques, l'Eglise protestante conduite par le Président du Synode, les Frères, les Sœurs, les Pères, même si on avait dû écarter de la présidence le P. Georges Eich, le Pro-Vicaire, en raison de sa nationalité allemande et si le P. Collette s'était isolé dans un coin. Tout le monde était là; mais chacun était-il présent à son voisin? Etait-ce, en cette année-charnière pour Tahiti, la paix froide des cimetières ou la paix des hommes de bonne volonté? En 1891, avec la mort du dernier roi de Tahiti et celle du premier Vicaire Apostolique, la période des pionniers s'achève. Celles des héritiers s'ouvre sur un chantier en pleine activité, avec une succession ambiguë et difficile, à l'époque des rivalités politiques intenses du XIXe siècle finissant.

Rassemblement inespéré, quand on réalise combien «l'apostolat de Mgr d'Axieri fut parsemé d'hostilités et de contradictions venues, pour la plupart, de ceux qu'une bonne politique aurait dû porter à l'aider» [(2)]; rassemblement ouvert à l'espérance, même si certaines luttes mettront encore bien des années à s'apaiser; rassemblement de tout un peuple, divers dans ses sensibilités

(2) G.E. Garderein, capitaine de frégate, cité par V. Prat, t. IV, p. 74.

et ses projets, mais qui veut vivre ensemble dans la compréhension et la tolérance sur ces petites terres colorées qui jouent avec la lumière du ciel et l'immensité de la mer.

Ce peuple rassemblé dans la communion sincère d'un deuil et la diversité de ces groupes humains réalise, sans trop le savoir sans doute, ce qu'est la Mission évangélique de l'Eglise fondée par Jésus-Christ: réunir les enfants de Dieu dispersés par l'Histoire et la Géographie [3]. C'est le défi œcuménique de l'Eglise dans le monde d'aujourd'hui; les chrétiens, avec tous les hommes de bonne volonté, sont appelées à la «Genèse» [4] d'un monde nouveau.

(3) Jn 11,52; 10,16; 17,22-23; 21,11 + 15-17.

(4) «Tenete» en tahitien, nom donné au Musée d'Histoire religieuse fondé ensemble par l'Eglise évangélique et l'Eglise catholique de Polynésie française dans le cadre du «Musée de Tahiti et des Iles» à la Punaruu sur la commune de Punaauia.

Départ de courses de pirogue avec Moorea.
Port Papeete (1979).

Fare-Potee
(case de construction traditionnelle,
Musée de Punaauia).

Jubilé P. Patrice Morel

Mgr Michel couronné.

CYCLONES:

1906: Papeete.

Nano: janvier 1983: Hao.

Côtre St-Pierre en mer (P. Mazé).

A terre.

Mgr Nouailles : St-Fr.-Xavier-Maris-Stella.

Charette P. Alazard 1933.

Charette P. Guyot 1932.

Air Polynésie Fokker, 1980.

4/4: atoll de Napuka 1982.

Première partie

Terres minuscules
Mer immense
Hommes dispersés

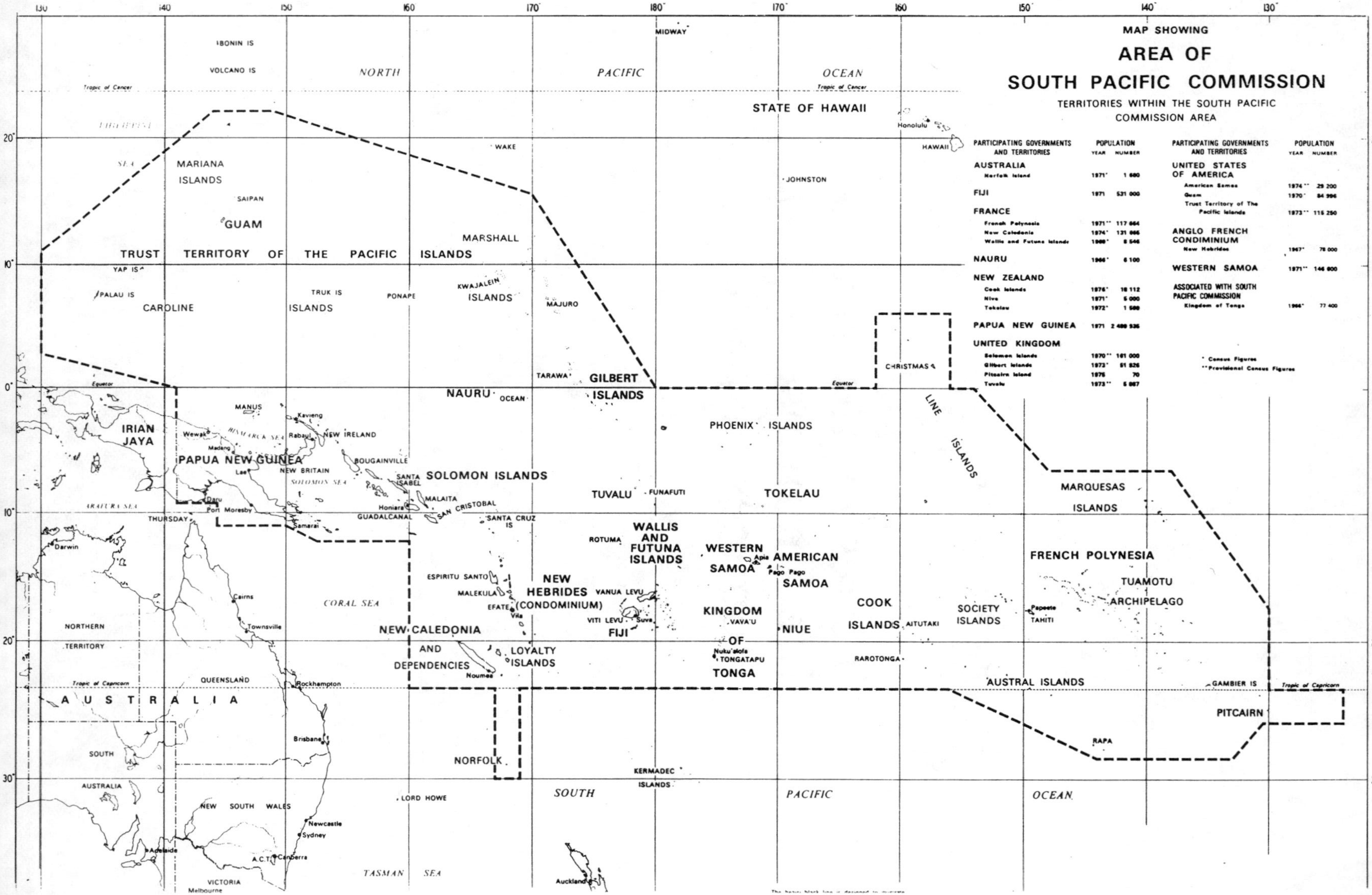
MAP SHOWING
AREA OF
SOUTH PACIFIC COMMISSION
TERRITORIES WITHIN THE SOUTH PACIFIC COMMISSION AREA
PARTICIPATING GOVERNMENTS AND TERRITORIES — POPULATION YEAR NUMBER
AUSTRALIA
Norfolk Island 1971* 1 680
FIJI 1971 531 000
FRANCE
French Polynesia 1971** 117 664
New Caledonia 1974* 131 665
Wallis and Futuna Islands 1969* 8 546
NAURU 1966* 6 100
NEW ZEALAND
Cook Islands 1976* 18 112
Niue 1971* 5 000
Tokelau 1972* 1 580
PAPUA NEW GUINEA 1971 2 489 936
UNITED KINGDOM
Solomon Islands 1970** 161 000
Gilbert Islands 1973* 51 926
Pitcairn Island 1976 70
Tuvalu 1973** 5 887
UNITED STATES OF AMERICA
American Samoa 1974** 29 200
Guam 1970* 84 996
Trust Territory of The Pacific Islands 1973** 115 250
ANGLO FRENCH CONDIMINIUM
New Hebrides 1967* 78 000
WESTERN SAMOA 1971** 146 600
ASSOCIATED WITH SOUTH PACIFIC COMMISSION
Kingdom of Tonga 1966* 77 400
* Census Figures
** Provisional Census Figures
NORTH PACIFIC OCEAN
SOUTH PACIFIC OCEAN
Tropic of Cancer
Tropic of Capricorn
Equator
BONIN IS
VOLCANO IS
MARIANA ISLANDS
SAIPAN
GUAM
TRUST TERRITORY OF THE PACIFIC ISLANDS
MARSHALL ISLANDS
CAROLINE ISLANDS
YAP IS
PALAU IS
TRUK IS
PONAPE
KWAJALEIN
MAJURO
WAKE
MIDWAY
STATE OF HAWAII
Honolulu
HAWAII
JOHNSTON
CHRISTMAS
LINE ISLANDS
TARAWA
GILBERT ISLANDS
NAURU
OCEAN
PHOENIX ISLANDS
TUVALU
FUNAFUTI
TOKELAU
MARQUESAS ISLANDS
FRENCH POLYNESIA
TUAMOTU ARCHIPELAGO
SOCIETY ISLANDS
Papeete
TAHITI
COOK ISLANDS
AITUTAKI
RAROTONGA
NIUE
WESTERN SAMOA
Apia
AMERICAN SAMOA
Pago Pago
KINGDOM OF TONGA
VAVA'U
Nuku'alofa
TONGATAPU
WALLIS AND FUTUNA ISLANDS
ROTUMA
FIJI
VANUA LEVU
VITI LEVU
Suva
NEW HEBRIDES (CONDOMINIUM)
ESPIRITU SANTO
MALEKULA
EFATE
Vila
SANTA CRUZ IS
NEW CALEDONIA AND DEPENDENCIES
LOYALTY ISLANDS
Noumea
NORFOLK
LORD HOWE
KERMADEC ISLANDS
AUSTRAL ISLANDS
RAPA
GAMBIER IS
PITCAIRN
SOLOMON ISLANDS
BOUGAINVILLE
SANTA ISABEL
MALAITA
SAN CRISTOBAL
GUADALCANAL
Honiara
SOLOMON SEA
BISMARCK SEA
NEW IRELAND
NEW BRITAIN
Rabaul
Kavieng
MANUS
PAPUA NEW GUINEA
Wewak
Madang
Lae
Port Moresby
Samarai
Daru
IRIAN JAYA
ARAFURA SEA
THURSDAY
CORAL SEA
TASMAN SEA
AUSTRALIA
NORTHERN TERRITORY
QUEENSLAND
SOUTH AUSTRALIA
NEW SOUTH WALES
VICTORIA
Darwin
Cairns
Townsville
Rockhampton
Brisbane
Newcastle
Sydney
A.C.T.
Canberra
Adelaide
Melbourne
Auckland

Chapitre 1

SEMIS D'ILES COLORÉES SUR LE GRAND OCÉAN

Océanie

L'Océanie [1], cinquième continent nommé ainsi depuis 1812, est le mariage original de l'immensité des mers et de la petitesse des terres qui éparpille les hommes sur le tiers du globe terrestre. L'Océan Pacifique qui l'unifie, représente la moitié des mers: 180 millions de km^2; il s'étale sur 14.OOO km du Nord au Sud et 20.000 km d'Est en Ouest. Le Pacifique Nord, bordé des continents actifs et peuplés d'Amérique du Nord et d'Asie, est pratiquement vide, hormis Hawaii. Le Pacifique Centre et Sud, ouvert sur l'Antarctique, est une zone d'insularité extrême; les terres et les îles sont surtout concentrées dans le secteur ouest. Nouvelle-Zélande, Australie, Nouvelle-Guinée, Indonésie, constituent les ensembles terrestres les plus importants. On compte seulement vingt-deux îles comprises entre 38.000 et 1.000 km^2 de superficie. Innombrables sont les petites terres et îlots dispersés, comme les Marshall pulvérisées en 1.460 îles pour une surface de 2.732 km^2!

Ces îles océaniennes présentent des caractères communs. Climatiquement elles sont dans la zone tropicale où soufflent les alizés et parfois les cyclones dévastateurs, comme «Nano» qui a ravagé dix-sept îles en janvier 1983 et «Orama», «Reva», «Veena», «William» ont saccagé les autres! Géographi-

---

(1) Voir en particulier:
- *Atlas de la Nouvelle-Calédonie et dépendances.* O.R.S.T.O.M. 1981, Paris.
- *Musée de Tahiti et des Iles:* salles 1, 2, 3.
- J. Fagès: *Petit Atlas de la Polynésie française.* Société des Océanistes, dossier 19. Paris 1979.
- P. Hodée: *La Mer et les Hommes.* Collection Eveil 11, D.E.C. Nouméa 1979.

quement, hormis quelques isolées tels l'île de Pâques ou Clipperton, elles sont groupées en archipels orientés Sud-Est.Nord-Ouest. Géologiquement, elles représentent des dorsales océaniques, cicatrices anciennes ou appareils volcaniques actuels venant de l'activité des plaques terrestres. Les volcans émergés constituent les «îles hautes»; les volcans éteints et immergés forment le socle des constructions coraliennes donnant les «îles basses».

L'isolement des îles océaniennes, à plusieurs milliers de kilomètres de tout continent, leur caractère géologique récent – (fin du Tertiaire et du Quaternaire) –, l'homogénéité du climat tropical ont donné naissance à une flore et une faune terrestres très endémiques et habituellement pauvres en espèces, contrairement à la grande diversité de la vie marine, surtout dans les îles coralliennes; mais variété des espèces ne signifie malheureusement pas richesse halieutique. L'essentiel de la végétation et du peuplement animal actuels est le fruit des groupes humains successifs.

Longtemps objet de vives controverses, le berceau du peuplement océanien initial est désormais fixé avec certitude par les diverses Sciences humaines dans le Sud-Est asiatique. Les premiers Océaniens apparaissent vers 4.000 ans avant J.-C. Les populations des îles de l'Océanie font partie de l'ensemble linguistique austronésien, déployé de Formose à Madagascar et jusqu'à l'île de Pâques. Ce peuplement s'est étalé sur une durée de cinq mille ans environ. Il a propagé les cultures vivrières et les élevages de la région indo-malaise, ainsi que les outillages et les poteries dont les vestiges archéologiques permettent d'en suivre les principales étapes. Le Musée de Tahiti et des Iles à Punaauia en présente de remarquables cartes et reconstitutions.

Il est toujours d'usage de répartir les populations des îles océaniennes en trois grands ensembles culturels: la Mélanésie au Sud-Ouest, la Micronésie au Nord-Ouest et la Polynésie au Centre et à l'Est. Mais, actuellement, on découvre que cette division commode et à base réelle, ne représente plus les frontières ethniques rigides ni les caractères humains précis et délimités que l'on imaginait au siècle dernier. Cependant l'observation met en évidence les caractères particuliers des Micronésiens, la grande diversité du monde mélanésien et l'unité profonde de l'ensemble polynésien, objet particulier de ce travail.

Polynésie

L'espace ethnique polynésien (2) représente un vaste triangle de 8.000 km de côté dont les trois pointes sont Hawaii, l'île de Pâques et la Nouvelle-Zélande;

(2) En plus des précédents: J.B. NEYRET: *Les Pirogues océaniennes.* Musée de la Marine, Paris 1977.

cette zone centrale du Pacifique comprend en plus le Royaume de Tonga, les Samoa occidentales et les Samoa américaines, Tuvalu, Tokelau, les îles de la Ligne, Pitcairn, Niue, les îles Cook et les deux Territoires français de Wallis-Futuna et de la Polynésie française. L'archipel des Fidji et celui des Loyauté, l'île d'Ouvéa particulièrement, occupent une position intermédiaire entre la Polynésie et la Mélanésie. C'est Charles de Brosses qui est l'inventeur du vocable «Polynésie» – (îles nombreuses) – en 1756. Son «Histoire des navigations aux Terres australes» lui donnait une extension géographique plus grande que le sens actuel qui a été défini par Dumont d'Urville en 1831 ; la Polynésie géographique actuelle correspond à ce que les anciens auteurs nommaient Polynésie orientale ou Océanie orientale.

L'ensemble polynésien présente une unité certaine. D'abord la dépendance maritime, dans ce triangle où les îles ne représentent qu'un millième de la surface totale, conditionne fortement la vie quotidienne des habitants. L'étroite familiarité des Polynésiens avec l'océan en fait des pêcheurs et des marins experts; le monde entreprenant des Polynésiens a développé à la perfection la construction et l'usage de l'embarcation étonnante qu'est la pirogue sous toutes ses formes. Les grandes distances à franchir, la régularité du climat tropical dans ces petites îles – hormis pour les Maoris de Nouvelle-Zélande –, l'homogénéité de la végétation et des cultures, la similitude des styles de vie et des régimes alimentaires donnent une cohésion intime entre ces Océaniens. Mais, comme l'écrit l'O.R.S.T.O.M., «l'unité de la Polynésie est d'abord celle de la langue – (le «reo maohi»). Le «triangle polynésien» constitue, aux variantes dialectales près, un domaine linguistique unique. L'organisation socio-politique était généralement fondée sur des principes hiérarchiques: chefferie héréditaire, stratification des statuts sociaux, pouvoir politico-religieux, organisation de type féodal dans certains archipels. Les entités politiques et sociales pouvaient être importantes, en nombre d'individus comme en étendue de territoire, et tendaient à la formation d'hégémonies (cas de l'empire maritime tongien notamment)». (Atlas de N.-Calédonie, présentation d'ensemble.)

En 1980, la Commission du Pacifique Sud estimait la population polynésienne à 470.000 habitants, auxquels il faut ajouter les Maoris d'Hawaii (50.000) et de Nouvelle-Zélande (260.000) et les Polynésiens de Nouvelle-Calédonie (20.000); les Polynésiens seraient ainsi environ 800.000.

La situation politique de ces îles est fort variée. Les Polynésiens d'Hawaii constituent 5 % de la population du 50e Etat des Etats-Unis d'Amérique. Les Maoris de Nouvelle-Zélande, dont beaucoup sont originaires des îles Cook, de Niue ou de Tuvalu, représentent environ 10 % de la population de cet Etat à majorité blanche. Les îles Cook ont le statut d'Etat associé à la Nouvelle-Zélande, ainsi que Tokelau et Niue selon des modalités propres. La Monarchie des Samoa occidentales et le Royaume de Tonga sont des Etats indépendants,

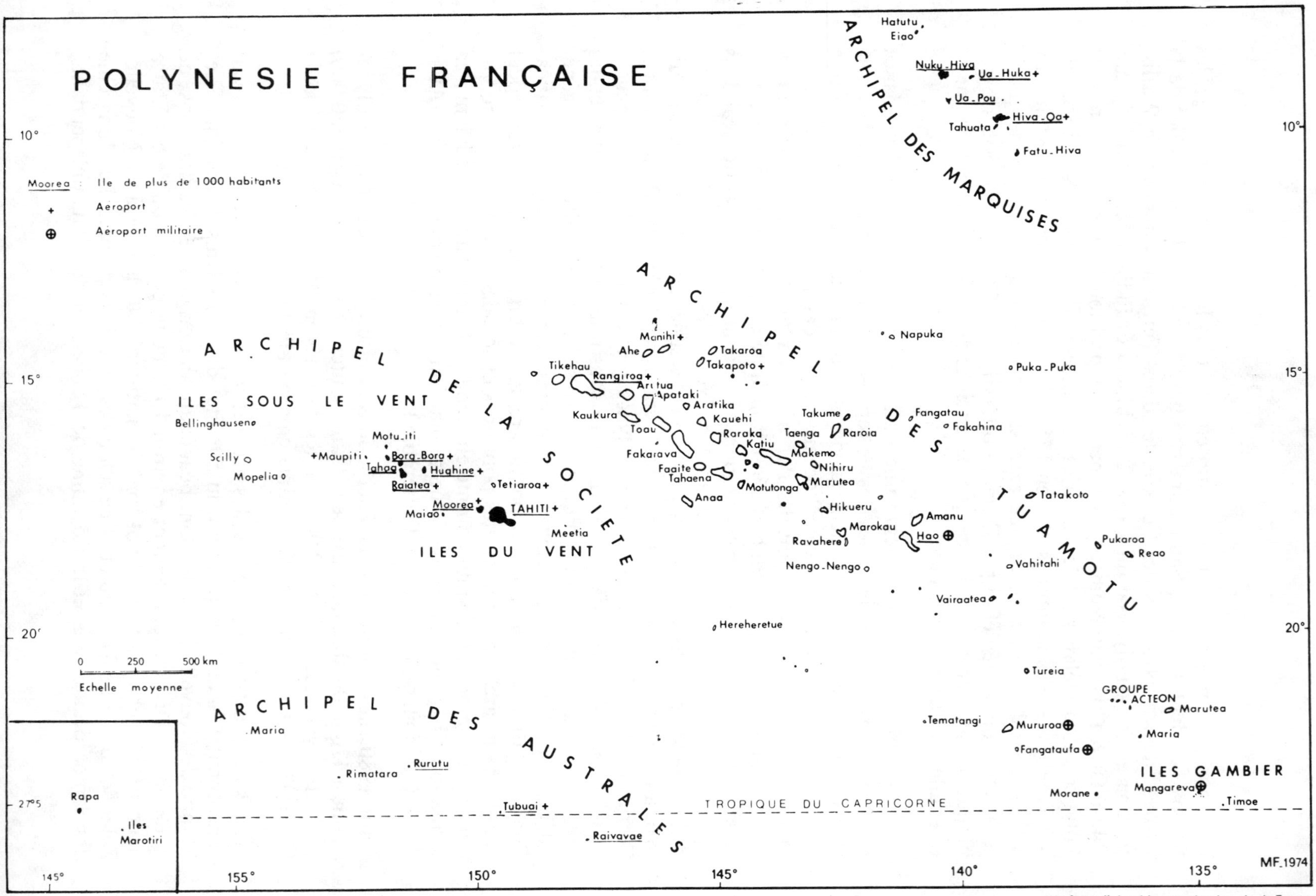

Avec l'aimable autorisation de J. Fages

membres du Commonwealth ainsi que Tuvalu. Les Samoa américaines et les îles de la Ligne sont des dépendances des Etats-Unis. Pitcairn est colonie britannique à statut interne particulier, et l'île de Pâques est une dépendance du Chili. Wallis-Futuna et la Polynésie française sont des Territoires d'Outre-Mer de la République Française, les premières depuis 1959, la seconde depuis 1946 avec statut d'autonomie interne en date du 12 juillet 1977.

Au point de vue de la langue de communication internationale, hors les 160.000 habitants des deux Territoires français, les autres Polynésiens sont de langue anglaise. Il faut souligner que, dans une Océanie où il y a à peine 1 % de francophones, les 20 % de Polynésiens français constituent une exception remarquée. Il convient de noter aussi le point de vue de l'appartenance religieuse, si prégnante dans toutes les îles océaniennes; les diverses Confessions protestantes y représentent 75 % de la population et l'Eglise catholique le quart. Mais la Polynésie possède les trois seuls archipels catholiques à plus de 90 %: les Gambier, Wallis-Futuna et les îles Marquises; la Polynésie française est de religion catholique à plus d'un tiers de sa population.

Après ces notations rapides, la cadrant dans son environnement polynésien et océanien, nous pouvons aborder aux rivages de la Polynésie française.

Polynésie française

Situé au Centre-Est du «triangle polynésien», le Territoire actuel de la Polynésie française [3] s'étale entre les 7e et 28e latitude Sud et les 131e et 156e de longitude Ouest. Il recouvre une superficie de 4.000.000 km^2 qui entraîne, avec l'application des 200 miles, une zone économique de 5.500.000 km^2, soit dix fois la Métropole. Il est constitué de 108 îles principales, regroupées en cinq archipels: les îles Australes, la Société, les Tuamotu, les Gambier, les Marquises; quatre sont composées d'îles hautes, les 84 îles Tuamotu étant des îles basses coralliennes. Hormis les îles Marquises qui plongent directement dans la mer sans récif ni lagon, les îles hautes des autres archipels sont ourlées, plus ou moins régulièrement, d'un récif corallien, blanchi par la houle du large; les passes, face

(3) P. O'REILLY – E. REITMAN: *Bibliographie de Tahiti et de la Polynésie française.* Société des Océanistes, nº 14, Musée de l'Homme, Paris 1967.

Cet ouvrage dresse le répertoire complet des publications sur la Polynésie française, répertoire qui était mis à jour dans le Journal de la Société des Océanistes. En 1982, autour de 15.000 titres! Tahiti et la Polynésie semblent des sources intarissables pour la recherche et l'imagination.

– G. KLING: *Tahiti...* Guide bleu illustré. Hachette, Paris 1971. – Annexe I: cartes.

– Voir les annexes VIII et X: «Population et statistiques» et «L'Homme et le Travail en Polynésie française» pour avoir les données détaillées sur la population et les activités économiques.

– C. CUZENT: *Tahiti de 1854 à 1858.* Ch. Thèze. Rochefort 1860.

– J. FAGÈS: *Petit Atlas de la Polynésie française.* Société des Océanistes, dossier 19, Paris.

aux rivières, ouvrent sur des lagons dont certains constituent de bons ports naturels. Les divers archipels sont alignés S.W-N.E, selon l'axe général de la structure géologique du Pacifique ; sous ce rapport, les Tuamotu-Gambier ne constituent qu'une seule dorsale volcanique, de même que ces îles sont réunies dans la même unité administrative.

La superposition des cartes de la Polynésie française et de l'Europe ou de l'Amérique du Nord permet de mieux réaliser la dispersion extrême des îles et de mesurer l'ampleur des problèmes pratiques à résoudre par les divers responsables. Par rapport à l'Europe, Tahiti étant positionné à Paris, les Marquises seraient autour d'Oslo en Norvège, les Gambier à Bucarest en Roumanie et Rapa du côté de la Sicile. Par rapport aux Etats-Unis et au Canada, Rapa étant du côté de la Nouvelle-Orléans et les Gambier sur la côte atlantique de la Caroline, les Marquises seraient dans la région de la baie James au Nord de l'Ontario, Tahiti au centre du Nebraska et les Iles-sous-le-Vent dans les contreforts des Montagnes Rocheuses. Pas mal de comportements ou de réactions surprenants pour les continentaux s'expliquent par l'énormité des distances et des difficultés d'un pareil désert d'eau. Tahiti est à 1.400 km des Marquises et 1.800 km des Gambier. La Nouvelle-Zélande se trouve à 4.000 km, la Nouvelle-Calédonie à 5.000 km, l'Australie à 6.000 km et, de plus, le lendemain en raison de la « dateline » à franchir au niveau de Wallis-Futuna. Du même côté du 180e méridien qui constitue la ligne internationale de changement de jour, on trouve Hawaii à 4.500 km, le Mexique et la Californie à 6.500 km, le Chili à 8.000 km. On conçoit qu'on ne peut s'immerger en Polynésie sans gérer l'espace-temps d'une façon particulière ; on est « ailleurs » et on y devient « autre ».

Dans ce vaste secteur maritime, la surface totale des îles ne représente qu'à peine 1/1.000, soit 4.000 km^2 – (taille de la Corse du Sud, du Haut-Rhin ou du Tarn-et-Garonne) –, dont seulement 3.265 km^2 sont habités par 150.000 personnes, résidant pour les 3/4 sur la seule île de Tahiti. La répartition ethnique de cette population est très délicate à analyser tant est développé le métissage : les « demis ». De plus, l'insertion socio-économique joue un rôle important dans le style de vie des familles. Tahiti est le lieu de rencontre de quatre modèles de société et de quatre cultures : le modèle maohi par la sensibilité, le style de vie et le folklore traditionnel, le modèle français par l'administration et l'école, le modèle américain par la technologie, le tourisme et les média et le modèle chinois par l'activité économique. De fait, et officiellement depuis 1980, la Polynésie française est bilingue : français et tahitien, même si le « reo maohi » recouvre d'autres parlers : marquisien, mangarévien, paumotu ; de plus il ne faut pas oublier l'usage fréquent de l'anglais et du chinois hakka. Depuis 1963 avec l'implantation du Centre d'Expérimentation du Pacifique à Moruroa et Fangataufa, le Territoire vit une mutation accélérée et brutale qui sera explicitée dans la dernière partie de ce livre. L'évolution de la population sera décrite dans le chapitre IV.

A l'exception des îles plus méridionales des Gambier et des Australes qui sont plus fraîches, le climat général de la Polynésie française est un climat tropical chaud et humide, assez uniforme tout au long de l'année. Les variations sont modestes entre la saison chaude et pluvieuse de novembre à avril et la saison fraîche et sèche de mai à octobre; l'hygrométrie moyenne est de 75 % et la température oscille entre 20° et 32°, autour de 27° à Papeete. En raison de la dispersion géographique et du relief très accidenté des îles hautes, les micro-climats sont très divers d'un endroit à l'autre. La quantité annuelle de pluie varie de 1 à 14 mètres selon les lieux à Tahiti. Le régime des vents est différent sur la côte Est exposée «au vent» et la côte Ouest «sous le vent». La latitude assez proche de l'équateur entraîne des variations diurnes faibles, de l'ordre d'une heure le matin et le soir, entre les solstices; de plus, selon la règle générale dans la zone intertropicale, aube et crépuscule sont réduits à un quart d'heure ou vingt minutes.

La flore et la faune autochtones sont pauvres en espèces. La végétation des atolls, très spécialement de l'ensemble des Tuamotu, est réduite et de caractère xérophyte, lié au sol calcaire et peu fertile de ces îles. Celle des îles hautes, à sol volcanique et bien arrosé, prend souvent un aspect exubérant; certaines hautes vallées humides constituent un refuge assez impénétrable pour les restes de la dense végétation primitive, à base de bambous, purau, pandanus, mape, fei... L'essentiel de la flore polynésienne actuelle a été introduit par les premiers Polynésiens (cocotier, arbre à pain...) et par les Européens. En plus des essais multiples tentés par des marins, en particulier les pharmaciens, et que cite C. Cuzent en 1860, il convient de souligner l'action particulière de Mgr Tepano Jaussen (1845-1891) et de Harrisson Willard Smith (1920-1947) qui ont acclimaté à Tahiti des centaines d'espèces nouvelles, tant utilitaires qu'ornementales: mangues-mission, pamplemousses roses, orchidées multicolores, hibiscus et bougainvillées... sont aussi familiers que le célèbre Tiaré Tahiti originel.

La faune terrestre initiale est fort indigente. La totalité des mammifères et presque tous les autres animaux ont été importés. L'heureuse conséquence en est l'absence de tout animal dangereux, hormis le «Cent-pieds», gros scolopendre à piqûre douloureuse. Il n'en est pas de même de la faune marine à l'abondance incomparable: coraux, coquillages, poissons, crustacés peuplent le littoral d'une grande variété de formes et de couleurs.

Aussi est-il aisé d'imaginer que, en dehors de tout apport extérieur surtout développé depuis 1963, la subsistance locale est à base de cocotier – arbre de vie par excellence – et d'arbre à pain, complétés par les taros, ignames, bananes... et de la pêche (de poissons et de coquillages). Dans l'ensemble des îles hautes, une telle économie de subsistance a permis la survie habituelle des populations polynésiennes. Il n'en a pas été de même sur les atolls des Tuamotu où la famine ne fut pas exceptionnelle en raison d'une eau douce rare et d'une végétation souvent rachitique. Cela explique sans doute en partie le nomadisme fréquent et très ancien des habitants des Tuamotu-Gambier en particulier, sans oublier l'atavisme marin des Polynésiens.

Pour terminer ce rapide survol des principales données géographiques de la Polynésie nécessaires à la compréhension de ce livre, voici une brève présentation des cinq archipels.

Société. Cet archipel est divisé en deux groupes : les Iles-du-Vent et les Iles-sous-le-Vent.

Les Iles-du-Vent comprennent Tahiti (1.042 km^2), Moorea (132 km^2), Maiao (9,5 km^2) avec, au Nord, l'atoll privé de Tetiaroa et, au Sud-Est, l'îlot de Mehetia accompagné de quelques volcans sous-marins, peu actifs et les seuls de la Polynésie française. Tahiti et Moorea sont deux îles jumelles séparées par un profond chenal de 25 km de largeur. Ce sont des appareils volcaniques anciens, élancés (Orohena a 2.241 m), déchiquetés par l'érosion, découpés par de nombreuses rivières, avec quelques plateaux pentus et cultivables et de faibles plaines littorales ou au débouché des rivières ; la plus vaste, la plaine d'Atimaono, a environ 15 km^2. La montagne est inhabitée ; la population est concentrée sur l'étroite plaine côtière, principalement dans la zone urbaine de Papeete, la capitale, zone de 35 km de front de mer et de collines où vivent 80.000 des 150.000 habitants de la Polynésie de 1980. Les Iles-du-Vent regroupent 106.000 personnes.

Les Iles-sous-le-Vent sont constituées, comme îles principales, de Raiatea accompagnée de Tahaa dans le même lagon, de Huahine, Bora-Bora et Maupiti avec, très au large, les îlots de Motu iti, Mopelia, Scilly et Bellinghausen. Ce sont des îles hautes (500 à 1.000 m), de même nature et de même géographie découpée et escarpée que Tahiti et Moorea. Près de 20.000 personnes y vivaient en 1980. Elles sont à 300 km de Tahiti.

Les Iles-du-Vent furent découvertes par Wallis en 1767 et les Iles-sous-le-Vent par Cook en 1769.

Gambier. Petit archipel d'îles hautes (441 m) situées au niveau du Tropique Sud à 1.800 km au Sud-Est de Tahiti. Il comprend quatre îles : Mangareva, Aukena, Akamaru, Taravai, accompagnées de quelques îlots ; le tout est enclos dans un vaste et unique lagon à nacre célèbre. 550 personnes y vivent. Il fut découvert par Wilson en 1797.

Tuamotu. Immense archipel constitué de 84 îles basses coralliennes dont 41 sont habitées régulièrement, les autres servant de plantations de cocotiers. Elles s'étirent du 14e au 22e latitude Sud et du 134e au 148e longitude Ouest, de 300 à 1.600 km à l'Est de Tahiti. De taille variée, sans sol cultivable ni cours d'eau, ces atolls ont une surface émergée de 908 km^2 sur lesquels vivent plus de 9.000 habitants. Depuis 1521, date où Magellan découvrit Puka-Puka, les divers atolls ont été aperçus peu à peu avec des fortunes diverses, comme les divers vocables donnés le montrent bien: «archipel dangereux», «îles du désappointement». C'est toujours une zone de navigation périlleuse. L'atoll de Hao sert de base arrière au C.E.P. qui a comme sites d'expérimentation atomique Fangataufa (abandonné depuis 1974) et Moruroa, lieu des explosions souterraines.

Marquises. Archipel de dix îles hautes (850 à 1.230 m), très escarpées et découpées en profondes vallées difficiles d'accès. Elles n'ont pas de récif corallien. Situées à 1.500 km au Nord-Ouest de Tahiti entre les 7e et 10e latitude Sud, les îles Marquises constituent deux groupes distincts: groupe Nord avec Nuku-Hiva, Ua-Huka, Ua-Pou et groupe Sud avec Hiva-Oa, Tahuata, Fatuiva comme îles habitées. Ces six îles habitées ont près de 6.000 personnes sur 982 km^2. Elles furent découvertes par Mendaña en 1595 et Ingraham en 1791, le premier pour le groupe Sud et le second pour le groupe Nord.

Australes. Groupe de six îles étiré au Sud de Tahiti entre les 21e et 28e latitude Sud, de 560 à 1.500 km de Papeete. Ce sont des îles hautes, mais de faible altitude (100 à 300 m), sauf Rapa (700 m) qui, de plus, est dépourvue de lagon. Rimatara, Rurutu, Tubuai, Raivavae, Rapa constituent les cinq îles habitées, l'îlot Maria est inhabité. Elles regroupent plus de 5.000 personnes sur une surface de 141 km^2. Cook découvrit Rurutu en 1769 et Tubuai en 1777.

Communications

Tout ce qui précède permet de saisir que la grande question pratique de la vie sociale est la maîtrise de l'espace et du temps. L'éparpillement extrême des îles, la petitesse de ces terres isolées, la dispersion des hommes, l'éloignement des continents actifs et des Métropoles tant civiles que religieuses, autant de facteurs qui font des communications une réalité vitale en Polynésie comme dans toute l'Océanie.

Le monde est devenu un grand village; l'instantanéité et la mondialisation de l'information est une caractéristique majeure de notre temps. Même dans les îles les plus éloignées, qui n'a pas désormais sa radio-cassette! La Télévision se répand très vite dans les archipels par les vidéo-cassettes et les réémetteurs locaux. Depuis Noël 1979, la Station spatiale de la Papenoo permet de recevoir, par satellite géo-stationnaire, les émissions venant de France en direct et d'y téléphoner instantanément en automatique.

Les «Jets» intercontinentaux, depuis l'ouverture de l'aéroport de Tahiti-Faaa le 5 mai 1961, font partie du paysage familier et déplacent beaucoup de monde pour couronner de fleurs ou de coquillages arrivants et partants. Quatre fois par semaine, les avions d'U.T.A. relient Papeete à Paris en vingt-deux heures, sans compter les lignes des autres compagnies ou les charters. Résidents et touristes, objets de consommation et surtout le courrier en profitent largement ; éloignement ne signifie plus isolement, d'autant que les gros cargos porte-conteneurs assurent la « voie de surface » par le Canal de Panama en trois ou quatre semaines de transit. La desserte inter-îles dans le Territoire est garantie par les compagnies « Air-Polynésie » et « Air-Tahiti » et quelques avions privés qui utilisent l'infrastructure de 44 aérodromes : 7 d'Etat, 24 du Territoire et 13 privés. De plus le trafic maritime entre les archipels bénéficie du service de 33 bateaux pour le cabotage et les services administratifs [4]. Cet ensemble de télécommunications, de dessertes maritimes et aériennes constitue un réseau indispensable pour le désenclavement des îles éloignées de Tahiti, pour les échanges des personnes, des marchandises, du courrier et des informations. C'est une infrastructure considérable et sans cesse perfectionnée, ainsi qu'une charge très lourde pour les divers budgets.

Mais, dans un pays qui a 53 % de sa population âgée de moins de 20 ans, il est difficile de réaliser que toutes ces merveilles quotidiennes d'aujourd'hui n'existaient pas hier, un hier qui date seulement des années 1970 pour la plupart. De plus, hors divers bateaux modestes construits sur place, l'ensemble des moyens de communications est importé. C'est, pour la masse de la population, un usage et une imitation plus qu'une assimilation et une construction ; on le voit bien à la difficulté de l'entretien et de la durée des matériels : il faut que ça marche ou que ça casse, même si, grâce à la formation professionnelle, ce comportement est en voie de disparition.

Aussi, pour mieux comprendre ce que les anciens missionnaires ont pu vivre dans les îles et pour éviter des anachronismes aussi faciles que regrettables, voici quelques repères et témoignages.

En 1827 et 1834, arrivée des premiers missionnaires catholiques dans le Pacifique, régnait la marine à voile ; le cap Horn était le passage habituel pour venir d'Europe, le canal de Panama n'ayant été ouvert que le 15 août 1914 (débuts des travaux en 1881 par F. de Lesseps). Sœur Marie de la Croix Bourdon, des Sœurs de Saint-Joseph de Cluny, a reporté sur une grande carte la position quotidienne de l'« Hérault » qui transportait leur groupe de six religieuses de Toulon à Papeete durant sept mois et quatre jours du 25 octobre 1855 au 29 mai 1856 : Gibraltar le 2 novembre ; 1 au 21 décembre, louvoiement sous l'équateur ; 3 février à Rio de Janeiro ; 7 mars aux Malouines ; 16 mars, franchissement du Cap Horn ; 5 avril à Valparaiso ; 27 avril à Lima et 29 mai, arrivée à Papeete (AR. S.J.C.). Tous n'arrivaient pas, comme le « Marie-Joseph » qui a quitté

(4) Moorea : 4 – Raiatea et I.S.L.V. : 3 – Australes : 1 – Marquises : 1 – Tuamotu : 14 – Divers : 10 (Service des Affaires Maritimes, Papeete, septembre 1982).

En 1982, les compagnies aériennes internationales desservant Papeete sont : Air-New-Zealand, Quantas, Lan Chile, Air Pacific.

Saint-Malo le 15 décembre 1842 et qui après avoir relâché à l'île de Sainte-Catherine au Brésil, a disparu corps et biens en mars 1843 au large des Malouines avec Mgr E. Rouchouze, premier Vicaire apostolique de l'Océanie orientale, accompagné de 25 missionnaires: dix religieuses, sept prêtres, un sous-diacre et sept frères catéchistes. Les voyages de cette époque étaient objet de crainte justifiée et de prières ferventes. Ce n'est qu'à partir de 1863 que l'hélice se généralise sur les bateaux à vapeur et remplace progressivement les roues à aube pour les navires de commerce; les navires de guerre en étaient pourvus depuis 1850. La généralisation, surtout après 1945, du moteur diesel, inventé en 1893, donnera son visage actuel au trafic maritime.

Si la radio a été inventée par Hertz en 1885 et la Radio française fondée en 1901 par Branly, c'est en 1949 que Radio-Tahiti a été lancée; la télévision arrivera en 1965. La première liaison aérienne directe Paris-Bora-Bora par D.C.4 date de 1950; le trafic aérien ne prendra son ampleur qu'avec l'ouverture de la piste de Faaa et l'utilisation courante des «jets» à partir de 1961.

Ces quelques repères historiques situent l'accélération des progrès techniques dans le domaine des communications entre les hommes. Le courrier en est un élément primordial; mais il est lui-même dépendant des moyens de transport. Si le cas, signalé dans l'avant-propos, des expulsions survenues aux Sandwich en 1831 et connues à Paris seulement en 1833, est exceptionnel, plusieurs mois à un an pour le courrier jusqu'à l'ouverture du canal de Panama ne semblait pas trop étonnant. Il s'y ajoute ensuite la distribution locale inter-îles; en voici quelques témoignages.

«Il n'y a pas de courrier organisé aux Tuamotu-Gambier. Je pars pour trois mois visiter ces îles. La vie est onéreuse faute de communications régulières [5].»

Dans ces conditions aléatoires, on comprend la formule quasi rituelle du début des lettres de cette époque: «Je profite de l'escale d'un bateau pour remettre ce courrier au capitaine.» C'était imprévisible et il fallait écrire à la hâte.

«Des lettres ont mis dix-huit mois à me parvenir... Voilà quinze mois que je n'ai pas vu un confrère... Le matériel photographique, pris à Paris en 1926, a mis vingt mois à me parvenir et est inutilisable parce qu'il est trempé par l'eau de mer, comme le reste [6].»

«Je suis venu à Papeete après quatorze mois d'attente d'un confrère, craignant d'en attendre un pendant une année encore. O doublement chère confession qui me vaudra plus de 2.000 km de voyage et deux mois d'absence de ma vaste paroisse aquatique... A quand un hydravion [7]!»

---

(5) Mgr VERDIER au T.R.P. (14-2-1896). Ar. SS.CC. 58, 3.
(6) P. MAZÉ au P. I. ALAZARD (29-10-1928) de Reao. Ar. SS.CC. 59, 1.
(7) P. MAZÉ au P. I. ALAZARD (14-9-1931). Ar. SS.CC. 59, 1.

« Vos lettres ne mettent plus que trois mois. Tout s'améliore [8]. »
Aujourd'hui aussi, par voie de surface, courrier et colis mettent deux à trois mois, alors que par avion il suffit de deux jours.

Bien évidemment, dans un si vaste domaine maritime, le moyen primordial de communication est le bateau, même si, aujourd'hui, l'avion est d'un grand secours pour les personnes. La pirogue polynésienne ne correspondait pas aux nécessités de la navigation pour les Européens; elle ne pouvait répondre aux besoins de la Mission. Dès 1838, Mgr Rouchouze voit clairement le problème. « La distance des lieux, la difficulté d'avoir des navires font que je ne puis, par moi-même, pourvoir à tout comme je le voudrais et comme il serait nécessaire... Le plus grand obstacle au progrès de l'Œuvre est le défaut de communications; peu de navires veulent ou peuvent nous conduire. Je n'ai pas non plus assez d'ouvriers... Je n'ai pas non plus les fonds nécessaires... On vous aura sans doute parlé du projet d'acheter un navire pour le service de la Mission... Ce moyen présente des avantages et beaucoup de désagréments. Les missionnaires, ayant un navire, auront l'air de faire du commerce. A qui en confier le commandement ? Qui entrera dans les détails des dépenses et de l'entretien ? D'autre part, il est essentiel d'avoir les moyens sûrs de communiquer d'une île à l'autre. Si j'avais eu le moyen de sortir d'ici, il y a longtemps qu'on serait à l'île de Pâques ou aux Marquises. Aucun de nous ne connaît les ruses des commerçants et des marins. Je crains qu'en achetant un navire, on ne se mette dans des embarras inextricables qui finiront par nuire à la Mission. Il y aurait moins de difficultés à frêter un navire une fois par an, à condition qu'il visiterait les points qu'on voudrait dans l'Océanie. On aurait sans doute moins de liberté, mais aussi on ne courrait pas autant de chances [9]. »

Ce « projet de navire » fut la goëlette « Notre-Dame-de-Paix » – ex-« Honolulu » – achetée à Valparaiso par le P. Maigret en commun avec les Maristes et revendue rapidement par Mgr Pompallier au grand dam de la Mission des Gambier. En 1861, les Mangaréviens construisent, sous l'initiative du P. Laval, le « Maria i te aopu » – (Notre-Dame-de-Paix) – dont le commandement sera assuré par D. Guilloux. Après huit années de services divers et bien des ennuis de tous ordres, il coula en avril 1869 à Rikitea [10]. Les interrogations de Mgr Rouchouze étaient bien réelles.

En 1868, Mgr Tepano Jaussen acheta une goëlette de 20 tonneaux pour le service des Tuamotu. Après avoir déposé le P. Vincent de Paul Terlijn à Reao en 1874, le « Vatikana » se brisa au retour vers Tahiti sur le récif de Motutunga [11].

---

(8) P. Mazé au P. I. Alazard (18-5-1932).

(9) Mgr E. Rouchouze, Aukena (19-8-1838): *Rapport au Supérieur général, Mgr Bonamie.* Ar. SS.CC. – LAMO II, n° 137.

(10) H. Laval : *Mémoires.* Océanistes n° 15, pp. 183 et 372.

(11) P. Terlijn au P. Procureur, Papeete (3-2-1900). Ar. SS.CC. 73, 1.

Eugène Caillot décrit en ces termes la navigation à travers ces îles : « Pour aller aux Gambier, à Tubuai ou à Rapa, quelle affaire ! Il se passe plusieurs mois avant qu'un bateau s'y rende. Lorsqu'il s'agit de communiquer d'île en île ou seulement de vallée en vallée par mer, que de moyens défectueux – (la Société mise à part). Il faut recourir alors à de petites barques côtières montées par quatre indigènes et un patron. Pendant plus d'un mois, j'ai dû vivre en plein air sans abri contre la pluie ou le soleil... Que de longs jours et de longues nuits passées sur ces mers sans pouvoir quelquefois aborder à l'endroit désiré ! C'est une rude existence que mène le voyageur dans ces parages de l'Océan Pacifique. Et les débarquements ou embarquements aux Tuamotu et aux Marquises ! A chaque fois il faut risquer sa vie, car il n'y a pas la moindre jetée. On ne peut trouver rivages plus inhospitaliers : la mer se rue furieusement dans les petites baies et les lames se brisent avec une force inouïe sur les récifs menaçants : être noyé ou brisé [(12)]. » Les missionnaires ont vécu cela de longues années, voire une vie entière.

En 1909, le P. Audran à Puka-Puka signale que la Mission n'a plus ni goëlette ni côtre pour visiter les îles [(13)]. C'est le P. Paul Mazé qui a relancé, en 1926 sous forme d'un côtre, les bateaux de la Mission. « Mon côtre, le « Saint-Pierre » – (7,80 m de long, 2,70 m de large, 1,20 m de tirant) –, est fort pour résister aux grains, léger pour monter sur le récif quand il n'y a pas de passe... Il peut contenir 30 personnes... Il a une bonne chaille de fer pour effleurer le récif en le franchissant... Il est pratique pour les petites courses... Les autres Pères s'y mettent aussi. »

« Le voyage en côtre en décembre-janvier n'est pas à recommander ; à quoi bon lutter contre les éléments déchaînés : violence des courants, vagues, vent, éclairs... Une forte vague fit qu'avec deux matelots j'ai été projeté à la mer pour la 3ᵉ fois de ma vie missionnaire Paumotu. L'idée d'un danger personnel ne m'est pas venue ; il fallait sauver le "Saint-Pierre"... »

« Mon petit côtre m'a déjà permis cinq tournées pastorales dans toutes les îles de mon secteur et même d'aller jusqu'à Mangareva et Hao... »

« Déjà huit ans de loyaux services du "Saint-Pierre" malgré les pronostics sombres des prophètes de malheur... Il est difficile de fréquenter les récifs Paumotu pendant des années sans y déchirer sa peau et y briser ses os [(14)]. »

Dès 1849, Mgr Tepano Jaussen signalait à la Propagation de la Foi à Lyon que « les missionnaires aux Paumotu ne peuvent communiquer que par canots

---

(12) E. CAILLOT : *Polynésiens orientaux*, p. 82, Paris 1909.

(13) H. AUDRAN au T.R.P. (15-8-1909), Puka-Puka. Ar. SS.CC. 61, 2.

(14) P. MAZÉ, lettres du 21-7-1927 ; 19-5-1931 ; 18-5-1932 ; 11-12-1934 au P. I. Alazard et au T.R.P., Reao, Ar. SS.CC. 59, 1.

et baleinières... La conformation des îles exige que chaque missionnaire ait la sienne » [15].

Question lancinante que pose la géographie à tous ceux qui vivent en Polynésie que celle des communications. Si la variété et le développement des moyens techniques de notre époque en facilitent beaucoup la réponse, les distances restent les mêmes et les charges pour y faire face ne s'allègent pas. Mgr Le Cadre nous fournira le mot de la fin : « D'aucuns trouvent que les Marquises ont trop de missionnaires pour leur population restreinte. Je serai bien de leur avis s'ils me donnent le moyen pratique de grouper notre population en deux ou trois centres ou s'ils me procurent un petit navire bien conditionné, qui permettrait aux prêtres de se déplacer facilement et régulièrement. La vie chrétienne a besoin d'être entretenue et les mourants veulent se préparer au grand voyage [16]. »

(15) Rapport du 10-11-1849, Ar. SS.CC. 57, 2.
(16) Mgr Le Cadre au T.R.P. Atuona (14-6-1937), Ar. SS.CC. 47, 2.

Chapitre 2

NAVIGATEURS AUDACIEUX

Les hauts pointements volcaniques des îles ont été situés dans l'immensité profonde de l'Océan Pacifique. Les trois chapitres qui viennent nous lancent, à travers le temps, sur les traces des hommes disparates et étonnants qui l'ont sillonné, peuplé et s'y sont rencontrés, voire affrontés à diverses époques [1].

Des profondeurs de l'Asie

Voici environ 40.000 ans, au paléolithique supérieur où la terre se réchauffait progressivement de la dernière glaciation de Günz qui avait fait baisser le niveau des océans de 80 à 100 m par rapport à la hauteur actuelle, une population noire et nomade commence à peupler les Philippines, la Papouasie-Nouvelle Guinée et l'Australie d'aujourd'hui. Les 180.000 Aborigènes d'Australie en sont les

---

(1) – B. Danielsson : *Le Mémorial Polynésien.* Collection Ph. Mazellier, 6 t. Hibiscus éditions, Papeete 1978, spécialement tomes 1 et 2.

– L. Jore : *L'Océan Pacifique au temps de la Restauration et de la Monarchie de juillet* (1815-1848), 2 t. Besson et Chantemerle, Paris 1959.

– G. Kling : *Tahiti.* Guide bleu illustré. Hachette, Paris 1971.

– M. Leriche – J. Dupuy : *La Polynésie Française des origines à nos jours.* Service de l'Enseignement territorial.

– J.A. Moerenhout : *Voyages aux Iles du Grand Océan,* 2 t. Arthus Bertrand, Paris 1837.

– P. O'Reilly : *Tahitiens.* Société des Océanistes n° 36, Paris 1975.

– P. O'Reilly – E. Reitman : *Bibliographie de Tahiti et de la Polynésie Française.* Société des Océanistes n° 14. Musée de l'Homme, Paris 1967. Chap. VIII : Histoire, pp. 559 à 751, nos 6245 à 8399.

– O.R.S.T.O.M. : *Atlas de Nouvelle-Calédonie,* Paris 1981.

– P. Rey-Lescure : *Abrégé d'Histoire de Tahiti et des archipels de la Polynésie Française.* Klima-Papeete 1970.

ETAPES DU PEUPLEMENT

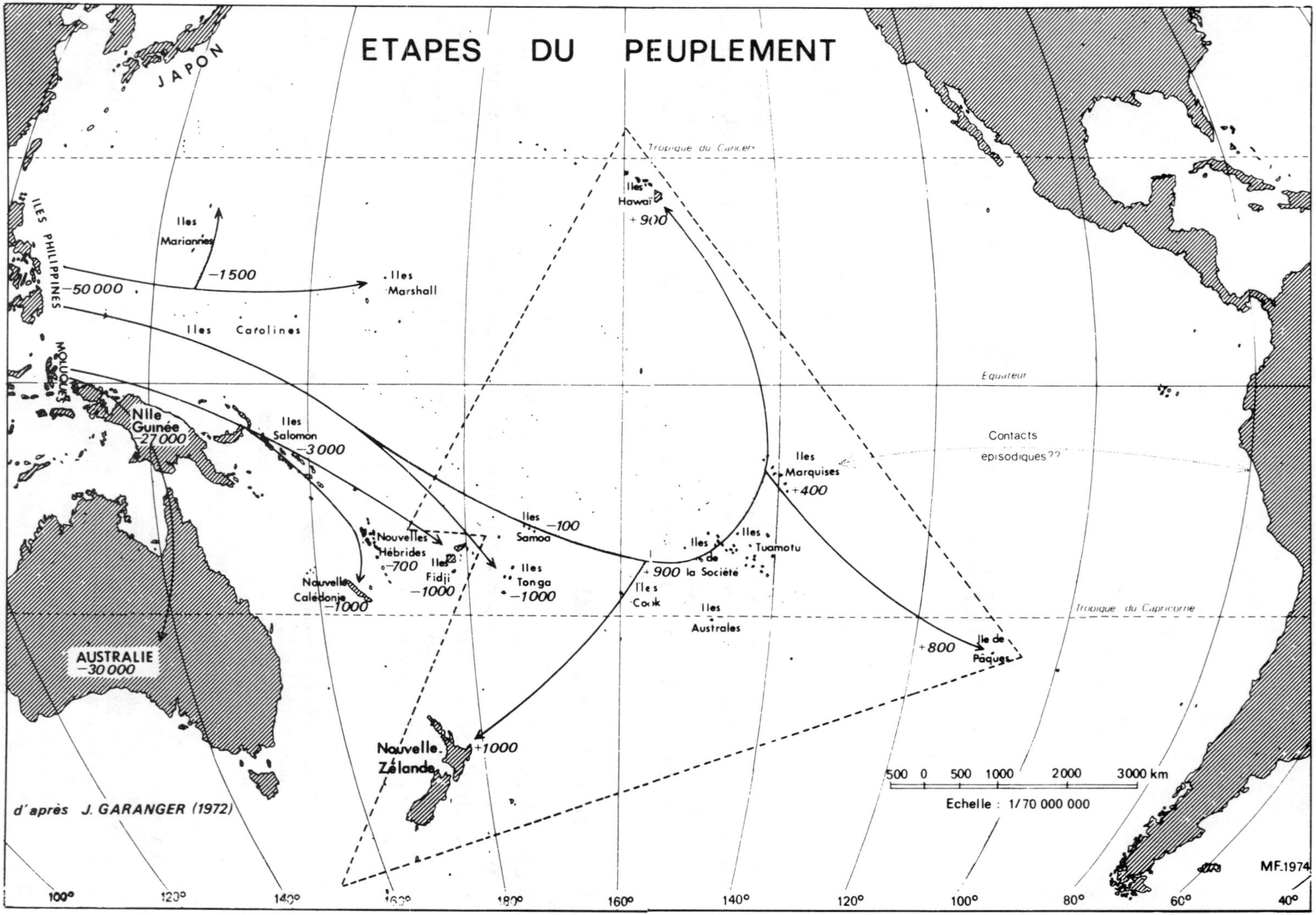

Avec l'aimable autorisation de J. Fages

descendants contemporains [2]. A cette époque reculée, les terres étaient proches, la faune et la flore abondantes, les déserts inexistants; il n'y avait que de simples bras de mer à franchir pour passer du Sud-Est asiatique, berceau désormais assuré de ces premiers Océaniens, aux diverses terres de l'Océanie occidentale.

Ce n'est que vers – 4.000 à – 3.000 avant J.-C. que d'autres groupes, venant du secteur des îles Salomon, s'élancèrent, grâce à leurs remarquables pirogues, à la conquête des îles océaniennes de la zone inter-tropicale.

Polynésiens entreprenants

«Le peuple aventurier de la pirogue» était né [3]. L'absence de terres importantes à mettre en valeur dans ce qui deviendra le «triangle polynésien», hormis la Nouvelle-Zélande, explique le développement progressif d'une civilisation maritime à base de navigation et de pêche, complétée par une agriculture de subsistance rudimentaire à base de cocotiers, arbres à pain ou cochons apportés avec eux. Les pirogues étaient de divers modèles: pirogues simples à unique balancier, pirogues en bois cousu et calfaté, pirogues à coque double et pontée, vrais navires de 20 à 30 mètres de long capables d'affronter les longues distances et la haute mer en transportant plusieurs dizaines de personnes avec vivres et bagages. La navigation se faisait aux étoiles dont les constellations et le positionnement par rapport aux îles fut assez bien maîtrisé [4].

Ne trouvant que des pierres et du corail, des coquillages et des plantes sur les îles, en l'absence de tout métal, les Polynésiens ont travaillé avec une grande ingéniosité la pierre, l'os, la nacre, le bambou, le bois ou les feuilles. Herminettes innombrables, pilons variés, hameçons, tressages de feuilles de pandanus et de cocotier, tissus de tapa (écorce végétale), harpons, lances, casse-tête, plats... en sont les témoins parlants. Les habitations (fare) étaient simples: toits de feuilles tressées ou superposées, murs à claire-voie de bambous juxtaposés et sol battu ou empierré couvert de nattes. La cuisine se faisait, comme dans toute l'Océanie, au four creusé dans la terre et rempli de pierres chauffées au feu de bois. L'économie était inexistante, la prévision inconnue, hormis parfois, pour le uru (fruit de l'arbre à pain) entreposé dans des silos creusés dans la terre. C'était une économie collective de subsistance au jour le jour où «demain a souci de lui-même».

---

(2) Voir Revue *30 Jours* n° 8, septembre 1982, pp. 28 à 43.
(3) J.B. NEYRET: *Les Pirogues océaniennes.* Musée de la Marine, Paris 1977.
(4) Voir les salles spécialisées du Musée de Tahiti et des Iles de Punaauia.

Pour quelles raisons, à 5.000 ou 6.000 ans de nous, ces groupes austronésiens s'égaillèrent-ils, qui vers l'Océan Indien et Madagascar, qui vers la mer de Chine et Taïwan, qui à travers la Polynésie ? P.H. Buck fait appel à la « pression des peuples mongoloïdes se déversant » sur le continent asiatique (5) ; on ne peut exclure aussi la surpopulation ou les guerres entre groupes dans ces peuples ardents et farouches batailleurs (6). Par contre, même s'il faut souligner que cette migration des Polynésiens est une des plus grandes aventures maritimes parmi les hommes, il semble exclu qu'elle ait mis en mouvement, au même moment, d'importantes populations ; quelques pirogues pontées suffisent à assurer la souche génétique pour peupler une île. De plus, la colonisation du « triangle polynésien » s'est déroulée très progressivement sur deux millénaires.

A partir de la région indo-malaise où l'on trouve des analogies culturelles et des similitudes linguistiques, les Salomon offrent des sites archéologiques remontant à – 3.000 avant J.-C. Les îles Tonga ont été visitées en – 1.000 et les Samoa en – 100 avant J.-C. De là, les pirogues nous conduisent aux îles Marquises en 400 après J.-C. ; les îles de la Société ont peut-être été touchées à ce moment. A partir des Marquises, autour des années 800 à 900 de notre ère, les Polynésiens vont remonter jusqu'aux îles Hawaii, peupler l'île de Pâques et atteindre les îles Cook. A cette époque, Raiatea, l'île au Grand « marae » sacré (7), acquiert une importance particulière. Enfin, aux environs de l'an 1.000, les maoris arrivent en Nouvelle-Zélande, pointe Sud-Ouest de l'immense « triangle » qu'ils ont mis 2.000 ans à peupler entièrement, colonisant avec une réussite qui étonnera les navigateurs européens venus quelques siècles plus tard, toutes les îles habitables de cette étendue maritime démesurée.

Les partisans du peuplement de la Polynésie à partir de l'Amérique s'appuyèrent essentiellement sur les données géographiques de l'hémisphère : alizé portant et régulier soufflant du Sud-Est, direction générale des courants marins remontant la côte de l'Amérique du Sud et se dirigeant vers l'Ouest au Sud de l'Equateur. Sur ces bases, Thor Heyerdahl avec quatre autres Norvégiens et un Suédois : Bengt Danielsson, monte la célèbre expédition du Kon Tiki. Le radeau de 7,4 m sur 4,5 m, réalisé avec neuf troncs de balsa, quitta Callao le 28 avril 1947 et s'échoua sur les récifs de Raroia aux Tuamotu le 7 août ; belle aventure humaine qui ne démontra pas que les Polynésiens soient des Pré-Colombiens, mais qui prouva que d'autres embarcations, au cours des temps, aient pu aussi aboutir en Polynésie, comme les Polynésiens avaient fait l'inverse en allant peupler l'île de Pâques en venant de l'Ouest ; Eric de Bisschop en 1956 et d'autres navigateurs en firent autant.

---

(5) P. BUCK : *Les migrations des Polynésiens.* Payot, Paris 1952, p. 35.
(6) R. VIRIEU : *Le Fiu.* Thèse de doctorat. Faculté des Lettres et Sciences Humaines, Nice 1981, p. 19.
(7) Marae : temple en plein air des anciens Polynésiens.

Terre Australe inconnue et convoitée

Depuis les temps antiques, des géographes imaginaient l'existence d'un continent austral pour équilibrer la masse considérable de l'Eurasie. Les cartes du XVIe siècle portent, en leur partie inférieure, une immense zone baptisée « Terra Australis nondum cognita » (Terre Australe non encore connue). Ce continent mystérieux, situé quelque part dans les « mers du Sud », est considéré comme certain ; sa découverte excitera les imaginations autant que les convoitises. Sa recherche passionnée sera le grand moteur des expéditions maritimes qui vont se développer du XVI au XVIIIe siècles. La course aux hypothétiques richesses des Terres Australes sera la principale motivation jusqu'en 1775. Après, les reconnaissances géographiques, la connaissance des habitants, l'établissement des cartes seront l'objet essentiel des explorations. C'est James Cook qui mit fin, lors de son second voyage de 1772 à 1775 au mythe de la Terre Australe telle qu'on l'imaginait depuis deux siècles.

Les pages qui suivent n'ont pas la prétention d'être une histoire complète et détaillée ; elles se proposent de fournir les repères essentiels pour comprendre la vie en Eglise dans la terre polynésienne. La chronologie détaillée et comparative, tant civile que religieuse, est fournie dans les tableaux des annexes II et III qui recouvrent la période de 1513 à 1983. Ils situent en même temps la Polynésie dans l'ensemble du monde. Ils constituent la colonne vertébrale de cet ouvrage ; ils sont complétés par les listes chronologiques des personnels.

Le Pacifique est entré dans le courant mondial avec la sortie des Européens de l'époque des « mers fermées ». Ce fut le Gouverneur espagnol Balboa qui découvrit, le 25 septembre 1513 à partir du Panama, cette vaste étendue marine. Le 28 novembre 1520, le Portugais Magellan, après avoir trouvé au Sud de l'Amérique le détroit qui porte son nom depuis, s'engage avec le « Trinidad », le « Concepción » et le « Victoria » sur une mer inconnue et si calme ce jour-là qu'il l'appelle, sans doute un peu vite : Océan Pacifique. Le 24 janvier 1521, c'est la découverte du misérable et décevant atoll inhabité de Puka-Puka aux Tuamotu, puis de celui de Flint, dans les « îles de la Ligne », avant d'arriver aux îles de Guam et de Rota, aux Mariannes, le 6 mars 1521. Saavedra reconnut les Marshall et la Papouasie en 1527 et Villalobos les Carolines en 1543. Alvaro de Mendaña, après être passé entre les Marquises et les Tuamotu sans les voir, atterrit en 1567 au Tuvalu (îles Ellice) et aux Salomons où les contacts furent très agressifs.

En 1595, Mendaña qui ambitionnait le Gouvernement de la Terre Australe, repart en campagne avec Fernández de Quirós ; sur les quatre petits navires sont entassés 378 personnes, les futurs « colons », dont une centaine ramassés dans les prisons, les volontaires ayant fait défaut. Le 21 juillet, l'expédition arrive en vue de Fatuiva, la plus méridionale des Marquises. Si le premier accueil par les hommes au tatouage bleu est amical, leur sans-gêne et leurs vols gâtent rapidement les relations qui se terminent au canon et au mousquet. Après dix jours de ravitaillement, de découvertes nulles, de méfiance armée mais aussi de relations intimes avec les femmes vite apprivoisées et trouvées jolies, Mendaña repart de Vaitahu en laissant, parmi la population, 200 morts, la syphilis et un nom pour l'avenir : las Islas Marquesas de Don Garcia Hurtado de Mendoza de Cañete, en l'honneur de la femme du Vice-Roi du Pérou ; cette grandiose dénomination fut abrégée en Iles Marquises. Ce premier contact, telle une ouverture synthétique esquissant les thèmes de l'œuvre musicale, préfigure les graves ambiguïtés et les difficultés des futures rencontres entre Polynésiens et Européens. Le voyage de Quirós en 1606 termine cette première phase espagnole. En février, il remonte les Tuamotu à partir de Marutea avec un arrêt de deux jours à Hao, avant de découvrir le Vanuatu (ex Nouvelles-Hébrides) pris pour la Terre Australe et baptisé : Australia del Espíritu Santo.

En 1616, les Hollandais Le Maire et Schouten, après avoir trouvé le passage au Cap Horn, traversent les Tuamotu par Takaroa, Takapoto, Manihi et Rangiroa. Ils s'arrêtent aux Tonga et à Futuna et Alofi sur la route de Java. Tasman trouve la Tasmanie et la Nouvelle-Zélande en 1642, Tonga et Fidji en 1643. C'est le 5 avril 1722 que Roggeveen découvre l'île de Pâques dont les gigantesques statues l'étonnent et où il y massacre une douzaine de Pascuans. Un de ses trois navires fait naufrage en essuyant une tempête dans les Tuamotu. En juin, Makatea, Bora-Bora et Maupiti sont observées sur la route des Samoa. Pas plus que Mendaña, les Hollandais n'étaient avares des coups de mousquet pour inspirer le respect.

A cette époque, en 1756, Charles de Brosses, Président du Parlement de Dijon écrivit sa remarquable « Histoire des navigations aux Terres Australes ». Il y récapitule les découvertes réalisées depuis cent cinquante ans. Il y donne des conseils aux navigateurs tels que « faire un usage bien sobre des armes à feu, de ménager les cocotiers et les âmes ». Il choisit le nom de Polynésie pour désigner le Sud du Pacifique à cause de « la multiplicité des îles » de cette région.

La période de 1765 à 1838 sera décisive pour les archipels polynésiens et scellera leur destin. Anglais et Français entrent en compétition. Tahiti prendra la place de la Terre Australe dans l'imagination collective.

En 1763, le Traité de Paris fait perdre à la France le Canada et les Indes ; la rivalité avec l'Angleterre devient économique et géographique. Pour conquérir la Terre Australe inexplorée, il fallait d'abord s'assurer la maîtrise des Falkland ; Bougainville le réalise dès 1763 en fondant aux « Malouines » une colonie avec des Acadiens français rapatriés du Canada. John Byron y plante l'Union Jack l'année suivante dans l'ignorance de la présence des Français. Poursuivant son périple autour du monde, Byron passe par Napuka, Tepoto et Takaroa en juin 1765, les deux premières nommées « îles du désappointement » en raison de la forte houle et de l'hostilité des habitants.

1767 voit la découverte de Tahiti par Samuel Wallis à bord du « Dolphin ». Les 17 et 18 juin le navire longe Mehetia pour se présenter au Sud de la presqu'île de Taiarapu le 19 juin où il est accueilli par des milliers de Tahitiens sur des pirogues. Le « Dolphin » remonte lentement la côte Ouest à la recherche d'une baie pour se ravitailler, puis revient sur ses pas pour essayer de se réapprovisionner en eau douce du côté de Tiarei. L'agressivité des nombreux Tahitiens amène les premiers morts. Enfin le navire s'échoue dans la baie de Matavai le 23 juin. Le lendemain, 500 pirogues et 4.000 Tahitiens essaient de s'emparer du « Dolphin » ; les canons bourrés de mitraille les dispersent en faisant de nombreux morts et blessés. Le calme revenu, Wallis prend possession de « Otaheiti » en la nommant île du Roi Georges III. Un second retour offensif sera maté par trois heures de canonade et la destruction des pirogues. La soumission est alors totale. Plus que l'eau fraîche et les provisions de toute sorte, les vahine font les délices des marins anglais qui paient avec des clous en fer, cadeau le plus apprécié des Polynésiens. Après un mois d'heureux séjour, c'est le départ le 27 juillet, en longeant Moorea et Maiao sans y débarquer. Pendant ce temps, Philip Carteret découvre Pitcairn puis Tematagi, Nukutepipi et Anuanurunga dans les Tuamotu du Sud.

Le 2 avril 1768, Louis-Antoine de Bougainville à bord de « La Boudeuse » accompagnée de « L'Etoile », arrive à son tour en vue de la presqu'île de Taiarapu. Le 6, il atterrit dans « le détestable mouillage » de Hitiaa ; il en repartira le 15, après avoir failli être drossé sur le récif et perdu six ancres. Hormis quelques coups de feu qui feront deux morts parmi les indigènes qui cherchaient à voler, ces neuf jours à terre furent si « paradisiaques » que Bougainville nomma Tahiti la « Nouvelle-Cythère », après en avoir pris possession au nom de Louis XV le 12 avril ; il ignorait le passage de Wallis l'année précédente. Un mois avant, il avait annexé Hao sous le nom de l'île de la Harpe. Cet heureux voyage d'exploration des Terres Australes le consolait d'avoir dû restituer au roi d'Espagne, le 1er avril 1767, la colonie de Port-Saint-Louis aux Malouines où 135 Acadiens français vivaient depuis trois ans. Le séjour de Bougainville à Tahiti et ses conséquences toujours actuelles seront analysés dans le chapitre suivant.

C'est le 13 avril 1769 que le célèbre James Cook arrive à Tahiti en baie de Matavai à bord de l'« Endeavour ». En plus de l'exploration de l'introuvable continent austral, il a pour mission d'observer le passage de Vénus devant le Soleil le 3 juin suivant. Il installe son observatoire principal protégé par des fortifications, sur la langue de sable à l'embouchure extrême de la rivière ; l'emplacement porte désormais le nom de Pointe Vénus. Par sécurité, il construit deux autres postes d'observation sur des ilôts bien isolés, l'un à Mahaena et l'autre à

Moorea. Cook, accompagné de divers savants, profite de ce long séjour pour faire le tour de Tahiti afin d'en établir une première carte, visiter Raiatea et les Iles-sous-le-Vent, parcourir le Pacifique vers le Sud à la recherche de la Terre Australe. En plus de ses qualités de marin, Cook se révèle un grand explorateur à la fois curieux et persévérant. Il quittera Tahiti le 13 juillet après trois mois de séjour.

Au cours de son second voyage – 9 avril 1772 au 29 juillet 1775 – où il navigua le plus au Sud possible et constata que la Terre Australe ne pouvait être que le continent antarctique, Cook revint à Tahiti du 17 août au 1er septembre 1773, puis du 21 avril au 14 mai 1774. Durant ce dernier séjour, il assiste aux préparatifs de guerre des chefs de Punaauia et de Paea avec Tu, le futur Pomare I, contre Moorea (Eimeo). 330 pirogues de guerre portant 68.000 guerriers sont dénombrées. Par extrapolation, il estime la population de Tahiti à 204.000 habitants ; Forster l'apprécie à 120.000. De toutes façons, l'île était très peuplée à l'arrivée des premiers navigateurs européens.

A son troisième voyage, Cook s'arrête à Tahiti du 12 août au 29 septembre 1777. Tu l'invita à participer aux sacrifices humains préparatoires aux combats prévus à Moorea. Le capitaine visita cette île en laissant son nom à une baie célèbre, puis les Iles-sous-le-Vent qu'il quitta le 8 décembre vers les îles Sandwich (Hawaii) où Cook devait périr tragiquement en 1779.

Ces divers voyages ne pouvaient laisser insensibles les Espagnols qui redoutaient une colonie anglaise ou française dans leurs eaux et près de la Terre Australe convoitée. Aussi, le Vice-Roi du Pérou envoie, sur ordre de Madrid, le capitaine Boenechea sur l'« Aguila » afin de prendre possession de Tahiti ; ce qui est fait en novembre 1772 à Tautira sous le nom de Isla de Amat. Comme Bougainville et Cook, Boenechea emmène lui aussi des jeunes Tahitiens pour les former à Lima. Le 27 novembre 1774, après deux visites de Cook qui avait réchauffé l'estime des Tahitiens pour les Anglais, Boenechea est de retour à Tautira dans le but d'installer une Mission permanente avec deux franciscains, aidés des deux Tahitiens ramenés de Lima, d'un matelot et d'un soldat. L'impréparation évidente, la froideur et la peur des Espagnols, sauf Máximo Rodríguez, vouent cet essai à l'échec. Tous sont rembarqués, à leur demande, le 12 novembre 1775 par Lángara.
Les implantations missionnaires font l'objet de la seconde partie.

Avec Boenechea et Cook s'achève l'ère des hardis navigateurs partis à la conquête de la Terre Australe, reconnue comme constitué d'une multitude d'îles d'un côté et d'un continent de glace vers le pôle Sud. L'époque des aventuriers et des rivalités coloniales va succéder à celle des explorateurs.

Aventuriers, convicts et baleiniers

Il est facile de concevoir que la recherche de la mythique et fabuleuse Terre Australe ne mit pas en route que les seuls navires officiels des Gouvernements et les bateaux marchands des grandes compagnies. Corsaires, contrebandiers, pirates, aventuriers, négriers, déserteurs ou mutins sillonnent le Pacifique en chasse de butin ou de bons coups à porter aux navires des autres nations. Les corsaires anglais, tel F. Drake, se faisaient la main contre les galions espagnols à partir des Galapagos. Les contrebandiers français de Saint-Malo, au début du XVIIIe siècle, se rendent célèbres et font fortune en trafiquant avec la côte Ouest de l'Amérique du Sud. D'autres, plus audacieux, organisent un fructueux trafic entre la Chine, le Pérou et le Chili. Ce commerce est si profitable que l'on dénombre, de 1695 à 1726, 168 bateaux français sur ce circuit France, Amérique latine et Chine, réalisant en même temps des exploits de navigation; le «Grand-Dauphin» de Saint-Malo boucle le tour du monde d'Est en Ouest du 17 janvier 1711 au 28 juillet 1713; la «Comtesse-de-Pontchartrin» réalise le même exploit d'Ouest en Est de 1714 à 1717 à partir aussi de Saint-Malo.

Dès que l'Océan Pacifique fut mieux connu, surtout grâce à Cook, les baleiniers européens et américains se mirent en chasse des cétacés dès les années 1789. La France étant occupée par la Révolution et les guerres de Napoléon jusqu'en 1816, la concurrence est surtout vive entre Américains et Anglais. Il faut attendre 1830 pour que les baleiniers français retrouvent une place honorable dans le Pacifique. La pêche à la baleine, sur le point d'être totalement prohibée pour sauver les derniers cétacés et actuellement très industrialisée à bord de navires-usine, était alors une aventure héroïque et inhumaine. La chasse se faisait à partir de baleinières ou de pirogues d'où les hommes lançaient les harpons à la main. Les réactions des baleines étaient redoutables. La remontée, le découpage, la préparation de l'huile et autres produits était difficile. Les salaires des marins et des pêcheurs, liés à une part fixe du bénéfice, étaient faibles et fort injustes. Aussi, selon Dumont d'Urville, «la plupart sont des vauriens, des escrocs, des repris de justice, des pervers... de toutes nationalités et de toutes races qui s'embarquent pour fuir et pour oublier... Pour les pays pourvoyeurs, le système est excellent et bien meilleur marché que la déportation dans une colonie pénitentiaire d'Outre-Mer. Mais pour ceux qui le subissent, c'est-à-dire les peuples du Pacifique, ces débarquements massifs et ces séjours prolongés de matelots brutaux, bagarreurs, ivrognes, vicieux et malades constitue une catastrophe majeure qui relègue les tueries occasionnelles des découvreurs... au rang de simples incidents de parcours» [8]. Les terres permettant les relâches nécessaires pour se ravitailler, faire de l'eau, se réapprovisionner en bois pour les chau-

---

(8) B. DANIELSSON: in *Mémorial polynésien.* T. II, p. 88. – L. JORÉ: *L'Océan Pacifique.* T. I, pp. 111-123.

dières ne peuvent être que les îles hautes; Hawaii, les îles de la Société sont appréciées pour cela et leurs femmes accueillantes. Les Marquises ou les Gambier seront des escales secondaires en raison de leurs populations cannibales, de guerres fréquentes, sans compter les mouillages peu sûrs.

Les excès permanents des baleiniers, véritables sauvages blancs «sans foi ni loi» défiant les chefs locaux et toutes autorités, amènent la France et l'Angleterre à établir des consulats dans le Pacifique et à y faire patrouiller leur marine de guerre. «Tous les ports offrent l'image du désordre et de la licence la plus effrénée, les querelles sont nombreuses... La protection de notre Gouvernement est devenue un des plus pressants besoins de la pêche de la baleine dans l'Océan Pacifique et particulièrement dans la Polynésie... La protection utile à accorder peut être exercée, soit par des consuls, soit par des bâtiments de guerre... Je regarde comme très utile que les deux moyens soient employés en même temps... L'établissement des consuls est indispensable à Honoloulou, aux îles Sandwich et à Papeïti, dans l'île d'O-Taïti», écrit Dupetit-Thouars aux alentours de 1835 au Ministre de la Marine [(9)]. Anglais et Américains arrivent aux mêmes conclusions; aux excès des baleiniers s'ajouteront les conflits entre Marines nationales, Consuls et missionnaires.

Aux trafiquants et aux baleiniers s'ajoutent, dès la fin du XVIIIe siècle et au XIXe siècle, divers déserteurs, mutins ou convicts échappés qui s'efforcent de se faire oublier dans les îles ou les vallées les plus reculées. Il ne faut pas oublier que la Grande-Bretagne a établi, dès 1788, la première colonie pénitentiaire du Pacifique à Port-Jackson qui deviendra Sydney. Les mutins les plus célèbres – on a tourné deux films sur leur aventure – furent ceux de la «Bounty». Le 28 octobre 1788, William Bligh, ancien compagnon de Cook, jette l'ancre en baie de Matavai; sa mission est de rapporter pour les Antilles des centaines de plants d'arbre à pain. La récolte est bonne; la vie avec les Tahitiens agréable. Cinq mois de vie joyeuse relâche le moral. Trois marins désertent avec armes et bagages. Le 4 avril 1789 c'est le départ pour Tonga; la mutinerie, conduite par Christian Fletcher, a lieu dans cette zone le 28 avril; 24 marins abandonnent Bligh et 18 compagnons sur une chaloupe. Les mutins essaient de s'installer sans succès à Tubuai. Ils reviennent à Tahiti pour se ravitailler; 16 décident d'y rester, ils y participent à diverses guerres locales. Les autres partent avec le «Bounty» et des vahine à la recherche d'une île; ils touchent Pitcairn le 15 janvier 1790. La «Pandora» vient récupérer les mutins en 1791 et Bligh revient en avril 1792 chercher de nouveaux «uru». Cette même année, trois marins anglais, naufragés de la «Mathilda» s'installent à Tahiti; ils sont les premiers «popaa» (blancs) à s'y fixer. En 1838, D. Desvault signalait la présence

---

(9) L. JORÉ: *op. cit.*, p. 91.

de déserteurs aux Marquises [10]; dès 1804, Krusenstern en avait rencontré à Nuku-Hiva.

.Vers 1860, un nouveau péril menaça les îles de la Polynésie: les razzias des négriers du Pérou [11]. Plus ou moins d'accord avec les autorités péruviennes, le «Serpiente-Marina», le «Guillermo», le «Cora» et autres bateaux sillonnèrent la Polynésie à la recherche d'esclaves pour les plantations et les mines. Un millier de Pascuans sont enlevés; les Tuamotu, les Australes et les Gambier sont visitées. Le 3 décembre 1862, l'aviso «Latouche-Tréville» capture le négrier «Mercèdes A. de Wholey» avec 152 personnes pris à Motutunga, Tahanea, Katiu, Kauehi et Takarava. Des Français facilitaient ce «recrutement» spécial. Ce trafic s'arrête en 1863 et les 3.500 Polynésiens vendus à Callao s'avèrent de bien mauvaises recrues par leur refus de tout travail. L'ensemble meurt de misère et de mauvais traitements.

Une des plus pénibles affaires de «traite» fut celle des Pascuans par le capitaine du «Tampico»: Dutrou-Bornier, aventurier et marin peu regardant. En 1866 il conduisit deux missionnaires à l'île de Pâques. En 1867, il essaya, en vain, tant les souvenirs des «embauches» péruviennes étaient proches, de recruter des «travailleurs» pour la plantation de Stewart à Atimaono. Il fait alors le recrutement de 300 Gilbertins. En 1868, ayant vendu son bateau à J. Brander, il s'établit à l'île de Pâques dont il essaie d'acheter les terres contre des étoffes. Rapidement il entre en lutte ouverte et armée contre les Pascuans attachés aux missionnaires; il arrache les patates, unique nourriture, brûle les cases et force ainsi 300 habitants à s'«engager» à travailler à Tahiti chez son associé Brander, gros commerçant riche et sans scrupules. Le résultat en est que l'île se dépeuple de 900 à 130 habitants; la Mission y devient impossible et est fermée en juin 1871. L'île de Pâques est ainsi ravagée et détruite [12].

Un des derniers corsaires qui ait parcouru la Polynésie fut le «Seeadler» du capitaine von Luckner. Après son étape dans l'Atlantique où il coula 11 navires sans tuer personne, il vint dans le Pacifique en avril 1917. Il se met en chasse au Nord des Marquises; il y coule trois bateaux américains. Pour faire relâche avec ses nombreux prisonniers, il choisit l'atoll de Mopelia où son navire est drossé sur le récif le 2 août et perdu. La vie s'organise à terre jusqu'à la capture de la «Lutèce». Un petit groupe fuit jusqu'à l'île d'Atiu [13] aux îles Cook, où était alors le P. Paul Mazé. Von Luckner fut pris en septembre suivant aux îles Fidji.

---

(10) P. D. Desvault au P. J. Amat (3-8-1838). Ar. SS.CC. LAMO I.

(11) H. Laval: *Mémoires,* p. 379. *Mémorial polynésien,* t. II, p. 478.

(12) O'Reilly: *Tahitiens,* art. Dutrou-Bornier. Mgr T. Jaussen au T.R.P. (20-9-1871). Ar. SS.CC. 58, 1. – P. Colette au T.R.P. (30-10-1871). Ar. SS.CC. 59, 3. – Mgr T. Jaussen au P. Fouqué (1-3-1872). Ar. SS.CC. 73, 2. – B. Putigny: *Le Roi de Pâques.* R. Laffont, Paris 1979, 265 pages.

(13) *Mémorial polynésien,* t. 5, p. 112 sq.

Ces divers visages de marins aux cours des temps aident à comprendre les doléances fréquentes des missionnaires dont l'action et l'apostolat étaient trop souvent entravés par de tels personnages peu recommandables et tout à fait marginaux. P. O'Reilly et C.W. Newburry écrivent dans l'introduction des Mémoires du P. H. Laval: «Si le marin est l'introducteur de marchandises désirées – on a besoin de farine, d'étoffe, d'outils – il apporte également avec lui de l'alcool, des fusils, des maladies, et surtout il traîne, avec «l'air du siècle», de fâcheux exemples de relâchement et de vie facile. Un Dumont d'Urville, un de Cintré, avec la stricte discipline militaire qui règne à bord de leurs frégates, arrivent tant bien que mal à contenir leurs matelots. Mais allez donc contrôler les agissements de l'équipage d'une goëlette! Sous quelque pavillon qu'ils naviguent, ces trafiquants sont prêts à tout pour obtenir les nacres des Mangaréviens et les faveurs de leurs épouses. H. Laval voit cela d'un fort mauvais œil. Son rôle est de défendre le travail de ses chrétiens et la vertu de leurs femmes; et son expérience l'a vite conduit à craindre, dans tout capitaine qui jette l'ancre chez lui, un fripon doublé d'un coureur»[14]. On ne saurait mieux dire et poser plus clairement les deux difficultés constantes de toute l'histoire de la Mission catholique en Polynésie ainsi que la source des malentendus et des épreuves parfois très sévères. Il arrive même que «la stricte discipline militaire» soit parfois dépassée, si l'on en juge par l'ordre du jour du Gouverneur Lavaud du 7 décembre 1846 sur les «atteintes à la morale publique dont des militaires et même des officiers donnent l'exemple». Le Gouverneur, qui a dû réitérer son ordre du jour, écrit au Ministre de la Marine: «J'ai renouvelé les prescriptions et ordonné la stricte observance de l'ordre du jour du 7 décembre 1846. Ce n'est pas toutefois sans soulever contre moi quelques réclamations. Car, dans ce pays, où les mœurs ont été et seront encore si longtemps relâchées, malheureusement tout le monde ne comprend pas qu'il doit être mis un terme aux scènes de désordre et de prostitution provoquées par les Européens et plus particulièrement par les Officiers et employés de l'Etablissement»[15].

Rivalités coloniales

Après l'Amérique du Sud, colonisée par les Espagnols et les Portugais au XVIe siècle, l'Amérique du Nord par les Français et les Anglais au XVIIe siècle – sans parler des comptoirs coloniaux en Afrique et en Asie –, l'Océanie entre à son tour, au XIXe siècle, dans l'ère coloniale. Avant de nous attarder à la compétition franco-anglaise qui intéresse particulièrement la Polynésie, disons quelques mots des autres Puissances: la Russie, les Etats-Unis et l'Allemagne, l'Espagne étant éliminée depuis 1775.

(14) H. LAVAL: *Mémoires.* Introduction, pp. XLVI, XLVII.
(15) Ar. F.O.M. Océanie, C. 8. A 44 – Lavaud (7-12-1846 et 28-2-1848).

Au moins cinq expéditions russes ont parcouru les eaux polynésiennes de 1804 à 1824 en découvrant diverses Tuamotu au passage. Krusenstern, parti de Cronstadt en août 1803, arrive en baie de Taiohae à Nuku-Hiva le 6 mai 1804; le déserteur français Cabry lui facilite son séjour. Il publiera, de 1809 à 1812, son «Voyage autour du monde» qui aura le même retentissement dans les pays slaves que les relations de Bougainville et de Cook pour les Français et les Anglais. Bellingshausen essaie de débarquer à Amanu avant de faire escale, du 21 au 28 juillet 1820, à Tahiti où Pomaré II le reçoit avec faste. A cette occasion le peintre Michailoff fait un portrait du roi qui sera célèbre. La Marine russe fera quelques autres apparitions dans la seconde moitié du siècle.

En 1813, la Marine des Etats-Unis fait son entrée dans le Pacifique avec la frégate «Essex» du Commodore David Porter, un de ses fondateurs, en ces années de conflit du nouvel Etat avec l'Angleterre. Sa mission est de protéger les navires américains et d'entraver l'action des nombreux baleiniers anglais chassant en Océanie. Il arrive en baie de Taiohae le 25 octobre 1813; il rebaptise Nuku-Hiva en Madison's Island dont il prend possession au nom des Etats-Unis. Il participe aux luttes entre vallées, se fait jouer des tours par quelques déserteurs. Il y laisse aussi de nombreuses semences, des cochons et des chèvres ainsi qu'un fort confié au lieutenant Gamble avec 20 matelots et 15 prisonniers anglais. Après son départ le 13 décembre 1813, une rébellion chasse les Américains qui ne feront aucune objection ensuite quand la France annexera les Marquises en 1842. Aujourd'hui, les dépendances américaines dans le Pacifique sont importantes: Carolines, Marshall et Mariannes en Micronésie, Samoa américaines et diverses îles de la Ligne en Polynésie, sans oublier les îles Hawaii, 50ᵉ Etat de l'Union depuis 1959.

A partir de 1855, la Marine allemande de commerce explore l'Océanie pour le compte principalement de la maison Godeffroy de Hambourg. De nombreux baleiniers allemands parcouraient déjà le Pacifique. En 1877, la Compagnie de commerce et de navigation océanienne fut fondée à Tahiti et confiée à Gustave Godeffroy qui avait épousé Marian Brander à Papeete en 1858; cette même année 1877, il est habilité comme consul d'Allemagne. La Société commerciale d'Océanie jouera un rôle considérable en Polynésie, en particulier à partir de Raiatea encore indépendante comme les Iles-sous-le-Vent à cette époque. Cette Société sera mise sous séquestre en 1915 et liquidée aux enchères en 1924. En 1877, arrive aussi à Papeete Gaspard Coppenrath de Münster, pour diriger la maison Brander. Il fonde sa propre entreprise commerciale en 1878 après avoir épousé Esther Bambridge. Il sera naturalisé en 1904. Cette expansion commerciale allemande en Océanie s'inscrit dans un puissant développement colonial sous l'impulsion de Bismarck et de Guillaume Iᵉʳ. Les Samoa deviennent colonie allemande en 1880; les Salomon, la Nouvelle-Guinée, les Carolines et les Marshall en 1885. Cette situation inquiètera la France et sa Marine, désirant venger la défaite de 1870 et la perte de l'Alsace-Lorraine. Ce sera source de sérieuses tensions avec la Mission catholique, surtout aux Marquises, qui avait quelques religieux de nationalité allemande dans son personnel, et de douloureux conflits de personnes à cette époque de nationalisme exacerbé.

Pour fixer les idées sur les conséquences polynésiennes des rivalités coloniales, en ce XIXe siècle se débattant au milieu de la crise des nationalités en Europe et en Amérique, voici l'effectif et la répartition de la population européenne de Tahiti en 1892 (16). Sur un total de 830 «popa'a», on dénombre: 300 Anglais, 250 Américains, 50 Allemands, 30 autres Européens et seulement 200 Français. Un français pour trois étrangers anglophones surtout; situation d'infériorité – aggravée par la défaite contre l'Allemagne et certains revers coloniaux contre l'Angleterre (Fachoda 1899) – qui explique, en plus du chauvisme cocardier et de la fermentation propre au microcosme ilien, l'exécration instinctive que cette poignée de français portait à ces divers étrangers. C'est un élément de psychologie collective à ne pas sous-estimer pour apprécier les documents de cette époque passionnée pendant laquelle, en France, s'ajouteront des conflits politiques et religieux explosifs dont les retombées ne seront pas négligeables en Polynésie Française. Le développement socio-économique de la communauté chinoise – 320 personnes en 1892 – qui devient active dans l'artisanat et le commerce où elle concurrence directement les Européens, commence à susciter interrogations et méfiance. Quel bouillonnement, surtout à Tahiti, depuis que ces îles sont devenues colonie française le 29 juin 1880!

Les années 1770 virent la publication, en Angleterre et en France, des «Voyages autour du Monde» de Cook et de Bougainville. Le succès fut d'autant plus grand que l'un et l'autre avaient amené avec eux des indigènes: Ahutoru pour le Français, Omai pour l'Anglais; ces jeunes Polynésiens eurent les honneurs des cours royales et furent la coqueluche des salons à la mode. Mais l'intérêt suscité n'eut pas les mêmes conséquences des deux côtés de la Manche; elles furent commerciales et missionnaires en Grande-Bretagne, littéraires et mythiques en France. Les événements politiques et militaires de la Révolution française et de l'Empire napoléonien devaient encore accentuer les divergences et laisser davantage le champ libre aux Anglais dans le Pacifique.

Après la fin tragique de Cook aux îles Hawaii en 1779, les navires britanniques de toutes sortes furent de plus en plus nombreux à sillonner l'Océanie en tous sens.

L'installation de la première colonie de peuplement pénitentiaire à Port-Jackson (Sydney) en Australie dès 1788 fut le départ d'une immigration anglaise rapidement croissante, favorisée par la forte démographie de la Grande-Breta-

(16) *Mémorial polynésien.* T. IV, p. 35.

gne et la «révolution industrielle» amorcée dès 1780, en avance sur l'industrialisation des autres pays. Au moment où la Nouvelle-Zélande devient colonie anglaise, le 6 février 1840 à Akaroa, l'Australie a déjà 100.000 habitants européens qui seront un million dès 1860.

Aux environs de 1790, le premier baleinier à pénétrer dans l'Océan Pacifique par le Cap Horn fut le navire anglais «Emilia», armé à Londres. Il fut rapidement suivi par d'autres bateaux anglais qui se trouvèrent en concurrence de plus en plus rude avec les baleiniers américains; ce qui justifia l'expédition Porter en 1813. La chasse à la baleine en Océanie prit rapidement une extension considérable; Allemands et Français s'y adjoignirent, surtout après 1830. En 1833, on comptait 392 baleiniers américains, 300 anglais, 56 français, représentant un effectif global de 20.000 marins et chasseurs circulant à travers les îles du Pacifique; ils y facilitaient la circulation des personnes, le colportage des nouvelles et du courrier, créant une certaine unité en Océanie.

Au peuplement colonial et aux échanges commerciaux fort actifs, vient s'ajouter le dynamique éveil missionnaire de l'Angleterre dans le cadre du «Revival» animé par le Révérend Wesley. Le 22 septembre 1795, la London Missionary Society – L.M.S. – est fondée sous l'impulsion principale du Révérend Haweis. Dès le surlendemain, Tahiti est choisie comme lieu de la première mission. Le public anglais et l'aristocratie se passionnent pour ce projet missionnaire; ils le soutiennent généreusement. La Société lance le «Duff», confié au capitaine Wilson. Les 30 premiers missionnaires partirent en convoi de Portsmouth le 24 septembre 1796 pour arriver en baie de Matavai à Tahiti le 5 mars 1797. La grande aventure du rayonnement de l'Evangile dans l'Océanie par le monde protestant anglais commençait. Le Pacifique allait en être profondément transformé.

Emigration, commerce, Mission montrent le dynamisme anglais de la fin du XVIIIe siècle et tout au long du XIXe siècle. Immigrants, marins, commerçants ou missionnaires de toutes confessions étaient fiers d'être sujets britanniques. Qu'ils soient de la «High Church» ou de la «Low Church», qu'ils fassent partie de l'establishment ou des couches populaires, la même vision de la société et du monde les unit. Il y a un style anglais dont les Roi Georges III et Georges IV, la Reine Victoria sont les garants politiques, sociaux, religieux – l'Anglicanisme est religion d'Etat et le Roi, «défenseur de la foi» – ainsi que les symboles respectés au cours de ce XIXe siècle. Cette vision unitaire de la société autour du modèle monarchique, cette conception globale du monde où la séparation de l'Eglise et de l'Etat est profondément choquante permettent de saisir les liens très étroits et naturels, pour un Anglais, entre la politique du Royaume-Uni, le développement commercial et la Mission évangélique. Georges Pritchard à Tahiti ne sera pas le seul à unir dans sa personne les fonctions de Consul, de missionnaire et d'agent commercial. Diverses compagnies de colonisation faisaient prêcher des sermons à leurs actionnaires. Les missionnaires attendaient naturellement, voire sollicitaient, la protection ou l'intervention du Gouvernement britannique qui comptait bien sur l'aide efficace des missionnaires dans ses négociations avec les indigènes [17]. Une telle vision globale d'une société monarchique religieuse rejoignait profondément le modèle biblique du royaume de David et de Salomon, archétype exemplaire, en particulier pour les populations océaniennes.

Un tel ensemble aide à comprendre que, très naturellement, le monde anglais considéra l'Océan Pacifique comme une sorte de «Méditerranée» britannique et, par le fait même, protestante [18], surtout par «haine traditionnelle de la Catholique Espagne». Il se trouve, de plus, que les circonstances historiques de 1790 à 1815 éliminèrent la France contre laquelle l'Angleterre fut en guerre quasi permanente de 1793 à 1814.

Bougainville rentré en France, bien d'autres Officiers de «la Royale» continuèrent à explorer le Pacifique après 1770: François de Pagès (1767-1771), de Surville, Marion-Dufresne qui ramenait Ahutoru, malheureusement décédé à Madagascar, du Clesmeur qui prit possession de la Nouvelle-Zélande en 1772 mais que Louis XV ne ratifia pas. En 1785, Louis XVI chargeait Lapérouse d'une grande exploration scientifique à l'aide des navires «La Boussole» et «l'Astrolabe»; ils firent naufrage à Vanikoro, archipel de Santa-Cruz en 1788. Cette disparition suscita bien des recherches avant la découverte des restes par le capitaine Peter Dillon en 1827 et Dumont-d'Urville en 1828. Bruni d'Entrecastreaux et Huon de Kermadec de 1791 à 1793 furent envoyés dans ce but. Le capitaine Baudin, protégé par un sauf-conduit anglais, poursuivit des recherches géographiques en Australie de 1800 à 1804. A part ces quelques explorateurs, «personne sous la Révolution et sous l'empire ne se soucia autrement de l'Océan Pacifique» [19].

Ce ne fut qu'en 1817 que les grands voyages de circumnavigation commencèrent à reprendre pour procéder aux recherches nautiques, assurer le commerce et protéger les bateaux français qui revenaient dans le Pacifique. Duperrey sur «La Coquille» traversa les Tuamotu et relâcha à Tahiti en mars-avril 1823.

Bordeaux devint, à partir de 1815, le principal port de commerce vers l'Amérique et l'Océanie. Le trafic fut des plus modestes jusqu'en 1826. Valparaiso était le port de relâche pour assurer le trafic à travers le Pacifique. On y trouve le «Courrier de Bordeaux» avec le capitaine Armand Mauruc qui sera fort utile

---

(17) L. Jore: *op. cit.* T. I, pp. 367 à 418.

(18) C'est seulement en 1829 que les catholiques eurent la reconnaissance civile en Angleterre par l'«acte d'émancipation».

(19) L. Jore: *op. cit.* T. I, p. 45.

1. « Voyages autour du Monde », 1772, Hawkesworth.

Flotte d'Otahiti.

Pirogues de guerre.

Cession de Tahiti à Wallis (1767).

Maori de N.-Zélande.

Potatow (chef).

Pomaré I (Tu).

Femme de Rapanui.

Chef de Tahiti.

EVÊQUES FONDATEURS:

Mgr Rouchouze, 1834.

Mgr Et. Jaussen, jeune, 1848.

Noces d'or de Mgr Jaussen et Mission (1873).

P. F.A. Caret.

P. Laval vieux – jeune.

aux missionnaires, l'« Adhémar » et la « Duchesse de Berry ». Depuis 1826, J.A. Moerenhout, Belge d'Anvers mais né français en 1796, était agent commercial à Valparaiso avant de s'installer à son compte à Tahiti en 1830. Sous Louis-Philippe, les échanges commerciaux entre la France et Valparaiso se développent un peu en direction de l'Océanie, cela ne dépasse guère quelques navires marchands ; même les baleiniers ne sont que quelques dizaines à côté des centaines – plus de 800 en 1846 – de navires chasseurs anglais et américains. Il est vrai qu'il fallut attendre l'ordonnance du 7 décembre 1829 pour organiser la chasse à la baleine.

Une telle absence des bâtiments français dans le Pacifique était ressentie douloureusement par la Marine Nationale. Diverses missions, à partir de Valparaiso du Chili quartier général de la Station navale du Pacifique à partir de 1839, furent lancées sous le règne de Louis-Philippe. Elles se proposaient d'établir et de développer les relations amicales, de donner une image forte et puissante de la France, de suppléer à l'absence de station permanente et d'agent consulaire, de parfaire les connaissances scientifiques, selon les instructions données au capitaine Vaillant pour son périple de 1836-1837 sur la « Bonite ». Dupetit-Thouars, sur la « Vénus », devait « montrer d'une manière digne de la France le pavillon dans tous ces parages où il avait été vu si rarement ». Dans ce voyage de décembre 1836 à juin 1839, le capitaine intervint pour protéger les Français aux Sandwich le 10 juillet 1837. En avril 1838 à Valparaiso, il trouva les instructions lui enjoignant d'intervenir à Tahiti. Le capitaine Laplace sur l'« Artémise » assurait le même rôle de présence active et de défense des Français dispersés dans les océans. Dumont-d'Urville, avec l'« Astrolabe » et la « Zélée » – où l'on trouvait entre autres : du Bouzet, Huon de Kermadec, Tardy de Montravel –, fut aussi de passage à Tahiti du 9 au 16 septembre 1838.

La présence commerciale française dans les îles était encore moins fournie. Jean-Baptiste Rives, établi aux îles Sandwich et secrétaire du roi Kamehameha II, accompagna ce dernier à Londres en 1824. Le roi y meurt ; Rives en difficulté, passe en France et a bien du mal à intéresser les autorités à une implantation à Hawaii en le nommant consul de France et en faisant appel à des missionnaires catholiques français. En 1830, la présence française dans le Pacifique se réduisait à quatre missionnaires, quelques aventuriers, trois navires de commerce et un navire d'Etat. « L'indifférence marquée de 1815 à 1833 au regard du Pacifique par le Gouvernement, les autorités religieuses, l'armement maritime et les exportateurs français ne saurait surprendre », écrit L. Jore. Les gouvernants n'avaient cure de cet Océan peu connu, lointain et sans importance ; les évêques se souciaient de rechristianiser la France ; les classes dirigeantes étaient opposées à toute expansion coloniale [20]. Sous Louis-Philippe, Guizot

(20) L. JORE : *op. cit.* T. I, p. 175.

et Soult cherchaient un point fixe pour la présence française en Océanie mais sans contrarier l'Angleterre qui s'était fixée, en 1817, la règle de ne faire ni colonies ni interventions dans le Pacifique, ayant déjà l'Australie en sa possession. Un projet de coloniser la Nouvelle-Zélande par le biais de la Compagnie Nanto-Bordelaise fut mené bien doucement; il échoua devant la détermination de la « New-Zealand C° », ce qui mit le Gouvernement anglais devant le fait accompli le 5 mai 1839 et obligea l'Angleterre à faire de ces îles une colonie en 1840. Sur le rapport de Dupetit-Thouars en date du 29 août 1839, la France se décida à coloniser les îles Marquises; ce qui fut réalisé le 1er mai 1842, non sans susciter de vives discussions à Paris. Le Protectorat sur Tahiti et la déposition de la Reine Pomare IV devaient en provoquer bien d'autres.

Cette rapide esquisse des rivalités coloniales dans le Pacifique du siècle dernier permet de mieux situer le cadre dans lequel la Mission catholique va évoluer à partir d'Hawaii en 1827 et des Gambier en 1834. Rien n'y est simple. De plus, comme nous aurons l'occasion de l'approfondir en étudiant les relations Eglise-Etat, la société française ne vivait pas l'harmonie profonde de l'Angleterre autour de son monarque. Le « siècle des lumières », la Révolution parfois très sanglante et son culte de la « Raison », l'Empire et ses guerres incessantes laissaient une France divisée et meurtrie.

On comprend mieux pourquoi, en Océanie, le monde anglais avait un profond mépris pour la France; sa Marine était dénigrée et les Polynésiens étaient persuadés qu'elle n'avait qu'un ou deux navires d'Etat dont l'Angleterre ou l'Amérique ne feraient qu'une bouchée. En 1838 le commandant de Villeneuve décrit au Ministre de la Marine « les progrès sensibles de l'influence anglaise à Otahiti et dans les autres îles... où les Français sont persécutés... Les Anglais veulent, à l'aide de leurs missionnaires tout-puissants sur les populations, garder le monopole et jalonner de comptoirs la route du Chili à leurs établissements de la Nouvelle-Hollande (Australie) ». L'année suivante, Dupetit-Thouars déplorait « l'acharnement que les Anglais mettaient à nous faire paraître faibles pour nous rendre méprisables... dans le but de nous éloigner. Le grand crime du charpentier Brémond est d'avoir demandé à être payé de son travail; on voulait le traiter comme le peu d'Indiens que l'on a pu réussir à former comme ouvriers et qui travaillent gratis pro Deo et Regina, c'est-à-dire pour M. Pritchard et la Reine Pomaré » [21].

Dans un tel contexte et précédée d'une telle histoire, la rencontre de la Polynésie et de la France promettait d'être mouvementée.

---

(21) Ar. F.O.M. Océanie, C 1. A 4. – De Villeneuve (4-4-1838) au Ministre. – Dupetit-Thouars (15-9-1839) au Ministre.

Chapitre 3

POLYNÉSIENS ET FRANÇAIS

La rencontre des Français avec les Polynésiens, à travers une Histoire mouvementée, s'est déroulée en quatre phases majeures : une découverte émerveillée (1768-1842), un protectorat incertain (1842-1880), une colonie lointaine d'Océanie (1880-1946), un Territoire d'Outre-Mer depuis 1946. Avant l'installation de la France en 1842 par la colonisation des Marquises en mai et le Protectorat sur Tahiti en septembre, les contacts furent épisodiques ; ils recoupaient une Histoire locale fort complexe qui aboutit à la prééminence des Pomaré sur Tahiti et ses dépendances [1].

Tahiti et l'ascension des Pomaré (1767-1842)

Il est difficile de décrire les événements avant le passage des premiers navigateurs européens à partir de 1767 à Tahiti, nom ancien apparu à Vaiari (Papeari) et donné au petit-fils du roi Tetunae. Quand Wallis la découvrit, l'île comprenait six régions et était divisée en neuf « royaumes » ; le plus important était celui de Papara gouverné par Amo. Celui de Pare (Papeete) et Arue était sous l'autorité de Hapai d'origine Paumotu qui avait un fils aîné, Vairaatoa, appelé Pomaré en 1792 [2]. Ils étaient d'origine plus modeste que les autres chefs (arii),

---

(1) – VINCENDON, DUMOULIN et DESGRAZ : *Iles Taïti,* esquisse historique et géographique, Paris 1844.
– B. DANIELSSON : *Le Mémorial polynésien,* 6 t. (1521-1961). Hibiscus, Papeete.
– G. KLING : *Tahiti et dépendances.* Guide Bleu, Hachette.
– Ph. MAZELLIER : *De l'atome à l'autonomie (1962-1978).* Hibiscus, Papeete.
– Ph. REY-LESCURE : *Abrégé d'Histoire de Tahiti et des archipels.* Klima, Papeete.

(2) « Po mare » signifie « tousse la nuit », en souvenir, selon Bligh, de sa fille aînée morte de cette maladie (tuberculose).

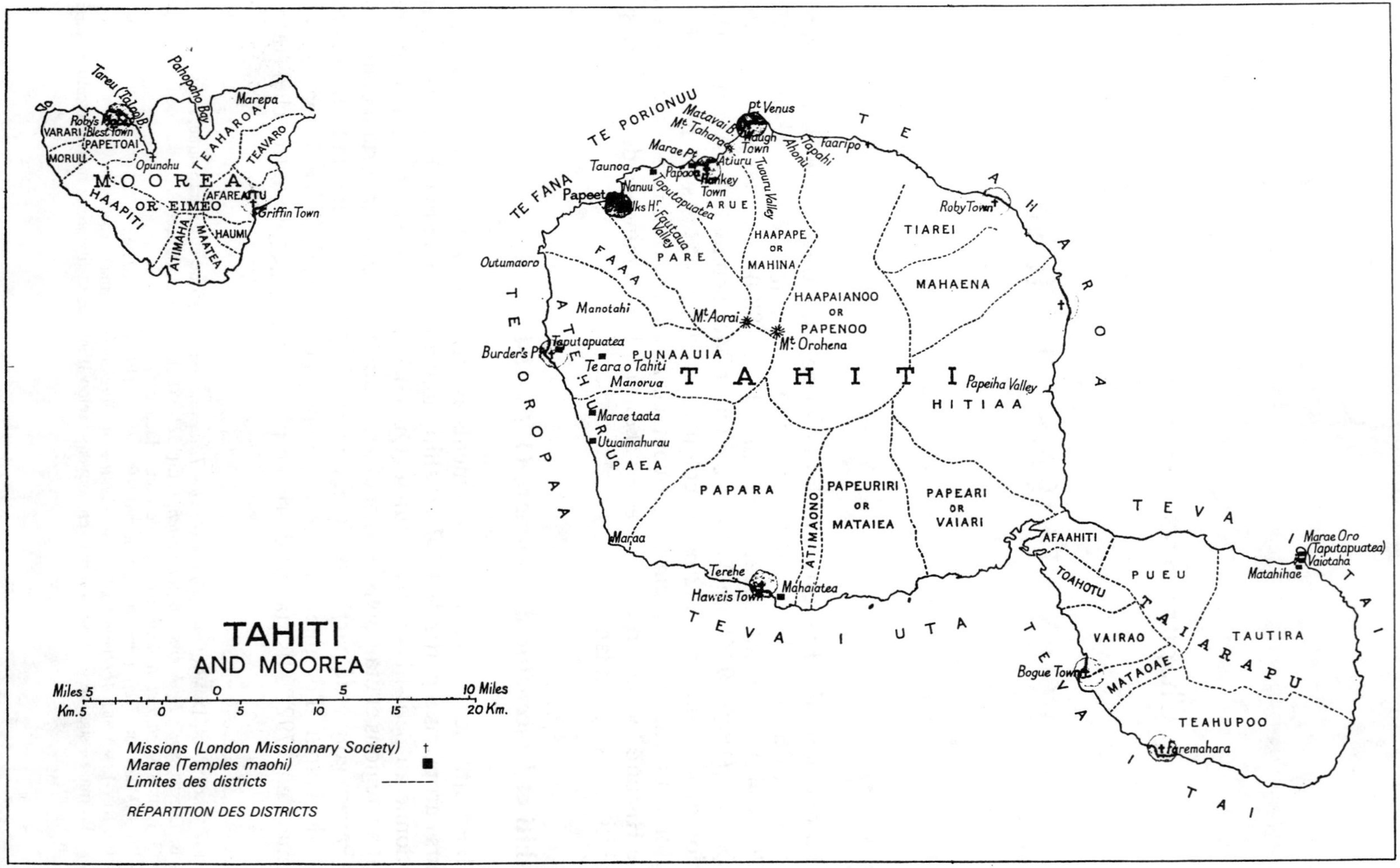
TAHITI
AND MOOREA
Miles 5 0 5 10 Miles
Km. 5 0 5 10 15 20 Km.
Missions (London Missionnary Society)
Marae (Temples maohi)
Limites des districts
RÉPARTITION DES DISTRICTS
MOOREA OR EIMEO
TEAHAROA
Pahopaho Bay
Marepa
TEAVARO
AFAREAITU
Griffin Town
HAUMI
MAATEA
ATIMAHA
HAAPITI
Opunohu
VARARI
MORUU
PAPETOAI
TAHITI
TE PORIONUU
TE FANA
TE AHAROA
TE OROPAA
TEVA I UTA
TEVA I TAI
Pt Venus
Matavai B.
Mt Taharaa
Faaripo
Tapahi
Ahonu
Marae Pt
Taunoa
Atiuru
Tuauru Valley
ARUE
Papeete
Nanuu
Taputapuatea
Fautaua Valley
PARE
HAAPAPE OR MAHINA
HAAPAIANOO OR PAPENOO
Mt Orohena
Mt Aorai
FAAA
Outumaoro
Manotahi
ATEHURU
Burder's Pt
PUNAAUIA
Te ara o Tahiti
Manorua
Marae taata
Utuaimahurau
PAEA
PAPARA
Maraa
Terehe
Haweis Town
Mahaiatea
ATIMAONO
PAPEURIRI OR MATAIEA
PAPEARI OR VAIARI
HITIAA
Papeiha Valley
MAHAENA
TIAREI
Roby Town
AFAAHITI
TOAHOTU
PUEU
TAIARAPU
Marae Oro (Taputapuatea)
Vaiotaha
Matahihae
TAUTIRA
VAIRAO
MATAOAE
Bogue Town
TEAHUPOO
Faremahara

mais certainement plus ambitieux et plus habiles à se servir des premiers marins européens de passage et de leurs mousquets.

. La société tahitienne, comme toute communauté polynésienne, était organisée en castes rigides de type féodal sous l'autorité des «arii rahi» (rois ou grands chefs), aidés des «arii» (chefs) et des «iaotai» (nobles); puis venaient les «raatira» (fermiers exploitants), les «manahune» (peuple) et les «vao», «titi», «teuteu» (esclaves et prisonniers). Cette société pratiquait régulièrement les sacrifices humains; Cook fut invité à y assister par Pomaré en 1777. Par contre le cannibalisme, pratiqué un peu partout, comme aux Marquises et aux Tuamotu-Gambier, semble avoir été ignoré des Tahitiens. Est-ce pour cela que ceux-ci considéraient les autres Polynésiens comme sauvages et avaient un sentiment de supériorité à leur égard? La terre était indivise et gérée sous le contrôle des chefs, à pouvoir absolu symbolisé par le «maro-ura» (ceinture de plumes rouges de Phaéton, équivalent de la pourpre royale); tout ce qui les touchait devenait «tapu», à la fois sacré et interdit pour les autres. Une telle société très hiérarchisée et inégalitaire n'a rien à voir avec le rêve, colporté à partir de Bougainville, du «bon sauvage» vivant dans une société libre, paradisiaque et sans classe.

Pour la commodité, regroupons les événements précédant le Protectorat en deux grandes périodes: 1767-1815, les guerres intestines; 1815-1842, la christianisation protestante anglaise.

La période troublée et longue des guerres est la conséquence de la défaite d'Amo, roi de Papara et grand chef le plus considéré de l'île, due aux canons de Wallis à bord de «Dolphin» en juin 1767; sa flotte de pirogues fut détruite et incendiée; nombreux furent les morts et les blessés, la famille d'Amo fut humiliée. Vehiatua, chef de la presqu'île dc Taiarapu et vassal d'Amo, voulut en profiter; il s'allia au chef de Atahuru (Punaauia), Tutaha. Amo fut battu en décembre 1768 à la sanglante bataille de Papara; il perdit ses terres, Taiarapu devint indépendante, Tutaha s'empara de son «maro-ura», son fils aîné fut déchu du titre de «Tu» (héritier) au bénéfice du fils de Hapai, le futur Pomaré Ier.

En 1773, Tutaha, allié à Hapai et Pomaré, attaqua Vehiatua qui fut vainqueur. Au lieu d'étendre son pouvoir sur tout Tahiti, il offrit la paix à Hapai et Pomaré, Tutaha étant mort au combat. A partir de ce moment, le futur Pomaré Ier commença à prendre de l'assurance, d'autant que Cook et les autres marins mouillaient ordinairement dans son domaine, à la baie de Matavai; il saisit vite l'aide que les Européens pouvaient lui apporter. L'année suivante, il vainquit les gens de Atahuru fiers des attributs royaux déposés sur leur marae. En 1774 et en 1777, ce fut la guerre contre Eimeo (Moorea); Cook assista à ses préparatifs. Pomaré, en mauvaise passe, fut soutenu par Cook qui menaça les chefs de représailles si on lui portait préjudice. Malgré la mort de Cook en 1779

– ce que les Tahitiens ignoraient – cela fit effet jusqu'en l'an 1783 où divers chefs s'unirent contre Pomaré qui, piètre guerrier, perdit ses terres et se réfugia dans la montagne. En 1782, naquit le futur Pomaré II ; selon la coutume, son père devint régent. Grâce à l'aide des mutins de la « Bounty » et à leurs armes, Pomaré gagna à Eimeo et sur la côte Ouest de Tahiti ; il transporta alors le « maro-ura » d'Amo, symbole de la puissance royale, sur son marae de Paré.

En 1791, son fils Pomaré II reçut l'investiture royale ; mais son père continua de régenter le pays avec une ambition croissante. Il soumit la presqu'île de Taiarapu et l'île de Moorea ; Huahine accepta son autorité. Bligh de retour en 1792 réconcilia Pomaré avec les Atahuru. C'est aussi à ce moment que trois matelots anglais échoués du « Mathilda » se fixèrent à Tahiti ; ils furent rejoints, l'année suivante, par deux déserteurs. Ce furent les premiers Européens fixés dans l'île où ils participèrent aux diverses guerres les rendant bien plus meurtrières avec leurs fusils. 1793 vit les guerres de Wano à Papenoo, de Temarii à Punaauia où Amo mourut. Puis Pomare Ier noua des alliances familiales avec les chefs des Iles-sous-le-Vent. Surtout Temarii, chef de Papara, adopta Pomare II selon la coutume, authentifiant du même coup l'usurpation du pouvoir royal. Pomaré devenait roi légitime.

Quand le « Duff » s'ancra à Matavai le 5 mars 1797, amenant les 30 premiers missionnaires de la London Missionary Society dans le Pacifique, une nouvelle dynastie était fondée qui connaissait les Anglais et avait déjà bénéficié de leur aide. Pomaré Ier les accueillit plus favorablement que son fils qui, d'accord avec le grand-prêtre Manimani, envahit le district de Matavai et déchut son père de toute autorité. Celui-ci fit assassiner Manimani. En 1802 eut lieu une guerre pour la possession de la statue d'Oro, source de la puissance politique et religieuse ; il y eut de nombreux massacres et destructions dans cette guerre de Rua. Cette même année, Hapai, fondateur de la dynastie, mourut ; Pomaré Ier le suivit en septembre 1803.

Pomaré II, âgé seulement de 21 ans, n'avait reçu aucune formation et restait livré à lui-même. Il s'établit à Moorea en emportant la statue d'Oro. Les matelots établis à Tahiti apprirent aux gens la distillation de l'alcool, ce qui s'ajouta au rhum apporté par les baleiniers ; l'ivrognerie commença ses ravages. Pendant ce temps, Pomaré II se rapprochait des missionnaires qui lui apprirent à lire et à écrire. Son pouvoir, assez théorique, s'étendait sur l'ensemble de la Société et une grande partie des Tuamotu.

Mais, en 1807 et sans raison apparente, Pomaré II lança la guerre à Tahiti dans les districts d'Atahuru (Punaauia) et Papara. Il y commit de tels excès que l'ensemble de l'île se souleva contre lui en 1808 ; ce fut la guerre de Tiré qui obligea Pomaré II à s'enfuir à Moorea avec tous les missionnaires anglais. Un essai de reconquête échoua et Tahiti fut perdue pour le roi. Les navires anglais qui y passaient furent attaqués et les marins tués et mangés. A Eimeo, le roi restait seul avec Henry Nott et trois missionnaires célibataires, tous les autres étant partis à Sydney (Port-Jackson). D'autres revinrent en 1811.

En 1812, Pomaré II s'unit à Tamatoa, fille du roi de Raiatea, qui lui donna Aimata, en 1813, la future Reine Pomaré IV. Le roi commençait à prendre des libertés avec les anciens usages païens, sans qu'Oro ainsi offensé ne réagisse. Le mouvement de conversion commença à s'amplifier à la suite de celles des chefs des Iles-sous-le-Vent et du Grand-Prêtre de Moorea. Pomaré II débarqua à Tahiti en 1812 et la guerre reprit; il dut revenir à Eimeo l'année suivante. Désormais deux partis allaient s'affronter à Tahiti: les chrétiens groupés surtout autour de Matavai et les païens. Un chrétien ayant jeté au feu le «maro-ura», les événements se précipitèrent.

Les païens décidèrent l'extermination des «pure Atua» (chrétiens) dans la nuit du 7 juillet 1815; prévenus, les chrétiens s'enfuirent à Eimeo. Il y eut alors guerre entre les chefs païens de Tahiti dont Opuhara devint le maître. Fort des ralliements qui se faisaient autour de lui, Pomaré II débarqua à Paré en novembre 1815. Le dimanche 12 novembre, alors qu'ils étaient réunis dans le Temple de Narii à Punaauia, les chrétiens furent attaqués par les païens que conduisait Opuhara. Celui-ci fut blessé et la victoire revint à Pomaré II avec les chrétiens. Alors, chose entièrement nouvelle et inattendue, le roi accorda le pardon aux païens vaincus qui demandèrent le baptême.

Cette bataille des Fei-pi ouvrit une ère nouvelle de paix et de développement. Pour lire la Bible, des écoles s'ouvrirent un peu partout. Le Révérend Ellis lança une imprimerie en 1817 à Afareaitu à Moorea. Le 14 avril 1818 William Crook fonda l'agglomération de Papeete. Un Code de loi en 19 articles fut adopté le 13 mai 1819 à Papaoa (Arue). Pomaré II fut enfin baptisé le 16 mai 1819; il était à l'apogée de son règne, ayant autorité sur la Société et les Tuamotu. Il mourut le 7 décembre 1821 d'excès d'alcool.

Pomaré III n'avait qu'un an et sa tante, Pomaré Vahiné, fut régente. Le 21 avril 1824, Henry Nott le sacra à Papaoa dans l'immense chapelle royale édifiée en 1818; mais il mourut le 11 janvier 1827. Sa sœur, Aimâta, âgée de 14 à 16 ans, monta sur le trône sous le nom de Pomaré IV. Elle n'avait pas été préparée ni éduquée; elle ne songeait qu'aux plaisirs. La vie païenne reprit avec ses chants et ses danses. En février 1824 fut fondé le Parlement de Tahiti.

En 1828, Teau diacre du temple de Punaauia, lança la secte des Mamaia; c'était un syncrétisme entre les anciennes coutumes les plus débridées et la prière chrétienne, une sorte de Vaudou polynésien faisant revivre les troupes d'«arioi», gais saltimbanques amoraux. Le succès fut grand auprès de certains chefs, et des mécontents de toutes sortes. La famille royale les appuyait et la Reine logea chez eux. Les Mamaia devinrent un puissant mouvement politique qui se développa aux Iles-sous-le-Vent en 1829 et 1830. En 1831, Pomaré IV demanda à Tavarii, chef de la presqu'île de Taiarapu, de lui rendre les honneurs suivant les anciennes coutumes païennes. Ce geste risquait de tout remettre en cause. Aussi le chef Tati de Papara avec Utami, Paofai, Hitoti envahirent Taiarapu, destituèrent Tavarii et marchèrent sur Papeete le 20 mars 1831. Ils y retinrent la Reine et expulsèrent les Mamaia de Tahiti.

Ces événements montrèrent le peu de profondeur des changements survenus depuis la conversion officielle. Pomaré IV divorça de Tapoa pour se remarier avec Ariifaaite ; alors les Mamaia se révoltèrent à nouveau à Taiarapu. Leurs dirigeants furent pris, jugés et bannis, ce qui mit fin à la secte des Mamaia en janvier 1832. La paix revenue, la Reine Pomaré IV ne gouvernait plus ; les esprits étaient divisés et le pouvoir était aux mains des principaux chefs groupés autour de Tati. Cette situation est importante pour comprendre les événements qui amèneront l'intervention de la France.

Durant cette période il convient de souligner quelques faits et de dégager quelques personnages qui prendront de l'importance.

Le 24 décembre 1824, arrive à Tahiti le Révérend Georges Pritchard avec sa famille. Pasteur à Faaa puis à Papeete, il prend de l'ascendant sur la Reine, sa paroissienne, à qui il suggère de demander pour lui le titre de consul de Grande-Bretagne. Londres refuse une première demande en janvier 1832 et accepte la seconde du 23 février 1836 ; le 14 février 1837, il est nommé consul britannique et est présenté officiellement le 20 novembre. Le Gouvernement anglais ne voulant pas un missionnaire consul, il démissionne le 30 décembre de la L.M.S., tout en continuant, de fait, à exercer les fonctions pastorales et ses activités commerciales. Une telle situation est critiquée par les autres pasteurs et certains fidèles ; elle sera, avec le caractère ombrageux de Georges Pritchard, à la source de bien des difficultés à venir.

En 1830 Jacques Moerenhout, commerçant belge et artiste peintre, né français et ancien grognard de Napoléon, s'installe à Papeete. Il tente des cultures avec le chef Tati auquel il se lie d'amitié. Il devient consul des Etats-Unis en 1835, puis consul de France en 1838, année où il fut victime d'une tentative d'assassinat qui coûta la vie à sa femme. Entre temps, le 7 août 1834 arrivent les premiers missionnaires catholiques aux Gambier. Les PP. Caret et Laval firent un essai à Tahiti le 20 novembre 1836. Ils furent expulsés vigoureusement par Pritchard le 12 décembre. Le Français Brémond avait lui aussi des difficultés à Papeete. Tout cela s'ajoutait à l'ostracisme contre les Français à Hawaii et aux concurrences entre les baleiniers. Paris envoya le commandant Dupetit-Thouars pour faire respecter la France dans le Pacifique. Le 10 juillet 1837, il intervint en ce sens, en même temps qu'un navire anglais, à Honolulu. Sur ordre de Paris, la « Vénus » arriva à Papeete le 29 août 1838 pour exiger des réparations : lettre d'excuses, 2.000 piastres d'amende, salut au drapeau français. Pritchard que la

Reine tenait pour responsable de ces ennuis dut trouver la somme. Dumont-d'Urville de passage avec l'«Astrolabe» et la «Zélée» le 9 septembre 1838 donna plus de poids encore à cette réparation et à la convention de protection des Français qui fut signée.

Les navires partis, Pritchard fit son possible pour que la convention fut inapplicable par de nouvelles lois interdisant l'achat de terres par les étrangers, en faisant du protestantisme une religion d'Etat. Le 22 avril 1839, le capitaine Laplace arriva sur l'«Artémise». Le bateau, ayant talonné le récif, fut abattu en carêne et réparé. Cela prit trois mois et permit aux Tahitiens de découvrir les Français en se dégageant de quelques préjugés. En partant, Laplace reprocha à Pomaré IV de violer la convention de 1838 par les nouvelles lois; il fit ajouter un article sur le libre exercice de la religion catholique et obtenir un terrain à Papeete pour y bâtir une église.

En 1840 l'anarchie régnait à Tahiti. La Reine était sans pouvoir et entièrement soumise à Pritchard. Les chefs étaient puissants, mais divisés entre parti français avec Tati et parti anglais avec Paofai. Aucun ne voyait d'autre moyen de s'en sortir qu'une protection étrangère. Pritchard partit pour Londres demander le protectorat anglais, démarche déjà faite en 1825 par Henry Nott sans aucun succès. En 1817 le Gouvernement anglais avait décidé de ne pas coloniser d'une manière quelconque Tahiti ni d'autres îles d'Océanie, se contentant de l'Australie comme colonie de la Couronne dans le Pacifique, ce qui avait été confirmé en 1826 et 1839 [(3)]. La colonisation de la Nouvelle-Zélande le 6 février 1840 gênait la position de Londres et était mal ressentie à Paris. La démarche du consul à Papeete tombait à un mauvais moment, d'autant que Tahiti n'avait qu'une importance religieuse mais aucune valeur commerciale ou stratégique.

Autour du 20 mai 1842, à l'occasion du mariage d'Alexandre Salmon avec Ariioehau (Ariitaimai), on autorisa, durant trois jours, les mariages entre Tahitiens et Européens en exception de la loi de 1837 qui interdisait de telles unions; cet événement est à la racine de bien des familles de «demis» actuels. Mais, en même temps, l'anarchie se développait; les exactions contre les Européens, Français en particulier, se multipliaient. Le capitaine du Bouzet sur l'«Aube» dut intervenir, mais en vain, en mai 1842, année qui verra le retour de Dupetit-Thouars et l'installation du Protectorat français sur Tahiti.

Rencontre passionnée «1768...»

Après avoir parcouru les points principaux de l'Histoire embrouillée de Tahiti et des Pomaré avant l'installation de la France en Polynésie et avant de

(3) L. JORE: *Océan Pacifique.* T. I, pp. 201 et 225.

reprendre le cours des événements majeurs de 1842 à nos jours pour y situer la Mission catholique, il n'est pas sans intérêt de se pencher un peu sur la première rencontre des Français avec les Polynésiens tant elle est prégnante de l'avenir. Ce fut un coup de foudre au paradis des îles [4]. La publication à Paris en 1771 du «Voyage autour du Monde» de Bougainville passionna la société des «lumières» à la recherche du «bon sauvage» amené en chair et en os à la cour du roi et dans les salons à la mode en la personne d'Ahutoru. Diderot, qui avait achevé la publication de l'Encyclopédie en 1772, dévora l'ouvrage de Bougainville, en qui il voyait autant un philosophe qu'un navigateur; il en écrivit un supplément en 1773, qui ne fut toutefois publié qu'après sa mort. C'est une réflexion scandaleuse et profonde, mélange de cynisme immoral, de bon-sens social, d'humanisme universel, d'utopie naturaliste, de pessimisme profond sur la civilisation occidentale.

«Aotouru, que dira-t-il de nous à ses compatriotes?
– Peu de choses et qu'ils ne croiront pas.
Et pourquoi ne le croiront-ils pas?
– Parce qu'en comparant leurs mœurs aux nôtres, ils aimeront mieux prendre Aotouru pour un menteur que de nous croire si fous!...
Dites-moi, faut-il civiliser l'homme ou l'abandonner à ses instincts?
– Faut-il vous répondre net?
Sans doute.
– Vous le voulez heureux et libre? Ne vous mêlez pas de ses affaires.»

Dans la seconde partie, intitulée «les adieux du vieillard», Diderot lui fait dire à l'adresse des Français, à travers Bougainville: «Nous sommes libres; et voilà que tu as enfoui dans notre terre le titre de notre futur esclavage. Tu n'es ni un dieu ni un démon: qui es-tu donc...? Si un Tahitien débarquait un jour sur vos côtes et qu'il gravât sur une de vos pierres: ce pays est aux habitants de Tahiti, qu'en penserais-tu? Tu es le plus fort! Et qu'est-ce que cela fait?... Celui dont tu veux t'emparer comme de la brute, le Tahitien est ton frère. Vous êtes deux enfants de la nature: quel droit as-tu sur lui qu'il n'ait pas sur toi? Laisse-nous nos mœurs... Sommes-nous dignes de mépris parce que nous n'avons pas su nous faire des besoins superflus?... Nous avons rendu la somme de nos fatigues annuelles et journalières la moindre qu'il était possible, parce que rien ne nous paraît préférable au repos. Va dans ta contrée, t'agiter, te tourmenter tant que tu voudras; laisse-nous reposer: ne nous entête ni de tes besoins factices ni de tes vertus chimériques.»

---

(4) *Mémorial polynésien.* T. I, pp. 155 sq. T. II, pp. 186 sq. T. IV, pp. 163 sq...
– R. VIRIEU : *Le Fiu,* pp. 41 sq – J.C. GUILLEBAUD : *Un voyage en Océanie,* pp. 67 sq, Seuil et Littérature inépuisable...
– B. MORTEVEILLE : *Le mythe de la Nouvelle-Cythère dans la littérature française de Bougainville à Gauguin.* Thèse, Angers 1981, 138 pages.

La troisième partie met en scène l'aumônier de l'expédition et Orou, prêtre tahitien; Diderot les fait échanger sur leurs lois et tabous respectifs. Selon la coutume de l'hospitalité, Orou offre au prêtre sa femme et ses trois filles, avec ces paroles, suite aux refus de l'aumônier au nom de la religion et de l'honnêteté: «Je ne sais ce que c'est la chose que tu appelles religion; mais je ne puis qu'en penser mal, puisqu'elle t'empêche de goûter un plaisir innocent, auquel nature, la souveraine maîtresse, nous invite tous; de donner l'existence à un de tes semblables; de rendre un service que le père, la mère et les enfants te demandent; de t'acquitter envers un hôte qui t'a fait bon accueil, d'enrichir une nation en l'accroissant d'un sujet de plus. Je ne sais ce que c'est que la chose que tu appelles état; mais ton premier devoir est d'être homme et d'être reconnaissant.» Evidemment l'aumônier mis en scène ne refusa plus rien.

Diderot, trop prudent pour publier ses réflexions de son vivant et trop intelligent pour ne pas se rendre compte qu'il regardait Tahiti avec ses propres yeux et ses secrets désirs, de conclure par ce bref et suggestif dialogue:

«– J'estime cet aumônier poli.

Et moi, beaucoup davantage les mœurs des Tahitiens et le discours d'Orou.

– Quoique un peu modelé à l'européenne!

Je n'en doute pas.»

Dans le contexte effervescent de la fin du règne de Louis XV, à cette époque de Rousseau, Voltaire et autres «philosophes des lumières», on imagine sans peine le retentissement de tels propos. Louis-Antoine de Bougainville avait trouvé un résonnateur exceptionnel. Ce n'est pourtant pas que l'inventeur de la «Nouvelle-Cythère» fût en reste de dithyrambe littéraire.

«Je ne saurais quitter cette île fortunée sans renouveler ici les éloges que j'en ai déjà faits. La nature l'a placée dans le plus beau climat de l'Univers, embellie des plus riants aspects, enrichie de tous ses dons, couverte d'habitants beaux, grands, forts. Elle-même leur a dicté des lois; ils les suivent en paix et forment, peut-être, la plus heureuse société qui existe sur ce globe. Législateurs et philosophes, venez voir ici tout établi ce que votre imagination n'a pu même rêver...

Je me croyais dans le jardin d'Eden... L'air qu'on y respire, les chants, la danse presque toujours accompagnée de postures lascives, tout rappelle à chaque instant les douceurs de l'amour, tout crie de s'y livrer... Il n'est point question dans son culte de mystères ou de cérémonies cachées; c'est en public qu'on le célèbre et la joie de ce peuple ne se peut dépeindre toutes les fois qu'il assiste aux transports d'un couple entrelacé dont les soupirs sont la seule offrande agréable à leur dieu. Chaque jouissance est une fête pour la nation...

Tant que je vivrai, je célébrerai l'heureuse île de Cythère.»

Pour décrire ces merveilles naturistes, la connaissance de la langue et de la culture tahitiennes n'étaient pas nécessaires; ce n'est pas en neuf jours que ces marins pouvaient les posséder. Illustration anticipée de l'aphorisme : après huit jours on écrit un livre, après un mois on fait un article, après un an on essaie de comprendre !

Laissons à Jacques-Antoine Moerenhout, témoin privilégié du Tahiti de 1830 et artisan actif du Protectorat, le soin de conclure sur cette rencontre amoureuse entre Français et Tahitiens. « Les Français, comme les Anglais, partirent enchantés de ce peuple et de son paradis. Ils regrettèrent ces bons Indiens et emportèrent leurs regrets. Ce n'avaient été que fêtes et réjouissances pendant leur séjour. Frappé de leur goût pour les plaisirs, de leur passion pour la volupté, le navigateur français donna, avec esprit, à cette île, un nom qui, sans la décrire, peint pourtant exactement ses mœurs, et, s'il ne convenait pas de conserver toujours aux contrées nouvelles leur nom national, ou celui que leur a donné le premier qui les a découvertes, cet asile charmant de toutes les séductions de la nature, cette île enchanteresse, « où l'amour sans pudeur n'est pas sans innocence », O-Taïti, en un mot, devrait, bien certainement, porter le nom de « Nouvelle-Cythère », que lui avait imposé Bougainville [5]. »

Le mythe du paradis terrestre à Tahiti était né ; les « bons sauvages », témoins merveilleux de l'innocence primitive, y coulaient des jours heureux ; le décor tahitien était planté sur le théâtre du monde fasciné ; « vahine » odorantes et « rae-rae » joyeux lançaient leurs invitations [6]. Tous ceux qui viendront après, jusqu'aux publicistes actuels avec leurs média si puissants, ne font que du plagiat, mais sans le souffle littéraire des initiateurs passionnés de cette comédie de rêve. 6-15 avril 1768, Bougainville à Hitiaa ! Neuf jours qui ont fait chanter le nom de Tahiti dans toutes les langues, neuf jours qui ont construit le mythe le plus étonnant, le plus tenace, le plus fou de notre époque de science et de raison. Foin des sacrifices humains et de l'anthropophagie, des castes rigides, du système féodal et des guerres continuelles, foin des « arioi » infanticides ; le « bon sauvage », déjà inventé par J.-J. Rousseau, devait bien être découvert quelque part : ce sera à Tahiti.

Ce ne sont pas les 465 marins de l'« Artémise » qui donnent une autre image durant les deux mois de réparation de leur navire à Papeete (22 avril-22 juin 1839). Les Français s'y montrent décontractés, enjoués, aimant la fête, les danses et l'alcool ; ils font la « bringue », selon le mot courant à Tahiti aujourd'hui. De plus ils sont généreux pour leurs plaisirs. « J'aime les marins », aurait pu déjà être un refrain à la mode !

---

(5) J.A. MOERENHOUT : *Voyages aux îles du Grand Océan.* T. II, pp. 394-395.

(6) « Vahine » : femme ; « rae-rae » : homosexuels et travestis.

Les ordres du jour de Lavaud en 1846 et 1848, vite rapportés par son successeur, ne seront qu'une brève réaction officielle contre cet état de choses. Soit publiquement, comme sous les «Gouvernements» de Page, de Girard ou du truculent Papinaud, soit plus discrètement, les «upa-upa» (danses lascives) et les diverses variantes de la rencontre passionnée entre Français et Polynésiens, initiée par Bougainville, se perpétueront sans faille. Gauguin y apportera les couleurs de la «maison du jouir» et les fantaisies de l'école buissonnière. Le reportage de J.C. Guillebaud nous en donne une pénétrante réflexion [7].

«On ne me parlait pas "innocemment" des vahinés, et ces mille anecdotes entendues, tout compte fait, avaient un sens caché. Un personnage ne s'identifie pas aussi totalement à l'image d'une colonie, il ne domine pas deux siècles de découvertes sans signifier davantage qu'une pure futilité. Le mythe féminin à Tahiti n'est pas tout à fait vain... c'est même l'une des composantes d'un long face à face avec l'Occident dont on oublie parfois qu'il fut tragique dans son essence... En produisant et en entretenant le thème en fonction de la vahiné facile, la Polynésie ne se forgeait-elle pas une arme – la seule qu'il lui resta – pour triompher un peu de ses conquérants?... Peu résistent à d'aussi pressants assauts...

Le visiteur qui débarque... qu'il soit journaliste, écrivain, député, peintre ou commerçant apporte avec lui un attaché-case et une disposition naturelle au "sérieux" qui détonne à Tahiti. Ses projets sont mal connus mais vaguement inquiétants. Une vahiné part à sa conquête... le nouveau venu s'abandonne vite à cette fortune... Comblé peut-être, mais imprudent. Dès le lendemain, toute l'île connaîtra par le menu la qualité de ses prestations et le détail de ses insuffisances. Allez donc, après cela, promener votre sérieux dans un sillage de fous rires. Tahiti, si souvent agressée du dehors, si méchamment colonisée, se défend vaille que vaille.»

Un ancien Haut-Commissaire de la République exprimait une vision analogue par ces mots: «La Polynésie a le génie du dérisoire.» Il y a bien longtemps déjà que La Fontaine avait décrit une telle situation dans la fable du «chêne et du roseau». Et si le Polynésien était un peu, à l'image des souples vahinés dansant le «tamouré», un roseau à la fois fermement enraciné dans son «fenua» (terre), «ondoyant et divers» dans une constante adaptation imitative de la «manière des blancs»! Les innombrables analystes de la société polynésienne sont ainsi invités à une prudente modestie s'ils ne veulent continuer de faire des variations inutiles sur la fausse Cythère du sieur de Bougainville.

Pour n'avoir point à y revenir, on comprendra sans peine que tels n'étaient pas le regard ni la motivation des missionnaires protestants de 1797 ou catho-

(7) J.C. GUILLEBAUD: *Un voyage en Océanie,* «la politique des vahinés», p. 67, Seuil, Paris 1980.

liques de 1834. On ne sera pas étonné de savoir que leurs lettres privées ou leurs rapports officiels soient remplis de gémissements devant une telle situation, avec une compréhension miséricordieuse devant la faiblesse ignorante des Polynésiens et un étonnement scandalisé devant les défoulements des Européens, leurs compatriotes. Selon les circonstances et la personnalité de chacun, on y trouve tous les styles d'expression: diatribes prophétiques, complaintes désespérées, accusations féroces, exhortations paternelles, appels à la conversion... Cela suscitera de nombreuses controverses et conflits dont les sédiments épistolaires encombrent les archives religieuses et publiques; si la France et la publicité présentent Tahiti comme le paradis de l'amour, les divers missionnaires en ont plutôt vu les débordements et les conséquences qui la font ressembler à la Corinthe romaine du temps de l'Apôtre Paul. Querelles entre Européens, trop souvent doctrinaires et qui auraient à apprendre de l'intelligence souple et cordiale des Polynésiens.

Après ces réflexions sur la rencontre passionnée entre la France et Tahiti, retrouvons-les en 1842, désormais, «pour le meilleur et pour le pire»; il s'agit d'une Histoire connue que nous allons retracer à grands traits, la chronologie en fournissant les repères détaillés.

Protectorat incertain (1842-1880)

L'Angleterre, le 6 février 1840, avait fait de la Nouvelle-Zélande une colonie de la Couronne, devançant de peu les Français de la société nanto-bordelaise à Akaroa. Bien qu'ils ne reconnussent pas cette annexion, Louis-Philippe et Guizot s'en consolèrent rapidement en choisissant de prendre possession des îles Marquises, jugées «point d'appui naval» intéressant dans la perspective de l'ouverture possible du canal de Panama, «relâche» pour les baleiniers français et «lieu de déportation» avantageux pour les condamnés, selon un rapport de Dupetit-Thouars en date du 29 août 1839. Celui-ci fut promu contre-amiral et commandant de la Station navale du Pacifique avec Valparaiso comme base. Le 1er mai 1842, il annexa les Marquises et pacifia quelques vallées. L'Angleterre qui n'y avait plus de missionnaires depuis 1841, pas plus que les Etats-Unis malgré leur prise de possession par Porter en 1813, ne firent d'objections.

Dupetit-Thouars sur la «Reine-Blanche» arriva à Papeete à la fin d'août. Les violations du traité de 1838 lui parurent suffisamment graves pour exiger de nouvelles sanctions. L'assemblée des chefs tahitiens reconnut le bien-fondé des réclamations de l'amiral en même temps que leur impossibilité de se faire respecter. Devant cet état d'anarchie locale, le Régent Paraita, fortement soutenu par Moerenhout qui joua un rôle décisif dans cette affaire, proposa un projet de protectorat à Pomaré IV, alors à Moorea. Tairapa, chef de Moorea, transmit à

Dupetit-Thouars la demande signée par la Reine. L'amiral l'accepta, sous réserve de sa ratification par Louis-Philippe, ayant agi de sa propre initiative sans instruction du Gouvernement de Paris. C'était le 9 septembre 1842. Le roi ratifia le Protectorat le 25 mars 1843 et Bruat fut nommé Gouverneur. Le signe du Protectorat était le drapeau tahitien portant en yacht le drapeau français. Avant de partir le 19 septembre 1842, Dupetit-Thouars mit en place un Gouvernement provisoire composé de Reine Gouverneur militaire de Papeete, de Carpegna capitaine du port et Moerenhout commissaire du roi.

Le calme espéré se transforma en tempête par le retour de Pritchard le 25 février 1843 sur le «Vindictive» du capitaine Toup-Nicholas. Pritchard, mal reçu à Londres qui refusait toute idée de protectorat anglais sur Tahiti, avait pris le chemin du retour par Sydney où il apprit l'établissement du Protectorat français. Loin de l'accepter, il ne transmit à personne le refus du Gouvernement anglais et fit courir le bruit de l'arrivée de troupes britanniques. La Reine Pomaré IV accueillit avec joie le retour de son conseiller privilégié. Le parti anglais se reforma; la Reine hissa son pavillon avec la couronne sur le palais; le capitaine Toup-Nicholas fit savoir que les Anglais n'avaient pas à respecter la réglementation française. Pomaré IV désavoua la signature donnée à Dupetit-Thouars et demanda la protection de la Reine Victoria. Le Gouvernement provisoire, incertain de la ratification par Louis-Philippe, ne réagit pas attendant le retour de Dupetit-Thouars. Ce dernier arriva à Papeete le 1er novembre 1843. Il notifia aussitôt l'acceptation du Protectorat par la France à Pomaré IV; celle-ci devait amener le drapeau hissé depuis le retour de Pritchard et hisser le drapeau français. Poussée par le Consul anglais, la Reine refusa et se réfugia chez lui. Le 6 novembre, la déchéance de Pomaré IV fut proclamée, les troupes françaises débarquèrent avec le capitaine d'Aubigny, Pritchard amena son pavillon de consul, devenant aussi simple résidant étranger. Le 8, Bruat fut installé comme Gouverneur et reconnu comme tel par les chefs le 12. Dupetit-Thouars était parti le 10.

L'agitation continuait. Pomaré IV se réfugia à bord du bateau anglais «Basilisk». Les opposants se rassemblèrent dans la presqu'île de Taiarapu et Bruat partit avec le «Phaéton» à Taravao. Pendant ce temps, le 3 mars 1844, l'effervescence gagna Papeete qui fut mise en état de siège. D'Aubigny crut nécessaire d'arrêter Pritchard, auteur des troubles et de l'enfermer, avec égards, dans un blockhaus. Bruat qui avait réalisé la gravité de la situation, transféra l'ancien consul anglais sur «La Meurthe»; puis il le confia au capitaine du vapeur anglais «Cormoran» qui quitta Papeete le 13 mars pour arriver à Portsmouth le 26 juillet 1844. Des deux côtés de la Manche les opinions publiques s'échauffèrent; il fallut toute l'habileté de Guizot et de lord Aberdeen pour éviter un conflit armé. Louis-Philippe offrit, sur sa cassette, une indemnité à Pritchard et Dupetit-Thouars fut désavoué. De plus Moerenhout dût quitter Tahiti pour la Californie le 6 juin 1846.

Pendant ce temps, les Tahitiens ouvrirent les hostilités contre la France le 21 mars 1844. La «guerre de Tahiti» se termina le 22 décembre 1846 après le célèbre exploit de la Fautaua. Durant cette période agitée, Pomaré IV se réfugia aux Iles-sous-le-Vent, protégée par les Anglais; elle refusa tout contact avec le Gouverneur. Bruat rétablit officiellement le Protectorat le 7 janvier 1845 et Paraita redevint Régent. De mai à juillet, l'Assemblée législative révisa le Code Pomaré de 1824 pour l'adapter au Protectorat. Si, accidentellement, le Révérend Mac Kean fut tué à la place de Bruat qui était visé – ce qui entraîna l'incendie complet de la première Mission catholique en représailles – le Révérend Orsmond joua un rôle essentiel dans la pacification des esprits. En effet il avait eu par hasard entre les mains la lettre que lord Aberdeen avait adressé à Pritchard – et que celui-ci avait tenue secrète – où le Gouvernement anglais faisait savoir qu'il n'interviendrait pas et qu'il demandait à la Reine de se soumettre.

Le 24 décembre 1846 les derniers rebelles de Papenoo se soumirent et le 7 janvier 1847 fut la fête de la paix retrouvée. La guerre avait fait 117 tués parmi les soldats français et pas mal de blessés qui furent soignés par les premières Sœurs de Saint-Joseph de Cluny arrivées en avril 1844. De nombreux Tahitiens, tués ou blessés, en furent victimes. Après une entrevue avec Pomaré IV à Moorea, Bruat rétablit la Reine dans tous ses droits. Elle rentra alors à Papeete le 9 janvier 1847.

A cette époque deux événements marqueront sérieusement l'avenir. Le 16 février 1844, selon les directives ministérielles du 10 août 1843, le Gouverneur Bruat proposa le Protectorat au royaume des Gambier et nomma le P. Cyprien Liausu, Supérieur de la Mission, son représentant. Mais le 16 juillet, l'amiral de Mackau, Ministre de la Marine, interdit toute forme de Protectorat aux Gambier. Pourquoi cet ordre ne fut-il jamais transmis au roi Maputeoa et au P. Liausu? Nul ne le sait; mais ce sera une des causes majeures des graves difficultés futures dans cet archipel avec la population et la Mission.

Le 19 juin 1847, à Londres, Jarnac et Palmerston signèrent une Déclaration reconnaissant l'indépendance de Raiatea, Bora-Bora et Huahine avec leurs dépendances pour donner satisfaction aux missionnaires anglais et à l'opinion britannique profondément choqués par l'affaire Pritchard. En échange des postes militaires français installés aux Nouvelles-Hébrides, la Grande-Bretagne renonça à cette convention le 16 novembre 1887, permettant à la France d'annexer les Iles-sous-le-Vent le 16 mars 1888. Paris y tenait d'autant plus que le commerce allemand s'était installé à Raiatea depuis 1881, faisant craindre une colonisation future par cette présence.

Maintenant que la tranquillité était assurée, mais dans un ensemble Tahiti-Moorea très dépeuplé (à peine 10.000 habitants en 1848), la grande question sera, jusqu'à l'ouverture du canal de Panama en 1914, celle du développement économique et du rôle stratégique de cet ensemble d'îles situées au bout du monde, sorte d'Extrême-Orient de l'Océanie.

En 1849 et en 1855 les Marquises seront occupées et abandonnées plusieurs fois. Le 9 novembre 1852, sous l'influence de Mormons américains et du passage d'une escadre anglaise, une révolte éclatera à Anaa où le brigadier Viry sera tué et le P. Fouqué laissé pour mort. Cette même année, après la loi du 18 mars 1851 réglementant l'action de Ministres anglais à Tahiti, l'ensemble des Pasteurs, sauf le Révérend Orsmond qui ne fut plus reconnu par la L.M.S., quittèrent l'île. D. Darling partit en 1859. J. Davies mourut à Papara en 1855. Les premiers Pasteurs français arrivèrent en 1863, accueillis par W. Howe qui se retira à Rarotonga.

Jusqu'en 1880, où l'amiral Bergasse-Dupetit-Thouars dut entreprendre la pacification d'Hiva-Oa, les Marquises furent régulièrement troublées par des guerres entre les vallées. C'est en 1865 qu'un Résident s'y installa, succédant aux divers «commandants» présents depuis 1842. De même les Iles-sous-le-Vent connurent quelques révoltes en 1854 et 1865.

De 1863 à 1868, les Gambier, au statut peu clair, connurent une violente querelle: l'affaire Pignon-Dupuy contre la Régente, soutenue par la Mission; le gouverneur y envoya de 1865 à 1868 une garnison militaire pour contrôler le remboursement de la lourde indemnité à laquelle la Régente avait été condamnée.

C'est aussi à cette époque que divers «négriers» sévirent à la recherche de main-d'œuvre bon marché: Péruviens en 1862 et 1863 aux Tuamotu-Gambier, le capitaine Dutrou-Bornier qui ravagea l'île de Pâques de 1869 à 1871.

La situation d'ensemble était mouvante et incertaine. Le Protectorat était plus toléré que cordialement accepté; le 3 février 1859, le Gouverneur Saisset signalait au Ministre la méfiance de Pomaré IV et la croyance à un abandon par la France [8]. Le Gouvernement de Paris n'avait pas de politique très définie à l'égard des «Etablissements français d'Océanie», en dehors de leur nécessité comme «poste militaire provisoire et base de propagande française après nos démêlés avec les Anglais et les Américains» [9]. Le personnel affecté à l'Administration des 30.000 habitants des E.F.O. de 1860 était réduit à quelques officiers de Marine peu préparés aux tâches administratives et parfois débarqués à titre de sanction; ils étaient aidés par quelques gendarmes, en général plus appropriés à ce travail de présence aux aspects multiples. Ce n'est que peu à peu à partir de 1864 et par le biais de «Résidents» tout-puissants sous l'autorité

(8) F.O.M. Océanie, C 14. A 75.

(9) Rapport du capitaine Cosnier au Ministre qui l'approuve en marge (24-5-1852). F.O.M., Océanie C 13, H 69.

exclusive du Gouverneur, que l'autorité de l'Etat s'étendit aux archipels éloignés de « Tahiti et Moorea », noyau auquel elle se réduisit bien souvent. Dans l'optique centralisatrice et jacobine de cette période coloniale, à cause de sa faiblesse quantitative et qualitative qui la rendait encore plus susceptible, une telle Administration suivit sa pente naturelle à tout concentrer entre ses mains [10].

Sur le plan de l'autorité de l'Etat cela se traduisit par des conflits avec les Missions : 18 mars 1851 loi réglementant l'action des Pasteurs anglais, novembre 1852, absence de soutien à la Mission catholique agressée à Anaa, contrôle strict des missionnaires mormons américains, démolition de la cathédrale de Papeete en 1870, querelle aux Gambier de 1863 à 1868, petite guerre sur les prières officielles et les préséances, essai d'un « Culte National ». Le 14 décembre 1865 le Code Napoléon est étendu aux archipels administrés par la France et le 28 mars 1866 la législation métropolitaine s'applique ; cette extension fait suite à la mort du Régent Paraita survenue le 24 octobre 1865. Désormais les Résidents peuvent nommer et destituer les chefs ; leurs pouvoirs sont, de fait, illimités et sans grand contrôle, les communications étant rares entre Tahiti et les îles.

L'instruction, commencée par les missionnaires anglais en 1812 à Moorea, les missionnaires catholiques en 1835 aux Gambier, fut officialisée à cette époque ; elle fut confiée aux Sœurs de Cluny en 1857 et aux Frères de Ploërmel en 1860. De sérieuses difficultés existaient entre cet enseignement officiel, exclusivement en français, et les écoles des Missions qui étaient bilingues [11]. L'Administration s'interrogeait, en particulier le Gouverneur de la Roncière, sur la formation professionnelle que les écoles devraient assurer pour permettre le développement agricole et artisanal des îles. Dans ce but, la Mission catholique ouvrit en 1869 les « Ateliers de Saint-Joseph ». En 1862, le Gouverneur de la Richerie tenta la première expérience d'envoyer en France sept « étudiants » tahitiens, dont Joinville, le fils de la Reine Pomaré. Ils étaient confiés aux Frères de Ploërmel de Nantes, chargés de l'instruction publique. Cela suscita de très vives discussions avec les protestants et les résultats constatés à leur retour en 1866 furent jugés assez décevants. Ce qui est certain en étudiant les volumineux dossiers de ces années 1860, c'est que l'ensemble de la population savait lire, écrire et parler un français convenable grâce aux écoles des Missions et aux écoles officielles.

Le développement économique fut la troisième priorité des autorités du Protectorat. Les Missions s'y employaient depuis le début, généralement soutenues par les Gouverneurs. En plus de l'aménagement de Papeete et du port, la grande

(10) Voir l'étude très documentée de Pierre-Yves Toullelan, in *Bulletin de la Société des Etudes Océaniennes* n° 219. T. XVIII, n° 8, juin 1982, pp. 1057-1087. « Administration des archipels E.F.O. 1865-1914 ».

(11) Voir F.O.M., Océanie C 26, H 5 et H 16 ; C 27, H 17, H 20, H 21 ; C 43, H 3, H 9 ; C 44, H 19, H 41.

entreprise de cette époque fut la mise en valeur de la plaine d'Atimaono par W.S. Stewart de 1864 à 1873 à l'occasion de la crise mondiale du coton. Les Tahitiens étant peu intéressés et inaptes à ces travaux, il fallut importer une abondante main-d'œuvre étrangère: Gilbertins, Hébridais et surtout paysans chinois de la région de Canton. Les 330 premiers coolies Hakkas débarquent le 25 mars 1865 du «F. Brumm», en application de l'arrêté du Gouverneur de la Richerie en date du 30 mars 1864; le 3 décembre 1865 et le 6 janvier 1866, 681 nouveaux Chinois viendront pour travailler à Tahiti. Ils seront déjà 1.010 au bout d'un an. Après la faillite d'Atimaono en 1874, ils deviendront agriculteurs, colporteurs. Très soudée autour de l'unité familiale, cellule de base pour eux, appliquée au travail et habile dans le commerce, la communauté chinoise prendra rapidement une place importante dans la vie économique, ce qui suscitera régulièrement des tensions avec les autres ethnies et les autorités françaises (12). Difficile question du développement socio-économique à Tahiti et dans les archipels!

Cette période incertaine, riche en événements variés, marquée par de fortes personnalités fondatrices, est unifiée par le long règne et la prestance de la Reine Pomaré IV qui s'éteindra le 17 septembre 1877. Pomaré V, plus jouisseur de la vie que passionné du pouvoir, fit don de ses Etats à la France le 29 juin 1880. Une nouvelle période commençait.

La colonie des Etablissements français d'Océanie (1880-1946)

Il convient d'abord de préciser la chronologie complexe des événements qui aboutiront à la géographie actuelle de la Polynésie Française, dénomination que les archipels recevront le 22 juillet 1957 seulement. En 1900, après le rattachement des dernières îles, la colonie sera appelée «Etablissements français d'Océanie» (E.F.O.).

1-05-1842 annexion de l'archipel des îles Marquises (colonie).

9-09-1842 Protectorat offert au Royaume de Tahiti et dépendances (Moorea, Tuamotu de l'Ouest et du Centre – Les Tuamotu de l'Est et les Iles-sous-le-Vent sont de juridiction incertaine par rapport à l'autorité de Pomaré IV). Le Protectorat est ratifié le 25 mars 1843 et notifié le 1er novembre 1843. Il fut suspendu du 6 novembre 1843 au 7 janvier 1845.

(12) *Histoire et portrait de la communauté chinoise de Tahiti.* Association Wen Fa; J.M. Dallet, B. Hermann, Ch. Gleizal, 1979, 304 pages.

– G. COPPENRATH: *Les Chinois de Tahiti: de l'aversion à l'assimilation.* Société des Océanistes nº 21. Musée de l'Homme, Paris 1967.

– *Mémorial polynésien.* T. III passim. T. IV, pp. 76 sq, 276 sq.

– D. MAUER: *Aimer Tahiti.* Chap. V: la question chinoise, pp. 83-93.

16-02-1844	Protectorat proposé au Royaume de Mangareva ; refusé par Paris le 16 juillet 1844, refus jamais transmis ; d'où Protectorat de facto et non de jure.
28-04-1867	Protectorat offert au Chef de Rapa et accepté.
1872	Refus du Protectorat demandé par Dutrou-Bornier sur l'île de Pâques.
16-03-1880	Protectorat provisoire des I.S.L.V. désavoué par Paris ; opposition du chef Teraupoo.
29-06-1880	Annexion des Etats de Pomaré V faisant suite à sa donation : Tahiti-Moorea, Tuamotu, Tubuai, Raivavae.
23-02-1881	Annexion de l'archipel des Gambier.
03-1881	Annexion de l'île de Rapa.
16-11-1887	Convention avec l'Angleterre sur l'annexion des I.S.L.V., effectuée le 16 mars 1888 et achevée, après pacification, le 17 février 1897.
27-03-1889	Protectorat sur Rurutu.
25-08-1900	Annexion de Rimatara et de Rurutu.

Le Chili annexe l'île de Pâques en 1888. L'Angleterre, après avoir annexé Penrhyn et Manihiki en 1888 et 1889, réalise la colonisation des îles Cook le 8 octobre 1900. La répartition des archipels du « triangle polynésien » entre les Grandes Puissances coloniales est terminé à cette date. Les Etablissements Français d'Océanie (E.F.O.) sont désormais constitués avec le XXe siècle qui naît.

Si 1891, avec les décès du dernier roi de Tahiti, Pomaré V et du premier évêque, Mgr Tepano Jaussen, est une date-charnière de cette période [13], on peut commodément répartir les principaux événements avant et après 1914.

1880-1914 : conflits tous azimuts

Dans la compétition coloniale très vive alors en Océanie entre la France, l'Angleterre, les Etats-Unis, le Japon et l'Allemagne, dans la perspective du percement du canal de Panama qui faisait de Tahiti une escale privilégiée entre l'Europe et l'Australie [14], l'annexion des Etats de Pomaré V devenait une nécessité géopolitique pour Paris. Isidore Chessé, commissaire de la République et premier civil au poste de Gouverneur, réalisa cette opération avec l'appui des « protestants influents dans la Marine », tels les amiraux Jaurréguiberry et Cloué

(13) Voir l'Introduction.
(14) F.O.M. Océanie C 130, B 40 : visées étrangères sur Tahiti, 1905-1911.

qui furent Ministres à cette époque, et surtout grâce à « l'action discrète et efficace » du Pasteur Charles Viénot [15]. Cette action, malgré les promesses d'aide aux Eglises protestantes de Tahiti, devait être d'autant plus « discrète » que le Synode était opposé à l'annexion ainsi qu'une grande partie de la famille royale.

Par contre, Chessé essuya un échec dans son annexion des Iles-sous-le-Vent entreprise le 6 mars 1880 et désavouée par Paris ; il fut révoqué l'année suivante. Si l'amiral Bergasse Dupetit-Thouars pacifia sans trop de mal les Marquises cette même année 1880, il fallut toute la diplomatie de Mgr Tepano Jaussen pour faire accepter l'annexion des Gambier en 1881, par suite des vingt années de conflit souvent violent et de l'abus de droit, dévoilé en 1869 par le commandant Aube, concernant le faux Protectorat. Le passage des navires anglais en escale à Rapa, y amena le Protectorat en 1867 et l'annexion en 1881. Mais la grande peur de la Marine était l'influence allemande grandissante et la crainte que les Iles-sous-le-Vent spécialement, ou d'autres, comme les Gambier, ne deviennent colonie germanique. Depuis 1876, la Maison Godeffroy de Hambourg était implantée ; le commerce de la « Société commerciale d'Océanie » était actif à travers toute la Polynésie. Ces craintes aboutirent au départ forcé, en 1884 et 1885, des trois missionnaires catholiques allemands des Marquises [16].

La grande querelle de la « laïcité » – (1882 : enseignement primaire laïc et gratuit ; 1886 : laïcisation du personnel des écoles publiques ; 1901 : association restreinte pour les religieux ; 1904 : enseignement interdit aux religieux ; 1905 : séparation Eglise-Etat ; 1906 : les « inventaires » et spoliation des biens) – fut anticipée à Tahiti malgré la phrase célèbre concernant les colonies : « l'anticléricalisme n'est pas article d'exportation ». Dès 1882, les Frères furent chassés des écoles publiques ; en 1904 les Sœurs de Cluny le furent de l'hôpital ; en 1905 tous les biens de la Mission des Marquises furent déclarés vacants. Il fallut attendre 1923 pour que l'Administration demande à la Mission de reprendre les écoles aux Marquises et aux Tuamotu, et pour que la question des biens se règle aux Marquises.

Les querelles politiques entre les clans fermés de la micro-société coloniale de Tahiti-Moorea battent leur plein dans ce contexte : commerçants français, anglais, allemands, chinois... agriculteurs et colons... fonctionnaires nombreux,

---

(15) D.E.F.A.P. Océanie : Lettres de Ch. Viénot (13-11-1880, 23-12-1880, 17-2-1881, 14-9-1881) ; Lettre amiral Cloué au Président de S.M.E.P. (8-4-1881).

(16) Mgr Dordillon au T.R.P. (8-9-1876, 26-6-1880, 22-3-1881, 24-4-1883, 26-1-1884, 28-8-1884, 28-11-1884, 26-7-1885). Ar. SS.CC. 47, 1.

peu compétents et sans souci du pays... clivages politico-religieux : protestants, catholiques, mormons, francs-maçons... marginaux et artistes engagés, comme Gauguin et ses «Guêpes»... Les archipels étant jugés trop «sauvages» et trop catholiques, le Conseil Général est seulement réduit à Tahiti-Moorea en 1884 qui deviennent les uniques électeurs en 1899. Il sera supprimé en 1903.

Cette période est aussi celle des épidémies et de la dépopulation catastrophique des archipels (17). Le Gouverneur Henri Cor et d'autres en rendront responsables les missionnaires catholiques. La lèpre commença à s'étendre ; la léproserie d'Orofara fut ouverte le 27 janvier 1914. La grippe espagnole apportée par le «Navua» le 16 novembre 1918 fera disparaître 17 % de la population (2.498 décès à Tahiti).

Sur le plan de la politique générale de la France dans le Pacifique, le conflit le plus grave fut celui des Iles-sous-le-Vent et de Raiatea. L'échec du Gouverneur Chessé en 1880 regroupa autour de Teraupoo les opposants à la présence française. Les Pasteurs protestants étaient toujours les Ministres anglais de la L.M.S. ; les prêtres catholiques y étaient encore interdits. Malgré l'accord franco-anglais de 1887, il y eut révolte à Huahine en 1888. Le Pasteur Vernier prit la charge des I.S.L.V. en 1889 et le Révérend Cooper partit en 1890. Cela n'empêcha pas la Reine de Raiatea de faire appel à l'Angleterre en 1896 ; le consul anglais de Papeete dut intervenir pour enlever le pavillon britannique. Enfin il fallut déloger militairement Teraupoo et ses troupes du 1er janvier au 16 février 1897. Teraupoo et ses adjoints furent déportés à Nouméa ; la Reine et 136 personnes le furent dans l'île de Ua-Uka aux Marquises. Ils furent rapatriés en 1900.

La personnalité qui domine cette période agitée est le Pasteur Charles Viénot, présent à Tahiti du 25 février 1866 à sa mort le 11 juin 1903. Après avoir fondé les écoles protestantes de Papeete, il devient Président du Conseil Supérieur des Eglises de 1870 à 1893. Chessé le nomma au Conseil Colonial et à l'Instruction Publique en 1880. Il deviendra Vice-Président du Conseil Général. Ses liens sont étroits avec le Gouvernement Jules Ferry et ses successeurs. Il obtient le 23 janvier 1884 le statut officiel reconnaissant les Eglises tahitiennes. Même si son «autoritarisme intransigeant», ses convictions anti-catholiques et son action de chef de parti politique ont pu gêner certains, y compris dans l'Administration et parmi ses confrères (18), Charles Viénot qu'on appelait «l'Evêque protestant», fut un politicien averti et un homme de grande valeur.

---

(17) Voir annexe 8.

(18) F.O.M. Océanie C 132, H 30 (16-6-1890): lettre du Gouverneur au Sous-Secrétaire d'Etat. Pasteurs Brun et de Pomaret au Pasteur Boegner. S.M.E.P. (15-9-1890): rapport annuel. Mgr Verdier au T.R.P. (20-6-1903). Ar. SS.CC. 58, 3.

1914-1946 : vers une convivialité

Au milieu de ces clivages religieux, des agressivités commerciales, des divisions politiques dont les Gouverneurs jouaient avec plus ou moins de bonheur selon les ordres de Paris, la guerre de 1914 fit une entrée tonitruante à Tahiti avec les canons des croiseurs allemands « Gneisenau » et « Scharnhorst » de l'amiral von Spee. Arrivés en face de Papeete à l'aube du 22 septembre, ils venaient, pensait-on, s'emparer du stock de charbon. La défense, organisée autour du Gouverneur Fawtier et du commandant Destremeau, avait peu de moyens : les 12 canons de la « Zélée », 60 hommes et 100 marins. Toute la population se mobilisa ; le rôle actif de Mgr Hermel et des Frères fut remarqué, première amorce d'un apaisement des tensions. Le stock de charbon fut mis à feu ; la canonnade commença à 8 h et les croiseurs partirent bredouilles en fin de matinée vers les Marquises. Ils y restèrent du 24 septembre au 3 octobre pour s'y ravitailler. Ils furent détruits le 8 décembre aux Malouines par les Anglais. Durant les deux guerres mondiales, ce fut la seule agression militaire que la Polynésie eût à subir ; l'échouage du corsaire « Seeadler » de von Luckner le 2 août 1917 à Mopelia ne causa aucun dommage en dehors de la capture du « Lutèce ».

Par contre la participation des Polynésiens aux combats de la France durant les deux guerres fut importante et marquante dans l'Histoire locale ; il s'agit du célèbre « Bataillon du Pacifique », sans oublier divers Tahitiens qui participèrent à la Résistance en Métropole. 1.013 Polynésiens s'embarquèrent pour les tranchées à partir du 21 mars 1915. Le 28 juin 1919 l'« El Kantara » ramena les « Poilus tahitiens » qui durent inscrire 205 noms de camarades sur le monument aux morts de l'avenue Bruat.

Le 14 janvier 1941, les premiers volontaires quittèrent Papeete. Ils furent 567 au départ de l'Australie le 27 juin ; le « Bataillon du Pacifique » s'illustra à Bir Hakeim et dans la campagne d'Italie. Il fut de retour le 5 mai 1946, ayant perdu 87 des siens dans les divers combats. Les Américains utilisèrent l'île de Bora-Bora comme base arrière du 17 février 1942 au 2 juin 1946.

Si les deux guerres rapprochèrent les diverses tendances de la population, de nouveaux conflits surgirent, politiques principalement. Le 29 août 1914 les ressortissants allemands furent internés à Motu Uta ; l'année suivante, la « Société Commerciale d'Océanie » fut mise sous séquestre, puis liquidée aux enchères. Entre le Gouverneur Fawtier et le commandant Destremeau, les désaccords allèrent si loin que l'amiral Huguet dut intervenir le 27 novembre 1914 ; l'insouciance tahitienne, l'isolement de petits groupes aussi divers que divisés, l'imprévoyance assistée ne facilitent pas l'union dans l'adversité.

En 1940 le Gouverneur «envisage» de continuer la guerre. Si le 10 août un comité Pétain se constitue, dès le 27 août le comité France-Libre est créé et les E.F.O. se rallient à la France-Libre le 2 septembre 1940. Les Pétainistes sont mis en résidence surveillée à Maupiti le 1er mars 1941. Après quelques tensions selon les clivages traditionnels de Tahiti, l'union se fait autour de l'énergique Gouverneur Orselli.

Après les deux guerres, les brassages dûs aux événements, le retour des Volontaires qui avaient vu autre chose et jouissaient d'un grand prestige amenèrent des changements de mentalité qui s'exprimèrent par une volonté d'autonomie vis-à-vis d'une Administration coloniale lourde, toute-puissante et à personnel peu stable.

En 1919, les E.F.O. n'avaient pas de député mais un représentant au Conseil Supérieur des Colonies, assemblée assez formelle. Depuis 1903, le Conseil Général était dissous; un Conseil d'Administration de six membres: trois fonctionnaires et trois civils assistent le Gouverneur qui, de fait, avait un pouvoir illimité. Tous les fonctionnaires, même les métropolitains, étaient à la charge de la Colonie. Aussi le 31 août 1921 une grande manifestation présenta au Gouverneur Guédès des revendications dans le sens d'une plus grande autonomie et représentativité locale. Cela n'aboutira qu'en 1932 où le décret d'Albert Sarraut institue un Conseil de la Colonie, appelé «Délégations économiques et financières»; il est composé de 13 membres dont 7 élus. L'ancien Conseil d'Administration persista comme Conseil privé du Gouverneur.

La crise économique des années 1930 se traduit par la faillite Kong Ah qui agite Tahiti de 1932 à 1937 et souligna le rôle des Chinois aussi redoutés qu'indispensables.

Terminons en soulignant quelques événements qui prendront de l'ampleur. En 1920, les frères Jamet de Taravao lancent le premier «truck» vers Papeete avec un camion Dodge [19]. La première campagne touristique: «Tahiti, la voir et y vivre» est organisée en 1924. On vient dans les îles pour tourner des films: «Tabou» en 1928, «Les révoltés du Bounty» par la M.G.M. en 1934... L'ouverture au monde s'amplifie.

Territoire d'Outre-Mer: 1946...

En Polynésie comme ailleurs, la guerre de 1939-45 marque la fin d'un monde; le colonialisme est définitivement ébranlé, la «crise des nationalités» s'étend à l'Afrique, à l'Asie, à l'Océanie; l'Europe sort meurtrie, divisée, secouée dans ses bases morales et culturelles. Le retour de Volontaires du Bataillon du Pacifique le 5 mai 1946, va accélérer le cours des événements. Divers scandales d'une

(19) *Mémorial polynésien.* T. V, p. 395 – Les Trucks de Tahiti, O.R.S.T.O.M., Papeete 1981. Le Bulletin de la Société des Etudes Océaniennes nuance cette origine des trucks.

Administration sclérosée, les résistances des notables bien installés, les changements d'un monde en ébullition, l'éveil politique des Tahitiens, la difficile réinsertion socio-économique des libérés à qui on a promis des places, tout cela va faire naître la « Polynésie Française », Territoire d'Outre-Mer, autonome dans la République. Avec des colorations très diverses selon les hommes et les moments; la période qui s'inaugure est marquée par le slogan: « Tahiti d'abord aux et pour les Tahitiens » et dominée par la figure du « Metua » Pouvanaa a Oopa.

Citoyens français en 1945, les Polynésiens élisent les 20 représentants – (10 pour Tahiti et 10 pour les archipels) – à la nouvelle Assemblée représentative créée le 31 août. Le Pasteur Charles Vernier est élu député à l'Assemblée Constituante de 1945 et le Pasteur Georges Ahnne, premier député des Etablissements Français d'Océanie de la IVe République en 1946. Le Comité Pouvanaa est institué en novembre 1946. Aux élections du 23 octobre 1949, Pouvanaa a Oopa est élu député: « Tahiti aux Tahitiens ». Le 14 mars 1953, son parti, le Rassemblement Démocratique des Populations Tahitiennes (R.D.P.T.), l'emporte aux élections à l'Assemblée locale. Il est réélu député en 1956 et entre au Conseil en 1957. Il est arrêté le 11 octobre 1958, jugé en 1959 et exilé en Métropole. Il rentre en novembre 1968 et est élu sénateur le 26 septembre 1971 ; il meurt en janvier 1977. La dissolution du R.D.P.T. en 1963, l'opposition de G. Pompidou à l'autonomie en 1966, n'empêche pas la montée de ce courant et l'élection de Francis Sanford comme député. 1975 voit l'adoption officielle du drapeau tahitien. De juin 1976 à mars 1977, l'occupation de l'Assemblée Territoriale et la grave tension avec Paris se résolvent par l'adoption du Statut d'Autonomie interne en date du 12 juillet 1977.

Sur le plan culturel cela se traduit par l'extension de la langue tahitienne, du « reo maohi », la création de l'Académie tahitienne en 1972, la reconnaissance du tahitien comme langue officielle en 1980. La culture maohi se voit valorisée dans ses divers aspects.

Avec l'ouverture de l'aéroport international de Tahiti-Faaa et l'arrivée des « Jets » en 1961, l'espace-temps maritime se trouve changé; Tahiti est à une journée de Paris au lieu d'un mois. C'est l'irruption de la société de consommation et le développement du tourisme.

L'événement majeur et le moteur des transformations de la Polynésie Française est l'implantation du Centre d'Expérimentation du Pacifique (C.E.P.) à la place d'Hammaguir le 22 juillet 1962. Il ouvre en mars 1963. Le Territoire fait don à la Métropole des atolls de Fangataufa et de Moruroa pour les expériences atomiques par trois voix contre deux de la Commission permanente en février 1964. Cette même année, les fonctionnaires locaux se voient accorder les mêmes avantages que les fonctionnaires « expatriés » avant de se voir intégrer à l'Etat en 1966. Le 2 juillet 1966 a lieu la première explosion atomique aérienne ; la 43ᵉ et dernière aura lieu le 15 septembre 1974. Depuis le 5 juin 1975, elles sont souterraines et se déroulent dans le massif basaltique de l'atoll de Moruroa. Par sa présence et ses nombreuses retombées de tous ordres, le C.E.P. conditionne la vie de la Polynésie actuelle [20]. Ce sera l'objet de la dernière partie.

Comme la Métropole et de nombreux pays, la Polynésie n'échappe pas aux conséquences d'une croissance trop rapide et d'un passage, en vingt ans seulement, d'une civilisation de cueillette et de pêche à la société de consommation. Lieu de rencontre de quatre modèles socioculturels : maohi, français, chinois, américain, elle vit une profonde crise de société ; c'est une sorte de mutation socio-biologique originale et sans précédents. Sans perdre son âme ni les acquis principaux des progrès modernes, sans vouloir revenir à l'impossible rêve suicidaire de « la marine à voile et de la lampe à huile », les Polynésiens aspirent intensément à pouvoir être eux-mêmes en lien avec l'ensemble français. C'est un pari difficile, tant les comportements, les sensibilités, les styles de vie, les références, les modèles sont différents de part et d'autre. De plus, du côté polynésien, les projets et les alliances politiques sont diverses et évolutives ; du côté métropolitain, les perspectives changent selon les Gouvernements et la situation internationale. C'est surtout un défi à relever par l'imagination et le cœur ; il est au centre des discussions sur le Statut du Territoire depuis 1977. Dans une « République une et indivisible », même largement décentralisée, est-il possible d'être « autre » par ses différences culturelles et « ailleurs » dans ses îles lointaines, tout en restant français ?

(20) Voir annexe 10 : Travail et Economie en Polynésie.

Chapitre 4

MÉLANGE DES RACES, CHOC DES CULTURES

Le semis océanique des minuscules terres polynésiennes, ainsi situé dans l'espace et le temps, s'est trouvé, malgré son éloignement des continents actifs et peuplés, en position de carrefour entre les hommes tout en restant l'Extrême-Orient du Pacifique. L'hospitalité polynésienne et l'acceptation culturelle du métissage a fait de ces îles un lieu de mélange des races et de confrontation des cultures. Il est important, pour notre sujet, de dégager quelques éléments de cette rencontre complexe, de cette dynamique culturelle en pleine créativité. Ce ne sont que des aperçus très modestes sur un sujet assez neuf et inépuisable, car en pleine évolution [1].

Simples regards sur les Polynésiens

Les contraintes particulières de la dispersion des îles hautes et basses en zone tropicale, additionnées à l'originalité et à l'unité culturelle des Polynésiens, « vagabonds des mers », entraînent un style de vie typé et une sensibilité spécifique sur les principaux aspects de la vie.

(1) Voir en particulier pour ce sujet:
– O'REILLY-REITMAN: *Bibliographie de Tahiti,* chap. VII: Ethnologie, pp. 375 à 558; chap. XI: Littérature, pp. 810 à 883.
– A. HANSON: *Rapa.* Société des Océanistes nº 33. Musée de l'Homme, Paris 1973.
– F. DEVATINE: *Conservation du patrimoine culturel et développement des cultures océaniennes.* Tahiti 1979, Papeete.
– S. RAAPOTO: *La famille polynésienne.* Ve'a-Notre Lien, juin 1976, Papeete.
– R. VIRIEU: *Le Fiu.* Thèse de Doctorat, Nice 1981.
– P. HODÉE: *Conscience du temps et Education chez les Océaniens.* Thèse de Doctorat, Lyon 1981.

L'espace se partage entre la mer et les terres : « fenua » (pays). La mer est une compagne familière et omniprésente ; l'enfant y joue sans contrainte dès son plus jeune âge ; le jeune y plonge ou y surfe avec adresse sur la crète des vagues ; l'adulte y va pêcher son poisson quotidien. On s'y déplace sans crainte – pas toujours sans imprudence – en suivant les étoiles, les courants, les reflets ou la houle. Le « fenua » est l'objet d'un attachement profond, d'une vision complexe. Comme pour l'ensemble des Océaniens, c'est la terre des ancêtres, c'est la racine de la vie, lieu où le placenta et le cordon ombilical ont été enfouis. Un homme sans terre est un homme de rien, une personne insignifiante et misérable qui « fait pitié », selon l'expression locale répandue.

Le « fenua » c'est le môle d'amarrage, le hâvre où l'on retrouve la famille et les « fetii » (apparentés), le point central autour duquel l'univers et les relations sont organisés, le site à partir duquel le monde est regardé.

Le « fenua » c'est aussi la terre, habituellement indivise, qui porte les tarodières et les vergers, le jardin fleuri et ombragé. Ainsi la terre est un espace communautaire, un symbole affectif et social avant d'être une propriété foncière ou un bien économique dans la mentalité polynésienne.

Vivre l'instant présent là où on est, s'insérer par toutes les fibres de son être dans la vie sans s'inquiéter du lendemain, jouir du moment actuel avec une spontanéité insouciante est une conception assez naturelle du temps. Le Polynésien voit plus la durée comme une succession d'événements qu'une continuité chronologique ou un développement.

« Cette nuit-là, écrit V. Segalen, Terii le Récitant marchait à pas mesurés, tout au long des parvis inviolables... Il ne cherchait pas à dénombrer les saisons écoulées, ni combien de fois on avait crié les adieux au soleil fécondateur. Les hommes blêmes ont seuls cette manie baroque de compter, avec grand soin, les années enfuies depuis leur naissance, et d'estimer, à chaque lune, ce qu'ils appellent « leur âge présent » ! Il suffit de sentir son corps agile, ses membres alertes, ses désirs nombreux, prompts et sûrs, sans s'inquiéter du soleil qui tourne et des lunes qui périssent [(2)]. »

A. Hanson constate que « les Rapas se préoccupent rarement de dater avec précision les faits passés ou de déterminer leur ordre chronologique. Ils ont une idée très vague de leur âge, à plus forte raison de celui de leurs proches. Le temps ne sert même pas à mesurer le cours d'une vie, puisqu'un individu est considéré comme enfant, adolescent ou adulte, non en vertu de son âge, mais selon son attitude et son comportement... La notion du temps paraît incroyablement floue aux yeux des Européens » [(3)].

---

(2) V. SEGALEN : *Les Immémoriaux.* Plon, pp. 3 et 4.

(3) A. HANSON, *op. cit.,* pp. 38 à 45.

Moerenhout – et d'autres après lui – a bien observé qu'il est facile de faire adopter un projet et de le commencer sur-le-champ, mais que la persévérance est difficile. Ce n'est pas de la paresse, comme trop le pensent. Le Polynésien est capable de grands efforts et de travaux considérables, mais pour des objectifs précis et pour une durée limitée. Le temps est moins une trajectoire tendue vers un projet d'avenir qu'une succession de moments présents, changeants, obéissants à l'impulsion du premier mouvement. Cela entraîne une certaine impatience nerveuse et une insouciance versatile, traduite par l'expression courante: «aita peapea» (sans importance).

Le Pasteur Brun écrivait: «Le temps n'a pas de prix pour eux. Ils vivent dans le temps sans y songer; penser au passé ou à l'avenir est le moindre de leurs soucis; ils vivent dans le présent contrairement à ce qui se passe dans les pays civilisés. Ils ne mesurent pas le temps; ils le traitent avec une certaine indifférence tout en en jouissant. La nature est toujours belle, la végétation toujours luxuriante, la température presque toujours égale... Ils ne sauraient vous dire l'heure à laquelle ils partiront [(4)].» Jouer et jouir selon l'activité sans cesse renouvelée des désirs!

Cette manière de vivre l'espace-temps – (la célèbre «quatrième dimension») – est l'objet de variations indéfinies selon le regard des observateurs et la personnalité des acteurs insulaires. De plus, spécialement depuis la mutation socio-économique de 1963, tout change très vite. Sur des réalités aussi fondamentales que l'enracinement dans un lieu et le déroulement des jours, il convient de ne pas trop durcir au niveau de chaque individu; les manières de vivre qui donnent un style si original aux Polynésiens, expriment mieux que tout discours leur sensibilité profonde au temps. L'insularité extrême dans l'espace océanique le plus vaste du globe et spécifique aux ensembles polynésiens, entraîne isolement et monotonie; c'est l'indéfini présent où demain sera comme hier et après-demain répétera avant-hier. Les conséquences d'un tel vécu sont multiples. Cet ouvrage n'étant pas un traité de psychologie, de sociologie ou de pédagogie, contentons-nous d'en expliquer quelques-unes plus marquantes dans la vie sociale.

La spontanéité voyageuse des Polynésiens en est une; selon l'expression usée mais bien vraie, ce sont des vagabonds des îles. Cela pose, même aujourd'hui, bien des questions pratiques. «Les Indiens – (nom donné durant le XIXe siècle aux Polynésiens) – qui aiment voyager d'une île à l'autre partent sans informer personne. Ils emmènent avec eux des enfants de l'école qui, dans ces voyages, oublient bientôt tout... Nous nous sommes quelquefois opposés à ces départs; nous avons puni les enfants... nous avons menacé les parents... Tout cela n'est propre qu'à indisposer les Indiens... Nous vous demandons... d'obtenir... que

(4) Pr. BRUN à S.M.E.P.: *Océanie.* Lettre de novembre 1874.

personne ne puisse sortir de l'île sans donner auparavant les noms de toutes les personnes qui partent sur son embarcation... [5]» Douze jeunes avaient fui Mangareva après avoir volé un bateau. L'affaire fut objet de «chicane» vigoureuse entre le Gouverneur et la Mission: «Ils me dirent que pas un d'eux n'étant marié... et ainsi étant libres et jeunes, ils avaient voulu voir du pays. Pour qui connaît le caractère indien cela est naturel [6]...» L'attrait pour le nomadisme et les activités libres, l'indulgence devant les errements de la jeunesse sont toujours vivaces.

L'attrait de ce qui est nouveau, «api», est très frappant. Cela se traduit aussi par un attrait pour les titres ronflants et une certaine ostentation sociale; le maohi est un homme fier. C'est peut-être une manière inconsciente d'échapper à la monotonie des jours. «Le canaque est d'un caractère changeant et avide de nouveauté; tout ce qui est nouveau le séduit et l'attire. L'arrivée d'un bâtiment de guerre étranger est pour lui un événement qui peut donner lieu aux suppositions les plus erronnées, parfois les plus absurdes [7].» Le P. Mazé constatait la même chose: «Vous savez combien l'indigène est instable, avide de nouveau, vite fatigué de notre morale trop gênante pour lui [8].» A la Conférence des Eglises du Pacifique Sud tenue aux Samoa et consacrée à la Famille chrétienne, le Pasteur Samuel Raapoto, Président de l'Eglise évangélique de Polynésie Française, déclarait en avril 1961: «La "manière des Blancs" a donné lieu plus à une imitation qu'à une assimilation réelle et bien comprise. Aujourd'hui encore, le Tahitien, s'il s'adapte très vite aux aspects de la vie moderne qui lui plaisent, ceux qui facilitent son existence, a beaucoup plus de peine à entrer dans les catégories de civilisés de longue date. Très attiré par les nouveautés, il reviendra vite pourtant à son naturel [9].»

Un tel attrait pour le nouveau, s'il fait des Polynésiens des clients rêvés pour la consommation sans cesse renouvelée de notre société et les nouveautés d'une mode changeante, pose de sérieuses questions pour la maintenance des matériels, l'entretien des appareils ou de la lingerie; réparer, repriser, faire durer, accompagner des longues croissances demandent toujours de gros efforts. Lorsque les choses durent trop, une certaine fatigue mélancolique inhibant toute activité apparaît: le «fiu», visage particulier du «ras-le-bol» polynésien.

On conçoit qu'une telle immersion dans la succession des aujourd'huis changeants, si elle développe l'observation et l'adaptabilité qui sont remarquables, favorise plus un certain relativisme sur les choses et les hommes qu'une recherche de la vérité et des convictions tenaces. Le Gouverneur de la Richerie remar-

---

(5) P. C. Fouqué à Mgr T. Jaussen. Tuuhora (22-7-1856). Ar. SS.CC. 73, 7.
(6) P. I. Oursel à Mgr T. Jaussen. Punaauia (8-1-1861). Ar. SS.CC. 62, 3.
(7) Gouverneur Girard au Ministre. Papeete (6-11-1872). F.O.M., Océanie. C 20, A 101.
(8) P. P. Mazé au T.R.P. (19-11-1937). Ar. SS.CC. 59, 1.
(9) S. Raapoto: *La famille chrétienne.* Ve'a, Notre Lien n° 6, juin 1976.

quait que « l'indifférence de l'Indien est grande pour tout ce qui tient à notre civilisation ; elle l'est au moins autant en matière de religion et d'instruction » [10]. Il serait fastidieux de relever les nombreuses remarques des missionnaires sur l'indifférence des Polynésiens à l'égard de la recherche de la vérité, relativisme religieux augmenté par la multiplicité des groupes religieux [11]. Citons seulement ces quelques phrases du Président Samuel Raapoto à propos de la famille chrétienne : « Le mariage n'est guère une action réfléchie dans laquelle on s'engage avec conviction et avec l'intention de faire le bonheur de son conjoint dans un amour fidèle et désintéressé... Le mariage, dans l'esprit de beaucoup, restreint la liberté de l'homme, comme d'ailleurs tout ce qui relève de la loi et des règlements. On se sentira gêné par un acte légal qui vous lie à votre partenaire... Bien rares sont les Tahitiens qui ont saisi le fondement et la vérité du mariage ; c'est pour eux une contrainte imposée du dehors. Or tout ce qui est contrainte indispose et fait changer d'idée [9]. » Le Pasteur Raapoto soulignait l'urgence et la difficulté d'un travail d'éducation en profondeur. Il rejoignait une remarque du Gouverneur du Bouzet regrettant « le peu d'aptitudes des indigènes pour les fonctions d'éducation » et leur instabilité changeante [12]. Ce comportement a amené de nombreux observateurs à considérer les Polynésiens comme un « peuple-enfant », ce qui ne préjuge en rien de la maturité personnelle de chacun.

Si ces diverses remarques indiquent une attitude globale des Polynésiens par rapport à l'espace et au temps, il convient de bien les situer aussi à leur époque et de ne pas oublier les acquis progressifs de l'éducation et des confrontations culturelles ; si une sensibilité profonde perdure, des comportements nouveaux et des changements individuels apparaissent, surtout depuis une génération.

Dans ce vécu spatio-temporel particulier, les relations humaines sont organisées autour de la « famille élargie », un peu analogue aux tribus ou aux clans d'autres régions du Pacifique. Cette famille étendue, ouverte, mouvante est une sorte de « gens » qui regroupe, autour des anciens, les parents, les enfants légitimes et adoptés, les jeunes en couple, la parenté proche ou lointaine des oncles et cousins ; cet ensemble constitue les « fetii ». Père et oncle sont désignés par le même mot de « metua » ; frères et cousins, mis sur le même rang, sont désignés par « taeae ». Cet esprit de groupe, ce comportement communautaire constituent une dimension essentielle de la vie pour les Polynésiens ; isolés, ils se sentent perdus. Il n'est pas rare que quelques salaires fassent vivre bon nombre de « fetii » dans un partage communautaire.

---

(10) De la Richerie au Ministre (2-1-1863). F.O.M., Océanie. C 26, H 5.

(11) P. Q. Fritzen au T.R.P. (6-1-1873). Ar. SS.CC. 62, 3. – P. P. Mazé au T.R.P. (15-12-1930). Ar. SS.CC. 59, 1 – P. F. Loubat à F. Soudais (17-1-1857). Ar. SS.CC. 62, 3 – P. B. Castanié au T.R.P. (1-12-1894). Ar. SS.CC. 78, 1.

(12) Du Bouzet au Ministre (30-9-1855). F.O.M., Océanie. C 13, A 71.

On comprend que, dans ce contexte, la qualité affective des relations soit première soit pour épanouir les personnes soit pour les bloquer. La chaleur du cœur, la valeur des sentiments ou les disputes plus ou moins agressives conditionnent et rythment la vie de chaque jour. L'aspect intellectuel, l'analyse rationnelle passent en second ; le cœur est plus important que la tête. Aussi, dans une civilisation orale où la parole (« parau ») est le langage essentiel, l'art oratoire d'éveiller la sensibilité, de susciter les émotions est le chemin privilégié de la communication et de la compréhension. Le Polynésien est un orateur-né qui sait apprécier et manier les diverses nuances de la parole ; il vit profondément ce mot de Saint-Exupéry : « On ne comprend bien qu'avec le cœur. »

Ce nerveux émotif est aussi un violent ; les colères polynésiennes sont parfois redoutables. Les débats politiques sont souvent fort passionnés. Durer et endurer ne lui est pas chose facile. Nous avons vu que l'Histoire des archipels est remplie d'expéditions militaires et de guerres aussi bien à Tahiti qu'aux Marquises, aux Tuamotu ou dans les autres îles. Les sacrifices humains y étaient courants. Le cannibalisme, s'il avait disparu des îles de la Société à l'époque de l'arrivée de Wallis, Bougainville et Cook, était réalité courante ailleurs ; les Marquises et les Tuamotu de l'Est jouissaient d'une réputation terrifiante et bien établie de « sauvagerie ». La vie humaine ne pesait pas lourd et la mort ne faisait pas peur. L'infanticide était très répandu, surtout chez les « arioi », groupes de joueurs, danseurs et comédiens. Le suicide n'était pas rare non plus. Dans la Mythologie et les légendes, l'Amour et la Mort sont bien présents et souvent liés. Si les navigateurs ont célébré les plaisirs d'Eros à Tahiti, les Polynésiens subissaient violemment le tragique de Thanatos.

Européens et Chinois dans les îles

Les trois premiers Européens (« popaa ») se sont fixés en 1792 ; le premier convoi de travailleurs chinois (« tinitos ») est arrivé en 1865. A travers les archipels, particulièrement aux Marquises et dans les îles hautes, divers déserteurs, baleiniers, convicts australiens échappés se sont installés discrètement sinon respectueusement. En 1841, l'autorisation temporaire des mariages entre Européens et Tahitiens engendra les « demis », de souche anglaise essentiellement. Il n'y aura jamais de colonie de peuplement systématique, comme en Nouvelle-Calédonie, dans les archipels polynésiens ; d'ailleurs le séjour des personnes non originaires des îles était réglementé jusqu'en 1977 [13]. Il n'y a de peuplement européen important soit comme résidants soit comme encadrement temporaire que depuis l'implantation du C.E.P. en 1963. Par contre, après la fermeture du

---

(13) Art. 72 du Statut du 12-7-1977 abrogeant le décret du 24-5-1932. – P. Y. TOULLELAN : *Colons français en Polynésie orientale* (1830-1914) in B.S.E.O. T. XVIII, nº 221, décembre 1982, Papeete.

Mgr Hermel + R.P. Nouailles et Mazé : trois Evêques à Hitureu.

Mgr Verdier avec P. Eich et Fierens.

Réception d'une amuiraa au sacre de Mgr Mazé – Papeete.

Sacre Mgr Mazé par Mgr Le Cadre et les Pères en 1939, Papeete.

P. Vincent de Paul Terlijn.

Les deux frères Alazard : Ildefonse et Félix.

MISSIONNAIRES.

Mission en 1962 (visite du TRP. Systermans).

Mgr Martin à Atuona.

Mgr Dordillon au Concile Vatican I.

Mgr Hervé Le Cleach'h, 1980.

Vue de Taiohae, 1980.

P. Boirie à Atuona, 1894 (chef Corona).

P. Jean à Ua-Uka, 1980.

domaine d'Atimaono en 1873, les Chinois ont pris dès 1890 une importance socio-économique croissante. Enfin, si de nombreux navigateurs et marins faisaient escale à Tahiti sur les traces de Bougainville et de Cook à partir de 1770, le tourisme ne s'est vraiment développé qu'après l'ouverture de l'aéroport en 1961. Ces quelques repères soulignent la diversité des styles de présence européenne et assimilée en Polynésie.

Regardons quelques caractéristiques socio-culturelles des Européens et des Chinois avant d'aborder quelques aspects du mélange des races sous l'angle de la santé et du métissage.

Par rapport aux Maoris, Chinois et Européens sont des groupes «rapportés»; leur insertion socio-économique dans la société actuelle est très proche et se situe dans le secteur tertiaire, plutôt commercial pour les Chinois, plutôt administratif pour les Européens. Ils utilisent de la même façon le système scolaire et la formation professionnelle. Les différences profondes se rencontrent dans le style de vie familiale, la sensibilité culturelle et artistique, l'origine.

Joseph Siu écrit à propos des Chinois: «Un point très important, propre à la communauté chinoise, concerne l'existence de règles régissant les rapports entre les membres d'une même famille et d'une communauté. Ces règles sont toujours vivaces et stables... Autrefois entièrement tournés vers l'avenir, les Chinois vivent actuellement dans le temps présent à l'image des Polynésiens qui ne prévoient généralement pas l'avenir. La mentalité de ces derniers évolue cependant, car la vie «au jour le jour» n'est pas convenable dans la vie moderne... La fermeture des écoles chinoises, la modification des mœurs et des coutumes permettent une intégration rapide des Chinois dans la société polynésienne [14].»

Ce court extrait met bien en valeur les points majeurs du modèle chinois. La famille verticale, structurée autour des anciens de façon stable par des règles strictes et vivaces, est la clé de voûte de la vie sociale et culturelle. Tous les membres de la famille dès l'enfance y ont leur place et concourent à sa réussite, à sa prospérité. Un projet d'avenir soude les membres dans une réalisation commune. Avec le sens de la famille, la qualité du travail, l'utilisation efficace du temps, la prévision dans les affaires, la réussite dans les entreprises sont des qualités appréciées, même si les facilités de la consommation présente et l'attraction de la fonction publique «font prendre goût à une vie moins contraignante... afin de pouvoir profiter plus pleinement de l'existence». Mais ces fourmis industrieuses et patientes ne deviennent pas pour autant des cigales qui chantent.

Pour d'autres raisons que les Polynésiens, les Chinois ont une grande souplesse adaptative aux réalités; ils occupent vite les «créneaux» laissés vacants

(14) J. Siu (18-9-1979): Rapport au Comité économique et social de Papeete.

par les mutations économiques. Même si «une intégration rapide des Chinois dans la société polynésienne» se réalise actuellement, leur style original, leur réussite socio-économique font question depuis près d'un siècle en Polynésie pour les autres groupes ethniques, malgré leur discrétion et leur prudence. En quatre générations, de simples coolies hakkas ramasseurs de coton et coupeurs de canne à sucre sont devenus des hommes indispensables, voire des puissances avec qui il faut compter. Les Chinois s'adaptent aux circonstances, mais ils restent eux-mêmes, ne se laissant que difficilement assimiler.

Le monde européen est loin d'avoir l'homogénéité des Chinois; histoire complexe, origine variée, statuts divers le caractérisent: vieilles familles anglaises et allemandes, retraités français et, depuis vingt ans, masse imposante de fonctionnaires civils et militaires présents pour quelques années seulement [15]. Les Européens sont sans unité profonde sur le plan sociologique; les divers groupes ont tendance à constituer des castes assez closes dans un cloisonnement social quelque peu rigide, même si un certain nombre continuent la tradition des joyeux Français amateurs de fêtes et de bringue dans la ligne des marins de «l'Artémise». Les 100.000 touristes annuels, américains principalement et demeurant en moyenne une semaine à Moorea et Bora-Bora surtout, complètent la diversité de cet univers «popaa». Les Européens se tahitianisent individuellement; ils ne s'implantent pas en groupe. L'attraction traditionnelle exercée par l'«american way of life» sur les Polynésiens ne s'en trouve pas diminuée. Déjà en 1908, le P. Amédée Nouailles perdu au fond des Tuamotu faisait remarquer que «malgré la surveillance de l'Administration, les idées en faveur de l'américanisme font leur chemin. Pour les indigènes, l'Américain c'est l'homme pratique, sérieux, l'homme de l'avenir. Toute action d'éclat est digne d'un Américain» [16].

Mais c'est le modèle socioculturel français qui, depuis 1842, imprime le plus fortement sa marque par l'Administration et l'Ecole. Même si nous en connaissons bien les composantes, il est utile de souligner quelques traits frappants du style métropolitain dans ce chapitre consacré à la rencontre des cultures en Polynésie.

La liberté individuelle est la valeur-référence du comportement français; c'est le sens premier de «liberté» dans la devise nationale. Les corollaires en sont multiples: promotion individuelle avec ses petites débrouillardises personnelles; individualisme marqué avec protection farouche de ses acquis et de ses secrets; relégation facile de tout le religieux à une pure affaire privée, la vie de Foi étant confinée à la conscience individuelle et «les curés à la sacristie»; compétition

(15) Le contrat des militaires est de deux ans et celui des civils de trois ans.
(16) P. A. Nouailles au T.R.P. (24-7-1908). Ar. SS.CC. 59, 1.

individuelle et classements sont privilégiés dans le système scolaire... La solidarité collective se déforme aisément en égoïsme de groupes, en corporatismes. Le Français ne déteste pas une certaine originalité, mais tempérée par divers conformismes sociaux. Les « Droits de l'Homme et du Citoyen », si précieux pour tout Français, tournent autour de cette valeur-clé : la liberté de l'individu. Les passions de tous ordres s'échauffent très vite sur ce thème. La sensibilité nationale est beaucoup moins éveillée en ce qui regarde la liberté des divers groupements ; la liberté d'association a toujours été réglementée et contrôlée par l'Etat, en particulier la liberté religieuse (17). Cela paraît un peu contradictoire et n'est pas sans étonner les étrangers, surtout le monde anglo-saxon où les « clubs » sont importants.

La rationalité intellectuelle est à la base de la vision française des choses et des hommes. La précision de l'analyse, la clarté du langage, la rigueur des classements, l'harmonie des constructions, la logique des raisonnements constituent des facettes appréciées de l'intelligence à la française. Sans aller jusqu'à déifier « La Raison » comme Robespierre le fit en 1793, il est naturel de se méfier « du cœur qui a ses raisons que la raison ne connaît pas ». Cet esprit cartésien peut aisément amener à un dualisme manichéen qui pense par alternative ou opposition, à une logique binaire de oui ou non, d'inclusion ou d'exclusion. Au nom de la clarté rationnelle, de l'efficacité attendue on peut négliger ce qui n'est pas réductible à ces catégories. Le Français est un juriste renommé, un analyste précis mais qui a parfois du mal à voir la globalité, à intégrer l'intériorité, le culturel, le religieux dans l'unité vivante et évolutive qu'est l'Homme ; on finit par mieux connaître les maladies que le malade, le programme scolaire que l'enfant, les choses à faire que leur facteur. Une certaine dichotomie intellectuelle découpe en tranches incompatibles et absolues un savoir où l'Homme est perdant.

La tension vers l'avenir, la marche vers le progrès, la promotion individuelle sont des moteurs puissants pour le Français même si la sécurité des divers Services Publics est fort appréciée. Prévoir, planifier, maîtriser le temps sont des données fondamentales de notre univers culturel scientifique et technique ; la recherche en est le moteur, le regard sur l'avenir en est la pointe, le chronomètre en est l'outil de base.

Les Assises régionales du Colloque national de la Recherche tenues à Papeete en octobre 1981 ont bien mis en lumière ces divers éléments. Mais les échanges ont bien montré aussi que, si la connaissance scientifique est universelle, il y a diversité culturelle pour l'exprimer ; la rationalité française n'est pas l'unique modèle et elle ne rend pas compte du tout de l'Homme ni de l'Univers dans son ensemble. Il y a comme un « messianisme français » qui peut être gênant et irri-

(17) Ce sujet sera étudié en détail dans la 3e partie.

ter les autres. D'autres manières de penser existent, d'autres comportements, d'autres styles de travail et d'organisation. L'inadaptation du système scolaire français aux Polynésiens, l'inadéquation de la formation professionnelle, la dualité culturelle reconnue et le bilinguisme officialisé sont quelques aspects graves du difficile choc culturel en Polynésie Française [18]. La connaissance vraie est universelle, l'Homme est un être humain partout et à travers ses diversités ; à Tahiti aussi «2 + 2 = 4». Mais la langue française, comme les autres, est originale et la culture française est particulière, une manière spécifique d'être homme. Pour beaucoup de métropolitains c'est une prise de conscience récente et parfois difficile, tant la France était habituée à ce rôle, peu contesté jusqu'en 1945, d'être «le four où se cuit le pain de l'humanité» [19].

Pour terminer ces aperçus sommaires qui n'ont pour but que de souligner et de faire comprendre quelques-unes des diversités de regards, de sensibilité culturelle des trois principales ethnies du Territoire, il est utile de s'interroger sur le choc en retour du Tahiti réel sur les européens. Consciemment ou non, le Français moyen éprouve un sentiment agréable à la perspective de venir en Polynésie. L'investissement affectif, lié à la magie poétique du vocable Tahiti, est évident, même si Bougainville lui-même a écrit «qu'il se trompait». Telle est l'étrange destinée des mythes, même lorsque leur initiateur en dénonce l'imposture. Aussi, après avoir satisfait sa légitime curiosité, le «popaa» ne peut faire abstraction des contraintes de l'espace ilien ni du temps tropical pas plus que des Polynésiens ou des Chinois qu'il rencontre. Très vite, à moins de quelques rencontres vraies avec des résidants ou une volonté de découverte des richesses naturelles et culturelles locales, l'isolement insulaire, la monotonie des jours semblables engendrent ennui et même dépression. Une sorte de langueur physique s'installe accompagnée d'une certaine mélancolie nostalgique. Le corps médical connaît bien ce retour de bâton qui prend, plus qu'on ne le croit généralement, des proportions sérieuses de profonde fatigue voire de drames suicidaires. Autre est le passage du touriste venant conforter ses rêves de dépaysement, autre est le vécu quotidien du résidant ; parler de Tahiti, écrire sur la Polynésie n'est pas chose plus aisée que d'y vivre en vérité en prenant en compte la totalité du réel.

Maladies et dépopulation

La population actuelle de 150.000 habitants et l'importante démographie polynésienne ne laissent guère supposer les considérables variations subies par

(18) *Colloque national sur la Recherche et la Technologie – Assises régionales de Polynésie Française* (29, 30-10-1981), Papeete (O.R.S.T.O.M.), 222 pages.
Voir annexe X : L'Homme et le Travail en Polynésie.

(19) Paul VI.

Tahiti et les îles par suite des contacts avec les marins européens depuis 1767. En 1774, Cook estimait la population de Tahiti à 204.000 personnes et Forster à 120.000; elle était descendue aux alentours de 8.000 en 1818, à 8.557 en 1851, à 8.074 en 1907, à 7.279 en 1911. L'effectif ne remonte qu'après 1930 pour exploser après 1962 [20].

« Les visites des Européens eurent des incidents démographiques... De par sa première visite, Cook contribua à répandre le mal vénérien, bien qu'il s'efforçait de soigner ceux qui en souffraient... La maladie se répandit partout avec insistance, devenant une des principales causes de l'extraordinaire dépopulation ayant affecté les îles de la Société. Mais le mal vénérien n'est pas le seul que nous leur ayions porté. On eût dit que notre haleine seule infectait l'air pur de ces îles; car, à peine avions-nous passé dans l'une, que le peuple s'y trouvait, soudain, frappé de fièvres, de dysenteries et d'autres maux jusqu'alors inconnus, qui le moissonnaient avec une effrayante rapidité... » La dépopulation fut certaine et sévère [21].

Très tôt et jusque dans un passé récent, cette conséquence imprévue et dramatique du mélange des races entre Polynésiens et Européens fut objet d'âpres controverses; Anglais et Français s'accusaient férocement et les missionnaires catholiques servirent un temps de boucs émissaires d'un tel malheur [22]. Dans sa thèse sur le « fiu », le Docteur R. Virieu écrit, en citant Ch. A. Julien : « Le drame de l'Océanie – en plus du choc de deux cultures – consiste aussi dans sa dépopulation... Faut-il attribuer aux seuls Européens la responsabilité de tels ravages ? Il est incontestable que la diminution de la population est antérieure à leur arrivée. Guerres, cannibalisme, stérilité consentie... pratique systématique de l'infanticide concernant les filles... La civilisation polynésienne avait amorcé son déclin, mais l'intrusion des Blancs précipita la débâcle. L'Océanie fut envahie de brigands des mers, puis de marchands et, à leur suite, s'étendit un effrayant alcoolisme. Les maladies infectieuses des Européens agirent de façon encore plus destructive, surtout la syphilis... Trop de Blancs se montrèrent féroces par intérêt et par sadisme... La civilisation inscrit à son crédit l'œuvre humanitaire de missionnaires et de philanthropes, la lutte actuelle pour enrayer, non sans succès, la dépopulation, les recherches scientifiques [23]. »

De tels anéantissements de population par épidémies infectieuses ne doivent pas étonner dans des milieux neufs et en climat chaud et humide favorisant la

---

(20) Voir en annexe VIII les statistiques démographiques de 1774 à 1980.

(21) P. Th. De Deccker – J.A. Moerenhout : Thèse de doctorat. Université libre de Bruxelles, octobre 1981, pp. 143-144. Citation de Moerenhout, *op. cit.* T. II, p. 397.

(22) De la Motte-Rouge à l'amiral de Valparaiso (février 1871). F.O.M., Océanie. C 89, A 92. – H. Cor (12-1-1907), Conférence. Ar. SS.CC. 65. – Pr. Brunel, lettre du 16-10-1897 à S.M.E.P. D.E.F.A.P. Océanie.

(23) R. Virieu : *Le Fiu,* pp. 33 à 37, citant Ch. Julien : *Histoire de l'Océanie.* Que sais-je ? pp. 39 à 43.

prolifération microbienne. N'oublions pas que les microbes n'ont été découverts qu'à partir de 1862 par Pasteur, que les techniques de soins ne se sont perfectionnées qu'avec la guerre de 1914; la pénicilline, découverte en 1928 par Fleming, ne se généralisa, ainsi que les autres antibiotiques, qu'à partir de 1946. Notre époque connaît encore des cas d'épidémies foudroyantes; tous ces faits expliquent les précautions sanitaires prises pour les transports aériens et maritimes. Si ce rappel évite tout anachronisme sur un sujet aussi grave, tout faux procès en responsabilité collective ou toute polémique idéologique surannée, cela n'empêche aucune lucidité sur les manques d'hygiène ou les débordements en tous genres.

Le témoignage de Wallis, publié en 1774, fournit un bon repère historique en même temps que la preuve du sérieux de ce problème des épidémies seulement six ans après le passage des premiers Européens.

«Nous quittâmes Otahiti sans un seul malade à bord. Aucun de nos marins n'y contracta de maladie vénérienne; comme ils eurent commerce avec un grand nombre de femmes, il est bien probable qu'elle n'était pas encore répandue dans cette île. Cependant le capitaine Cook l'y trouva établie à son voyage sur l'«Endeavour»; le «Dauphin», la «Boudeuse» et l'«Etoile», commandés par M. de Bougainville sont les seuls vaisseaux qui aient abordé avant Cook à Otahiti. C'est à Bougainville et à Cook, à l'Angleterre ou à la France, qu'il faut reprocher d'avoir infesté de cette peste terrible une race de peuple heureux» (24). L'amiral Bergasse Dupetit-Thouars va jusqu'à écrire au Ministre de la Marine que «les Marquises ont été dégradées par la France» (25).

Inutile d'insister sur la litanie monotone et grave des plaintes des Inspecteurs, Gouverneurs ou missionnaires sur la débauche généralisée, l'action néfaste des déserteurs et des «colons-rebut», sur les ravages de la syphilis, de la lèpre et de la tuberculose aggravés par un alcoolisme effréné, l'opium, le tabac et autres drogues. «La race maorie s'éteint au contact des Européens» constatait le Pasteur Brunel en 1897 (26).

Pendant près de cent soixante années, de 1768 aux environs de 1930, ce fut la conjonction de l'irruption de maladies apportées de l'extérieur et d'un «terrain» polynésien affaibli par ses pratiques mortelles, sa méconnaissance de

---

(24) J. HAWKESWORTH: *Voyages autour du Monde.* T. II, Wallis 1767, p. 162, Paris 1774.

(25) B. DUPETIT-THOUARS, rapport nº 190 du 19-7-1880, F.O.M., Océanie. C 98, H 31.

(26) Voici quelques documents parmi beaucoup d'autres: Mgr VERDIER au T.R.P. (5-1-1900), Ar. SS.CC. 58, 3. – P. P. MAZÉ (24-4-1926; 29-9-1934 au T.R.P., Ar. SS.CC. 59, 1. – P. G. EICH au T.R.P. (13-3-1893; 2-2-1894), Ar. SS.CC. 60, 7. – C. EYRIAUD au Ministre (26-1-1875). F.O.M., Océanie. C 20, A 101. – Dr LE BORGNE au Ministre, F.O.M., Océanie, mars 1871 C 89, A 92. – Gr PAPINAUD au Ministre (12-11-1894 et 8-6-1894), F.O.M., Océanie C 131, A 143. – Pr AHNNE (9-2-1894) à S.M.E.P., D.E.F.A.P. Océanie. – Pr BRUNEL (16-10-1897) à S.M.E.P., D.E.F.A.P. Océanie. – Gr PETIT au Ministre (12-4-1902). F.O.M., Océanie C 106, H 24. – Mgr MARTIN au T.R.P. (2-8-1904), Ar. SS.CC. 47, 2.

l'hygiène domestique, son affaiblissement par l'ivrognerie généralisée, l'opium et la débauche sexuelle précoce. G. Cuzent, pharmacien de la Marine qui a séjourné à Tahiti de 1854 à 1858, a fait part de ses observations de professionnel sur ce sujet de la dépopulation en 1860. « Les causes, trop multiples, nous paraissent être :

1. les guerres acharnées qui, de 1767 à 1797, désolèrent l'île ;
2. la lèpre dont une variété, l'éléphantiasis, affecte un certain nombre de vieillards ;
3. les maladies de la peau produites par l'abus du kava, boisson qui détermina des désordres encore plus graves dans l'économie ;
4. l'ivrognerie, devenue générale depuis l'introduction des liqueurs alcooliques [27] ;
5. une débauche effrénée au sein de laquelle va s'étioler de plus en plus la génération actuelle ;
6. la syphilis, à la suite de laquelle sont venus la scrofule et le rachitisme.

A ses causes, déjà puissantes, se joignent une foi aveugle à des traditions erronées et un emploi déplorable des remèdes indigènes que les guérisseurs appliquent sans discernement suffisant...

Une épidémie de rougeole sévit à Tahiti en 1850. Malgré la recommandation des médecins de la Marine, on voyait des indigènes atteints de la maladie... se baigner dans les rivières... A la fin de l'épidémie, on comptait 800 morts dans la population, tandis que les personnes qui avaient été traitées à l'hôpital en étaient sorties guéries.

Nous citerons comme très insalubres, la disposition des cases... près des marais... couvertes de pandanus... le pourtour se compose de branches de burao... fichées en terre comme les barreaux d'une cage. Le sol n'est jonché que d'un peu d'herbe sèche... Pour dormir, l'indigène s'étend sur une natte enveloppée d'un coton ou de tapa... presque imperméable... ; aussi le tapa est chaud malgré sa légèreté... Pour se soustraire à la sueur, le dormeur le rejette. Saisi par la fraîcheur de la brise nocturne qui pénètre de tous côtés, il se voit atteint de rhumatismes aigus, de bronchites, de pleurésie, d'asthme, affections communes chez les Tahitiens. Parfois se développent des maladies plus graves de la poitrine qui, généralement négligées, ont trop souvent une terminaison rapide et fatale [28]. »

Diagnostic sans fioritures d'un spécialiste de la santé qui résume, au-delà des diverses querelles politiques ou idéologiques, une des phases les plus catastrophiques de l'histoire de Tahiti ; des phénomènes semblables et à peu près du

---

(27) DUPETIT-THOUARS le 20-9-1842, malgré la Reine Pomaré IV ; F.O.M., Océanie, C 1, A 11.
(28) G. CUZENT : *Iles de la Société : Tahiti.* Chap. XV : dépopulation. C. Thèze, Rochefort 1860.

même ordre se sont produits dans les autres archipels de la Polynésie. La dépopulation des Tuamotu-Gambier et des Marquises ne fut pas pire que celle de Tahiti. Nous verrons, dans la 3e partie, comment les missionnaires catholiques se sont situés au cœur d'une telle évolution à partir du 7 août 1834. A cette époque, Tahiti n'avait guère que 8.000 habitants, soit 7 % seulement de l'estimation basse de Forster en 1774, 16 % de l'évaluation des missionnaires de la L.M.S. en 1797 ; c'est dire la rapidité effrayante d'une dépopulation qui a été bien près de faire disparaître la race maohi de l'Océanie. Sur ce plan sanitaire, le mélange des races et le choc des civilisations fut d'une brutalité biologique proche de l'anéantissement.

Depuis surtout vingt ans, un effort considérable de recherche médicale, de soins par les hôpitaux et dispensaires, d'éducation et de prévention, d'évacuations sanitaires fort onéreuses, a été accompli par la Santé Publique et la Médecine Militaire. Les résultats sont remarquables. On comprend, après une histoire aussi dramatique, que la situation actuelle soit appréciée sans réserve par la population de la Polynésie [29].

« Néo-Polynésiens et demis »

Actuellement la répartition ethnique de la Polynésie est très délicate à interpréter en raison des métissages de plus en plus nombreux : « les demis ». En plus de l'appartenance ethnique souple et mêlée, l'insertion socio-économique et les modèles culturels jouent un rôle important dans un monde en évolution aussi rapide qu'incertaine de son avenir. « Les Polynésiens sans métissage n'existent en fait pratiquement plus et le terme « maohi ou Polynésien » s'oppose à celui de « demi » parce que ce dernier terme s'applique aux métis très européanisés ou sinisés... La différence entre maori et demi reste subjective et est liée à des phénomènes psychologiques tels l'opposition sur le plan politique, « polynésien » s'opposant alors à tout ce qui est d'origine européenne [30]. »

Le mélange des races fruit de l'histoire des navigateurs depuis 1595, le choc plus récent des cultures lié à l'évangélisation et à la colonisation, l'évolution démographique faite d'une dramatique dépopulation et d'une spectaculaire remontée : triplement en quarante ans, ces trois éléments étudiés précédemment font que la population actuelle de la Polynésie Française est différente de celle d'hier. Surtout à Tahiti avec une zone urbaine regroupant près des deux tiers de la population totale du Territoire, la question de l'identité ethnique et de la per-

---

(29) Sur toutes ces questions de santé, on consultera avec profit les Archives et les travaux de l'Institut de Recherches médicales « Louis-Malardé » à Papeete.

(30) I.N.S.E.E. – Résultats du recensement de la population de la Polynésie Française (29-4-1977). Etudes, p. 35 : répartition ethnique.

sonnalité culturelle des résidants se pose fortement ; certains parlent de l'apparition de « néo-polynésiens ». Flora Devatine s'est efforcée d'éclairer ce sujet difficile [31].

« L'influence des missionnaires anglais arrivés en 1797 et la conversion des Pomaré au protestantisme, la présence française à partir de 1836, l'introduction des Chinois pour l'agriculture, l'installation du C.E.P. en 1964 avec son afflux de métropolitains au milieu d'une population polynésienne accueillante et attirée par les nouveautés, tout cela a entraîné l'existence de groupes divers et de nombreux métis : « les demis ».

« Avec ces métissages, la régression de la culture polynésienne commencée après le passage des premiers navigateurs allait s'accentuer. Les Polynésiens, très attirés par la civilisation européenne, se sont détournés peu à peu et souvent avec beaucoup de facilité de la leur propre. L'ambition a été d'atteindre le modèle européen... On constate qu'il n'y a pas vraiment une identité commune à tous les hommes nés en Polynésie... On ne peut donc pas parler d'une culture globale et spécifique à la Polynésie, vu l'amalgame des races et des façons de penser, mais plutôt d'une culture néo-polynésienne en cours d'élaboration... C'est en Europe, par les étudiants, que s'est effectuée la prise de conscience ; partis européens ou chinois, ils sont revenus polynésiens. Ils y ont découvert qu'ils étaient différents des autres, non pas parce qu'ils se sentaient différents – (ils se sentaient français) –, mais parce que dès leur arrivée on leur disait : « Tu es Tahitien, tu es différent de moi... » Ils étaient interrogés sur eux-mêmes, sur leur langue, sur leur culture, leur pays. Ils s'apercevaient qu'ils ne savaient rien, qu'ils n'étaient rien : ni Français, ce qu'ils croyaient être, ni Polynésiens, ce qu'ils n'avaient jamais pensé d'être.

« Paradoxalement, au lieu de fixer la culture, l'écriture a contribué à sa disparition car, dans l'ancien temps, les préposés à la garde du savoir, des traditions, les apprenaient par cœur... Depuis l'apprentissage de l'écriture, ils consignaient ce qu'ils savaient sur des cahiers qui, pour la plupart, ont pourri, ont été jetés, se sont perdus...

« Les habitants des îles ont une conscience diffuse de leur marginalité. Ils savent inconsciemment que c'est à la ville que s'élabore le progrès. Ils ne veulent pas que leurs enfants soient comme eux, des marginaux...

---

(31) F. DEVATINE : *Conservation du patrimoine culturel et développement des cultures océaniennes.* Société des Etudes océaniennes, mars 1979.
– R. J. DEVATINE, in revue *Cadrans* n° 1 : « Natalité à Tahiti 1956-66-76 ; et n° 2 : Mortalité à Tahiti 1956-66-76. – Polytram, Papeete 1979 et 1982. Les diverses ethnies n'évoluent pas au même rythme ; il y a dilution par métissage.

«Certaines Eglises ont pris conscience de cette situation. L'un des buts de l'Association œcuménique "Tenete" est justement de conserver le passé traditionnel. Mais cela doit aller plus loin; pasteurs et prêtres sont, par la confiance dont ils jouissent auprès de la population, les mieux placés pour faire éclore ou du moins pour provoquer le renouveau culturel. Les paroisses sont devenues le réceptacle de la culture et elles constituent le cadre le plus propice à la renaissance culturelle... Mais l'Ecole doit être, par définition, le lieu privilégié de la transmission de la culture... La connaissance du passé est vitale pour affronter le futur et assurer la continuité...

«Une lutte feutrée met actuellement aux prises deux civilisations: l'européenne et la polynésienne. Préserver la culture polynésienne est très difficile, car la population très mêlée pense, selon le cas, européen, "demi", chinois, polynésien... Dans quelle mesure le retour aux sources serait-il possible au sein d'une population aussi composite?»

Lucide réflexion, pertinentes interrogations sur une situation complexe de mutation sans doute trop rapide; les divers groupes ne partent pas de la même ligne de départ, ils sont loin d'arriver ensemble dans cette course à la vie. Le rythme polynésien n'est pas le rythme européen. La maîtrise et le vécu concret du temps sont divergents entre les principaux groupes ethniques. L'impossible retour au passé d'une population maohi qui a failli disparaître par son tragique dépeuplement serait une «marginalisation» suicidaire; la course actuelle, sans maîtrise socio-économique d'un progrès artificiel importé, fait de la Polynésie un pays non développé quoique sur-équipé. Grave question sur un réveil culturel océanien qui s'accompagne d'un «besoin de souffler, de prendre le temps de vivre, de se retrouver, de faire le point, avant de repartir à son rythme et tous ensemble». Dans nos îles, comme peut-être ailleurs, le rythme et la vitesse l'ont emporté sur la durée; le temps des choses à faire n'est plus le temps des hommes, le temps technique du renouvellement rapide des matériels ne correspond plus au temps socio-politique de la société humaine: la vie est éclatée.

Mais convient-il de parler d'une «culture néo-polynésienne» ou d'un biculturalisme français et maohi à construire? Un certain nombre de personnes se posent la question. Les deux sensibilités, les deux civilisations sont si différentes qu'elles paraissent plus complémentaires qu'opposées. Au lieu de se sentir «entre deux chaises», tiraillé entre trois ou deux mondes, bref un «demi», le «néo-polynésien qui se construit» ne serait-il pas plus épanoui et ennobli d'être double par la maîtrise des trois cultures s'enrichissant de leurs apports additionnels: maohi, chinois et français? Divers exemples montrent qu'un tel bilinguisme, voire trilinguisme culturel n'est pas impossible et qu'il est très fructueux. Il faut remarquer que ce sont plus des polynésiens qui le réalisent que des métropolitains, hors les missionnaires, ce qui est dommage et dangereux pour une profonde et vraie vie ensemble dans le respect mutuel. Peut-on envisager qu'à l'exemple d'autres nations et par un esprit nouveau d'accueil des différences, les hommes vivant en Polynésie, « acceptant leurs origines complexes, trouvent une vraie fierté d'être métis » [32] ?

Les remarques qui précèdent nous entraînent à regarder l'avenir ; ce sera l'objet de la dernière partie. Cette première étape, bien rapide et sans doute trop dense, se proposait de situer aussi précisément que possible, le contexte géographique, historique et humain dans lequel s'est déroulée l'évangélisation des missionnaires catholiques arrivés aux Gambier le 7 août 1834. Ils ont mis du temps à prendre la mesure de l'immensité océanique et de la multiplicité des îles constituant leur champ d'apostolat. Ils s'inséraient dans une histoire déjà ancienne d'audacieux navigateurs de pays concurrents. Ils n'étaient pas les seuls missionnaires venus au nom de l'Evangile : les anglais de la London Missionnary Society les avaient précédés depuis le 5 mars 1797 à Tahiti ; les mormons américains de Salt Lake City arriveront en 1844. D'autres suivront. Les îles polynésiennes quelque peu perdues au bout du monde loin de tout continent, allaient peu à peu devenir un carrefour et un centre de rayonnement. Après les navigateurs en quête de la « terre australe inconnue » et grâce à leurs passionnants « Voyages autour du Monde », des cœurs chrétiens allaient s'éveiller à l'appel des îles lointaines.

(32) P. Moortgat : Compte rendu du n° 2 : *Cadrans.* R. J. Devatine, Papeete 1982, in *B.S.E.O.*, n° 220. T. XVIII, septembre 1982, pp. 1155-1156.

Deuxième partie

L'appel des îles lointaines

Chapitre 5

ÉVEIL MISSIONNAIRE

Racines apostoliques de l'évangélisation

«L'annonce de la Gloire du Seigneur aux îles lointaines» était pour Isaïe et Jérémie un signe éclatant de l'universalité du Salut: «Le Seigneur règne, que se réjouisse la multitude des îles» (1). Ces anciens Prophètes étaient bien loin de se douter du nombre, de l'éloignement de ces myriades d'îles sur un globe encore inconnu d'eux et des siècles qu'il faudrait pour que se réalise leur promesse par la proclamation de la Bonne Nouvelle de Jésus-Christ.

Les Douze Apôtres, à qui en est confiée l'annonce «jusqu'aux extrémités de la terre» par la force de l'Esprit Saint, rayonneront à travers l'Empire romain et dans les alentours jusqu'aux Indes. Plusieurs siècles de persécution et le sang de nombreux martyrs ensemenceront la foi dans des peuples de plus en plus divers. Tous les hommes ont ainsi accès auprès du Père dans l'unique famille des enfants de Dieu. Les peuples ne sont plus étrangers les uns aux autres; ils sont rassemblés dans l'unique temple du Seigneur, «intégrés dans la construction qui a pour fondation les apôtres et les prophètes, Jésus-Christ lui-même étant la pierre angulaire», la clef de voûte de cet édifice spirituel constitué de «pierres vivantes de toutes langues, races peuples et nations» (2). Un tel «rassemblement dans l'unité des enfants de Dieu dispersés» jusqu'aux extrêmités de la terre et dans les îles lointaines (3) se réalise progressivement par la procla-

(1) Is 66,19 – Jr 31,10 – Ps 96,1.
(2) Ep 2,18-22 – 1 Pi 2,4-10 – Ap 7,9.
(3) Jn 11,52; 17,22-23 – Ac 1,8.

mation de la Bonne Nouvelle du Christ, source de la foi ; mais « comment la proclamer sans être envoyé ? », se demande l'Apôtre Paul qui « craignait de courir en vain »[4].

Afin de mieux saisir l'enracinement profond de l'annonce de l'Evangile jusque dans les îles éloignées du « triangle polynésien », il est utile, comme généalogie de la Foi, de remémorer quelques repères marquants de la tradition des Paroles du Seigneur[5].

En avril de l'année 30, selon la majorité des auteurs, se déroule à Jérusalem le mystère de la mort et de la résurrection de Jésus de Nazareth, « Christ et Seigneur ». Cinquante jours plus tard, à la Pentecôte, s'inaugure la prédication de l'Evangile par les Apôtres rassemblés autour de Pierre avant de parcourir les chemins du monde. Le rayonnement de la foi au Christ est rapide y compris chez les non-Juifs ; les conversions se multiplient et celle de Paul sera capitale pour l'avenir grâce à ses missions et à ses « épîtres », de 45 à 65. Dès l'année 36 la première persécution disperse la communauté primitive qui devient ainsi « missionnaire » ; la lapidation d'Etienne inaugure le témoignage majeur des croyants par le martyre. C'est à Antioche, vers l'an 43, que les disciples du Christ reçoivent des païens le surnom de « chrétiens »[6].

Rapidement, les tensions se font vives entre les chrétiens d'origine juive exprimant leur foi à travers les pratiques de la Loi de Moïse et les chrétiens d'origine païenne dont les coutumes et la culture étaient différentes. Cette question essentielle et toujours actuelle d'une même foi vivante s'exprimant dans des cultures diverses, sera l'objet du premier Concile de l'Eglise en 48 : l'Assemblée de Jérusalem[7].

Le rayonnement du ministère de Paul, la dispersion consécutive aux persécutions, la disparition progressive des Apôtres – Jacques en 43, Pierre et Paul vers 64 – amenèrent la rédaction successive des documents qui deviendront le Nouveau Testament ; les lettres des Apôtres aux communautés s'échelonneront des années 50 à 100 ; les Evangiles, les Actes des Apôtres et l'Apocalypse seront rédigée entre les années 70 à 95. Ainsi ce qui deviendra la Bible sera achevé au début du deuxième siècle et le « Canon » en sera fixé en 382[8].

Dès 155, le christianisme s'implante en Gaule autour de Pothin, premier évêque de Lyon qui mourut martyr à la persécution de 177. L'apostolat de Martin,

(4) Rm 10,14-18 – Ga 2,2.
(5) 1 Co 11,23.
(6) Ac 11,26.
(7) Ac 15. Ce sera aussi la question centrale du Concile Vatican II : *L'Eglise dans le monde de ce temps.*
(8) Canon : Règle des Ecritures. Voir *T.O.B. (Traduction Œcuménique de la Bible),* introductions et chronologies de l'édition complète.

évêque de Tours au IVe siècle, de Rémi, évêque de Reims au Ve siècle et le baptême de Clovis, roi des Francs en 499 marquent des étapes fondatrices de l'évangélisation en France.

. En 430, année de la mort d'Augustin à Hippone, le Pape Célestin envoie des missionnaires en Irlande avec Patrick. Grégoire le Grand confie l'évangélisation de l'Angleterre en 597 à des moines dirigés par Augustin de Cantorbéry. Au début du VIIIe siècle, des missionnaires anglais, dirigés par Boniface, iront à leur tour évangéliser la Germanie. Un siècle plus tard, les deux frères Cyrille et Méthode seront les missionnaires du monde slave. L'ensemble du continent européen se trouvera ainsi converti à l'Evangile aux alentours de l'an 1000. L'ensemble de la chrétienté était alors indivise et unie dans une même communion de foi autour de l'évêque de Rome, successeur de l'Apôtre Pierre.

Le schisme de 1054, séparant l'Eglise grecque rattachée à Constantinople, de l'Eglise latine unie à Rome fut la première grande fracture du monde chrétien. Les pressions des conquêtes musulmanes, l'éveil progressif des nations et des cultures particulières, la prolifération des sectes, amenèrent de nombreux conflits politiques et religieux. Cela n'empêcha pas la continuation des missions lointaines, en particulier avec les franciscains au XIIIe siècle et les dominicains. Ces «Ordres Mendiants» eurent une profonde influence évangélisatrice durant le Moyen Age.

Les premières années du XVIe siècle, – période de la découverte du Pacifique par Balboa et Magellan et début de notre chronologie détaillée – avec la crise des nationalités en Europe et la Renaissance, voit la seconde grande rupture dans l'Eglise: la Réforme Protestante. En 1520 Luther rompt avec l'Eglise de Rome; en 1530, Calvin fait de même. En 1534, le roi Henri VIII d'Angleterre établit l'Acte de suprématie qui marque la rupture avec le Pape Paul III et fonde l'Eglise anglicane. En 1545, s'ouvre le Concile de Trente pour faire face à cette situation bouillonnante et à l'immense besoin de rénovation spirituelle du monde chrétien. Les fondations d'Ignace de Loyola (1539), de Thérèse d'Avila (1562), Philippe Néri (1564), François de Sales (1610), Vincent de Paul (1633) et bien d'autres, seront le signe et le moteur du profond renouveau évangélique et du réveil missionnaire. En 1549, François Xavier sera au Japon; en 1582, Matteo Ricci arrivera en Chine. En 1619, François Pallu fonde la Société des Missions Etrangères de Paris.

Un tel élan missionnaire se déroulait non seulement au milieu des multiples crises nationalistes en Europe, mais encore à l'époque inaugurale des grandes découvertes et du début des colonisations. En 1492, Christophe Colomb «découvre» l'Amérique. Portugais et Espagnols, catholiques et missionnaires les uns et les autres, entraient en concurrence politique et militaire. Aussi, pour éviter de trop graves conflits dans l'évangélisation entre les missionnaires des deux nations, le Pape Alexandre VI, en 1493, partage la juridiction spirituelle sur les territoires découverts ou à découvrir : la moitié aux Portugais, la moitié aux Espagnols. Les navigations et les découvertes des autres pays maritimes comme la Hollande, l'Angleterre, la France... rendent progressivement caducs un tel partage géo-politique et un si encombrant « Patronat » politico-religieux. Aussi en 1622, le Pape Grégoire XV créa-t-il, dans la conscience de sa responsabilité apostolique première, la Congrégation « de Propaganda Fide » pour coordonner les activités missionnaires, les dégager des compétitions coloniales entre les Puissances européennes et très particulièrement de l'Espagne et du Portugal. L'institution des « Vicariats Apostoliques » allait permettre l'essor des Missions de façon autonome par rapport aux Etats colonisateurs.

Telle était encore la situation générale un siècle plus tard, au moment de la découverte de la Polynésie en 1767. Les nations européennes, en compétition sur tous les plans, vivaient un nationalisme exacerbé ; c'était le règne des « absolutismes » dans une Europe qui changeait ses valeurs. La chrétienté occidentale était éclatée : une Eglise catholique active et missionnaire dans son cœur religieux, mais multiple dans les visages nationaux, où l'équilibre des forces prime désormais le droit et l'idéal de fraternité universelle ; des Eglises issues de la Réforme très diverses, aux sectes multiples, aux consciences nationales marquées autour des Souverains, selon le principe même de la paix d'Augsbourg de 1555 : telle région, telle religion (9). C'était le principe rigide d'une religion d'Etat dont le Prince est le garant et le protecteur, situation qui perdure dans l'Europe du Nord en particulier.

Un tel contexte où religion, politique et nationalisme sont étroitement imbriqués dans une même identité collective, est important à bien comprendre pour saisir la complexité historique et passionnelle de l'évangélisation en Polynésie au début du XIXe siècle.

Retentissement des « Voyages autour du monde »

Le sieur de Bougainville publie à Paris le 15 mai 1771 son remarquable récit de voyage. Le succès est immédiat et l'accueil enthousiaste. Dès l'année suivante, l'ouvrage est traduit en anglais par Forster ; les éditions en allemand et en hollandais ne tardent pas. Le style brillant, l'esprit d'observation, les qualités littéraires de la narration font de ce « voyage autour du monde » un chef-d'œuvre en la matière. Le public, sensibilisé par les œuvres de J.J. Rousseau et aidé par le « Supplément » de Diderot, retient surtout la brève et idyllique escale de

(9) *Cujus regio, hujus religio.* Ce principe sera repris en 1648 aux Traités de Wesphalie.

Tahiti, évocation de l'âge d'or du paradis sur terre océanienne; les ombres au tableau, pourtant écrites par Bougainville, furent vite oubliées.

L'attrait pour «La Nouvelle-Cythère» fut d'autant plus considérable que Bougainville était accompagné à son retour par un jeune tahitien d'Hitiaa: Ahutoru. Son séjour en France dura un an, de mars 1769 à mars 1770. Il fut l'objet des curiosités et des conversations des salons à la mode; il fut reçu à la cour de Versailles par le roi Louis XV; il fréquenta avec plaisir l'Opéra.

L'Angleterre ne fut pas en reste. Après le «Voyage de Bougainville» publié en anglais en 1772, les récits des navigations de Byron, Wallis et Cook sont publiés en 1773 dans une magnifique présentation richement illustrée. Les clubs et salons britanniques se passionnent pour les «Mers du Sud» et ses merveilles. Aussi, lorsque Cook rentre de son deuxième voyage en juillet 1774 accompagné du jeune Ma'i de Raiatea, la curiosité devient extrême devant ce «bon sauvage» présent en chair et en os. Son séjour anglais de deux années est aussi fastueux que celui de Ahutoru à Paris. La presse anglaise y fait régulièrement écho. Le roi Georges III le reçoit le 10 juin 1776 en audience d'adieux et en fait une sorte d'ambassadeur de la grandeur de l'Angleterre en Océanie [(10)].

Mais il convient de noter que le retentissement littéraire et social de ces «Voyages autour du Monde», rendus encore plus authentiques par la présence gaie et charmante d'Ahutoru et de Ma'i, ne fut pas du tout le même des deux côtés de la Manche. Diderot utilisa le «bon sauvage» avec une verve cynique, libertine et rationaliste dans l'optique antireligieuse de la «philosophie des lumières». Cette élite aristocratique et bourgeoise, souvent de grand talent, exerçait une influence déterminante dans ces années qui allaient éclater en 1789 et renverser l'Ancien Régime. La découverte de Tahiti et les polynésiens fut récupérée dans la vision naturaliste de l'époque qui marque toujours les relations affectives entre la Polynésie et la France.

En Angleterre aussi les descriptions de Wallis, Bligh et surtout les analyses détaillées de Cook sur la beauté des îles, la vie facile et heureuse des habitants, la générosité de la Nature firent grande impression. Mais la sauvagerie des mœurs avec les sacrifices humains auxquels Cook lui-même avait assisté en 1777, les infanticides, la corruption et les guerres éveillèrent le désir de l'élite chrétienne qui se constituait, de venir en aide à ces peuples. La mort tragique de Cook en 1779 aux îles Sandwich (Hawaii) toucha encore davantage le public anglais et le sensibilisa au sort de ces îles tout à la fois fascinantes et tragiques.

---

(10) *Mémorial polynésien.* T. I, pp. 293-310.
J. HAWKESWORTH : *Voyages autour du monde :* Byron, Carteret, Wallis et Cook. Saillaret et Nyon. J.G. Clausin, Paris 1774.

Le « revival » anglais

Pour comprendre le remarquable mouvement spirituel et missionnaire de l'Angleterre dans les années 1790 qui va aboutir à la création de la « London Missionnary Society » et à l'envoi des premiers évangélistes à Tahiti en 1796, il est utile de le situer dans l'évolution de la Réforme protestante [11].

Pour Luther et Calvin, la vraie mission urgente était la rechristianisation de l'Eglise, paganisée par de multiples abus à réformer. Il était inutile d'aller évangéliser au loin. De plus, selon la prédestination, chacun ne se trouvait-il pas dans l'état que Dieu voulait pour lui ? Il ne fallait donc pas solliciter la Providence par un zèle apostolique. Aussi, hors quelques rares exceptions, les premiers protestantismes, très occupés en Europe, n'envoyèrent-ils pas de missionnaires, ne développèrent-ils pas une théologie de la Mission.

De plus, le mouvement de la Réforme était né de projets, d'intentions et de personnalités très diverses ; Luther, Calvin ou Henri VIII n'avaient pas grand-chose en commun. Très rapidement l'évolution des diverses Confessions issues de la Réforme fut divergente ; les tensions furent vives entre Luthériens, Calvinistes, Puritains, Episcopaliens et les innombrables groupes qui se multiplièrent progressivement. Car, en plus des antagonismes socio-politiques, s'ajoutait « une raison qui tenait à l'essence même du protestantisme. « Tout fidèle est prêtre », disait Luther ; c'était contre l'ingérence de l'autorité dans les matières de foi que lui et ses émules s'étaient dressés. Par conséquent, la seule idée d'orthodoxie est inconciliable avec un protestantisme fidèle à son principe de libre examen. Dire que telle opinion sur un sujet religieux est un dogme, c'est trahir l'esprit de la Réforme ; et c'est une trahison pire encore que de demander à l'Etat, au Prince, d'interdire à un croyant d'exprimer tout haut son opinion. Cependant, à partir du moment où les protestantismes s'étaient constitués en églises, ils avaient dû, pour pouvoir durer, admettre la nécessité d'une orthodoxie » [12].

En fait, comme la plupart des réformateurs n'avaient pas voulu quitter l'Eglise mais la rénover, il faudra attendre leur disparition et la fin du Concile de Trente en 1564 pour que la rupture soit consommée en schismes et hérésies par les successeurs. Chacun espérait que les diverses ruptures seraient temporaires et qu'elles se résorberaient, comme bien d'autres déviations au cours de l'histoire, par l'effort de conversion de chacun [13]. Devant la dérive de plus en plus

---

(11) Daniel-Rops : *L'Eglise de la Renaissance et de la Réforme.* T. II, pp. 304-305 ; *L'Eglise des Temps classiques.* T. II, pp. 185-245.

L. Jore : *L'Océan Pacifique.* T. I, pp. 367-393.

Ch. Vernier : *Tahitiens d'hier et d'aujourd'hui,* pp. 89-95, etc.

(12) Daniel-Rops : *L'Eglise des Temps classiques.* T. II, pp. 195-196.

(13) Lœw, Meslin : *Histoire de l'Eglise par elle-même,* p. 256.

éclatée et divergente, les mouvements issus de la Réforme tentèrent très tôt de se mettre d'accord sur l'essentiel, comme la concorde de Wittenberg sur l'Eucharistie en 1536. Bien d'autres essais se feront jusqu'à l'actuel Conseil Œcuménique des Eglises à Genève, fondé en 1948.

En attendant l'important mouvement de convergence de l'Œcuménisme moderne qui a surtout pris de l'ampleur après la Seconde Guerre Mondiale et le Concile Vatican II, c'est à la prolifération des sectes et au repli des Eglises sur leur propre identité qu'on assiste du XVIe au XXe siècles. L'anticatholicisme, l'antipapisme étaient d'autant plus vigoureux qu'ils constituaient souvent le seul lien d'unité extérieure entre les divers courants issus de la Réforme. En particulier en Angleterre, le catholicisme, Rome, le Pape étaient l'objet d'une exécration très violente. Le Pape était l'Antéchrist et le Diable, assimilé par J. Bunyan dans son célèbre « Pilgrim's Progress », texte allégorique de 1660, à un païen et à un vieillard sanguinaire (14). L'Eglise catholique représentait la Bête de l'Apocalypse ; le culte catholique était une idôlatrie ; la messe romaine constituait une sorcellerie ; l'épiscopat était « une compagnie scélérate qui, depuis le temps de saint Cyprien, s'est emparée du gouvernement de l'Eglise ». Le cri « no Popery » rassemble toujours le peuple anglais à la fin du XVIIIe siècle. Ce n'est qu'en 1829 que les catholiques anglais retrouveront leurs droits civiques par l'Acte d'émancipation. La visite historique de Jean-Paul II en Grande-Bretagne au printemps de 1982, si elle a montré la persistance d'un vigoureux courant orangiste anticatholique, a surtout scellé une profonde réconciliation, inaugurée par le Docteur Ramsey et Jean XXIII.

De même que les navigateurs espagnols étaient accompagnés d'aumôniers, habituellement franciscains, il ne faut pas s'étonner de voir « une cordiale alliance s'établir à la fin du XVIe et au début du XVIIe siècle entre le clergé protestant anglais et le commerce... Ces expéditions maritimes étaient dans l'intention de faire échec à l'expansion de l'Espagne qui ne faisait que grandir ». L'isolationisme anglais, l'affadissement de la foi chrétienne en Angleterre depuis l'avènement de la dynastie de Hanovre en 1714, le désintérêt de l'opinion publique et des gouvernants pour la conversion des païens et l'instruction des esclaves, tout cela amenait une profonde routine, aggravée par la politique antireligieuse du Premier Ministre Walpole. « Ce ne fut que très avant dans le XVIIIe siècle, que les Eglises Britanniques furent saisies par l'idée missionnaire et que la vision d'un Monde gagné au Christ commença d'émouvoir les âmes d'hommes de choix » (15).

---

(14) H. LAVAL : *Mémoires,* p. 34 n. 11 de Newbury et O'Reilly.
J. BUNYAN : *The Pilgrim's Progress.* London, Ingram, Cook and C°, 1853, p. 96.
(15) L. JORE : *Océan Pacifique.* T. I, pp. 367-368, citant J.N. Ogilvie : « Our Empire's debt to Missions ».

L'homme providentiel du réveil religieux en Angleterre, le «Revival», est un Pasteur de l'Eglise Etablie (Anglicane): John Wesley (1703-1791). Elevé dans une foi profonde par sa mère, c'est le 24 mai 1738 qu'il fit une expérience spirituelle bouleversante qui le convertit totalement au Christ. Avec trois camarades du Lincoln Collège d'Oxford, il organisa un petit groupe de vie chrétienne et d'apostolat; il leur proposa une règle de vie, une «Méthode», dont les autres étudiants se moquèrent par le sobriquet de «Méthodistes» que Wesley adopta. Prédicateur populaire, il criait la vérité toute simple de l'Evangile. Comme son zèle et sa franchise dérangeaient l'Establishment, très vite il prêcha en plein air et dans les réunions publiques. Son thème était la vie chrétienne centrée sur l'amour de Dieu, la renaissance à l'esprit du Christ par la pureté du cœur, la pratique de la charité et de la bienveillance. Le Méthodisme, très proche des «Exercices spirituels», était un renouvellement spirituel des religions par l'intérieur, le cœur, le libre élan de l'âme. Le mouvement s'est organisé en 1744 et fut protégé plus tard par le roi Georges III. En 1791, il comptait plus de 100.000 fidèles. Les événements, les réticences de l'Eglise anglicane, obligèrent John Wesley, bien malgré lui, à se séparer de la Haute Eglise; le schisme sera consommé après sa mort. Rejoignant le vaste mouvement «piétiste» du XVIIIe siècle, le Méthodisme marqua profondément l'ensemble des Eglises issues de la Réforme protestante qu'il contribua à revitaliser de l'intérieur. «Un catholique ne peut parler de John Wesley sans amitié, ni regarder son apostolat sans admiration», écrit Daniel-Rops.

C'est dans ce contexte d'admirable «réveil évangélique» anglais ouvert par Wesley aux masses d'hommes vivant au-delà des mers, que le retentissement des «Voyages autour du Monde» inspira à des chrétiens le souci missionnaire. William Carey, pasteur baptiste, fonda en 1792 «The particular Baptist Society for Propagating the Gospel amongst the Heathens». Il donna l'exemple en partant lui-mêmes aux Indes.

Le pasteur anglican Thomas Haweis, chapelain de Lady Huntingdon, riche dame de la Cour, fait de l'évangélisation des pauvres insulaires du Pacifique le thème central de ses prédications. L'idée d'envoyer des missionnaires avec Bligh sur le «Bounty» en 1788, puis sur le «Providence» et l'«Assistant» en 1791 échoue. En 1793, Haweis se lie avec des émigrés français à Londres; il envisage d'aller évangéliser la France révolutionnaire qui se détourne de Dieu. En 1793, il recense avec «la ferveur du zèle missionnaire» un livre sur la Sierra Leone. Il termine en écrivant: «Il y a quelques années, j'ai été si déçu dans mes efforts d'envoyer l'Evangile à Tahiti, que j'ai commencé à désespérer de voir s'accomplir le plus cher désir de mon âme». Il offre, sur sa fortune, 500 livres pour équiper un premier groupe missionnaire. Le 1er décembre 1794, en présence de nombreuses personnalités, il prononce le célèbre sermon sur «le devoir de tous les chrétiens de sauver les païens en perdition». Après dix mois de rencontres, avec John Eyre et David Bogue, Thomas Haweis fonde, le 22 septembre 1795, la

«London Missionnary Society». Dès le surlendemain 24, Tahiti est choisie comme premier champ d'apostolat à cause de la facilité que ces îles paraissent présenter: liens d'amitié entre Pomaré et les Anglais (Bligh, Cook), langue plus facile que les langues asiatiques, champ d'apostolat libre et neuf, climat sain et nourriture abondante.

Les préparatifs sont poussés activement en même temps que la population anglaise est sensibilisée; chaque Anglais donnant un penny par semaine à la L.M.S. recevait le bulletin trimestriel de 4 pages. Le capitaine James Wilson offre ses services. La Société des Missions de Londres acquiert, pour 4.800 livres, un solide voilier de 300 tonneaux: le «Duff». De nombreux candidats, dûment sélectionnés par Thomas Haweis, se présentent pour partir en mission. Il faut remarquer que le Gouvernement de S.M. Britannique n'avait aucune part dans le lancement des Sociétés Missionnaires. L'Evangélisation l'intéressait peu; la révolution industrielle naissante, le développement des affaires et du commerce, les luttes avec la France révolutionnaire puis impériale, la colonisation de l'Australie étaient autrement plus urgents que les questions religieuses; l'Eglise Etablie elle-même se sentait peu concernée. La L.M.S. et les autres Sociétés missionnaires ne souhaitaient en aucune façon l'intervention des Pouvoirs Publics; le soutien des «vrais chrétiens» et la générosité de l'aristocratie et du peuple anglais leur suffisaient. Les événements et le poids des choses en décideront assez rapidement d'une autre façon jusqu'à la prise de possession de la Nouvelle-Zélande en 1840. Sous la pression d'un public anglais s'ouvrant progressivement à l'extérieur et passionné par les Missions lointaines, Gouvernement britannique et Sociétés Missionnaires seront de plus en plus unis dans une entraide réciproque. Si on a pu parler des «gesta Dei per Francos», il serait aussi vrai, pour cette période de réveil anglais et de déclin français sur le plan chrétien, de souligner les «gesta Evangelii per Anglos» en Océanie (16).

Conscience missionnaire catholique

Si l'évangélisation de Tahiti fut le premier fruit missionnaire du «Revival», l'apostolat en Océanie fut le couronnement de la longue vie fondatrice de trois des principaux restaurateurs de la vie chrétienne en France après la tourmente de la Révolution. Les missionnaires des Sacrés-Cœurs de Jésus et de Marie – dits de Picpus – envoyés en 1834 par leur fondateur, le Père Marie-Joseph Coudrin décédé en 1837; les Sœurs de Saint-Joseph de Cluny, arrivées en 1844, par Anne-Marie Javouhey décédée en 1851 et les Frères de l'Instruction Chrétienne de Ploërmel envoyés en 1860 par Jean-Marie de Lamennais, leur fondateur

(16) *Gesta Dei per Francos:* Exploits de Dieu par les Francs;
Gesta Evangelii per Anglos: Exploits de l'Evangile par les Anglais.

décédé la même année. Le souffle missionnaire animait de même le Pape Grégoire XVI (1831-1846), ancien Préfet de la Congrégation de la Propagation de la Foi ; il s'intéresse de très près aux efforts missionnaires en Océanie.

Avant de regarder plus en détail l'éveil missionnaire pendant et après la Révolution de 1789 et l'Empire de Napoléon Ier, il est utile de survoler les périodes précédentes, d'autant que le malheureux essai des franciscains espagnols à Tautira en 1775 nous met à la jonction de deux mondes dans l'histoire des Missions.

L'Empire Romain d'Occident avait facilité malgré plus de deux siècles de persécutions, l'extension du christianisme par son unité administrative tout autour du bassin méditerranéen et jusque dans ses Marches lointaines. La paix constantinienne de l'Edit de Milan de 313 avait permis l'épanouissement de l'Eglise de Jésus-Christ, en particulier par les conciles : Nicée en 325, Constantinople en 360 et la réflexion théologique intense des « Pères de l'Eglise » tant grecs que latins.

Dès le début du Ve siècle, les Barbares venus du Nord de l'Europe désagrègent cet immense Empire : Rome est prise en 410, l'Afrique est envahie par les Vandales en 430, le dernier Empereur d'Occident est déposé en 476. Selon le mot célèbre de saint Rémi, évêque de Reims, « l'Eglise passe aux Barbares ». La Mission d'évangélisation prend une autre dimension par la conversion de tous ces nouveaux peuples qui vont bâtir l'Europe de demain. Ce sera chose faite au XIe siècle, essentiellement à partir de Rome. Du XIIIe au XVe siècle, Dominicains et Franciscains surtout, iront porter l'évangile dans l'Empire Mongol et jusqu'en Chine [17].

Les découvertes de la fin du XVe siècle allaient donner une autre dimension à la Mission. Gutenberg invente l'imprimerie à Mayence en 1450 et la Bible est le premier livre imprimé en 1455. Les Portugais découvrent l'Afrique et franchissent le cap de Bonne Espérance en 1487. Christophe Colomb découvre le « Nouveau Monde », l'Amérique, en 1492. Deux grandes motivations poussaient les Espagnols et les Portugais : la soif de l'or et l'évangélisation. En 1504, la Reine Isabelle de Castille avait ajouté un codicille célèbre en ce sens à son testament, « afin d'envoyer aux îles et terre ferme des prélats, des religieux, des séculiers et d'autres personnes doctes et craignant Dieu en vue d'instruire leurs habitants dans notre sainte religion ». De même le Roi Jean III du Portugal était bien conscient de sa responsabilité missionnaire devant Dieu et l'Eglise, d'autant qu'en 1493 – comme déjà signalé plus haut – le Pape Alexandre VI, à la grande fureur de François Ier, roi de France, avait partagé les terres à découvrir entre les Espagnols et les Portugais. Aussi, tous les navires de ces deux nations

(17) LŒW-MESLIN, *op. cit.*, pp. 225 à 238.

emmenaient leur lot de missionnaires, dominicains ou franciscains surtout. Quirós, après avoir participé à l'Année Sainte de 1600 à Rome, avait entrepris son voyage de 1606 dans le Pacifique dans le projet explicite de «sauver des millions d'âmes». Mais toutes ces missions furent souvent victimes de la rude et peu scrupuleuse ruée vers l'or.

Avec l'arrivée des Jésuites à partir du XVIe siècle, l'évangélisation prit un essor considérable: Paraguay et Uruguay à partir de 1588, Pierre Claver (1580-1654) et les esclaves noirs d'Amérique, François Xavier (1506-1552) et l'Extrême-Orient, Matteo Ricci (1552-1610) et la Chine, Robert de Nobili (1577-1656) et les Indes.

Il faut constater que la France, toute «fille aînée de l'Eglise» qu'elle fût, était bien absente de l'immense réveil missionnaire qui marque la Renaissance et le début des Temps Modernes par tant de découvertes. Ce fut un laïc, Jacques Cartier, qui éveilla la conscience apostolique de la France par l'évangélisation du Canada, avec un avocat, Marc Lescarbot, suivi des Jésuites en 1611, des Récollets en 1615 et de Marie de l'Incarnation en 1639. Les missions dans les campagnes allaient réveiller la ferveur populaire. Le mouvement missionnaire français était lancé. Il fut facilité par la création, le 6 janvier 1622, de la «Congrégation pour la Propagation de la Foi» par le Pape Grégoire XV, mettant fin ainsi au régime politico-religieux du «Patronat». L'Eglise reprenait en main sa vocation apostolique dont l'institution des «Vicariats apostoliques» en 1658 serait le moteur [18].

Cette décision historique a modelé en grande partie le visage de l'Eglise des Temps Modernes. Rendue nécessaire par l'évolution des peuples, elle a façonné le type particulier de la mission catholique d'après le Concile de Trente. Si l'initiative et l'esprit missionnaires naissent, sous l'inspiration de l'Esprit-Saint, dans le cœur des futurs apôtres comme nous le verrons, l'évangélisation est confiée par Rome à leurs instituts dans le cadre des Vicariats Apostoliques dépendant directement de «Propaganda Fide» qui est en charge de toutes les Missions. L'heureuse conséquence en fut la libération de l'évangélisation par rapport au «Patronat» et aux Pouvoirs politiques qui allaient devenir de plus en plus colonisateurs. Les résultats plus difficiles seront les conflits avec les Etats: Espagne, Portugal et France en particulier. Sur le plan ecclésial, les diocèses européens se sentiront moins concernés par l'activité missionnaire au loin, à la fois confiés à des congrégations religieuses ou des Instituts spécialisés et dirigée par Rome directement; l'ouverture officielle au clergé séculier et aux laïcs se fera par

---

(18) DANIEL-ROPS: *Eglise de la Renaissance à la Réforme.* T. II, pp. 301-383; *Eglise des Temps classiques.* T. II, pp. 97-183.

P.J. LÉVESQUE: *« De Fidei donum à Rédemptor Hominis », nouveaux chemins pour la Mission.* Francheville (8-2-1982).

l'encyclique *Fidei donum* de Pie XII de Pâques 1957. Certaines rivalités entre Congrégations nuisirent aux Missions; la plus dramatique fut la querelle des «rites chinois» (1638-1773). De plus, il y aura progressivement tendance cartésienne à dissocier l'Eglise en deux catégories de territoires: les pays de mission à assister et les pays chrétiens à communauté ecclésiale pleinement constituée. Le Concile Vatican II mettra un terme à ces ambiguïtés ecclésiales. En 1966, la plupart des Vicariats Apostoliques deviendront des diocèses de plein droit, des «Eglises locales ou particulières»; en 1969, le «droit de commission» des Instituts missionnaires sera supprimé; en 1978, les «relations mutuelles» des Congrégations religieuses et des Eglises locales diocésaines seront clarifiées et précisées [19]. Désormais la Mission d'annonce de l'Evangile sera plus vécue au niveau de chaque Eglise locale devenue responsable; mais la collégialité à l'égard de la mission universelle et l'entraide entre les Eglises dicoésaines particulières seront mises en valeur.

A la veille de la Révolution de 1789, malgré des efforts considérables et à travers de terribles persécutions, comme au Japon, le bilan général des Missions est assez mince. Durant le XVIIIe siècle, les Instituts Missionnaires subirent une grave crise de recrutement. La suppression des Jésuites en 1773 retira environ 3.500 missionnaires; elle porta un coup sévère à l'évangélisation sur le plan du personnel mais plus encore par le discrédit que des évêques et le monde européen portaient à des missionnaires respectés et compétents aux yeux des non-chrétiens. C'est tout le christianisme qui s'en trouva déconsidéré.

C'est à cette époque, grâce aux grands navigateurs, que les horizons s'ouvrirent «jusqu'aux extrémités de la terre». Qui irait évangéliser ces nouveaux peuples? La Révolution française sembla porter un coup mortel à l'évangélisation par la fermeture des séminaires, la persécution religieuse, l'occupation de Rome. De 1792 à 1815, la Société des Missions Etrangères de Paris ne put envoyer que 9 personnes; les autres Instituts souffrirent de la même pénurie. Alors que tout paraissait perdu, c'est au cœur de cette tourmente qu'allait naître le magnifique élan missionnaire de notre temps, très particulièrement en Océanie. Il faudra attendre les années 1830 pour qu'il puisse s'épanouir, après un vide missionnaire de quarante ans.

Pierre Coudrin... et les autres

L'histoire de la Mission catholique en Océanie prend naissance dans le cœur d'un jeune prêtre de 24 ans, réfugié dans un grenier du Poitou à la Motte d'Usseau entre mai et octobre 1792. Ces «semailles dans les larmes» de la Révo-

(19) *« Mutuae relationes. » Doc. Cath.*, n. 1748 du 3-9-1978.

lution sont importantes à découvrir pour comprendre le type de missionnaires qui viendront en Océanie, le «charisme» dont ils étaient animés, le style de vie chrétienne en Eglise qu'ils vont imprimer à l'évangélisation dont la Polynésie vit encore dans ses traits caractéristiques. Il y a une génétique spirituelle et ecclésiale comme il existe une génétique biologique et sociale.

Pierre Coudrin (1.3.1768-27.3.1837) est né dans un village proche de Châtellerault dans une famille chrétienne [20]. Son oncle prêtre prit en main son éducation et à 17 ans il s'inscrit à l'Université de Poitiers, avant d'entrer en 1789 au Grand Séminaire tenu par les Lazaristes. Ceux-ci, après avoir refusé de prêter le serment constitutionnel, se retirèrent en 1791. Pierre Coudrin, refusant de terminer sa préparation sacerdotale avec des prêtres schismatiques, interrompit ses études officielles.

En effet, la Révolution qui avait commencé dans un climat d'union réelle entre le Tiers-Etat et le Clergé, celui des campagnes surtout, pour résoudre les graves injustices sociales et inégalités économiques dans une optique de «Liberté, Egalité, Fraternité» [21], se transforma rapidement en lutte antireligieuse et en intolérance antichrétienne. Le clergé devait n'être qu'un rouage de la bureaucratie d'Etat sans référence avec le Pape. Au nom de la liberté individuelle, toute forme de vie religieuse et même d'association devait être supprimée. Voici les principales étapes de la crise, puis de la persécution religieuse jusqu'à l'Empire.

13-02-1790: Suppression des vœux monastiques en France.
12-07-1790: Constitution civile du clergé.
27-11-1790: Obligation du serment d'obéissance à la constitution civile du clergé, condamnée par Pie VI le 10 mars 1791: schisme.
14-06-1791: Loi Le Chapelier interdisant toutes les associations en France.
29-11-1791: Décret contre les prêtres non jureurs; début de la persécution.
02-09-1792: Décret sur la déportation des prêtres réfractaires dénoncés par vingt citoyens.
02-09-1792: Massacre des prêtres à Paris.
17-09-1793: Tous les prêtres sont «suspects». Déchristianisation. La Terreur.

(20) P.J.V. Gonzalez Carrera, ss.cc.: *Le Père Coudrin, la Mère Aymer et leur communauté.* Rome 1978. 603 pages imprimées en offset. Traduction française.

(21) *Déclaration des Droits de l'Homme et du Citoyen du 20-8-1789.* «On sait la place que l'idée de "liberté, d'égalité, de fraternité" tient dans votre culture, dans votre histoire. Au fond, ce sont là des idées chrétiennes. Je le dis tout en ayant bien conscience que ceux qui ont formulé ainsi, les premiers, cet idéal ne se référaient pas à l'alliance de l'homme avec la sagesse éternelle. Mais ils voulaient agir pour l'homme.» Jean-Paul II à Paris. *Doc. Cath.* n. 1788 du 15-6-80, p. 585.

21-02-1795 : Séparation de l'Eglise et de l'Etat. Liberté des cultes.
Sept. 1797 : Coup d'Etat jacobin et reprise de la persécution.
15-02-1798 : Prise de Rome : Pie VI fait prisonnier et exilé à Valence.
1800 : Paix religieuse.
17-07-1801 : Concordat entre la France et le Pape Pie VII.
22-06-1804 : Dissolution des Congrégations et associations religieuses non autorisées.

Une telle situation posa aux prêtres un dramatique problème de conscience : abandonner leurs fidèles à des indésirables qui ne jouissaient d'aucune confiance, s'ils juraient la Constitution civile, ou tromper les chrétiens en prêtant le serment de fidélité à une loi inique. S'engager dans le sacerdoce catholique dans ces conditions quand on est un jeune homme, comme le fit Pierre Coudrin, dénotait une foi solide et un courage peu commun. Sous-diacre le 3 avril 1790, il fut ordonné diacre le 18 décembre à Angers et prêtre, en secret, le 4 mars 1792 « par un évêque en communion avec le pape ». Il fit retraite avec des prêtres de la « Société du Cœur de Jésus », fondée le 2 février 1791 par Pierre de Clorivière [22] ; la retraite se termina par une adresse de fidélité au Pape comme successeur de Pierre. Devant les menaces de déportation, il se cacha, cinq mois durant, dans un grenier de ferme.

Dominant la peur ambiante, gardant le sens des réalités et bien conscient que rien ne serait plus comme avant la Révolution, il approfondit sa foi par la prière, l'étude et surtout l'Eucharistie, présence du Christ offert et aimant. C'est dans ce contexte que le Seigneur le saisit pour la mission à laquelle il le destinait. « Monté dans mon grenier, après avoir dit la messe, je me mis à genoux auprès du corporal où je croyais avoir toujours le Saint-Sacrement. Je vis alors ce que nous sommes à présent. Il me sembla que nous étions plusieurs réunis ensemble, que nous formions une troupe de missionnaires qui devaient répandre l'Evangile partout. Comme je pensais donc à cette société de missionnaires, il me vient aussi l'idée d'une société de femmes, mais non pas d'une communauté telle qu'elle existe, puisque je n'avais jamais vu de religieuses. Je me disais : nous n'aurons ni argent, ni revenus ; nous serons mangés par des poux... Ce désir de former une société qui portât partout la foi, ne m'a jamais quitté » [23]. C'était à l'automne 1792 ; il était un nouveau prêtre de 24 ans. A la même époque, de l'autre côté de la Manche, Thomas Haweis s'enflammait pour le même projet qui allait se concrétiser par la fondation de la Société des Missions de Londres.

---

(22) P. de Clorivière, jésuite « dissous » en 1773, curé de Paramé, proposait la « perfection » évangélique, réservée aux religieux, aux chrétiens vivant dans le monde : laïcs et prêtres séculiers. Cette intuition, très en avance sur son temps, fut reprise le 29-10-1918 par l'abbé D. Fontaine ; la « Société du Cœur de Jésus » fut reconnue Institut Séculier en 1951, grâce à la Constitution *Provida Mater* de Pie XII.

(23) González-Carrera, *op. cit.*, pp. I, 14-15.

Celui de l'abbé Pierre Coudrin trouverait sa forme par la fondation, de la nuit de Noël 1800, de la «Congrégation des Sacrés-Cœurs de Jésus et de Marie», constituée de prêtres, de frères et de sœurs autour de Mademoiselle Aymer.

Dès le 20 octobre 1792, méditant sur la vie de saint Caprais, évêque d'Agen mort martyr, Pierre Coudrin sort de son grenier de la Motte d'Usseau pour commencer sa vie missionnaire. C'était la Terreur, la guerre de Vendée. Il fit avec courage – il fut condamné à mort en novembre 1793 pour avoir béni un mariage clandestin – son apostolat de «maquisard de Dieu» sous le surnom de Marche-à-Terre. Fin 1794, il est un des six fondateurs de l'Association du Sacré-Cœur qui se réunissait en de longues heures de méditation autour du Saint-Sacrement. Le 15 février 1795, l'Association ose transférer le Saint-Sacrement en une procession nocturne en plein Poitiers. Ce groupe spirituel fut à la source de la nouvelle Congrégation qui reçut l'approbation du diocèse de Poitiers à la fin de 1799 et qui se concrétisa à Noël 1800. Alors Pierre Coudrin prit le nom de Marie-Joseph.

La rencontre à Poitiers en octobre 1801 avec Mgr Jean-Baptiste de Chabot, ancien évêque de Saint-Claude démissionnaire, fut décisive pour l'avenir du nouvel Institut religieux. Il se lia d'amitié avec le P. Coudrin et prit sous sa protection sa Congrégation qui resta de droit diocésain jusqu'à son approbation par Rome en 1817. Le 3 mai 1802, le P. Coudrin quitta Poitiers pour suivre Mgr de Chabot, nommé évêque de Mende. Jusqu'en 1833, le P. Coudrin mena une double activité: aider, comme Vicaire Général, les évêques qui faisaient appel à lui pour réorganiser l'Eglise en France selon le découpage des nouveaux diocèses isssu du Concordat de 1801 [24]; développer et structurer la Congrégation des Sacrés-Cœurs de Jésus et de Marie selon son projet missionnaire. Lui-même était un prédicateur apprécié, comme il eut l'occasion de le montrer à Saint-Roch de Paris devant le Pape Pie VII en personne, venu pour le sacre de Napoléon.

A cette époque, les séquelles antireligieuses de la Révolution étaient vivaces. Le Premier Consul puis l'Empereur ne tolérait aucune organisation échappant à son pouvoir absolu, représenté dans chaque département par les Préfets, créés le 17 février 1800. Le décret du 22 juin 1804 «dissolvait toutes les associations formées sous prétexte de religion et non autorisées». Le P. de Clorivière et les Pères de la Foi avaient été jetés en prison. Autant Napoléon ne faisait pas de difficulté pour reconnaître les congrégations féminines à vocation sociale, autant il voulait soumettre au Pouvoir les Instituts masculins.

(24) Mende: 1802-1805; Sées: 1805-1809; Troyes: 1820-1826; Rouen: 1826-1833.

En 1804 des difficultés de cet ordre amenèrent Marie-Joseph Coudrin à quitter Mende pour Paris avec Mgr de Chabot. En mars 1805, il installe sa communauté clandestine rue de Picpus qui donna son nom populaire à la Congrégation. L'année suivante, le Fondateur arriva avec la statue de « Notre-Dame de Paix », vénérée à Paris depuis le XVIe siècle et retrouvée intacte. Ce fut ressenti comme un signe d'espérance : la paix de Dieu au milieu des tribulations [25]. En effet les tensions entre l'Eglise et l'Etat s'accentuaient en raison de la centralisation despotique de Napoléon : monopole de l'enseignement en 1808, nomination des évêques sans l'accord du Pape. En 1809, Napoléon occupa Rome ; Pie VII l'excommunia et fut fait prisonnier. Le Concile National, convoqué par l'Empereur en 1811, fut un échec pour lui, les évêques ayant dit que « sans la chaire auguste de Rome, l'épiscopat ne ferait plus que languir comme une branche desséchée, séparée du tronc ». Aussi jusqu'en 1814, aucun développement de vie religieuse et missionnaire ne fut-il possible.

Avec la Restauration, le P. Coudrin avait espoir de se faire reconnaître par le Roi. Mais l'essentiel était d'obtenir l'approbation du Pape Pie VII pour échapper aux aléas des simples reconnaissances diocésaines. Pour cela il fallait rédiger des Constitutions ; ce qui fut chose faite le 16 avril 1816 et avoir un Procureur auprès du Saint-Siège pour suivre les affaires. Le Décret d'approbation définitive fut confirmé par le Pape le 10 janvier 1817 [26]. Le 14 avril, la demande d'approbation civile fut déposée auprès du Grand Aumônier de la Cour qui laissa entendre que ce serait chose facile. Il en fut tout autrement, les Chambres et le Conseil d'Etat n'étant pas d'esprit favorable aux Congrégations religieuses ; les Gouvernements changent, mais l'Administration demeure. De plus l'évolution sociale opérée par la Révolution et l'Empire était irréversible. Des maladresses et des excès d'union du Trône et de l'Autel, surtout sous Charles X, provoquèrent de violentes réactions qui culminèrent dans la Révolution de juillet 1830. A cette sécularisation anticléricale des mentalités, il faut ajouter le retour à un certain « gallicalisme » dans l'Eglise de France, malgré la grande autorité morale de Pie VII qui avait suscité l'admiration par son attitude évangélique dans ses épreuves.

Le P. Coudrin, Vicaire Général de Troyes de 1820 à 1824, y « commença l'œuvre importante des Missions qui nous a été particulièrement recommandée par le Souverain Pontife ». Après le Chapitre Général de 1824, il va lui-même à Rome présenter les nouvelles Constitutions et dix Mémoires, dont un offrait les services de sa Congrégation naissante pour les Missions lointaines et demandait à « Propaganda Fide » de déterminer un territoire. C'était le 15 juillet 1825

(25) Jn 16,33.

(26) Les Constitutions et Statuts de la « Congrégation des Sacrés-Cœurs de Jésus et de Marie » (SS.CC.) furent confirmés à perpétuité par la Bulle *Cum plumbo* du 17-11-1817. Mais cela ne résolut pas la question de la reconnaissance civile ou ecclésiastique à Paris.

qu'il avait présenté sa demande. Le 29 septembre, Rome proposait la mission des îles Sandwich (Hawaii) qui était acceptée le 6 octobre. La grande aventure des Missions lointaines commençait [27].

Cette ouverture missionnaire va entraîner un grand développement de la Congrégation, malgré son conflit avec l'archevêché de Paris et la gêne sérieuse de son absence de reconnaissance civile par l'Etat au niveau des biens et des œuvres. Le P. Coudrin a toujours préféré l'indépendance évangélique aux compromissions gallicanes, ce qui l'a fait classer comme «ultramontain». La Maison Principale sera pillée à la Révolution de 1830 et en 1831; les écoles et Séminaires seront fermés. Ces ennuis dégageront du personnel qui sera envoyé dans les Missions; en 1832, Mgr Bonamie est envoyé à Babylone et, en 1833, une mission s'ouvre aux Etats-Unis dans le diocèse de Boston. Le 27 mars 1837, jour de sa mort, les derniers mots de Marie-Joseph Coudrin sont: «Valparaíso-Gambier».

Le P. Coudrin avait un caractère trempé par les persécutions, tenace dans les épreuves, serein dans les difficultés, réaliste devant les événements, cordial dans les relations. Sa foi était centrée sur la personne de Jésus présent dans l'Eucharistie, source de l'amour. Ses communautés étaient plus un esprit d'amour fraternel qu'une organisation structurée. Il était un homme d'Eglise, «dévoué de cœur et d'action au Saint-Siège», garant de la liberté de l'évangélisation face aux Pouvoirs politiques et «centre de l'unité catholique, source toujours pure de la doctrine». C'était un cœur vraiment catholique, ouvert à l'universel, face au gallicanisme et aux étroitesses particulières. C'était un réaliste aux convictions solides; ce n'était pas un diplomate, quoique homme de relations publiques.

Anne-Marie Javouhey (1779-1851), fondatrice des Sœurs de Saint-Joseph de Cluny en 1807, Jean-Marie de La Mennais (1780-1860), fondateur des Frères de l'Institution Chrétienne de Ploërmel en 1819 ont vécu dans ce même contexte. L'un et l'autre ont été formés à la rude école de la Révolution qui a trempé leur foi. Tous les deux avaient l'âme missionnaire. Dès 1800, Jean-Marie de La Mennais, jeune homme de Saint-Malo, patrie de grands navigateurs, s'intéressait à la psychologie et aux coutumes des Tahitiens à travers les «Voyages» de Bougainville et des autres marins [28]. En Bretagne, son ministère sacerdotal sera très semblable à celui du P. Coudrin: rebâtir les diocèses, revitaliser les communautés chrétiennes. Son charisme sera celui de l'éducation chrétienne par l'instruction élémentaire de l'enfance et de la jeunesse à l'abandon après la Révolution

(27) Voir l'histoire détaillée au chapitre VIII. En 1817, la Congrégation des SS.CC. comportait 57 Frères et 186 Sœurs.

(28) Fr. H.C. RULON: *1860-1960: un siècle de travail missionnaire à Tahiti; les Frères de Ploërmel en Océanie*, p. 1. Manuscrit de 146 pages.

et l'Empire. Lui aussi connaît bien des épreuves venant des Pouvoirs Publics, des traditions «gallicanes», des habitudes des «recteurs bretons». Les démêlés de plus en plus vifs de son frère très aimé, Félicité (1782-1854), avec l'Eglise, surtout après 1830, lui seront très douloureux. Jean-Marie de La Mennais se consacrera de plus en plus totalement à sa fondation de l'Institut des Frères de Ploërmel qu'il enverra lui-même en 1860, deux mois avant sa mort, à Tahiti.

Anne-Marie Javouhey [29], que Louis-Philippe appelait «le grand homme du Royaume», portait en son cœur l'appel des Missions lointaines depuis 1800. «Cette fille n'a pas froid aux yeux», selon le mot de son père. Elle n'a qu'un désir: «vouloir et faire la sainte volonté de Dieu». Elle est «prête à aller partout où la Providence l'appellera, partout où il y a du danger et de la peine». Dès 1816, l'appel vient par le Gouvernement qui demande des Sœurs pour l'île Bourbon (La Réunion); puis ce sera la Sénégal, la Guyanne avec sa célèbre lutte pour la libération des esclaves à Mana autour de 1830. Une telle action tenace, menée avec d'autres, aboutira à l'abolition de l'esclavage en France le 4 mars 1848 avec Victor Schoelcher. C'est en 1843 qu'elle répond à l'appel d'envoyer des Sœurs aux Marquises. Devant la situation troublée et dangereuse, le Gouverneur les fait débarquer à Tahiti où elles arrivent en 1844 au plein milieu de la «guerre de Tahiti». L'urgence sera le soin des blessés avant l'éducation.

Depuis cette époque déjà lointaine, des pionniers de la Mission Catholique en Polynésie, de nombreux nouveaux ouvriers ont rejoint ceux de la première heure pour la moisson; nouvelles Congrégations: Sœurs Missionnaires de Notre-Dame des Anges, Filles de la Charité du Sacré-Cœur, Sœurs du Bon Pasteur d'Angers, Sœurs Clarisses, Pères Oblats de Marie Immaculée, Frères du Sacré-Cœur. Les apôtres locaux ont surgi très tôt aussi: catéchistes, religieuses de Rouru, Filles de Jésus Sauveur, diacres permanents, responsables et animateurs laïcs des divers mouvements. C'est tout un peuple qui est en marche au nom de l'Evangile de Jésus-Christ.

(29) A. MERLAUD: *Anne-Marie Javouhey, audace et génie.* S.O.S. 1976.
Cardinal GARRONE: *Ce que croyait Anne-Marie Javouhey.* Mame. 1976.
Sœur E. ROUGNANT: *Centenaire des Sœurs de Cluny à Tahiti: 1844-1944.* Papeete 1943.

Mgr Mazé, présidant une liturgie du Concile Vatican II.

N.D. de Paix, Picpus (Paris).

Mgr Mazé à Taravao (1973).

Lépreux de Reao et jeune Abraham (1930).

Procession.

Fête-Dieu : reposoir de la Mission.

Mission en 1947.

Extérieur (St-Michel, 1841).

Chapelle mortuaire du roi Maputeoa.

Intérieur (St-Michel).

Sculptures de nacre des autels de la cathédrale St-Michel (Rikitea).

Tombeau de la nièce du roi Grégorio.

Chapitre 6

ÉVANGÉLISATION PROTESTANTE

Si l'on excepte les passages épisodiques de Mendaña à Vaitahu et Puka-Puka en 1595, de Quirós à Hao en 1606 et l'essai d'implantation missionnaire par les franciscains espagnols à Tautira du 27 novembre 1774 au 12 novembre 1775, essai soldé par un échec par « manque de hardiesse et de persévérance devant une œuvre aussi ardue que l'évangélisation des îles », il faut affirmer que l'enracinement de l'Evangile en Polynésie est l'œuvre des protestants anglais de la « London Missionnary Society » à partir du 5 mars 1797. L'expérience montrera que cette « arrivée de l'Evangile » qui rayonnera dans le Pacifique à partir de Tahiti sera une entreprise rude, décevante, exigeant foi et ténacité, vertus qui animaient Henry Nott très particulièrement. Dans un esprit de justice historique élémentaire, dans un esprit de vraie charité fraternelle entre chrétiens désormais animés d'une volonté œcuménique sincère dont la réalisation en commun du musée « Tenete » est un signe porteur d'espérance, il est normal, dans ce livre consacré au 150e anniversaire de la Mission Catholique, de rendre hommage à l'Eglise Evangélique en connaissant mieux son histoire.

Sans doute « faire la vérité dans la charité » est un idéal difficile à atteindre dans une telle entreprise de comprendre par le dedans l'évangélisation de la Polynésie. L'histoire de ces îles est très complexe et marquée par de multiples « guerres » : guerres militaires et politiques, luttes entre Anglais et Français, luttes interconfessionnelles sévères, « guerre scolaire » vigoureuse, laïcisme anticlérical. « Les ignorer serait tourner le dos à la vérité. Bien des réactions qui ne se justifient plus aujourd'hui avaient autrefois leurs raisons qui appartiennent à l'histoire » [1]. Newbury remarque de façon pertinente : « Quiconque entreprend

(1) Eglise Evangélique : *Centenaire des Ecoles Protestantes à Tahiti : 1866-1966,* p. 28.

de décrire les relations entre l'Europe et le Pacifique à cette époque, en passant au crible tous les documents – anglais et français – accumulés..., doit résoudre les problèmes qu'engendre habituellement toute tentative d'analyse compréhensive de la pensée d'une autre époque. Il faut se projeter dans le mécanisme d'une variété d'esprits qui ont laissé une grande diversité d'œuvres. En second lieu, s'il ne veut pas sacrifier la perspective historique au profit d'un thème, il faut tenir compte des intérêts particuliers de ceux qui, à cette époque, ont écrit et réfléchi sur les mers australes» (2). Profonde remarque, combien vraie pour la Polynésie.

«Petites îles, grands problèmes», a-t-on écrit. Tahiti et la Polynésie en sont l'illustration historique par trop évidente. Eviter l'anachronisme des idées et du langage, purifier la mémoire sans raviver les plaies du passé, se mettre au point de vue de l'autre dans la recherche de la vérité des faits et de l'Evangile du Christ, peut devenir source d'espérance en le faisant dans l'obéissance de la Foi et dans un amour respectueux. Si, involontairement, telle expression employée heurte nos frères protestants, qu'ils veuillent bien accepter les excuses cordiales de quelqu'un qui fut chargé des relations œcuméniques à Nouméa de 1975 à 1978.

L'Evangile seul... et «civilisation chrétienne»

La conjonction de l'immense intérêt pour les «Iles des Mers du Sud» avec le «Réveil spirituel» en Angleterre fut reçu par les «vrais chrétiens» comme une coïncidence divine et un «appel ardent à faire quelque chose pour les pauvres païens». Une double motivation animait le Révérend Haweis qui ne faisait que de brèves incursions dans le lyrisme paradisiaque du «bon sauvage»: libérer les sauvages des turpitudes, annoncer l'Evangile de Dieu.

«Le sauvage nature consomme encore la chair de ses prisonniers, apaise ses dieux par des sacrifices humains; des sociétés entières d'hommes et de femmes vivent dans la promiscuité et massacrent tous les enfants nés parmi eux, tandis que la turpitude, commise à la lumière du jour, proclame que la honte est aussi peu connue que le sentiment de la souffrance...

«Le contact avec les Européens leur a apporté quelques avantages, mais il a fait fondre sur eux une misère et des maladies qui leur avaient été jusqu'alors totalement inconnues... L'ignorance de leur esprit et leur dépravation morale ont fortement imprimé dans notre esprit l'obligation où nous étions de les appeler des ténèbres à la lumière merveilleuse» (3).

---

(2) C.W. Newbury : «Conception européenne du Pacifique au XVIIIe siècle et la Société des Missions de Londres», in *Le Monde non chrétien,* 1922, pp. 305-312.

(3) *Sermons pour les missionnaires, in* C.W. Newbury, *op. cit.,* p. 310.

En 1867, le Pasteur Arbousset écrira: «Telles étaient les horreurs enfantées par l'orgueil, la superstition, l'envie, les passions. Qu'on ose dire, en présence de ces scènes, que l'homme naît bon par nature et qu'il n'a pas besoin du christianisme.»

Tahiti était décrite avec un langage sévère, et les habitants, polynésiens comme européens, sous les sombres couleurs des pires dépravations. Pourtant Haweis constatait qu'on pouvait «emmener aux îles de la Société sa femme et sa famille... et qu'un Tahitien subissait moins de sollicitations qu'un Anglais dans les rues de Londres».

Aussi donne-t-il quelques conseils précis aux premiers missionnaires pour «annoncer l'Evangile selon leurs dons et leurs qualités». «Evitez toute discussion subtile ou point de controverse entre vous et les natifs. Ne vous disputez jamais. Ecartez tous les sujets qui provoqueraient des questions autres que celles concernant la gloire du Seigneur. N'argumentez pas afin de faire étalage de votre propre sagesse. Ne croyez jamais que l'on peut répondre à toutes les objections ou réduire au silence tous les contradicteurs. Afin de convaincre les natifs de leurs péchés, je vous conseille de vous concentrer sur les fautes les plus graves et les plus païennes, tels que les sacrifices humains, les meurtres d'enfants et la prostitution. Evitez de vous en prendre aux coutumes dans les domaines de moindre importance, comme les façons de s'habiller ou les distractions, même si elles vous paraissent indécentes.

En tant que trait d'union entre des enfants de Dieu appartenant à plusieurs sectes, afin de poursuivre notre œuvre de la façon la plus favorable et pour éviter dans la mesure du possible toute dissension, un principe fondamental de la Société des Missions est que notre dessein n'est pas d'envoyer aux païens des Presbytériens, des Indépendants, des Episcopaux ou des prédicateurs en tant que représentants de telle ou telle secte, parmi lesquels il pourrait y avoir de sérieuses différences d'opinion, mais simplement le glorieux Evangile de Dieu» [4].

Ce projet explicite très clairement l'esprit et le style d'évangélisation initial des missionnaires anglais de la L.M.S. Ils se situaient résolument dans le «Revival» comme mouvement spirituel. Ils venaient plus pour annoncer le «pur Evangile» que pour fonder l'Eglise. Chacun était libre de sa confession religieuse personnelle. La L.M.S. était et se voulait une société missionnaire d'évangélistes avant tout, très libre à l'égard des différences confessionnelles et doctrinales selon la vision congrégationaliste. Aussi, chaque paroisse constituera progressivement une Eglise autonome sous la responsabilité de son Pasteur qui pourra avoir une autre conception ecclésiale que son voisin, une autre

(4) *In Mémorial polynésien.* T. I, p. 409.

interprétation de l'Evangile. La structure actuelle de l'Eglise Evangélique de Polynésie Française date de 1963 seulement. Elle est le fruit d'une histoire longue et complexe que nous allons retracer dans ses principales étapes (5).

Mais nous ne pouvons terminer ces pages qui nous font revivre le projet initial des missionnaires de la L.M.S. sans les saluer en les «appelant chacun par son nom» (6). Cette liste montrera, mieux que de longs développements, que la Société Missionnaire de Londres, avec l'annonce de l'Evangile, envisageait une formation globale des Tahitiens par l'initiation aux diverses techniques artisanales et professionnelles jugées indispensables à toute promotion humaine. Sur les trente missionnaires destinés aux îles du Pacifique, il n'y avait que quatre pasteurs pour vingt-six artisans laïcs; six venaient avec leurs femmes et deux avec leurs enfants. La grande majorité était constituée de célibataires. C'était une sorte de village complet qui partait, au nom de l'Evangile, selon ce qui se faisait à cette époque pour peupler et civiliser l'Australie. «La Société entendait faire marcher de front la prédication de l'Evangile et les bienfaits de la civilisation chrétienne», écrit Charles Vernier.

En voici les premiers acteurs:

Rév. J.F. Cover	34 ans et sa femme Mary 37 ans, avec leur fils de 12 ans
Rév. J. Erye	28 ans et sa femme Elisabeth
Rév. John Jefferson	36 ans
Rév. Thomas Lewis	31 ans
Henry Bicknell	29 ans charpentier
D. Bowell	22 ans boutiquier
Benjamin Broomhall	20 ans bourrelier
J. Buchanan	31 ans tailleur
Samuel Clode	35 ans jardinier
John Cock	23 ans charpentier
J. Cooper	28 ans cordonnier
W. Crook	21 ans ferblantier
John Guillham	22 ans chirurgien
J. Harper	26 ans ouvrier en coton
J. Harris	39 ans tonnelier

(5) Pour cela, nous suivrons surtout:
– Ch. Vernier : *Tahitiens d'hier et d'aujourd'hui.* S.M.E., Paris 1948, 287 pages.
– D. Mauer : *Aimer Tahiti.* Nouvelles éditions latines, Paris 1972, 254 pages; *L'Eglise Protestante à Tahiti.* Société des Océanistes, dossier 6, Paris 1970, 31 pages.
– Ph. Rey-Lescure : *Abrégé d'Histoire de Tahiti.* Klima, Papeete 1970, 125 pages.

(6) Th. Arbousset : *Tahiti et les îles adjacentes.* Paris 1867, Grossart, p. 29. *The Night of Toil.* London, Hatchard and Son, 1847, p. 8.

Rowland Hassel	27 ans	tisserand, et sa femme Elisabeth 29 ans, avec leurs deux enfants: Thomas (2 ans) et Samuel (4 mois)
William Henry	23 ans	menuisier et sa femme Sarah 23 ans
Peter Hodges	29 ans	forgeron, et sa femme Mary 25 ans
M. Hudden	23 ans	boucher, et sa femme
Samuel Kelso	48 ans	tisserand
Edward Main	24 ans	tailleur
John Nobbs	24 ans	chapelier
Henry Nott	22 ans	maçon
Francis Oakes	25 ans	cordonnier
James Puckey	25 ans	cordonnier
William Puckey	20 ans	artisan
William Shelly	21 ans	tourneur-ébéniste
William Smith	21 ans	marchand de toile
E. Weeson	44 ans	maçon
E. Wilkinson	27 ans	ébéniste

Cela représentait un ensemble de trente-neuf personnes, jeunes, qui s'embarquèrent à Londres le 10 août 1796. Le «Duff» quitta Portsmouth le 23 septembre.

Les grandes étapes de l'Eglise nationale

La longue histoire de l'Eglise Protestante à Tahiti et en Polynésie se déroule en trois grandes périodes: la période anglaise (1797-1863), la période française (1863-1963), la période polynésienne autonome depuis le 1er septembre 1963. Au point de vue de la présence des pasteurs, les derniers pasteurs anglais n'ont quitté Tahiti qu'en 1886 – le Révérend Green – et les Iles-sous-le-Vent qu'en 1890 – le Révérend Cooper.

Il est utile de situer, dès maintenant, le statut de l'Eglise Protestante en Polynésie par rapport au Droit Public et à sa reconnaissance officielle par les divers Régimes politiques qui se sont succédés depuis le 5 mars 1797 à Tahiti.

Après la victoire des chrétiens à la bataille de «Feipi» le 12 septembre 1815, le mouvement général de conversion qui fit suite au pardon des vaincus offert par Pomaré II et le baptême du Roi le 16 mai 1819, il était nécessaire de bâtir une législation nouvelle. Dans la pratique et selon l'esprit théocratique de l'époque, ce nouveau Code de dix-neuf lois civiles basées sur le Décalogue, promulgué solennellement dans l'immense chapelle royale du Papaoa – Arue – le 13 mai 1819 par Pomaré II, était inspiré par le modèle biblique du royaume de

David-Salomon et la pratique de la monarchie anglaise. Le Protestantisme était la religion officielle unique. Comment pouvait-il en être autrement ? [7].

Cette situation sera explicitement reconnue, moins l'unicité de religion, par le Traité de Protectorat du 9 septembre 1842. En raison de l'importance de ce texte officiel, inaugurant la présence de la France à Tahiti et de son implication dans les affaires religieuses jusqu'à nos jours, le voici intégralement [8].

« Taïti, le 9 septembre 1842.

« Parce que nous ne pouvons continuer à gouverner par nous-mêmes, dans le présent état des choses, de manière à conserver la bonne harmonie avec les gouvernements étrangers, sans nous exposer à perdre nos îles, notre liberté et notre autorité ;

« Nous, les soussignés, la Reine et les Grands Chefs de Taïti, nous écrivons les présentes pour solliciter le Roi des Français de nous prendre sous sa protection, aux conditions suivantes :

1. La Souveraineté de la Reine et son autorité, et l'autorité des Chefs sur leurs peuples seront garanties ;
2. Toutes les lois et règlements seront faits au nom de la Reine Pomaré, et signés par elle ;
3. La possession des terres de la Reine et du peuple leur sera garantie. Ces terres leur resteront. Toutes les disputes relatives au droit de propriété ou des propriétaires des terres seront de la juridiction spéciale des tribunaux du pays ;
4. Chacun sera libre dans l'exercice de son culte ou de sa religion ;
5. Les églises existant actuellement continueront d'être ouvertes et les Missionnaires Anglais continueront leurs fonctions sans être molestés ; il en sera de même pour tout autre culte ; personne ne pourra être molesté ni contrarié pour sa croyance.

« A ces conditions, la Reine Pomaré et ses Grands Chefs demandent la protection du Roi des Français, laissant entre ses mains, ou aux soins du Gouvernement Français, ou à la personne nommée par lui et avec l'approbation de la Reine Pomaré, la direction de toutes les affaires avec les Gouvernements Etrangers, de même que tout ce qui concerne les résidants étrangers, les règlements du port, etc., et de prendre telle autre mesure qu'il pourra juger utile pour la conservation de la bonne harmonie et de la paix.

Pomaré,
Paraita, régent ; Utami, Hitoti ; Tati.
Aritaimai, envoyé de la reine Pomaré.

(7) D. Mauer : *Aimer Tahiti*, p. 97.
(8) L. Jore : *L'Océan Pacifique*. T. II, pp. 280-281, 298-299.

Ce même 9 septembre 1842, le Contre-Amiral Abel Dupetit-Thouars «accepte au nom du Roi et de la France, sauf ratification».

Les lois du 18 mars 1851, réglementant et limitant les déplacements des pasteurs anglais, et du 22 mars 1852 sur l'indépendance des églises tahitiennes et l'élection des pasteurs par les notables, ne toucheront pas à cette reconnaissance officielle des Eglises protestantes par la France; c'est leur gestion par les pasteurs anglais qui en sera rendue plus difficile, comme conséquence de la «guerre de Tahiti» et de l'attitude de Georges Pritchard (voir chapitre III).

Une ordonnance royale de Pomaré V en date du 3 février 1880, a précisé l'organisation des Eglises protestantes de Tahiti et de Moorea. Le Roi en «remettant complètement et pour toujours ses Etats entre les mains de la France» le 29 juin 1880, demandait «à ce grand pays de continuer à gouverner notre peuple en tenant compte des lois et coutumes taïtiennes» [9]. Suite à cette donation, ratifiée par la Loi du 30 décembre 1880, la Société des Missions Evangéliques de Paris écrivit une lettre importante au Ministre des Colonies; celui-ci y apporta une grande attention si on en juge par le soulignement et les mentions «Bien» en marge [10].

«Au moment où Tahiti et Mooréa viennent de révêtir, par leur annexion à la France, la forme définitive de leur existence, le Comité de la S.M.E. de Paris prend la liberté d'appeler votre bienveillante attention sur la situation et les besoins des Eglises indigènes de ces îles...

Lorsque, en 1863 et en réponse à l'appel du gouvernement français par l'Assemblée législative tahitienne, notre Comité se décida à envoyer des pasteurs français à Tahiti, il eut conscience de ne pas obéir seulement à un devoir de fidélité religieuse; il crut aussi faire œuvre patriotique et ses envoyés partirent avec la mission de prouver à la population tahitienne qu'on peut concilier la fidélité à la foi protestante avec l'amour ardent de la France.

De son côté, le Gouvernement a tenu à montrer aux Tahitiens que la France entend pratiquer l'égalité de tous les cultes, non seulement en Métropole, mais encore dans les colonies; le Ministère de la Marine et des Colonies a pris l'initiative de mesures réparatrices par lesquelles l'Eglise tahitienne a enfin reçu une constitution régulière qui consacre officiellement sa position...»

Le décret du 23 janvier 1884, instituant le Conseil Supérieur des Eglises et organisant les paroisses et les arrondissements avec leurs conseils propres, donna son Statut actuel et sa direction générale à l'Eglise Protestante de Tahiti. Il fut précisé et modifié par le décret du 5 juillet 1927. C'est toujours ce cadre juri-

---

(9) F.O.M. Océanie C 132, H 26. Le carton 132 est consacré à l'Eglise protestante à Tahiti.

(10) F.O.M. Océanie C 132, H 30, lettre du 28 février 1881.

Il convient de souligner que, pour les missionnaires protestants, l'évolution progressive de la paroisse vers une Eglise autonome est l'effet direct de ces deux lois de 1851 et 1852.

dique officiel qui régit l'Eglise Protestante, dont l'autonomie ecclésiastique fut proclamée en présence du Pasteur Marc Boegner le 1er septembre 1963 à Papeete. L'Eglise Evangélique de Polynésie Française était née en cette année du Centenaire de l'arrivée des premiers pasteurs français ; elle fait partie du Conseil Œcuménique des Eglises qui a son centre à Genève.

Ce bref parcours permet de comprendre ce qu'écrit le pasteur Charles Vernier : « Les Viénot, Vernier, Brun, Moreau ont réussi... à donner un statut aux Eglises de Tahiti et de Mooréa, statut étendu à toutes les églises de la Polynésie Française. Certes nous aurions préféré la Séparation des Eglises et de l'Etat purement et simplement. Le Gouvernement ne payant plus de traitement aux pasteurs, les églises avaient droit à cette indépendance absolue – l'Eglise Catholique et les sectes sont indépendantes de l'Etat et l'ont toujours été. Elles ne représentent pas en effet l'Eglise nationale des Tahitiens –. Mais, puisque le Conseil d'Etat a voulu maintenir le statut officiel de nos Eglises, tout en conservant un droit de regard sur nos délibérations, nous aurions tort aussi de ne pas reconnaître, dans cette position officielle de nos Eglises, un avantage appréciable. Ce statut constitue pour elles une protection et une sauvegarde » [11].

Cette situation d'« Eglise Etablie » officielle du Protestantisme Evangélique comme « religion du peuple » tahitien est une position originale en Polynésie française ; c'est un héritage anglais mâtiné de centralisation française. Elle est sans doute unique, au point de vue juridique, dans l'ensemble français, régi par la loi de Séparation des Eglises et de l'Etat depuis le 9 décembre 1905 [12].

Evangélisation anglaise

La période anglaise du Protestantisme peut s'analyser selon trois principales étapes : 1797 à 1815 : débuts difficiles, 1815 à 1836 : épanouissement, 1836 à 1863 : rencontre avec la France.

1797-1815. Après une traversée de 207 jours, le dimanche 5 mars 1797 le « Duff » jeta l'ancre dans la baie de Matavai. Après les danses de bienvenue des Arioi à bord, l'étrange bateau missionnaire, au lieu du troc et des orgies habituelles, rassemble ses passagers pour un culte animé par le Révérend Cover sur le thème : Dieu est amour. Selon le conseil tenu à bord le 27 février,

(11) Ch. VERNIER : *Tahitiens d'hier et d'aujourd'hui,* pp. 194-195.

(12) Mgr HERMEL au T.R.P. : lettre du 18-8-1910 : « les Protestants ne vivent pas la Séparation ». Ar. SS.CC., 58,3.

S.M.E.P. au Ministre : rapport de 1925 ; Ar. D.E.F.A.P. Océanie.

Gouverneur ORSELLI au Commissaire aux Colonies : « Missions religieuses en Océanie », rapport du 30-11-1943. F.O.M., Océanie C 135.

18 missionnaires, dont les quatre pasteurs, étaient destinés à Tahiti, 10 à Tonga et 2 aux Marquises. C'est le 7 mars qu'ils débarquèrent, bien accueillis par les trois générations de Pomaré : le vieil Hapai, le régent Pomaré Ier et le roi en titre Pomaré II. Une case fut offerte aux missionnaires avec la permission de résider à Matavai. Le 26 mars, le « Duff » partit pour Tonga où il arriva le 10 avril et les Marquises où il débarqua le 6 juin W. Crook seul, J. Harris ayant pris peur. Le 6 juillet, le navire de la L.M.S. était de retour à Matavai d'où il repartit le 4 août 1797 pour Londres après avoir débarqué le matériel, les outils et les provisions nécessaires pour les artisans et leurs familles. Les 18 missionnaires se trouvaient seuls devant un avenir imprévisible.

Comme les franciscains espagnols à Tautira en 1775, les protestants anglais allaient découvrir très vite l'abîme séparant leur rêve évangélique et le comportement brutal des Tahitiens, déjà marqués par l'image de déserteurs européens et des baleiniers. Pomaré Ier s'intéressait surtout à la poudre et aux armes ; la population convoîtait les outils en fer et tracassait les missionnaires ; Pomaré II était réservé et ne sévissait pas contre les voleurs. Devant ces difficultés de tous ordres, Th. Arbousset écrit [13] : « Qu'on ne jette pas la pierre aux premiers missionnaires qui étaient comme "agneaux au milieu des loups". Il y eût des tâtonnements, des mécomptes. On regrette qu'ils ne fussent pas arrivés dans le pays armés seulement de la foi, de leur Bible et de l'esprit de prière. Les fusils apportés par eux les protégèrent du mal et ils n'en firent pas usage... Forcés d'avoir des outils, des effets, des provisions, il leur fallait bien monter la garde jour et nuit... ; le sauvage était habile et le défaut d'adresse à dérober sans être vu passait pour plus grave que le vol. » Aussi Jefferson écrivit à Londres le 13 août 1797 : « Plus j'observe les mœurs, le caractère et la conduite de ce peuple, plus je suis convaincu que notre succès ne sera pas rapide... si nous devons réussir un jour, ce ne sera que par des voies ordinaires. »

En plus des guerres incessantes, des sacrifices humains, des innombrables infanticides des Ariois (voir chapitre III), de la dépravation et des maladies des Européens (voir chapitre IV), divers incidents vinrent encore compliquer une situation bien plus difficile que prévue. Le Révérend Lewis, passant outre au refus de ses collègues, épousa une indigène et abandonna la mission, avant de périr assassiné en 1799. Le 6 mars de cette même année, les missionnaires demandent et obtiennent du capitaine Bishop du « Nautilus » de ne pas faire le commerce de la poudre et des armes ; les indigènes attaquent les missionnaires. Devant le danger immédiat, onze missionnaires découragés s'embarquent le 30 mars sur le navire pour se réfugier à Sydney. Des sept restant, deux vont conditionner l'avenir de la mission anglaise : le Révérend Jefferson qui mourra en 1807 et surtout le maçon Henry Nott, à la foi tenace et au désir de connais-

(13) Th. Arbousset : *Tahiti et les îles adjacentes.* Paris 1867, p. 37.

sance insatiable. Il déchiffrera et fixera la langue tahitienne avant de traduire la Bible, travail qu'il achèvera en 1835. Non seulement l'Eglise Protestante mais toute la Polynésie lui doivent une profonde reconnaissance.

En 1800, si B. Broomhall, après avoir épousé une indigène, quitta la mission et Tahiti, le noyau restant commença à bâtir la première chapelle à Matavai le 5 mai de cette année-là. Pomaré Ier y fit l'offrande d'un thon au « Dieu Jehova ». Aux îles Tonga, le massacre de trois des quatre envoyés fit abandonner cette mission. En 1801, le « Royal Admiral » envoyé par la L.M.S. – le « Duff » avait été capturé par des corsaires français en 1799 – apporta du renfort avec huit nouveaux missionnaires [(14)] et du réconfort avec les secondes lettres des Directeurs de Londres depuis quatre ans. Cela permit à Nott et Elder de faire un tour missionnaire de Tahiti pour la première fois, du 26 février au 5 avril 1802, malgré le climat de guerre provoqué par l'enlèvement de la statue d'Oro par Pomaré II.

Cette dure guerre, menée par Rua, perturba d'autant plus l'action des missionnaires que Hapai, le fondateur de la dynastie des Pomaré, mourut en novembre 1802, suivi de son fils, le régent Pomaré Ier, le 3 septembre 1803. La mission anglaise perdait avec lui son protecteur. Pomaré II n'avait pas la même sympathie pour eux ; de plus, il était livré à lui-même sans formation, adonné à l'alcool, d'un caractère instable, violent et porté à la guerre. Nous avons déjà parlé précédemment de cette période troublée de l'histoire de Tahiti (chapitre III). Après la bataille du 22 décembre 1808 qui vit la défaite de Pomaré II, la mission protestante de Matavai fut dévastée de fond en comble. Les quatre derniers missionnaires : Nott, Hayward, Scott et Wilson (tous célibataires) quittèrent Tahiti ; Scott et Wilson ne tardèrent pas à rejoindre Sydney. Hayward s'installa à Huahine et Nott partagea le sort de Pomaré II qui s'était réfugié à Eimeo (Moorea). Cet exil et la fidélité d'Henry Nott firent réfléchir le Roi qui perdit peu à peu confiance en ses dieux. En même temps, Nott lui apprit à lire et à écrire en tahitien. Ainsi, après onze ans de travail missionnaire, tout semblait désespéré ; il n'y avait aucune conversion, aucun baptême.

A partir de 1811, les signes d'espérance se multiplieront. D'abord Pomaré II demanda le retour de missionnaires partis en Australie. Puis il prit de plus en plus de distance avec les usages païens : l'affaire de la tortue, animal sacré, qu'il mangea sans les cérémonies aux dieux ; la naissance de sa fille Aimata en 1813 – issue de son remariage avec la fille du roi de Raiatea en 1812 – célébrée sans se soumettre aux coutumes traditionnelles ; l'ouverture d'une école. Oro ne réagissait pas ; les missionnaires acquéraient du respect et les réunions de prière se multiplaient. Le décès d'Itia, femme de Pomaré Ier qui était opposée aux mis-

---

(14) Ce sont : MM. Davies, Hayward, Scott, Tessier, Walten, Wilson, Youb.

sionnaires, facilita le mouvement de conversion ; le prêtre d'Eimeo, Patii, brûla les idoles polynésiennes en 1815, le roi de Huahine et le grand-prêtre de cette île se convertirent.

Le 13 juillet 1813, furent inaugurés à Papetoai le premier temple et la première école biblique de Moorea ; trois cent personnes les fréquentaient. Les « pure-Atua » (prieurs de Dieu) se multipliaient, même sur l'île de Tahiti. Aussi l'affrontement entre les chrétiens et les indigènes restés païens devenait inévitable, d'autant que Pomaré II ne faisait pas l'unanimité des chefs. Quelques chrétiens furent tués ou attaqués pour être offerts sur les marae. Un chrétien jeta au feu le maro ura royal fait de plumes sacrées. Tous ces incidents aboutirent à la bataille de Narii (ou des Fei Pi) le dimanche 12 novembre 1815. Les païens, décidés à en finir avec les chrétiens, les attaquèrent alors qu'ils étaient réunis au temple de Narii à Punaauia. Après un combat incertain, les chrétiens l'emportèrent et Pomaré II accorda le pardon à ses ennemis. Ce geste inouï de clémence eut raison des païens qui demandèrent à se convertir. Le roi ordonna de détruire les marae, de brûler les idoles. Les sacrifices humains et les infanticides furent abolis. Le christianisme triomphait.

1815-1836. Une période d'épanouissement rapide s'ouvrait. Dès 1817, arrivèrent à Tahiti huit nouveaux missionnaires, envoyés de Londres l'année précédente ; parmi eux, en plus de Barff et Orsmond, il faut citer John Williams – l'apôtre des Mers du Sud qui ne resta que quelques mois à Tahiti-Moorea avant d'évangéliser Raiatea, Huahine, les îles Cook, Samoa et le Vanuatu où il périt assassiné le 20 novembre 1839 – et William Ellis qui apportait une presse sur laquelle il imprima 2.600 syllabaires, un catéchisme, l'Evangile de Luc en tahitien, le Code des lois et bien d'autres textes ; son imprimerie était installée à Afareaitu dans l'île de Moorea. C'est le roi Pomaré II qui composa et tira en personne les premières épreuves du livre de lecture en tahitien le 30 juin 1817. Un immense appétit de savoir et de lecture se fit jour à Tahiti et Moorea. Les écoles se multiplièrent autour des temples ; tout s'y faisait en tahitien.

Il est utile de situer quelques dates importantes de cette période de rapides progrès. Le 13 mai 1818 à Papetoai, la Société des Missions Evangéliques de Tahiti est fondée pour l'évangélisation des autres îles de l'Océanie. A partir de ce moment les missionnaires commencèrent à se disperser.

Du 10 au 15 mai 1819, se déroula la grande semaine du christianisme tahitien. Le 11 eût lieu l'inauguration de la gigantesque « chapelle royale » de Papaoa (Arue) en présence de 6.000 personnes [15]. Le 13, le roi y promulgua les

(15) Ce « Temple de Salomon » mesurait 234 m de long, 18 m de large ; la toiture était soutenue par 36 piliers centraux, 280 piliers latéraux ; il avait 133 fenêtres, 29 portes, et 3 chaires carrées distantes de 85 m les unes des autres.

19 lois civiles fondées sur le Décalogue et le dimanche 15, Pomaré II fut solennellement baptisé. C'est en juillet 1819 qu'est fondée « l'Eglise chrétienne de Papetoai » avec les membres communiants qui participent pour la première fois à la Sainte Cène ; en janvier 1821, cette église institue les six premiers diacres, dont l'ancien prêtre Patii.

Pomaré II meurt de ses excès d'alcool le 7 décembre 1821. Son fils unique, Pomaré III, n'a qu'un an. Il sera élevé à Afareaitu dans une école missionnaire fondée en 1824 sous le titre impressionnant d'« Académie des Mers du Sud ». Le jeune roi meurt en janvier 1827 ; il est remplacé par sa sœur, Aimata, qui devient Pomaré IV (1827-1877). La jeune reine, non préparée à ce rôle, n'a que 14 ans. Elle songe plus aux amusements et aux fêtes qu'à la foi chrétienne.

Le paganisme fait sa réapparition, d'autant que les conversions en masse n'avaient changé ni le comportement ni le cœur des Tahitiens. Danses, tatouages, orgies reprirent avec force. La secte des Mamaia fit un syncrétisme de la foi chrétienne et des mœurs païennes. Elle sévit, protégée par la reine, jusqu'à son bannissement en 1832.

Pendant ce temps, l'infatigable Henry Nott achevait de traduire la Bible en tahitien. Ce grand œuvre fut terminé le 18 décembre 1835. Il la fit imprimer à Londres en 1836 ; il revint avec l'édition complète en 1838 à Tahiti où il mourut le 2 mai 1844 au terme d'une vie missionnaire exemplaire.

Quels sont les résultats de cette évangélisation anglaise de la L.M.S. ? Il est difficile de les apprécier par rapport à elle-même, tant les missionnaires anglais étaient typés, tant les passions politiques et religieuses du XIXe siècle commençant étaient fortes et les préjugés indéracinables, tant la situation intérieure et démographique de Tahiti et des îles voisines était catastrophique (voir chapitres III et IV). En 1823, Dumont d'Urville et Duperrey notaient que « les missionnaires ont totalement changé les mœurs et les coutumes des habitants... Les guerres sanglantes que ces peuples se livraient et les sacrifices humains n'ont plus lieu depuis 1816. La société infâme des arioï n'existe plus. Tous les naturels savent lire et écrire... » [16].

Laissons le pasteur Th. Arbousset détailler les résultats, tels qu'il les a constatés en 1863 en venant pour prendre la relève des missionnaires anglais de la L.M.S. [17]. « En 1818, les résultats de l'œuvre des missionnaires sont :

1) le renversement total de l'idolâtrie et l'abandon des rites cruels ;
2) l'abolition de l'infanticide et de la société des ariois ;

(16) Ch. VERNIER, *op. cit.*, pp. 157-160. – Ph. REY-LESCURE, *op. cit.*, p. 58.
(17) Th. ARBOUSSET : *Tahiti et les îles adjacentes*, p. 128.

3) la disparition du massacre des prisonniers et la cessation de la guerre;
4) la suppression des amusements vains et démoralisants;
5) les relations familiales plus affectueuses et douces;
6) la réformation totale des sentiments moraux et des habitudes;
7) la profession générale et sincère de la foi chrétienne;
8) la construction de nombreux temples et écoles publiques;
9) l'observation générale du dimanche et la fréquentation du culte;
10) la prière en famille, en privé et en groupe.»

Peut-être est-ce un peu optimiste sur les points 4, 5, 6 et 7 si l'on en croit l'étude du Président Samuel Raapoto sur «la Famille chrétienne» [18]. «Le comportement chrétien, la famille et le mariage, la culture et «la manière des Blancs» ont donné lieu plus à une imitation qu'à une assimilation bien comprise... La méthode première, celle qui imposait l'acceptation, avait du bon; elle a perdu aujourd'hui de son efficacité.. La puissance de l'Evangile pour le salut n'a pas encore pénétré assez loin dans les cœurs et les consciences pour que se lèvent du sein du peuple, des hérauts de la Vérité, des prophètes ou des saints!» En effet n'oublions pas le succès et l'impact de la secte des Mamaia, dissoute en 1832; Pritchard lui-même reconnaissait devant Lord Aberdeen en mars 1841 «que la proportion des convertis s'élevait au tiers de la population et que les chrétiens demeuraient attachés à leur nouvelle foi» [19].

Mais ce qui est certain c'est que «les missionnaires français trouveront une Eglise bien en place, formée en dehors d'eux, ayant connu un temps d'autonomie de fait. Ils ne seront plus jamais les maîtres de cette Eglise et ils n'exerceront d'autorité réelle que là où ils seront novateurs: dans les écoles où s'affirme la forte personnalité de Charles Viénot. Mais pendant un siècle, ils accepteront le cadre anglais où les fissures sont rares: les cultes garnis de chants, le «tuaroi» (joutes bibliques animés «d'himene tarava»), la structure sociologique en «pupu» (groupes), la hiérarchie des diacres et des «mero ekalesia» (membres d'Eglise), l'unique collecte annuelle de Mai («Aufauraa Me»)... Les véritables ethnologues de Tahiti ont nom Ellis, Orsmond, Davies, auxquels il conviendrait de joindre, même s'ils n'ont point laissé d'ouvrages, Jefferson et les deux hommes sur lesquels se cristallisent les souvenirs du protestantisme tahitien: Henry Nott, le traducteur de la Bible, et John Williams, l'apôtre des Mers du Sud» [20].

1836-1863. L'arrivée des missionnaires catholiques aux Sandwich (Hawaii) le 7 juillet 1827, aux Gambier le 7 août 1834, leur essai d'implantation à Tahiti à la demande de quelques Chefs et leur expulsion vigoureuse par Prichard le 12 décembre 1836, amènent un élément nouveau ressenti comme perturbateur

(18) S. Raapoto: «La Famille chrétienne» (avril 1961), *in Ve'a-Notre Lien,* 1975.
(19) L. Jore: *L'Océan Pacifique.* T. II, p. 251.
(20) D. Mauer: *Aimer Tahiti,* pp. 95-98.

et provoquant par les missionnaires de la L.M.S. «On peut admettre que les missionnaires catholiques songeaient, dès leur arrivée en Océanie, à déclarer la guerre aux missionnaires méthodistes et à renverser leur culte. Si c'est justifié d'un point de vue strictement religieux, du point de vue des convenances sociales et du droit, on doit couvrir cela d'un blâme complet. Dispositions d'intolérance qui ne sont plus de notre époque... ; le champ dévolu aux missionnaires était immense» (21).

Un élément géopolitique nouveau (voir chapitre III) intervenait à cette époque : le désir de la France d'être présente dans le Pacifique et la volonté de la Marine d'y avoir des bases et de faire pièce aux Anglais, surtout présents, hors de l'Australie, par les missionnaires. L'intolérance rigide de Bingham aux Sandwich et de Pritchard à Tahiti où il était arrivé en 1824, la multiplicité des fonctions de ce dernier et son influence absolue sur Pomaré IV, sont à la source de l'escalade des interventions françaises à partir de 1837 et qui aboutirent au Protectorat du 9 septembre 1842. Le refus de celui-ci par Pritchard en 1843 sera la cause de la «guerre de Tahiti» qui se terminera le 1er janvier 1847. Le Révérend Mac-Kean y sera tué accidentellement à la place de Bruat qui était visé. Ces événements ont été décrits plus haut. D. Mauer écrit : «Il semble incompréhensible que pour prendre la relève d'hommes du calibre de Nott, de Scott ou d'Hayward et alors qu'il faudrait à Tahiti un autre John Williams, il ne se trouve qu'un Pritchard !» (22). Cette période d'épreuves pour la mission anglaise ne se terminera qu'avec l'arrivée des pasteurs protestants français de la Société des Missions Evangéliques de Paris en 1863.

Si la présence française en Polynésie est le fruit conjoint de la raideur orgueilleuse de Pritchard et de l'activité manœuvrière de Moerenhout, le maintien de l'Eglise Protestante dans ce contexte difficile est dû à la foi profonde et au loyalisme du Révérend Orsmond qui mourra à Tahiti en 1856. Nous avons déjà parlé de son rôle pacificateur. Son attitude uniquement missionnaire au service du peuple tahitien ne fut pas comprise de ses confrères qui quittèrent la mission de Tahiti après avoir tenu Conseil à Papeete le 2 juillet 1844 ; Orsmond fut rejeté par la L.M.S. (23). Il n'avait plus, à Tahiti et Moorea, que deux confrères : Simpson qui partira en 1852 ; en 1847, ils seront rejoints par William Howe.

Les lois de 1851 et 1852, prises par le Gouverneur pour limiter l'influence politique anglaise des pasteurs, fut ressentie douloureusement par W. Howe qui y voyait la main des missionnaires catholiques. Il répliqua en 1853 par son célè-

---

(21) Th. ARBOUSSET, *op. cit.*, p. 158, citant Vincendon-Dumoulin, t. II, p. 801.

(22) D. MAUER : *L'Eglise protestante à Tahiti*, Océanistes, dossier 6, p. 11. Voir aussi : L. JORE, *op. cit.* T. II, pp. 197 à 353.

(23) L. MAISSIN au Ministre de la Marine (22-5-1846). F.O.M., Océanie, C 4 A 39. Tout le carton 4 est consacré à cette période troublée.

bre et virulent «Tatararaa» (catéchisme), diffusé en abondance. Son caractère pamphlétaire le fit condamner et retirer de la circulation le 19 juillet 1856. Howe rédigea et imprima beaucoup. Il revisa la Bible tahitienne en 1858. Avec énergie et seul depuis le décès du Révérend Orsmond en 1856, il assura le soutien du protestantisme; mais surtout il orienta les esprits des pasteurs et des diacres tahitiens vers le protestantisme français pour prendre la relève nécessaire afin de revitaliser les églises peu ardentes [24]. Il reprenait ainsi, sans le savoir, une idée des Gouverneurs Lavaud et Bruat [25]. Avec le soutien actif de la reine Pomaré IV, la compréhension du Gouverneur du Bouzet en 1857, l'aide vigoureuse du «lieutenant de vaisseau Caillet qui décida Mr. de la Richerie à nous appeler» [26], le Révérend Howe réussit à ce que l'Assemblée législative adresse une demande d'envoi de «deux missionnaires protestants français» le 15 mai 1860.

Sollicitée officiellement par le Gouvernement de Napoléon III, la Société des Missions Evangéliques de Paris acceptait, en 1862, de prendre en main la charge de l'Eglise protestante tahitienne. William Howe accueillit personnellement le Pasteur Arbousset, parti de France en novembre 1862 et arrivé en mars 1863 à Papeete. Avant de quitter Tahiti en 1864, il avait estimé, en accord avec la L.M.S., qu'une transition serait nécessaire comme trait d'union entre les deux Sociétés missionnaires et pour assurer la liquidation des biens. Aussi le Révérend Morris succéda à Howe à Béthel (Papeete). En 1868, le Révérend Green prit la suite jusqu'à la mise en ordre totale des intérêts de la London Missionnary Society en 1886. Avec le départ de Green cette année-là et celui de Cooper de Raiatea en 1890, s'achevait définitivement la Mission de la Société des Missions de Londres dans les Etablissements français d'Océanie [27].

Evangélisation française (1863-1963)

Avec le pasteur Thomas Arbousset, la Société des Missions Evangéliques de Paris avait envoyé un missionnaire expérimenté; il avait fondé au Lesotho (Afrique du Sud). Sa mission temporaire qui dura trois ans était aussi ample que compliquée: faire une enquête générale sur l'état et les besoins des églises protestantes, prendre le relai de la L.M.S., se concerter avec la Reine et le Protectorat, présenter des propositions de réorganisation et des projets d'avenir. Si les directives officielles du Gouvernement de Paris étaient favorables au catholi-

(24) Ch. Viénot: lettres du 3-10-1874 à S.M.E.P.-D.E.F.A.P., Océanie.
(25) Direction des Colonies au Ministre: août 1850, F.O.M., Océanie C 43 H 9.
(26) Ch. Viénot: lettre du 10-6-1878 à S.M.E.P.-D.E.F.A.P., Océanie.
(27) Ch. Vernier, *op. cit.*, pp. 180-183.

cisme [28], la pratique des Gouverneurs à Papeete était beaucoup plus souple ; le tempérament personnel de chacun et les circonstances jouaient un grand rôle dans ce microcosme bien isolé. L'heureux choix des pasteurs français expérimentés, bien formés et hommes de relations publiques, facilita grandement la reprise de l'Eglise protestante [29]. Th. Arbousset visita les archipels de la Société, des Tuamotu et des Australes. S'il constata avec plaisir que « la Bible seule fait autorité, qu'elle est lue assidûment, que les prêtres catholiques utilisent la Bible tahitienne », il regretta « la mauvaise conduite, les divertissements profanes, les jeux de cartes qui ont tout envahi, les danses fréquentes et parfois très obscènes ». Le dégénérescence du pastorat indigène était affligeante [30]. Aussi, dans un rapport commun envoyé à la Société des Missions Evangéliques de Paris le 25-4-1872, les pasteurs Vernier, Brun et Viénot parlent-ils avec tristesse du « naufrage du protestantisme et de la L.M.S. qui ne peut revenir ».

On comprend la difficulté de la tâche de réadaptation de la Mission, les tâtonnements inévitables, les heurts involontaires des méthodes nouvelles qui choquaient les fidèles habitués au style pastoral anglais, les susceptibilités extrêmes des pasteurs face à l'Administration et à l'Eglise Catholique, considérées l'une et l'autre comme adversaires et conquérantes.

Trois priorités se dégagèrent très rapidement et furent mises à l'étude aussitôt par Arbousset : la réorganisation de l'Eglise, les écoles, la formation des pasteurs.

En plus de ce qui a été vu au début de ce chapitre sur l'organisation de l'Eglise protestante, il faut signaler la création de la « Conférence missionnaire » en octobre 1871 qui réunissait les pasteurs Vernier, Brun et Viénot ainsi que le Révérend Green. Cela amena la création du « Synode des Eglises tahitiennes » le 31 octobre 1873. De nombreuses et difficiles discussions avec l'Administration française qui voulait garder le bénéfice des lois restrictives de 1851 et 1852, aboutirent finalement à la création du « Conseil Supérieur des Eglises tahitiennes » le 23 janvier 1884 [31]. Le Synode décidera en 1905 et pour s'adapter à la loi de Séparation des Eglises et de l'Etat, de se constituer en « Association Cultuelle », bien que la Séparation ne s'appliquât pas aux Eglises Protestantes tahitiennes. Le décret du Conseil d'Etat de 1927, suite au travail du Pasteur Allégret, étendit à toutes les églises tahitiennes des Etablissements Français d'Océanie le statut de 1884, tout en supprimant le traitement officiel des pasteurs.

---

(28) F.O.M. Océanie : Ministre au Gouverneur (22-8-1861), C 14. A 76 – Ministre au Gouverneur (1-12-1853 et 4-6-1864), C 106. H 10.

(29) Mgr VERDIER admirait « la qualité des Ministres protestants » : lettre du 7-3-1899 au T.R.P., Ar. SS.CC. 58,3 ; le Père G. EICH les trouvait « instruits et polis » : lettre du 11-7-1895 au T.R.P., Ar. SS.CC. 60,2.

(30) ATGER à S.M.E.P. (21-4-1871) – Ch. VERNIER à S.M.E.P. (30-5-1871) – Ch. VIÉNOT à S.M.E.P. (3-10-1874) – BRUN à S.M.E.P. (septembre 1880) . Ar. D.E.F.A.P. Océanie.

(31) Ch. VERNIER : *Tahitiens d'hier et d'aujourd'hui*, pp. 186-191 – Ar. D.E.F.A.P. : VERNIER, BRUN, VIÉNOT à S.M.E.P. (20-10-1871) – BRUN (1-9-1873) – VIÉNOT (4 et 5-1-1874) – POMARÉ et GOUVERNEUR (31-10-1873) – VERNIER, VIÉNOT (21-11-1873).

Dès 1864, le pasteur Arbousset fit venir son gendre, le pasteur Atger pour remettre en route des écoles à Papeete et à Papaoa. Mais la reprise vigoureuse de ce secteur de l'éducation fut surtout l'œuvre du pasteur Charles Viénot de 1866 à son décès en 1903. Il constata que «les protestants étaient défavorisés dans les écoles» face aux catholiques qui bénéficiaient des «écoles de la Mission» tenues par les pères de Picpus et des «écoles officielles du Gouvernement» tenus par les frères de Ploërmel et les sœurs de Cluny (32). Il est bien décidé à «se battre» en «s'appuyant sur les francs-maçons à qui il est sympathique et en préparant la laïcisation des écoles» (33). Il lance une «Ecole Normale pour entraver les catholiques» qui tiennent l'ensemble des écoles (34). En 1876, Charles Viénot est nommé au Comité de l'Instruction Publique; le Gouverneur Chessé lui fait confiance en 1880 en le confirmant à l'Instruction Publique. Les discussions sont vives sur ce sujet d'Ecoles publiques laïques excluant les cultes. L'amiral Cloué, Ministre de la Marine, s'engage par lettre du 8 avril 1881 à la S.M.E.P. à ce que «les instituteurs laïques soient des protestants»; ce qui sera le cas après la laïcisation des écoles publiques de Papeete en 1882. Cette situation suscitera deux types de réactions opposées: des pasteurs s'étonneront qu'il «n'y ait pas de prière dans les écoles laïques» et le Conseil Général s'étonnera que la laïcisation ait simplement consisté à faire passer les écoles de la religion catholique à la religion protestante (35).

Si désormais les relations sont cordiales entre les collèges Viénot et Pomaré IV et l'Enseignement Catholique de Papeete, il faut bien comprendre «avec quelle inquiétude les protestants voyaient, en 1860, disparaître leurs écoles tahitiennes fondées par la Mission de Londres, tandis que l'enseignement officiel français était confié aux «Congréganistes» catholiques... Les Protestants luttaient pour avoir le droit... d'offrir aux enfants des protestants, sans danger pour leur foi, les moyens d'éducation française, offerts aux enfants catholiques... La vague de laïcisme qui déferla en Métropole avec la Troisième République, ne menaçait nullement le Protestantisme... Au contraire, la laïcité apparut à une grande fraction du Protestantisme comme un garant de la liberté de conscience à une époque où la séparation de l'Eglise et de l'Etat n'était pas encore consommée. La mission protestante de Tahiti n'avait aucune raison de redouter l'Ecole laïque... L'Ecole protestante n'avait ni les moyens ni la prétention d'assurer la scolarisation de la masse des enfants protestants; le développement d'une école fidèle au principe de neutralité apparaissait comme une solution de justice et de paix... Que Ch. Viénot et ses collaborateurs aient souhaité et aidé la venue d'enseignants

---

(32) Ch. VIÉNOT à S.M.E.P. (13-6-1866) – Ar. D.E.F.A.P., Océanie.

(33) Ch. VIENOT à S.M.E.P. (4-9-1866; 5-2-1877; 13-11-1880) – F. VERNIER (31-1-1881).

(34) Ch. VIÉNOT à S.M.E.P. (4-1-1874).

(35) F. VERNIER à S.M.E.P. (12-9-1883). Ar. D.E.F.A.P., Océanie – P.G. EICH au T.R.P. (15-12-1900). Ar. SS.CC. 60,2.

laïques chrétiens, protestants même, dans les régions protestantes, quoi de plus normal ?» [36].

La formation de pasteurs qualifiés ne fut pas une tâche plus aisée que celle des écoles protestantes. Elle conditionnait la vitalité et l'avenir même de l'Eglise. Le 13 mai 1819, la «Société des Missions Evangéliques de Tahiti» avait été fondée à Papetoai (Moorea) pour former les missionnaires. En 1857, J. Barff fonde une Ecole Pastorale à Vaitoare (Tahaa); en 1888, une Ecole Pastorale est fondée à Moorea. Pour finir, l'Ecole Pastorale est transférée sur l'île de Tahiti, à Mataiea en 1900 puis à Papeete en 1908 sur la colline escarpée de Moria avant de descendre sur la colline d'Hermon en 1924. De 1870 à 1924, cette Ecole pastorale n'aura que deux directeurs: les pasteurs Brun et de Pomaret. «Jusqu'en 1950, les futurs pasteurs restent trois ans à l'école pastorale; tout l'enseignement est donné alors en tahitien. Ne sont acceptés que des élèves mariés. La discipline y est stricte, la vie semi-collective, semi-familiale, une sorte de kibboutz primitif; les élèves ont quelques plantations... La mentalité tahitienne se fait bien à ce régime» [37].

Eglise polynésienne autonome

Le 1er septembre 1963, en présence du pasteur Marc Boegner, Président de la Fédération Protestante de France, et d'une grande foule autour des diverses Autorités, l'Eglise Evangélique de Polynésie Française se voyait accorder sa pleine autonomie. L'action des missionnaires anglais de la L.M.S. et des pasteurs français de la S.M.E.P. arrivait à son terme espéré. Une nouvelle étape d'une évangélisation plus locale et plus responsable commence, en lien avec les autres Eglises chrétiennes au niveau du Pacifique par la participation au «Pacific Council of Churches» (P.C.C.) et au niveau mondial au sein du Conseil Œcuménique des Eglises.

Héritière de l'organisation française du Conseil Supérieur et du Synode, forte de ses institutions scolaires, l'Eglise Evangélique garde et approfondit les axes principaux de la Mission de Londres. Priorité à la jeunesse avec les associations sportives, l'Union chrétienne des Jeunes Gens, les «U'i Api» (jeune génération), l'école du dimanche.

Le «Pererina» (pèlerinage), aux aspects variés, permet de se rendre visite dans les quartiers, de développer l'âme communautaire si essentielle pour les tahitiens, de préparer les mariages chrétiens.

---

(36) E.E.P.F.: *Centenaire des Ecoles Protestantes à Tahiti: 1866-1966*, pp. 28 à 33.
(37) D. MAUER: *L'Eglise protestante à Tahiti*. Océanistes, dossier 6, p. 15.

Le «tuaroi», longs débats bibliques sur un verset choisi par le pasteur, réunit toute la paroisse. Des enfants au président, selon un ordre immuable, les commentaires se succèdent, entrecoupés de chants rythmés: les «himene tarava», sorte de litanies bibliques. Ceci se vit surtout pour les grandes occasions, comme la collecte annuelle de Mai (le «Me») ou les grands anniversaires.

Est-il possible de conclure cette histoire riche et contrastée de l'Eglise Evangélique de Polynésie Française? Depuis son autonomie, elle est confrontée, comme tous les Polynésiens, à la mutation rapide et profonde du Territoire. Avec l'ouverture, en 1977, de la section «Tenete» au Musée de Tahiti et des Iles en commun avec l'Eglise Catholique de Papeete, des relations nouvelles et plus fraternelles entre chrétiens s'instaurent. L'œcuménisme, même s'il est difficile, s'il requiert une longue patience, est aussi une chance et une espérance pour approfondir la vie ensemble, richesse principale de la Polynésie. Le peuple des chrétiens est en marche, dans l'obéissance de la foi, à la suite de Jésus-Christ vers le Père par la puissance de l'Esprit Saint.

Chapitre 7

AUTRES COMMUNAUTÉS CHRÉTIENNES

L'âme tahitienne est réceptive à l'aspect religieux de la vie, des événements et des choses. Cet esprit naturellement religieux, comme nous l'avons déjà signalé, se traduit par une grande sensibilité affective, un instinct communautaire très marqué et, en même temps, par un besoin de sécurité légaliste, un profond relativisme à l'égard d'une vérité universelle et une grande fierté à l'égard de son groupe particulier. En plus de la vision culturelle propre aux maohi, l'espace-temps si particulier aux îles polynésiennes permet de saisir une telle sensibilité si déroutante pour les esprits rationnels européens.

Géographie et histoire permettent de comprendre la diversité des groupes religieux en Polynésie, en plus de l'attrait instinctif des Polynésiens pour tout ce qui est nouveau. La proximité des Etat-Unis qui se sont intéressés à la Polynésie dès 1813 augmente ce phénomène. On compte actuellement aux U.S.A. plus de 10.000 sectes sans cesse renouvellées. En effet, après leur indépendance, les Etats-Unis sont apparus comme la terre de liberté pour les aventuriers, les dissidents, les réfugiés, les inventeurs de toutes sortes. Contrairement à la France qui les a aidés à l'origine, les Etats américains fédérés n'ont pas opposé liberté individuelle et liberté d'association, en particulier religieuse. De plus, dans les conditions très mouvantes d'un pays immense, neuf, vivant un brassage sans précédent de langues et de groupes, constitués souvent de marginaux, d'exilés avec de fortes personnalités, les Eglises établies et officielles étaient mises de côté au même titre que le « Vieux Continent » européen dont on s'était débarrassé sur le plan politique. Le premier peuplement était surtout de formation protestante et très marqué par le « libre-examen ». La Bible, livre unique, était reçue et interprétée par des gens sans grande culture théologique et dans le contexte d'un « Nouveau Monde » à conquérir. Il n'est pas étonnant que ce soit plutôt les prophéties de l'Ancien Testament, les visions prospectives et merveilleuses de l'Apocalypse, les promesses de la « Terre Promise, des cieux nouveaux et de la terre nouvelle » qui aient fait vibrer ces nouveaux pionniers d'autant plus patriotes qu'ils avaient tout à construire après avoir totalement rompu avec l'ancien monde.

C'est dans ce contexte apocalyptique de fin d'un monde rejeté et de naissance d'une société nouvelle désirée, qu'il faut situer le bouillonnement religieux des Etat-Unis en ce XIXe siècle commençant. Il en sortira les Mormons en 1829, les Adventistes en 1831, les Témoins de Jéhovah en 1870, pour ne citer que les principales Confessions qui intéressent particulièrement la Polynésie. Depuis l'ouverture de l'aéroport international de Faaa en 1961, le développement du tourisme et des échanges culturels avec les Etats-Unis après 1970, la prolifération des sectes américaines, en particulier en Californie liée directement à Tahiti, ne sont pas sans conséquence sur la Polynésie.

Mormons et Sanitos (1)

Le 22 septembre 1827, sur la colline de Cumorah, près de Palmyra dans l'Etat de New York, Joseph Smith (1805-1844) découvre deux plaques d'or gravées de hiéroglyphes avec 2 pierres (l'Urim et le Thummin) lui permettant de les déchiffrer. Leur traduction donnera le livre de Mormon en 1830. Le messager de Dieu Moroni qui avait révélé ces plaques à J. Smith, les reprit et personne ne les a plus revues. L'Amérique qui aurait été peuplée, selon ces révélations, de quatre grandes civilisations venant de Babylone et de Palestine dès 2.200 ans avant J.C., serait désormais le nouvel Israël, le centre de l'Eglise nouvelle, la Jérusalem à venir. D'où le titre officiel des Mormons : « Eglise de Jésus-Christ des Saints des derniers jours ».

Jusqu'au 6 octobre 1890, ils admettaient la polygamie, ce qui leur causera bien des ennuis aux Etats-Unis et en Polynésie ; dans l'émeute de Nauvoo qui les chasse de l'Illinois, Joseph Smith périt le 27 juin 1844. Les Mormons émigrèrent près du lac Salé en 1847 sous la direction de Brigham Young qui y fonda l'Etat du Déseret (1847-1869). Il s'intégra en 1850 à la Fédération des Etats-Unis grâce à la construction du chemin de fer du Pacifique et deviendra, en

(1) D. MAUER : *Aimer Tahiti,* pp. 139-150.
- *Quid 1980,* pp. 566-567.
- *Mémorial polynésien.* T. II, pp. 378 à 395.
- O'REILLY : *Tahitiens,* art. Grouard, Pratt, Rogers.
- Ar. SS.CC. : C. FOUQUÉ 73, 2 à 7 ; F. LOUBAT 62, 3 ; A. MONTITON 73, 3.
- F.O.M. Océanie, cartons 13, 25, 98 et 106.
- Livre de Mormon, 1830. Mission française, Paris 16e.

1896, l'Etat de l'Utah où les Mormons ont la haute main sur l'économie et le gouvernement. Ils donnent abondamment, dès l'âge de 12 ans, les divers titres bibliques de diacres, prêtres, évêques, apôtres, prophètes... Ils pratiquent le baptême pour les morts, d'où l'existence d'un gigantesque fichier généalogique à Salt Lake City. De plus, tout jeune mormon entre 18 et 20 ans doit accomplir une mission d'évangélisation à l'étranger; ce qui se fait par groupes de deux.

La famille de Joseph Smith se sépara de Brigham Young, le deuxième prophète, successeur du fondateur, et qui admettait la polygamie pour un peuplement rapide (il avait 17 épouses et 56 enfants). La famille Smith soutenait que cette conception était contraire aux enseignements du fondateur. C'est ainsi que naquit « l'Eglise réorganisée de Jésus-Christ des Saints des derniers jours », appelée Sanito ou Kanito dans le Pacifique.

La première équipe missionnaire mormone, composée de Addison Pratt, Knowlton F. Hanks, Noah Rogers et Benjamin F. Grouard, est désignée par Joseph Smith le 11 mai 1843 à Nauvoo pour aller à Hawaii. Ils quittent le fondateur le 1er juin 1843 et s'embarquent à New Bedford le 9 octobre sur le « Timoleon », baleinier en partance pour Tahiti; il n'y avait pas de navire pour Hawaii à ce moment-là. Hanks étant décédé en cours de route, Pratt, Rogers et Grouard arrivent à Tubuai le 30 avril 1844 où Pratt reste à la demande des habitants. Le 15 mai 1844 le « Timoleon » arrive à Papeete avec Rogers et Grouard. On est en pleine « guerre de Tahiti » et le Gouverneur Bruat ne voit pas d'un bon œil l'arrivée de missionnaires américains alors qu'il est en grande difficulté avec Pritchard et les anglais. Peu de gens veulent écouter ces missionnaires qui viennent « préparer le retour prochain du Fils de l'Homme sur terre », et les tahitiens « ne veulent pas offenser les missionnaires anglais, persuadés qu'ils sont que les missionnaires commandent à la nation britannique qui va repousser les français ». Après la mort de Mac-Kean et le départ de presque tous les anglais de la L.M.S., Grouard voit une chance pour eux; pendant que lui-même prêche à Tahiti, Rogers missionne à Huahine. Ils n'ont pas grande réussite.

En avril 1845, après huit jours de voyage, Grouard arrive à l'atoll d'Anaa aux Tuamotu. Trois semaines après, il fait ses premiers baptêmes par immersion qui ont grand succès. En septembre, 620 personnes sont baptisées. Il n'hésite pas à rebaptiser, car le baptême pour lui, est d'abord un rite de pénitence et de purification (2). Il célèbre la Cène avec du coco germé et de l'eau de coco en place de pain et de vin. En avril 1845, il épouse Tearo, membre de la communauté d'Anaa, sa femme restée aux U.S.A. ne lui répondant pas. Pour travailler avec

(2) C. Fouqué à ses parents, lettre du 18-8-1849, Ar.SS.CC. 73,2 – 23-4-1852 à Mgr Doumer, Ar.SS.CC. 73,21.– H. Laval à V. Souchais; Faarava: 23-7-1849, Ar.SS.CC. 68,1 – J.B. Hébert à Mgr T. Jaussen: 9-3-1852, Ar.SS.CC. 62,2.

son collègue Pratt, Grouard met en chantier trois baleinières : « Anaura », « Messenger » et « Ravaai ». Ces bateaux font le commerce entre les îles ; de plus les Mormons pratiquent la dîme stricte pour faire vivre leur communauté. Suite aux lois restrictives de 1850 réglementant les moyens de subsistance des missionnaires pour protéger les populations des îles, de 1851 et 1852 sur l'élection des pasteurs, Grouard quitte Papeete en juillet 1852 avec l'ensemble des Mormons américains.

Pendant ce temps, Pratt avait eu un succès rapide à Tubuai ; il y avait appris de nombreux chants en tahitien. En 1846, après avoir aidé Grouard à Anaa et devant leur réussite, il décide de retourner aux Etats-Unis en 1847. Là il lance un cours de langue tahitienne et intéresse les mormons à la Mission. Un groupe de trois : Pratt, Hunt et Brown arrive à Papeete le 24 mai 1850, suivi de 21 autres peu après. Mais les difficultés faites par l'Administration pour s'assurer que tous avaient les moyens de vivre par eux-mêmes, le renouveau des mœurs païennes, les excès de la « bringue », « l'abusive négligence de son Eglise et de ses amis d'Amérique » qui les abandonnent, l'ennui et la peur de leurs femmes, tout cela fait que les missionnaires mormons quittent en 1852.

Ils reviendront quarante ans plus tard avec Brown en 1892. Ils sont bien implantés aux Tuamotu et dans la banlieue de Papeete, dans le quartier de Fariipiti où ils ont un « Pieu » inauguré en 1981. L'image des jeunes mormons américains cravatés et allant deux par deux à pied ou à bicyclette faisant un inlassable porte à porte est familière à tous les Polynésiens et leur est plutôt sympathique. Leur action sociale est appréciée par l'abstinence totale d'alcool, de tabac et d'excitants. Leurs assemblées sont gaies, détendues, chantantes, ce qui n'est pas pour déplaire aux Tahitiens (3). Les chorales mormones et sanitos sont réputées à juste titre, le chant et la musique ayant une place majeure dans leur culte. De plus les cours d'anglais, les liens fréquents avec les Etats-Unis ajoutent un attrait certain.

La Mission Sanito est installée à Tahiti depuis 1873. Si, de l'extérieur peu de choses les différencie des Mormons, en fait leur style de présence est très différent ; il est tout de discrétion. Ils sont grands experts en musique et en langue tahitienne. Depuis 1897, ils éditent un journal : « Te Orometua » (le maître). Ils ont bâti à Fare-Ute en 1961 un ensemble de salles vastes et bien équipées autour d'un temple agréable.

Si les effectifs de ces deux Eglises sont modestes – autour de 3 à 4.000 pour chacune – leur présence culturelle, leur influence sociale, leur rayonnement par la formation professionnelle et artisanale des jeunes, dépassent largement les limites de leurs communautés confessionnelles.

---

(3) P. MAZÉ au T.R.P., lettre du 14-2-1939, Ar.SS.CC. 59,1.

Comme le font remarquer D. Mauer et L. Jore, Mormons et Sanitos ne font pas partie de la famille Réformée Protestante ; car « échappe au Protestantisme tout groupe religieux, même issu de la Réforme, qui reconnaît à côté de la Bible, une seconde Révélation écrite » [4]. De même les Adventistes, habituellement classés parmi les groupes protestants, refusent cette assimilation ; ils forment une communauté à part.

Adventistes [5]

C'est aussi en Nouvelle-Angleterre, comme pour Joseph Smith, que William Miller (1782-1849) lança le mouvement Adventiste. A partir des prophéties de Daniel, il se fixa sur le retour glorieux du Christ qui devait se produire le 22 octobre 1844. Il eût rapidement du succès jusqu'au jour annoncé qui se passa sans que le Seigneur parut. Certains pensèrent que ce non-événement était une punition pour le manque de respect du sabbat selon la stricte loi biblique du repos du septième jour. Ceux qui suivirent R. Preston et les époux J. et G. White dans cette interprétation constituèrent les « Adventistes du 7e Jour » par opposition aux « Adventistes du 1er Jour » qui restaient fidèles au dimanche, premier jour de la semaine et « jour du Seigneur ».

En 1874, Charles Taze Russell (1852-1916) fut le prophète-fondateur des « Témoins de Jéhovah » à partir des Adventistes. Les Témoins de Jéhovah s'implantèrent à Tahiti à partir de 1958.

Sous l'impulsion d'un pasteur australien, A.J. Read, un premier noyau d'« Adventistes du 7e Jour » se constitue à Tahiti en 1892. Paul Deane demande au Directeur de l'Intérieur, le 6 septembre, l'autorisation de « faire des Conférences religieuses à Arue », lieu de son domicile. Le Commissaire de Police, Roffidal, transmet le 10 septembre le refus de l'Administration avec « prière de se soumettre à la décision ». Les néophytes ne comprenant pas les motifs d'un tel arrêt, leur pasteur Read s'adresse au Président du Conseil Général dès le 13 septembre : « Il ne me semble pas logique que notre culte, accepté et librement enseigné dans la France même, puisse être proscrit dans ses Colonies », contrairement aux grands principes qu'abrite le drapeau tricolore : Liberté, Egalité, Fraternité ». Une discussion vive se déroule au Conseil Général entre les Conseillers et le Directeur de l'Intérieur ; elle se termine par la décision de « promulguer dans la colonie la loi du 30 juin 1881 sur les réunions publiques ».

(4) D. MAUER, *op. cit.*, p. 144.
– L. JORE : *L'Océan Pacifique*. T. I, pp. 66-67.
(5) D. MAUER, *op. cit.*, pp. 144 à 146.
– *Mémorial polynésien*. T. IV, pp. 96 à 98.
– *Quid 1980*, p. 566.

Les Adventistes constituent un groupe fervent, une communauté solide, un bloc soudé autour de la stricte observance du sabbat de l'Ancien Testament du vendredi soir au samedi soir. Cette rigueur légaliste et littérale de style judéo-chrétien, si elle est source de quelques difficultés pour la vie sociale et situe les Adventistes un peu en marge, n'est pas pour déplaire à un certain fond polynésien aimant quelque peu la sécurité d'un littéralisme biblique et un conformisme uniformisé à l'intérieur de groupes restreints. On retrouve un comportement moral proche de l'attitude des premiers missionnaires anglais de la L.M.S. et exprimé par le Code Pomaré du 15 mai 1819.

Les Adventistes ont un vaste temple, entouré d'un ensemble de salles spécialisées avec une librairie, dans le quartier de Taunoa à Papeete ainsi que diverses chapelles ailleurs. Ils exercent une influence certaine, quoique discrète, par leurs publications variées, leurs émissions à la Radio et leur style communautaire à la fois sécurisant et immuable.

Autres groupes religieux

En Polynésie, comme ailleurs dans le monde actuel, la prolifération des sectes et des groupes religieux pose une importante question de société et interpelle les Eglises. L'ouverture de Tahiti aux influences internationales depuis vingt ans, le développement rapide des contacts touristiques familiaux et estudiantins depuis 1970 avec la côte Ouest des Etats-Unis (mode, musique, drogue, etc.) amplifient ce phénomène qui a eu déjà quelques conséquences dramatiques chez les jeunes depuis 1979 surtout [6]. L'étude des motivations réalisées par Justin Tching sur les jeunes et la drogue à Tahiti aujourd'hui, même si elle ne vise pas directement la question des sectes, n'est pas sans intérêt pour comprendre ce phénomène social actuel. On peut regrouper ses observations en remarques générales sur les jeunes et en remarques spécifiques à Tahiti.

Le désœuvrement après la sortie de l'école, le phénomène des bandes (copains, quartiers, sports), la curiosité entretenue par la publicité, les chansons et les films à la mode, le désir de vouloir tout expérimenter par soi-même en opposition avec le monde des adultes, la recherche effrénée du plaisir pour lui-même, les problèmes familiaux qui font que beaucoup de jeunes « vivent chez eux comme des étrangers », autant d'aspects des conditions de vie d'une partie de la jeunesse en Polynésie qui se retrouvent malheureusement dans bien d'autres pays et en Métropole.

---

(6) Justin TCHING-CHI-YEN : *Le Cannabis et les jeunes de Tahiti,* mémoire pour le diplôme d'infirmier. Papeete 1982, 30 pages.

D'autres éléments sont propres à la Polynésie, ou bien certains comportements universels y prennent un visage particulier, une certaine «manière polynésienne».

«La jeunesse tahitienne est très fascinée par la mode américaine. Les jeunes étudiants s'habillaient comme les jeunes américains et les copains les enviaient beaucoup... A San Francisco ou à Honolulu, la "Marijuana" est presque en vente libre; les étudiants étaient persuadés de la non-toxicité et disaient qu'elle avait des effets très agréables. Ils employaient des mots américains pour qualifier les sensations qu'ils ressentaient. Ils aimaient écouter en même temps de la musique très rythmée, la "pop-music". Désormais cette fascination atteint toutes les couches sociales et les diverses ethnies».

L'attrait traditionnel des Polynésiens pour toute nouveauté, la fierté naturelle qui fait qu'on a honte de «se dégonfler devant les autres pour n'être pas éjecté du groupe», le goût du particularisme s'exprimant par des mots nouveaux, des signes caractéristiques, des vêtements spécifiques, sont des réalités auxquelles les maohi sont très sensibles; la vie en groupe est une donnée socio-culturelle essentielle en Polynésie. La solidarité naturelle devient vite complicité dans des îles où chacun se connaît; on profite de la gentillesse des grands-mères pour cultiver le cannabis et personne ne peut se dénoncer sans être compromis. L'instabilité des familles, les conséquences d'un alcoolisme destructeur font que la grande masse des jeunes est livrée à elle-même. L'image publicitaire qu'on donne de Tahiti et des polynésiens ne contribue pas à structurer des personnalités équilibrées.

Un tel contexte local déstabilisé, un tel environnement général en crise, retentissant l'un et l'autre dans des îles dispersées à forte vie communautaire facilitent l'attraction des sectes ou les tendances aux particularismes locaux dans les Eglises qui vont parfois jusqu'à la rupture pure et simple de l'Eglise-Mère et la constitution de nouveaux groupes indépendants. Le fait que la Bible soit pour tous le livre de référence, l'habitude des discussions bibliques privilégiant l'interprétation personnelle de préférence à son message de vérité et à ses appels à la conversion, facilitent l'éclatement en groupes divers. On oublie aisément qu'«aucune prophétie de l'Ecriture n'est affaire d'interprétation privée; en effet, ce n'est pas la volonté humaine qui a jamais produit une prophétie, mais c'est portés par l'Esprit-Saint que des hommes ont parlé de la part de Dieu» [7]. La Bible n'est pas une pâte molle; les valeurs évangéliques ne sont pas inconsistantes.

---

(7) 2 P 1,20-21 (traduction de la T.O.B.).

La situation actuelle nous rapproche étrangement des nombreuses divisions, des coteries, du foisonnement des faux prophètes et des faux docteurs dans les premières communautés chrétiennes [8]. Il faut bien comprendre le besoin profond de chacun de vivre à plein, d'être heureux et en bonne santé. La foi ne peut se vivre que comme espérance ; l'apport essentiel de la Bible est que l'Histoire a un sens, que l'homme n'est pas le fruit du hasard absurde ou de la nécessité aveugle : en Jésus chacun est « appelé par son nom ». Mais le danger – le péché – c'est que chacun se mette au centre de tout et « décide de ce qui est bien et mal » [9]. La foi en Jésus-Christ, le Vivant ressuscité, transmise par les Apôtres et dont l'Eglise a le « dépôt », nous « centre sur Lui qui est le Chemin, la Vérité et la Vie » [10]. Il n'y a pas opposition entre l'épanouissement de l'homme et la foi au Christ, entre le bonheur des hommes et la vie en Eglise, entre la liberté individuelle et la communauté fraternelle, entre la connaissance scientifique rationnelle et la vérité de la foi manifestée en Jésus-Christ ; la réflexion et l'observation le montrent. Mais une situation de crise, les difficultés de la vie, le désir de chaque groupe socio-culturel d'être reconnu dans sa personnalité originale augmentent les égoïsmes individuels et collectifs. On a peur de perdre en « partageant les fardeaux les uns des autres » ; on craint d'être noyé en s'ouvrant à l'universel, de n'être qu'un numéro anonyme dans un ensemble trop vaste. Le refuge si tentant dans les nombreuses sectes sécurisantes ou groupes religieux chaleureux pose la question si importante de la « localisation de l'Eglise » et des « communautés de base ». La tentation est grande en Polynésie de créer son église à soi et ainsi de se servir de Jésus-Christ au lieu de le servir, de trier dans la Parole de Dieu au lieu de l'accueillir en sa totalité, de l'interpréter pour son propre projet au lieu de la recevoir dans sa vérité.

En plus de la vie communautaire chaleureuse et sécurisante si prisée par les Polynésiens, les diversités confessionnelles obligent à s'interroger sur les survivances païennes ancestrales. Nous avons déjà signalé la remarque du Pasteur Raapoto disant que « l'Evangile n'avait pas pénétré le fond des cœurs, qu'il y avait plus imitation extérieure qu'assimilation intérieure ». Inutile de citer les innombrables lettres similaires des missionnaires catholiques ou protestants, voire des rapports très sceptiques de beaucoup de Gouverneurs. L'ambiguïté de la remise en honneur de diverses cérémonies et coutumes pour une « authenticité maohi » est évidente et certains promoteurs ne cachent pas leurs sentiments antichrétiens. La crainte des revenants (« tupapau »), des sorts, de certains lieux maudits, des interdits anciens, des « tapu »... montre que la

---

(8) Voir : Jude 4 ; 2 P 2 ; 1 Jn 4,1-6 ; Ga 2,1-10 ; 1 Co 1,10 à 4,21 ; Mt 7,15-20.
(9) Gn 3,5.
(10) 1 Tm 6,20 ; 2 Co 5,14-15 ; Jn 14,6.

« libération réalisée par le Christ pour que nous soyions vraiment libres » n'est pas encore bien acquise [11].

L'exemple le plus célèbre est celui de la secte des Mamaia, signalée au chapitre III. Si ce mouvement syncrétique, alliant mœurs débridées et foi chrétienne, lancé par Teau, diacre protestant de Punaauia en 1827, n'atteignit jamais le stade d'une communauté structurée, il n'en représentait pas moins une utilisation pervertie et introvertie de l'Evangile. Le soutien de la Reine Pomaré IV et sa volonté, en 1830, d'être reçue par les Chefs selon les anciennes coutumes païennes risquaient de détruire les effets de la conversion officielle de 1819 [12]. Ce « vaudou » polynésien met en lumière toute la différence entre dire la foi et vivre selon la foi ; « la loi de la chair s'oppose à la loi de l'Esprit » [13] et les fruits de la conversion du cœur mûrissent lentement à l'image de la longue croissance des cocotiers. La maîtrise de soi pour vivre selon l'« amour du Christ répandu dans nos cœurs par l'Esprit-Saint » est le fruit d'une conquête de libération intérieure.

De plus la secte des Mamaia posait brutalement la difficile question des liens entre foi chrétienne et culture locale. Si l'on considère la religion comme un simple élément d'un équilibre social à un moment donné et dans un lieu précis, si on la regarde comme le fruit des peurs naturelles et de l'ignorance des hommes – les dieux n'étant que la projection de leurs fantasmes culturels – il est évident que l'arrivée d'une nouvelle vie religieuse renverse les us et coutumes ; en Polynésie, ce fut d'autant plus radical que la situation socio-politique locale était en pleine déliquescence et que les premiers missionnaires venaient tout uniment pour christianiser et civiliser. L'expérience montre que le progrès social se fait plus par « mutations » brusques que par évolution tranquille, que la rencontre entre les groupes humains est plus « dialectique » – au sens de Hégel – que naturellement harmonieuse. Le regretter 150 années après n'y change rien, d'autant que les « changements » sociaux, politiques ou culturels sont toujours d'actualité. Il est difficile de reprocher aux anciens une attitude qu'on trouve naturelle dans le monde d'aujourd'hui.

Dans la période post-coloniale présente, l'Eglise sait mieux distinguer, grâce à l'apport des « Sciences Humaines », les domaines de la Foi et de la culture ; elle s'efforce de les unir dans la communion d'Eglises locales sœurs, à la fois différentes et complémentaires. Ces questions actuelles feront d'objet de la dernière partie.

---

(11) Ga 5,1.

(12) P. Th. DE DECKKER : *J.A. Moerenhout,* pp. 158 à 162. – L. JORE : *L'Océan Pacifique.* T. II, p. 56. – Ch. VERNIER : *Tahitiens d'hier,* p. 151.

(13) Ga 5,13-26.

Etat français et groupes religieux

La multiplicité des groupes religieux en Polynésie, le fait que diverses sectes venaient d'une Amérique dont l'expansionnisme était redouté, la conception globalisante de ces confessions anglo-saxonnes ont toujours posés à l'Etat français de difficiles questions. Dans la conception de plus en plus laïque et sécularisée qui aboutira, en 1905, à la Séparation des Eglises et de l'Etat et qui se traduira par une attitude très restrictive, voire persécutrice parfois, à l'égard de ses propres groupes religieux nationaux [(14)], on comprend la méfiance susceptible de l'Administration française à Tahiti en même temps que sa prudente réserve à l'égard d'étrangers, sources possibles de complications internationales. L'« affaire Pritchard » de 1844, avec le conflit anglo-français évité de justesse, pèsera lourd.

Au sortir des difficultés avec les anglais de la L.M.S. et les Mormons américains en 1852, c'est le Gouverneur Page qui exprime le plus crûment la position de l'Administration d'Etat [(15)].

« A Taïti l'action du Gouvernement s'exerce avec une puissance presque irrésistible (26 mars)...

Nos crises sont passées. L'Autorité est partout respectée et partout obéie (22 juin)...

Le sentiment religieux est secondaire dans ce pays... L'influence des missionnaires anglais est non pas détruite, car d'un bond elle se relèverait ; mais, sous moi, elle est annulée. Il s'agit de leur porter les derniers coups. Je prie qu'on m'envoie de France des instituteurs qui auront dans leur programme l'enseignement de la langue française... Il faut des instituteurs qui reçoivent et respectent le mot d'ordre du Gouvernement...

Quant au culte, il n'est pas douteux un instant que, pour moi, en peu d'années, le catholicisme, en tant que religion du Gouvernement, ne puisse devenir la forme religieuse de la grande majorité du pays. Mais, pour cela, il faut des prêtres qui soient soumis au Gouvernement, car hors de lui rien ne se peut. Un curé et deux vicaires, de simple bon sens pratique, qui ne seraient pas dominés et enchaînés par l'esprit de corporation, qui sauraient pactiser avec la nécessité des circonstances, suffiraient au début. Que le Ministre croie bien que je ne me laisse pas entraîner par un zèle convertisseur ; s'il convenait au Gouvernement d'envoyer des ministres protestants, Taïti protestante serait aussi essentiellement française que Taïti catholique. Je penche pour le catholicisme afin de rompre avec la tradition de l'Angleterre, mais à la condition qu'il soit gouvernemental et non point un pouvoir religieux faisant échec au pouvoir de l'Etat (5 décembre)... »

---

(14) Voir ci-dessous les chapitres XVI et XVII.

(15) Gouverneur PAGE au Ministre de la Marine, F.O.M. Océanie C 13, H 69 : rapports du 16-3-1853, 22-6-1853, 5-12-1853.

On ne saurait être plus cyniquement clair : la foi religieuse se réduit à un culte contrôlé par l'Administration et au service du Pouvoir d'Etat. C'est de l'absolutisme politique. Dans des styles variés selon les circonstances, ou de manière plus subtile et enveloppée, ce sera la position constante des Gouverneurs successifs, face à « la grande part que prend ici, dans toutes les questions, l'influence religieuse. Il importe donc que cette influence ne domine pas l'action de l'Administration mais que celle-ci arrive à s'en servir en inspirant confiance aux cultes » [16]. La rigueur du centralisme napoléonien – le Code Napoléon sera étendu à Tahiti le 14 décembre 1865 – l'héritage de la Rome Impériale, libérale à l'égard de tous les cultes à condition de reconnaître la primauté absolue de l'Empereur-dieu, sont très frappants dans le type de la présence administrative française en Polynésie, au moins jusqu'en 1920 [17].

Puisque telle était l'attitude à l'égard du Protestantisme, religion officiellement reconnue (voir chapitre VI) et du Catholicisme, « religion de la majorité des Français » mais non reconnu officiellement à Tahiti, on comprend le regard soupçonneux du Gouvernement sur les autres groupes religieux d'obédience non française, américaine surtout. Le Gouvernement avait été mal impressionné par la campagne d'opinion en Angleterre et animée par la L.M.S., « réclamant l'émancipation de Taïti sous le prétexte que la Reine Pomaré n'était engagée qu'envers la Royauté et qu'elle devenait indépendante à l'égard du nouveau Gouvernement républicain issu de la Révolution de 1848 ». Les explications embrouillées de W. Howe avaient incité le Gouverneur Lavaud, appuyé par Bruat, à demander des Ministres protestants français en 1849 et en 1850 [18]. Les décrets de 1850 réglementant la perception de la « dîme » et contrôlant les moyens de subsistance des missionnaires, ceux de 1851 et de 1852 limitant les déplacements des missionnaires étrangers, constituaient les premières manifestations administratives de la méfiance officielle.

L'activité missionnaire des premiers Mormons avec M. Grouard fut discrète à Tahiti ; le Gouverneur Bonard leur avait imposé un règlement strict en cinq points [19].

« 1. Les missionnaires Mormons se borneront à prêcher leur religion sans se mêler en aucune manière des affaires politiques ou civiles.
2. Ils s'abstiendront d'attaquer les religions établies et les Autorités.
3. Ils n'exigeront aucun droit en argent ou en nature.
4. Ils n'infligeront aucune pénalité pour les manques à leur religion.

(16) Gouverneur au Ministre ; rapport du 13-4-1884, F.O.M., Océanie C 106, H 2.
(17) Voir chapitre III, « Protectorat incertain », note 10 de P. Y. TOULLELAN.
(18) Gouverneur LAVAUD au Ministre ; rapport du 4-9-1849, F.O.M., Océanie, C 107, H 8.
(19) Gouverneur BONARD au Ministre, en 1850 ; F.O.M., Océanie C 106, H 2.
– *Mémorial polynésien.* T. II, p. 389.

5. Ils ne pourront acquérir aucune propriété foncière sans l'approbation du Gouvernement.»

Il en fut tout autrement aux Tuamotu où il y eut rapidement plus de 800 baptêmes mormons dans l'île d'Anaa (La Chaîne), après leur arrivée le premier mai 1845. Les missionnaires catholiques arrivèrent à Faaite le 19 mai 1849. La compétition fut vive, d'autant que les préjugés antipapistes et antifrançais étaient puissants. Est-ce le fruit des restrictions administratives imposées par le Gouvernement, toujours est-il que l'excitation contre la présence française prit corps en octobre 1851 et ira s'amplifiant jusqu'au drame du 9 novembre 1852. Le passage de la flotte anglaise de l'Amiral Moresby en août 1852 donna corps aux rumeurs les plus folles. L'agitation prenant des proportions dangereuses, le capitaine de Bovis arriva à Anaa le 24 septembre à bord du «Phoque» pour une opération de pacification qu'il réussit parfaitement sans aucun drame. Selon les ordres du Gouverneur Page et le règlement de 1850, le culte mormon fut dissous à Anaa. Il faut se souvenir que les ministres américains avaient déjà presque tous quitté Tahiti en juillet 1852; le dernier, James Brown, rentrera aux Etats-Unis en novembre, «découragé devant l'opposition des hommes et l'oubli de son Eglise et de ses amis en Amérique».

Chacun crut l'affaire réglée et l'agitation politique terminée; la population d'Anaa s'était soumise et les chefs avaient été remplacés. En fait, il n'en était rien. Après le départ du «Phoque», les guerriers continuaient à s'exercer. Une querelle éclate au début de novembre à Putuahara entre l'ancien chef Mapeura et le nouveau Taneopu. Mapeura proclamait: «J'étais mormon; je soutiendrai toujours les Américains et les Anglais contre les Français.» Le brigadier de gendarmerie Viry, averti le 6 novembre, attend quelques jours pour que les esprits se calment. Il se rend le 9 à Tekotika, accompagné de Derrien son interprète. Si Mapeura reconnaît s'être mis en tort, son oncle Tefaitiuga se rebelle et menace Viry. Le brigadier se décide à l'arrêter; Viry est alors cerné et tué à coups de lances et de massues. C'était le signal de la révolte contre les Français. Le drapeau américain est hissé. La mission catholique est pillée; le P. Clair Fouqué est laissé pour mort au bord du lagon et le P. Ferréol Loubat est blessé. Un noyau de 12 fidèles se regroupe autour d'eux. Deux baleinières sont envoyées au Gouverneur Page à Tahiti les 9 et 20 novembre avec l'annonce de l'assassinat du brigadier et de la mort du P. Fouqué. Le Gouverneur l'annonce à Paris mais n'envoie de secours à Anaa que le 4 décembre, car il s'efforçait de se défausser en rendant le P. Clair Fouqué responsable des incidents [20].

La répression, sous les ordres du lieutenant Parchappe, fut sévère; il y eut cinq pendaisons dont celle de Temutu, un catholique innocent accusé sur faux

(20) Gouverneur PAGE au Ministre; rapport du 17-11-1852, F.O.M. Océanie C 13, H 69.

1983 : dehors et dedans.

1893.

Centenaire de la Mission (1936).

EVÊCHÉ PAPEETE :

1880. (1er état).

1878 : réception.

1970. (2e état).

1982. (3e état).

Maria no te Hau, Papeete 1975

Elévation de la première cathédrale de Papeete en 1856 (avant démolition en 1870).

Mataiea (1857 – réfection 1981).

St-Etienne, Punaauia (construction 1980).

Papara : église – cimetière.

St-André Uturoa (Raiatea).

Rangiroa : St-Anne, Otepipi.

témoignages. Au grand scandale du gendarme Eon, Parchappe permit aux Tahitiens de saccager toute la mission catholique. Il déclara la mission catholique illégale et transforma les Mormons en Protestants, reconnus comme seuls légaux. De tels excès suscitèrent de vives protestations des gendarmes et des européens [21]. Pour finir, le Gouverneur Page, malgré ses rapports sur « l'autorité du Gouvernement établie contre les religions », fut blâmé et remplacé par le Ministre de la Marine [22].

Cette douloureuse affaire, entièrement politique et non religieuse aux dires du P. Fouqué et de Parchappe eux-mêmes, eut de graves conséquences sur les relations entre l'Etat français et les Eglises. Nous étudierons au chapitre XVII, celles qui concernent l'Eglise Catholique. Pour les Mormons, et d'une manière générale les confessions religieuses d'origine américaine, la méfiance plus ou moins marquée fut la règle.

« Le Gouvernement américain semble vouloir exercer un véritable protectorat sur tous les adhérents des deux sectes, Mormons et Sanitos, fussent-ils français, écrivait le Gouverneur Jullien. Une pareille théorie est inadmissible, ayant pour conséquence l'intervention d'une puissance étrangère dans nos affaires sous apparence de protéger telle ou telle secte religieuse ; j'estime que la discussion même du principe est dangereuse pour notre autorité sur les indigènes » [23].

Cette question avait pris une grande importance aux yeux du Gouvernement français à cette époque incertaine précédant l'ouverture du canal de Panama ; des bruits étaient répandus un peu partout de l'abandon de Tahiti et des E.F.O. par la France. Le Ministre des Affaires Etrangères transmet en 1905 à son collègue des Colonies « une lettre du Commandant de la division navale du Pacifique au sujet de l'action exercée par les missionnaires mormons à Tahiti ». Le Capitaine de Vaisseau Adigard s'étonne du « drainage d'argent fait par les missionnaires mormons et qui ne laisse pas d'appauvrir le pays... du monopole de la pêche de la nacre aux Tuamotu... des insinuations sur les Etats-Unis d'Amérique qui forment la plus puissante nation du monde et de son Gouvernement qui est le meilleur... A ce propos n'est-il pas remarquable que le Gouvernement américain s'impose une dépense pour subventionner la malle de San Francisco à Tahiti ? Il ne peut venir à l'idée de personne qu'il soit commercialement utile au commerce américain d'avoir des relations d'affaires avec un petit archipel perdu à plus de 7.000 kilomètres... Quels sont les motifs avoués et inavoués ?...

(21) Toute cette affaire se trouve dans de gros dossiers : Ar.SS.CC. 73,1 ; 73,2. Spécialement : A. MONTITON à Mgr DOUMER (16-12-1852), annoté par Mgr T. JAUSSEN. Gendarmes et colons au Gouverneur et à Mgr T. JAUSSEN (déc. 1852, 18-10-1853). Lettres C. FOUQUÉ de 1852 à 1853. Lettres F. LOUBAT de 1852 : Ar.SS.CC. 62,3.

(22) Ministre à PAGE (1-12-1853), F.O.M., Océanie C 13, H 69.

(23) Gouverneur JULLIEN au Ministre, rapport du 10-1-1906, F.O.M. Océanie C 98, H 40.

Les missionnaires mormons, dans les îles Tuamotu, deviennent tous les jours plus audacieux.

Cette propagande américaine resserre les mailles du filet qui entoure nos possessions océaniennes. Dans le but d'y mettre obstacle... j'ai donné l'ordre... de ne donner de charbon de la Marine Nationale aux bâtiments de guerre américains qu'autant que l'humanité le commanderait... Quatre Gouverneurs se sont succédés dans ces six dernières années... ; ils se sont trouvés d'accord sur les mesures à appliquer aux missionnaires mormons, savoir l'expulsion» [24].

On se doute bien que, malgré une amélioration sensible des relations entre les Mormons et Sanitos avec les Autorités françaises en Polynésie après les deux guerres mondiales, une certaine réserve et incompréhension subsiste. Les relations avec les Etats-Unis, bien que très rapidement développées depuis 1961, ne sont pas sans souffrir d'un tel climat. Est-ce pour cela que le Consulat des Etats-Unis à Papeete a été fermé le 30 avril 1965, juste avant les premiers essais atomiques? Bien qu'il en soit toujours question, sa réouverture n'était pas réalisée en 1982. On ne peut que constater l'importance de «l'inavoué», du «non-dit» dans ce jeu relationnel, historiquement très complexe en Polynésie, entre les Etats-Unis et la France; l'interférence des confessions religieuses d'origine américaine ne joue pas, sur ce plan psychosocial, un rôle négligeable. Les relations sont tout à la fois d'admiration et de crainte, d'attrait et de susceptibilité, de besoin des dollars et de méfiance des Américains. Français et Américains ont le même enracinement collectif et historique dans la «Liberté»; mais ils ne l'expriment pas socialement et politiquement de la même manière. Il n'y a pire querelle que les disputes de famille, surtout lorsque la religion et la politique y sont mêlées.

Ce bref chapitre ne pouvait que suggérer l'importance historique et la complexité évolutive de la présence des groupes religieux et des sectes en Polynésie française dès 1844, seulement dix ans après l'arrivée des premiers missionnaires catholiques à Mangareva. Ces chapitres VI et VII ne sont qu'un aperçu sommaire de l'environnement religieux non catholique où la Mission des Pères des Sacrés-Cœurs va désormais évoluer. Comme tout ce qui regarde la Polynésie, la littérature sur les diverses missions religieuses, leurs relations réciproques et les interventions de l'Etat comme des diverses autorités est absolument inépuisable. Aussi exactement que faire se pouvait, une chronologie détaillée a été établie; elle est reproduite en annexe. Les principaux événements ont été situés dans leur contexte et les références essentielles citées pour que chacun puisse s'y reporter en toute clarté et honnêteté.

Désormais, le cadre étant fixé et l'environnement dessiné, essayons de revivre «les joies et les espoirs, les tristesses et les angoisses» de la Mission catholique en Océanie Orientale, née à l'automne 1792 dans le cœur de Pierre Coudrin.

---

(24) Ministre des Affaires Etrangères à Ministre des Colonies: 2-4-1905, transmettant le rapport Adigard du 18-1-1905 à l'Ambassade de France à Washington. F.O.M. Océanie C 98, H 40.

Chapitre 8

MISSION CATHOLIQUE EN OCÉANIE ORIENTALE ET A TAHITI

Nous venons de situer l'environnement géographique et historique, le contexte culturel et religieux de l'Eglise en Polynésie. Avant de pénétrer à l'intérieur de l'édifice pour en découvrir le style et y vivre avec les chrétiens rassemblés – ce qui est l'objet des parties III et IV – les chapitres qui suivent se proposent de dégager les principales étapes de la construction depuis les premières prospections et fondations. L'annexe III fournit un tableau chronologique par archipel des «événements-fondateurs», petits et grands [(1)]. Il convient de s'y reporter.

Par souci de clarté, il est possible de les regarder en deux grands ensembles:

- les étapes générales de l'évangélisation, rythmées principalement par la personnalité des Vicaires Apostoliques et commandées par le développement accéléré de Tahiti (chapitre VIII);
- le rayonnement progressif de l'Eglise Catholique dans les divers archipels (chapitre IX).

Fondation de l'Eglise en Océanie Orientale

Humbles essais (1595-1775):

Il serait injuste de ne pas saluer les modestes essais des missionnaires franciscains espagnols, même si leur entreprise réalisée dans la survivance d'un style dépassé, a échoué par manque de préparation, de hardiesse et surtout de persé-

---

(1) La chronologie est surtout fondée sur les importantes archives des Pères des SS.CC. de Rome, classées et répertoriées par le R.P. Amerigo Cools, archiviste général. Il y a environ 8 mètres linéaires de manuscrits originaux et documents photographiques ainsi que 78 cartons de lettres et rapports sur l'Océanie orientale: Tahiti 19, Marquises 14, Gambier 11, Tuamotu 4, Hawaii 18, Cook 5, Pâques 4, Océanie orientale 3. Avec les autres dossiers qui recoupent le Pacifique, cela représente une documentation exceptionnelle d'environ 50.000 pages manuscrites. Tous les documents cités dans cet ouvrage se trouvent aux archives de l'Archevêché de Papeete soit en photocopies, soit en résumés de lecture.

vérance. Nous sommes d'autant moins fondés à leur jeter la pierre que l'expérience de la L.M.S. nous a montré l'extrême difficulté de l'entreprise. Ces passages ne préparaient-ils pas providentiellement l'action discrète et décisive du franciscain André Caro qui accueillera et formera la première équipe des Picpuciens en 1834 à Valparaiso?

S'il est difficile de donner un caractère missionnaire au passage par trop belliqueux de Mendaña à Vaitahu (Marquises) du 27 juillet au 5 août 1595, par contre il n'est pas douteux que l'expédition de Quirós (1605-1606) était avant tout une œuvre d'évangélisation de la «Terre Australe». La croix plantée à Hao le 10 février 1606 le fut dans cet esprit, de même que l'appellation de «Terra Australia del Espiritu Santo» donné à ce qu'il croyait être le bord septentrional du Continent Austral, à l'île actuelle de Santo au Vanuatu [2].

Cette magnifique entreprise apostolique, fruit de l'Année Sainte de 1600, ne fut qu'un rêve grandiose sans lendemains. Il faut près de deux siècles et la découverte de Tahiti par Wallis, Bougainville et Cook, de 1767 à 1769, pour que l'Espagne retrouve sa vocation missionnaire en Océanie. Don Manuel de Amat, Vice-Roi du Pérou, envoie en exploration en Polynésie le capitaine basque Domingo de Boenechea à bord de l'«Aguila» basé à Callao. Il touche Tahiti à Tautira le 19 novembre 1772. Sur son rapport favorable et celui des franciscains qui l'accompagnent: Juan Bonamo et José Amich, une tentative d'implantation sérieuse est mise sur pied. Le 27 novembre 1774, Boenechea est de retour à Tautira avec les P. franciscains Gerónimo Clota, Narciso González aidés de l'interprète Máximo Rodríguez et du matelot François Pérez. Ils arrivent avec deux tahitiens, embarqués au premier voyage de 1772 et formés au Pérou: Thomas Pautu et Manuel Tetuanui; les missionnaires comptent sur ces néophytes pour prendre contact avec la population.

Après un mois de travail pour monter la maison préfabriquée apportée par l'«Aguila» et clôturer le terrain offert par le chef Vehiatua, les missionnaires débarquent le 31 décembre. Le 1er janvier 1775 ils célèbrent la première messe au pied de la grande croix où est inscrit: «Christus vincit; Carolus III imperat: 1774». Le capitaine Boenechea meurt le 26 janvier; il est enterré au pied de la croix. Le navire repart le 1er février. Restés seuls, les difficultés assaillent les deux franciscains plus habitués à la régularité de la vie conventuelle qu'aux imprévus terribles de la vie missionnaire en pays neuf. Le sans-gêne et la débauche des Tahitiens, l'abandon rapide des deux néophytes, la grossièreté frustre du marin Pérez, l'indépendance de Rodríguez de plus en plus hostile aux deux

(2) L. Jore: *Océan Pacifique.* T. I, pp. 67-68.
- D. Mauer: *Aimer Tahiti,* p. 117.
- *Mémorial polynésien.* T. I, pp. 48-57, etc.
- O'Reilly: *Tahitiens,* art. Clota, Gonzáles, Rodríguez.

franciscains, tout cela, additionné à leur impréparation, fait qu'ils prennent peur pour leur vie même. Leur incompréhension des Tahitiens est totale. Ils demandent à être rapatriés lors du passage de l'«Aguila» le 30 octobre 1775. Le 12 novembre, ce premier essai missionnaire catholique à Tahiti se termine par un abandon aussi regrettable que compréhensible. Bien d'autres, protestants comme catholiques, feront l'expérience des difficultés insoupçonnées de l'évangélisation à Tahiti et en Océanie.

Grains de blé jetés en mer (1825-1848)

C'est le 15 juillet 1825 que le «Bon Père» Marie-Joseph Coudrin, fondateur et Supérieur Général de la Congrégation des Sacrés-Cœurs de Jésus et de Marie – dite de Picpus ou Picpuciens – donne corps à sa «saisie» missionnaire de l'automne 1792. La clandestinité de la Révolution et de l'Empire était terminée. Sans doute la reconnaissance civile se fait attendre; mais l'authentification par l'Eglise est désormais acquise depuis 1817 et le P. Coudrin a porté lui-même le texte définitif des Constitutions et Statuts au Saint-Siège en 1825. Alors pourquoi attendre davantage pour «avancer au large et y jeter les filets»? Le 10 septembre, en réponse à la demande déposée le 15 juillet 1825, le Pape offre de commencer la Mission aux îles Sandwich (Hawaii). C'est accepté le 6 octobre. Le 12 novembre le P. Coudrin propose A. Bachelot comme Préfet Apostolique. Le 27 novembre, «Propaganda Fide» crée la Préfecture Apostolique des îles Sandwich; Alexis Bachelot est nommé Préfet Apostolique le 3 décembre et le Nonce à Paris remet personnellement au P. Coudrin tous les documents correspondants le 1er février 1826. Les pouvoirs spirituels les plus larges étaient accordés aux «missionnaires apostoliques» (3). Dans une lettre-circulaire à sa congrégation, le fondateur exprimait sa grande joie «d'aller porter le flambeau de la foi aux habitants des îles Sandwich... et ainsi d'imiter plus parfaitement la vie évangélique de notre divin Sauveur. Nous commençons l'œuvre importante des Missions étrangères, l'une des principales fins de notre Institut et qui nous a été recommandée spécialement par le Successeur de Pierre».

Les longues démarches pour obtenir le passage sur un navire allant à Hawaii, les multiples préparatifs à faire dans la discrétion pour ne pas effaroucher les anglais demandent une année. Enfin, le 21 novembre 1826, sur le trois-mâts bordelais «La Comète», les P. Alexis Bachelot (30 ans), Préfet Apostolique et supérieur religieux, Abraham Armand (50 ans), et Patrice Short (irlandais de 34 ans), s'embarquent pour le Pacifique. Après une escale à Valparaíso du 8 au

(3) J.V. González-Carrera: *Père Coudrin...* I, 74-75.
– Lettres du P. Coudrin: T. III, lettres n. 155 et suivantes; surtout n. 204 de février 1826.
– *Annales SS.CC.*: «Registre des matières», pp. 120 à 145; Ar.SS.CC. 271-788.

24 février 1827, ils arrivent à l'île d'Oahu le 7 juillet et débarquent le 13. La mission progresse rapidement, les premiers baptêmes ont lieu le 2 février 1829. Après une année ils commencent à prêcher en langue hawaïenne. En juin 1829, Alexis Bachelot donne les premières confirmations. Ce succès déplaît fortement au Révérend Bingham et aux missionnaires de l'American Board of Commissioners for Foreign Missions américains. La persécution contre les catholiques commence en août 1829 ; elle sera parfois violente et fera un certain nombre de victimes. Elle durera jusqu'au 17 juillet 1839, jour où la liberté de conscience et de culte sera promulguée par le traité signé entre le capitaine Laplace et les autorités d'Hawaii (4).

Les missionnaires sont expulsés le 24 décembre 1831 ; ils sont recueillis en Californie le 25 janvier 1832 à la mission Saint-Gabriel. Le P. Armand et le Fr. Boissier avaient déjà quitté Honolulu en 1829. Les Fr. Bondu et Portal ne sont pas inclus dans l'ordre d'expulsion. Seul Fr. Bondu reste sur place ; L. Portal avait reçu mission de rentrer en France par la première occasion (15-12-1831).

Pendant ce temps, l'organisation missionnaire catholique s'était modifiée en raison de l'interférence de l'abbé de Solages, Préfet Apostolique de l'île Bourbon (La Réunion) depuis le 17 août 1829. Ce prêtre diocésain d'Albi nourrit de « grands desseins missionnaires ». Il est lié au capitaine irlandais Peter Dillon, grand connaisseur du Pacifique et bien introduit auprès du Gouvernement français depuis qu'il a retrouvé les restes de l'expédition de La Pérouse à Vanikoro. Ses multiples tractations à Paris et à Rome compliquent la situation des Missions dans le Pacifique ; il veut faire de La Réunion le centre missionnaire unique pour les Océans Indien et Pacifique. Aussi Rome crée le 10 janvier 1830 la Préfecture Apostolique de l'Océanie Orientale, théoriquement sous la juridiction de l'abbé de Solages et pratiquement confiée aux P. des Sacrés-Cœurs. Devant l'impossibilité d'une telle gestion, le Vicariat Apostolique d'Océanie est érigé le 3 juin 1833 et confié à la Congrégation des Sacrés-Cœurs. Le 8 décembre 1832, l'abbé de Solages meurt héroïquement à Madagascar (5).

Ce Vicariat représente un triangle dont les pointes sont Hawaii, l'île de Pâques et le groupe Nord des îles Cook (Roggewein). Le 14 juillet 1833, le P. Etienne Rouchouze (35 ans), proposé par le P. Coudrin depuis le 31 août

---

(4) P. H. LUCAS : *Histoire de la Mission des îles Sandwich ou Hawaii : 1825-1838*, éditée par Amerigo Cools. Rome 1979, 317 pages.
– L. JORE : *L'Océan Pacifique.* T. II, pp. 9 à 67.
(5) L. JORE : *Océan Pacifique.* T. I, pp. 161 à 172.
– G. GOYAU : *Les grands desseins missionnaires de l'abbé de Solages.* Paris 1933.
– S.C. *Propanganda Fide :* Décret, Bulle et Facultés, Ar.SS.CC. 1-1-4 H.
– M. DESMEDT : « Centenaire du Vicariat Apostolique d'Océanie orientale ». *Annales SS.CC.* 1933.

1832, est élu comme évêque titulaire de Nilopolis et premier Vicaire Apostolique. Le 22 décembre, il est sacré à Rome, en l'église de la Trinité-des-Monts par le cardinal Pedecini, Préfet de « Propaganda Fide ». Désormais, après huit années de recherches et d'essais variés, la Mission catholique en Océanie a trouvé sa structure ecclésiale, son équipe missionnaire et son évêque, libre à l'égard des pouvoirs politiques et dépendant directement de Rome [6]. L'Océanie Occidentale, confiée aux P. Maristes, sous la direction de Mgr Pompallier, est érigée en Vicariat Apostolique le 10 janvier 1836. La première équipe mariste, avec Pierre Chanel, passe à Mangareva le 13 septembre 1837.

Mgr Rouchouze a une vue ample et prospective de sa Mission. Il y envoie dès le 22 novembre 1833 les P. François d'Assise Caret, Honoré Laval, Chrysostome Liausu – désigné Préfet Apostolique sous l'autorité de Mgr Rouchouze – et le Fr. Columban Murphy. Partis de Bordeaux sur le « Sylphide », ils arrivent à Valparaíso le 13 mai 1834. Ils ont la bonne fortune d'être pris en charge par le P. André Caro, franciscain et ancien Préfet Apostolique dans les Andes. Celui-ci les aide et les forme de toutes manières jusqu'à leur départ pour les Gambier, le 16 juillet, à bord du « Peruviana », commandé par le Capitaine Sweetland. Ce choix a été fait pour éviter tout heurt avec les « méthodistes anglais ». Le P. Liausu reste à Valparaiso.

Ils arrivent dans le lagon des Gambier le 7 août 1834. Après un premier contact difficile à Mangareva, ils célèbrent la première messe à bord du bateau le dimanche 10 août, fête du diacre Laurent. Ayant trouvé une cabane et un terrain à Akamaru, ils descendent à terre et y célèbrent, le 15 août, leur première Eucharistie sur une île.

Pendant ce temps, le Vicaire Apostolique s'est rendu en Angleterre pour avoir une meilleure connaissance de sa Mission du point de vue anglais et protestant ; le résultat n'est guère encourageant. Il s'occupe de tout ce qui est indispensable pour la vie de son vicariat. Il quitte Le Havre sur la « Delphine » le 29 octobre 1834 avec les P. Maigret, Cyprien Liausu, Frédéric Pagès et les Fr. Gilbert Soulié, Fabien Costes et le « catéchiste » Urbain, vicomte de la Tour de Clamouze. L'escale d'un mois et demi à Valparaíso lui permet de nombreux contacts utiles. Enfin il arrive aux Gambier le 9 mai 1835. L'évangélisation est déjà très avancée : « Ce que Dieu fait ici tient du prodige », constate l'évêque. Les missionnaires avaient attendu son arrivée pour célébrer les baptêmes. Le roi Maputeoa est baptisé le 25 août 1836. Le 24 octobre, Mgr Rouchouze bénit la première pierre de l'église Saint-Raphaël d'Aukena, première église en pierre de l'Océanie, bâtie par les Frères des Sacrés-Cœurs.

(6) Les « Vicaires Apostoliques » étaient reliés directement au Pape, tandis que les « Préfets Apostoliques », selon le Concordat de 1801, étaient désignés par le Gouvernement français avec l'accord de Rome.

Nous avons déjà signalé (chapitre I, communications) que le Vicaire Apostolique a une vive conscience de l'immensité du territoire qui lui est confié, des difficultés des communications, de la nécessité de saisir les occasions. En novembre 1836, en réponse aux appels de certains chefs et du Fr. Columban Murphy, il envoie les P. Caret et Laval faire un essai à Tahiti. Nous en savons les conséquences en raison de l'ostracisme de Georges Pritchard.

Préoccupé de l'aggravation de la persécution à Hawaii, il ordonne prêtre secrètement le 15 septembre 1837 le Fr. Murphy qu'il a déjà envoyé en mission exploratoire à Tahiti et à Honolulu en 1835. En octobre 1836, le capitaine Vaillant sur la «Bonite» découvre les expulsions des P. Bachelot et Short datant de 1831. Le capitaine, accompagné du consul anglais Charlton, fait des représentations au roi Kaméhaméha. En octobre 1836, le navire anglais «Actaeon» commandé par Lord E. Russell, puis en juillet 1837 le «Sulphur» aux ordres de Belcher et la «Vénus» de Dupetit-Thouars arrivent à Honolulu et exigent les explications du Révérend Bingham, instigateur des expulsions et des persécutions. Le nouvel essai des P. Bachelot et Short le 18 avril 1837, l'arrivée des P. Maigret et Murphy le 2 novembre ne sont pas meilleurs. Si Short et Murphy, comme citoyens britanniques, sont protégés par le consul britannique Charlton et tolérés par le Roi, Bingham fait détenir le P. Bachelot. Le 23 novembre, les PP. Maigret et Bachelot quittent Honolulu; le P. Alexis Bachelot, premier Préfet Apostolique, meurt en mer le 5 décembre et est enterré dans l'île de Naha (Ascension) le 14 décembre.

La liberté de culte ayant été accordée aux catholiques le 13 juillet 1839, Mgr Rouchouze se rend à Honolulu le 13 mai 1840 avec le P. Maigret, nommé Préfet Apostolique des Sandwich le 25 juillet 1839, à bord de la «Clémentine». A partir de cette époque, la mission catholique, sous la direction du P. Maigret, se développe aux îles Hawaii. Le 18 juillet 1844, les îles Sandwich sont détachées du Vicariat Apostolique d'Océanie Orientale; elles deviennent un Vicariat Apostolique indépendant, dont Mgr Maigret fut le premier titulaire en 1847.

Selon les directives de Mgr E. Rouchouze, le P. Chrysostome Liausu, Préfet Apostolique en résidence à Valparaiso, profite du passage de Dupetit-Thouars sur la «Vénus» et de la demande du Consul de France à Valparaiso, pour envoyer les P. Dosithée Desvault et Louis de Gonzague Borgella, accompagnés du Fr. Nil Laval, à Vaitahu aux Marquises; ils y arrivèrent le 4 août 1838. Dès le mois de février 1839, Mgr Rouchouze en personne s'y rend avec six nouveaux missionnaires; ils renforcent l'équipe de Vaitahu et fondent la mission à Taiohae.

Le 23 mai 1840, le P. Caret est nommé Préfet Apostolique du secteur Sud du Vicariat. Au même moment Mgr Rouchouze part relancer la mission de Hawaii; il y reste six mois avant de s'embarquer vers l'Europe pour y faire le point et chercher du renfort. A cette époque, l'immense Vicariat Apostolique de l'Océanie Orientale est organisé de la façon suivante : sous l'autorité épiscopale du Vicaire Apostolique, Etienne Rouchouze, nous avons trois Préfets Apostoliques :

– Chrysostome Liausu, en résidence à Valparaiso, « base arrière » et procure de la Mission ;
– Désiré Maigret, en résidence à Honolulu et chargé des Hawaii ;
– François d'Assise Caret, chargé des Gambier, Marquises, Tahiti.

Le Vicaire Apostolique quitte son territoire le 3 janvier 1841. Il déploie en Europe une intense activité au service de sa mission. Il obtient de Mgr Bonamie, successeur du P. Coudrin décédé en 1837, 25 pères, frères et sœurs pour l'Océanie. Il fait construire un brick-goélette à Saint-Malo, le « Marie-Joseph ». L'équipe missionnaire au complet quitte la Bretagne le 15 décembre 1842. Ils font escale en février 1843 à l'île Sainte-Catherine sur la côte brésilienne. Un navire les aperçoit en mars dans une tempête au large des Malouines (Falkland) où le « Marie-Joseph » disparaît corps et biens. Ce fut le plus grand drame de toute l'histoire de la mission. En 1843, il n'y avait que 18 missionnaires dans la Préfecture Apostolique du P. Caret : 9 aux Marquises, 9 à Tahiti-Gambier. 25 étaient engloutis en mer, dont le Vicaire Apostolique et 10 religieuses qui venaient donner une dimension nouvelle à cette mission, jusqu'alors uniquement masculine. Pour la Congrégation encore naissante des frères et sœurs des Sacrés-Cœurs ce fut une très rude épreuve ; jusqu'à notre époque, un tel effort en personnel missionnaire ne sera plus possible d'un seul coup.

Cette catastrophe maritime, cet anéantissement missionnaire dans la tempête, ne fut pas rapidement connu. Ni la Congrégation des Sacrés-Cœurs, ni « Propaganda Fide » ne purent réagir aussitôt. Or Tahiti est à l'époque du Protectorat français (9-9-1842) et des troubles prolongés qui y firent suite. Les Marquises deviennent colonie française en mai et juin 1842. L'absence prolongée de Vicaire Apostolique, malgré tout le zèle du P. Caret, se fait fortement sentir auprès des autorités.

Croyant bien faire et pour saisir les circonstances, le P. Caret envoie le 9 août 1841, pour fonder la mission de Tahiti, les P. A. Chausson, C. Murphy et le Fr. Nil Laval. Ils sont très mal reçus par J.A. Moerenhout qui avait promis à Pritchard que rien ne se ferait durant son voyage à Londres ; de plus le consul de France à Tahiti s'autorisait d'une promesse de Mgr Rouchouze selon laquelle le Vicaire Apostolique n'envisagerait pas de mission catholique rapide à Tahiti. Les discussions furent aigres pour obtenir le terrain promis en 1839 afin de bâtir une église à Papeete [7]. A la suite de l'intervention de du Bouzet, Pomaré IV

(7) Dossier F. Caret, Ar.SS.CC. 59,2.

accorde le 18 mai 1842 le fameux terrain. La mission fut totalement incendiée le 30 juin 1844 en représailles de la mort du Révérend Mac-Kean. Ce fut une perte irréparable de manuscrits.

Le 3 mars 1843, le Protectorat passe une convention avec la mission concernant le «Clergé colonial» à Tahiti ; un prêtre est accepté à Papeete comme aumônier de la Marine et de la colonie française. Les anglais étaient véhéments et le Gouverneur craignait une guerre de religion [8].

1844 est une année importante dans la situation confuse sur le plan de la Mission catholique et incertaine sur le plan politique. Le 16 mars arrivent à les quatre premières sœurs de Saint-Joseph de Cluny, conduites par sœur Régis Fléchel ; elles étaient initialement destinées à la colonie des Marquises, alors trop troublée. Le 16 février, Dupetit-Thouars avait imposé le Protectorat aux Gambier, acte qui sera refusé en juillet par le Ministre ; le P. Cyprien Liausu, contre l'avis des missionnaires [9], était nommé représentant du Gouverneur.

Le 18 juillet, les îles Sandwich sont détachées du Vicariat d'Océanie Orientale. Le 18 juillet, le P. François de Paule Baudichon, missionnaire aux Marquises, est nommé Coadjuteur de Mgr Rouchouze disparu. Il est sacré à Valparaiso le 21 décembre 1845. Dès le 22, il rentre aux Marquises où il arrive le 23 janvier 1846 ; il fixe sa résidence habituelle à Vaitahu (Tahuata). Le P. Caret, Préfet Apostolique et Provincial, meurt à Rikitea le 26 octobre 1844.

En mai 1847, les sœurs de Cluny, après avoir soigné les blessés de la «guerre de Tahiti», ouvrent une école à Papeete.

Période difficile, troublée, où la Polynésie se construit sur des bases nouvelles. Qu'aurait fait Mgr Etienne Rouchouze? Quelle aurait été la place des 25 nouveaux missionnaires ? On n'a pas assez souligné que la période capitale de la présence française en Polynésie s'est déroulée en l'absence de l'évêque responsable de l'Eglise, à qui les divers protagonistes prêtaient des intentions contradictoires. Le personnel missionnaire était dispersé et réduit, loin de l'évêque-coadjuteur fixé aux Marquises depuis son retour du Chili le 7 février 1846.

Tahiti

Difficiles fondations dans l'espérance (1848-1884)

Le 9 mai 1848 est une date majeure dans l'histoire de la mission catholique. Les Vicariats Apostoliques des îles Marquises et de Tahiti sont érigés par un Bref de Pie IX, suite à sa décision du 9 avril précédent. Le premier est confié

---

(8) F.A. Caret à Mgr Bonamie : 21-11-1843, Ar.SS.CC. 59,2.
(9) Fr. Z. Pratoursy au T.R.P. : 14-12-1849, Ar.SS.CC. 62,2.

à Mgr Baudichon qui y réside déjà; celui de Tahiti et de ses dépendances est confié à Mgr Etienne (Tepano) Jaussen, nommé évêque titulaire d'Axiéri le même jour. Il est professeur et maître des novices au Collège de Valparaiso; il est âgé de 33 ans. Mgr Magloire Doumer, Provincial des missionnaires des Sacrés-Cœurs en Océanie, en résidence à Valparaíso, lui est donné comme Coadjuteur; il est âgé de 42 ans. Cette répartition des archipels constitue l'organisation actuelle des diocèses de Taioha'e (Marquises) et de Papeete (Tahiti), créés en 1966. Ce dernier verra se détacher de sa juridiction l'île de Pâques en 1921 et les îles Cook en 1922.

Il est utile d'expliciter les raisons et la méthode qui sont à la base de la décision du Pape Pie IX par l'intermédiaire de Propaganda Fide. En effet la décision romaine arrive au terme d'un long processus de consultations. L'initiative vient du Supérieur Général des Sacrés-Cœurs et de son Conseil à partir des rapports et des lettres des missionnaires. Dans le cas présent, Mgr Bonamie, le Supérieur Général, écrit à Rome le 1er février 1848 [10].

«J'ai eu l'honneur, dans le temps, de proposer à Votre Eminence la formation d'un troisième Vicariat Apostolique dans l'Océanie Orientale, à cause des grandes distances qui séparent les divers archipels et de la difficulté des communications. Votre Eminence me répondit qu'elle désirait connaître quelles seraient les îles qui dépendraient de ce Vicariat et quelle est à peu près leur position. Dans la supposition que ce troisième Vicariat serait créé, les deux autres Vicaires Apostoliques seraient restreints l'un à l'archipel des Marquises et l'autre à celui des Sandwich, et l'un et l'autre auraient encore assez de quoi exercer leur zèle: car ces archipels se composent de plusieurs îles assez distantes les unes des autres.»

Le 7 mars, suite à la réponse affirmative sur le principe et à la demande de proposition d'un sujet digne, le Supérieur Général écrit:

«Tous les membres de mon Conseil ont été d'avis, et je partage leur manière de voir, que le meilleur choix à faire serait celui de nommer Florentin-Etienne Jaussen...

J'aurais encore à soumettre une demande qui me paraît vivement intéresser le succès de nos missions de l'Océanie et des établissements que nous avons dans le Chili; ce serait l'élévation à l'Episcopat, en qualité de Coadjuteur du nouveau Vicaire Apostolique, du Supérieur de notre maison de Valparaiso, qui continuerait cependant à résider dans cette ville... Voici les principaux motifs... en faveur de ma proposition.

1) Le supérieur de notre maison de Valparaiso allant être nommé Provincial

(10) *Acta Propaganda Fide,* 1848, vol. 211, pp. 151-161.
– *Annales SS.CC.:* «Registre des matières», pp. 136 à 141, Ar.SS.CC. 271-788.

de toutes nos missions d'Océanie... jouirait d'une plus grande influence... pour maintenir l'unité de vues, de sentiments et d'administration.
2) Il aurait plus de latitude et de facilité... pour faire recevoir et suivre les instructions et avis de la S.C. de la Propagande et du Supérieur Général.
3) Il pourrait remplacer le nouveau Vicaire Apostolique pour les fonctions épiscopales dans l'île de Pâques (plus proche de Valparaiso).
4) Nous allons avoir à Valparaiso un grand nombre de jeunes profès... à admettre aux ordres; il n'y a pas d'évêque à Valparaiso... (il faut aller à Santiago pour les ordinations, ce qui occasionne des frais de voyage).
5) Valparaiso a 40.000 âmes et reçoit rarement la visite de l'Ordinaire... L'Archevêque de Santiago... serait enchanté de la présence d'un évêque à Valparaiso; il en a exprimé le désir aussi bien que le clergé...
6) Plusieurs évêques de l'Amérique du Sud s'adressent au supérieur de notre maison pour avoir des sujets...
7) Valparaiso étant point de relâche pour les navires... l'évêque qui serait là pourrait facilement tenir Votre Eminence au courant de ce qui se passe dans cette partie de l'Amérique et dans l'Océanie Orientale...
Dans le cas où ma proposition serait acceptée, j'ajoute le nom du supérieur qui dirige notre maison de Valparaiso et qui nous paraît digne à tous égards... il se nomme Antoine Doumer».

La Congrégation Générale de Propaganda Fide, réunie le 3 avril 1848, approuve toutes ces propositions; le 9 avril, le Cardinal-préfet les soumet au Pape qui les confirme et en ordonne l'exécution. Le tout est publié le 9 mai. Mgr Doumer en informe aussitôt le Gouverneur Lavaud à Papeete et le Père Heurtel, alors Provicaire et supérieur religieux; celui-ci décéda le 18 octobre 1850 à peine deux ans après l'arrivée de Mgr Tepano Jaussen. Ce dernier était sacré à Valparaiso, en compagnie de son coadjuteur, le 27 août 1848.

Ces documents montrent que la part prépondante et l'initiative reviennent à la Congrégation des missionnaires picpuciens. Avec des délais plus ou moins longs et des modalités diverses selon les circonstances, il en sera de même pour toutes les autres interventions romaines dans la mission d'Océanie Orientale. Rome avait toute confiance dans les missionnaires; ces derniers vivaient en profonde communion avec le Pape, «successeur de Pierre, centre de l'unité catholique» [11].

On est frappé de la lucidité de Mgr Tepano Jaussen, de la conscience large et précise que le tout jeune Vicaire Apostolique exprime dans une lettre à sa sœur Félicité, un mois après son sacre, alors qu'il n'a encore jamais été en Polynésie [12].

---

(11) P. Coudrin: Lettres. T. III, n. 155 du 16-5-1825 et n. 202 de février 1826.

(12) Mgr T. Jaussen à sa sœur Félicité à Alençon, lettre de Valparaiso (25-9-1848). Ar.SS.CC. 58,1. – V. Prat: *Mgr T. Jaussen.* T. I, pp. 49-52.

«Si j'avais le désir d'aller en mission, ce n'était pas avec l'immense responsabilité d'un évêque. Je suis loin de me réjouir, surtout en considérant les difficultés qu'offrent les îles qui me sont confiées... Le nouveau Vicariat se compose d'une foule d'îles et d'îlots disséminés sur une étendue d'environ mille lieues et qui ont peu ou point de relations les unes avec les autres.

Tahiti... est loin d'avoir un gouvernement constitutionnel et libéral comme celui de Hawaii...

Les ministres protestants, arrivés en 1797... eurent un succès complet en 1815... Ils ont reçu des terrains des insulaires, terrains qui ne se donnent pas à la mission, mais au missionnaire lui-même, accompagnée d'une femme et d'enfants. Ils sont aujourd'hui riches, puissants et redoutés...

M. Guizot avait donné ordre de ne souffrir à Tahiti qu'un prêtre catholique pour la colonie française, sans permettre aucune prédication pour les indigènes. Il voulait remplacer successivement les ministres protestants anglais par des ministres français: Dieu veuille que ce projet ne soit pas suivi. Jusqu'ici le Gouverneur actuel n'y a été que trop fidèle. Il a consenti à la présence de deux prêtres, ayant compris qu'un prêtre aussi pouvait désirer se confesser... Il leur a bien défendu de travailler à la conversion des Tahitiens...

Humainement parlant, Tahiti nous offre peu d'espoir; on peut en dire autant des îles qui l'entourent... Les Paumotu ou Tuamotu offrent plus d'espoir... Mais elles sont trop pauvres... elles promettent à nos missionnaires, sinon le succès qui appartient à Dieu seul, au moins une abondante récolte de privations...

L'île de Pâques et les îles Penrhyn, les deux extrémités de mon diocèse... la première a été exaspérée par les vexations... des baleiniers.

Dans cette vaste mission, l'œil ne se repose avec joie que sur ce petit archipel des Gambier dont la conversion a fait la joie de l'univers catholique et dont la ferveur édifie encore aujourd'hui...»

Le 27 décembre 1848, Mgr Tepano Jaussen s'embarque à Valparaiso avec les P. Louis Borgella, Nicolas Blanc et Clair Fouqué. Ils arrivent à Papeete par l'«Alcmène» le 16 février 1849 où le P. Heurtel les accueille. Mgr Baudichon était reparti définitivement pour la France sur l'«Arche d'Alliance» le 28 janvier précédent; le trois-mâts était au port depuis le 6 décembre.

Juste le temps de saluer les autorités et Mgr Tepano Jaussen part aux Gambier sur l'«Alcmène». Il y reste trois mois; il y remplace le P. Laval qu'il envoie avec le P. Clair Fouqué fonder la mission catholique aux Tuamotu. L'évêque s'initie à la langue et se lance dans l'agriculture, deux points qui lui tiendront à cœur tout au long de sa vie [13]. Après avoir appelé le P. Nicolas Blanc pour le remplacer aux Gambier, il rentre à Tahiti en visitant la mission débutante des Tuamotu. Dès le mois d'octobre, il commence son ministère en ouvrant une

---

(13) H. LAVAL: *Mémoires pour histoire de Mangareva*, pp. 272-274.

école primaire à Haapape comme «apprivoisement pour faire tomber les préjugés» [14]; il y passe la semaine, ne rentrant à Papeete que le samedi. En 1850, la mission de Mataiea, fondée en 1844 par le P. Armand Chausson, voit les premiers baptêmes; l'église y est inaugurée en 1858. C'est la doyenne des églises de Tahiti.

Sous la direction d'un jeune évêque, les missionnaires, jeunes eux aussi, se dévouent avec zèle à l'évangélisation. Si ce zèle ardent est une qualité fondamentale aux yeux de Mgr Jaussen et des P. des Sacrés-Cœurs, s'il est parfois loué par tel Gouverneur, la plupart de ceux-ci le trouvent «gênant, imprudent, excessif, à modérer».

A la fois pour occuper l'unique poste reconnu par le gouvernement et profiter des voyages des navires d'Etat, Tepano Jaussen accepte en 1851 d'être aumônier de la Marine [15]. Il fait quatre tournées pastorales aux Tuamotu en 1850, 1852, 1856 et 1858.

Pour répondre aux besoins de la mission, par conviction personnelle et grâce à sa bonne formation littéraire, le Vicaire Apostolique se met rapidement à l'étude de la langue tahitienne. Sa grammaire et son dictionnaire, qui font toujours autorité, sont édités à Paris en 1861. A la fin de sa vie, il étudie les «bois parlants de l'île de Pâques». Dès 1851, il rédige le premier catéchisme en tahitien du diocèse. Cette activité des pères comme instituteurs bilingues s'avère être la plus efficace porte d'entrée auprès des populations polynésiennes. Elle fait tomber les puissants préjugés antipapistes; elle est appréciée par la population, y compris à Tahiti, et soutenue par divers Gouverneurs [16]. Dès 1849, le P. Heurtel, supérieur de la mission, demande que la Maison-Mère de Picpus «envoie 4 Pères pour les écoles, car il est seul à Tahiti». Le 7 novembre 1857, les sœurs de Saint-Joseph de Cluny ouvrent la première école publique à Papeete, suivie d'une autre à Papeuriri (Mataiea) en 1867. Les frères de Ploërmel, arrivés en 1860 à la demande du Gouvernement, en accord avec l'évêque, pour fonder les écoles publiques françaises, ouvrent leur première école le 5 décembre à Papeete dans des conditions très difficiles [17]. Le 31 mars 1864, trois frères ouvrent une école à Papeuriri. La laïcisation décidée le 5 février 1881 entraîne l'expulsion des frères des écoles publiques de Papeete en 1882 et de Papeuriri en 1887. Aussi Mgr Jaussen, avec son Conseil et les frères, décide que la

---

(14) E. Heurtel au T.R.P., lettre (15-11-1849), Ar.SS.CC. 59,3.
(15) E. Heurtel au T.R.P. (24-6-1849), Ar.SS.CC. 59,3.
– V. Prat, *op. cit.*, pp. 150-153.
(16) du Bouzet au Ministre (9-9-1855 et 10-10-1855). F.O.M. Océanie C 13, A 71.
(17) Mgr T. Jaussen à J.M. de Lamennais (25-12-1860).
– Fr. Alpert et T.C.F. Cyprien aux Autorités (1861), Ar. F.I.C.
– Ch. Rullon, *Centenaire*, pp. 4 à 26.

mission catholique prendrait à sa charge l'école libre de Papeete que les frères de Ploërmel ouvrent le 10 octobre 1882 [18]. Nous étudierons en détail l'action éducative et scolaire de la mission au chapitre XII.

L'action scolaire des pères des Sacrés-Cœurs leur permet d'implanter peu à peu quelques paroisses catholiques dans les districts de Tahiti : Mataiea en 1844, Haapape en 1849, Paea et Parapa en 1855, Hitiaa et Faaone 1856, Punaauia en 1857, Tautira en 1858, Faaa en 1865, Papaoa (Arue) en 1867, Papenoo en 1872, Papeari en 1876.

Ce développement progressif des communautés catholiques nécessite l'acquisition des terrains nécessaires et la construction des bâtiments pour réunir les fidèles : églises, presbytères, locaux scolaires ou de réunions. Mgr Tepano Jaussen voit grand ; il prépare l'avenir et saisit les occasions pour doter la mission de l'infrastructure dont elle vit encore aujourd'hui. Il possède le génie de l'organisation et a un sens administratif très averti [19]. Le 8 décembre 1855 il fait l'acquisition de la « vallée de la Mission », alors zone de brousse et de marécage entourant la rivière Papeava ; elle est située côté montagne, en retrait de Papeete qui se développe autour de sa rade. La capitale n'est encore qu'une petite agglomération de quelques milliers d'habitants. Le chapitre XVI explicite ce sujet important et délicat des terrains de la mission.

Sur ces terrains, l'action persévérante du Vicaire Apostolique se déploie dans deux directions qu'il explique clairement à ses sœurs Félicité et Sophie [20] : le développement agricole et floral, la construction des églises. « Depuis mon arrivée ici, nous avons construit 25 églises en pierres. Nous allons plus vite maintenant et si Dieu me conserve la santé, on comptera autant d'églises que d'années d'administration. » Il se situe dans la ligne tracée par Mgr Tepano Rouchouze et la première mission de Mangareva où la première église d'Aukena avait été fondée en 1836 et la cathédrale Saint-Michel de Rikitea bénite le 15 août 1841. La mission catholique en Polynésie, principalement sous l'impulsion de Tepano Jaussen, a réalisé une importante œuvre architecturale, étudiée au chapitre XV [21]. De 1855 à 1880, le personnel missionnaire des Sacrés-Cœurs comprend presque le même effectif de frères convers bâtisseurs que de prêtres : 12 frères et 13 prêtres en 1860 [22].

Dès son arrivée en 1849 à Mangareva et jusqu'à la fin de sa vie à la vallée de la Papenoo où il se retire, Mgr Jaussen se préoccupe activement du développe-

(18) T. JAUSSEN au T.R.P. (10-3-1882), Ar.SS.CC. 58,1.

(19) T. JAUSSEN au T.R.P. (12-6-1882) avec liste des terrains copiée par le P. Martin, Ar.SS.CC. 58,1.

(20) T. JAUSSEN à ses sœurs (1-2-1877), Ar.SS.CC. 58,1.

(21) H. LAVAL, *Mémoires,* Introduction sur l'œuvre architecturale de la mission, pp. CIX et sq. Se reporter à l'annexe III pour la chronologie des constructions des églises.

(22) Voir annexe IX et A. COOLS : *Evêché de Papeete et Frères bâtisseurs.* Rome 1981, 48 pages.

ment agricole et de l'élevage. La mise en valeur de la vallée de la mission fut exemplaire à ce titre, comme une commission officielle le constate en 1879. Tepano Jaussen est fier de ses plantations et de son élevage qui font vivre en partie la mission; cela montrait ce qu'il est possible de faire dans les îles polynésiennes, y compris dans les atolls des Tuamotu où il développe les cocoteraies. En plus de l'initiation aux métiers du bâtiment assurée dans les chantiers par les frères bâtisseurs, l'évêque fonde en 1869, avec le P. Collette, les «ateliers de Saint-Joseph» dans la vallée de la mission à Papeete. Cette entreprise, toujours si actuelle et urgente, du développement en lien avec l'évangélisation, fera l'objet du chapitre XIV.

L'histoire rappelée sommairement dans la première partie, laisse deviner que la fondation de l'Eglise catholique à Tahiti se réalise dans un contexte d'affrontements difficiles avec l'administration d'Etat et les Protestants dont le chapitre XVII parlera. Diverses difficultés internes venant de sa propre Congrégation – «schisme», affaire Collette, personnel peu préparé... – compliqueront, pour Mgr Jaussen, cette longue période d'implantation. La révolte d'Anaa où Clair Fouqué est laissé pour mort, la dévastation de la mission par le gouverneur Page l'amènent à un premier voyage en Europe du 6 avril 1853 au 15 novembre 1854. Les difficultés concernant la construction de la cathédrale – commencée en 1856 et qui sera démolie en 1870, avant d'être reconstruite, mais beaucoup plus petite, par le Gouvernement en 1875 –, les tracasseries concernant les Gambier, la demande de pasteurs protestants français, les discussions sur les écoles, etc., obligent l'évêque, poussé par ses missionnaires, à repartir en Europe de janvier 1861 à février 1864. Plusieurs fois il suggère d'abandonner une mission si difficile pour la confier aux Spiritains.

Le souci des vocations locales fut pour lui une préoccupation constante. Le modeste collège d'Aukena, ouvert en 1840 par M. Urbain, est renforcé en 1850 par la venue de M. Henri Mayne qui s'y dévoue sans compter, mais aussi sans grande illusion, sous la direction du P. Nicolas Blanc. Le petit séminaire est transféré à Papeete en 1870, puis à Pamatai en 1872. Le 24 décembre 1873, Mgr Tepano Jaussen ordonne le premier prêtre polynésien, Tiripone Mama Taira (abbé Tryphon), de la famille royale de Mangareva. Après un petit ministère à Faaone où il ne répond pas aux espoirs mis en lui, il part à Valparaiso en 1879; il y meurt le 27 décembre 1881. Mgr Jaussen doit fermer le séminaire faute de sujets capables, le 30 mai 1874. La formation des catéchistes, surtout aux Tuamotu avec les P. Montiton et Fierens, l'évangélisation des travailleurs Gilbertins d'Atimaono par le P. Latuin Lévesque en 1875 reçoivent tout son soutien.

Devant les événements difficiles et sa santé qui s'affaiblissait – un tremblement croissant rendait son écriture pénible – Mgr Jaussen donne «sa démission à Rome à titre prudentiel» en 1874. Ne voyant aucun successeur sur place, il laisse carte blanche au Supérieur Général, le T.R.P. Bousquet. Celui-ci propose le P. Gilles Collette. Mais il commet l'imprudence de le dire à l'intéressé; il le met trop en valeur au grand mécontentement des missionnaires, fort réservés devant son autoritarisme ambitieux comme provincial [23]. Ce sera la source de la crise qui éclatera avec Mgr Verdier. Celui-ci est nommé en 1882 coadjuteur de Tepano Jaussen dont la démission avait été acceptée l'année précédente. Mgr Verdier arrive à Papeete incognito, selon son désir, le soir du 4 novembre 1883 après son sacre à Quito à la Pentecôte précédente. Mgr Tepano Jaussen se retire en février 1884 dans la vallée de la Papenoo. Il décède le 9 septembre 1891, peu après le roi Pomaré V. La colonie lui fit des funérailles officielles à titre de reconnaissance (voir introduction). L'époque des fondateurs s'achève. Par sa bonté rayonnante, son zèle persévérant, son talent d'organisateur, il a posé les fondations, «espérant contre toute espérance».

Le temps des cyclones (1884-1908)

L'époque qui s'ouvre avec l'épiscopat de Mgr Marie-Joseph Verdier sera sur tous les plans le temps des cyclones; du dedans et du dehors, la mission catholique sera durement éprouvée. Il y a la série des trois cyclones du début du siècle: celui du 11 au 17 janvier 1903 qui ravage les Tuamotu, rasant les missions et faisant 515 morts; celui du 23 mars 1905 sur Tahiti et Makatea et celui du 8 février 1906 qui se déchaîne à nouveau aux Tuamotu où périt le Père Vincent de Paul Terlijn.

Sur le plan administratif et légal, c'est l'époque des lois anticongréganistes, de la laïcisation de l'enseignement et de la séparation de l'Eglise et de l'Etat. Pendant que la forte personnalité de Charles Viénot domine la scène et que le Conseil Supérieur des églises protestantes reçoit son statut officiel le 23 janvier 1884, la mission catholique se voit refuser par Jauréguiberry toute personnalité civile ou existence légale. Seule la paroisse de Papeete, par décret du 16 juin 1892, sera rcconnue légalement en application du décret du 30 décembre 1809 concernant les Fabriques. Les missionnaires, «appartenant à une congrégation non reconnue» par l'Etat, vivent sous la menace permanente d'une expulsion, semblable à celle qui chasse leurs frères de France en 1903 en application de la loi du 1er juillet 1901. Le décret était arrivé à Papeete; les prêtres ne sont tolérés que comme «clergé séculier». L'administration fait procéder aux inventaires [24]. Mgr Verdier sauve les biens de la Mission par la constitution, le 25 avril 1906, de la «Corporation Catholique d'Océanie» sise à Honolulu. C'était l'archevêque de San Francisco qui lui avait suggéré cette idée en 1905 [25].

---

(23) T. Jaussen au T.R.P. (5-8-1874, 4-1-1875, 9-1-1876), Ar.SS.CC. 58,1.
(24) G. Eich au T.R.P. (18-8-1894), Ar.SS.CC. 60,2.
– Mgr Verdier au T.R.P. (29-7-1884; 2-3-1894; 15-5-1901; 5-11-1904), Ar.SS.CC. 58,3.
(25) Mgr Verdier au T.R.P. (15-7-1905; 18-6-1906; 17-7-1906; 20-8-1906), Ar.SS.CC. 58,3.

Les frères de Ploërmel et les sœurs de Cluny sont chassés des écoles publiques et de l'hôpital durant cette période de laïcisation : Papeete en 1882, Mataiea en 1887 pour les frères ; Mataiea en 1902 et l'hôpital le 14 juin 1904 pour les sœurs de Cluny. Il en sera de même pour les écoles de Mangareva et des Marquises [26].

Dans une ambiance aussi incertaine, Mgr Verdier comme le P. Georges Eich, son Provicaire et provincial picpucien, maintiennent de bonnes relations personnelles avec les autorités. Ils vivent en bonne entente avec l'administration ; ils ne mêlent pas la mission catholique aux intrigues politiques et se tiennent en dehors des partis locaux. « L'esprit conciliant et le tact parfait du P. Eich étaient appréciés » de la population, écrit le « Messager de Tahiti » [27]. Le 27 mai 1904, Georges Eich est nommé évêque-coadjuteur de Mgr Verdier ; il dut refuser en raison de son délabrement cardiaque. Ce missionnaire exceptionnel, peut-être le plus remarquable de toute l'histoire de la mission catholique, décède le 6 mars 1905. Devant « les tracasseries incessantes et les jugements iniques des administrateurs soupçonneux » de cette époque d'anticléricalisme militant, il sut relativiser avec calme et patience les tempêtes ; il explique que « les articles violents des journaux d'ici le sont pour Paris, mais qu'ils font peu de mal à la mission ». Ces querelles étaient, en pratique, limitées au petit nombre des européens [28].

Bien plus graves, en réalité, sont les épreuves à l'intérieur de la mission catholique. En période de crise, tout groupe humain, surtout lorsqu'il vit intensément un idéal exigeant, ne peut qu'être secoué, interpellé. L'unité n'est pas l'uniformité ou l'unanimité, surtout dans le clergé.

C'est en raison des désunions dans la Congrégation à la suite du «schisme» qui avait secoué la Congrégation des Sacrés-Cœurs de 1853 à 1869 – Mgr Baudichon y prit une part active – et des divisions dans la mission de Tahiti que le Supérieur Général avait proposé Marie-Joseph Verdier comme Vicaire Apostolique en 1882 [29]. Le P. Verdier, alors âgé de 48 ans, était un théologien polyglotte, un homme spirituel chargé de la formation des religieuses à Quito (Equateur) ; c'était un ami et l'homme de confiance du T.R.P. Bousquet qui lui demande, contre son gré, de se faire sacrer à Lima ; les missionnaires le lui reprocheront toute sa vie : « Il est arrivé déjà un évêque ! »

Le cas le plus grave de division est l'attitude du P. Gilles Collette qui vit en marge de la mission. Il a une situation privilégiée à l'égard de l'administration comme curé de Papeete ; il est officiellement « reconnu », alors que le Vicaire

---

(26) F.O.M. Océanie, C 98 dossiers H 31, H 32, H 39 sur la laïcisation en Polynésie.
(27) *Messager de Tahiti* (16-6-1894).
(28) G. Eich au T.R.P. (29-7-1902 ; 8-12-1898 ; 20-1-1904 ; 13-6-1904 ; 18-7-1904).
(29) Le « Schisme » SS.CC. Documentation n. 15, mai 1980, Rome, 52 pages.
– Mgr Verdier au T.R.P. (5-4-1881 ; 14-10-1882 ; 17-11-1882 ; 5-6-1884), Ar.SS.CC. 58,2.

Apostolique est légalement inexistant et relégué à la chapelle de l'évêché. La cathédrale est considérée, non comme l'église de l'évêque, mais comme la paroisse de la colonie française. Après de multiples avertissements et démarches, le conflit éclate le 5 avril 1889. Ce jour-là, M. Holozet, président du Conseil de Fabrique, soutenu par le P. Collette, refuse de donner les clés de la cathédrale à Mgr Verdier qui ne peut y célébrer la messe: «J'ai les clés, je les garde», lui écrit-il ce jour-là, en déniant toute autorité légale et religieuse à l'évêque. Devant son refus persistant et public, le Vicaire Apostolique excommunie M. Holozet le 10 avril et suspend totalement le P. Collette. Mgr Tepano Jaussen, retiré à Papenoo, soutient entièrement son successeur. L'affaire fit grand bruit à Tahiti; elle agita Paris et Rome. Elle se termine le 10 avril 1890, jour où le Gouverneur transmet au Vicaire Apostolique la note du cardinal Simeoni, préfet de «Propaganda Fide»; les tensions étant alors vives entre la France et le Vatican, cette note, malgré des appels à la conciliation et à la soumission, est, en fait, un blâme en cinq points de Mgr Verdier qui en resta très affecté (30). Cet acte d'autorité – unique dans toute l'histoire de la mission catholique – sauve son unité, approfondit son caractère spirituel et la libère des multiples intrigues politiques du P. Collette qui finit par fatiguer même l'administration dont il se croyait l'intermédiaire privilégié. L'attitude de Gilles Collette gêna la mission de 1874 à sa mort en 1899.

L'angoisse permanente de Mgr Verdier est l'achèvement de l'évangélisation des divers archipels au fur et à mesure de la levée de l'interdiction de séjour pour les prêtres catholiques: 1889 aux îles Cook, 1897 aux Iles-sous-le-Vent. C'est le P. Eich qui assure les visites de prospection (31). Les demandes des îles sont nombreuses; mais «la pauvreté des sujets est extrême»: en 1898 il ne reste que sept missionnaires valides dans toute la mission de Tahiti. Devant cette pénurie et l'absence de renfort – en 1900, il demande douze Pères à Paris – Mgr Verdier envisage de se décharger de la mission sur une autre Congrégation et lui-même offre d'être remplacé (32). Beaucoup d'occasions sont ainsi perdues.

Outre le petit nombre de missionnaires, l'évêque comme le provincial ne cessent de se plaindre de leur manque de formation théologique sérieuse, du mauvais choix de certains sujets et de l'absence de préparation missionnaire. Si les pères belges et allemands sont loués pour leurs qualités apostoliques, le Supérieur Général n'envoyait-il pas «dans cette mission pénible les pères au rebut?» (33). Aussi la compréhension cordiale est-elle toujours difficile entre

(30) Mgr Verdier au T.R.P. (4-1-1890; 10-3-1890; 10-4-1890; 30-4-1890; 8-6-1890), Ar.SS.CC. 58,2. – C. Willemsen au T.R.P. (11-12-1906), Ar.SS.CC. 60,3.

(31) G. Eich au T.R.P. (10-12-1897), Ar.SS.CC. 60,2.

(32) Mgr Verdier au T.R.P. (8-3-1896; 4-2-1898; 15-6-1898; 14-11-1900; 25-9-1901), Ar.SS.CC. 58,3. – G. Eich au T.R.P. (16-11-1898). Ar.SS.CC. 60,2.

(33) Mgr Verdier au T.R.P. (8-9-1894; 5-4-1887; 27-2-1894; 8-10-1895; 7-3-1899). Ar.SS.CC. 58,3. – G. Eich au T.R.P. (9-3-1896; 10-4-1899; 23-6-1902). Ar.SS.CC. 60,2.

Mgr Verdier et les missionnaires; Georges Eich sert de conciliateur universel, surtout après sa nomination comme provincial en 1894.

Si le souci des vocations, en particulier sacerdotales, fut une priorité de la mission en cette période difficile, le contexte de l'époque et la pauvreté du personnel rendent aléatoires une telle formation. Mgr Tepano Jaussen avait fermé le petit séminaire le 30 mai 1875 faute de candidats valables. Son successeur s'efforce de rouvrir divers centres: école des «katekita» en 1885, «école apostolique» à Varari en 1890 (fermée en janvier 1897). Les frères de Ploërmel ont ouvert leur école libre à Papeete sur le terrain de la mission en 1882. En plus de celle de Papeete, les sœurs de Cluny fondent une école à Rikitea en 1892 et à Faaa le 6 août 1898. Ces écoles gardent la confiance de la population polynésienne et jouissent d'une bonne réputation. Mais, malgré ces efforts d'éducation chrétienne, il n'y a aucun résultat pour les vocations autochtones à cette époque.

Terminons l'évocation rapide de ce «temps des cyclones» par quelques réalisations marquantes et divers signes d'espérance. Le plus important concerne la traduction de la Bible en tahitien. Les missionnaires catholiques utilisaient la Bible traduite par Henry Nott, éditée en 1836. Les travaux linguistiques effectués par Tepano Jaussen, les connaissances acquises par divers pasteurs amènent la mission catholique à éditer en 1888 le Nouveau Testament en tahitien. L'étonnement scandalisé des catholiques anglais apprenant que les missionnaires utilisaient sans difficulté une Bible protestante, joint à l'absence de traduction des livres deutero-canoniques font que Mgr Verdier met en chantier une traduction de toute la Bible en 1899. Ce sont les P. Clément Tourvieille et Chrétien Willemsen qui réalisent ce travail. Après sa démission le 26 février 1908, Mgr Verdier revise la totalité du travail et le P. Célestin Maurel en contrôle le style. Le P. Tourvieille la fait imprimer à Braine-le-Comte en 1914 [34]. Le pape saint Pie X la bénit le 22 juin 1914.

En 1907, Mgr Verdier fait éditer un catéchisme approfondi qui s'avère très précieux. Dans cette ligne catéchétique, le P. Eich lance le projet d'une bibliothèque catholique en 1892, ancêtre de l'actuelle librairie «Pureora».

Après la grande épreuve de 1890, diverses occasions permettent de retrouver la cordialité fraternelle et d'approfondir le sens communautaire dans la mission. Le 19 décembre 1890, les noces d'or sacerdotales de Mgr Tepano Jaussen rassemblent tous les missionnaires. Les retraites annuelles sont mieux organisées et

(34) Mgr Verdier au T.R.P. (12-9-1899 ; 6-12-1909). Ar.SS.CC. 58,3.
- C. Tourvieille au T.R.P. (12-3-1914), rapport sur la mission. Ar.SS.CC. 62,3.
- C. Willemsen au T.R.P. (15-2-1908). Ar.SS.CC. 62,3.
- C. Maurel au T.R.P. (11-7-1909), Ar.SS.CC. 60,3.

chaque Père la donne à tour de rôle à l'évêché qui sert de vraie maison de famille. A l'Epiphanie 1892, Mgr Verdier inaugure la première «fête des missionnaires» comme journée d'amitié et de prière. Le 14 août 1895, le cercueil de Mgr Tepano Jaussen est placé dans la chapelle du cimetière des Pères, situé dans la vallée de la mission. Ces efforts s'insèrent dans l'approfondissement de la vie spirituelle centrée sur le Sacré-Cœur et l'Eucharistie; le premier pèlerinage à l'église du Sacré-Cœur d'Arue se déroule le 1er juin 1883 et est inauguré par les sœurs de Cluny avec leurs élèves. A Pâques 1886, la mission est consacrée au Cœur de Jésus.

Le P. Athanase Hermel, nommé évêque-coadjuteur, est sacré le 27 août 1905. Après avoir réglé les dernières difficultés administratives, surtout concernant les biens de la mission, Mgr Verdier, très fatigué par un asthme chronique et 25 années éprouvantes, démissionne le 26 février 1908. A la demande de son successeur et des missionnaires, il se retire sur place; il passe dix à douze heures chaque jour en prière devant le Saint-Sacrement dans la chapelle de l'Evêché. Cet homme de «devoir, de prière, de caractère difficile, de sereine ténacité et de foi tranquille, s'éteint dans un état de sainteté consommée» le 17 janvier 1922 [35]. Si Tepano Jaussen a fondé la mission de Tahiti par son génie, Marie-Joseph Verdier, au milieu des contradictions et des tempêtes, l'a sauvée par la «force de sa foi» (1 Pt 5,8) et sa persévérance dans la prière, avec l'aide de Georges Eich, son inséparable Provicaire.

L'humble courage du quotidien (1908-1939)

Mgr Athanase Hermel n'a que 32 ans quand il est nommé coadjuteur de Mgr Verdier en 1905. Il était à Tahiti depuis deux ans et demi; il était curé de Papeete. Professeur de philosophie, ses goûts sont plutôt intellectuels. Prédicateur renommé, il remplissait la cathédrale, à la grande satisfaction des missionnaires du moment. Il se considère comme «le plus jeune et le plus petit évêque du monde». Tout en restant curé de Papeete, Mgr Verdier l'envoie en tournée pastorale dans tous les archipels pour qu'il découvre la mission. Le 26 février 1908, Mgr Hermel prend en charge le Vicariat de Tahiti, heureux de garder son prédécesseur près de lui [36].

Les événements qui chassent les religieux de France amènent les renforts tant désirés dès la fin de 1905, à l'exception des frères convers que la Congrégation

(35) Mgr HERMEL: *Lettre pastorale* du 6-1-1923.
– C. MAUREL au T.R.P. (22-10-1916; 16-5-1922; 14-10-1922), Ar.SS.CC. 58,3.
– G. EICH au T.R.P. (13-2-1892; 12-9-1896), Ar.SS.CC. 60,2.
(36) Mgr HERMEL au T.R.P. (26-9-1905; 4-6-1908), Ar.SS.CC. 58,3.
– C. MAUREL au T.R.P. (4-10-1903), Ar.SS.CC. 60,3.

ne peut plus fournir [37]. A cette époque, le 20 août 1907, une convention précise les relations entre le Vicariat Apostolique et la Congrégation des Sacrés-Cœurs qui a la charge de fournir le personnel missionnaire. Ce texte s'insère dans le cadre plus vaste du «Statut des Missions», discuté depuis quelques années avec «Propaganda Fide».

Après la série des cyclones qui ravagent surtout les Tuamotu, après la séparation de l'Eglise et de l'Etat et la vente des biens de la mission à la «Corporation Catholique d'Océanie», la vie de l'église catholique à Tahiti n'est pas marquée par de grands événements religieux. Dans l'humble fidélité quotidienne, à la lumière de la «petite voie d'enfance spirituelle» de Thérèse de Lisieux que Mgr Hermel fait connaître partout, c'est une période d'approfondissement de la foi et d'apaisement progressif. Le bombardement de Papeete en septembre 1914, la terrible grippe espagnole de novembre 1918, font beaucoup pour rapprocher les habitants de Tahiti. L'attitude de la mission catholique, évêque en tête, est officiellement appréciée. Le 7 juin 1918, le pèlerinage au Sacré-Cœur d'Arue devient pèlerinage pour la paix.

Mgr Hermel visite souvent les écoles des frères de Ploërmel et des sœurs de Cluny auxquelles il attache une grande importance. Pour atteindre l'ensemble du Vicariat et répondre à la presse locale, il fonde la presse catholique: le «Te Ve'a Katorika» le 15 août 1909 et le «Semeur Tahitien» le 25 août. Les deux journaux, le premier en tahitien et mensuel, le second en français et bi-mensuel, existent toujours.

Dès 1908, il fonde la commission biblique diocésaine; son premier travail est de poursuivre la traduction complète de tout l'Ancien Testament qui sera achevée le 22 juin 1914.

Selon les circonstances et la possibilité de trouver des terrains pour y implanter une église, Mgr Hermel s'efforce d'étendre la mission dans les archipels non encore touchés. Le P. Maurel va à Tubuai en 1908, à Rurutu en 1928; la mission de Makatea s'ouvre en 1909 et celle des Iles-sous-le-Vent de 1906 à 1910. Sous la direction du P. Bernardin Castanié la mission catholique se développe aux îles Cook, devenues colonie anglaise en 1900. En 1908, Mgr Hermel propose de les détacher de son trop vaste domaine missionnaire pour en faire un Vicariat indépendant à confier aux pères belges [38]. En 1925, le P. Célestin Maurel commence l'évangélisation des chinois de Tahiti. L'année suivante, l'évêque demande l'envoi d'un missionnaire des Sacrés-Cœurs de Haïnan pour s'occuper de la première communauté chinoise [39], ce qui ne pourra se réaliser qu'en 1947.

---

(37) C. Maurel au T.R.P. (30-10-1908; 15-2-1909), Ar.SS.CC. 60,3.
(38) Mgr Hermel au T.R.P. (27-9-1908), Ar.SS.CC. 58,3.
(39) Mgr Hermel au T.R.P. (8-3-1926), Ar.SS.CC. 58,3.
– C. Maurel à I. Alazard (25-1-1925; 2-6-1925; 12-11-1925), Ar.SS.CC. 60,3.

Cette époque voit l'apparition de la lèpre aux Tuamotu de l'est en 1910. Les lépreux sont progressivement soignés dans la vallée d'Orofara où la chapelle Saint-Lazare est ouverte le 27 janvier 1914. La maladie s'étend rapidement aux Tuamotu de l'Est, particulièrement dans l'île de Reao, où le P. Paul Mazé arrive en 1918 après huit années de mission aux îles Cook. Son dévouement au service des hanséniens lui vaut le titre d'«aumônier des lépreux» et la reconnaissance officielle; celle de ses confrères est plus réservée [40].

Dès 1922, année du décès de Mgr Verdier, Mgr Hermel voit sa santé diminuer. Il est facilement déprimé et neurasthénique. Il veut démissionner ne se sentant plus la force de faire face aux «difficultés inextricables de tant d'îles disséminées». Il meurt d'un cancer à l'estomac le 20 février 1932.

C'est le P. Amédée Nouailles, arrivé à Tahiti en 1899 et missionnaire aux Tuamotu depuis 1900, qui lui succède. Il est sacré à Papeete le 28 août 1932 par Mgr Le Cadre, Vicaire Apostolique des Marquises. Il était âgé de 57 ans. Si les missionnaires se sentaient honorés, l'intéressé se voyait comme «un pauvre Vicaire Apostolique échappé des Tuamotu et sans contact avec la civilisation». Il apprend sa nomination au hasard d'un voyage en goélette entre Makemo et Tahiti. Son bref épiscopat de cinq années voit surtout les célébrations du centenaire de la mission de Tahiti en 1936; il en reste le monument élevé dans les jardins de l'évêché avec les bustes de Mgr Rouchouze et des P. Caret et Laval. Il développe l'implantation de l'église à Moorea et aux Iles-sous-le-Vent. C'est lors de l'inauguration de la chapelle de Bora-Bora qu'il est pris de la crise qui l'emporte à son arrivée à Papeete le 14 août 1937.

Ce décès subit explique le long temps de consultations pour choisir le successeur de Mgr Nouailles. Fallait-il continuer l'expérience commencée en choisissant un missionnaire connaissant bien la vie des îles, mais moins bien l'évolution du monde? Fallait-il revenir à quelqu'un plus au fait des affaires du monde et intellectuel mais moins expérimenté dans la pastorale des archipels? Les missionnaires étaient bien embarrassés pour trancher entre Henri Le Guerrannic qu'ils préféraient et Paul Mazé qu'ils craignaient un peu. Finalement, le 8 novembre 1938, c'est le P. Paul Mazé, missionnaire aux Tuamotu après l'avoir été aux îles Cook, qui est choisi. Il avait 54 ans et 29 ans d'expérience pastorale dans les îles. Il fut sacré à Papeete par Mgr Le Cadre le 30 avril 1939 [41].

(40) P. Mazé à Ildefonse Alazard.
(3-1-1938; 23-1-1938), Ar.SS.CC. 59,1.
(41) P. Maurel au T.R.P. (14-10-1937; 20-4-1938; 22-11-1938; 25-1-1939), Ar.SS.CC. 60,3.

Nouvel élan missionnaire (1939...)

« L'espoir d'un nouvel élan missionnaire » exprimé par le P. Célestin Maurel, Provincial des Pères des Sacrés-Cœurs, à l'annonce de la nomination épiscopale de Paul Mazé résume bien la nouvelle étape qui s'inaugure. Après avoir visité les divers districts de Tahiti qu'il ne connaissait pas, Mgr Mazé part pour son premier voyage « ad limina ». La déclaration de la Seconde Guerre Mondiale l'arrête à Honolulu. Il en profite pour visiter la mission de Hawaii et les réalisations des P. Maristes à Fidji ; il en revient très impressionné par l'importance des Séminaires et le développement du clergé local. Le souci des vocations, devant le « retard de Tahiti et le constat qu'on n'a pas fait tout ce qu'on a pu », sera l'axe majeur de son action pastorale [(42)].

Dès le 27 mars 1940, un nouveau séminaire accueille les premiers candidats à l'évêché autour du P. Joseph Chesneau. Le séminaire Sainte-Thérèse, transféré à Miti-Rapa dans la presqu'île en novembre 1951, est surtout l'œuvre du P. Jean-Louis Ledoux de 1947 à sa mort en 1981. Les deux premiers séminaristes préparés sont envoyés en 1956 au Séminaire inter-vicarial de Nouméa ; celui-ci fut fermé en 1972. Le P. Lucien Law, formé au Collège La Mennais, est ordonné prêtre le 19 décembre 1964 ; le P. Norbert Holozet, issu de Miti-Rapa, le sera le 21 décembre 1968. Entre temps les deux frères Coppenrath, Michel et Hubert, qui ont fait leur Séminaire à Issy-les-Moulineaux, sont ordonnés prêtres en France, Michel le 29 juin 1954, Hubert le 26 juin 1957. L'un et l'autre rentrent au « fenua » en 1959 à la grande joie de Mgr Paul ; sa foi dans les vocations locales et sa persévérance avaient eu raison du scepticisme de beaucoup. L'élan est donné.

Le 1er janvier 1962, Mgr Mazé fonde à Taravao, avec les sœurs missionnaires de Notre-Dame des Anges, la congrégation tahitienne des Filles de Jésus-Sauveur.

La guerre, qui a coupé la mission de l'Europe pendant près de six années, la laisse affaiblie. Trois prêtres sont décédés ; il ne reste que 16 missionnaires des Sacrés-Cœurs, dont 10 âgés et plus aucun frère convers. Les besoins sont grands [(43)]. Si le supérieur provincial peut envoyer trois jeunes missionnaires en 1947, la crise des vocations en France, les appels des nouvelles missions, le changement profond des mentalités entraînent de sérieuses modifications dans l'aide que peut recevoir l'Eglise de Tahiti. Cette mutation de l'après-guerre ne

---

(42) Mgr MAZÉ à I. ALAZARD (2-9-1939 ; 18-10-1939 ; 29-12-1939 ; 13-3-1940), Ar.SS.CC. 59,1.
– C. MAUREL au T.R.P. (21-11-1939 ; 18-2-1940 ; 1-7-1940), Ar.SS.CC. 60,3.
(43) Mgr MAZÉ au T.R.P. (oct. 1944) ; à Œuvre Apostolique (8-12-1945), Ar.SS.CC. 59,1.
– J. CHESNEAU au T.R.P. (23-2-1945 ; 13-3-1946), Ar.SS.CC. 60,4.

fut pas perçue rapidement par le T.R.P. d'Elbée, le Supérieur Général des Pères des Sacrés-Cœurs, pas plus que par Mgr Mazé; Tahiti, isolée de l'Europe, avait été abritée de la guerre. Ce fut la cause d'une crise grave entre la Congrégation et le Vicariat de 1948 à 1953; Mgr Mazé alla jusqu'à offrir sa démission en 1948, démission acceptée et présentée par le T.R.P. d'Elbée à Rome qui la refuse en s'étonnant de cette affaire [44]. La visite de deux mois du P. Adalbert Maury, envoyé extraordinaire du P. d'Elbée en 1950, permit un apaisement; les missionnaires étaient très unis autour de Mgr Paul. Ces tensions, fruits de l'éloignement et des préjugés, constituent surtout les premières retombées en Polynésie de la profonde crise de civilisation qui continue de secouer un «Occident en mal d'espoir» [45]. Le séjour prolongé du nouveau Supérieur Général, le T.R.P. Henri Systermans, en 1961-62, se déroula dans une grande harmonie. L'action du provincial de France, le P. Xavier Riou, par ses visites et l'envoi de jeunes missionnaires bien préparés donne un dynamisme neuf à la mission. Cela avait déjà été préparé par l'arrivée, de 1947 à 1953, de plusieurs missionnaires expulsés de Haïnan par le régime communiste chinois. Ces pères apportent une autre expérience et l'air du large venant de l'immense Chine.

Voulant diversifier en même temps que développer l'action missionnaire dans un Tahiti en pleine croissance, Mgr Mazé fait appel à des sœurs québécoises qui viennent d'être expulsées de Chine continentale. Le 30 novembre 1950, les premières sœurs missionnaires de Notre-Dame des Anges arrivent à Tahiti au service de l'éducation et des vocations locales. En 1967, des sœurs du Bon Pasteur d'Angers (Province d'Australie) ouvrent un foyer et un centre au service des jeunes filles.

Mgr Paul Mazé, qui avait été lui-même chargé des écoles aux Tuamotu de l'Est en 1929, s'efforce de développer l'enseignement catholique, malgré son «absence de résultats» sur le plan des diverses vocations jusque-là [46]. En plus du séminaire et du collège de Taravao, il bénit la première pierre du collège La Mennais le 16 décembre 1945 et l'inaugure en 1948. En février 1952, les sœurs de Notre-Dame des Anges ouvrent l'école de Faaa (fermée par les sœurs de Cluny en 1927). Ces dernières ouvrent l'école Sainte-Thérèse en 1956 et celle de la Mission en 1960. Les frères de Ploërmel fondent Saint-Paul en 1957, Fariimata en 1965 et l'école Saint-Hilaire à Faaa en 1968. Mgr Paul croit à l'action évangélisatrice de l'école chrétienne et soutient les frères, les sœurs et les enseignants laïcs qui s'y consacrent. C'est une action en profondeur et à long terme au service des familles et des vocations. Les professions religieuses de Maxime

(44) Correspondance d'Elbée-Mazé (22-2-1948; 11-8-1948; 25-10-1948; 29-1-1949; 18-9-1954; 15-10-1954), Ar.SS.CC. 59,1.

(45) Gérard Defois: *L'Occident en mal d'espoir.* Fayard, Paris 1982.

(46) Mgr Mazé à I. Alazard (1-8-1939), Ar.SS.CC. 59,1.

Chiu chez les frères de Ploërmel en 1958 ; de Maria et Elisabeth Winchester, Pierre-Chanel Lii chez les sœurs de Cluny ; de Thérèse Robson et Jocelyne Liu chez les sœurs de Notre-Dame des Anges ; de Marie-Thérèse Tinomoe et Louise Tepehu chez les Filles de Jésus-Sauveur, en sont des prémices encourageantes. Les autorités de la colonie reconnaissent en 1944 les services rendus par l'Enseignement catholique, actuellement sous contrat d'association avec l'Etat.

Divers mouvements apostoliques et spirituels prennent leur essor à cette époque. Les scouts de France sont lancés en 1947. La communauté catholique chinoise est fondée en 1948. L'aumônerie militaire s'établit en 1952. Le premier pèlerinage de Tahitiens à Lourdes se déroule du 1er au 4 août 1958 ; l'œuvre des pèlerinages en Terre sainte et en Europe prend peu à peu une grande importance pastorale. La Légion de Marie est lancée le 24 septembre 1966 par sœur Saint-Fidèle pour la formation des familles chrétiennes ; ce mouvement apostolique, en lien avec les groupes anti-alcooliques, devient un élément moteur de la pastorale familiale, de la formation de responsables laïcs et de la promotion de vocations de katekita et de diacres permanents. L'année suivante voit la rénovation du Rosaire Vivant par le P. Pierre Laporte ; c'est un mouvement de soutien spirituel et d'entraide familiale apprécié au niveau des quartiers.

L'action pastorale commencée par les deux journaux catholiques se voit amplifiée par les émissons radiodiffusées à partir de 1951 et télévisées à partir du 19 septembre 1967. La radio est très utile pour atteindre les îles éloignées.

Le développement de Tahiti, particulièrement de la zone urbaine à partir de 1961, amène la création de nouvelles paroisses et lieux de culte. La nouvelle paroisse de Papeete, Sainte-Thérèse, est fondée en 1954. 1965 voit la création de la paroisse de Pirae ; la première chapelle, dédiée à la Sainte Trinité, est inaugurée en 1966. Comme il est arrivé souvent dans l'histoire de la mission, cette étape n'a été possible que par la générosité d'une donatrice de Pirae qui a offert le terrain à l'Eglise.

Les relations entre l'Etat et l'Eglise catholique en Polynésie trouvent enfin leur cadre juridique par le décret Mandel du 16 janvier 1939. La personnalité civile de la mission catholique y est légalement reconnue. En 1922, Raymond Poincaré avait constaté la légalité de la Mission et l'abus de l'application des lois de 1901, 1904 et 1905 [47]. Rapidement, les Vicaires Apostoliques de Tahiti et des Marquises fondent leur « Conseil d'Administration de la Mission Catholique » (C.A.M.I.C.A.), seul organisme officiel garantissant les propriétés et les biens de la mission. Ce Conseil réglait en même temps les difficultés que l'administration mettait pour les transactions avec les organismes sis à l'étranger ; ce qui était le

(47) M. JONNART, ambassadeur au Vatican au T.R.P. (27-11-1922), Ar.SS.CC. 50,1.

cas de la «Corporation Catholique d'Océanie» qui avait sauvé les biens de la spoliation en 1906. Notons que le décret Mandel, promulgué en Polynésie, visait à porter remède à des situations devenues extrêmement complexes dans toutes les colonies et mettait sur un pied d'égalité toutes les missions qu'elles soient protestantes ou catholiques, mormones ou juives.

La guerre de 1939-45 isole la mission et empêche Mgr Mazé de faire le voyage qu'il désire en Europe. L'armistice de juin 1940 et l'appel historique du général de Gaulle, la constitution d'un Comité Pétain le 10 août et d'un Comité France-Libre le 27, le ralliement de la Polynésie à la France-Libre le 2 septembre et la mise en résidence surveillée des pétainistes dans l'île de Maupiti posent à Mgr Paul Mazé des questions neuves et délicates. Sans informations précises et conscient de sa responsabilité ecclésiale, il était pris entre son sentiment patriotique ardent et son devoir de respecter les autorités légitimes de l'Etat. Il navigue avec prudence en ce début de son épiscopat, difficile et imprévu sur le plan politique. L'Eglise venait tout juste de recevoir son statut légal mettant fin à une longue période de tracasseries officielles pendant laquelle la mission catholique se mit résolument en dehors des querelles politiques locales dont elle fut souvent victime.

Mgr Paul Mazé participe avec assiduité à toutes les sessions du Concile œcuménique Vatican II, ouvert le 11 octobre 1962 et terminé le 8 décembre 1965. Sa vénérable barbe blanche de «patriache du Pacifique» y était célèbre. Avec sagesse et sans heurts majeurs, il sait guider l'Eglise catholique en Polynésie dans les mutations rapides du monde moderne; celui-ci fait une entrée en force à Tahiti avec l'ouverture de l'aéroport de Faaa en 1961 et l'implantation du C.E.P. en 1963. Le 21 juin 1966 le Vicariat Apostolique de Tahiti devient l'Archidiocèse de Papeete, avec le diocèse de Taiohae (îles Marquises) comme suffragant. Ce jour-là, l'ère des «missions» s'achève; l'époque de l'Eglise locale de Tahiti s'ouvre dans la communion catholique d'églises-sœurs rassemblées autour du Successeur de Pierre.

Agé de 81 ans, Mgr Paul sent bien que son rôle s'achève. Le 16 février 1968, Michel Coppenrath, natif de Papeete et prêtre diocésain, est nommé archevêque-coadjuteur avec droit de succession et administrateur apostolique «sede plena». Mgr Mazé lui confère la consécration épiscopale le 3 juin suivant; puis il se retire paisiblement au presbytère de Taravao, dans la presqu'île. Il meurt le 22 décembre 1976 à l'âge de 91 ans au terme de 66 années de vie missionnaire polynésienne. Depuis le 5 mars 1973, Mgr Michel Coppenrath était l'archevêque en titre de Papeete. L'Eglise catholique à Tahiti était entrée dans la phase actuelle qui fera l'objet de la dernière partie.

Chapitre 9

RAYONNEMENT CATHOLIQUE DANS LES ARCHIPELS

En l'année 1825, le Saint-Siège accepte les offres missionnaires du T.R.P. Coudrin; ses religieux des Sacrés-Cœurs de Jésus et de Marie vont enfin réaliser sa «vision» prophétique de 1792.

Hawaii

La mission des Sandwich (Hawaii), commencée avec succès par les P. Bachelot, Armand et Short le 7 juillet 1827, connaît une violente persécution à partir de 1829; les missionnaires sont expulsés en Californie le 24 décembre 1831. Un nouvel essai en 1837 des P. Bachelot et Schort en mars, Maigret et Murphy en novembre n'a pas plus de succès, malgré les interventions de navires anglais et français; le consul anglais Charlton qui essaie de protéger le P. Patrice Short, citoyen anglais, se voit dénoncer comme «infidèle à la religion de son gouvernement». A l'instigation du Révérend Bingham, les catholiques sont mis hors la loi le 18 décembre 1837. Cet ostracisme est levé le 13 juillet 1839. Mgr Rouchouze vient en mai 1840 relancer la mission catholique de Oahu; elle est confiée au P. Désiré Maigret qui était arrivé à Mangareva en même temps que le Vicaire Apostolique le 5 mai 1835. Désiré Maigret, nommé Préfet Apostolique des Sandwich le 25 juillet 1839, a ainsi été missionnaire près de quatre années aux Gambier [1].

---

(1) H. LUCAS: *Histoire de la Mission des îles Sandwich (Hawaii) 1825-1838,* édité par A. Cools. Roma 1979.
– M. DESMEDT: «Centenaire du Vicariat Apostolique d'Océanie orientale». *Annales SS.CC.* 1933.
– Ar.SS.CC., dossier *Propaganda Fide* (1825-1840).
– *Annales SS.CC.*: «Registre des matières», pp. 125 à 131. Ar.SS.CC. 271-788.

La mission des îles Hawaii devient un Vicariat Apostolique indépendant de celui d'Océanie orientale le 18 juillet 1844. Mgr Désiré Maigret, premier titulaire, est sacré évêque le 31 octobre 1847 à Valparaiso.

Mgr Maigret soulignait, dès 1840, au Supérieur Général des Pères des Sacrés-Cœurs, l'ancienneté et l'importance de la mission des îles Hawaii, en particulier par rapport aux Gambier. Il semblait redouter que l'on confonde l'admirable succès missionnaire obtenu dans ce «nouveau Paraguay», avec l'importance modeste de ce petit archipel de 2.000 habitants.

«Nous sommes ici depuis le 13 mai dernier et Monseigneur (Rouchouze) se trouve enfin dans les îles les plus importantes de sa Mission. Il y a déjà fait un baptême de 200 adultes; le nombre de nos catéchumènes augmente rapidement. On va bâtir une église de 115 pieds de long sur 50 de large, avec tribune tout autour... S'il n'y a rien de changé, notre petite chapelle actuelle que nous pouvons regarder comme le berceau du catholicisme dans l'Océanie, formera le chœur de l'église qu'on va bâtir et peut-être, un jour, y construirons-nous un caveau pour y déposer les restes du premier apôtre de cette mission, qui repose maintenant à la petite île de Naha, archipel de l'Ascension. Hélas! que d'îles en cette Océanie et il n'y a qu'un petit nombre d'ouvriers...

«Vous savez qu'il n'y a plus que deux prêtres dans cette petite mission (des Gambier). Ils sont obligés de biner tous les dimanches parce qu'il y a 4 îles à desservir. Ils ne manquent pas d'ouvrage; mais, Dieu merci, nous n'en manquerons pas non plus...

«En un mot, nous voilà bien heureux de nous retrouver au lieu même où notre chère Mission a pris naissance et de goûter la consolation d'y voir fructifier au centuple ce que le bon Père Alexis avait semé dans les cœurs...» [(2)].

La persécution de 1829 aux Sandwich et l'expulsion des premiers missionnaires posent au P. Coudrin une sérieuse question. De plus, le 22 décembre 1829, «Propaganda Fide» accède à la proposition de l'abbé de Solages; le Préfet Apostolique de l'île Bourbon (La Réunion) est aussi nommé Préfet Apostolique de l'Océan Pacifique. Les propositions du P. Coudrin, par de singuliers retards, ne sont pas parvenus, à temps, au Saint-Siège. Aussi le 26 février 1830, il écrit un long mémoire. Il y souligne la présence des missionnaires des Sacrés-Cœurs depuis 1827 aux Sandwich, l'impossibilité pour l'abbé de Solages – qui est seul – de faire face à l'évangélisation des Océans Indien et Pacifique, l'avantage de stabilité qu'offre une congrégation missionnaire. Il propose donc que la Congrégation des Sacrés-Cœurs soit chargée «des quatre archipels les plus voisins des îles Sandwich: les îles de la Société, les îles Marquises, l'archipel dangereux (Tuamotu) et l'archipel de la mer mauvaise (Cook)».

---

(2) D. MAIGRET à Mgr BONAMIE (22-6-1840), de Oahu. Ar.SS.CC., *Propaganda Fide* (1820-1840).

Discrètement «Propaganda Fide» donne son adhésion aux vues du P. Coudrin. Sur ces entrefaites, l'abbé de Solages est pressé par le gouvernement français de rejoindre l'île Bourbon dont les besoins spirituels sont urgents. Il meurt le 8 décembre 1832 à Andevoranto dans l'île de Madagascar qu'il s'efforçait d'évangéliser. Le 2 juin 1833, «Propaganda Fide», après de longues discussions, accède à la demande des pères des Sacrés-Cœurs en érigeant le Vicariat Apostolique de l'Océanie orientale, triangulé entre les îles Sandwich, Pâques, les Cook du Nord («Roggewein») (3). Le 12 juin, Mgr Etienne Rouchouze est nommé évêque titulaire de Nilopolis et premier Vicaire Apostolique; il a deux Préfets Apostoliques pour le seconder: le P. Alexis Bachelot pour les Sandwich et le P. Chrysostome Liausu pour les autres archipels (4).

Valparaiso

Le P. Coudrin – et son successeur, Mgr Bonamie, de même – avait une vision large et généreuse de la mission; il était aussi homme de réalisations dans l'Eglise à reconstruire après la Révolution. Comme tout vrai mystique c'est un pragmatique. Très vite les Pères des Sacrés-Cœurs découvrent que leur zèle ardent doit passer par les contraintes d'un monde océanique inconnu d'eux. «Lequel d'entre vous, quand il veut bâtir une tour, ne commence par s'asseoir pour calculer la dépense et juger s'il a de quoi aller jusqu'au bout» (Lc 14,28). Tel sera le rôle providentiel que seront appelés à jouer le port de Valparaiso comme «base arrière» de la mission d'Océanie et le P. André Caro qui y accueille la première équipe picpucienne.

En effet, chassés des Hawaii pour un temps indéterminé par les protestants américains, les missionnaires n'ont qu'une idée très vague de l'Océanie. Ils savent que de nombreuses îles sont anthropophages; pour cette raison on les décourage d'y aller. De plus ils ne veulent pas provoquer les protestants anglais; c'est la raison du voyage à Londres de Mgr Rouchouze en juin 1834 et de sa visite au consul anglais de Valparaiso en mars 1835 (5).

Ils se doutent bien aussi qu'une fois dépassé le port de Valparaiso, qui est la grande base maritime du Pacifique sud à cette époque, ils ne pourront plus se procurer grand-chose de ce qui est indispensable pour lancer même une modeste mission. En outre, Mgr Tepano Rouchouze en recevant les plus larges facultés spirituelles pour exercer son apostolat, était averti par le Cardinal Préfet de Pro-

(3) Le Vicariat Apostolique de l'Océanie orientale est proposé par *Propaganda Fide* le 20 mai 1833, érigé par Grégoire XVI le 2 juin et notifié le 8 juin.

(4) S.C. *Propaganda Fide* à P. Coudrin (27-7-1833). Ar.SS.CC. *Propaganda Fide* (1825-1840).

(5) Mgr ROUCHOUZE au T.R.P. (24-3-1835); à H. Lucas (25-3-1835).
– Ch. LIAUSU au T.R.P. (24-5-1834; 13-2-1836); H. LAVAL à N. LAVAL (8-8-1834). Ar.SS.CC. LAMO I.

paganda Fide: «En ce qui regarde les aides financières, la Sacrée Congrégation n'a pas grand-chose et elle le renvoie aux pieuses œuvres de France et d'Allemagne, ainsi qu'à la confiance dans la divine Providence» [6].

Rome lui accorde une subvention de 3.000 écus (16.000 F). Les diverses maisons des sœurs des Sacrés-Cœurs fournissent les objets liturgiques. L'œuvre de la Propagation de la Foi, fondée à Lyon en 1822 par Pauline Jaricot, alloue à la nouvelle mission d'Océanie 13.520 F. Les allocations de la Propagation de la Foi de Lyon constitueront pendant plus d'un siècle la ressource principale du Vicariat d'Océanie. Divers dons se montent à 3.500 F. Le P. Coudrin peut seulement remettre le prix du passage jusqu'à Valparaiso aux quatre premiers partants pour l'Océanie: Ch. Liausu, F. Caret, H. Laval et C. Murphy, soit 1.300 F chacun. Pour le reste, «la Providence aura soin de vous; allez toujours.»

Partis de Picpus (Paris) le 22 novembre 1833, les quatre premiers missionnaires des Sacrés-Cœurs s'embarquent à Bordeaux sur le «Sylphide» le 6 janvier 1834 pour Valparaiso; il y arrivent «après 103 jours de traversée» le 13 mai 1834. Ils ont la bonne fortune d'être accueillis par le P. André Caro, franciscain réformé de l'Ordre des Récollets, alors âgé de 65 ans. Il avait été vingt-six ans missionnaire en Bolivie et Préfet Apostolique. Venant de recevoir une lettre du P. Alexis Bachelot, le P. Caro offre l'hospitalité à ses jeunes confrères qu'il voit si démunis de provisions et inexpérimentés pour la mission. Non seulement il leur facilite toutes les démarches douanières, administratives et maritimes, mais surtout il sensibilise la population chilienne à la nouvelle mission des îles. Le P. André, vieux religieux missionnaire respecté de tous, leur fait rencontrer les autorités eclésiastiques et civiles qui veulent garder les pères des Sacrés-Cœurs pour l'évangélisation du Chili.

Le P. Caro fait comprendre la nécessité vitale d'une procure pour desservir les missions d'Océanie; il offre sa modeste maison en bois pour cet usage. Il réussit à convaincre le P. Chrysostome Liausu, le préfet apostolique, de rester à Valparaiso pour diriger la mission en attendant l'arrivée de Mgr Rouchouze et pour faire face aux besoins de ses frères qui devaient partir pour les Gambier le 16 juillet. Il écrit au T.R.P. Coudrin en ce sens; celui-ci remercie de grand cœur le P. Caro qui s'occupait des missionnaires comme s'ils étaient sa propre famille religieuse. En effet, en réponse à la demande des jeunes P. des Sacrés-Cœurs, le vieux préfet apostolique leur fait part de son expérience missionnaire en 24 recommandations. Il les met en garde contre un «grand zèle qui voudrait convertir en un jour ou en peu de temps tous les sauvages». La prière, la vie communautaire, la prudence, le sens pratique, la longue patience caractérisent ces avis que les P. Caret et Laval suivront aux Gambier [7].

---

(6) S.C. *Propaganda Fide* à Mgr ROUCHOUZE (5-8-1834). Ar.SS.CC. *Propaganda Fide* (1825-1840).

(7) Ch. LIAUSU à H. LUCAS (20-7-1834). Ar.SS.CC. LAMO I n. 69; H. LAVAL, *Mémoires*, annexe 8.

Cocotier à 4 têtes (Tuamotu).

Préparation du coprah (Rangiroa).

Champignon atomique.

Cyclone
Orama à Anaa: février 1983.

Jeunes et Médéric (1977).

M. Guillon et Mgr Coppenrath.

P. Baronnet et Cardinal Gantin.

Ecole des Katekita (1979).

Sœurs Missionnaires de N.-D. des Anges.

Sœurs du Bon Pasteur d'Angers (1978).

Accueil des Clarisses (1981).

Librairie Pureora.

Filles de la Charité du Sacré-Cœur (1980).

Mgr Rouchouze, arrivé à Valparaíso le 19 février 1835, louera les remarquables services rendus par le P. André Caro: «Si nous n'avions pas rencontré le bon Père André, il était impossible de réussir pour nos missions.» Il soulignera au P. Coudrin la nécessité de développer la maison de Valparaiso pour le service des missions d'Océanie d'abord et l'évangélisation de l'Amérique latine ensuite. Il y confirme l'autorité et le rôle du P. Chrysostome Liausu comme préfet apostolique; le P. Coudrin le nommera supérieur de la maison en 1836 (8).

Dès février 1836, suite aux lettres du P. Coudrin du 19 juin et du 30 juillet 1835, le P. Liausu entreprend les démarches pour des fondations d'écoles tenues par les pères et les sœurs des Sacrés-Cœurs; le Président du Chili donne son autorisation le 4 février 1836 (9). Un développement aussi inattendu de ce qui ne devait être qu'un simple «pied-à-terre», entraîne une nouvelle organisation du personnel. Le nouveau Supérieur Général, Mgr Bonamie, par l'ordonnance du 26 novembre 1837, le Chapitre Général de 1838 et les Constitutions de 1840 donnent une très large autonomie au supérieur provincial de Valparaiso.

«1. Le supérieur de la maison de Valparaiso sera indépendant du chef des missions d'Océanie.
2. Le supérieur de Valparaiso a autorité sur tous les religieux attachés à sa maison et le chef des Missions d'Océanie n'a aucun droit pour les réclamer.
3. Les religieux mis à la disposition des missions d'Océanie et envoyés à Valparaiso pour cela sont soumis, pendant leur séjour, au supérieur de Valparaiso. Le chef des missions d'Océanie les fera partir quand il le jugera utile, mais le supérieur de Valparaiso peut différer de les envoyer pour des motifs graves qu'il doit soumettre au chef de la mission qui jugera en dernier ressort.
4. Le supérieur est habilité à recevoir les vœux.
5. Le supérieur établira un noviciat selon la Règle» (10).

Ce rôle majeur à l'égard du personnel missionnaire mis à la disposition du et bientôt des Vicaires Apostoliques d'Océanie se réalisera à plein avec le P. Magloire Doumer, supérieur provincial de Valparaiso de 1841 à 1858. Nous avons déjà vu qu'il sera proposé à l'épiscopat comme coadjuteur de Mgr Jaussen en 1848, mais avec obligation de résidence à Valparaiso.

Un tel système d'autorité, apparemment logique, est très rapidement source de difficultés dans la répartition du personnel religieux. Les besoins du Chili, de ses collèges ainsi que du noviciat prennent rapidement le pas sur le service missionnaire des îles sauvages, et dispersées. «Je crains que l'œuvre des missions

(8) Mgr Rouchouze au P. Coudrin (24-3-1835); Ar.SS.CC. LAMO I n. 101 – (2-4-1835), LAMO II n. 1-2.
(9) Ch. Liausu au P. Coudrin (13-2-1836; 23-10-1836). Ar.SS.CC. LAMO II n. 40 et 76.
(10) Constitutions des Sacrés-Cœurs de 1840, 90 et 91, note du n. 213.

d'Océanie ne devienne qu'un objet secondaire, qu'on s'occupe plus des intérêts du Chili que de la Polynésie. Ce qui serait contraire à l'intention dû Saint-Siège qui n'a d'abord permis d'avoir un pied-à-terre que pour faciliter notre introduction dans les îles. Le Chili ne manque pas de secours spirituels; plût à Dieu qu'il n'en abuse pas», écrit Mgr Rouchouze au Supérieur Général en 1838 [11].

Mgr Baudichon, nommé coadjuteur de Mgr Rouchouze disparu en mer, demande en 1847 des éclaircissements sur le rôle de Valparaiso concernant la gestion des fonds alloués par la Propagation de la Foi pour les missions d'Océanie orientale. «Est-il vrai que le noviciat absorbe une partie des secours pécuniaires, comme quelques bruits me donneraient lieu de le soupçonner? La maison de Valparaiso a-t-elle rendu compte à la mission de la vente faite par le P. Doumer de l'ancienne maison de procure appartenant au Vicariat? Est-il vrai que le collège du Chili se sert des fonds des missions pour s'établir sur des bases solides et quelles sommes nous doit-il?» [12].

Ces deux avis particulièrement autorisés soulignent l'ambiguïté du rôle de Valparaiso par rapport aux trois Vicariats de l'Océanie orientale à partir de 1848: Sandwich, Marquises et Tahiti. De fait le provincial de Valparaiso retenait pour le service des collèges chiliens les missionnaires les mieux formés, initialement destinés à l'Océanie. En 1899, le P. Georges Eich gémira sur ces «anciens errements et négligences de la Congrégation des Sacrés-Cœurs à l'égard de la mission» [13]. Par contre chaque Vicaire Apostolique gèrera rapidement par lui-même les subsides alloués par l'œuvre de la Propagation de la Foi, Valparaiso servant plus de magasin général que de bureau comptable et encore pas très longtemps, les îles étant de mieux en mieux desservies directement.

Le rôle initial de Valparaiso fut bénéfique; l'action dévouée de P. André Caro fut décisive pour le lancement de la mission et assura comme un lien providentiel avec le premier essai malheureux de ses confrères franciscains espagnols en 1775. Mais il faut constater que le rôle de Valparaiso fut moins positif dès que les besoins en personnel formé pour l'enseignement au service du Chili deviennent pressants; les pères les mieux préparés restent sur place. Il faudra attendre 1878 pour avoir l'institution des trois provinces des missions: Hawaii, Tahiti et Marquises; le supérieur de Valparaiso ne sera plus alors «provincial d'Amérique et des missions d'Océanie».

---

(11) Mgr Rouchouze à Mgr Bonamie (19-8-1838) des Gambier. LAMO II n. 137.
(12) Mgr Baudichon à Mgr Bonamie (1-4-1847). Ar.SS.CC. 47, 1.
(13) G. Eich au T.R.P. (10-4-1899). Ar.SS.CC. 60, 2.
– *Annales SS.CC.*: «Registre des matières», pp. 72-73. Ar.SS.CC. 271-788.

Gambier

Le 16 juillet 1834, « fête de Notre-Dame du Mont-Carmel et octave de Notre-Dame de Paix », les P. François d'Assise Caret, Honoré Laval et le Fr. Columban Murphy s'embarquent à Valparaiso ; le « Peruviana » du capitaine Sweetland met le cap sur les Gambier. Depuis plus de deux mois à Valparaiso où le P. Caro était devenu pour eux « un nouveau bon Père », ils avaient multiplié neuvaines de prières et démarches pour choisir les premières îles à évangéliser et un navire pour les y conduire. Le 9 juillet, fête de Notre-Dame de Paix si chère aux pères des Sacrés-Cœurs, le capitaine Armand Mauruc « donna l'idée des Gambier où il n'y avait pas encore de protestants ». Ce même jour, le frère Columban trouve le « Peruviana » qui accepte de transporter les trois missionnaires pour le prix de 100 dollars chacun. Tous voient un signe providentiel dans ces heureuses coïncidences [14]. La seconde étape de la mission catholique dans les îles du Pacifique débute. Le petit archipel des Gambier entre dans l'histoire.

Georges Goyau remarque : « L'évangélisation des îles Gambier a valu aux Picpuciens, tour à tour, les hommages les plus flatteurs et les plus virulentes attaques » [15]. Il est difficile de trouver un « signe de contradiction » aussi évident, une littérature aussi abondante que véhémente pour une poignée de missionnaires et un minuscule archipel de 2.000 personnes, perdues au bout du monde [16]. Les pamphlets et les attaques de L. Jacolliot en 1869, de Kératry en 1870, de P. Deschanel en 1888 et d'autres qui les ont répétés, ont trouvé leur réponse documentée dans l'étude citée de G. Goyau ; ce texte a pleinement satisfait les pères des Sacrés-Cœurs, comme l'écrit le P. Ildefonse Alazard, secrétaire général, dans les « notes complémentaires » du tiré à part de 1928. Le T.R.P. Flavien Prat, Supérieur Général, dans une lettre à E. Ahnne, président de la Société des Etudes Océaniennes, rappelle que le libelle de Jacolliot qui présente le P. Laval comme assassin et empoisonneur, fut condamné par le tribunal supérieur de Papeete comme « diffamatoire et injurieux » (Messager de Tahiti du 18-5-1872) [17]. Inutile donc de faire revivre les calomnies antireligieuses d'un autre âge en rappelant les étapes de l'évangélisation des îles Gambier. Chaque chrétien sait que « tous ceux qui veulent vivre avec piété dans le Christ seront persécutés » (2 Tm 3,12).

---

(14) H. Laval : *Mémoires pour Histoire de Mangareva,* pp. 6-7.

(15) G. Goyau : « Le premier demi-siècle de l'apostolat des Picpuciens aux îles Gambier ». *Revue d'Histoire des Missions,* déc. 1927 ; *Annales SS.CC.,* avril-mai 1928.

(16) O'Reilly-Reitman : *Bibliographie de Tahiti et de la Polynésie française.*

– F.O.M. Océanie : cartons 23, 89, 97, 105.

– *Annales SS.CC.* : « Registre des matières », pp. 124-125. Ar.SS.CC. 271-788.

– Ar.SS.CC. à Rome : 16 cartons n. 64 à 71, plus les lettres des missionnaires,

(17) F. Prat à Ed. Ahnne (28-5-1938), Ar.SS.CC. 69, 2.

– Affaire Jacolliot-Laval Tribunal Supérieur de Papeete (18-4-1872), Ar.SS.CC. 66, 4.

Dans la matinée du 7 août 1834, les marins du « Peruviana » aperçoivent les deux pics de Mangareva. Aussitôt les missionnaires bénissent les îles par la formule liturgique : « paix à ces îles et à leurs habitants » ; selon la recommandation de Mgr Rouchouze, ils consacrent la mission à Notre-Dame de Paix et la mettent sous la protection spéciale des archanges Michel, Raphaël et Gabriel. Le soir, le navire jette l'ancre à Tokani. Malgré la réputation de terribles cannibales des Mangaréviens, le premier contact est assez confiant : « Ils n'avaient pas été trop farouches et nous trouvâmes qu'ils étaient de beaux hommes. » Le lendemain, les pères découvrent l'existence du marin et prédicant anglais, George Nobbs. Il était arrivé à la fin de juin à Mangareva avec l'appui des missionnaires protestants de Tahiti ; sa femme et le matelot John Buffet l'accompagnaient. Il fait bon accueil aux picpuciens. Le 9 août, le capitaine Sweetland pressé d'aller à Tahiti, transfère les trois missionnaires avec leurs deux compagnons polynésiens – l'un de Rapa et l'autre de Nouvelle-Zélande – sur le bateau du capitaine français Chéden qui pèche la nacre. Le dimanche 10, fête de saint Laurent, le P. Caret célèbre la première messe à bord du navire. La visite faite au roi Maputeoa pour obtenir une case est négative. Le capitaine Chéden suggère aux missionnaires de s'installer sur l'île d'Aukena dans la case libre d'un de ses pêcheurs, Tematokovata. C'est un abri ouvert à tous les vents, peuplé de rats et refuge des cochons. Sur le rivage, auprès de cette case, les pères célèbrent leur première messe à terre le 15 août 1834.

Leur premier souci est de visiter la petite île pour baptiser les enfants en danger de mort selon les conseils du Père Caro. Près de leur case, un bébé de huit jours agonise. Ils le baptisent sous le nom de Marie et lui font une sépulture solennelle le 18 août. A Mangareva, après avoir refusé les jeunes filles qu'on leur propose, les gens incendient les roseaux où les P. Caret et Laval se sont cachés ; ils fuient vers le sommet de l'île pour passer de l'autre côté. Au milieu de conditions matérielles proches souvent d'une « opération survie », les missionnaires se mettent d'abord à apprendre la langue en composant un lexique. Les quelques soins donnés aux malades et quelques guérisons obtenues facilitent les relations. Dès la fin de 1834, ils peuvent dire en mangarévien les premières prières.

Février 1835 voit le départ de G. Nobbs pour Pitcairn d'où il venait. Malgré la lettre de D. Darling du 14 octobre 1834 enjoignant aux Pères des Sacrés-Cœurs de partir parce que la L.M.S. « avait priorité aux Gambier », G. Nobbs n'était pas considéré comme membre de la Société de Londres ; il vivait de ses propres ressources [18].

Le catéchuménat allait bon train depuis la transmission et l'acceptation des 10 commandements de Dieu ; les instructions des pères se répètent de bouche à

(18) D. DARLING aux deux missionnaires français aux îles Gambier (14-10-1834) de Vaitahu. LAMO I n. 74.

oreille d'une île à l'autre. Le 1er mars 1835, ils bénissent la chapelle en pandanus de l'île d'Aukena, après avoir inauguré celle d'Akamaru le 8 février précédent. Mais à Mangareva, le roi Maputeoa reste toujours attaché aux idoles qui, ailleurs, sont mises au bûcher.

Le 9 mai 1835, Mgr Etienne Rouchouze arrive enfin aux Gambier. Il est accompagné d'un renfort substantiel : les P. Désiré Maigret et Cyprien Liausu qui est médecin ; les Fr. Fabien Costes et Gilbert Soulié ; un enseignant laïc, le vicomte Urbain de Latour de Clamouze, universitaire lozérien qui veut se consacrer aux missions. L'évêque est émerveillé des résultats obtenus en si peu de temps. Après examen, il autorise les baptêmes des 150 catéchumènes d'Akamaru et des 35 d'Aukena. En janvier 1836, le roi Maputeoa fait détruire toutes les idoles restantes ; il dédie l'église de Taku le 21 février suivant. Enfin il est solennellement baptisé, avec 160 catéchumènes, le 25 août 1836 sous le nom de Grégoire en l'honneur du Pape Grégoire XVI qui sera très touché de cette attention. Le P. Caret dénombre 1.800 baptêmes et confirmations en janvier 1836.

La conversion totale des îles Gambier : Mangareva, Taravai, Aukena, Akamaru est achevée en 1838. Le roi Gregorio et les chefs élaborent un « Code Mangarévien », basé sur les 10 commandements de Dieu, analogue au « Code Pomaré ». Le système social est semblable à celui des anciennes « Réductions du Paraguay : un nouveau style missionnaire commence » ; il faut entretenir et approfondir la foi dans un développement global [19]. « Mgr Rouchouze et les frères disent que les îles ressemblent à des couvents », écrit le P. Amat [20]. Les commandants des navires sont admiratifs de tels résultats, « obtenus par trois missionnaires, sans aucun secours du gouvernement et n'ayant d'autres armes que la douceur et la persévérance » ; ils se félicitent de n'être plus « repoussés à coup de pierres et de lances ». Par contre « les marins sont mécontents des Gambier à cause des précautions sur les mœurs ; la mission est mal vue d'eux » [21]. Les trafiquants se plaignent de ne plus pouvoir échanger la nacre contre les pacotilles habituelles. Le germe des conflits à venir est déjà présent dans ces deux réactions de 1838. « Il ne faut pas chercher ailleurs que dans cette sévère pureté des mœurs la cause de toutes les déclamations contre la tyrannie des missionnaires. Il y en a pourtant une autre : ils empêchent les traitants de voler les pauvres insulaires », écrit E.H. Fromentières après une visite à Mangareva en 1856 [22].

---

(19) H. LAVAL à Mgr BONAMIE (novembre 1839). Ar.SS.CC. *Propaganda,* Océanie. T. I, p. 583.
– H. LAVAL : *Mémoires*, pp. 137 ss.

(20) J. d. C. AMAT à H. LUCAS (19-10-1838). LAMO I.

(21) A. VINCENT à Mgr ROUCHOUZE (28-8-1838) ; J.d.C. AMAT à Mgr BONAMIE (16-10-1838). LAMO I.

(22) Se reporter au chapitre II, 4e § « rudes baleiniers... », sur les marins de ce temps en Océanie.
– E.H. FROMENTIÈRES : « Mangareva en 1856 », dans le *Moniteur de la Flotte,* 1857, repris dans *l'Océan* de Brest du 3-2-1888. Ar.SS.CC. 65, 1.

Le 24 octobre 1836, Mgr Rouchouze bénit la première pierre de l'église en dur d'Aukena, dédiée à saint Raphaël. A ce propos, il écrit au « Bon Père » Coudrin pour souligner l'importance d'envoyer des frères convers – avec le P. Caret qui était alors en Europe – afin de construire dans les îles de telles églises en pierre. « Ce que nous avons le plus à cœur, c'est de construire des églises décentes et solides. Il me semble que le jour où je verrai dans l'Océanie quelques églises où l'on puisse célébrer et conserver décemment l'illustre mystère, mon bonheur sera parfait et je mourrai content. » L'église Saint-Raphaël est bénite le 24 octobre 1839. Le 15 août 1841, la cathédrale Saint-Michel de Rikitea (Mangareva) est consacrée. A son propos, le P. Cyprien Liausu écrit : « L'église de Mangareva sera toujours la cathédrale de l'Océanie. Elle ne nous a coûté aucune dépense si ce n'est le fer et les outils. Le frère Gilbert a fait seul la maçonnerie avec une quinzaine d'indigènes » [23]. L'œuvre architecturale des Frères des Sacrés-Cœurs aux Gambier est impressionnante. G. Fénelon, architecte, y recense 116 constructions antérieures à 1900 : 74 à Mangareva, 10 à Aukena, 23 à Akamaru, 9 à Taravai [24]. Voici la liste des cinq églises et six chapelles avec leur date de contruction :

Eglises Saint-Joseph à Taku (1836, 1859, 1868), Saint-Raphaël à Aukena (1835, 1840), cathédrale Saint-Michel de Rikitea (1841, clochers 1847 et 1848), Notre-Dame de Paix à Akamaru (1844), Saint-Gabriel à Taravai (1868); chapelles Saint-Benoît à Gatavake (1840), Sainte-Anne à Tokaragi (1847), Saint-Pierre à Atititoa (1847), Sainte-Agathe à Rouru (1850), Saint-Michel au cimetière de Rikitea (1850), chapelle de Kirimiro.

Nous étudierons au chapitre XV les raisons de telles constructions religieuses tout à la fois si louées et si décriées. On comprend l'admiration de Mgr Tepano Jaussen quand il arrive à Mangareva en février 1849. Aussi, lorsque l'évêque peut entreprendre la future cathédrale de Papeete, vient-il chercher 60 ouvriers mangaréviens sous la direction du frère Gilbert Soulié ; ils quittent les Gambier en avril 1856 et rentrent dans leurs îles le 9 mai 1857 avec les félicitations du Gouverneur du Bouzet sur la qualité de leur travail et leur conduite irréprochable à Tahiti. Ce sont ces mangaréviens qui bâtissent aussi le grand phare de la pointe Vénus en 1866.

Outre les églises, Mgr Rouchouze souligne au P. Coudrin, dans la lettre citée du 14-11-1837, l'importance du travail ; comme les missionnaires anglais de la L.M.S., les pères des Sacrés-Cœurs ne séparent pas évangélisation de civilisation. Le travail comme base d'un développement global et responsable est essentiel

---

(23) Mgr ROUCHOUZE au P. COUDRIN (14-11-1837) – C. LIAUSU à Mgr BONAMIE (18-1-1841). Ar.SS.CC. *Propaganda Fide,* Oceania. T. I, f. 432 et 639.

(24) G. FÉNELON : *Inventaire des constructions antérieures à 1900 aux Gambier.* Papeete (24-8-1981).

pour les premiers missionnaires des Gambier. L'initiation aux métiers du bâtiment est assurée par les frères convers Fabien et Gilbert dès 1835 par le biais des constructions des églises et des maisons. Les pères et M. Urbain se lancent dans les essais agricoles en tout genre; «l'homme des plantations fut surtout le P. Cyprien Liausu», écrit le P. Laval («Mémoires», pp. 148 ss.).

Les femmes polynésiennes aimant le jardinage, elles se regroupent peu à peu pour faire ces travaux. Telle est l'origine de ce qui deviendra le «couvent de Rouru», à la fois ferme modèle, ouvroir, école des filles et maison religieuse. Pour les femmes qui voulaient se consacrer au Seigneur, Mgr Tepano Jaussen permet les premiers vœux religieux en mai 1852, mais pour une durée de trois mois renouvelables. Vers 1860, le P. Laval obtient de l'évêque que ces vœux soient annuels. Le couvent de Rouru est une réalisation extraordinaire de la mission naissante; cela ressemble un peu, dans le style polynésien, à un monastère de trappistines. Que serait devenue une telle œuvre si des religieuses avaient pu lui donner toute sa dimension religieuse et féminine? L'engloutissement du «Marie-Joseph» aux Malouines en mars 1843 change le visage de la mission et stoppe l'amorce originale de la vie religieuse féminine naissante à Mangareva. Après le départ du P. Cyprien, leur fondateur, le 15 juillet 1855 – il est mort le 29 mai 1856 – les rapports entre les sœurs de Rouru et le P. Laval, nouveau supérieur de la mission des Gambier, sont plus austères. Les épreuves subies par Mangareva entre 1860 et 1869 n'arrangent rien. Sœur Godebert est la dernière survivante de la «Communauté des Sacrés-Cœurs» de Rouru; elle meurt le 17 juin 1903 à l'âge de 70 ans.

A la demande du grand Conseil de Mangareva, trois sœurs de Cluny – Rosule, Désirée et Marie-Gaspard – essaient de relever l'œuvre de Rouru. Parties de Tahiti le 3 octobre 1892, elles arrivent à Mangareva le 15 octobre. En plus des malades et de la paroisse, elles ont 45 filles à leur école située dans l'ancien couvent. Le Gouverneur H. Cor ferme leur école, comme celle du P. Vincent-Ferrier Janeau en 1905 dans le cadre de la laïcisation [25]. Quoique non étonnante de la part de Henri Cor très anticlérical et violent contre la mission catholique – voir son discours reproduit au *J.O.* du 12-1-1907 –, cette fermeture était en contradiction avec la demande du gouvernement qui avait sollicité deux frères de Ploërmel en 1887 pour prendre les écoles publiques de Rikitea. Malgré l'appui de Mgr Verdier et les appels de la population, le Supérieur Général des Frères ne peut accepter d'envoyer «deux frères dans un tel isolement, alors que l'école de Papeete a été laïcisée et que celle de Papeuriri, la seule qui nous restât, vient de l'être» [26].

---

(25) V.F. Janeau à I. Alazard (29-8-1896). Ar.SS.CC. 70, 1.
– Administrateur Gambier à Gouverneur (8-6-1904); Gouverneur Cor à Ministre (9-5-1904); F.O.M., Océanie C 98, H 39.

(26) Secrétaire d'Etat au T.C.F. (11-11-1887); T.C.T. au Ministre Colonies (5-12-1887). F.O.M. Océanie C 98, H 32.

L'œuvre de l'éducation des Mangaréviens est surtout le travail de Urbain de Latour (du 9-5-1835 à 2-8-1868) et de Henry Mayne (du 9-11-1850 au 23-9-1877) [27]. Ces deux universitaires avaient quitté le premier la Lozère, le second, la Touraine, pour se consacrer à l'éducation comme «catéchistes» dans les missions. Dès 1839, M. Urbain ouvre le petit collège de Anaotiki sur l'île d'Aukena avec 17 jeunes garçons; la persévérance est plus difficile pour les filles. Il lance aussi une imprimerie pour avoir le minimum de documents. C'est la qualité du travail de M. Urbain qui décide Henry Mayne à rester à Mangareva au lieu de poursuivre jusqu'à Tahiti. M. Henry déploie toutes ses capacités de grammairien et de latiniste, sans pourtant trop s'illusionner sur la possibilité de former de futurs prêtres [28]. Dans son article déjà cité, E.H. Fromentières écrit, à propos de Mangareva en 1856 : «L'école des garçons est placée sous la direction de deux hommes d'une grande distinction et d'un admirable dévouement, laïques tous les deux... L'un des résultats que les Pères cherchent à atteindre – je suis convaincu qu'ils y réussiront – c'est la création d'un clergé indigène... J'ai vu dans la première division du collège de jeunes bambins cuivrés qui, non seulement parlaient très purement le français, mais qui faisaient des analyses latines et traduisaient passablement des auteurs de cinquième.»

Afin de vêtir cette population démunie, Mgr Rouchouze demande au P. Coudrin de lui envoyer un tisserand pour faire des étoffes avec le coton qui pousse à Mangareva. Le P. Potentien Guilmard, qui est tisserand, arrive le 13 septembre 1837 pour lancer les tissanderies; il y en aura bientôt douze dans les diverses îles. Les mangaréviens y «fabriquent d'excellentes étoffes en coton, à la suite de la Reine qui tisse la première bande de toile». Les Mangaréviens construisent aussi un brick-goélette de 102 tonneaux: le «Maria i te aopu» (Notre-Dame de Paix). Mis en chantier en 1860, il est lancé en 1862. Le navire desservit les Tuamotu; mais il y eut des difficultés d'équipages et avec l'administration. Il coule en avril 1869 à Rikitea.

L'expression de la vie chrétienne n'est pas en reste; la liturgie y est solennelle et les processions de la Fête-Dieu sont des célébrations extraordinaires. En 1839, le P. Laval lance les premiers essais des joutes catéchétiques qui deviendront plus tard les «parau matutu».

Tout aurait pu se développer tranquillement sans la présence de la nacre et l'intervention de la France. Si la conversion des Gambier limitait les plaisirs des marins à terre, elle facilitait grandement la sécurité des escales et la pêche de la nacre très appréciée. Commerçants, aventuriers, trafiquants ne s'en privent pas; mais, en même temps, les Mangaréviens, informés de la valeur de leur nacre par

---

(27) Voir Ar.SS.CC. 70, 2 – H. LAVAL : *Mémoires,* pp. 177 ss. – O'REILLY : *Tahitiens.*
(28) M. HENRY à Mgr JAUSSEN (14-5-1851 ; 30-5-1851 ; 1864). Ar.SS.CC. 64, 1.

les missionnaires, contrôlent de plus près l'exploitation de leur lagon. «Les Gambier seront victimes de la nacre et des trafiquants», écrira le P. Eich [29].

L'amiral Dupetit-Thouars, commandant la station navale du Pacifique, selon les directives du Ministre de la Marine, écrit le 11 janvier 1844 au P. Cyprien Liausu pour qu'il appuie une demande de protectorat de la France sur les Gambier. Depuis le protectorat sur Tahiti et l'annexion des Marquises en 1842, la France craint l'installation d'une puissance étrangère dans cette région. Le 16 février, Charles Pénaud, commandant de la «Charte», se présente dans le lagon de Mangareva. Le roi Maputeoa accepte de «former un Etat libre et indépendant sous la protection de Louis-Philippe»; le commandant accepte sous réserve de ratification par Paris. Le gouverneur Bruat nomme le P. Cyprien Liausu, délégué de la France auprès du roi des Gambier le 12 décembre 1844. Les missionnaires n'étaient pas d'accord avec cette nomination qui devait d'ailleurs rester lettre morte. En effet, Bruat reçoit peu après la lettre du baron de Mackau, Ministre de la Marine, en date du 16 juillet et annulant ce projet de protectorat. Bruat ne transmet rien au P. Liausu ni au roi Maputeoa. Son successeur, le gouverneur Lavaud, annule les honoraires versés au P. Cyprien sans répondre aux demandes d'explication que celui-ci réclame.

Jusqu'au départ du P. Liausu le 19 mai 1855, les choses en restent là, hormis une visite du lieutenant de vaisseau Parchappe qui avait déjà sévi à Anaa en mars 1853. Ce premier double jeu de l'administration amène Mgr Tepano Jaussen à passer aux Gambier en se rendant en France pour défendre la mission.

L'affaire qui devait tout changer et briser le développement de la Mission catholique fut l'incident Pignon-Dupuy qui s'enfla au niveau national.

Jean Pignon, ancien marin formé par les pères, s'était installé à Mangareva pour faire le commerce de la nacre. Son neveu, Jean Dupuy, l'avait rejoint en 1858. Mais il avait refusé de signer la reconnaissance des lois locales. Ayant commis un adultère et un vol, il est condamné à 15 mois de prison; au bout de 2 mois il est renvoyé à Valparaiso d'où il venait. Son oncle avait des démêlés avec Akakio, le propriétaire du terrain sur lequel il avait construit une cabane de dépôt et un embarcadère. Jean Pignon était criblé de dettes à Tahiti. Selon les délais prescrits et après jugement du Conseil mixte de Mangareva, Akakio reprend son terrain après avoir fait déménager les marchandises et démolir la cabane.

Pignon se plaint au gouverneur de la Richerie qu'on l'a ruiné. Celui-ci fait faire une enquête par le «Railleur»; puis il refuse une contre-enquête et condamne, le 25 avril 1864, la régente Maria-Eutokia à payer 160.000 F

(29) G. Eich au T.R.P. (13-6-1896). Ar.SS.CC. 60, 2.

d'amendes. En fait le Gouverneur, selon ses lettres, vise le P. Laval. Son successeur en septembre 1864, le comte de la Roncière, accentue la crise en se rendant, un an plus tard, aux Gambier : « Votre population est trop religieuse ; ces gens-là sont stupides », dit-il au P. Laval. Pour faire rentrer l'amende, il installe un Résident, assisté d'un petit « commando d'occupation » ; le Résident Caillet, célèbre anticlérical, destitue Maria-Eutokia et le Conseil de régence le 30 décembre 1865. Durant trois années c'est une petite guerre permanente ; elle n'aboutit pas à chasser le P. Laval qui était visé, mais seulement le P. Barnabé Castan, « poussé à bout par le Résident Hyppolite ». Sur la suggestion de l'amiral Rigault de Genouilly, Ministre de la Marine, Mgr Tepano Jaussen règle le reliquat de l'amende aux syndics de Pignon. Il est curieux de noter que l'amende décrétée par de la Richerie correspondait exactement au montant des dettes de Pignon, alors que le préjudice subi à Rikitea était estimé à 4.300 F par Daniel Guilloux et Augustin Rapamoa [30].

L'affaire prend une ampleur nationale à cause du libelle de Louis Jacolliot en 1869, répercuté par le député de Kératry et d'autres. Tout ceci se complique lorsque le commandant Aube à bord de la « Mégère » visite Mangareva en mai 1869. Ce protestant « impartial, juste et vrai » constate que « légalement le protectorat de la France sur les Gambier n'a jamais existé et que Mangareva rentre dans la plénitude de ses pouvoirs d'Etat souverain dont il ne s'est jamais dessaisi » [31]. Devant cette découverte, le Régent Aarone dénonce la présence de la France aux Gambier. Il faut toute l'influence de Mgr Tepano Jausen pour faire accepter un vrai protectorat dans le contexte mangarévien en 1871. Dix ans après, dans un contexte beaucoup plus général, la France annexera l'archipel le 23-2-1881... Le Code français sera appliqué aux Gambier dans le cadre d'une Convention signée le 31 juillet 1888 avec l'appui de Mgr Verdier.

Pendant ce temps, Mgr Jaussen avait remplacé comme supérieur de la mission des Gambier le P. Laval par le P. Nicolas Blanc en 1868. A la suite de la visite du commandant de la Motte-Rouge en février 1871 et sur l'intervention de l'amiral de Lapelin, l'évêque retire le P. Laval, le doyen des missionnaires du Vicariat, le 4 avril 1871 pour le mettre à Tahiti. C'était par apaisement à l'égard de Paris et contre le gré des populations de Mangareva.

Mgr Tepano Jaussen fut très affecté par cette terrible affaire. En 1871, il écrivit une longue défense de la mission des Gambier en 62 points ; il supplie le Supérieur Général de retirer les Pères des Sacrés-Cœurs de la Polynésie [32].

---

(30) D. Guilloux et A. Rapamoa au Procureur du Tribunal de Papeete : Papeete (25-5-1870). Ar.SS.CC. 66, 2. Cette affaire représente 362 documents officiels enregistrés, et une vaste littérature.

(31) Cdt Aube à N. Blanc (24-5-1869). Ar.SS.CC. 66, 3.

(32) Mgr T. Jaussen au T.R.P. (25-3-1871). Ar.SS.CC. 64, 2.

Une telle épreuve de dix années, une dépopulation – sans doute moins accentuée qu'à Tahiti ou aux Marquises – mais qui ne laisse que 500 habitants dans l'archipel, entraînent un étiolement général. Le P. Nicolas Blanc lance une école de Katekita en 1882 ; les sœurs de Cluny reprennent l'école des filles en 1892, mais la laïcisation les chasse en 1905. Elles fondent un petit ouvroir jusqu'en 1909. Le P. Vincent-Ferrier Janeau, nommé aux Gambier, approfondit l'ensemble des événements durant son long ministère de 1887 à 1944. Le P. Daniel Egron y est présent depuis 1958 ; un renouveau se fait jour aux Gambier et les frères du Sacré-Cœur de Québec y ouvrent un « centre pour le développement » le 31 août 1982 dans le cadre de la revitalisation des archipels.

Il n'est pas possible de terminer ce survol des événements de la mission catholique aux Gambier, sans ouvrir quelques pistes de réflexion. Ce petit archipel, présenté comme un « échantillon caractéristique » par les principaux protagonistes, est l'illustration tragi-comique des affrontements coloniaux français de l'époque ; illustration tragique par les valeurs fondamentales engagées, illustration comique par la personnalité quasi caricaturale de certains acteurs. C'est tout ensemble une lutte homérique à la « Don Camillo-Peppone » et un affrontement biblique de David contre Goliath, surtout lors des dix années de crise majeure (1858-1869).

La valeur de la nacre de Mangareva, l'appétit des trafiquants, dénoncés par la Marine et la Mission, sont la cause naturelle d'un « dialogue Nord-Sud » colonial où la matière première est appréciée et les hommes méprisés. La colonie doit enrichir le colonisateur. La nacre fut cause de malheur pour les Gambier.

Dans ce protectorat, que seuls quelques hauts responsables savent inexistant légalement, les Résidents imposés ne sont là que pour « assurer la liberté individuelle contre la tyrannie cléricale » [33]. Rien ne doit exister entre l'Etat et l'individu. De plus le Gouverneur de la Roncière se plaignait de ne disposer que d'un « personnel d'exportation, d'un personnel taré dont on gratifie les colonies », remarque qui rejoint l'étude de P.Y. Toullelan sur la médiocrité du personnel administratif d'avant 1914 [34].

Le style de chrétienté du « nouveau Paraguay », à la fois exagéré par le P. Laval et trop vanté comme mission modèle, était ressenti comme une provocation insupportable. Sa réussite engendrait la jalousie. « Nos Mangaréviens sont si simples et si soumis que je n'ai qu'un mot à dire pour être obéi. Les étrangers... disent que nous sommes des rois régnant sur eux... Nous sommes pour eux de véritables Pères et ils sont vis-à-vis de nous des enfants très dociles. C'est

(33) E.V. HYPPOLITE, Résident au P. LAVAL (31-5-1866). Ar.SS.CC. 64, 1.
(34) DE LA RONCIÈRE, « Service administratif à Tahiti », cité par Mgr JAUSSEN. Ar.SS.CC. 67, 1.
– P.Y. TOULLELAN : « Administration française, E.F.O. 1865-1914 » ; *Bulletin S.E.O.*, juin 1982, n. 8.

continuellement qu'ils s'adressent à nous... Le roi veut que je sois son ministre, son conseiller privé, le président de son Conseil d'européens établi pour traiter des affaires européennes» [35].

En plus du paternalisme du temps dans une chrétienté repliée sur elle-même dans des îles loin de tout – ce qui était aussi le modèle des missionnaires protestants anglais – il faut souligner la personnalité accusée du P. Honoré Laval. C'est plus son style personnel qui finira par indisposer que la mission elle-même. «Son intelligence est claire, rapide, efficiente ; son imagination est créatrice ; son jugement est personnel et impétueux. C'est un chef, un passionné, un réalisateur» [36]. Le P. Caret le trouvait par trop «impatient» dans leur tournée à Tahiti en 1836. Le P. Liausu, son compagnon des Gambier, regrettait en 1845 «son zèle trop violent et trop dur». V.F. Janeau rappelle, en 1903, que «les églises, chapelles, couvent, tissanderies et même les prisons» ne sont pas dues au P. Laval qui n'a pas présidé à la construction que d'une seule église. Honoré Laval était plus un homme de catéchèse et de liturgie, doublé d'un écrivain et d'un poète. Dès 1839 après la conversion totale des Gambier, qu'il nommait «le nouveau Paraguay», le P. Laval était conscient que le «nouveau style missionnaire serait d'entretenir». N'est-il point passé d'une conception appelante à une vision englobante de l'Eglise ? Il serait aussi injuste de taire sa grande qualité de missionnaire fondateur aux Gambier et aux Tuamotu, que d'en faire le personnage-symbole, centre de la mission catholique ; trop le font. Les P. Caret et Liausu, les Fr. Gilbert et Fabien, MM. Urbain et Henry, Mgr Rouchouze et d'autres ont au moins autant planté l'Eglise aux Gambier. Ce petit archipel a vécu la foi des premiers chrétiens et a montré à tous les merveilles que des polynésiens croyants sont capables de réaliser [37].

Tuamotu [38]

L'évangélisation des 84 atolls coralliens, constituant les «îles basses» de «l'archipel de la mer mauvaise» (Bougainville) ou l'«archipel dangereux» (Cook), est une page austère et admirable des «Picpuciens en Polynésie». Rien de plus désolé que ces sols rocailleux et arides, barrière blanche au ras des flots ;

(35) H. LAVAL au T.R.P. (2-6-1857). Ar.SS.CC. 68 b.

(36) Graphologie du P. Laval, extraits. Ar.SS.CC. 68.

(37) L'appréciation la plus juste est donnée par le commandant T. Aube de la «Mégère» dans son étude : «l'Océanie en 1869», *Revue maritime et coloniale,* février 1873, pp. 309 à 334.

(38) M. DESMEDT : *P. Fouqué et les Tuamotu.* Braine-le-Comte 1932 et Rome 1977, 179 pages.
– D. EGRON : *Les Picpuciens en Polynésie* (d'après Mgr Hermel). Rikitea 1964 à 1968, 304 pages.
– C. MÉRIAN : *Cinquante années d'apostolat aux Tuamotu,* 1930, manuscrit. Ar.SS.CC. 72, 1.
– P. NOUVIALLE : chronologie de l'évangélisation aux Tuamotu. Ar.SS.CC. 72, 1.
– V.d.P. TERLIJN au T.R.P. (3-2-1900) : «Cinquantenaire des Tuamotu». Ar.SS.CC. 73, 1.
– *Annales SS.CC.* : «Registre des matières», pp. 141 à 144. Ar.SS.CC. 271-788.

le pandanus y était roi avant les essais de cocotiers. Rien de plus redouté des marins que ces récifs affleurant dans une mer agitée avec des courants violents et des vents changeants; les naufrages y sont fréquents: 4 en 1885, dont l'«Alcmène». Rien de plus craint que la sauvagerie cannibale des îles de l'Est; en 1857, trois hommes et une femme sont dévorés à Pukarua pendant le séjour du jeune Atanatio de Mangareva, lui-même promis au «four canaque» sans la protection de Moeava. La révolte d'Anaa de novembre 1852 montre la haine antifrançaise et la violence antipapiste des îles du Milieu et de l'Ouest qui avaient été touchées par les Mormons de 1845 à 1852. Les incertitudes du passage des goélettes, le calvaire des navigations en pirogues locales ou en baleinières pour franchir les passes ou les récifs, complètent le tableau peu engageant des Tuamotu de ces années 1850 où Mgr Tepano Jaussen entreprend l'évangélisation de ce vaste espace de plus de 2.000 km de long sur 1.000 km de large. Quelques milliers d'habitants peuplent ces «îles du large»: Tuamotu, ainsi nommées depuis 1859. On les appelle aussi «Pa'umotu» en raison de la couleur particulière du ciel au-dessus des vastes lagons.

Le 14 avril 1849, Mgr Jaussen, alors à Mangareva, envoie le P. Laval chercher le P. Clair Fouqué à Tahiti pour fonder la mission aux Tuamotu. Ils sont accompagnés du jeune pêcheur de nacre, Petero Maki qui était resté plus d'une année aux Gambier pour se former à la foi chrétienne. Baptisé, il supplie un des missionnaires de venir porter l'évangile dans son île de Faaite. Mgr Tepano voit un signe providentiel dans cet appel. Le 19 mai le «Gassendi» débarque les deux pères et leur «katekita» dans ces «îles sans avenir» afin de porter la Bonne Nouvelle «jusqu'aux extrêmités de la terre». Les Tuamotu c'est vraiment le bout du monde. La première Eucharistie y est célébrée le lendemain dimanche après avoir consacré la mission à Notre-Dame des Victoires. Ils sont bien accueillis, même par les deux ministres mormons, membres aussi de la famille de Petero Maki. Son père, Tara dit aux gens: «Les Anglais vinrent d'abord nous apporter la parole de Dieu; nous les avons écoutés. L'Américain est venu nous expliquer que les Anglais étaient dans l'erreur; nous avons embrassé sa doctrine. Il est temps d'examiner la vérité toute pure; rejetons ce qui est faux, gardons ce qui est vrai.» Evidemment, la vigueur des préjugés antipapistes qui sont des idolâtres, la pratique du divorce et de la polygamie des mormons, les ressentiments répandus contre les français ne facilitent pas l'évangélisation. L'esprit fier des habitants, le littéralisme biblique entraînent dans des discussions sans fin plus que dans la conversion du cœur.

Le 16 juillet 1849, le P. Laval lance la mission à Fakarava. Mgr Tepano visite pour la première fois les Tuamotu le 28 juillet. En octobre 1850, la mission s'ouvre dans l'île d'Anaa, la plus importante des Tuamotu d'alors avec 2.000 habitants. Comme toujours ils ouvrent une école pour l'alphabétisation et la civilisation. «C'est l'œuvre de la mission.»

En raison de la dispersion des îles, du nomadisme incessant des habitants, très vite les pères forment des «katekita»; leur rôle est d'être les «permanents» qui «réunissaient pour la prière, soutenaient les fidèles, donnaient des avis, rétablissaient la paix, faisaient l'école aux enfants, recevaient les missionnaires, le remplaçaient auprès des mourants, ensevelissaient les morts. Ils étaient formés à Anaa. Ils entretenaient la vie chrétienne dans une île déjà convertie. Au début, c'étaient eux qui ouvraient la voie dans les îles encore païennes» (P. Mérian). L'apostolat des Tuamotu fut fondé sur les catéchistes; leur importance sera étudiée au chapitre XII.

Si la mission de Faaite n'a pas grand succès, l'évangélisation de Fakarava progresse bien, malgré une malheureuse affaire où Petero Maki est impliqué. La première église des Tuamotu, Notre-Dame des Victoires, est bénite le 28 mars 1850; les 18 premiers baptêmes y sont célébrés avec éclat le 28 avril par le P. Clair Fouqué. Mgr Tepano fait une visite pastorale tonifiante pour tous du 23 septembre 1850 au 20 janvier 1851. Il amène avec lui le P. Benjamin Pépin pour aider les deux fondateurs. Au mois d'août, l'évêque revient aux Tuamotu qui comptent déjà 140 catholiques. La première église d'Anaa est inaugurée en octobre; mais Anaa compte six villages.

Le 28 janvier 1852, le P. Laval retourne aux Gambier. Le P. Jean-Baptiste Hébert le remplace, bientôt suivi du P. Ferréol Loubat. Mais le 10 mars, le P. Benjamin Pépin meurt de phtisie après une année d'apostolat. Le P. Albert Montiton, le plus célèbre missionnaire des Tuamotu et talentueux musicien, arrive en septembre. La fidélité des néophytes est incertaine devant les attaques des mormons. Le passage de l'escadre anglaise de l'amiral Moresby à Fakarava et Anaa en août 1852 échauffe les esprits; la population s'arme contre les français. Le commandant de Bovis, avec l'aide efficace du P. Clair, rétablit le calme sans un coup de feu. Mais le 15 octobre, la lettre du régent Teina annonçant sa conversion au catholicisme et surtout celle de son père, soulève l'opposition farouche de Mapeura: «Je soutiendrai toujours les américains et les anglais contre les français.» Le village de Putuahara l'appuie dans sa rébellion. Le 9 novembre, le brigadier Viry, venu mettre la paix, est assassiné par une dizaine d'hommes; le P. Fouqué est assommé et jeté comme mort dans le lagon. Le P. Ferréol, simplement blessé, le transporte avec une vingtaine d'hommes au village de Tuuhora; les pères Hébert et Montiton y sont déjà. Une baleinière de la mission part aussitôt, avec 5 rameurs courageux, prévenir les autorités de Tahiti à 227 miles de là. Elle y arrive le 12 novembre. Le Gouverneur Page ne donne de réponse que trois semaines plus tard. En décembre 1852, tous les français présents à Anaa adressent une longue «plainte et réclamation pour n'avoir pas été secourus par le Gouvernement du protectorat»[39]. Le Gouverneur

---

(39) Plainte et réclamation des Français résidant à Anaa, décembre 1852. Ar.SS.CC. 73, 2. F. LOUBAT à Mgr JAUSSEN (10-11-1852). A. MONTITON à Mgr JAUSSEN (9-11-1852). Ar.SS.CC. 73, 2. Les dossiers des Ar.SS.CC. 73, 1 et 73, 2 sont consacrés à cette affaire.

Page s'efforce de se disculper en rendant la mission catholique responsable des troubles. Mais le Ministre de la Marine le blâme en décembre 1853 [40].

Le 4 décembre seulement l'« Hydrographe », commandé par Parchappe, suivi bientôt du « Phoque » du capitaine Le Brigant arrivent à Anaa. Les rebelles incendient la mission et les maisons des français à Putuahara. Après enquête, Le Brigant conclut à l'innocence des missionnaires ; le gouverneur Page, mécontent de ce rapport, le relève de son commandement et le remplace par Parchappe. Celui-ci, aidé de volontaires tahitiens, fait une répression sévère. Il fait pendre, sans que les pères puissent intervenir, cinq hommes dont un catholique innocent : Temuta. Il permet aux tahitiens, malgré les protestations du gendarme Eon, de piller les maisons et chapelles de la mission catholique. Il transforme les mormons en Protestants qu'il reconnaît comme seule religion officielle aux Tuamotu. Le gouverneur Page retire aux missionnaires le droit de faire la classe. Ces deux années 1853 et 1854 sont deux années d'épreuves amères pour la mission catholique naissante aux Tuamotu.

Les excès de l'administration du Protectorat amènent Mgr Tepano Jaussen à aller défendre la mission en France. Il passe par les Gambier et Valparaiso. Il nomme Provicaire le P. Clair Fouqué qui gère la mission en son absence.

En 1855, avec le gouverneur du Bouzet, les tracasseries cessent ; les écoles reprennent aux Tuamotu sous la direction du P. Albert Montiton, nommé Inspecteur [41]. Noël 1854 voit la paix se rétablir. Toute l'île de Anaa se rassemble à Tuuhora, le village de la passe. Un navire de l'Etat est présent. Le Gouverneur du Bouzet fait décorer les deux chefs Taneopu et Tematiti pour leur dévouement à la France et leur courage pour sauver les missionnaires ; le P. Fouqué, au nom de Mgr Jaussen, leur remet la médaille que l'évêque a obtenue pour eux du Pape Pie IX.

Un mouvement de sympathie et de conversion se dessine après la tempête de deux longues années. De 1855 à 1860, les belles églises en pierre, auxquelles le P. Clair attache une grande importance, s'élèvent à Anaa avec le concours des frères Théophile et Martin ; la population participe activement à leur construction [42]. Le 23 février 1856, l'église de Putuahara est solennellement bénite. Mgr Tepano vient cette même année encourager la reprise énergique de la mission à Anaa qui deviendra le centre pour les Tuamotu jusqu'en 1867. Les églises de Tematahoa, de Tuuhora et d'Otepipi suivent. Le Vicaire Apostolique revient en 1858 pour consacrer celle de Tematahoa, dédiée à saint Etienne, son patron.

---

(40) PAGE au Ministre (17-11-1852); Ministre à PAGE (1-12-1853). F.O.M. Océanie C 13, H 69.
(41) Lettres du P. FOUQUÉ de 1852 à 1857, Ar.SS.CC. 73, 1 à 7.
(42) C. FOUQUÉ à Mgr JAUSSEN (25-3-1857). Ar.SS.CC. 73, 7.

Le P. Jean-Baptiste Hébert, épuisé, quitte Anaa en 1858 ; il meurt à Mangareva le 20 mars 1859. Le P. Ferréol Loubat est appelé à Tahiti en 1859 pour tenir l'imprimerie de la Mission. En 1858, le gouverneur Saisset se montre plus réservé à l'égard de la mission catholique ; il ouvre ainsi une longue période qui lui sera nettement défavorable avec de la Richerie et de la Roncière de 1860 à 1869. En 1860 le P. Clair Fouqué quitte Anaa. Les R.P. Nicolas Blanc, qui y restera trois ans, et Germain Fierens le remplacent. Le P. Germain sera, durant 40 années d'apostolat, avec le P. Vincent de Paul Terlijn qui arrivera en 1870, le grand missionnaire des Tuamotu.

A cette époque, des liens s'établissent entre les Gambier et les Tuamotu. Les missionnaires des Gambier acceptent de former des habitants de ces îles qui retournent ensuite comme catéchistes. L'histoire la plus étonnante est celle du jeune Atanatio en 1857. Après s'être fâché avec un camarade, Atanatio, âgé de 15 ans, s'est enfui en cachette de Mangareva sur une pirogue. La tempête le prend et il dérive plusieurs jours avant de s'échouer à Pukarua. Vite découvert, il est promis au four. Tremblant de peur, il se confie à Dieu dans la prière. Ce geste étonne les gens de Pukarua et Moeava l'adopte. Alors il explique d'où il vient et il annonce l'évangile, préparant ainsi l'arrivée des missionnaires.

Le rôle des « katekita » est essentiel dans l'évangélisation des Tuamotu ; citons Cyprien Ha à Fangatau, Gabriel Hina à Hao, Athanase Tuamea à Takoto, Gomère Maroro à Napuka, Tavita Marere à Anaa, Joseph Mati à Fakahina, Alain Fatoga à Raroia.

Avec le « Maria i te aopu », les missionnaires des Gambier organisent quelques tournées d'évangélisation aux Tuamotu. Mais le gouverneur de la Richerie en prend ombrage et les interdit en 1861 [43]. La mission des Tuamotu avait Anaa comme base fixe de 1860 à 1867. Le P. Montiton après l'interdiction précédente, demande à aller évangéliser les îles en frêtant une goélette. Il fait la tournée des îles du milieu en 1867 ; dans chaque île il laisse un « katekita ». En 1868, le P. Germain fait de même dans les îles de l'est et du milieu. En 1870, la mission achète sa goélette le « Vatikana ». Les tournées s'organisent plus librement. En 1873, le P. Albert malade doit quitter les Tuamotu ; il sera quelques années missionnaire à Molokai avec le célèbre P. Damien De Veuster, « l'apôtre des lépreux ». Il reviendra aux Tuamotu en 1885. La dernière île touchée sera Makatea, l'île aux phosphates, où la mission s'ouvre en février 1909.

Le « Vatikana » sert aussi à transporter des cocos germés avec des barriques de terre que Mgr Tepano envoie inlassablement pour développer les plantations des Tuamotu. La goélette de la mission se brise en 1874 sur le récif de Motu-

(43) DE LA RICHERIE au P. LAVAL (18-11-1863). Ar.SS.CC. 64, 2.

tunga. «Nourrir, vêtir, planter, construire... Ce petit bien-être matériel que cherche à généraliser la Mission a une importance religieuse plus grande qu'on ne pense» (44).

L'évangélisation de l'ensemble des Tuamotu est l'œuvre principale des R.P. Germain Fierens jusqu'à sa mort le 6 mars 1900 à Tuuhora (Anaa) et Vincent de Paul Terlijn qui périt à Faaite emporté par le cyclone le 8 février 1906. Au début de ce siècle, l'évangélisation des Tuamotu était achevée. Les cyclones de 1903 et 1906 détruisent l'ensemble des missions et font de nombreux morts. Le cyclone «Nano» ravage à nouveau les Tuamotu de l'Est en janvier 1983, spécialement Hao, Nukutavake, Tureia, et les plantations des Acteon... En février, le cyclone «Orama» dévaste les Tuamotu de l'Ouest et du Centre, particulièrement Rangiroa, Manihi, Anaa, Hereheretue... De plus la lèpre fait son apparition en 1906 dans l'île de Reao. Le premier cas fut celui de Antonio Teanohou qui l'avait contractée, sans doute, à Moorea (45). En 1919, le P. Paul Mazé compte plus de 100 lépreux sur 400 habitants. Pukarua fut atteint en 1926 puis l'atoll de Takoto.

La mission des Tuamotu a l'honneur de fournir les deux derniers Vicaires Apostoliques de Tahiti; Mgr Amédée Nouailles, arrivé à Anaa en 1900 et Vicaire Apostolique en 1932, Mgr Paul Mazé, arrivé aux Tuamotu de l'Est en 1918 et Vicaire Apostolique en 1939. C'est le P. Paul Mazé qui relance en 1926 avec le «Saint-Pierre», les embarcations des missionnaires; son petit «côtre, fort et léger pour franchir la barrière de corail» est célèbre dans les îles. Les autres missionnaires des Tuamotu suivent son exemple.

Il n'est pas possible de terminer ce rapide coup d'œil historique sur la mission aux Tuamotu sans signaler l'action de développement du P. Victor Vallons de 1941 à 1981 aux Tuamotu de l'Est. Les 350.000 cocotiers qu'il a fait planter sont encore la grande ressource de ces îles.

Actuellement de nouvelles formules missionnaires se cherchent pour assurer le service pastoral d'un archipel si difficile à desservir dans sa dispersion géographique. «Les Pères des Tuamotu sont des itinérants permanents», écrit P. Kuntzmann; Paul Mazé se voyait comme un «bohémien sans roulotte tout le temps sur le qui-vive» (46).

---

(44) Mgr Verdier au T.R.P. (14-8-1885). Ar.SS.CC. 58, 2.
(45) P. Mazé à M. Desmedt (6-11-1936). Ar.SS.CC. 59, 1.
(46) P. Kuntzmann au Secrétaire général SS.CC. (26-2-1962). Ar.SS.CC. 62, 2.
– P. Mazé à P. Baduel (10-9-1919). Ar.SS.CC. 59, 1.

Iles australes (47)

Malgré quelques rapides passages du P. Laval à Rapa en février 1852, puis du P. Roussel en janvier 1866, il faut attendre mars 1908 pour que le P. Célestin Maurel fasse une prospection approfondie à Tubuai... Mgr Verdier se réjouissait de pouvoir enfin commencer cette mission grâce à l'arrivée de 5 nouveaux missionnaires en 1906. Le P. Caprais Cavaignac y fonde la mission catholique le 13 janvier 1909 ; il y demeure jusqu'à sa mort à Rimatara en 1922 où il est enterré dans le cimetière de Amaru. La famille Lenoir l'assistera dans ses derniers moments. En dehors de Tubuai, très divisée sur le plan confessionnel, les autres îles sont protestantes. Le Vicariat Apostolique de Tahiti tentera cependant systématiquement son implantation principalement du fait de la présence dans cette région de quelques personnes d'origine française ou portugaise qui y avaient fait souche. Aussi le P. Janeau fondera à Rapa le 20-1-1922, le P. Maurel à Rurutu le 20-9-1928. Le P. Calixte Olivier bénit la première église le 2 mars 1930, témoin émouvant des constructions anciennes, toute en chaux, avec des persiennes taillées au ciseau, assemblées sans un seul clou et agencées aux montants des fenêtres sans charnière. Chacune des persiennes pivote cependant parfaitement. Un terrain sera acheté en 1966 à Raivavae par le P. Michel Auger.

A Tubuai naîtra une véritable « amuiraa » qui aura un prêtre de passage pour les grandes occasions, disposera de Katekita formés sur le « tas » et à l'école de Papeete. Ailleurs, à Rurutu notamment, la mission réduira son assise pour aider les jeunes à jouir d'un beau terrain de sport, et à posséder un C.E.G. qui les dispense de partir comme pensionnaires à Tubuai.

Présents désormais sur toutes les îles, du fait parfois de leurs emplois administratifs, les catholiques ont à pratiquer un œcuménisme qui tienne compte des traditions protestantes, et des besoins réels des différentes populations. En beaucoup d'autres lieux du Territoire le diocèse facilitera l'implantation de nouvelles écoles publiques, ou leur extension, et se montrera attentif à satisfaire un besoin d'éducation par les loisirs. La première requête est souvent pour demander un terrain de foot-ball !

(47) Mgr Verdier au T.R.P. (11-1-1885 ; 12-6-1889 ; 2-4-1893 ; 8-12-1906). Ar.SS.CC. 58, 2.
– C. Cavaignac au T.R.P. (25-1-1909 ; 9-5-1909 ; 1-6-1912). Ar.SS.CC. 61, 3.
– A. Prat au T.R.P. (15-5-1909 et 24-11-1909). Ar.SS.CC. 62, 3.
– C. Maurel au T.R.P. (13-10-1928 ; 19-10-1928 ; 20-11-1928 ; 12-2-1929). Ar.SS.CC. 60, 3.

Iles de Pâques (Rapanui) [48]

L'île de Pâques, nommée Rapanui (Rapa la grande), constitue l'extrême pointe sud-est du Vicariat Apostolique d'Océanie orientale. Elle est une des rares îles isolées de l'Océanie; elle est plus proche de la côte chilienne que de Tahiti. Elle comptait plus de 4.000 habitants maohi avant les razzias effectuées par les négriers du Pérou dans les années 1860; plus de 800 furent vendus à Callao où ils se laissèrent périr de chagrin.

L'éloignement et l'isolement de Rapanui posent à la mission catholique de graves difficultés. Nous avons vu qu'il était prévu que Mgr Doumer, coadjuteur de Mgr Tepano Jaussen mais résidant à Valparaiso, devait assurer le ministère épiscopal dans cette île. En fait, ce n'est qu'en janvier 1861, trois ans après le départ de Mgr Doumer, que le provincial de Valparaiso reprend ce projet; il met à la disposition de Mgr Tepano trois missionnaires dans ce but.

Le frère convers Eugène Eyraud à bord de la «Suerte», partie de Papeete et après escale aux Gambier du 6 au 11 décembre 1863, arrive à l'île de Pâques le 2 janvier 1864. Au milieu des pires difficultés, il est le véritable évangélisateur de Rapanui dans ce premier séjour. Le P. Hippolyte Roussel, le Fr. Eugène et trois mangaréviens: Babilas, Achille et Alaritio s'embarquent des Gambier sur la «Favorite» le 7 mars 1866 pour une seconde mission; ils arrivent à Rapanui le Jeudi-Saint. Le Fr. Eugène meurt le 19 août 1868. Les 7 derniers païens sont baptisés le 4 octobre suivant. Le P. Gaspard Zuhmbohm et le Fr. Théodule Escolan les rejoignent le 7 novembre 1866 à bord du «Tampico» de Dutrou-Bornier en provenance de Valparaiso. Dutrou-Bornier, ne pouvant engager de pascuans pour le compte de Stewart, achète un terrain sur l'île en février 1867; il vient s'y établir en avril 1868 avec l'accord de la mission. Son navire, l'«Aorai», s'y échoue et les habitants, contre l'avis des missionnaires, l'aident à sauver les armes qu'il y avait à bord. Les désordres ne tardent pas. Dutrou-Bornier ravage l'île pour se l'approprier. Brander qui venait embaucher des pascuans en février 1871, ne réussit pas à mettre la paix. En juin 1871, Mgr Tepano Jaussen ferme la mission; la plupart des habitants restants suivent les missionnaires à Tahiti où ils s'embauchent dans les plantations de Brander surtout. Au terme de leur contrat, ils s'établissent dans les districts de l'île et à Moorea. Quand Dutrou-Bornier fait demander par sa

(48) A. Cools: *Histoire et documents de la Mission de l'île de Pâques.* SS.CC. Rome 1980.
– *Annales SS.CC.*: «Registre des matières», pp. 135-136. Ar.SS.CC. 271-788.
– V. Prat: *Mgr Tepano Jaussen.* T. II, pp. 89, 127-128. T. IV, pp. 19-38. Manuscrit Ar.SS.CC. Rome.
– Mgr T. Jaussen à T.R.P. (29-9-1871; 14-7-1880). Ar.SS.CC. 58, 1.
– B. Schouten au T.R.P. (18-2-1877). Ar.SS.CC. 62, 3.
– G. Eich au T.R.P. (21-6-1872; 5-10-1873; 27-3-1898). Ar.SS.CC. 60, 2.
– B. Putigny: *Le Roi de l'île de Pâques.* R. Laffont, Paris 1979.

compagne qu'il a établie «Reine» de l'île, le protectorat de la France en 1872, il ne reste que 170 habitants à Rapanui. Cette destruction de la mission et de la population par un aventurier français est une très pénible épreuve pour la mission catholique et Mgr Tepano Jaussen. Elle arrivait en même temps que toute la cabale contre les Gambier montée par L. Jacolliot. En 1887, Mgr Jaussen vend aux pascuans le grand domaine de Pamatai à Faaa.

Mgr Jaussen, intrigué par la langue et les «tablettes parlantes» de Rapanui demande au P. Roussel de sauver du feu les derniers exemplaires; cinq sont sauvés. C'est le Fr. Eugène Eyraud qui avait découvert en 1864 ces «hiéroglyphes». Avec l'aide de Metoro Tauaura, travailleur chez Brander, il essaie de les déchiffrer. «Je mis une tablette entre les mains de Metoro. Il la tourne, la retourne, cherche le commencement du récit et se met à chanter... C'est une écriture boustrophédon, allant comme les sillons d'un champ», écrit l'évêque dans son mémoire de février 1887 à l'académie de Paris, édité en 1893 par le P. Ildefonse Alazard.

En 1887, Mgr Verdier propose que Valparaiso prenne la charge pastorale de l'île de Pâques. L'année suivante le Chili annexe l'île à son territoire. En 1888, la mission de Tahiti envoie le katekita Nicolas Pakarati pour assurer la charge de la communauté catholique pascuanne. Il assurera son service jusqu'à sa mort le 12 octobre 1927. Le 8 février 1889, Rapanui est rattachée officiellement au diosèce de Santiago du Chili. Dans la pratique, les missionnaires de Tahiti iront visiter la communauté catholique jusqu'en 1927. Le P. Georges Eich y séjourne quelques jours en 1898.

Des liens existent toujours actuellement entre le diocèse de Papeete et la petite communauté chrétienne de Rapanui.

Moorea et Iles-sous-le-Vent

Moorea (49)

Ces îles constituent le domaine majeur du protestantisme. C'est à Moorea que la famille Pomaré se retirait habituellement en cas de conflits à Tahiti; c'est dans cette île que Henry Nott vit l'essentiel de son travail missionnaire et qu'Ellis installe son imprimerie. Le traité du protectorat du 9 septembre 1842, accordant la liberté de culte, recouvre aussi Moorea.

(49) F. ALAZARD au T.R.P. et à son frère Idefonse: lettres de 1911 à 1937. Ar.SS.CC. 61, 1.
– B. SCHOUTEN au T.R.P. : lettres de 1872-1873. Ar.SS.CC. 62, 3.
– Q. FRITZEN au T.R.P. (6-1-1873; 14-7-1873). Ar.SS.CC. 62, 2.
Mgr VERDIER au T.R.P. (9-11-1864). Ar.SS.CC. 58, 3.
– G. EICH au T.R.P. (12-6-1894; 19-9-1896).

C'est seulement en 1871 que Mgr Tepano Jaussen demande au P. Bruno Schouten de lancer modestement la mission catholique à Moorea dans le district de Haapiti au lieu-dit Varari. L'année suivante, il fonde la mission de Papetoai dont la chapelle, construite par les frères Henri et Aloys, est inaugurée le 15 juin 1873. Le P. Quirin Fritzen rejoint son confrère en 1872 et fonde Teahoroa.

L'importance de Moorea sera surtout de voir les essais successifs d'écoles de catéchistes et apostolique. En effet l'île est plus tranquille que Tahiti, sa grande voisine, et les missionnaires n'ont que de toutes petites communautés en charge. Le P. Georges Eich ouvre le 1er février 1882 l'école des Katekita à Varari; elle est surtout destinée au service des Tuamotu. En 1890, le P. Nicolas Blanc ouvre au même endroit une «école apostolique» qui remplace le séminaire de Pamatai fermé en 1874. Faute de personnel missionnaire – il restait sept Pères valides à cette époque – et peut-être de persévérance optimiste, selon le P. Janeau et Mgr Mazé, ces essais sont interrompus en janvier 1897, année où est inaugurée le 11 juin l'église de Haapiti.

Le grand nom de la mission catholique à Moorea est celui du P. Félix Alazard qui y reste de 1911 à sa mort en 1937; il y avait fait un séjour initial en 1904. Il inaugure l'église de Paopao dans la baie de Cook en 1933. Celle de Afareaitu sera ouverte en 1968.

Actuellement on compte autour de 900 catholiques dans l'île de Moorea (6.000 habitants). Ils sont répartis en cinq paroisses («amuiraa»). Le 15 août 1982, Mgr Coppenrath a installé comme curé de l'île de Moorea le diacre permanent Tihoti Anania. Le diacre fait appel au service des prêtres quand il le juge nécessaire. C'est une expérience pastorale originale et nouvelle que celle d'un diacre-curé responsable de toute une île.

Iles-sous-le-Vent (50)

Ce groupe d'îles de la Société: Raiatea, Tahaa, Huahine, Bora-Bora, Maupiti a posé à la mission catholique un problème spécifique. En effet leur indépendance fut reconnue par le traité entre Jarnac et Palmerston le 19 juin 1847. Elles furent annexées le 16 novembre 1887; mais la France doit mener une guerre en février 1897 contre Teraupo pour faire reconnaître sa souveraineté. La liberté

(50) Mgr Verdier au T.R.P. (2-4-1893; 9-7-1894; 11-1-1896; 7-3-1899). Ar.SS.CC. 58, 3.
– A. Guyot à I. Alazard (27-6-1938; juillet 1938). Ar.SS.CC. 62, 2.
– J. Chesneau au T.R.P. (23-4-1907; 24-1-1929; 14-10-1948). Ar.SS.CC. 60, 4.
– G. Eich au T.R.P. (5-11-1894; 14-8-1895; 11-11-1895; 7 et 22-4-1897; 15-5-1897; 19-7-1897; 19 et 25-3-1904). Ar.SS.CC. 60, 2.
– C. Maurel au T.R.P. (14-5-1903; 20-2-1906; 7-12-1906; 21-5-1907). Ar.SS.CC. 60, 3.
– Gouverneur à Ministre (30-4-1880; 9-11-1888). F.O.M. Océanie C 132, H 30.

de culte n'y est reconnue qu'en fin de 1889, en même temps qu'aux Australes et aux îles Cook. La mission catholique était donc dans l'impossibilité de répondre aux appels de certains habitants, en particulier de Huahine, et d'y envoyer des missionnaires ; c'était le tourment de Mgr Verdier et du P. Georges Eich.

Celui-ci, sur la route des Cook, s'arrête à Bora-Bora en octobre 1894 pour un premier contact ; en avril 1897 il fait une visite systématique des Iles-sous-le-Vent et propose d'envoyer le P. Célestin Maurel à Huahine pour répondre à la demande des habitants. « La mission des I.S.L.V. est un poste difficile et important », souligne-t-il. N'ayant pu encore envoyer aucun missionnaire à demeure, le P. Eich refait la tournée des I.S.L.V. en mars 1904. Le P. Maurel va à Huahine et Bora-Bora en novembre 1906. Enfin, le 17 avril 1907, le P. Joseph Chesneau fonde la mission de Huahine. Suivent celles de Tahaa en 1908 et de Raiatea en 1909. La grande difficulté dans tous les cas est de trouver à louer ou acheter un terrain pour y construire une église. La chapelle d'Uturoa est inaugurée le 7 août 1910. L'année suivante, les sœurs de Cluny ouvrent une école à Uturoa (Raiatea). Le P. Joseph Chesneau anime la mission des I.S.L.V. de 1915 à 1938. En 1930 le P. Maurel lance la mission à Bora-Bora dont Mgr Nouailles inaugure la chapelle le 4 août 1937, juste avant de mourir.

Bora-Bora sert de base à l'armée américaine pendant la dernière guerre. Le développement du tourisme dans cette île célébrée comme « la plus belle du monde », le perfectionnement de l'agriculture, en particulier à Huahine font que les Iles-sous-le-Vent sont en pleine transformation ; elles se trouvent dans la mouvance directe de Tahiti, tout en gardant un caractère particulier très marqué. Raiatea sait bien qu'elle a sur son sol le plus célèbre « marae » de toute la Polynésie et que Teraupo est fils de sa terre.

Iles Marquises (diocèse de Taioha'e)

Dans l'ensemble de l'Océanie orientale, dévolue aux Pères des Sacrés-Cœurs de Jésus et de Marie depuis le 2 juin 1833 comme terrain de mission, les îles Marquises sont tout à la fois « différentes et complémentaires » des autres archipels. En même temps que Tahiti, ces deux groupes d'îles deviennent vicariat apostolique le 9 mai 1848 et diocèse le 21 juin 1966. De 1838 à 1878, avec Hawaii et Tahiti, elles font partie de la même « Province des Missions d'Océanie » pour l'affectation du personnel missionnaire ; depuis 1966, les Marquises et Tahiti forment ensemble la même Vice-Province religieuse, rattachée à la Province de France des Pères des Sacrés-Cœurs. De fait, surtout au début et maintenant, les échanges sont fréquents ; l'appartenance à la même unité administrative et politique, la Polynésie Française héritière des « Etablissements Français d'Océanie », entraîne des relations obligées.

Il est évident que cet archipel de 10 îles (997 km^2) dont six sont habitées par une population de six mille âmes à peine, apparaît, au sein de la Polynésie, sous un aspect singulier et original. Il le doit à sa situation à 1.500 km de Tahiti, à sa structure géographique particulière en vallées encaissées, et à sa spécificité linguistique dans le « reo maohi ». Son histoire missionnaire n'offre pas moins de particularisme. Cette étude restreinte n'en présente que les principaux jalons pour mettre le lecteur en désir de lire les ouvrages détaillés [51]. C'est souvent l'histoire complexe et difficile d'une petite église éprouvée qui a « espéré contre toute espérance » (devise épiscopale de Mgr David Le Cadre).

L'accès dangereux au rivage où la houle déferle en raison de l'absence de barrière de corail, la profondeur des ravins de ces îles volcaniques rendent périlleuses les communications. Le caractère sauvage, guerrier, sensuel des « canaques » fort cannibales a rendu long et incertain l'apprivoisement évangélique. La violence des premiers contacts avec les européens, le comportement marginal et frustre des quelques baleiniers ou convicts qui se sont installés dans les vallées n'ont pas donné une excellente image initiale du monde des Blancs.

Il se trouve aussi que les variations et contradictions de l'administration française de 1842 (annexion le 9 mai) à 1920 ont mis la mission en difficulté. Plusieurs fois la France retire ses postes militaires ; Mgr Dordillon est nommé « directeur des affaires indigènes » par un gouverneur et tracassé par d'autres. Des gouverneurs encouragent les efforts de développement agricole et d'élevage entrepris par les missionnaires et d'autres les accusent d'être « des commerçants » à cause de cette activité. De même pour l'éducation ; certaines autorités appuient les écoles de la mission et demandent de regrouper les enfants dans des internats pour les protéger de la débauche ambiante et les former aux divers métiers ; d'autres n'ont de cesse que de s'opposer à ce choix. Mgr Dordillon, pourtant apprécié des autorités, se plaint souvent de ces contradictions qui découragent les missionnaires et empêchent toute action en profondeur dans la population. Sous Mgr Rogatien Martin, les « tracasseries » précédentes deviendront persécution dans l'optique d'une laïcisation complète. « C'est une bonne note de frapper sur les curés. » Il faudra attendre 1922 pour que les relations Eglise-Etat deviennent plus paisibles aux Marquises et 1927 pour que la spoliation des biens d'Eglise trouve une solution [52].

---

(51) O'REILLY-REITMAN : *Bibliographie de Tahiti et Polynésie,* n. 7.124 à 7.534. Océanistes 14.
– Ar.SS.CC. Rome : 14 cartons de manuscrits, n. 46 à 53 (environ 7.000 pages).
– A. COOLS : *Répertoire des Archives du diocèse de Taioha'e.* Rome 1975, 194 pages.
– A. COOLS : *Résumé de l'histoire de la Mission des Marquises.* Rome 1982, 60 pages.
– P. CHAULET : *Histoire de la Mission catholique aux Marquises.* Ar.SS.CC. 271-788 – 95/951.
– S. DELMAS : *Essai d'histoire de la Mission des Marquises.* Paris 1929.
– Greg DENING : *Islands and Beaches – Discours in a silent land – Marquesas 1774-1880.* Melbourne University Press 1980, 355 pages.

(52) Mgr LE CADRE au T.R.P. (13-7-1922) ; Convention Gouverneur-Le Cadre (7-4-1927). Ar.SS.CC. 47, 3.

Une autre originalité que les Marquises ont en commun avec Wallis-Futuna dans l'ensemble polynésien, c'est d'être à grande majorité catholique, environ 90 % ; en 1952 il y avait 315 protestants recensés sur une population de 3.150 personnes. Ce n'est pas que la « London Missionnary Society » n'ait pas essayé d'y apporter l'évangile avant d'abandonner les Marquises en décembre 1841. Le « Duff » dépose à Vaitahu le 5 juin 1797 Crook qui rembarquera l'année suivante et Harris qui ne reste qu'une journée. Le 7 janvier 1825, Crook accompagne 4 catéchistes tahitiens à Vaitahu ; lui-même ne reste pas et les Tahitiens repartent au bout de deux mois. Une troisième tentative avec 4 familles de catéchistes tahitiens, débarqués à Vaitahu le 23 octobre 1827, ne donne pas plus de résultats. En 1829, Georges Pritchard, accompagné de Simpson, vient étudier les possibilités missionnaires aux Marquises ; sa conclusion est négative sur une nouvelle implantation. Pourtant en 1834, G. Stallworthy fait une nouvelle tentative à Tahuata. J. Rodgerson l'y rejoint en février 1840, après un passage de deux mois à Taiohae. Après 44 ans de persévérance infructueuse, la L.M.S. se décide à abandonner l'évangélisation des Marquises en 1841. La « Hawaiian Missionnary Society » prendra le relais 12 ans plus tard. Le 26 août 1853, J. Kekela et S. Kauwealoha, accompagnés de deux diacres et d'un catéchiste à Omoa (île de Fatu-Hiva). S. Kauwealoha s'installe avec sa famille le 2 octobre 1861 à Hakahetau (île de Ua-Pou). J. Kekela repart le 16 mars 1899. C'est le pasteur Paul Vernier qui le remplace le 5 avril de la même année. En plus de sa responsabilité à l'égard de la communauté protestante marquisienne, il est instituteur officiel à Atuona et médecin. Il aura une profonde influence et se liera d'amitié avec Paul Gauguin au grand dam de Mgr Martin et de la mission catholique dont Atuona était alors le centre.

Deux citations du P. Le Cadre font saisir la psychologie des missionnaires dans un tel contexte marquisien.

« Jouir autant que faire se peut est toujours la devise des Marquisiens, le reste est peu de chose pour eux. D'ailleurs, il n'y a guère que les missionnaires à leur prêcher une morale plus saine et à leur en donner l'exemple. Administration et colons abondent dans leur sens...

A l'occasion de la fête nationale, il y a eu un déjeuner officiel à la Résidence. Les colons français et étrangers ont été invités ; on a oublié la Mission. Elle est française pourtant au moins autant que ceux qui le sont le plus dans ces contrées. Ces messieurs disent : la Mission n'existe pas et ils agissent en conséquence... j'aurais été content de ne pas passer pour mort avant le temps » (53).

Mgr Le Cadre écrit au Chapitre Général des Pères des Sacrés-Cœurs en 1923 : « L'isolement est le grand ennemi moral éprouvé par les missionnaires du Vica-

---

(53) D. Le Cadre au T.R.P. (16-7-1905). Ar.SS.CC. 47, 3.

riat des Marquises. A cela il faut ajouter le peu de consolation qu'ils éprouvent parmi les chrétiens qui, pour la plupart, ont une vie spirituelle bien peu élevée... .La fatigue physique est considérable. Bien que les distances à franchir ne soient pas énormes – 8 à 30 km – les courses à dos de cheval, toujours le long des sentiers muletiers serpentant sur le flanc des montagnes et sous le soleil tropical, finissent par causer une grande lassitude. Deux de nos Pères qui font cela depuis 1884 et 1886 en ont des infirmités terribles... Dans nos sentiers encombrés d'herbes folles et d'ornières, l'allure est le plus souvent le pas; rien de plus fatigant; un bon galop remet le cavalier sur son assiette» (54).

Débuts agités (1838-1855)

Il convient de signaler, à titre documentaire, les premières Messes célébrées aux Marquises par les P. Juan Rodrigues de Espinosa et Antonio de Serpa entre le 27 juillet et le 5 août 1595 à Vaitahu (Tahuata), lors du passage de la flotte de Mendaña. Mais le vrai début de la mission catholique aux Marquises date d'août 1838. Le 2 août, les P. Louis de Gonzague Borgella et Dosithée Desvault, accompagnés du frère Nil Laval, sont en vue de Tahuata sur la «Vénus» commandée par Dupetit-Thouars. Ils avaient embarqué le 28 avril 1838 de Valparaiso; le P. Chrysostome Liausu, Préfet Apostolique – selon les directives de Mgr Rouchouze, alors aux Gambier – avait saisi la première occasion pour envoyer des missonnaires aux Marquises. Le 4 août, la «Vénus» jette l'ancre en baie de Vaitahu; les missionnaires débarquent le 5 et célèbrent la première Messe en terre marquisienne le 15 août, le même jour que leurs frères des Gambier, quatre ans plus tôt.

Le 3 février 1839, «The Friends» du capitaine Rugg débarque à Vaitahu Mgr Rouchouze lui-même qui conduit 7 missionnaires. Les Gambier évangélisées, le Vicaire Apostolique, devant les fermetures de Tahiti et de Hawaii, fait porter tout son effort sur les Marquises. Les P. François de Paule Baudichon et Ernest Heurtel renforcent l'équipe de Vaitahu. Le 8 février, l'évêque, accompagné du provincial, le P. Caret, fonde la mission de Taioha'e où il laisse les P. Mathias Gracia, Saturnin Fournier et Potentien Guilmard avec le frère Ruault. Le 19, Mgr Rouchouze et le P. Caret sont de retour à Vaitahu; le provincial reste sur place tandis que le Vicaire Apostolique repart pour Mangareva le 29 mars où il arrive le 6 avril. Le retour à Taioha'e du «roi» Temoana accompagné du ministre protestant anglais Thomson est l'occasion d'une guerre entre les vallées, chose malheureusement coutumière aux Marquises jusqu'à la pacification achevée par l'amiral Bergasse Dupetit-Thouars en septembre 1880. Ces guerres seront source de grandes épreuves pour la mission.

---

(54) Mgr Le Cadre au Chapitre général (13-5-1923). Ar.SS.CC. 47, 3.

Chassés par la guerre de Nuku-Hiva, les P. Fournier et Guilmard quittent Taioha'e et vont fonder le 15 janvier 1840 la mission de la Divine Providence sous le patronage de saint Etienne à Hakahau dans l'île de Ua-Pou. En avril-mai, sur la route de Hawaii où il va relancer la mission catholique, Mgr Tepano Rouchouze visite les trois premiers postes. Le 3 mai la chapelle Saint-François d'Assise de Taioha'e est inaugurée. En partant, il prend avec lui le P. Heurtel pour renforcer l'équipe missionnaire destinée à Honolulu. Le 19 mai, Nil Laval et le P. Caret vont renforcer les deux missionnaires de Ua-Pou ; le 23, François d'Assise Caret, déjà provincial, est nommé Préfet Apostolique, chargé d'aider Mgr Rouchouze pour les Marquises, les Gambier et Tahiti.

De 1840 à 1855, la mission des Marquises va connaître une période troublée et difficile. En janvier 1841, Mgr Rouchouze quitte Hawaii pour l'Europe chercher des renforts importants. Nous savons la catastrophe du naufrage du «Marie-Joseph» au large des Malouines en mars 1843. En 1841, le P. Caret envoie M. Gracia à Hawaii, A. Chausson, C. Murphy et N. Laval à Tahiti ; P. Guilmard est «dangereusement malade». Le 22 novembre 1841, les P. Caret et Fournier, menacés de massacre à Hakahau, sont sauvés de justesse par le capitaine Loby du «Rob-Roy» qui arrive à Tahiti le 31 décembre. En cette fin de 1841, il ne reste plus que la mission de Vaitahu à Tahuata avec les P. Baudichon, Borgella et le frère Ruault. L'avenir est sombre.

En mai 1842, Dupetit-Thouars prend possession des îles Marquises au nom de la France qui a ainsi sa première colonie dans le Pacifique. Bien que centre officiel de la présence française, les gouverneurs s'établiront très vite à Tahiti, devenue protectorat en septembre suivant. Les garnisons françaises ne seront pas permanentes aux Marquises, ce qui aggravera l'insécurité causée par les guerres fréquentes. En février 1844, le P. Baudichon va à Tahiti corriger avec le P. Caret un catéchisme en marquisien et divers manuscrits. Tout sera détruit dans l'incendie de la mission de Papeete le 30 juin lors de la «guerre de Tahiti» ; ce sera une perte importante pour les Marquises.

Ce n'est que le 29 mars 1845 que François de Paule Baudichon apprend sa nomination du 13 octobre 1844 comme coadjuteur de Mgr Rouchouze disparu. En même temps le P. Duboize est nommé Vicaire Apostolique des Hawaii, devenues Vicariat le 15 juillet 1844 ; le P. Duboize refusera cette charge. Mgr Baudichon part pour Valparaiso le 31 mai 1845. Il y fait imprimer un catéchisme marquisien et y attend de nouveaux missionnaires ; ils sont 22 qui arrivent le 10 décembre, dont Ildefonse Dordillon, son cousin et vice-provincial destiné aux Marquises, et Etienne Jaussen. Sacré le 22 décembre, le soir même Mgr Baudichon quitte Valparaiso avec les P. Dordillon et Fournon, les frères Michaud, Darque et Guerric. Les missionnaires débarquent à Taioha'e le 23 janvier 1846. Mgr Baudichon se fixe à Tahuata le 7 février.

La situation ne s'améliore pas. Les guerres locales continuent; le poste militaire de Tahuata est évacué le 15 avril 1847; l'école des sœurs de Cluny ouverte à Vaitahu le 4 juin 1847 doit être fermée le 15 septembre 1848. «La santé de Mgr Baudichon ne lui permet pas de rester plus longtemps aux Marquises; il part pour Tahiti et peut-être pour la France». Le silence du Supérieur Général Mgr Bonamie, devient insupportable; le P. Dordillon, Provicaire, lance un appel au secours en écrivant «qu'il ne balancera pas à abandonner Vaitahu et à quitter» [55]. Mgr Baudichon avait envoyé en avril 1847 une lettre grave à Mgr Bonamie devant «l'impossibilité de visiter sa mission» et les difficultés avec Valparaiso [56].

Dans un tel contexte, on comprend que la création des Vicariats Apostoliques de Tahiti et des Marquises le 9 avril 1848, réduisant la responsabilité de Mgr Baudichon à ce seul archipel, fut mal reçue de sa part. Sa santé était chancelante et sa confiance en Mgr Bonamie était ébranlée. La Révolution de février 1848 en France, apprise en septembre, lui fit craindre le pire. Il quitte les Marquises le 15 septembre 1848 et s'embarque de Papeete pour la France le 28 janvier 1849 sur l'«Arche d'Alliance». Seuls restent alors aux Marquises, ravagées par les conflits et le paganisme, les quatre Pères: Dordillon, provicaire et vice-provincial, Lecornu, Fréchou et Fournon.

Malgré de nombreux appels, le refus de sa démission par le Pape qui le reçoit en audience le 10 janvier 1852, Mgr Baudichon, animateur de l'opposition à Mgr Bonamie, maintient sa décision. «Propaganda Fide» accepte sa renonciation le 14 mars 1855; l'administration des Marquises était confiée depuis 1854 à Mgr Tepano Jaussen. Ce dernier peut effectuer une visite dans l'archipel en novembre 1854 et une autre en février 1856. Il constate l'impossibilité pour lui de visiter les deux Vicariats; il propose qu'on nomme un successeur à Mgr Baudichon. Ce sera chose faite le 7 décembre 1855 avec la nomination du P. Ildefonse Dordillon, évêque titulaire de Cambysopolis et Vicaire Apostolique des Marquises. Il sera sacré à Valparaiso le 8 février 1857. Toutes ces querelles internes font que la Congrégation des Pères des Sacrés-Cœurs ne peut pas envoyer de missionnaires en Océanie pendant les trois années de cette «grande épreuve» [57], connue sous le nom de «schisme».

Enracinement profond (1855-1888)

Dans une charité patiente («caritas patiens est», sa devise épiscopale), Mgr Ildefonse Dordillon va enraciner la mission catholique aux Marquises; s'il

(55) I. DORDILLON à Mgr BONAMIE (25-10; 31-10 et 27-11-1847). Ar.SS.CC. 47, 1.
(56) Mgr BAUDICHON à Mgr BONAMIE (1-4-1847). Ar.SS.CC. 47, 1.
(57) Ar.SS.CC. 1-1-11 (1825-1899): *Propaganda Fide*: 19 documents de 1842 à 1855.

n'en est pas le fondateur, il en est le vrai père. Comme provicaire de Mgr Baudichon, il en avait assuré la « maintenance » depuis septembre 1848, à la satisfaction de Mgr Tepano Jaussen.

Il va d'abord achever l'évangélisation des trois îles non encore touchées. Le P. Dordillon visite Fatu-Hiva du 30 août au 4 septembre 1853 et envoie le P. Lecornu fonder la première mission le 28 octobre suivant. Les P. Lecornu et Pouet visitent Puamau à Hiva-Oa le 15 février 1855 ; ils y fondent la mission avec le frère Alexis Guerric le 9 août. Enfin le 20 janvier 1859, Mgr Dordillon va à Ua-Uka où il laisse le catéchiste Siméon et sa femme Bibiane pour commencer l'évangélisation. Si désormais les six îles habitées sont atteintes, il s'en faut de beaucoup que chaque vallée soit visitée et que l'Eglise y soit plantée. Ce sera tout le travail patient de Mgr Dordillon avec ses petites goélettes dont il bénit la première le 4 août 1858 sous le nom de « Te Fetu o te Tai » (Etoile de la mer).

La grande action de Mgr Dordillon sera dans les domaines de l'éducation et du développement socio-économique, ce qu'on appelait à cette époque « l'œuvre de civilisation ». Le premier obstacle à lever est celui de la langue. Dès 1857, il fait imprimer sa grammaire marquisienne, un livre de cantiques et une vie de Notre-Seigneur, ouvrages qui s'ajoutent au catéchisme marquisien de Mgr Baudichon. L'apostolat en profondeur peut démarrer. En 1880, le gouvernement édite un livre de conversation. Le 10 janvier 1858, il fonde, avec l'administrateur Rosenzweig, une école gratuite et obligatoire à Taioha'e. Le 1er mai 1863, Mgr Dordillon de retour d'un long séjour à Tahiti (12 février au 1er mai) – où le gouverneur de la Richerie le consulte sur les Gambier, le conflit avec Mgr Tepano Jaussen, et le nomme « directeur des affaires indigènes » – amène quatre frères de Ploërmel pour l'école de Taioha'e ; ce sont les frères Stanislas Cochet, Gatien Marquer, Emilias Quérou et Odon Josse. En septembre 1866, le gouverneur de la Roncière, voulant « favoriser la formation aux métiers et ne voulant pas mettre des frères partout », supprime leur traitement ; les frères rentrent à Papeete [58]. L'école sera rouverte le 21 avril 1879 sous la direction du frère Florent Forgeot. Le 6 mars 1864, quatre sœurs de Cluny : Mélanie Jarrier, Joséphine Moreau, Hilaire Leneuf et Philibert Frézal ouvrent une école de filles à Taioha'e. L'école sera fermée par la laïcisation en 1904 ; les sœurs resteront au service de la population jusqu'en 1927. Quatre nouvelles sœurs de Cluny ouvrent une école de filles à Atuona (Hiva-Oa) le 25 décembre 1884 ; ce sont sœurs Saint-Prix Maindrot, Aldegonde Jeanjean, Françoise Payot et Apolline Artus. En 1874, la Mission ouvre une école pour les garçons à Aakapa (Nuku-Hiva) ; le 11 janvier 1880 l'école de Vaitahu (Tahuata) est inaugurée.

---

(58) Mgr DORDILLON au T.R.P. (18-9 ; 2-10-1864 ; 13-6-1867 ; 12-4 et 29-8-1868). Ar.SS.CC. 47, 1.

Avec les autorités françaises, les relations passeront du meilleur au pire. En plus de ce que nous avons déjà étudié sur le contexte franc-maçon et anticlérical de cette époque, il faut se souvenir que les Marquises sont colonie et non protectorat; l'autorité de l'Etat y est directe. Mais, en raison du petit nombre, de la médiocrité, de l'instabilité du personnel mis à la disposition des gouverneurs et des mutations rapides de ceux-ci, l'Etat a besoin des missionnaires qui sont stables et s'en méfie par principe. Ne pouvant faire face aux guerres incessantes, de la Richerie nomme, le 20 mars 1863, Mgr Dordillon «directeur des affaires indigènes»; son successeur, de la Roncière, le 1er octobre 1864, lui retire toute compétence. En 1870, le gouverneur reprend, pendant l'absence de Mgr Dordillon qui participe au Concile Vatican I, le bâtiment donné par de la Richerie par arrêté de 1863. En 1865, l'administration encourage les cultures du coton, du café, l'élevage; en 1874, le commissaire Eyriaud s'insurge contre ces activités, animées par la mission. Les règlements sur l'alcool, l'opium changent souvent (59), empêchant toute action éducative suivie et profonde.

Mais les deux conflits les plus graves regardent les missionnaires allemands et la reconnaissance de la «personnalité civile de la mission», distincte des Pères des Sacrés-Cœurs qui sont à son service. Les débats commencent en 1878; la mission sera reconnue et les pères acceptés comme «clergé des Marquises». Cela n'empêchera pas la spoliation des biens en 1904. La mission des Marquises avait trois pères allemands: Anschaire Jung, Wendelin Moellers et Emmeran Schulte. Les amiraux, dans le contexte revanchard d'après la défaite de 1870, «voyaient avec peine des allemands missionnaires dans nos îles». L'amiral Périgot fait les premières observations en 1876. La tension monte jusqu'à la lettre du Sous-Secrétaire d'Etat à la Marine et Colonies en date du 3 juillet 1884 au Supérieur Général, le T.R.P. Bousquet: «Les missionnaires employés aux Marquises doivent être exclusivement français.» A contrecœur, l'évêque doit se séparer de ses trois missionnaires. Mgr Dordillon meurt le 11 janvier 1888.

Les tempêtes (1890-1912)

Après plus de deux années d'intérim, assuré successivement par les RR.PP. Fulgence Pouet et Pierre (Géraud) Chaulet, le P. Rogatien Martin, provincial de Tahiti depuis 1883 et curé d'Arue, est nommé Administrateur Apostolique le 6 avril 1890. Il rejoint les Marquises le 4 août; avec peine il trouve

(59) Commissaire EYRIAUD au Ministre (26-1-1875). F.O.M. Océanie C 20, A 101.
– Amiral B. DUPETIT-THOUARS au Ministre (19-7-1880); Gouverneur au Ministre (29-11-1864). F.O.M. Océanie C 98, H 31 et H 14.
– Gouverneur au Ministre (14-6-1883; 11-5-1903; F.O.M. Océanie C 131, A 161.
– Mgr DORDILLON au T.R.P. (1-7-1865; 29-3-1866; 10-4-1872; 20-9-1876). Ar.SS.CC. 47, 1.

le Vicariat «dans un bien triste état». Le 3 juin 1892, il est nommé Vicaire Apostolique et évêque titulaire d'Uranopolis; il est sacré à San Francisco le 1er janvier 1893.

Si les Marquises sont à l'abri des cyclones du début du siècle – seul un raz de marée fait de gros dégâts à Hiva-Oa, Tahuata et Nuku-Hiva le 13 janvier 1903 – il n'en est pas de même des tempêtes politiques de la laïcisation et de la séparation de l'Eglise et de l'Etat. Toutes les écoles des frères de Ploërmel (Atuona, Taioha'e, Puamau), des sœurs de Cluny (Taioha'e, Atuona) et celles des missionnaires sont fermées en 1904 puisqu'ils «n'ont ni brevet ni autorisation». Tous les biens de la mission, même ce qui est acheté sous le nom personnel de Mgr Martin, sont déclarés appartenir à l'Etat en 1904 et 1905. Le Vicaire Apostolique fait un recours devant le Tribunal supérieur de Papeete qui rend les biens par jugement du 23 novembre 1905. Le 13 décembre 1906, sur les conseils de Mgr Verdier, la mission des Marquises vend tous ses biens à la «Corporation Catholique d'Océanie». Le gouverneur Charlier se pourvoit en Cassation du jugement de 1905, le 23 octobre 1907. Cette pénible affaire se traînera jusqu'en 1927. Paul Gauguin luttera contre la mission à Atuona en empêchant les enfants d'aller à l'école et en prenant Mgr Martin comme cible.

Dans un tel environnement, l'action de Mgr Martin sera surtout spirituelle: prières, sacrements, rassemblements, lettres pastorales, consécration des familles... Il réanime sans cesse la foi des missionnaires et achève la conversion de Nuku-Hiva et de Tahuata. Le 4 juin 1911, il lance les premières communions d'enfants à Atuona en application du décret de Pie X du 8 août 1910. L'Eucharistie était essentielle pour lui.

Malgré tous ces efforts, à la mort de Mgr Martin le 27 mai 1912, la situation est bien difficile pour la mission catholique: toutes les écoles fermées, procès interminable sur les biens, dépopulation aggravée par l'immoralité et l'alcoolisme, personnel missionnaire réduit. Avec ses faibles moyens et dans des épreuves analogues, Mgr Verdier avait pourtant bien tenté de l'aider: envoi de catéchistes d'Arue, projet de rattacher les Tuamotu aux Marquises pour les sauver – ce projet suscitera une opposition générale des Pères – soutien dans les procès, création de la «Corporation Catholique d'Océanie»... Les Marquises sont bien au creux de la vague quant le P. David Le Cadre devient Administrateur Apostolique le 4 novembre 1912.

L'apaisement (1912-1952)

Les quarante années de service pastoral de Mgr Le Cadre voient un apaisement progressif des conflits, une clarification des questions en suspens.

Pendant la guerre, il est en lien étroit avec Mgr Hermel; il va à Papeete en 1915; Mgr Hermel va aux Marquises en 1916. Il est mobilisé le 3 février 1917 et versé dans l'auxiliaire. Il entretient de bonnes relations avec le P. Amédée Nouailles.

Le 30 décembre 1920, il est nommé Vicaire Apostolique et évêque titulaire de Démétriade; son Vicariat comprend 2.500 habitants dont 2.200 catholiques. Il part pour sa première «visite ad limina» le 24 février 1921; il est sacré dans sa paroisse natale de Questembert (Morbihan) le 4 septembre. Il est de retour le 18 février 1922.

Par ses tournées pastorales, ses lettres, il continue l'action en profondeur de Mgr Martin. En juillet 1922, le gouverneur lui demande de reprendre les écoles; depuis plus de 15 ans les enfants des Marquises sont plus ou moins à l'abandon. Il attend l'arrivée d'une sœur de Cluny diplômée pour ouvrir l'école d'Atuona. En vain il cherchera longtemps des frères pour tenir l'école des garçons.

Progressivement la question des biens de la mission se règlera [60]. Si la vente à la «C.C.O.» a tout aplani, le procès en Cassation continue; l'administration le gagne en 1912, mais ne peut rien faire, sauf tracasser pour ces biens tenus par des étrangers. Les recherches du côté de syndicat immobilier ou de «diocésaine» ne donnent rien, les «diocésaines» n'étant pas applicables dans l'Outre-Mer (28-5-1930). Dès le 27 novembre 1922, M. Jonnart, ambassadeur de France près le Saint-Siège, avait transmis au Supérieur Général des Pères des Sacrés-Cœurs la réponse de Raymond Poincaré, Président du Conseil, sur ce projet; «les lois de 1901, 1904, 1905 sur les Congrégations et la séparation de l'Eglise et de l'Etat ne sont pas applicables aux Marquises». La mission catholique est donc légale. Le 7 avril 1927, Mgr Le Cadre et le gouverneur signent un accord «sur la concession de 66 terrains avec la jouissance précaire de la bande côtière des 50 mètres». Enfin, le décret Mandel du 16 janvier 1939 clarifie la situation juridique, permettant la création du C.A.M.I.C.A. des Marquises le 10 mai suivant (Conseil d'Administration de la Mission Catholique).

Mgr Le Cadre, lié d'amitié à Tahiti, a le grand honneur de venir sacrer à Papeete deux Vicaires Apostoliques: Mgr Amédée Nouailles le 28 août 1932 et Mgr Paul Mazé le 30 avril 1939. En 1936, il participe au centenaire de la mission catholique de Tahiti. «Au pied du tabernacle, il donne sa démission au Saint-Père» le 30 juin 1952. Il meurt âgé de 77 ans, le 21 novembre suivant, après 52 ans de vie missionnaire.

---

(60) Voir l'épais dossier: Ar.SS.CC. 50, 1, en particulier l'étude de Me Langomazino (17-1-1909).

L'aujourd'hui de Dieu (1953...)

Le P. Louis Tirilly est nommé Vicaire Apostolique et évêque titulaire de Butrinto le 16 novembre 1953 ; il est sacré à Quimper le 12 septembre 1954. Il devient le premier évêque du diocèse de Taioha'e, suffragant de Papeete, à sa création le 21 juin 1966. En effet, Mgr Tirilly avait transféré d'Atuona, où Mgr Martin l'avait installé en 1890, à Taioha'e le siège du Vicariat Apostolique. Il participe, avec Mgr Mazé, au Concile Vatican II. Il démissionne le 9 novembre 1969.

Après une année d'administration assurée par Mgr Henry de Cocq, évêque de Rarotonga, le P. Hervé-Marie Le Cleac'h est nommé Administrateur Apostolique le 8 décembre 1970. Il devient évêque de Taioha'e le 1er mars 1973 ; il est sacré à Taioha'e par Mgr Michel Coppenrath, archevêque de Papeete, le 24 juin suivant. Sa nouvelle cathédrale, construite en trois ans avec le frère Gérard, est inaugurée le 24 juin 1977. Le 5 août 1971 les frères de Ploërmel prennent l'école Saint-Joseph de Taioha'e qui avait été rouverte en 1960. En 1978 se déroule le premier Synode diocésain animé par le P. Xavier Baronnet (s.j.). Nous sommes dans l'aujourd'hui de Dieu aux Marquises.

Iles Cook (diocèse de Rarotonga) [61]

Nous terminons par ces îles voisines de Tahiti (600 km) notre périple missionnaire dans les archipels du Vicariat initial d'Océanie orientale. Le lecteur saisit mieux au terme de ce parcours, même rapide, ce que représentait l'immensité géographique du désir missionnaire du « Bon Père » Coudrin et de la mission confiée par l'Eglise à la Congrégation des Sacrés-Cœurs.

Les îles Cook deviennent colonie anglaise dépendante du gouverneur de la Nouvelle-Zélande le 8 octobre 1900 ; elles étaient protectorat britannique depuis 1888 à 1892 selon les îles. Depuis le 9 août 1889, la liberté de culte y est reconnue, en même temps qu'aux Iles-sous-le-Vent et aux Australes ; auparavant, cet archipel était interdit aux prêtres catholiques. La « London Missionnary Society » en commence l'évangélisation en 1821. Le 20 août 1867, Mgr Tepano Jaussen, dans l'intention d'y commencer la mission, achète un terrain à Ivirua sur l'île de Mangaia ; mais il ne peut y envoyer de prêtre en raison de l'interdit protestant. Ce terrain sera perdu étant resté trop longtemps inutilisé.

---

(61) A. Cools : *Résumé de l'histoire de la mission des îles Cook.* Rome 1982, 62 pages.
– A. Cools : *Table of the Archives – diocese of Rarotonga.* Rome 1981, 120 pages.
– Ar.SS.CC. Rome : 5 cartons n. 78 et 79.
– G. Eich : lettres diverses de 1893 à 1904. Ar.SS.CC. 60, 3.

Maison des Chinois: Papeete.

Fanfare des Frères: Papeete 1900.

Classe des Frères de Ploërmel: 1935.

Classe des Frères de Ploërmel: 1978.

Frères du Sacré-Cœur de Québec (1982).

Pères oblats de Marie-Immaculée (1980).

Dessin du « Marie-Joseph » sur cale à St-Malo (1842).

Marie-Jeanne et sa guitare.

PROFESSIONS RELIGIEUSES:

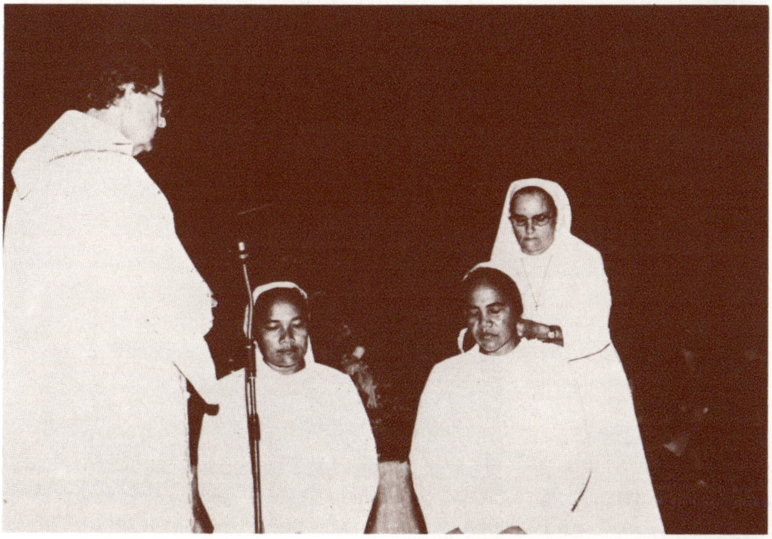

Helena et Soana (1982).

Sr Louise Tepehu (1978).

QUELQUES VISAGES:

P. Patrice Kuntzmann et Bruno Puech.

P. A. Cools.

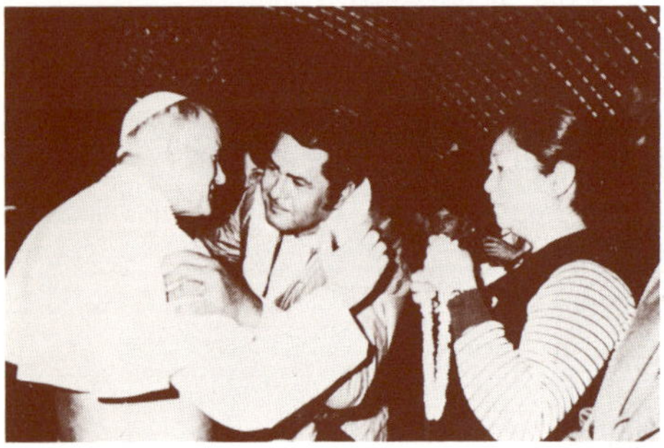

Richard et Greta couronnant Jean-Paul II en 1981.

Pauline Min Chiu.

Monument à Pouvanaa à Oopa.

Pasteur Marurai à l'inauguration de Tenete.

Cardinal Gantin.

P. O'Reilly.

En 1893, «un certain nombre de familles anglaises et allemandes établies à Rarotonga demandent un prêtre catholique». Mgr Verdier décide de répondre à ces appels; il envoie le P. Georges Eich «pour avoir des renseignements certains sur ce groupe d'îles». Ce premier voyage se déroule du 6 septembre au 5 octobre 1893 dans les îles du groupe Sud uniquement. Le résultat est positif. «Les autorités anglaises et indigènes ainsi que les colons sont sympathiques au projet; le Résident anglais promet sa protection et laisse liberté complète au culte catholique; les ministres protestants disent: il y a place pour tous» (62). En particulier, la population a une excellente opinion des écoles catholiques tenues par les frères et les sœurs à Tahiti; elle désire en bénéficier.

Le 29 octobre 1894, le P. Eich, provicaire de Mgr Verdier, vient installer à Rarotonga pour y commencer la mission, le P. Bernardin Castanié, accompagné du catéchiste Bernard Puraua. En mars précédent, Mgr Verdier avait acquis une maison à Avarua dans le but d'y fonder une école à confier aux sœurs de Cluny si elles peuvent accepter. Ce terrain, en raison des lois qui n'autorisent que la location ou le don, fut loué pour 50 ans. La mission pouvait s'implanter en paix. Le P. Castanié est bien accueilli. Après 4 mois de travail commun, le P. Eich rentre à Papeete le 8 février 1895, «peiné de laisser le P. Bernardin tout seul». La petite communauté débute avec une soixantaine de personnes.

Si l'accueil par les autorités et la population fut cordial, la lutte avec les pasteurs anglais très puissants et les diacres protestants, souvent députés aux assemblées, fut sévère. Un point particulier cristallise l'opposition; par suite d'une erreur astronomique dans le comput des jours à cause de la «date-line», le dimanche était célébré le samedi. C'est à Noël 1899 que le Gouvernement des Cook décide de rectifier le calendrier.

Le 14 juillet 1895, le «Richmond» amène les premières sœurs de Saint-Joseph de Cluny qui ouvrent 15 jours plus tard une école fréquentée aussitôt par plus de 80 enfants. Ce sont sœurs Lydie Berger, Marie Hearn, rejointes un peu plus tard par Cecilia O'Donnel. Le succès de cette école des sœurs de Cluny ne se démentira jamais. Cette même année, le P. Eich visite Penrhyn dans le groupe du Nord.

Pour lutter contre la solitude totale du P. Castanié, Mgr Verdier lui envoie de temps à autre un confrère de Tahiti (les P. Eich, Willemsen, Collette, Tourvieille...); le P. Bernardin vient parfois à Tahiti. Enfin le 13 janvier 1902, le P. Joachim Kerdal vient partager la vie missionnaire du fondateur. Le P. Castanié qui n'a pu participer qu'à trois retraites à Tahiti en 17 années, est invité à prêcher celle de 1910; «il a des difficultés à parler en français abandonné depuis dix ans».

---

(62) Mgr Verdier au T.R.P. (2-4-1893; 4-11-1893). Ar.SS.CC. 58, 10.
– G. Eich au T.R.P. (5-9-1893; 6-11-1893). Ar.SS.CC. 60,3.

L'implantation de l'Eglise catholique se fait peu à peu au fur et à mesure des possibilités de terrains à louer – ce qui est difficile en raison de l'opposition des protestants – et de l'aide reçue de Papeete. Le P. Castanié est secondé par un catéchiste de Tahiti : Théophile Tehema, homme très précieux, en particulier pour bâtir les chapelles en bambou et cocotier. Théophile meurt en février 1904. Le P. Bernardin, dès le début et selon le modèle des Tuamotu, forme des catéchistes locaux. Ainsi les communautés se fondent progressivement. Dans le groupe Sud, après Avarua à Rarotonga en 1894, c'est Mauke en 1903, Aitutaki en 1906, Atiu en 1909, Mitiaro en 1925 et Mangaia en 1930. Le groupe du Nord est atteint plus tard : Manihiki en 1909, Rakahanga en 1926, Pukapuka en 1928, Penrhyn en 1937 et Niue en 1955. Cette île-Etat n'a été rattachée au diocèse de Rarotonga que le 31 mai 1972.

Les liens entre Rarotonga et Tahiti sont très étroits de 1894 à 1922 ; les îles Cook font partie du Vicariat Apostolique de Tahiti jusqu'à la création de la « Préfecture Apostolique des îles Cook et Manihiki » le 27 novembre 1922, appelée des « îles Cook » le 11 août 1926. Mgr Verdier lance la mission de Rarotonga. Mgr Hermel y fait deux tournées pastorales : du 20 août au 10 septembre 1907 et du 15 octobre 1917 au 30 janvier 1918. Devant la nécessité de planter l'Eglise dans les archipels où elle n'est pas encore, le succès de la mission fondée par le P. Bernardin Castanié à Rarotonga, le fait que les Cook sont colonie anglaise depuis octobre 1900, Mgr Hermel propose le 27 septembre 1908 la création d'un Vicariat Apostolique des îles Cook indépendant de Tahiti et des missionnaires français. « Propaganda Fide » laisse la jeune église de Rarotonga s'enraciner avant de l'ériger en Préfecture Apostolique confiée à Mgr Bernardin Castanié en 1922, puis en Vicariat Apostolique le 12 février 1948. En 1923, Mgr Hermel fait don de 20.000 F sur les 100.000 F du Vicariat de Tahiti pour fonder la caisse de la nouvelle Préfecture Apostolique qui doit désormais vivre par elle-même [(63)].

Sur les 40 missionnaires, répertoriés aux archives en 1981, 13 ont été missionnaires à Tahiti et aux Cook. En plus de Mgr Castanié, ce sont les RR.PP. : J Kerdal, A. Fort, F. Erdeven, B. Martin, Th. Bizien, Y. Morvan, P. Mazé, G. Nouviale, P. van Megen, E. Levrel, L. Cousquer et P. Kuntzmann. Si depuis ce dernier, arrivé à Tahiti en 1948, l'échange du personnel missionnaire est terminé, les relations entre les églises de Tahiti et de Rarotonga sont fréquentes et très cordiales.

En août 1909, trois sœurs de Cluny ouvrent une école à Aitutaki. Du 8 au 10 janvier 1914, un terrible cyclone ravage les îles Cook et cause d'importants dégâts aux installations de la mission. Le 1er février, paraît le premier numéro

(63) Mgr Hermel au T.R.P. (18-9-1907 ; 27-9-1908 ; 20-5-1923). Ar.SS.CC. 58, 3.

du bulletin de la mission catholique des îles Cook: le « Torea Katorika » (le « torea » est un oiseau migrateur, annonciateur des nouvelles, d'où « oiseau-messager »). Il est lu, apprécié et permet de toucher toutes les îles.

Progressivement l'église catholique acquiert aux îles Cook sa personnalité propre. Le 18 avril 1948, Mgr Ubald Lehman, Vicaire Apostolique depuis le 12 février, est sacré évêque titulaire de Sertei. Le 21 juin 1966, le Vicariat devient diocèse de Rarotonga, rattaché à la Nouvelle-Zélande; le 1er juillet 1972, il devient suffragant de Suva. Sur le plan du personnel religieux, les Pères des Sacrés-Cœurs des îles Cook sont détachés de la province de Tahiti et rattachés à la province de Hollande le 10 janvier 1940.

Avec les onze autres diocèses îliens de l'Océanie, il constitue la Conférence épiscopale du Pacifique (C.E.P.A.C.).

Tout au long de ces deux premières parties, nous avons découvert les innombrables terres minuscules éparpillées dans l'immensité océane. Depuis les premiers passages des espagnols en 1595, nous avons essayé d'y situer les hommes dans leurs entrecroisements multiples, leurs projets variés et contradictoires. Nous avons esquissé la réaction des océaniens face à ce choc des cultures dans le mélange des races.

Surtout nous avons tenté de faire revivre, dans un temps troublé et l'espace insolite des îles, les diverses réalisations missionnaires, entremêlées aux conquêtes coloniales des grandes puissances du monde. Entreprise difficile et complexe, tant les documents sont abondants, les points de vue divergents, les sensibilités opposées. Il s'agit d'un simple survol évocateur; il renvoie aux études spécialisées et aux documents. Ce regard qui ne peut gommer les différences conflictuelles du passé, se veut respectueux des diversités, honnête dans sa documentation, pacificateur par rapport au présent et à l'avenir.

Les deux parties qui viennent se proposent surtout d'expliciter l'esprit qui animait les missionnaires catholiques en Océanie et de présenter le visage actuel de l'Eglise catholique polynésienne face à l'avenir.

Reposoir d'Atikura – Iles Gambier.

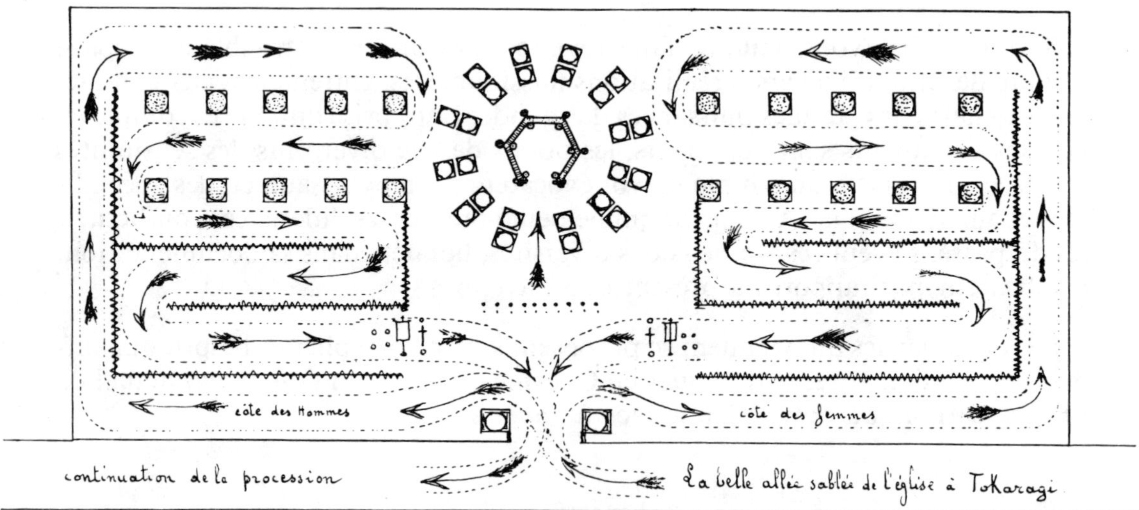

Procession de la Fête-Dieu du 4 juin 1839
à la grande île Mangareva (archipel des Gambier)
Cinq ans à peine après l'arrivée des 1ers missionnaires (7 août 1834)

Troisième partie

Puissance de l'Eucharistie au cœur de l'Océanie

Titre surprenant, peut-être, pour désigner la source du témoignage évangélique des Pères de la Congrégation des Sacrés-Cœurs et le style des communautés catholiques en Polynésie ; mais titre évident tant pour les chrétiens vivant dans les îles que pour les visiteurs qui viennent de temps à autre partager leur foi. Les trois semaines de la grande « mission d'évangélisation » animée par le P. Emilien Tardif du 23 octobre au 14 novembre 1982 en restent la manifestation éclatante : plusieurs milliers de participants aux amples eucharisties de chaque jour, 15.000 personnes à la « Messe des malades » de clôture le 13 novembre, sur les 110.000 habitants de Tahiti-Moorea. L'Eucharistie, célébrée en communauté de foi autour de Jésus vivant et présent, est, depuis le début de la mission, « la source, le centre, le sommet et l'âme de l'apostolat » des Pères des Sacrés-Cœurs de Jésus et de Marie. Autour du « Pain de Vie » et dans les nombreuses églises construites pour célébrer et conserver le Saint-Sacrement, le sens communautaire inné des polynésiens s'est purifié et approfondi dans la ligne des premières communautés chrétiennes. Les « Mémoires » du P. Laval, les nombreuses lettres des missionnaires et les témoignages actuels sont étonnants de continuité et de convergence en ce sens. Ils déploient la méditation initiale du « Bon Père » Coudrin.

Les chapitres qui viennent, s'efforcent de faire partager, principalement par des documents cités longuement, les divers aspects de cette vie profonde des missionnaires en Océanie. Ils veulent présenter les facettes variées des communautés catholique en Polynésie. Pénétrons dans l'Eglise pour en découvrir le cœur et l'esprit, découvrons la mystérieuse présence qui la fait vivre

Chapitre 10

VISAGES DE DIEU ET VISIONS DU MONDE

Le religieux est le cœur de toute civilisation. « L'homme est un animal religieux » parce qu'il ne peut vivre sans signification. Toute crise de civilisation, comme celle qui submerge le monde actuel, est d'abord une interrogation angoissée sur le sens des choses, des hommes, de la vie. Personne ne peut vivre sans une espérance. « D'où venons-nous? Que sommes-nous? Où allons-nous? »... Questions d'un célèbre tableau de Gauguin, questions de tous les hommes. Claude Lévi-Strauss en 1979 remarquait que les aspects « affectifs, émotionnels, l'irrationnel » prenaient le pas sur le rationalisme désséchant, la froide logique cartésienne[1]. Faire de la foi une pure question privée, l'évacuer de toute vie sociale et publique, l'opposer à l'intelligence et à la science, la réduire au seul sanctuaire de la conscience individuelle, c'est racornir l'homme, en faire un météore errant et mort dans les espaces infinis. L'homme n'est pas un individu isolé, sans parents ni terre; il est d'abord une personne, située dans une généalogie et enracinée dans une culture. Le grand désir de tout homme c'est d'être quelqu'un pour quelqu'un, d'être « appelé par son nom »; la grande peur de chacun – des jeunes et des anciens surtout – c'est de n'être rien pour personne, d'être réduit à un numéro anonyme et absurde sur une des multiples fiches qui fleurissent dans notre monde technique. La « mort de Dieu » a surtout fait des orphelins de Père, livrés aux vents contradictoires des multiples idéologies et soumis aux pulsions violentes des instincts spontanés non maîtrisés.

Les Polynésiens, comme tous les autres groupes humains, avaient leur cosmogonie, leur représentation de Dieu et leur conception du monde. Il est intéressant d'en prendre conscience avant de préciser quelle était la spiritualité des missionnaires catholiques enracinée dans l'Evangile qui les fait vivre.

---

(1) C. LÉVI-STRAUSS, interview *La Croix* (24-1-1979), p. 9.

Religion et cosmogonie des Polynésiens

J.A. Mœrenhout et le P. Montiton ont longuement étudié ce sujet [(2)]. Voici la traduction par Mœrenhout de la mythologie qu'il a reçue du « vieux prêtre » de Papara.

Dieu-Créateur

« Il était. Taaroa était son nom. Il se tenait dans le vide.
Point de terre, point de ciel, point d'hommes.
Taaroa appelle ; mais rien ne lui répond.
Et, seul existant, il se changea en l'Univers.
Les pivots sont Taaroa ; les rochers sont Taaroa ; les sables sont Taaroa.
C'est ainsi que lui-même s'est nommé.
Taaroa est la clarté ; il est le germe ; il est la base.
Il est l'incorruptible, le fort qui créa l'univers,
l'Univers grand et sacré, qui n'est que la coquille de Taaroa.
C'est lui qui le met en mouvement et en fait l'harmonie.

La Création

Vous, pivots ! Vous rochers ! Vous sables ! Nous sommes...
Venez, vous qui devez former la Terre.
Il les presse, il les presse encore ;
mais ces matières ne veulent pas s'unir.
Alors, de sa main droite, il lance les sept cieux
pour en former la première base ;
et la lumière est créée ; l'obscurité n'existe plus.
Tout se voit : l'intérieur de l'Univers brille.
Le dieu reste ravi en extase, à la vue de l'immensité.
L'immobilité a cessé ; le mouvement existe.
Fini l'office des messagers, fini l'emploi de l'orateur.
Les pivots sont fixés ; les rochers sont en place ; les sables sont posés.
Les cieux tournent ; les cieux se sont élevés ;
la mer remplit ses profondeurs. L'Univers est créé.

---

(2) J.A.. MŒRENHOUT : *Voyages aux Iles du Grand Océan,* T. I, pp. 416-574. Paris 1837.
– A. MONTITON à Artème MONTITON (9-9-1872) : Anaa-Ar. SS.CC. 73, 3.

Naissance des dieux et des hommes

Taaroa dormait avec la femme, nommée déesse du dehors (la mer);
d'eux sont nés les nuages noirs, les nuages blancs, la pluie.
Taaroa dormait avec la femme, nommée déesse du dedans (la terre);
d'eux est né le premier germe (sous la terre).
Est né ensuite tout ce qui croît à la surface de la terre.
Est né ensuite le brouillard des montagnes.
Est né ensuite celui qui se nomme le fort.
Est née celle qui se nomme la belle ornée.

Taaroa dormait avec la femme, nommée déesse de l'air.
Est né d'eux ce qu'on nomme l'arc-en-ciel.
Est né ensuite ce qu'on nomme la clarté de lune.
Sont nés ensuite les nuages rouges, la pluie rouge.

Taaroa dormait avec la femme, nommée déesse du dedans.
Est né d'eux ce qu'on nomme le bruit souterrain.

Taaroa dormait avec la femme, nommée au-delà de toute terre.
D'eux sont nés les dieux suivants:
elle enfanta Teiri, il était dieu;
elle enfanta Tefatou, il était dieu;
elle enfanta Rouamoua, il était dieu.
Alors le dieu Roo, saisissant ce que renfermait le sein
de sa mère, en sortit par le côté.
La femme accoucha ensuite de ce qu'elle avait encore,
il en sortit ce qui s'y trouvait encore enfermé:
irritation (tempêtes), colère (orage) fureur (vent furieux),
colère apaisée (tempête calmée).
La source de ces esprits est dans le lieu d'où partent les messagers.

Eternité de la matière

Hina disait à Fatou: fais revivre l'homme après sa mort.
Fatou répond: non, je ne le ferai point revivre.
La terre mourra; la végétation mourra, elle mourra
ainsi que les hommes qui s'en nourrissent.
Le sol qui les produit mourra.
Mourra la terre, finira la terre pour ne plus renaître.
Hina répond: fais comme tu veux; mais je ferai revivre la lune.
Et ce que possédait Hina continua d'être;
ce que possédait Fatou périt, et l'homme dut mourir».

Sur l'immortalité de l'âme et la vie future, Mœrenhout écrit : « il paraît certain que les promesses de la religion n'allaient pas pour eux au-delà de la vie présente ; ils n'avaient qu'une idée vague d'une autre vie. N'admettant ni peines ni récompenses à recevoir après la mort, la plupart d'entre eux mouraient sans crainte et sans espoir. Ils croyaient pourtant qu'il leur survivait quelque chose qu'ils nommaient « vatua » (esprit, âme) ; mais il serait assez difficile de dire au juste quelle idée précise ils s'en faisaient... L'homme figurait au sommet de l'échelle des êtres ici-bas, occupant le premier rang, sur la terre, seul approchant de la perfection et mêlé, quelquefois, avec les esprits supérieurs et divins... A la mort, les âmes retournaient à leur source ; l'âme de l'homme, comme celle des plantes, se rendait dans des lieux incertains, « Po » (ténèbres), où étaient nés et qu'habitaient les dieux et autres esprits ».

Les âmes étaient passibles de punition dans une sorte de purgatoire où elles étaient purifiées avant d'être « reçues au foyer commun » d'où elles revenaient visiter parents et amis ». Les seules fautes soumises à châtiment étaient la non-observation des rites sacrés, la négligence ou le mépris des dieux. « Ils avaient un ciel, séjour de la lumière et des jouissances », surpassant l'Elysée des Grecs et le ciel de Mahomet. « Le "Rohutu noanoa" était situé dans l'air au-dessus d'une haute montagne de Raiatea, mais invisible aux mortels... L'immortalité de l'âme avait pour les Océaniens quelque chose de consolant... Bien loin que la mort les séparât à jamais de leurs parents, de leurs enfants, de leurs amis, elles les réunissait au contraire à tous ceux qu'ils regrettaient. »

Quant à la théogonie, Mœrenhout constate que « les dieux sont en très grand nombre tous nés de Taaroa ou créés par lui. Taaroa est le dieu suprême ou plutôt le dieu unique ; tous les autres ne semblent guère n'être que des figures ou des images sensibles des attributs infinis réunis dans sa personne divine... Pour énumérer leurs dieux, il faut commencer par mettre hors de ligne Taaroa, le dieu suprême, existant par lui-même, créateur de l'univers et des autres dieux, principe de tout, trop grand, trop fort, au-dessus des choses de ce monde, pour se mêler de son gouvernement ».

Mœrenhout regroupe le très riche panthéon polynésien en trois grands ordres : les « Atua », les « Orometua », les « Tikis ».

Les « Atuas », dieux absolus et souvent méchants, se désintéressent de la vie privée des hommes dont ils favorisent plutôt les vices. Les « Atuas » supérieurs résident dans des cieux particuliers à des niveaux différents et selon une hiérarchie savante. Les « Atuas » inférieurs résident dans les eaux, les bois, les montagnes et tous les lieux de la terre ; chaque lieu, chaque objet, chaque occupation humaine est ainsi « animé » par une puissance tutélaire.

Les « Orometuas » sont des sortes de « dieux domestiques, de dieux lares ». Ils sont plutôt bienveillants et assurent la paix des familles. Certains « Orometuas » inférieurs étaient un peu des « Génies » individuels choisis par chacun selon ses besoins ou sa fantaisie.

Les « Tikis », fils de Taaroa et de Hina (la Lune) sont fort nombreux. Ce sont des esprits inférieurs aux dieux, sortes de « messagers » (analogues aux anges ou démons). Leurs images sculptées gardent les enceintes sacrées ; elles maintiennent l'harmonie entre les éléments de l'espace en précisant les lignes de démarcation et en évitant toute usurpation de pouvoir. Ils président aux événements. Ce sont eux que les sorciers utilisent pour leurs maléfices. Les plus célèbres sont les statues colossales de l'île de Pâques.

Le culte n'était pas rendu à Taaroa « trop au-dessus des choses de ce monde pour qu'il s'intéresse au sort des hommes... tout en célébrant sa gloire, sa puissance et ses œuvres ». Les « Atuas » étaient seuls honorés du culte public dans les « marae » ; les « orometuas » n'avaient pour temple que les demeures familiales. Dans ce culte l'esprit mystique n'existe pas. « Chez eux jouir c'était plaire au dieux... Si leur religion les affranchissait de l'abus des martyrs, des vierges et des saints, elle ne tomba que trop souvent dans l'excès opposé... Leurs plaisirs dégénéraient souvent en débauches les plus grossières.

« Les devoirs de l'homme envers les dieux étaient plutôt fastidieux que sévères... Sacrifices aux temples, observance rigoureuse des rites et des ordonnances sacrées, attention continuelle et soumission dans toutes les actions, c'était là ce qu'ils exigeaient impérieusement. Pour le reste, la conduite et les actions des hommes leur était absolument indifférentes... Les mots mœurs ou moralité des actions n'avaient pas de sens. »

Le culte public se déroule dans les « marae », vastes temples en plein air, formés d'une esplanade rectangulaire, limitée par un mur peu élevé et terminée par une pyramide plus large que longue constituée de degrés sur les quatre côtés. Ces lieux sacrés sont isolés, ombragés de tamanou, de miro ou surtout de aito ; ils sont situés sur le rivage ou au fond de vallées encaissées. Ils sont bâtis en pierres sèches superposées ou en blocs de corail taillés. L'enclos comporte des maisonnettes pour les images sculptées – les Toos (images des Atuas) et les Tikis – et celles des desservants. On y trouve les « fata », autels de bois en plate-forme reposant sur quatre piliers. Les « fata » particuliers pour les morts sont couverts d'une petite toiture. Plus que les images sculptées, l'objet le plus précieux et le vrai symbole du dieu est le « maro ura », suspensoir artistique fait de plumes rouges d'oiseaux rares ; il est réservé au « arii rahi » (roi) et à quelques notables dans des occasions solennelles. Sa possession fut l'occasion de diverses guerres.

Le culte est assuré par des prêtres héréditaires, redoutés et puissants. Leur personne est sacrée ; ils jouissent de privilèges supérieurs au roi. Ils décident des sacrifices humains, souvent nombreux et des « tabous ». Les « tapu » n'admettaient aucune restriction et s'appliquaient à toutes choses... Les femmes en éprouvaient surtout les rigueurs. Tout leur était interdit». Il y avait aussi des «inspirés» et des sorciers. Il y avait surtout «la société des "Arioi" dont la prostitution était le principe et l'infanticide l'obligation, où le nom de mère, partout si révéré, était en mépris».

Les cérémonies étaient nombreuses, soit à dates fixes soit occasionnelles. La liturgie, toujours très longue, comportait des invocations («tarotaro»), des louanges («haamori»), et les récits fidèles et mot à mot des traditions assurés par les «harepo». Presque toutes les cérémonies exigeaient des sacrifices pour plaire aux dieux. Les victimes humaines arrivaient mortes au «marae», mais très sanglantes. Le prêtre offrait un des yeux du sacrifié au chef qui faisait semblant de l'avaler.

Mœrenhout, s'il est frappé comme les navigateurs de ce temps de la découverte par «la profonde abjection, les mœurs grossières et la dégradation où ils sont aujourd'hui», admire l'élévation de la vision du monde et de Dieu des Polynésiens (3). «Ce n'est pas l'homme primitif, plongé dans la plus grossière barbarie, qui réfléchit ainsi sur la nature des dieux, sur la création du monde, sur la formation de tous les êtres. Ces spéculations ne sont pas de l'état sauvage et accusent évidemment les opinions traditionnelles d'un peuple plus civilisé... Le fond, la forme et l'extrême élévation de ces traditions, prises dans leur ensemble, ne sont pas seulement de beaucoup au-dessus de ce que peuvent être capables de produire des peuples réduits à l'état où l'on trouva ces insulaires; ils sont encore, ce me semble, avantageusement comparables à tout ce que d'autres nations ont écrit de plus sublime sur la création... Ce n'est pas le langage d'un barbare... c'est celui d'un philosophe qui, après avoir longtemps médité sur les merveilles de la nature, y reconnaît l'œuvre d'un Dieu créateur; c'est celui d'un théiste qui, découvrant Dieu dans ses œuvres, s'est élevé à la plus sublime des religions, à la connaissance et à l'adoration d'un être Tout-Puissant... Tel est Dieu... Taaroa était seul... l'être suprême qui créa et qui est lui-même tout ce qui existe... Tel est bien Taaroa, dont la vie et les actions consistent à créer l'univers dans son ensemble, à s'unir avec les éléments et la matière, pour produire les êtres secondaires et tout ce qui existe dans la nature. Aussi rien d'extravagant dans les traits descriptifs des attributs et des travaux de ce dieu qui, en les exposant d'une manière à la fois simple, solennelle et souvent sublime, sont assez peu figurés pour qu'on les comprenne, pour la plupart, sans difficultés.»

Le P. Albert Montiton, depuis plus de vingt ans missionnaire aux Tuamotu, envoie en 1872 à son frère, supérieur du Grand Séminaire de Versailles, le résultat de ses recherches sur la «cosmogonie, la mythologie et les traditions de nos

---

(3) MŒRENHOUT, *op. cit.* T. II, pp. 197 à 214.

sauvages Paumotu... Ce n'est qu'au milieu des derniers sauvages de Fangatau et de Takoto que j'ai pu... ramasser quelque chose de suivi et de positif» [4].

«Au commencement le Ciel et la Terre se tenaient étroitement embrassés et unis l'un à l'autre. Au milieu d'eux et comme dans leur sein, vivait tout un peuple de géants. "Tahito-fenua" (l'ancien de la terre) et "Ronamakaitua", son frère, après s'être exercés à se servir de leurs lances, attaquèrent Maraukura, le tuèrent, le mangèrent et offrirent sa tête en sacrifice à Dieu...

Oatea, frère de Maraukura, échappa à la mort grâce à l'adresse de sa mère qui le cacha sous son aisselle. Devenu grand, il vengea la mort de son frère; il tua son meurtrier, il dévora les chairs et offrit à Dieu la tête en sacrifice.

Il essaya vainement de tuer le jeune Tané qui échappa par le trou mal gardé du soleil et alla se cacher au-dessus du firmament. Là, après avoir soigneusement compté les lunes, impatiemment attendu sa maturité et la décrépitude de son adversaire, Tané résolut de se frayer un passage à travers la capote du ciel et d'aller combattre Oatea, meurtrier de sa race. Pour cette entreprise il requit le concours actif de tous ses gens [5].

Temaru commença à entamer, à coups de pierres, la croûte du ciel. Tagaroa l'amollit ensuite sous l'action d'un feu ardent. Enfin, Tané lui-même, s'armant de grosses pierres, y fit une large trouée par laquelle, avec la rapidité de l'éclair et le fracas du tonnerre, il se précipita sur la terre à la recherche de son adversaire. Afin de se créer une arène plus vaste, il déroula et souleva le firmament à une certaine hauteur et se mit, avec rage, à la poursuite d'Oatea. Celui-ci, après avoir couru longtemps, d'une extrémité du Ciel à l'autre, fut atteint et tué par Tané qui le précipita hors du ciel et le jeta dans un grand feu...

Pendant la gigantesque lutte de Tané et de Oatea, les Atiru, esprits célestes et puissants, s'étaient, par peur, dispersés et cachés. Après sa victoire éclatante, Tané, seul maître désormais au ciel et sur la terre, les rassembla et leur commanda de porter le firmament dans les airs. Les Atiru se réunirent tous pour ce grand œuvre; chaque phalange fut chargée de s'acquitter fidèlement d'une part de travail en rapport avec son nom symbolique.

Ainsi les Petits, les Grands, les Courts, les Crochus, les Bossus... s'entraidèrent pour soulever le firmament. Montant les uns sur les autres, ils s'élevèrent progressivement et le portèrent enfin à la place qu'il occupe aujourd'hui dans les airs. Alors les Pigau le creusèrent, les Topé l'inondèrent, les Titi le clouèrent,

(4) A. MONTITON, lettre citée du 9-9-1872, reproduite dans *Missions catholique* n. 266 du 10-7-1874 et suivants, avec un dessein synthétique à la page 339.

(5) Voir le dessin imagé par les Paumotu d'après un croquis du P. MONTITON (page suivante).

ILES PAUMOTOUS. Dessin imaginé par les indigènes pour représenter leur cosmogonie d'après un croquis du R.P. Albert Montiton.

1. *Tané,* avec des pierres, se fait une trouée à travers le firmament. – 2. Les gens de Tané amollissent le ciel pour lui livrer passage. – 3. Les *Auturu* soulèvent le firmament avec leur dos. – 4. Ils l'élèvent plus haut, jusqu'à la hauteur de leurs bras. – 5. Montant les uns sur les autres, ils arrivent à le mettre en place. – 6. Alors, les *Pigau* le creusèrent. – 7. Les *Titi* le clouèrent. – 8. Les *Pepe* le varlopèrent. – 9. Les *Moho* le balayèrent. – 10. *Maui,* armé de l'hameçon dont il servit pour pêcher *Tahiti.* – 10 *bis.* Forme de l'hameçon. – 11. Maui guettant le soleil. – 12. La terre produisant les plantes et les animaux.

(Extrait de: LES MISSIONS CATHOLIQUES, n° 266)

les Pepé le varlopèrent, les Moho le balayèrent en laissant toutefois, sur l'ordre de Tané, une partie des copeaux que l'on voit encore sous forme de nuages. Les Pako l'inspectèrent en le parcourant en tous sens, les Tupa l'étendirent et l'agrandirent. Enfin, Tané, leur maître à tous, montant au plus haut des cieux, les piétina avec un bruit effrayant qui réveilla et réjouit tous ses ancêtres. Puis, ayant commandé à ses différents vassaux d'étayer solidement les demeures célestes dont il venait de prendre possession, il y établit son trône sur des bases éternelles et régna seul en souverain maître de toutes choses.

La terre, qui venait d'être si laborieusement séparée du ciel, se trouvait encore submergée. Tefaafanau (le couvreur) la retira des eaux. Un point seul apparaît d'abord à la surface ; il s'agrandit progressivement et devient bientôt la terre actuelle qui se couvre insensiblement d'herbes, de broussailles et de grands arbres...

La terre, source et mère de toutes choses, s'était également dégagée du ciel et de la mer. Elle donna naissance au jour, à la nuit, à la lune, à l'aurore, au soleil, en un mot, à tous les êtres animés ou inanimés, sans en excepter l'homme, appelé Magamaga par quelques-uns. Cependant, le premier homme connu dans toutes ces îles paraît avoir été Tiki, le véritable Adam polynésien... C'est lui qui forma, d'un amas de sable, Vahuone, la première femme... De leur union naquit Hina dont Tiki, son père, s'éprit plus tard. Vahuone ayant découvert leurs rapports, Hina, de honte, se sauva dans la lune où l'on voit encore sa figure ; Tiki, de dépit, se donna la mort qui est passée, avec son péché, à toute sa postérité. De Tiki et de Hina naquit Maikuku, qui engendra Tiniafu, qui engendra Tehurikiatu, etc. »

Géants, génies, luttes se succèdent parmi les hommes. Chacun est objet de légendes, comme Tekurotoga, fille de Keha, et vénérée à Fangatau comme vierge et mère. Tama dit Atua Fakaora (dieu sauveur) est le refuge de la race de Tiki.

L'âme survivant après la mort peut se trouver en trois lieux : le « paparagi », demeure supérieure réservée aux braves, le « kororupu », lieu de délices et de plaisirs, le « te rui », lieu ténébreux venant des cimetières. Tous ces esprits pouvaient se manifester sous forme de revenants plus ou moins malfaisants.

Le panthéon paumotu comporte aussi un grand nombre de divinités locales, liées aux événements. Les ancêtres sont associés au culte qu'on leur rend dans des « marae » plus simples qu'à Tahiti. Si on y offrait les ennemis tués au combat, il ne semble pas que les Paumotu pratiquaient les sacrifices humains comme aux Marquises ou à Tahiti. Mais comme ailleurs, les femmes et les enfants étaient exclus des cérémonies par les nombreux « tapu ». On offrait des tortues, des bonites, des dorades, etc., en sacrifice. Pour les présenter, chacun devait rester pur et à jeun.

Comme J.A. Mœrenhout, le P. Laval et d'autres anciens missionnaires, le P. Albert Montiton est frappé par la similitude des divers récits «en tout conformes à ce qui nous est révélé par les Livres Saints». Diverses pratiques et le génie de langue leur semblaient présenter des analogies avec ce qu'avaient vécu les Hébreux de l'Ancien Testament. «Nous trouvons dans les traditions païennes de nos îles d'autres histoires dont le thème et les types manifestes se retrouvent dans la Bible: Caïn et Abel, le déluge, Josué, les géants...». Les missionnaires y voyaient des pierres d'attente pour l'annonce de l'Evangile, des signes de la miséricorde de Dieu.

Spiritualité de la Congrégation des Sacrés-Cœurs

Saint Bernard écrit : «Quelle idée l'homme pouvait-il se faire de Dieu, sinon peut-être celle d'une idole qu'avait fabriquée son cœur? C'est que Dieu était incompréhensible et inaccessible, invisible et parfaitement irreprésentable. Maintenant, Il a voulu qu'on puisse le comprendre, qu'on puisse le voir: "Le Verbe s'est fait chair" et il habite dès lors en nous [(6)].»

Selon l'apôtre Paul – et la cosmogonie des Polynésiens le confirme – Dieu peut être connu par ce qu'Il manifeste de Lui dans ses œuvres [(7)]. Mais la dépravation des instincts obscurcit les cœurs. Aussi seul Jésus est le «chemin, la vérité, la vie»; en lui seul chaque homme peut «voir le Père», mais chacun «selon les dons reçus de l'unique Esprit». Aussi le Concile Vatican II rappelle-t-il ces principes généraux pour le renouveau de la vie religieuse sous l'impulsion de l'Esprit Saint dans l'Eglise:

«La norme ultime de la vie religieuse étant de suivre le Christ selon l'enseignement de l'Evangile, cela doit être tenu par tous les Instituts comme leur règle suprême.

Le bien même de l'Eglise demande que les Instituts aient leur caractère et leur fonction propres. C'est pourquoi on mettra en pleine lumière et on maintiendra fidèlement l'esprit des Fondateurs...

Tout Institut doit communier à la vie de l'Eglise et, tenant compte de son caractère propre, faire siennes et favoriser de tout son pouvoir ses initiatives et ses intentions [(8)].»

---

(6) S. Bernard, homélie sur l'Aqueduc, Fête de N.-D. du Rosaire, 7 octobre.
(7) Romains I, 18-32.
(8) Vatican II: *Perfectae caritatis* n° 2, a, b, c (28-10-1965).

Spiritualité du Cœur de Jésus [9]

Dans la seconde moitié du XVIIe siècle en France, dans le contexte austère et quelque peu pharisien du jansénisme, dans les débuts du rationalisme et de l'individualisme qui s'épanouiront au siècle suivant, la «dévotion au Sacré-Cœur de Jésus» a pris naissance. Elle a deux racines principales: saint Jean Eudes (1601-1680) à Caen et sainte Marguerite-Marie Alacoque (1649-1690) à Paray-le-Monial. Le premier la formule entre 1643 et 1672; par lui, au cœur de la rénovation spirituelle remarquable de ces «temps classiques», s'épanouit dans la conscience chrétienne une longue maturation enracinée dans l'Evangile. En Marguerite-Marie nous voyons, entre 1673 et 1675, le fruit étonnant d'une illumination charismatique, répercutée par les RR. PP. La Colombière, Croiset et les Jésuites. Ces deux sources se complètent pour redécouvrir, dans l'Ecriture et la vie spirituelle, la personne vivante de Jésus incarné, Dieu à visage humain. Selon la tradition biblique et le langage courant, le «cœur» c'est la personne vivante considérée dans son intériorité la plus profonde. «L'objet particulier de la dévotion au cœur de Jésus est l'amour immense du Fils de Dieu, qui l'a porté à se livrer pour nous à la mort, à se donner tout à nous dans le Très Saint Sacrement de l'autel», écrit le P. Croiset. La Bonne Nouvelle c'est d'abord quelqu'un qui nous aime; la folie du Dieu-Amour est plus sage que les raisonnements humains. La personne passe avant les idées, l'homme avant les choses. Comme anticipation providentielle au culte de la Raison et aux matérialismes de la consommation, la dévotion au Sacré-Cœur fait expérimenter la présence active et transformante de l'Esprit de Jésus ressuscité. Elle nous centre sur Lui et non sur nous; elle nous fait construire notre vie selon une relation nouvelle à Dieu, aux autres, aux événements, aux choses; «pour moi vivre c'est le Christ» [10].

Saint Louis-Marie Grignion de Montfort (1673-1716), par sa prédication évangélique et ses missions parmi les pauvres, diffuse dans tout l'Ouest de la France la piété aux Cœurs de Jésus et de Marie. Comme à Cana, Marie conduit à Jésus; imiter Marie c'est le chemin le plus sûr pour «aller à Jésus».

La Congrégation des Sacrés-Cœurs

Le jeune abbé Pierre Coudrin est fortement marqué par l'action du P. de Montfort. Dans le contexte de la clandestinité de la Révolution, il accentue l'aspect eucharistique de la présence d'amour sauveur et universel de Jésus vivant; l'adoration du Saint-Sacrement sera une marque particulière de la

---

(9) J.V. GONZALEZ CARRERA: *Père Coudrin et Mère Aymer,* 4e partie, chap. III: «la dévotion aux Sacrés-Cœurs», pp. 61-95, Rome 1978. Traduction française.

(10) 2 Co 5,14; Jn 1,38; Ga 2,20; Ro 14,7.

Congrégation qu'il fonde à Noël 1800 sous le vocable un peu long: «Congrégation des Sacrés-Cœurs de Jésus et de Marie et de l'adoration perpétuelle du Très Saint-Sacrement de l'autel.» Le caractère propre des Frères et Sœurs des Sacrés-Cœurs, leur charisme, est exprimé dans le chapitre préliminaire des Constitutions, reproduit tel quel à travers les rédactions successives. Il est important à connaître pour saisir l'esprit qui anime les missionnaires en Polynésie depuis 1834. En voici les six premiers articles selon des Constitutions de 1838.

«Art. 1. Le but de l'Institut est de retracer les quatre âges de Notre Seigneur Jésus-Christ: son enfance, sa vie cachée, sa vie évangélique et sa vie crucifiée, et de propager la dévotion envers les Sacrés-Cœurs de Jésus et de Marie.

Art. 2. Pour retracer l'enfance de Jésus-Christ, les frères ouvrent des écoles gratuites pour les enfants pauvres. Ils tiennent de plus des collèges, dans lesquels ils se font un devoir d'admettre gratuitement un certain nombre d'enfants, autant que les ressources de chaque maison peuvent le permettre. Les sœurs ouvrent aussi...

Les frères en particulier préparent par leurs soins aux fonctions du ministère sacré les jeunes élèves du sanctuaire.

Art. 3. Tous les membres de la Congrégation s'efforcent de retracer la vie cachée de Jésus-Christ, en réparant, par l'adoration perpétuelle du Très Saint-Sacrement de l'autel, les injures faites aux Sacrés-Cœurs de Jésus et de Marie par les crimes énormes des pécheurs.

Art. 4. Les frères retracent la vie évangélique du Sauveur par la prédication de l'Evangile et par les Missions.

Art. 5. Enfin, tous les membres de la Congrégation doivent rappeler, autant qu'il est en eux, la vie crucifiée de notre divin Sauveur, en pratiquant avec zèle et prudence les œuvres de mortification chrétienne, surtout en réprimant les sens.

Art. 6. De plus, ils ont pour but de faire tous les efforts qui dépendent d'eux, pour propager la vraie dévotion envers le Sacré-Cœur de Jésus et le très doux cœur de Marie, suivant que cette dévotion est approuvée par le Saint-Siège apostolique.»

Tout est là, sans doute rédigé dans une langue qui a vieilli, comme toute chose humaine. Après la Révolution et ses excès anti-religieux, l'Eglise en France est à reconstruire. Jésus vivant et présent dans l'Eucharistie est mis au centre de toute la vie et de l'apostolat. La prière permanente sous la forme privilégiée de l'Adoration du Saint-Sacrement, liée à l'esprit de pénitence et de réparation, est au cœur de la vie spirituelle. L'évangélisation se fera surtout par l'éducation des enfants et les missions, tant à l'intérieur qu'à l'extérieur.

La dévotion confiante à Marie, comme Mère de Jésus, modèle des chrétiens, cœur priant de l'Eglise dans la docilité à l'Esprit-Saint et guide sûr vers son Fils, est bien marquée et développée. Le P. Coudrin unit dans une même affection la Mère et le Fils. C'est sous le vocable de Notre-Dame de Paix («Maria no te Hau») que les religieux des Sacrés-Cœurs exprimeront leur dévotion mariale. La mission d'Océanie lui sera consacrée dès le 7 août 1834 par les premiers missionnaires et sept églises lui sont dédiées dans le diocèse de Tahiti.

Enfin, le souci de «l'approbation du Saint-Siège» est souligné. Dans une France gallicane et persécutrice, le P. Coudrin, quitte à se faire traiter «d'ultramontain», se voulait «dévoué de cœur et d'action au Saint-Siège, centre de l'unité catholique». Il avait trop souffert des nationalismes et des étroitesses. «Laissons de côté les qualifications de gallicanisme et d'ultramontanisme; mais soyons catholiques et bien persuadés qu'il ne peut jamais y avoir d'hérésie pour ceux qui croient tout ce que croit le Souverain Pontife, qui récitent le bréviaire de l'Eglise et de son chef» [(11)]. Cet aspect «romain» sera la source des principales difficultés de la Congrégation des Sacrés-Cœurs en France et en Polynésie. Cet attachement au Pape fera que les missionnaires retourneront l'expression injurieuse de «papistes» («pope») qui les avait précédé en Océanie en titre de fierté. Le sens de l'Eglise, la fidélité apostolique sont vitales chez le P. Coudrin.

Le souci missionnaire, uni à la volonté de former les prêtres, font que les pères des Sacrés-Cœurs ont pris rapidement en charge plusieurs grands Séminaires. Celui de Picpus à Paris était renommé, en particulier pour la qualité de son enseignement de l'Ecriture Sainte. Cette formation biblique de la première génération des missionnaires envoyés en Océanie Orientale leur sera très précieuse; elle leur permettra de se situer facilement dans des îles marquées par l'évangélisation protestante de la L.M.S. et d'utiliser aisément la traduction tahitienne du Révérend Henry Nott. Cette qualité de formateurs, jointe à leur esprit missionnaire universel, fait que le cardinal Cappelari, Préfet de «Propaganda Fide» et futur Pape Grégoire XVI, envisage de «confier aux membres de la Congrégation des Sacrés-Cœurs le Collège de la Propagande» à Rome, le célèbre «collège Urbain». Le P. Coudrin est disposé à accepter. La Révolution de 1830 pendant laquelle les maisons de Paris et de Rouen sont pillées arrête le projet [(12)].

Comme dans toutes les familles religieuses consacrées au Cœur de Jésus, «ne faire qu'un cœur et qu'une âme» selon le modèle idéal des premiers chrétiens,

---

(11) Lettres du P. Coudrin: 20-2-1830, au curé de St-Rémy de Dieppe. T. IV, n° 115.
(12) Lettres du P. Coudrin: 6-12-1829. T. IV, n° 99.

le sens communautaire, la qualité des relations fraternelles étaient fondamentaux pour le P. Coudrin. Les Constitutions interdisaient aux missionnaires d'être seuls mais d'aller deux par deux au minimum. La dispersion géographique des îles mettra à rude épreuve cet idéal. «Aimez-vous les uns les autres; n'ayez qu'un cœur et qu'une âme. Vous êtes les premiers de notre Congrégation à succéder aux ministères de Paul et de Barnabé», écrit le fondateur au P. Bachelot et à ses compagnons qui s'embarquaient à Bordeaux [(13)].

Si la vision du monde des religieux des Sacrés-Cœurs était plutôt pessimiste en raison des excès des révolutions successives en France et dont ils seront souvent les victimes, le visage qu'ils présentent de Dieu, est celui du «Père des miséricordes» manifesté par l'humanité aimante de Jésus, «Christ et Seigneur» vivant et présent dans l'Eucharistie. Aussi leurs points d'insistance sont simples: l'Eucharistie, la Parole de Dieu, la Vierge Marie, l'union au successeur de Pierre et le sens communautaire.

Selon des styles différents en fonction de leur apostolat spécifique, les sœurs de Saint-Joseph de Cluny fondées par Anne-Marie Javouhey et les frères de Ploërmel fondés par Jean-Marie de Lamennais, vivaient sensiblement ces mêmes valeurs évangéliques et ecclésiales. Les sœurs de Cluny, centrées sur «la sainte volonté de Dieu», traduisaient leur spiritualité dans une disponibilité souple et universelle aux divers besoins missionnaires révélés jour après jour par les populations où elles servaient (familles, éducation, soins, esclaves, vocations, services sociaux, catéchèse...). Les frères de Ploërmel avaient été spécialisés par leur fondateur dans l'éducation de base, la scolarisation initiale, la «classe» dans l'optique d'une «instruction chrétienne» solide et exigeante. Pour les frères comme pour les sœurs, la vie communautaire et sa qualité sont des réalités essentielles.

Directives missionnaires de *Propaganda Fide* [(14)]

Au nom du P. Marie-Joseph Coudrin, le Secrétaire Général de la Congrégation des Sacrés-Cœurs, le P. Hilarion Lucas, le 4 mai 1834, demande «un recueil des décrets de la S.C. de *Propaganda Fide* comme guide sûr pour les missionnaires des Missions nouvelles (de l'Océanie Orientale) et comme règles sur lesquelles ils puissent s'appuyer» [(15)]. Démarche tout à fait naturelle quand on se

(13) Lettres du P. COUDRIN: octobre 1826. T. III, nº 241; 17-7-1833. T. IV, nº 238.

(14) P. METZLER: *S.C. de Propaganda Fide: Memoria Rerum.* Volume III/2, Rome. Appendice: documents missionnaires; liste des Préfets et Secrétaires.
– *Acta di Propaganda Fide:* 1845. Vol. 208. Synode de Pondichery, pp. 203 à 213.
– N. DEL RE: «Le Saint-Siège et les Missions», *in Guida delle Missioni Cattholiche,* pp. 51-68, Rome 1975.
– LŒW-MESLIN: *Histoire de l'Eglise par elle-même,* pp. 364 ss, Fayard, Paris 1978.
– DANIEL-ROPS: *L'Ere des Grands Craquements,* pp. 114 ss, Fayard, Paris 1958.

(15) H. LUCAS à *S.C. Propaganda Fide:* 4-5-1834. Ar. SS.CC. 1-1-4.

souvient de l'attachement profond du P. Coudrin au « Successeur de Pierre, centre de l'unité catholique », lien qui lui paraît vital pour « commencer l'œuvre importante des Missions étrangères, l'une des fins principales de notre Institut » [16]. Une telle attitude de foi apostolique, indépendamment de ses liens personnels avec Grégoire XVI, rejoint le comportement que l'apôtre Paul décrit pour lui-même dans son épître aux Galates (2,1-10) : « je suis monté à Jérusalem avec Barnabé et Tite... exposer l'Evangile que je prêche parmi les païens ; je l'exposai aussi dans un entretien particulier aux personnalités les plus considérées, de peur de courir et d'avoir couru en vain... Reconnaissant la grâce qui m'a été donnée, Jacques, Céphas et Jean, considérés comme des colonnes, nous donnèrent la main, à moi et à Barnabé, en signe de communion ». Réalité permanente de l'évangélisation, double souci constant des missionnaires de tous les temps s'ils ne veulent pas faire leur œuvre personnelle, mais « rassembler dans l'unité les enfants de Dieu dispersés » : vivre l'unité de l'Eglise par la communion apostolique et promouvoir la liberté chrétienne par la foi en Jésus-Christ.

Depuis sa fondation le 14 janvier 1622 pour se libérer du poids politique des « Patronats » espagnol et portugais sur les terres nouvelles, *Propaganda Fide* avait mis au point, à partir des circonstances et de l'expérience, une véritable théologie pastorale des Missions. Le répertoire du Synode de Pondichéry en 1845 en montre l'ampleur et la variété : « clergé indigène » à former en priorité absolue (11 septembre 1626, 28 novembre 1630), nécessité pour les missionnaires d'apprendre les langues locales et de respecter le génie des peuples étrangers (1623, 1630), promotion de l'épiscopat indigène sans lequel il n'y a pas d'avenir pour la foi (26 avril 1678, 1787, 1814), importance du travail pour l'évangélisation, exigences sérieuses pour préparer au baptême... Les nombreux documents rédigés selon la diversité des situations locales, trouvent leur expression la plus parfaite dans les Instructions du 10 novembre 1659 adressées à François Pallu et Pierre Lambert de la Motte, nouveaux Vicaires Apostoliques du Tonkin et de Cochinchine ; « un document qui commande l'avenir », écrit Daniel-Rops. C'est un document collectif, fruit de l'expérience missionnaire des Vicaires apostoliques comme Alexandre de Rhodes, autant que de la réflexion théologique et biblique. Sa « modernité », voire sa brûlante actualité n'échappera à personne.

« Ne mettez aucun zèle, n'avancez aucun argument pour convaincre ces peuples (de l'Asie) de changer leurs rites, leurs coutumes et leurs mœurs, à moins qu'elles ne soient évidemment contraires à la religion et à la morale. Quoi de plus absurde que de transporter chez les Chinois la France, l'Espagne, l'Italie ou quelque autre pays d'Europe. N'introduisez pas chez eux nos pays, mais la foi, cette foi qui ne repousse ni ne blesse les rites ni les usages d'aucun peuple, pourvu qu'ils ne soient pas détestables, mais bien au contraire veut qu'on les garde et les protège. Il est pour ainsi dire inscrit dans la nature de tous les hom-

---

(16) P. COUDRIN : circulaire aux Frères et Sœurs SS.CC., février 1826. Lettres T. III, nº 204.

mes d'estimer, d'aimer, de mettre au-dessus de tout au monde les traditions de leur pays et ce pays lui-même. Aussi n'y a-t-il pas de plus puissante cause d'éloignement et de haine que d'apporter des changements aux coutumes propres à une nation, principalement à celles qui y ont été pratiquées aussi loin que remontent les souvenirs des anciens.

« Que sera-ce si, les ayant abrogées, vous cherchez à mettre en place les mœurs de votre pays, introduites du dehors ? Ne mettez donc jamais en parallèle les usages de ces peuples avec ceux de l'Europe ; bien au contraire, empressez-vous de vous y habituer. Admirez et louez ce qui mérite louange. Pour ce qui ne le mérite pas, s'il convient de ne pas le vanter à son de trompe comme font les flatteurs, vous aurez la prudence de ne pas porter de jugement, ou en tout cas de ne rien condamner étourdiment ou avec excès. Quant aux usages qui sont franchement mauvais, il faut les ébranler plutôt par des hochements de tête et des silences que par des paroles, non sans saisir les occasions grâce auxquelles, les âmes une fois disposées à embrasser la vérité, ces usages se laisseront déraciner insensiblement. »

Un tel idéal d'acculturation et d'inculturation selon le modèle de l'apôtre Paul « se faisant tout à tous » est toujours une « utopie directrice », une espérance dynamique ; la tension est toujours vive entre la vie nouvelle en Jésus-Christ qui « n'est pas du monde » et la vie chrétienne d'un peuple en marche « dans le monde ». La très grave querelle des « Rites chinois » (1688-1742) et ses conséquences toujours actuelles, est là pour le démontrer. Les encycliques missionnaires de Grégoire XVI, Léon XIII, Benoît XV, Pie XI, Pie XII et Jean XXIII jalonnent les avancées progressives des Missions catholiques.

Le Symposium international du Congrès Eucharistique de Lourdes, tenu à Toulouse du 13 au 15 juillet 1981, a longuement débattu de cette question fondamentale de « l'Eglise dans le monde de ce temps » qu'est la rencontre de la foi et des cultures. L'exhortation apostolique de Paul VI *Evangelii nuntiandi* du 8 décembre 1975 faisant la synthèse du Synode des évêques de 1974 sur l'Evangélisation, constitue en quelque sorte la charte actualisée de la longue tradition missionnaire de l'Eglise. Il est frappant de voir que Jean-Paul II consacre toujours à ce sujet de foi et de culture, une longue étude adaptée aux pays qu'il visite lors de ses « pèlerinages au Peuple de Dieu » [17].

De 1622 à nos jours, la S.C. de *Propaganda Fide* chargée de suivre « l'évangélisation des Peuples » au niveau de l'Eglise Universelle, a été présidée par 30 Préfets. Leur personnalité, souvent remarquable, et la qualité de leur Secrétariat ont beaucoup fait pour donner toute leur dimension au zèle apostolique des missionnaires pleinement responsables dans leurs territoires respectifs. Ce soutien confiant et respectueux a été essentiel pour l'épanouissement de la difficile et complexe évangélisation de l'Océanie Orientale.

(17) Voir la *Documentation Catholique* qui diffuse tous ces textes peu après les événements.

Chapitre 11

VIE CHRÉTIENNE EN POLYNÉSIE

Si les Polynésiens ont reçu avec joie l'annonce de la Bonne Nouvelle en Jésus-Christ, il est non moins certain qu'ils apportent à l'expression de la foi chrétienne un style particulier. Il y a un visage polynésien de la vie évangélique, une manière maohi de célébrer les merveilles de Dieu en Eglise. Cela est notoire aujourd'hui ; le style maohi catholique suscite un étonnement plutôt admiratif qu'irrité de la part des hôtes de passage. Ce que l'on sait moins c'est que cette adaptation à la sensibilité et à la culture polynésiennes s'enracine dans les origines mêmes de la mission à Mangareva. Le témoignage de Dumont-d'Urville lors de son voyage aux Gambier en août 1838 nous montre la forte impression laissée par la liturgie de Rikitea sur les marins français. L'abbé G. de Laval, aumônier de la «Capricieuse» de passage aux Gambier en novembre 1850, exprime la même surprise émerveillée. Les récits des marins de cette époque sont nombreux à aller dans le même sens [(1)]. Mgr Pompallier et les premiers missionnaires maristes, dont le futur saint Pierre Chanel, de passage en septembre 1837, expriment la même admiration dans leurs lettres [(2)]. Mgr Bataillon s'inspirera de cet exemple pour l'évangélisation de Wallis.

Le style polynésien pour exprimer la foi catholique a une double origine dont nous avons déjà parlé : la culture maohi avec sa vision du monde, sa sensibilité religieuse et son style communautaire ; la spiritualité évangélique, la vision

---

(1) H. LAVAL : *Mémoires,* pp. XXXVI, 54, 279.
– Lettres : LAPLACE au P. AMAT (14-12-1839) ; PÉNAUD à *Revue Coloniale* (septembre 1845) ; G. DE LAVAL à RICHEMONT (1850) ; E.H. FROMENTIÈRES dans *Moniteur de la Flotte* (1857). Ar. SS.CC. 65.

(2) Mgr POMPALLIER au T.R.P. COLIN (1837). Ar. SS.CC. 64, I – P. CHANEL à F. PAGÈS (3-10-1837), L.A.M.O., t. I., 1834-1839.

d'Eglise et les valeurs propres aux pères des Sacrés-Cœurs. L'harmonisation de ces deux sources explique le visage si caractéristique de l'Eglise locale de Tahiti au sein de l'Eglise Universelle. S'il n'est pas nécessaire de souligner l'attachement profond des Polynésiens à leur «fenua» ilien si original et à leur style de vie, il est utile de rappeler que les missionnaires des Sacrés-Cœurs, surtout les fondateurs, s'inspiraient très explicitement des exemples et de l'enseignement du «Bon Père» Coudrin. La présence eucharistique, la Parole de Dieu, la vie communautaire autour du «Père», le sens de l'Eglise exprimé par l'union au Pape, la dévotion à Marie étaient pour eux des points d'ancrage fermes. Certaines convergences avec le vécu et la sensibilité des polynésiens sont manifestes et providentielles dans le dessein de Salut universel en Jésus-Christ, puisque «Dieu veut que tout homme soit sauvé et parvienne à la connaissance de la vérité». De toutes façons l'histoire est irréversible et le Royaume des cieux est la croissance continue du projet d'Alliance entre Dieu et les hommes à travers les événements par lesquels ceux-ci «dominent et soumettent la terre» par leur liberté responsable.

Eucharistie, «Pain de Vie»

Rappelons ce qu'écrit Mgr Etienne Rouchouze au T.R.P. Coudrin le 14 novembre 1837 à partir des Gambier et deux mois après y avoir reçu les premiers missionnaires maristes. «Ce que nous avons le plus à cœur c'est de construire des églises décentes et solides. Il me semble que le jour où je verrai dans l'Océanie quelques églises où l'on puisse célébrer et conserver décemment l'illustre mystère, mon bonheur sera parfait et je mourrai content.» Nous étudierons au chapitre XV la question de la «construction d'églises décentes et solides». Explicitons le «bonheur de célébrer et de conserver l'illustre mystère».

L'importance de l'Eucharistie dans ses deux manifestations : la célébration de la Messe et l'Adoration du Saint-Sacrement est une donnée constante fortement soulignée par les Supérieurs Généraux successifs et les principaux responsables de la Congrégation des Sacrés-Cœurs. Rappelons-nous la méditation du P. Coudrin à la Motte-d'Usseau en 1792 et la procession clandestine du Saint-Sacrement à Poitiers sous la Terreur. Les T.R.P d'Elbée et Systermans, anciens Supérieurs Généraux, soulignent «le Centre eucharistique de la vie des religieux des Sacrés-Cœurs». Il se trouve que les missionnaires qui se sont succédés depuis 150 ans ont été d'une fidélité exemplaire à leur tradition spirituelle. «L'Eucharistie est le centre de l'identité et de l'apostolat ; c'est pour cela que les missionnaires commencent par bâtir des églises», constate le P. Xavier Riou. L'exemple de Mgr Rogatien Martin qui reprend l'évangélisation des Marquises de cette manière est très frappant. «Il n'y a plus de vie sacramentelle aux Marquises... Je relance l'Eucharistie et les confessions... L'Eucharistie est la source de tous les progrès... L'apostolat se fait par l'Eucharistie et les cérémonies» [3]. Dès 1836, le P. Laval écrivait la même chose. Perdu au cœur des Tuamotu, le P. Audran se réjouissait de «la splendide Fête-Dieu de Fakahina; car rien n'est trop beau pour le Bon Dieu» [4]. 300 personnes s'étaient rassemblées sur son atoll pour cette célébration.

Les processions de la Fête-Dieu jouent un rôle primordial dans l'expression de la vie chrétienne en Polynésie. Elles atteignent, en particulier à Mangareva, des dimensions et une splendeur extraordinaires. Le P. Laval nous a laissé le dessin et la description du reposoir d'Atikura aux Gambier pour la Fête-Dieu du 4 juin 1839, «cinq ans à peine après l'arrivée des premiers missionnaires», souligne-t-il [5]. L'élan était donné dont le mouvement dure toujours. Même à la période la plus tendue et anti-cléricale où les autorités voulaient interdire ces manifestations, Mgr Verdier et sa poignée de missionnaires les ont maintenues dans les «enclos des diverses missions»; c'était pour eux d'une «grande importance pour l'apostolat» [6]. En 1935, le P. Félix Alazard exprime à son frère Ildefonse «l'importance de la Fête-Dieu qui se déroule à tour de rôle dans les districts de Tahiti». Aussi c'était par de telles processions que les grands événements de la vie en Eglise étaient solennisés: inauguration de l'église d'Arue en 1883, jubilé de Mgr Hermel en 1930, centenaire de la Mission de Tahiti en 1936.

L'adoration du Saint-Sacrement, les temps de prière dans les églises où est conservée la Présence Réelle, les saluts du Saint-Sacrement, les retraites annuelles dans la chapelle de l'évêché, autant d'aspects particuliers de la dévotion à Jésus vivant et présent dans l'Eucharistie que l'on voit signalé dans de nombreuses lettres [7]. Le plus célèbre et persévérant adorateur fut Mgr Verdier «toujours à la chapelle» écrit son successeur. On comprend que, dans une telle perspective, Mgr Hermel à Tahiti et Mgr Martin aux Marquises aient appliqué très rapidement dès 1911 le décret de saint Pie X recommandant la communion fréquente des enfants.

L'Eglise catholique en Polynésie, ainsi centrée dès l'origine sur Jésus «Pain de Vie», s'est sentie confortée lorsque le Concile Vatican II a souligné que «l'Eucharistie est la source et le sommet de la vie de l'Eglise». Il est bien évident que si l'Eglise fait l'Eucharistie, c'est l'Eucharistie qui construit l'Eglise comme

---

(3) Mgr Martin au T.R.P. (23-8-1890, 8-10-1891, 26-7-1906). Ar. SS.CC. 47, 2.

(4) H. Audran à I. Alazard (5-7-1911) Fakahina. Ar. SS.CC. 61, 2.

(5) H. Laval: *Mémoires*, pp. xxxv, planches 186-187 (illustration page 228): chap. xii et xx.

(6) Mgr Verdier au T.R.P. (10-6-1899, 19-6-1900). Ar. SS.CC. 8, 3; G. Eich au T.R.P. (12-7-1897, 18-6-1900). Ar. SS.CC. 60, 2; Th. Bizien au T.R.P. (1909). Ar. SS.CC. 78, 3; B. Schouten au T.R.P. (14-5-1872). Ar. SS.CC. 62, 4.

(7) Mgr Verdier au T.R.P. (11-11-1883). Ar. SS.CC. 58, 3: M. Bèchu au T.R.P. (1879). Ar. SS.CC. 61, 2; C. Maurel au T.R.P.; E. Esquenet au T.R.P. (24-1-1949). Ar. SS.CC. 48, 2.

Peuple de Dieu rassemblé et envoyé au monde. Sur ce point et au témoignage des divers Supérieurs Généraux de la Congrégation des Sacrés-Cœurs, les missionnaires en Polynésie ont été fidèles à ce qui constitue l'essentiel de leur charisme spirituel : Jésus vivant et présent dans l'Eucharistie.

Communautés autour des « Pères »

Nous abordons maintenant un aspect du comportement chrétien, essentiel pour les polynésiens et souvent irritant pour les européens, surtout les métropolitains. La vie de groupe (« pupu »), la communauté (« amuiraa ») constituent un élément ancestral toujours actuel et vivant des diverses paroisses. Seul, le maohi se sent perdu. Il vit naturellement la « famille élargie », comme le pasteur Raapoto l'a bien mis en valeur en 1961. Le dévouement total, le zèle héroïque, la pauvreté personnelle des premiers missionnaires, hommes jeunes et célibataires dont la vraie famille était leur peuple, ont profondément marqué les polynésiens. Toute paternité vient de Dieu ; elle a une source intérieure, elle est profondément de nature spirituelle. Dans un peuple qui pratiquait naturellement l'infanticide et l'anthropophagie, pour qui la sexualité n'était qu'un besoin de nature et la femme un être inférieur, méprisé et objet de nombreux interdits, découvrir dans ces missionnaires un tel visage paternel et un si profond souci d'éducation globale, était une grande nouveauté. Il n'est pas exagéré de dire que les missionnaires catholiques, « célibataires pour le Royaume de Dieu » à la suite de Jésus-Christ et à l'exemple des Apôtres Paul et Jean, modèles des Pères des Sacrés-Cœurs, ont fait découvrir la réalité profonde de la vraie paternité aux polynésiens. Le nom de « Metua » prononcé par eux a une résonnance affective, une dimension relationnelle, une consistance sociale autrement plus plénière que son équivalent « Père » en français.

Cette dimension cordiale d'une « communauté ne faisant qu'un cœur et qu'une âme » autour de ses apôtres-missionnaires considérés comme des pères, a beaucoup frappé Mgr Etienne Rouchouze à son arrivée à Mangareva en 1835, un an après les débuts de la mission. « Le Seigneur semble vouloir répandre ses bénédictions sur la mission qui est confiée à la Congrégation. Ce qu'Il a opéré par nos deux frères François d'Assise et Honoré tient du prodige. Ces peuples que les historiens disaient si féroces, si inhospitaliers, si intraitables sont devenus doux et humains à la voix de l'Evangile de Jésus-Christ... Le petit Caret est un véritable apôtre et le frère Honoré le seconde parfaitement. J'ai trouvé leurs catéchisés bien plus instruits que dans certains diocèses de France... Ils sont les vrais pères de ces peuples. » A ses parents, deux ans après, l'évêque écrit : « Ces bons peuples nous aiment, ils nous affectionnent, ils nous regardent comme leurs pères [8]. »

---

(8) Mgr Rouchouze au P. Coudrin (27-5-1835) ; 1er rapport sur la mission, Ar. SS.CC. L.A.M.O. I., nº 11 – Mgr Rouchouze à ses parents (27-11-1837). L.A.M.O., I., nº 28.

Le P. Honoré Laval est revenu souvent sur cette dimension communautaire à l'image d'une grande famille. « Nos insulaires comprennent fort bien qu'aucun motif intéressé ne nous a conduit au milieu d'eux, que le but unique de tous nos efforts est le salut de leurs âmes et puis le soulagement de leur extrême pauvreté. Aussi ils n'ont pas tardé à s'attacher à nous...

Je voudrais que tous ceux qui accusent la religion de tyrannie, fussent témoins de tout ce qui se passe ici ; ils comprendraient peut-être que le christianisme ne fait pas des esclaves et que cette déférence de nos néophytes est l'effet naturel de l'amour filial par lequel ils répondent à l'amour vraiment paternel que nous ressentons pour eux. » [9]. Nous avons signalé dans l'histoire des Gambier sa lettre du 2 juin 1857 où il écrivait que les missionnaires « sont de véritables Pères bien obéis, ce qui les fait voir par les étrangers comme des tyrans ». Il revient très souvent sur ce thème dans ses « Mémoires ». C'est pour cette raison profonde qu'il était opposé à Mgr Tepano Jaussen qui faisait, à son avis, de trop fréquents changements de missionnaires [10].

Il serait sans doute fastidieux de citer les nombreux témoignages des missionnaires exprimant, chacun à sa manière, cette vive conscience qu'ils avaient d'être des « pères spirituels » à l'égard de la population des îles. Dans la vie rude et austère de leur existence missionnaire – en particulier lorsqu'ils sont isolés durant des années aux Tuamotu, aux Gambier, aux Marquises – la conscience explicite de leur identité paternelle dans le Christ et de leur responsabilité d'éducateurs chrétiens de leurs communautés est un puissant levier psychologique et spirituel. Ils vivent en vérité ce que l'Apôtre Paul écrivait aux Corinthiens : « Quand vous auriez dix mille pédagogues en Christ, vous n'avez pas plusieurs pères. C'est moi qui, par l'Evangile, vous ai engendrés en Jésus-Christ [11]. »

Les polynésiens reconnaissent les missionnaires sous ce visage paternel décrit par saint Paul. Le départ ou la mort d'un missionnaire est vécu comme « le départ du père qui a laissé sa famille ». Quand ils sont injustement attaqués, comme ce fut le cas à Mangareva, ils n'hésitent pas à les défendre avec cet argument suprême : « c'était un père pour nous » [12]. Dans le même sens la Reine Pomaré IV écrit au T.C.F. Cyprien, Supérieur Général des frères de Ploërmel, en lui confiant son fils Joinville : « Je t'établis le père de mon enfant pendant son séjour en France [13]. »

---

(9) H. Laval à M. Ferdinand (16-1-1836), Aukena L.A.M.O., I. – Mgr Henry à Mgr Doumer (15-5-1851). Ar. SS.CC. 64, 1.

(10) H. Laval au T.R.P. (28-1-1875), Ar. SS.CC. 68 b – *Mémoires,* chap. IX, X, XL, XLIV...

(11) 1 Co 4,15 (2 Co 6,13 – 1 Th 2,7-12 – Phm 10).

(12) Faire-part de décès de L. Lévêque (6-10-1879). Ar. SS.CC. – H. Laval à Mgr Doumer : (23-7-1855), Ar. SS.CC. 68 b. – Mangaréviens au Procureur et à Mgr Jaussen (24-4-1870, 5-6-1888), Ar. SS.CC. 66, 4.

(13) Pomaré IV au T.C.F. Cyprien (31-8-1863), Ar. F.I.C., Tahiti – F.O.M., Océanie C 27, H 20.

... Le mot «metua», bien entendu s'applique en Polynésie aux relations qui lient des personnes par des sentiments d'affection, familiale, affective, voire même sentimentale, ou de vénération, de reconnaissance.

... Le domaine politique n'y échappe pas. L'important pour le missionnaire était donc que le mot «metua» donné à l'évêque, au prêtre, maintenant au diacre, ne soit pas qu'un titre, mais traduise une foi, vécue dans une spiritualité authentique. Il ne s'agit pas de distinguer un homme au milieu de ses semblables dans la société, mais que le mot «metua» traduise une mission particulière dans l'«amuiraa» (communauté).

Les autorités françaises soulignent ce style de relation caractéristique des pères des Sacrés-Cœurs. Le commandant Aube dans l'étude déjà citée de la «Revue Maritime» de 1872 décrit par le menu la vie patriarcale de la communauté catholique aux Gambier en 1869. Dans l'introduction nous avons vu que les autorités de Tahiti ont fait des obsèques officielles à Mgr Tepano Jaussen, reconnu comme le «Père du peuple». Mais, en même temps, une telle attitude paternelle respectée était souvent ressentie comme paternaliste. Les missionnaires en étaient conscients. «Les exagérations funestes du P. Laval, trop méfiant surtout», gênaient le P. Nicolas Blanc et irritaient les marins. Les autorités civiles et militaires dénonçaient la «théocratie et la tyrannie cléricale». Aux Gambier le Gouverneur et les Résidents luttent avec détermination pour «restaurer l'autorité de l'Etat face à la Mission; il fallait assurer la liberté individuelle, lutter contre l'esclavage, l'abrutissement, faire des adultes et non des enfants [14].

Ce caractère particulier des communautés catholiques en Polynésie, les «amuiraa», si proches par certains aspects des premières communautés chrétiennes et du style apostolique de saint Paul à Corinthe, constitue, sans doute, le point de divergence le plus sérieux entre maohi et français. Deux modèles culturels opposés, deux conceptions des relations entre l'individu et le groupe s'affrontent. La vie communautaire, primordiale pour le maohi, est regardée avec méfiance par le français qui privilégie la responsabilité personnelle et la liberté individuelle. A notre époque, en même temps que «l'écologie» retrouve l'importance des «racines» et de l'environnement, la psychologie et la sociologie dénonçent les enracinement collectifs, les conditionnements culturels. Familles et groupes sont éclatés; et notre société fait beaucoup d'orphelins abandonnés. Le paternalisme est devenu le grand péché moderne; c'est une injure méprisante.

---

(14) N. BLANC au T.R.P. (30-7-1870, 10-5-1873). Ar. SS.CC. 60, 2.
– Gouverneur CHESSÉ au Résident GAMBIER (17-12-1880); Amiral du Pacifique au Ministre (28-4-1881) – F.O.M., Océanie C 89, A 92 et A 105.
– Résident HYPPOLITE au P. LAVAL (31-5-1866, 8-6-1866), Ar. SS.CC. 64, 2.

Comment parler du père et de la paternité à notre époque de « mort de Dieu, de mort du père » ? N'y a-t-il pas aussi la démission sociale de trop d'hommes, géniteurs irresponsables, veules et jouisseurs, laissant la femme se débrouiller seule avec l'enfant, plus fruit du « hasard et de la nécessité » que d'un véritable amour humain ? Dans notre société de consommation accélérée, n'a-t-on pas, surtout pour les hommes, privilégié l'efficacité, les choses à faire, l'argent à gagner, la « technique » sur les valeurs de relation, l'artistique, le « cœur », la gratuité ? Il semble bien que le peu de reconnaissance – même légale parfois comme dans le cas de l'avortement – de la paternité, que le peu d'éducation des garçons à cette dimension paternelle soit une des causes les plus profondes de la crise de civilisation présente. Les pères morts ont été remplacés par les « maîtres du soupçon », les innombrables idéologues politiques ou religieux, autrement intolérants, dépersonnalisants et dangereux.

Jésus nous fait appeler Dieu : « Père, notre Père ». C'est le cœur de son message de Salut ; il est le Fils et en Lui nous devenons enfants de Dieu par le don de l'Esprit. Ce Dieu-Père est tendresse, miséricorde, pardon. Il n'est pas « père » au sens sexué et encore moins sexuel des diverses cosmogonies. Selon les images d'Isaïe et la conception chinoise et japonaise, Dieu est plus « mère » que « père » selon un langage humain. « Dieu est Amour » ; Dieu a du « cœur » ; Il est don et accueil, vie et pardon ; Il est résurrection puisqu'il est toujours le « Père du fils prodigue » [15]. Un tel amour paternel n'est pas captatif ou castrateur ; il est libérateur. Selon la Bible, Dieu est si peu jaloux de la réussite de l'homme qu'il en « fait presqu'un dieu pour dominer et soumettre l'Univers ». La gloire de Dieu c'est la vie d'hommes libres qui puissent le voir. Dieu, par les prophètes et surtout en son Fils Jésus le Christ, a une très haute idée de l'homme qu'Il croit capable « d'aimer jusqu'à donner sa vie pour ses amis ».

Thérèse de l'Enfant-Jésus a réappris aux chrétiens ce que signifie profondément d'appeler Dieu « Abba-Père ». Sa vocation d'Amour Universel au cœur de l'Eglise en fait un modèle missionnaire. Tel est le sens évangélique de la dévotion au « Cœur de Jésus » qui nous manifeste l'amour du Père dans l'Esprit. Cette spiritualité prémunit contre le jansénisme pharisien des « purs et des durs » idéologues ; elle évite le matérialisme qui fait des jouisseurs dans le libéralisme ou des orphelins dans le marxisme ; elle garantit contre le rationalisme qui fabrique des logiciens desséchés.

Ce thème de la paternité d'un Dieu qui « appelle chacun par son nom », de l'apostolat missionnaire conçu à la suite de Paul comme une « paternité spirituelle » est sans doute aussi difficile qu'urgent à approfondir dans le monde d'aujourd'hui. Les missionnaires des Sacrés-Cœurs en Océanie ont explicite-

---

(15) JEAN-PAUL II : Encyclique *Dieu riche en miséricorde* (30-11-1980).

ment essayé de le vivre selon leur charisme propre. Les polynésiens y ont correspondu de grand cœur selon leurs talents. Les uns et les autres ne sont pas des modèles sans reproches. Un tel style de communauté chrétienne n'est sans doute pas transposable ailleurs. Mais il est certain qu'il exprime, à sa manière, un aspect de la joie de la Foi.

« Himene » et « Matuturaa »

Chacun sait que les Polynésiens constituent un peuple qui chante et qui parle. C'est toujours la civilisation orale qui est première ; ce qui est dit est plus important que ce qui est écrit. C'est une autre différence importante avec le comportement métropolitain, même si l'impact des média audio-visuels réintroduit l'oralité dans la sensibilité française. Il n'est pas nécessaire de rappeler que le chant et la parole sont les deux expressions principales de la liturgie eucharistique. Aussi n'est-il pas étonnant que les chants (« himene ») aient pris dès l'origine une grande importance comme expression de la foi communautaire et comme moyen d'apostolat.

« Le goût de l'harmonie, inné chez (les maohi), s'est développé et perfectionné de manière admirable. Ils sont fous de musique. Accroupis en cercles et étendus dans leurs cases, les femmes d'un côté et les hommes de l'autre, ils passent des journées entières à chanter en chœur. C'est là, avec la lecture de la Bible, leur seule et unique occupation dans un grand nombre de petites îles (Tuamotu); partout c'est la principale chose qu'ils aiment et recherchent dans la religion. Aussi la mission se réduit-elle en grande partie à leur apprendre de nouveaux cantiques à deux voix au moins. Le goût et l'habitude de l'harmonie sont tels chez eux qu'ils ne chantent jamais qu'en chœur. Vous le voyez, je ne pouvais mieux tomber en fait de mission... Je puis dire que, depuis mon arrivée (en 1850), je ne fais que chanter matin et soir avec les indigènes. L'important est que la vérité pénètre dans les âmes ; et j'aime autant que ce soit par l'harmonie que par la prédication. » Ainsi s'exprime le P. Albert Montiton en 1853 sur son apostolat aux Tuamotu. Il écrit à ses parents : « le chant joue dans ces îles un rôle capital... c'est toute la religion [16] ». Avec le P. Laval, le P. Montiton est le missionnaire musicien le plus célèbre. On lui doit une grande quantité de « himene ». « Sa belle voix, sa science de la musique font merveille. Au son de la clarinette, le plus souvent au son harmonieux de son accordéon qui accompagne ses chants de cantiques et d'airs populaires, il fait connaître et aimer Dieu aux insulaires », lit-on dans les annales des Sacrés-Cœurs.

---

(16) A. MONTITON au T.R.P., Anaa 1853, cité par V. PRAT in *Tepano Jaussen*. T. I, pp. 270-271. – A. MONTITON à ses parents (29-12-1857), Ar. SS.CC. 73, 3. – Le chanteur MONTITON appelle « journées entières » ce qui n'était que des longues heures.

Son confrère à Anaa, le P. Clair Fouqué, insiste fortement sur la nécessité de l'apostolat par le chant. « De nouveaux cantiques nous seraient utiles, mais avec des accords... les "indiens" ne chantent pas sans parties... (1851) Vous savez combien le chant est propre à nous gagner les indiens. Veuillez nous amener (de France) des musiciens, des chants en parties et des instruments de musique : accordéons qui méritent ce nom, harmoniums et orgues... Les instruments de musique qui, en France, sont des objets de superflu ou d'une utilité médiocre, sont ici d'une utilité majeure. Je préférerais 4 ou 5 missionnaires ayant de la voix et apportant de petits orgues à 6 ou 7 missionnaires et davantage qui ne sauraient point chanter et à qui on ne pourrait fournir des instruments capables d'accompagner les chants indiens... (1853). »

« Nous regrettons tous les jours que nos himene ne soient pas imprimés... Je perds tout mon temps à copier des cantiques... Vous trouverez un cantique du P. Albert ; ce doit être le premier du recueil... (1855) [17]. »

Les RR.PP. Laval, Caret et Liausu avaient commencé très tôt. Newbury et O'Reilly écrivent dans l'introduction des « Mémoires » du P. Laval : « On chantait beaucoup à Mangareva. Laval, qui semble avoir reçu une bonne éducation musicale, s'intéressait aux affaires de lutrin. Il avait entendu les chants païens et, malgré leur musique monotone, avait été frappé de leur poésie vive et expressive et de l'intérêt qu'y prenait la population. Il avait compris l'importance de ce moyen d'expression pour l'instruction religieuse de ses ouailles. Les quelques notations musicales, dont il a truffé ses « Mémoires », représentent un intéressant essai d'adaptation de la musique indigène à des fins sacrées. Il s'agit d'une sorte de ritournelle, de comptine, qu'il a transformée en style litanique... Laval et son équipe de Picpuciens sont ici des innovateurs. » Les auteurs ajoutent en note : « Il y a une grande nouveauté dans cette tentative. Elle témoigne d'un rare esprit d'à-propos. Il ne semble pas que les protestants aient introduit à Tahiti quelque chose d'analogue. Les Maristes, en passant aux Gambier (en 1837) furent émerveillés de ce style [18] ». Cette innovation des pères des Sacrés-Cœurs – inaugurée dès le début de la mission, poursuivie avec persévérance et très déployée de nos jours – rejoint en fait la plus ancienne tradition de l'Eglise. Saint Augustin ne disait-il pas que « chanter, c'est prier deux fois ». Grignion de Montfort n'a-t-il pas évangélisé la France de l'Ouest par des missions où les cantiques populaires étaient le moyen d'apostolat privilégié ?

Mgr Rogatien Martin, devant la nécessité de reprendre l'évangélisation des Marquises en 1890, a la même idée. « J'emmène quatre jeunes gens de Papaoa (Arue) – mes anciens districts – pour former au chant tahitien et attirer la jeu-

---

(17) C. Fouqué à Mgr T. Jaussen (26-4-1852, 21-6-1853, 25-2-1855) ; à F. Loubat (16-10-1851), Ar. SS.CC. 73, 6 et 7.

(18) H. Laval : *Mémoires,* p. XXXVI et note 49, pp. 54-55-139.

nesse... Une belle soirée musicale, dirigée par mes anciens de Papaoa... qui, par affection pour moi et par dévouement surtout, ont consenti à s'exiler et à vivre ici depuis dix ans, chez nos marquisiens... C'est grâce à ces chants tahitiens, pour lesquels nos marquisiens ont les mêmes aptitudes, que, depuis mon arrivée, nous avons eu bien souvent de belles fêtes... Ces chants s'exécutent en beaucoup d'endroits, ce qui n'exclue nullement... les chants français et l'immortel air marquisien, unique et monotone [19]».

Dans la pratique et selon une lettre de Mgr Verdier, le déroulement de la Messe par rapport aux «himene maohi» se faisait ainsi depuis l'origine de la mission à Mangareva: «Le prêtre chante ce qui le concerne selon les rubriques; les fidèles, dans les intervales, chantent en langue vulgaire des chants divers à cause de leur passion pour le chant et de leur inaptitude à apprendre les chants latins... J'ai demandé aussi que, au Salut du Saint-Sacrement, on puisse chanter des chants vulgaires pourvu que le *Tantum ergo* soit chanté en langue liturgique [20]». Il est bien certain que cette adaptation du chant religieux à la sensibilité musicale polynésienne, qu'une si profonde connivence artistique entre les missionnaires et la population pour célébrer la liturgie de l'Eglise, ont grandement facilité le renouveau des célébrations dans l'optique de Vatican II; le retour aux sources comme l'adaptation aux cultures locales n'ont pas posé aux fidèles comme aux prêtres de graves questions. Il n'y a pas eu, comme en Métropole, les sérieuses tensions et divergences entre «les anciens et les modernes» à propos du renouveau liturgique; l'Eglise catholique en Polynésie chante dans sa propre langue depuis les origines de l'évangélisation.

Un aspect encore plus original de l'expression de la foi en Polynésie est le «matuturaa». Il s'agit de «récitations bibliques par questions et réponses sur un thème catéchétique», explique le P. Laval qui en a fait les premiers essais à Mangareva en 1839. C'est le P. Albert Montiton qui lance ces «soirées-débats» sur des sujets de vie chrétienne en 1860 à Anaa selon la forme qui existe toujours actuellement. Les polynésiens sont des orateurs; ils aiment les joutes ortaires, les longs débats. Le soir des grandes fêtes, toute la communauté se rassemble dans la maison de réunion, le «fare putuputuraa» pour participer au «matutu» qui peut durer toute la nuit et se terminer par une messe d'action de grâces au petit jour. Tous les membres de la communauté ont un rôle à jouer. Pour approfondir le thème retenu, certains posent des questions, d'autres apportent les réponses tirées de la Bible et l'ensemble chante à intervalles réguliers des «himene» pour détendre et aider à l'assimilation de ce qui est dit. Des pauses-café entrecoupent cette longue soirée d'échanges, de réflexion et de prière. Le «matutu» est proche du «tuaroi» protestant; celui-ci est un échange où chacun exprime son avis personnel sur un verset biblique choisi par le pasteur.

(19) Mgr Martin au T.R.P. (9-12-1893, 26-7-1906), Ar. SS.CC. 47, 2.
(20) Mgr Verdier au T.R.P. (11-1-1885). Ar. SS.CC. 58, 2.

Messe des malades: 13-11-82, stade Pater.

Père Emilien Tardif à Papeete (nov. 82).

Fifi au départ de pèlerinage en Terre Sainte.

Baleinière franchissant le récif (Tuamotu).

Tautira et croix souvenir de 1775.

P. Norbert à Tautira: Rosaire vivant.

Eglise et sinistrés.

Père Gérald Mahai: 25 mars 1983.

Mgr Coppenrath imposant les mains.

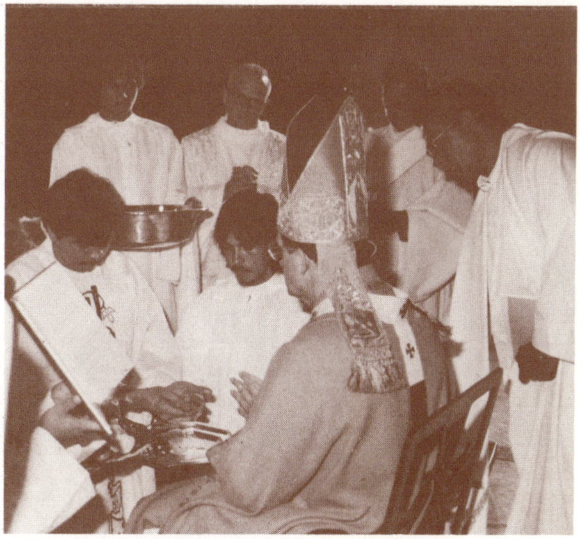

Consécration des mains.

Imposition des mains.

Diacre Léon Min Chiu (24-2-79).

Concélébration à Maria no te Hau (1982).

Foule et entrée des concélébrants.

Les missionnaires soulignent l'importance de ces soirées d'approfondissement catéchétique selon un style familier et populaire où chacun a un rôle à jouer [21]. Comme dans toutes les réunions d'une certaine longueur, pour éviter l'ennui et aider à l'intériorisation du message, les «himene» ont un rôle primordial à jouer: «Himene tarava», sorte de psalmodie litanique rythmée par un balancement général des chanteurs; «himene ruau» reprenant d'anciens chants; «himene nota», cantiques notés de technique plus européenne. Le tout se déroule dans une ambiance communautaire faite de simplicité, de spontanéité, d'agapes partagées. C'est une convivialité fraternelle et chantante à l'image de ce qui nous est décrit des premières communautés chrétiennes dans les Actes ou à Corinthe.

Les polynésiens s'intéressent aux cérémonies qui permettent de vivre en communauté et de chanter ensemble les louanges du Seigneur. La liturgie, centrée sur l'Eucharistie, est aussi pour les missionnaires des Sacrés-Cœurs un point essentiel; ils en font un grand moyen d'apostolat. Quelques extraits d'une lettre du P. Loubat d'Anaa en 1857 permettent de sentir ce style particulier, même sur un atoll bien aride des îles Tuamotu [22]. «Le vendredi 29 février (1856), j'avertis les chrétiens que l'epikopo Tepano devait venir dans la journée... Il se mettent à l'œuvre... On coupe des feuilles de cocotier, on élève un arc de triomphe... La procession se forme et se dirige vers l'église; Mgr d'Axiéri entre dans la plus belle église de son Vicariat. L'autel est bien orné et bien illuminé. L'orgue résonne; les kanaks chantent; c'était vraiment beau... Monseigneur baptisa 9 adultes avant la messe, pour que notre joie soit parfaite en ce jour où nous contemplions notre évêque exercer si pompeusement pour la première fois le ministère de premier pasteur... Le dimanche des Rameaux, Monseigneur (Jaussen) pontifia à Tuuhora chez le P. Clair... Il explique au peuple le mystère que nous célébrons et les cérémonies du Jeudi-Saint et du Vendredi-Saint. C'est ce qui fit dire à mes catholiques: «Autrefois nous lisions l'Evangile et nous ne le comprenions pas. Aujourd'hui il est devenu clair pour nous»... Au jour de Pâques, tous les catholiques sont réunis pour célébrer la grande fête de la Résurrection... Le son de l'orgue se mêle au chant des hommes et des femmes; la foule est nombreuse. C'est vraiment une fête. Le chant est très beau. Il y a beaucoup d'enthousiasme... Grâce à notre maître de chant, la messe fut très bien exécutée. Le P. Albert (Montiton) se donne de la peine... Il aime à chanter jusqu'à en perdre la tête et les Kanaks ne disent jamais: assez. Ils ne sont heureux que lorsqu'ils chantent [23]».

---

(21) H. LAVAL à H. LUCAS (31-3-1840), Ar. SS.CC. 1-1-4 – F. ALAZARD à I. ALAZARD (16-6-1908), Ar. SS.CC. 61, 1 – M. BECHU au T.P.R. (1879), Ar. SS.CC. 61, 2 – P. DELPUECH au T.R.P. (8-1-1880), Ar. SS.CC. 61, 3 – C. TOURVIEILLE au T.R.P. (12-3-1914), Ar. SS.CC. 62, 4 – A. MONTITON au T.R.P. (30-8-1860), Ar. SS.CC. 73, 3, etc.

(22) F. LOUBAT à V. SOUDAIS (17-1-1857), Anaa. Ar. SS.CC. 62, 3.

(23) Les Polynésiens sont longtemps appelés: «Indiens», «Kanaks» ou «Canaques», et maintenant «maoris» ou «maohi».

En Eglise avec Pierre

Avec ce que nous savons déjà du sens de l'Eglise du P. Coudrin, de son respect au Successeur de Pierre, de sa volonté de rattacher les missions au «centre de l'unité catholique», on ne sera pas étonné de voir les missionnaires des Sacrés-Cœurs suivre la ligne ainsi tracée. En plus de leurs convictions théologiques, la vigueur des préjugés anti-papistes répandus dans l'Océanie par les missionnaires anglais de la L.M.S., les accusations d'idolâtrie et d'infanticide contre les catholiques, les obligeaient à se présenter clairement [24]. De plus, dès 1851 avec le gouverneur Page, puis avec de la Richerie, de la Roncière et l'anticléricalisme de 1880 à 1914, les autorités de l'Etat regarderont «l'évêque comme romain» et identifieront la mission catholique à la congrégation des Sacrés-Cœurs; le chapitre XVII explicitera ce point. Donc, de l'intérieur comme de l'extérieur de la mission catholique, tout concourrait à bâtir dans ces «îles lointaines» une Eglise en lien étroit avec Pierre. Personnellement les Papes Grégoire XVI et Pie IX s'intéressent de près aux missions d'Océanie; les lettres des missionnaires sont communiquées à «Propaganda Fide». Les échanges sont confiants de part et d'autre.

Plutôt que de parcourir la multiplicité des témoignages des missionnaires, le premier discours de Mgr Tepano Jaussen à Anaa en octobre 1850 situe parfaitement la question. Nous sommes là devant l'enracinement profond de la mission catholique de Polynésie dans son union au Pape, «successeur de Pierre et centre de l'unité catholique» [25].

Les lecteurs reconnaîtront toute une ecclésiologie catholique, complétée heureusement depuis par le second Concile du Vatican. Nous comprenons mieux maintenant que l'ecclésiologie catholique n'enlève absolument rien à la valeur essentielle de l'ecclésiologie de beaucoup de protestants pour qui l'Eglise est le rassemblement des croyants par la Parole de Dieu et l'aide de l'Esprit Saint.

«En leur adressant la parole, écrit Mgr Tepano, je leur expliquais qui nous étions, qui nous avait envoyé et ce que nous venions faire.

«Nous sommes catholiques parce que nous sommes de tous les temps et de tous les lieux; de tous les temps: car depuis Jésus-Christ jusqu'à nous, il y a eu des catholiques; de tous les lieux: car nous avons des frères dans tous les pays. La Maori elle-même qui comprend toutes ces îles où l'on parle votre langue, où l'on a les mêmes usages que vous, la Maori compte un grand nombre de catholiques: à Hawaii, aux Marquises, à Mangareva, à Tonga, en Nouvelle-Zélande.

(24) H. LAVAL: *Mémoires,* pp. 34 – Mgr CASTANIÉ in «Missions Catholiques» (14-1-1924).
(25) V. PRAT: *Vie de Mgr T. Jaussen.* T. I, pp. 139-142.

En Angleterre, en Amérique, etc., nous sommes nombreux ; il y a 250 millions de catholiques répandus sur toute la terre. Apprenez donc aujourd'hui notre nom : nous sommes catholiques.

« Mais vous ne connaissez pas encore ce nom ; vous ne nous connaissez que sous le nom de papistes. Oui, nous sommes papistes, c'est-à-dire que nous obéissons au Pape. Savez-vous ce que c'est que le Pape ? On ne vous l'a jamais dit. Le premier des Papes fut Saint Pierre à qui Jésus-Christ a dit : "Tu es Pierre et sur cette pierre j'établirai mon Eglise ; les portes de l'enfer ne prévaudront pas contre elle. Je te donnerai les clefs du royaume des cieux... Pais mes agneaux, pais mes brebis". Pierre devint ainsi le Chef de l'Eglise sur terre avec une puissance immense.

« Pierre mourut ; et comme chef il eut un successeur appelé Pape ou Père. Il y en a eu sans interruption jusqu'à nous. Ainsi dans l'Ancien Testament, Aaron fut choisi de Dieu et son pouvoir passa à son successeur.

Tous les chrétiens, autrefois, obéissaient au Pape, même les pères de ceux qu'on appelle protestants. Les catholiques ont la liste des chefs qui ont hérité du premier pouvoir dans l'Eglise depuis Jésus-Christ, depuis Saint Pierre jusqu'à nous. Lorsque vous voulez savoir à qui appartient un terrain, c'est votre coutume d'exiger que les divers prétendants apportent leur généalogie. Les protestants et les catholiques comparaissent en votre présence et vous voulez savoir quel est le parti qui a pour lui la vérité. Exigez les généalogies. Les protestants, les mormons ou autres ne peuvent pas vous en montrer. Les catholiques seuls en ont une. Oui, nous sommes glorieux et fiers d'être papistes, d'avoir une généalogie qui remonte jusqu'à Jésus-Christ, d'obéir au successeur de Pierre, à qui il a été dit : "Paissez mes agneaux, paissez mes brebis". Les vrais agneaux, les vraies brebis de Jésus-Christ obéissent à Pierre et à ses successeurs. Nous le faisons ; nous sommes papistes ; nous sommes les brebis de Jésus-Christ.

« Le successeur actuel de Pierre est Pie IX. C'est lui qui m'a envoyé vers vous pour vous faire connaître la vraie parole. C'est moi qui vous ai envoyé Laval, Clair et Benjamin. Ils m'obéissent ; moi j'obéis à Pie IX que Jésus-Christ a établi comme conducteur de ses brebis. Il n'y a chez nous qu'un troupeau et qu'un pasteur. C'est de ce chef de l'Eglise que le prêtre, que l'évêque catholique tiennent leurs pouvoirs. Mais les missionnaires que vous avez vu jusqu'ici, de qui tiennent-ils leur mission ? Ils ne vous l'ont jamais expliqué. Nous vous disons d'où nous venons parce que nous sommes envoyés et que nous entrons dans la bergerie par la porte. Pour eux, ils ne vous l'ont jamais dit, parce qu'ils sont venus d'eux-mêmes et qu'ils ne sont pas entrés dans la bergerie par la porte.

« Pourquoi quelques-uns d'entre vous sont-ils juges ou gendarmes ? Parce qu'ils tiennent ce pouvoir de Pomaré ou du Gouvernement français. Mais si quelqu'un se faisait juge lui-même, vous ne le reconnaîtriez pas ; il en est de même pour le pouvoir sur les âmes. Ne reconnaissez donc pour vrais missionnaires que ceux qui viennent de la part du Pape dont la puissance est écrite dans l'Evangile. Si jusqu'ici vous en avez accepté d'autres, si vous n'avez pas pratiqué la vraie parole de Jésus-Christ, Dieu ne vous en fait pas un crime ; vous n'avez pu agir autrement.

« Notre but, en nous fixant au milieu de vous, c'est de vous prêcher l'Evangile tel que Jésus-Christ l'a donné, d'apprendre aussi à vos enfants des choses qui sont utiles en ce monde, comme la lecture, l'écriture, le calcul, la connaissance des divers pays de la terre, etc. Dans ce dessein nous désirons construire en ce district une église et un presbytère. Nous avons de quoi nous nourrir et nous habiller ; nous ne voulons qu'éclairer vos esprits et sauver vos âmes.

« Je finis en vous donnant un avis salutaire. Dieu nous a communiqué sa Parole pour la pratiquer et non pour contenter notre curiosité. Lisez donc la Bible avec le désir de profiter de sa lecture. Priez plus souvent. Nous pouvons planter et arroser, mais Dieu seul fait fructifier. »

Mgr Tepano Jaussen était sans illusion sur l'efficacité à court terme d'un tel discours en raison des « soupçons éveillés contre les prêtres. Ils ne se convertiront qu'à la longue s'ils voient les prêtres fidèles à leur devoir... De plus, aux yeux d'un peuple civilisé, la pauvreté est une vertu. Aux yeux d'un peuple neuf et vaniteux, elle est méprisable ». N'oublions pas que nous sommes en 1850, aux Tuamotu. Mgr Tepano a 35 ans et un an d'épiscopat. Il est certain que les pères des Sacrés-Cœurs se retrouvent dans l'homélie inaugurale de leur jeune Vicaire apostolique.

« Maria no te Hau » : Notre-Dame de Paix [26]

Le 7 août 1834, après avoir béni au nom du Seigneur les îles confiées à leur apostolat, les premiers missionnaires des Sacrés-Cœurs consacrent la mission à Notre-Dame de Paix. Les religieux du P. Coudrin, voués aux « Cœurs de Jésus et de Marie » ont une profonde dévotion à Marie ; ils ne séparent pas la mère du Fils. Sa disponibilité à l'appel de Dieu, sa docilité à l'Esprit Saint, sa fidélité à vivre les événements dans l'obéissance de la foi exprimée par la Loi, sa présence aimante aux côtés de Jésus à qui elle renvoie toujours, sa prière au milieu des Apôtres au cœur de l'Eglise envoyée en mission à la Pentecôte, tous ces visages évangéliques de Marie sont familiers aux religieux des Sacrés-Cœurs. Très naturellement ils en ont témoigné dans leur évangélisation à travers la Polynésie. C'est un fait que le cœur des polynésiens en a été touché et y a volontiers

(26) *Horizons Blancs :* numéro spécial Notre-Dame de Paix de Picpus (n° 36, juillet 1968).

correspondu. La dévotion simple et populaire du rosaire, méditant les grandes étapes de la vie de Jésus et du Salut avec Marie, s'implante aisément.

Le mouvement du « Rosaire Vivant » fondé par Pauline Jaricot dans l'optique missionnaire de la « Propagation de la Foi » est instauré peu à peu. Le P. Paul Mazé le diffuse aux Tuamotu de l'Est en 1936. Le P. Pierre Laporte le renouvelle en 1963. Les groupes du « Rosaire Vivant » jouent un rôle pastoral important au niveau des familles et des quartiers comme mouvement humble de prière et d'entraide; il permet aux familles de se visiter, de partager les joies et les peines au niveau de la vie quotidienne.

Le 24 septembre 1966, sœur Saint-Fidèle des sœurs missionnaires de Notre-Dame des Anges, congrégation arrivée de Chine en 1950, lance la « Légion de Marie ». Devant l'urgence des problèmes familiaux (concubinage, alcoolisme...) ce mouvement apostolique marial d'origine irlandaise s'oriente vers l'aide aux famille en difficulté. Son action pour construire des familles chrétiennes et leur redonner la joie de vivre est tout à fait remarquable, particulièrement à partir du témoignage des convertis. La « Légion de Marie » est à l'origine de nombreuses vocations et ministères dans l'Eglise polynésienne.

Sans doute notre petite église des « îles lointaines » dans la modestie de ses 50.000 catholiques estimés – il n'y a plus de recensement religieux depuis 1971 – ne saurait se comparer à l'ampleur de la piété mariale de pays comme la France, l'Espagne, l'Italie ou la Pologne. Si la confiance en Marie peut être mise comme l'une des cinq caractéristiques de la vie chrétienne en Polynésie, ce n'est pas une exclusivité. Nous n'avons pas de sanctuaire particulier, mais sept églises consacrées à Notre-Dame de Paix, sans compter la cathédrale dédiée à l'Immaculée-Conception de Marie.

Pour terminer ce chapitre consacré au style particulier de la vie chrétienne en Polynésie, il est utile de parler un peu de Notre-Dame de Paix, de « Maria no te Hau ».

« C'était la plus célèbre et la plus vénérée des Madones, à Paris, avant la Révolution », aux dires du P. Benoît-Joseph, provincial des Capucins. Elle est arrivée à Picpus, apportée par le P. Coudrin, le 6 mai 1806. « C'est une petite statue – 33 cm – de bois sombre. Dans sa main droite, la Madone tient une branche d'olivier. Sur son bras gauche, repose l'Enfant Jésus. Le Sauveur, tête nue, cheveux frisés, serre dans sa main droite la Croix; sa main gauche supporte le globe du Monde. » Cette statue a été œuvrée, vers 1530, selon un modèle grec à la mode à cette époque de la Renaissance, symbolisant la paix : « Eirénée et Plantos », pour la famille du comte de Joyeuse. Le maréchal Henri de Joyeuse se fit frère mineur capucin sous le nom de père Ange. A sa mort en 1608, il laissa la statue de Notre-Dame de Paix à son couvent de Paris, dans la rue Saint-

Honoré. Le 21 juillet 1651, par des enfants et des malades, le pèlerinage commence et devient populaire. Un moine sauve la statue à la Révolution et le père Zénon, le provincial des Capucins, la confie à mademoiselle Papin. Sa sœur et héritière madame Coipel, fit don de la Madone vénérée à la congrégation des Sacrés-Cœurs de Jésus et de Marie qui venait de s'installer rue de Picpus à Paris « pour qu'elle y soit mieux honorée que dans une maison particulière ».

De là, par la volonté de Mgr Etienne Rouchouze, elle rayonne jusque dans les îles polynésiennes où, du haut du porche d'entrée, elle accueille les foules qui viennent célébrer l'Eucharistie dans la grande église « Maria no te Hau » qui lui est dédiée depuis 1975 à Papeete.

Chapitre 12

VOCATIONS ET MINISTÈRES

Ce qui précède nous a sensibilisé au style de vie chrétienne de la communauté catholique en Polynésie. Autour de l'Eucharistie, célébrée dans l'Eglise unie au Pape et avec Marie, la communauté des croyants exprime, par l'allégresse des chants et l'ampleur de la liturgie, la joie de sa foi en Jésus, le Messie-Sauveur. Les chapitres qui viennent explicitent les divers aspects de cette vie chrétienne en Eglise dans les îles.

Pour construire le Peuple de Dieu qui rassemble dans son Corps mystique les hommes dispersés, Jésus-Christ ne lui a laissé qu'une structure légère, une sorte de colonne vertébrale: le groupe des douze apôtres dont «Simon, fils de Jean, est la Pierre», le chef. Par la puissance de l'Esprit de Jésus ressuscité, ce noyau initial, tel un germe de vie, va grandir, se déployer à travers les âges jusqu'aux extrémités de la terre. La foule des croyants devient Peuple de Dieu grâce aux divers ministères et charismes qui en assurent la cohésion et la communion. Les Apôtres Paul et Pierre expliquent clairement cette réalité de l'Eglise par les images du Corps ou du Temple. «En vous approchant du Seigneur, pierre vivante, rejetée par les hommes mais choisie et précieuse devant Dieu, vous aussi, comme des pierres vivantes, vous êtes édifiés en maison spirituelle pour constituer une sainte communauté sacerdotale, pour offrir des sacrifices spirituels agréables à Dieu par Jésus-Christ... Vous êtes la race élue, la communauté sacerdotale du roi, la nation sainte, le peuple que Dieu s'est acquis pour que vous proclamiez les hauts faits de celui qui vous a appelés des ténèbres à son admirable lumière, vous qui jadis n'étiez pas son peuple, mais qui maintenant êtes le peuple de Dieu, vous qui n'aviez pas obtenu miséricorde, mais qui maintenant avez obtenu miséricorde [1].»

---

(1) 1 P 2,4-10 – 1 Co 3,16; 12, 13 et 14 – Ro 12,4.5 – Ep 2,18-22.

Tous les ministères et charismes nécessaires à la vie du Peuple de Dieu, s'enracinent dans la vocation fondamentale du chrétien inaugurée à son baptême qui le fait fils de Dieu et membre de l'Eglise ; la confirmation en approfondit le caractère missionnaire dans la puissance de l'Esprit Saint. Dans cette ligne, regardons comment les pères des Sacrés-Cœurs ont préparé aux principales vocations dans l'Eglise.

Les baptêmes

Une fois « l'approvisionnement » assuré et après avoir maîtrisé les premiers éléments de la langue, les premiers missionnaires préparent aux baptêmes selon une méthode simple. Ils commencent toujours l'initiation catéchuménale par le signe de la croix, comme pour « revêtir de Jésus-Christ » les futurs baptisés. La tradition des principales prières du chrétien suit ; « Notre Père » en tout premier lieu, puis le « Je vous salue Marie » et le « Je crois en Dieu ». Cette initiation aux prières s'accompagne d'une catéchèse biblique qui fait découvrir la vie de Jésus. Un jeu de questions et réponses, mis au point dès 1839 par le P. Laval aux Gambier, en permet l'assimilation et la parfaite mémorisation très aisée dans une civilisation orale. Rappelons que ces « dialogues catéchétiques », perfectionnés par le P. Albert Montiton à Anaa, trouvent leur forme définitive dans les « matuturaa » inaugurés vers 1860 aux Tuamotu. Mgr Tepano Jaussen rédige le premier catéchisme en tahitien dès 1851. Les réponses sont toujours justifiées par des renvois à la Bible.

Au cours de cette phase catéchétique, le moment crucial est la « transmission des dix commandements de Dieu, particulièrement les 6e et 9e ». C'est le passage capital d'une foi abstraite et verbale, à une foi de conversion qui change le cœur et le comportement ; il ne suffit plus « de dire : Seigneur, Seigneur, il faut faire la volonté de Dieu ». L'insistance de Jésus dans l'Evangile, les rappels incessants des Apôtres – Paul : « la chair et l'Esprit » ; Jean : « aimer en vérité et non de bouche » ; Jacques : « la foi et les œuvres de la foi » ; Pierre : « la belle conduite parmi les païens » – nous montrent que nous sommes là au cœur de l'initiation chrétienne. « Se purifier des vieux levains de malice et de perversité » n'est pas chose facile. Les missionnaires en sont bien conscients ; ils prennent leur temps. Ils auraient pu signer ce qu'écrivait en 1961 le pasteur Raapoto, Président de l'Eglise Evangélique de Polynésie Française : « Tout a été compris dans "l'esprit de groupe" et presque jamais dans un esprit de réflexion personnelle... La Bible a été considérée plus comme un livre sacré que comme une parole vivante de Dieu... Il ne faut pas s'étonner si des questions aussi difficiles que celles du comportement chrétien, de la famille et du mariage, de l'éducation, de la culture et de la "manière des Blancs" aient donné lieu plus à une imitation qu'à une assimilation réelle et bien comprise... C'est là tout le drame ; la puissance de l'Evangile pour le salut n'a pas encore pénétré assez loin dans les cœurs et les consciences pour que se lèvent du sein du peuple, des hérauts de la Vérité, des prophètes ou des saints [(2)].»

Lorsque les signes concrets de conversion – au début, destruction des idoles et des autres signes païens – et la connaissance de la foi donnent satisfaction et garanties, les pères admettent au baptême. Nous avons vu Mgr Rouchouze procéder à cet examen à son arrivée aux Gambier en mai 1835 et autoriser les premiers baptêmes. Un mois après avoir été laissé pour mort à Anaa et en réponse aux accusations du gouverneur Page sur des baptêmes «rapides et forcés», le P. Clair Fouqué écrit à Mgr Tepano Jaussen: «Nous avons toujours pensé qu'un indien forcé à être catholique, n'aurait été qu'un hypocrite et un sacrilège qui, plus tard, aurait fait un apostat. Aussi craignons-nous que l'action du Gouvernement ne nous amenât de ces hypocrites qui pourraient être cause d'une réaction. Pour cette raison, nous avons refusé de baptiser quelques hommes... J'ai toujours prêché aux indiens qu'on ne les forcerait jamais à se faire baptiser, que c'était une affaire de conscience, qu'ils étaient libres [(3)]». Aux Marquises selon le P. Siméon Delmas, aux Cook d'après Mgr Castanié, les pères «craignaient de baptiser les enfants trop vite à cause des parents qui les empêcheraient de pratiquer... d'avoir une bonne conduite... la certitude qu'ils ne pècheront plus après [(4)]».

Dans un contexte de comportement païen ancestral déjà décrit, au milieu des tensions religieuses avec les mormons qui baptisaient plusieurs fois et les protestants anglais puis français, cette question des baptêmes était très délicate. Tous les missionnaires ne semblent pas avoir eu la prudence et les exigences des premiers fondateurs. Certains gouverneurs se plaignent du «zèle excessif et des baptêmes rapides faits par des Pères». Mgr Verdier gémit sur la légèreté du P. Collette à conférer le baptême. «Un des grands obstacles à la conversion est le grand nombre de baptêmes donnés à la hâte, sans instruction ni changement des mœurs licencieuses; les apostats sont ensuite acharnés contre nous.» Certains de ces baptêmes un peu rapides ont entraîné naturellement des réactions vigoureuses des pasteurs protestants [(5)].

Ainsi, dès le début et tout au long de ces 150 années, l'entrée dans la vocation chrétienne par le baptême ne fut jamais chose simple en Polynésie. En raison du contexte sensuel et païen, de l'environnement protestant et mormon, la pré-

(2) S. Raapoto: *La famille chrétienne,* avril 1961 in *Ve'a-Notre Lien,* juin 1976, pp. 33-36.

(3) C. Fouqué à Mgr Jaussen (15-12-1852). Tuuhora. Ar. SS.CC. 73, 6.

(4) S. Delmas au T.R.P. (10-3-1889), Ar. SS.CC. 49, 1 – B. Castanié au T.R.P. (1-4-1895), Ar. SS.CC. 78, I.

(5) Mgr Verdier au T.R.P. (9-10-1890), Ar. SS.CC. 58, 2 – du Bouzet à Mgr Jaussen (23-1-1855), Ar. SS.CC. 57, 2 – Gouverneur à Ministre (14-2-1857), F.O.M. Océanie C 13, A 71.

paration au baptême demande une attention particulière. Les négligences regrettables apportées parfois, outre des conflits pénibles, ont été source d'apostasies qui ont fait beaucoup de mal à l'Eglise. Sans doute il ne convient pas de se fixer sur ces cas un peu exceptionnels; mais ils sont toujours un appel à la vigilance et au sérieux de la préparation personnelle, familiale et communautaire du baptême. Les principales étapes, inaugurées par les premiers pères des Sacrés-Cœurs, peuvent toujours nous inspirer: la signation de la Croix, l'initiation aux prières, l'assimilation de la Parole de Dieu, la conversion pour un comportement chrétien selon les commandements et la proclamation de la foi au Père par Jésus-Christ dans l'Esprit.

Mariage et famille chrétienne

Le domaine de la sexualité et la constitution de familles chrétiennes ont été et sont toujours le secteur de base pour vivre «l'homme nouveau recréé par Jésus-Christ». Le Seigneur, pas plus que l'Eglise qu'Il a fondée, n'ont inventé la famille. Elle est une institution naturelle venant de la création même de l'homme et de la femme; c'est un droit naturel tirant son origine du commencement même de l'humanité. Jésus est venu la «restaurer» dans sa dignité première, à l'image même du Dieu-Amour, selon l'exemple personnel de «son amour qui donne sa vie pour ceux qu'on aime»[6]. Ainsi, dans l'Evangile, mariage en Jésus-Christ et célibat consacré pour le Royaume se complètent l'un l'autre; ils sont deux manières de vivre en Eglise un seul et même amour qui vient de Dieu et retourne à Dieu. Comme le Concile Vatican II l'a souligné, «la famille chrétienne est une église à la maison»[7].

Plusieurs difficultés se présentent en Polynésie pour la constitution de familles chrétiennes, la célébration des mariages selon l'Evangile. Inutile de revenir sur les habitudes ancestrales de «débauche généralisée, d'immoralité profonde, de la corruption précoce, de la déchéance morale des convicts et baleiniers», signalées dans la première partie. Les missionnaires catholiques et protestants gémissent à l'envi sur ces mœurs «corinthiennes» décrites par Cook, par Mœrenhout et d'autres, même si «une telle impureté n'est pas sans innocence».

Un second aspect, plus culturel, entraîne l'état de concubinage généralisé et la difficulté à se marier. «Les indigènes sont de grands enfants légers et à sincérité successive; jouir et la recherche du plaisir est le but de la population. Il ne faut pas les marier trop vite», écrit Mgr Le Cadre[8]. Le pasteur Raapoto, à

(6) Mt 19,1-12; Jn 13,12-17 et 34-35.
(7) Vatican II: *Lumen Gentium,* nº 11.
(8) Mgr Le Cadre au T.R.P. (7-7-1903, 16-7-1905, 20-3-1911), Ar. SS.CC. 47, 3.

la suite d'autres pasteurs, souligne dans l'étude déjà citée: «la période de 14 à 21 ans est un temps trouble pour nos jeunes. Il existe une grande liberté sexuelle; ce domaine échappe aux données habituelles... Pour le jeune homme et la jeune fille, c'est l'âge de l'amusement, "taurearea". On prend la vie du bon côté, sans obligation ni responsabilité; on succombe à toutes les tentations, on goûte à tous les plaisirs; on boit, on joue, on va d'amusement en amusement (9)». Il y a ainsi très tôt, surtout pour les garçons bien plus laissés à eux-mêmes que les filles, comme une sorte de long vide éducatif, une vie sur une autre planète à la fois enviée pour sa liberté sauvage et méprisée pour son impureté constitutive; cela représente environ une dizaine d'années de grande adolescence marginale et en bandes.

La conséquence de cette situation est le concubinage précoce et généralisé. «Le concubinage est naturel, les mariages sont rares. La mentalité des parents est à changer», constate le pasteur de Pomaret (10). C'est seulement «en prenant de l'âge que l'on finira par penser à régulariser sa situation; les enfants y aideront», souligne le pasteur Raapoto. Un élément inattendu de l'administration française, surtout de 1860 à 1920, va appuyer cet état de concubinage et empêcher le mariage religieux dans les archipels éloignés comme les Marquises et les Tuamotu: «l'absence d'officier d'Etat-Civil». La loi française interdit de célébrer un mariage religieux avant le mariage civil. Mais, comme cela a déjà été signalé, le gouverneur ne disposait pas de personnel administratif dans toutes les îles et archipels. Surtout lors des querelles anti-religieuses de 1880 à 1920, il était pratiquement impossible de célébrer des mariages à l'église. NN.SS. Dordillon et Martin pour les Marquises, le P. G. Fierens pour les Tuamotu se plaignent amèrement d'une telle atteinte au droit des personnes et à la conscience religieuse (11).

Un autre élément, valable surtout aux Cook et aux Iles-sous-le-Vent sous législation protestante anglaise, est «la généralisation du divorce, admis par les lois». Mgr Verdier, les PP. Eich et Castanié s'interrogent sur la valeur évangélique de certains mariages contractés, en fait, avec l'intention de divorcer selon ce que la loi et les coutumes autorisaient dans ces archipels. La législation française étendra le divorce à toute la Polynésie. La diversité des législations et des structures politiques ainsi que leurs changements de 1834 à 1900, ont posé à la mission catholique des cas de conscience fort difficiles. Le P. R. Martin parle de «difficultés insolubles sur la validité des mariages» (12). Aux Tuamotu, les pre-

---

(9) S. Raapoto, *op. cit.*, p. 35 – P. Atger à S.M.E.P. (8-6-1864); P. Brun (7-8-1871). D.E.F.A.P. Océanie.

(10) L. de Pomaret à S.M.E.P. (2-4-1891), D.E.F.A.P. Océanie – F. Alazard au T.R.P. (29-12-1931), Ar. SS.CC. 61, 1.

(11) G. Fierens à Mgr Jaussen (21-10-1866), Tuuhora. Ar. SS.CC. 73, 1 – Mgr Dordillon au T.R.P. (6-10-1882) – Mgr Martin au T.R.P. (18-5-1891). Ar. SS.CC. 47, 1 et 2.

(12) Mgr Verdier au T.R.P. (15-7-1884), Ar. SS.CC. 58, 2; G. Eich au T.R.P. (11-1-1892, 13-9-1893), Ar. SS.CC. 60, 2 – B. Castanié au T.R.P. (1-3-1907), Ar. SS.CC. 78, 1; R. Martin au T.R.P. (5-7-1885), Tahiti, Ar. SS.CC. 47, 2.

miers mormons prônaient la polygamie et B. Grouard vivait de cette manière. On saisit mieux, dans un tel contexte aussi varié qu'incertain, que les polynésiens se demandent «où est la vraie religion?» selon l'Evangile de Jésus-Christ.

En arrivant à Mangareva le 7 août 1834, les premiers missionnaires se trouvent devant une situation où «le mariage semble ignoré comme stable». Après les premiers baptêmes, en mai 1835, Mgr Rouchouze soumet ses doutes et ses propositions au cardinal Pedicini, Préfet de «Propaganda Fide». «La plus grande difficulté que nous ayons rencontrée jusqu'ici ce sont les divorces ou polygamie successive. A certaines époques de l'année, après des fêtes de réjouissances, les lois de la nation ou plutôt l'usage permet aux hommes de changer de femmes et à celles-ci de chercher d'autres maris. Il n'existe pas d'autre contrat de mariage sinon qu'un homme dit à celle qu'il veut prendre: veux-tu venir dans ma terre. Si elle y consent, elle habite avec lui jusqu'à ce qu'il la renvoie pour en prendre une autre.

«Après avoir mûrement examiné l'affaire, voyant que les plus graves difficultés s'opposaient à ce que nous forçassions les maris à retourner à leur première femme, lors même qu'elle a déjà reçu le baptême ou qu'elle est dans l'intention de le recevoir et doutant d'ailleurs qu'il y ait de vrais mariages parmi ces peuples, nous avons cru pouvoir user du Décret de Saint Pie V donné en faveur des Indiens sous la date du 2 août 1571, commençant par ces mots "Romani Pontificis" et nous avons permis à chacun de prendre celle qu'il avait au moment de son baptême; avec la promesse formelle d'habiter ensemble, nous avons béni ces mariages.

«Je soumets cette difficulté afin que si j'avais une autre conduite à tenir, elle me fut indiquée... S'il fallait obliger les maris à retourner à leurs premières femmes, ce ne serait qu'au grand détriment de la religion... [13]».

Le 21 décembre 1837, lors de son voyage à Rome pour le compte de la Mission, le P. Caret soumet personnellement cette situation des mariages en Océanie. Mais le 15 avril précédent, «Propaganda Fide» avait déjà répondu à Mgr Rouchouze en approuvant sa ligne de conduite et en confirmant la validité de la directive concernant les Indiens du Québec sur laquelle il s'était appuyé.

Ces quelques notations montrent les extrêmes difficultés rencontrées par les missionnaires pour fonder le mariage chrétien. Malgré une circulaire commune des Pasteurs européens le 24 août 1870, ceux-ci aussi déplorent la rareté des mariages chez les protestants. Un siècle plus tard, le Président Raapoto constate que «bien rares sont les Tahitiens qui ont saisi le fondement et la validité du mariage. C'est pour eux une contrainte imposée du dehors... Le mariage n'est

---

(13) Mgr Rouchouze au Cardinal Pedicini (28-5-1835), îles Gambier, Ar. SS.CC. L.A.M.O. II, nº 13.

guère une action réfléchie dans laquelle on s'engage avec conviction et avec l'intention de faire le bonheur de son conjoint dans un amour fidèle et désintéressé».

On comprend aisément que bâtir des familles vraiment chrétiennes soit, depuis 1835, un point fondamental de l'évangélisation catholique. C'est une action de longue haleine et un travail éducatif en profondeur. Nous verrons, dans la dernière partie, que c'est toujours et plus que jamais – avec les «vocations» – la priorité apostolique du diocèse de Papeete, dégagée par les deux Synodes de 1970 et de 1973 ; il en est de même pour le diocèse de Taioha'e à son Synode de 1978.

Prêtres, diacres et religieux

Le 25 mars 1983, Gérald Mahai de Faaa est ordonné prêtre. C'est le septième prêtre autochtone depuis la fondation de la Mission catholique le 7 août 1834. Le premier fut Tryphon (Tiripone) Mama Taira Putairi, mangarévien ordonné le 24 décembre 1873 ; il est décédé à Valparaiso le 27 décembre 1881. Le second est Michel Coppenrath, «demi» de Papeete ordonné le 29 juin 1954 ; son frère Hubert l'est à son tour le 26 juin 1957. Le cinquième, Lucien Law, chinois de Raiatea, est ordonné le 19 décembre 1964, suivi par Norbert Holozet, maohi de Tahiti, le 21 décembre 1968. Peter Choy Chi-King, né à Swatow en Chine, est ordonné au titre du diocèse de Papeete le 18 janvier 1975. Les quatre premiers diacres permanents mariés sont ordonnés le 24 février 1979 à Maria no te Hau de Papeete par Mgr Michel Coppenrath ; une seconde ordination de trois diacres permanents a lieu le 23 octobre 1981. L'aspect actuel des vocations, priorité de la pastorale diocésaine, sera étudié au chapitre XX.

Le simple rappel ci-dessus, malheureusement exhaustif en ce qui concerne les ministères ordonnés depuis 150 ans de mission, montre que nous sommes là au cœur de la plus grande difficulté de l'Eglise catholique en Polynésie. Des archipels, comme les Tuamotu, les Iles-sous-le-Vent, les Australes, les Marquises n'ont encore fourni aucun prêtre à leur Eglise locale. Avant d'éclairer par divers témoignages cette grave question, qui est pour tous une épreuve et une interrogation, retraçons les étapes des essais successifs de séminaires en Polynésie.

Dès 1839, Monsieur Urbain ouvre le petit collège destiné «à préparer les élèves du sanctuaire» à Anaotiki (île d'Aukena) aux Gambier. En 1851, Monsieur Henry apporte son concours à cette école apostolique. En 1869, le petit séminaire, suite aux épreuves de Mangareva, est transféré à Tahiti ; il s'implante d'abord dans la vallée de la Mission avant d'ouvrir, en 1871, à Pamatai. Mgr Tepano Jaussen, découragé par les épreuves, déçu par le comportement de l'abbé Tryphon et l'absence de persévérance, ferme le séminaire de Pamatai le 30 mai 1874. Mgr Verdier demande au P. Nicolas Blanc qui avait déjà en charge le séminaire de Mangareva, d'ouvrir une «école apostolique» en 1890 à Varari (île de Moorea). Surtout faute d'envoi de pères formés par le Supérieur Général de la Congrégation des Sacrés-Cœurs – il ne reste que sept missionnaires valides dans tout le Vicariat de Tahiti à cette époque – Mgr Verdier, la mort dans l'âme, se voit contraint d'arrêter ce second essai de séminaire en janvier 1897.

Il faut attendre le 27 mars 1940 pour voir Mgr Mazé lancer le troisième séminaire avec le P. Chesneau à l'évêché. En novembre 1951, le P. Jean-Louis Ledoux ouvre le petit séminaire à Miti-Rapa ; le séminaire Sainte-Thérèse sera transféré à Taravao, dans l'ancien foyer des Filles de Jésus-Sauveur, en 1981. Le 12 janvier 1976, le P. Hubert Coppenrath ouvre l'école des diacres permanents. Pour les séminaristes qui suivent des formations professionnelles ou des études de second cycle, le séminaire Jean XXIII, confié aux pères Oblats de Marie Immaculée, ouvre en septembre 1979. En janvier 1983, l'Ecole Théologique commence ses actions de formation au service des divers ministères.

Ces divers essais montrent l'enracinement des séminaires dans les origines de la mission à Mangareva par la volonté de Mgr Rouchouze et l'aide active de deux universitaires, laïcs missionnaires: Messieurs Urbain et Henry. La persévérance a été évidente pour développer un «clergé indigène», selon l'expression de cette époque des missions. A-t-elle été suffisante? A-t-elle été adaptée? Divers témoignages nous permettent d'y réfléchir. Il faut constater une grave interruption de 43 ans (1897-1940) ; elle correspond à l'époque des retombées de l'affaire Collette et à la crise majeure des luttes anti-religieuses où Mgr Verdier s'efforça de sauver l'essentiel de la mission catholique. C'est aussi le moment des épiscopats de «maintenance» et sans grands projets de NN.SS. Hermel et Nouailles. Les Etablissements français de l'Océanie ne se relèvent pas encore d'une chute démographique vertigineuse, à peine stoppée.

Ecoutons d'abord Mgr Paul Mazé qui a relancé les séminaires en 1940. L'interruption de son voyage «ad limina» en septembre 1939 à Hawaii, lui permet de visiter d'autres missions d'Océanie, maristes en particulier; il s'interroge et il interroge la congrégation des Pères des Sacrés-Cœurs [14]. «L'occasion était bonne pour examiner soigneusement ce que font les autres. Les Maristes sont arrivés un peu après nous... Le Vicariat de Fidji a environ 17.000 catholiques sur 200.000 habitants. C'est peu pour vous. Ce n'est pas mal du tout quand on considère les difficultés. Mais ce qui doit gonfler le cœur des maristes d'espé-

(14) Mgr MAZÉ à I. ALAZARD (18-10-1939, Suva ; 29-12-1939 et 13-3-1940, Papeete), Ar. SS.CC. 59, 1.

rance, c'est leur admirable organisation, rendue possible par leur nombreux personnel :

1. une soixantaine de prêtres,
2. une centaine de religieuses européennes,
3. une centaine de sœurs indigènes,
4. une quarantaine de frères indigènes,
5. sept grands séminaristes et 48 petits séminaristes.

Presque tous les missionnaires ont de petits côtres ; ils sont presque tous deux par deux... Les îles sont relativement rapprochées... Le Gouvernement Impérial anglais se montre à l'égard de leurs écoles – tenues souvent par des français – d'une générosité qui suffoquerait nos purs laïques de France... (Suva, 18 octobre 1939).

« Dans votre dernière lettre, vous me faites remarquer que nous ne sommes pas maristes ; et dès lors nous n'avons pas à leur emprunter tout ce qu'ils font. Ceci est certainement juste. Mais, néanmoins, il faut reconnaître qu'ils peuvent nous servir de modèles en bien des points... En ce qui concerne le clergé indigène, ils sont certainement nos devanciers. Ainsi, ce qu'ils obtiennent avec des éléments maoris, somme toute identiques à ceux que nous avons, est pour nous un stimulant. Et on va commencer. Après tout, on ne fait qu'obéir au Saint-Siège et j'aime à croire que le Sacré-Cœur de Jésus bénira nos efforts... (29 novembre 1939) ».

En 1931, le P. Vincent-Ferrier Janeau, en poste à Mangareva et un des meilleurs connaisseurs de l'histoire de la mission catholique, écrit au Supérieur Général sur les vocations [15]. « Quand je lis "Missions Catholiques", j'ai vraiment honte de voir que nous n'avons pas d'établissement pour élèves ecclésiastiques, alors que ce serait possible. J'ai connu trois élèves du P. Nicolas (Blanc), condisciples de l'abbé Tryphon qui seul fût prêtre. Ils ont été de braves gens, chefs et interprètes ; ils ont rendu bien des services à la Mission et à l'administration. Si nous les avions aujourd'hui, ils nous seraient bien utiles, ne serait-ce que comme instituteurs. Le Gouvernement lui-même a récompensé le P. Nicolas en lui donnant 2.000 F pour les bons interprètes qu'il avait formés.

Mangareva a eu ses sœurs et son prêtre. Tahiti fournit quelques sœurs. Serait-il imposible d'avoir aussi des prêtres avec les précautions qu'on pourrait prendre ?... Si nous abordons l'article des mœurs, nous avons à rougir nous-mêmes

---

(15) V.F. Janeau au T.R.P. (21-11-1931), Ar. SS.CC. 70, 2.

des défections de Papeete [16]; des prêtres indigènes n'eûssent pas fait pire, car la bonhommie indigène n'eût pas eu l'opiniâtreté que nous connaissons... Ils s'oublient parfois et le Bon Dieu, comme nous-mêmes, eûssions passé l'éponge là-dessus et c'est tout. La base qui manque c'est l'instruction. Que n'avons-nous une maison pour instruire les jeunes gens qui viennent dans ce cas?»

Dans sa lettre du 13 mars 1940, Mgr Mazé écrit au P. Ildefonse Alazard: «vous voulez bien me faire part de votre sentiment intime: «on n'a peut-être pas fait tout ce qu'on aurait pu chez nous». Cette phrase traduit parfaitement bien ma pensée personnelle et m'a consolé en me montrant que je ne suis pas le seul de mon avis. D'ailleurs autour de moi plusieurs pensent de même. Dès lors vous ne serez pas étonné que j'essaye de réaliser ce que je juge raisonnable. Au fond, partant pour Rome, j'espérais y recevoir un ordre formel de faire un essai loyal. Je n'ai pas pu atteindre Rome. Mais en lisant les encycliques de Benoît XV et de Pie XI sur la question, l'ordre de Rome à tous les Vicaires Apostoliques du monde entier m'a paru assez formel, volonté authentique de Dieu... Parmi les missionnaires, il y a, comme toujours, divergence de vue; les uns approuvent simplement, d'autres trouvent que c'est prématuré.

«Parmi la population, les vieilles familles approuvent hautement... Mes deux quêteuses... sont ravies du bon accueil... étonnées de voir la docilité avec laquelle certains, qu'elles auraient jugé presque mécréants, promettent une bonne prière pour le séminaire tahitien. Grâce à elles, le tiers de nos dépenses a été couvert... J'ai fait venir le P. Joseph Chesneau de Raiatea... Je n'ai que des vieillards. Jamais Tahiti ne fut aussi réduit en personnel.»

Ces trois lettres nous font bien sentir les difficultés propres à la Mission et aux pères des Sacré-Cœurs, spécialement le manque de personnel qualifié que le Supérieur Général n'a pas envoyé à temps; elles soulignent les incidences de la lutte anti-religieuse. Les difficultés de la mentalité maohi par rapport à l'engagement chrétien, déjà vues pour le mariage, sont suggérées. Nous reviendrons sur ces facteurs. En 1958, après l'ordination de Michel et d'Hubert Coppenrath et avant leur retour, le P. Coquin écrivait: «Il y a beaucoup d'avenir à Tahiti pour les vocations: 4 grands séminaristes à Nouméa, 16 à 17 petits à Miti-Rapa, quelques filles entrées chez les sœurs et quelques garçons chez les frères [17].» Toutes ces promesses de printemps ne donneront pas si aisément des fruits et les «ouvriers sont toujours peu nombreux pour la moisson», même si l'espérance est en marche.

---

(16) V.F. JANEAU fait allusion aux deux défections encore récentes du P. Alain J. et du Fr. Michel I., qui avaient fondé famille sur place. Les missionnaires en étaient d'autant plus marqués que ce sont les deux seuls cas en 150 ans. Les 13 autres qui ont quitté la congrégation des Sacrés-Cœurs ont aussi quitté l'Océanie.

(17) A. COQUIN au T.R.P. (11-6-1958), Ar. SS.CC. 61, 3.

Après avoir vu le réveil de l'espérance sur les vocations locales depuis 45 ans à partir d'une sorte de « revision apostolique » courageuse prise à bras-le-corps par Mgr Paul Mazé, efforçons-nous de comprendre pourquoi les essais initiaux n'ont pas abouti, à la seule exception, un peu décevante, de l'abbé Tryphon.

Dix ans après la fondation de l'école apostolique d'Aukena, le P. Nicolas Blanc écrit, en 1849 et 1850, à Mgr Tepano Jaussen [18]:

« Il convient de mieux organiser Mangareva... Avec l'école, en 10 à 15 ans avec un homme capable, on peut vous présenter des sujets propres aux Ordres... L'endroit le plus propre à cela et pour qu'ils puissent se suffire c'est Rouru... On formerait en même temps des novices pour Picpus et des prêtres pour le diocèse (30 octobre 1849). »

« Le P. Cyprien regarde comme une chimère de vouloir former des prêtres à Mangareva ; je ne suis pas de cet avis. Il voudrait qu'on les forme à Tahiti au milieu de la corruption et du grand monde pour éprouver leur persévérance. Mais, s'il y a du bon à cela, le Concile de Trente demande aussi des maisons de retraite pour préparer au sacerdoce... Une école ici n'empêche pas d'en faire une à Tahiti... Il vaut mieux commencer avec les enfants...

« Les jeunes gens que vous avez appelés à l'école ont abandonné ; les uns pensaient qu'on peut devenir savant sans rien faire, d'autres ne voulaient plus du travail des mains, d'autres manquaient de fermeté. La famille et le contact avec les gens du dehors n'a rien arrangé... (8 février 1850).

« M. Henry dit que les enfants ici promettent beaucoup... Ils commencent le latin. Les difficultés viendront du côté des mœurs et du caractère... (27 mai 1851). »

En 1860, le P. Nicolas devant tout faire seul, « demandait deux aides, au Supérieur Général. Si je devais être longtemps seul, notre œuvre pourrait se ressentir de ce manque d'aides et tomber faute de monde suffisant ».

M. Henry Mayne qui a consacré sa vie, avec M. Urbain, au service de l'éducation des Mangaréviens, écrit à Mgr Tepano Jaussen en 1851 et en 1864 sur cette espérance de vocations [19].

« Si le tableau (scolaire) n'est pas séduisant, cependant tous les jours je conçois les plus fortes espérances pour l'avenir de ces enfants, tous les jours je me confirme davantage dans l'opinion qu'ils sont aptes à acquérir les connaissances nécessaires à l'état ecclésiastique (14 mai 1851).

---

(18) N. BLANC à Mgr JAUSSEN (30-10-1849, 8-2-1850, 27-5-1851); 27-3-1860 au T.R.P., Ar. SS.CC. 60, 2.
(19) H. MAYNE à Mgr JAUSSEN (14-5-1851, 30-5-1851, 1864 [?]), Ar. SS.CC. 64, 1.

« Le but que votre Grandeur s'est proposée en fondant cette école, ne me paraît pas impossible à atteindre. De tous les élèves qui étudieront le latin, peu probablement parviendront au sacerdoce; mais ceux qui resteront en deçà de ce but que nous devons viser, pourront faire des instituteurs ou d'excellents catéchistes... (30 mai 1851).

« Je suis extrêmement satisfait de la conduite de mes petits écoliers... Maintenant y a-t-il chez eux l'étoffe pour faire des prêtres? Je n'oserais l'affirmer et même je n'ose guère l'espérer; l'avenir en décidera...(1864). » Nous savons la réponse.

Voici ce qu'écrit au Supérieur Général de la Congrégation des Sacrés-Cœurs Mgr Tepano Jaussen sur la fermeture du séminaire [20].

« Les élèves du Séminaire (de Pamatai) nous ont abandonnés. Ils m'ont déclaré franchement ne pas se sentir la vertu nécessaire pour faire des prêtres. Ce fait a été pour moi une grande déception. C'est aussi un indice que Gambier n'a pas gagné et ne gagnera pas avec nos compatriotes. Je renonce complètement à un nouvel essai. »

Rappelons-nous, pour saisir ce découragement, les oppositions terribles de ces années 1871 ; Mgr Jaussen avait supplié que les missionnaires des Sacrés-Cœurs abandonnent une mission si difficile et si persécutée. Revenant sur « les difficultés invincibles de la Mission de Tahiti », Mgr Tepano écrit au Supérieur Général dans une lettre particulièrement grave: « Ce qui manque le plus en ce Vicariat et qui tend le plus à y disparaître, c'est ce que le prêtre vient y chercher: l'homme. Cette superficie n'a pas plus de 30.000 âmes... Nous avons renoncé, après expérience, à former un clergé indigène [21]. »

Mgr Verdier relancera le séminaire comme « école apostolique » à Varari de 1890 à 1897 « dans le but de former le clergé indigène et de bons catéchistes ». Lui et le P. Eich ne cesseront de réclamer, au Supérieur Général, mais en vain, du personnel missionnaire formé. L'un et l'autre seront sévères sur la politique de la congrégation, infidèle aux dernières volontés de son fondateur: le T.R.P. Coudrin; elle n'envoyait à Tahiti que du « personnel au rebut » après avoir pourvu les collèges et le Chili [22].

Le contexte du temps avec la laïcisation des écoles tenues par les frères de Ploërmel à Papeete et à Mataiea (1882 et 1887), les difficultés pour lancer l'école libre sur le terrain de la Mission à Papeete, ne permirent pas à cette école

---

(20) Mgr T. Jaussen au T.R.P. (3-6-1873). Ar. SS.CC. 58, 1 (lettre 4 jours après la fermeture).

(21) Mgr Jaussen au T.R.P. (7-10-1885). Ar. SS.CC. 58, 1 – Voir aussi Annexes VIII et IX.

(22) Mgr Verdier au T.R.P. (27-2-1894, 8-9-1894), Ar. SS.CC. 58, 2 – G. Eich au T.R.P. (10-4-1899). Ar. SS.CC. 60, 2.

catholique de jouer pleinement le rôle actif espéré dans ce domaine primordial des vocations. NN. SS. Jaussen et Verdier s'en plaignent parfois amèrement ; ce qui crée un certain malaise entre les frères et la Mission [23]. De leur coté et à leur point de vue, les frères de Ploërmel sont bien conscients du fait que « jusqu'à une période récente, Tahiti n'a donné ni prêtre ni religieux à l'Eglise... Que de difficultés : absence de consentement des parents, la séparation de la famille, le séjour dans un pays lointain, les situations irrégulières, les religions différentes [24] ». Le premier frère de Ploërmel d'origine locale est le frère Maxime Chiu en 1958.

En retraçant l'histoire des Gambier nous avons vu le lancement de la « communauté des Sacrés-Cœurs » au couvent de Rouru. L'épanouissement des vocations de religieuses, difficile aussi, a été plus fructueux. Dès 1851, Mgr Jaussen y autorise des vœux temporaires pour une durée de trois mois ; ils deviendront annuels en 1860. L'absence des religieuses expérimentées et désirées dès le début empêche le développement et la structuration de cette première congrégation religieuse locale ; c'était un essai original et prometteur. La reprise tentée par les sœurs de Cluny en octobre 1892, arrive trop tard. Après toutes les épreuves des Gambier, il ne reste que quelques survivantes âgées du couvent de Rouru. Après la fermeture de leur école par le gouverneur en 1905, les sœurs de Saint-Joseph de Cluny quittent Mangareva en 1909. Il faudra attendre 1962 pour que Mgr Mazé relance la vie religieuse féminine locale par la fondation des Filles de Jésus-Sauveur avec l'aide des sœurs Missionnaires de Notre-Dame des Anges.

Depuis leur arrivée jusqu'à la période actuelle (1982) qui sera étudiée au chapitre XX, les sœurs de Saint-Joseph de Cluny ont eu vingt vocations religieuses locales.

C'est donc un bilan fort modeste que la Mission catholique présente pour ses 150 premières années en ce qui concerne les vocations locales. Depuis 1970 un heureux réveil se manifeste. Les événements rapportés et les témoignages cités laissent entrevoir des causes multiples ; à titre de suggestions pour une recherche plus approfondie, nous pouvons les regrouper en trois principales sources convergentes qui ont abouti à stériliser les germes de vocations, principalement chez les garçons durant cette période de 1834 à 1950.

D'abord divers facteurs extérieurs à l'Eglise catholique ont eu un effet négatif. Les tracasseries administratives, les variations d'attitude des autorités, la lutte anti-religieuse, les préjugés profonds contre les « papistes », ont découragé un

(23) Mgr JAUSSEN au T.R.P. (10-3-1882, 4-3-1883), Ar. SS.CC. 58, 1 – Mgr VERDIER au T.R.P. (18-4-1884), Ar. SS.CC. 58, 2.

(24) C.E. RULON : *Centenaire des Ecoles des F.I.C. à Tahiti,* manuscrit pp. 142-143.

certain nombre de maohi qui ne comprenaient pas la violence de ces conflits entre européens et français venus les «civiliser». L'attrait des «bonnes places» dans l'administration et les «convoitises» de la société de consommation ne sont pas négligeables non plus. N'oublions pas la dispersion géographique et la petitesse d'une population inférieure à 30.000 personnes jusqu'en 1925. Les catholiques n'étaient que quelques milliers, principalement aux Gambier, aux Tuamotu et aux Marquises.

Ensuite la mentalité polynésienne présente des aspects qui lui rendent plus difficiles l'engagement définitif dans les vocations religieuses et les ministères ordonnés exigeant le célibat consacré. L'amoralisme sexuel, la difficulté de prononcer un «oui» qui engage et qui dure, la priorité accordée à ce qui est affectif et émotionnel dont les entrailles sont le centre et le symbole, l'immersion dans l'instant présent à cueillir, autant de points qui demandent réflexion pour faire mûrir les vocations. L'inexistence de solides familles chrétiennes jusqu'à un passé récent, le peu d'éducation sérieuse des garçons, assez rapidement petits sauvageons spontanés vivant en bande, une certaine fierté ambitieuse, attirée par la réussite sociale et financière, autant d'éléments qui ne favorisent pas de suivre le Christ en abandonnant tout le reste.

Enfin il faut souligner les difficultés venant de l'Eglise elle-même, de ses prêtres et religieux. Elles ne sont pas négligeables. Un certain «jansénisme moral», dénoncé par Mgr Verdier, un style de vie austère, un travail incessant et minuté ont souvent fait dire aux Polynésiens: «Cela n'est pas pour nous.» Le dénigrement des «jésuites à robe noire», le caractère malcommode et l'aspect souvent malpropre de la soutane des missionnaires dans ce climat éprouvant et vis-à-vis d'une population soignée, ont éloigné des jeunes et rebuté des familles. L'étrangeté liturgique, malgré les efforts d'adaptation dès l'origine, certaines querelles et raideurs entre missionnaires, le caractère exclusivement «popaa» (blanc) des missionnaires, le manque de réflexion approfondie sur les divers ministères et l'ignorance de l'expérience missionnaire d'autres régions à cause du terrible isolement océanien, autant de facteurs propres à l'Eglise qui n'ont pas facilité l'éclosion des vocations consacrées. Avec Mgr Mazé, il convient de rappeler surtout le manque de confiance trop général des prêtres et des religieux dans les vocations polynésiennes ainsi que l'absence de sensibilisation du peuple chrétien à cette réalité première pour l'implantation de l'Eglise locale. Missionnaires et familles s'imaginaient que la Providence y pourvoierait indéfiniment par les congrégations religieuses venues d'ailleurs. Cette conception d'une Eglise assistée et assistante, le manque de persévérance dans les projets, l'absence de personnel compétent en ce domaine malgré les appels de la Mission sont, malheureusement, de la responsabilité propre de l'Eglise en Polynésie.

Bien évidemment, il ne s'agit pas d'accusation et encore moins de «cracher dans la soupe» de ceux et celles qui nous ont précédé. Ils ont planté l'Eglise dont nous vivons au prix de leur vie; mépriser ses vieux parents n'est un signe ni d'intelligence ni de cœur. Ces pistes de réflexion sur les vocations nous montrent la complexité et les difficultés de l'évangélisation en Eglise à Tahiti, carrefour de multiples contradictions, à l'image de la Corinthe du temps de saint Paul. Cet ouvrage se propose d'abord une «révision de vie, une révision apostolique». La délicate question des vocations sacerdotales et religieuses, par son caractère essentiel pour construire une Eglise locale avec son visage particulier, nous a amené à le faire grâce au témoignage des principaux acteurs de la pastorale missionnaire à Tahiti.

Catéchistes et laïcs missionnaires

Nous avons déjà signalé en parcourant les étapes de l'évangélisation dans les îles et archipels, le rôle majeur joué par les catéchistes et les laïcs missionnaires. Un certain nombre, aux Tuamotu, aux Marquises, à l'île de Pâques, aux îles Cook ont été «appelés par leurs noms». C'est justice pour eux et c'est reconnaissance pour les missionnaires. Ces ministres institués, mais non ordonnés, sont une réussite de la mission catholique en Polynésie. Qu'ils portent le nom de chefs de prière: «Tumu pure» aux Marquises, de catéchistes: «katekita et tauturu-katekita» à Tahiti, très tôt leur apostolat initial puis leur rôle de responsables permanents des communautés dispersées dans les îles et les vallées, loin des missionnaires, a été primordial. Leur ministère est officiellement reconnu désormais dans l'Eglise. Au terme de leur formation, ils sont investis par l'évêque au cours d'une cérémonie solennelle qui réunit la grande foule.

Parmi les nombreuses figures de katekita, citons Nicolas Pakarati; son ministère à l'île de Pâques, si isolée à 4.000 km des principales terres habitées, est un remarquable exemple mis en valeur par le «Semeur Tahitien» et le «Lien» de Nouméa en 1968. Le katekita Nicolas, formé à Tahiti, a assuré la charge pastorale de Rapanui de 1888 à son décès le 12 octobre 1927. Le P. Eich vient le visiter quelques jours en 1897. Il fallut attendre avril 1911 pour qu'un prêtre puisse revenir. Puis les passages des prêtres missionnaires furent plus rapprochés: 1917, 1918, 1920, 1923, 1927. Cela ne représente que sept visites d'un prêtre en 39 ans. D'où, seul et presque sans prêtre, Nicolas Pakarati assure la vie chrétienne des quelques centaines de Pascuans. «Chaque matin et soir il réunit dans la case-chapelle enfants et adultes pour la prière et l'enseignement du catéchisme. Les dimanches et fêtes, il fait réciter les prières de la Messe et, dans son instruction, il apprend aux gens à vivre en vrais chrétiens.

Il administre le baptême aux nouveau-nés. Il préside les mariages. Il assiste les malades et les mourants. Une fois par semaine, il rassemble la population pour apprendre tous les chants religieux tahitiens qui sont chantés encore aujourd'hui. Ainsi c'était une vraie vie paroissiale que le katekita Nicolas Pakarati anime à Hangaroa.

Le jour de sa mort – il avait 90 ans – il réunit sa famille autour de son lit. Il donna ses derniers conseils et fit ses adieux. Avant de remettre son âme à Dieu, il demande à son épouse de lui apporter de l'eau bénite ; il s'administre lui-même une extrême-onction de désir, faisant le signe de la croix sur ses yeux, sa bouche et ses mains. Peu après, il expira tandis que sa famille et ses amis priaient et chantaient.

Ainsi mourut ce catéchiste exemplaire qui exerçait une sorte de diaconat dans cette île si isolée du Pacifique. »

Le P. Henri Tournaire, mariste, directeur de l'Ecole des catéchistes d'Azareu en Nouvelle-Calédonie, ne se doute pas qu'en portant cette appréciation de « diaconat » sur le ministère du katekita Nicolas, il rejoint l'expression et la conception des « apôtres des Tuamotu », les pères belges Bruno Schouten, Vincent de Paul Terlijn et Germain Fierens. Ainsi s'exprime ce dernier à Mgr Tepano Jaussen en 1866 [25].

« Nous pourrions aussi former des diacres. Un bon diacre dans un village fait souvent beaucoup plus de bien qu'un missionnaire. Il est encore temps ; occupons-nous-en sérieusement. Le temps et l'argent employés à cela ne seront pas perdus. Admettons même que, sur le nombre, quelques-uns tournent mal ; l'instruction ne leur fera pas de mal. De plus, il en restera plus qu'on ne croie.

« Depuis longtemps nous aurions dû avoir une école pour former des diacres. La Mission serait bien plus avancée que ce qu'elle est aujourd'hui. Sur dix que nous baptisons, six au moins nous sont amenés par le ministère des Kanaques (sic). Un bon Kanaque un peu instruit fait souvent beaucoup là où le missionnaire n'obtient rien...

« Nous ne faisons pour ainsi dire rien à Temarie (île de Anaa). Pourquoi ? Je n'ai personne pour me remplacer là. En plus les Kanaks (sic) ne parlent pas beaucoup de religion devant nous. Une fois partis, ils attaquent le catholicisme et, comme il n'y a personne pour nous défendre, ils restent maîtres de la place ; ils détruisent ainsi le peu de bon germe que nous avions semé avec tant de peine.

Voilà mon idée, Monseigneur, et ma conviction. »

Les premiers diacres permanents mariés seront ordonnés à Tahiti le 24 février 1979, suite à la restauration du diaconat stable par le Concile Vatican II. Il est impressionnant de voir que cette intuition avait rempli le cœur d'un

(25) G. Fierens à Mgr T. Jaussen (21-10-1866), Ar. SS.CC. 73, 1.

missionnaire des Sacrés-Cœurs un siècle auparavant dans les atolls perdus des Tuamotu.

Le P. Germain revient en 1877 sur son «grand désir de voir ouvrir une école normale pour former les catéchistes... Cette œuvre vaut dix fois plus que 4 ou 5 églises en pierre. Jamais nous aurons dans les endroits où le prêtre ne réside pas habituellement une chrétienté stable et un peu passable... sans bons catéchistes pour nous remplacer... Je prie votre Grandeur de bien méditer ceci devant le Bon Dieu; vous verrez que c'est une œuvre de première nécessité, surtout pour nous qui avons tant d'îles et si peu de prêtres... Mieux vaut pour la Mission une vingtaine de bons catéchistes que 7 ou 8 prêtres de plus... Ouvrez à Pamatai une école le plus tôt possible; là tout est à peu près installé. Cette école rendra dix fois mieux que le petit séminaire [26]».

Mgr Jaussen et les missionnaires réunis en «Conseil ecclésiastique» le 1er février 1882, décident la création de cette école en deux endroits: à Haapiti (Moorea) avec le P. Georges Eich et à Mangareva avec le P. Nicolas Blanc. Il y a «unanimité des pères pour cette œuvre capitale pour la Mission [27]».

Mgr Verdier «insiste à temps et à contre-temps» auprès du Supérieur Général, le T.R.P. Marcellin Bousquet pour avoir les «renforts» nécessaires. Un moment, il avait espéré que les frères de Ploërmel prêteraient leur concours à cette «école si importante pour l'avenir de la mission». Les frères n'étaient pas du tout préparés pour une telle entreprise et ils étaient, en 1884, tout absorbés par le relancement de leur école comme école libre sur le terrain de la mission [28]. Le 16 octobre 1891, Mgr Verdier écrit un long rapport à l'Oeuvre de la Propagation de la Foi sur «l'importance pastorale de l'école où se forment les catéchistes», importance très grande en particulier pour les Tuamotu, dispersées et isolées.

Les appels du Vicaire Apostolique sont amplifiés par les lettres des missionnaires plus directement concernés: les RR.PP. Eich, Blanc, Willemsen. Aussi est-ce avec une profonde tristesse que «l'école des enfants de Varari, faute de recrues et de personnel enseignant» est fermée en janvier 1897 [29].

Pour soutenir les katekita, des retraites sont régulièrement données. Elles durent quatre ou cinq jours et sont bien suivies.

---

(26) G. FIERENS à Mgr JAUSSEN (17-12-1877), Ar. SS.CC. 73, 1.

(27) Mgr JAUSSEN au T.R.P. (10-2-1882), Ar. SS.CC. 58, 1 – G. EICH au T.R.P. (11-6-1882), Ar. SS.CC. 60, 2.

(28) Mgr VERDIER au T.R.P. (1-9-1884, 24-12-1884, 14-8-1885, 12-6-1889, 9-6-1890, 25-3-1892, 26-12-1893, 6-10-1894), Ar. SS.CC. 58, 3.

(29) P.N. BLANC, *passim,* Ar. SS.CC. 60, 2 – P. Ch. WILLEMSEN, *passim,* Ar. SS.CC. 62, 4.

Nous avons signalé que cette œuvre des katekita avait commencé empiriquement aux Gambier par l'évangélisation de quelques Paumotu qui venaient y pêcher la nacre. C'est ainsi que Mgr Jaussen avait décidé de fonder la mission à Faaite en 1849 à la demande de Petero Maki. L'aventure puis le témoignage du jeune Atanatio à Pukarua avait été un nouvel appel. Jusqu'à l'interdiction par le gouverneur en 1863 des relations entre les Gambier et les Tuamotu, les P. des Gambier formaient ainsi des katekita pour le service des Tuamotu. Vers 1860, surtout autour du P. Albert Montiton, les katekita sont formés à Anaa qui sert de poste fixe pour l'évangélisation des Tuamotu. Le P. Albert commence les tournées apostoliques à travers les Tuamotu en 1867. Il est toujours accompagné de katekita qu'il laisse ensuite à demeure dans les îles évangélisées. Depuis cette époque, la structure pastorale des Tuamotu est fondée sur de tels katekita, responsables permanents et animateurs spirituels des communautés chrétiennes. Les prêtres s'efforcent de visiter une fois par an ces communautés dispersées.

Nous avons vu qu'aux Marquises, Mgr Dordillon commence l'évangélisation de Ua-Uka en 1859 avec le foyer de catéchistes : Siméon et Bibiane. En 1895, Mgr Martin fait appel à quatre catéchistes de son ancienne paroisse d'Arue pour relancer l'évangélisation des Marquises. De même, le P. Bernardin Castanié se loue de l'aide précieuse du catéchiste Tehema de Tahiti dans les dix premières années de son apostolat aux îles Cook.

Ces catéchistes avaient eu deux prédécesseurs célèbres : M. Urbain de Latour de Clamouze, « frère donné des Sacrés-Cœurs » arrivé pour l'éducation des enfants avec Mgr Rouchouze le 9 mai 1835 aux Gambier où il meurt le 2 août 1868. M. Henry Mayne, « aide-missionnaire », le rejoint à Aukena le 9 novembre 1850 ; il meurt le 23 septembre 1877. La qualité de ces deux missionnaires laïcs, universitaires, n'a pas peu contribué à faire prendre conscience du rôle important que les catéchistes seraient appelés à jouer dans l'histoire de la mission catholique. Depuis, comme nous le verrons dans la dernière partie, bien d'autres laïcs missionnaires et catéchistes prendront une part active dans l'évangélisation.

Si les katekita, d'une manière ou d'une autre depuis Monsieur Urbain en 1835 jusqu'à nos jours, jouent un rôle de première importance dans l'évangélisation et la vie des communautés catholiques, leur formation subit des variations considérables : formation sur le tas et pratique autour des missionnaires de 1835 à 1882, de 1897 à 1970 ; formation en école adaptée à Moorea de 1882 à 1897. Depuis juillet 1970, l'école diocésaine des katekita est rouverte à Papeete par le P. Hubert Coppenrath.

Chapitre important et difficile que cette étude consacrée aux « vocations et ministères ». Il nous a fait partager beaucoup d'espoirs et de grands projets. Il nous a montré, selon l'expression de Mgr Tepano Jaussen en 1885, que « nulle localité dans le monde ne présente au missionnaire plus d'obstacles et de difficultés naturelles et invincibles que le Vicariat apostolique de Tahiti (étendue, communications, manque d'hommes, isolement...) ». Ce caractère si particulier de la mission d'Océanie n'a pas été bien saisi par les Supérieurs religieux à Paris ; pour la formation aux diverses vocations et ministères locaux, les évêques n'ont pas disposé durant de longues années du personnel préparé à cette tâche pourtant ressentie comme primordiale sur place, même si, localement, « on n'a pas fait tout ce qu'on aurait dû ». Une telle histoire permet de mieux comprendre pourquoi, depuis 1970, les vocations constituent, avec les familles chrétiennes, la priorité pastorale du diocèse de Tahiti.

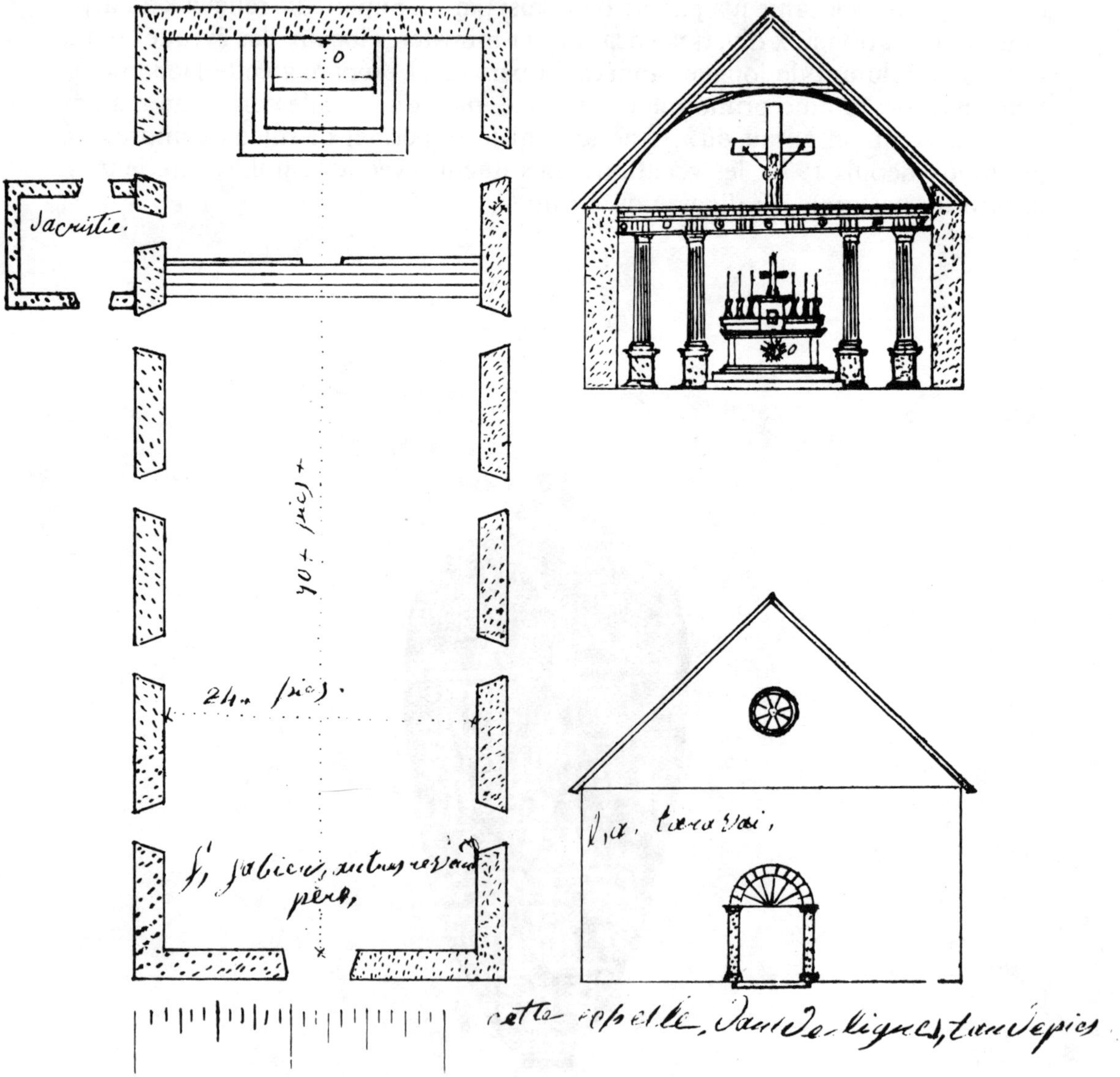

Plan de Saint-Gabriel, église de la seconde île, Magareva.

Ar. SS.CC. 64

Chapitre 13

ÉVANGÉLISATION ET ÉDUCATION

Avec l'enseignement et l'éducation c'est un sujet fort sensible et très complexe que nous abordons maintenant [1]. Selon l'ordre du Christ lui-même: «Allez, enseignez toutes les nations» (Mt 28,19-20), la proclamation de la Bonne Nouvelle du Salut est enseignement de la Parole de Dieu et éducation de la foi par la force de l'Esprit. Dès les origines de l'Eglise, nous voyons les premières communautés chrétiennes «fidèles à l'enseignement des Apôtres» (Ac 2,42). C'est une tâche primordiale pour toute l'Eglise et pour les parents; il y va de la fidélité à leur identité et à leur mission. Depuis les temps les plus anciens, cette activité d'évangélisation par l'annonce de la Parole de Dieu et l'approfondissement de la foi est appelée la catéchèse. Elle est commune à tous les membres de l'Eglise; mais elle s'exerce de manière différenciée selon les responsabilités et les charismes de chacun. La catéchèse dans la mission de Polynésie servira de conclusion à ce chapitre sur l'éducation de la foi.

Quelques repères historiques

Dès les premiers siècles et lorsque les circonstances le permettent, les communautés chrétiennes se dotent d'écoles pour former les enfants et approfondir l'intelligence de la foi. «Que la foi pense» disait Saint Augustin. Après la chute

(1) Cent ans au service de la Jeunesse tahitienne: 1860-1960, Ecole des Frères, Papeete, 1960.
- C.E. Rulon: *Un siècle de travail missionnaire à Tahiti,* manuscrit, Papeete 1959.
- E. Rougnant: *Centenaire des Sœurs de Saint-Joseph de Cluny à Tahiti,* 1844-1944, Papeete 1943.
- E.E.P.F.: *Centenaire des Ecoles Protestantes à Tahiti,* 1866-1966, Papeete 1966.
- F. Merceron: Documentation pour le centenaire des écoles laïques, Papeete 1982.
- Archives F.O.M. Océanie, cartons 26, 27, 43, 44, 98, 106, 117, 132 consacrés aux Ecoles.
- Archives SS.CC.: 47, 2; 57, 2; 58, 1-2-3; 59, 1 (dossiers: Jaussen, Verdier, Mazé, Martin).
- Enseignement Catholique Papeete: dossier «Loi Debré en Polynésie», 1961-1982.

de l'Empire romain d'Occident et jusqu'à la Révolution française, dans la Gaule puis en France, par les abbayes, les écoles cléricales ou des congrégations spécialisées, l'Eglise a assuré, dans l'optique globale d'une société chrétienne, l'éducation de la foi unie à la formation de l'homme.

La Révolution, inaugurée en 1789 et dans l'héritage de la «philosophie des lumières» qui remet en cause la société, les pouvoirs et les croyances, détruit cette vision sociale unifiée par la foi en Jésus-Christ. La liberté individuelle et la citoyenneté dans l'Etat deviennent la base des «Droits de l'homme et du citoyen» (26 août 1789). Tous les corps intermédiaires, professionnels ou religieux, sont supprimés par les lois. Une première séparation de l'Eglise et de l'Etat est votée en 1795. Le Concordat de 1801 y met fin jusqu'à la Séparation actuelle instituée en 1905. La Constitution civile du Clergé «fonctionnarise» les prêtres en 1790. Les Congrégations religieuses sont supprimées en février 1790. La loi Le Chapelier interdit toutes les associations en 1791. Les lycées d'Etat sont créés le 1er mai 1802; en 1806, Napoléon fonde l'Université qui reçoit le monopole de l'enseignement le 17 septembre 1806. Ainsi il n'existe plus que le «public» d'Etat et le «privé» individuel. La liberté de l'enseignement ne sera reconnue par la loi Falloux qu'en 1850; celle de l'Enseignement supérieur suivra en 1875.

La seconde moitié du XIXe siècle est marquée par la confiance illimitée dans la Raison «positive», le progrès scientifique et la Nature généreuse. L'instruction devient en France un idéal collectif. L'Etat se veut de plus en plus enseignant. Pour cela les lois organisent peu à peu l'enseignement primaire en service public unique et laïque: gratuité (16 juin 1881), obligation scolaire de 7 à 13 ans et laïcité (28 mars 1882), laïcisation des locaux interdits aux cultes (30 octobre 1886). L'essentiel est l'œuvre de Jules Ferry qui fut aussi Ministre des Colonies [2]. Le durcissement des querelles de l'époque, spécialement l'affaire Dreyfus, aboutit aux «lois laïques»: obligation de l'autorisation légale des Congrégations (1er juillet 1901), interdiction d'enseigner aux Congrégations (7 juillet 1904), suppression des Congrégations qui sont bannies et Séparation de l'Eglise et de l'Etat (9 décembre 1905). La question scolaire et les luttes antireligieuses cristallisent les oppositions politiques en France entre la «droite et la gauche» autour de 1914; de nos jours, les séquelles en sont encore vivaces.

L'enseignement technique est organisé par la loi d'Astier (25 juillet 1919); l'obligation scolaire est portée à 14 ans en 1936, puis à 16 ans en 1959 (application en 1967). La commission «Langevin-Wallon» (8 novembre 1944) garde l'école unique pour les structures, mais prône une pédagogie nouvelle centrée sur l'enfant. L'instabilité politique et ministérielle additionnée à l'immobilisme

---

(2) F. PISANI-FERRY : *Monsieur l'Instituteur,* Paris 1981. J.C. Lattès, 302 pages. Remarquable ouvrage pour le centenaire de l'école laïque, écrit par la petite-nièce de J. Ferry.

figé et crispé de la gigantesque Education Nationale, font de ce célèbre rapport une « utopie ». Durant cet après-guerre et progressivement, par les lois Barangé sur les bourses (1951). Debré sur les contrats (31 décembre 1959) et Guermeur (1977), une « association contractuelle » et une meilleure connaissance s'établissent entre les enseignements privé et public en France. Si les querelles s'apaisent, les sensibilités et les préjugés restent vifs. La laïcité, idéal tolérant aux croyances dans une société pluraliste, est parfois encore vécue par certains comme laïcisme militant et sectaire. Les débats nationaux de 1982 montrent que les profonds clivages du passé imprègnent toujours les mentalités.

Nous avons déjà signalé que, bien que « l'anticléricalisme ne soit pas article d'exportation Outre-Mer », cet ensemble législatif métropolitain non seulement fut appliqué mais anticipé en Polynésie. Raymond Poincaré, en 1922, reconnaît la parfaite illégalité de cette extension des «lois laïques»; mais le mal était fait et il était impossible de revenir en arrière. Dans ces années 1900, des administrateurs disaient clairement aux Vicaires Apostoliques de Tahiti et des Marquises que « c'était une bonne note pour eux que de lutter contre les curés, qu'il n'y avait aucune justice pour l'Eglise ».

A cet anticléricalisme, plus ou moins présent et explicite depuis le gouverneur Page en 1851, et très variable selon la personnalité des divers administrateurs et leur niveau de responsabilité il faut ajouter la lutte active menée par les pasteurs protestants français à partir de 1863. De leur point de vue très compréhensible de réveil protestant, l'influence des écoles catholiques était excessive à Tahiti-Moorea; le fait que les écoles publiques de Papeete sont tenues par les sœurs de Cluny et les frères de Ploërmel leur est insupportable. La forte personnalité de Charles Viénot domine cette période. Dès 1866 il entre en « relations sympathiques avec les francs-maçons » et travaille activement à la laïcisation des écoles. Il lance une Ecole Normale en 1874 dans ce but. Nommé en 1876 au Comité de l'Instruction Publique, puis membre du Conseil Colonial, son influcnce devient déterminante. La dépêche ministérielle de l'amiral Jauréguiberry du 14 mai 1879 propose « des modifications à apporter dans l'instruction publique à Tahiti ». Avec l'aide du gouverneur Chessé et « l'appui des protestants influents dans la Marine », il obtient du Ministre de la Marine en 1881, l'amiral Cloué, « l'application de la laïcisation et la promesse que les instituteurs laïques soient des protestants [3]. De fait, et cela suscitera les réactions du Conseil Général, la sécularisation se traduit par une « protestantisation » de l'enseignement public à cette époque.

Ainsi l'histoire de l'enseignement public à Tahiti-Moorea – auxquelles il se réduit assez longtemps – est fort complexe. Il est fondé par les décrets du

(3) Ch. Viénot à S.M.E.P. (4-9-1866, 4-7-1876, 5-2-1877, 13-11-1880, 23-12-1880, 13-2-1881). – Amiral Cloué à S.M.E.P. (8-4-1881), D.E.F.A.P., Océanie.

7 novembre 1857 qui confie l'éducation des filles aux sœurs de Cluny et du 2 décembre 1860 pour les garçons confiés aux frères de Ploërmel ; ils le gèrent jusqu'à la laïcisation de 1882 à Papeete et de 1887 à Mataiea. Puis l'enseignement laïque est plus ou moins sous influence protestante jusqu'autour de 1900. Il n'acquiert sa pleine dimension qu'après 1963 avec l'implantation du C.E.P. et le développement généralisé des infrastructures que cela induit. Selon les directives ministérielles et l'ordonnance de la Richerie du 30 octobre 1862, « l'enseignement de la langue française est obligatoire dans les Ecoles ». L'école publique est l'école française depuis sa fondation en 1860 ; l'usage du « reo maohi » était proscrit, sous peine de sanctions, même des cours de récréation jusque dans les années 1970. Le 26 novembre 1971, les organisations des enseignants publics l'affirment clairement : « Nous luttons pour la culture française et l'expansion du français ».

Dans ces brefs rappels historiques, il convient de signaler aussi l'existence des écoles privées créées par les Mormons, les Sanitos et les Adventistes, sans oublier les écoles chinoises autorisées le 15 décembre 1922 et fermées en 1964. La variété des écoles privées confessionnelles pose, lors de la discussion de l'extension de la loi Debré au Territoire en 1972, de délicates questions à l'Etat et par rapport au Statut du Territoire. Chaque confession religieuse craint un peu l'empiètement des autres et le poids de l'enseignement catholique ; l'Etat veut rester le maître d'un jeu extrêmement complexe. En 1960, sur 1.693 élèves en Secondaire, 1.104 étaient dans le « privé » (904 dans le catholique) et 586 dans le « public ».

Enfin il faut rappeler que ce sont les missionnaires anglais de la L.M.S. qui sont les fondateurs des écoles à Tahiti [4]. Davies compose un alphabet tahitien et un vocabulaire tahitien-anglais en 1805 ; il ouvre une école en 1810. Une école biblique est ouverte à Papetoai en 1812. L'imprimerie apportée par Ellis en 1817 et l'impression de 3.000 exemplaires de l'Evangile de Luc en 1818, donnent une impulsion décisive au désir de savoir et de pouvoir lire la Bible à l'exemple de Pomaré II. La connaissance du monde par l'histoire et « l'utilité de l'alphabétisation pour les transactions commerciales » ne sont pas négligées. Mais, comme il est naturel pour tout missionnaire, le but premier est d'évangéliser ; de 1810 à 1840, sur 82 ouvrages utilisés, 68 traitent de sujets religieux. En 1824, « l'Académie des Mers du Sud », titre solennel pour l'école primaire destinée aux enfants des pasteurs et des notables, est fondée à Moorea et confiée au pasteur Orsmond et à sa femme. En 1831, la L.M.S. signale 37 écoles dans les 19 stations missionnaires, présentes surtout dans les îles de la Société ; il y en a aussi à Anaa et Rimatara. De 1809 à 1835, Henry Nott traduit la Bible et fixe

(4) Emile MALE : *L'enseignement protestant en Polynésie française.* Strasbourg 1973, 115 pages.
– E.E.P.F. : « Centenaire des Ecoles Protestantes à Tahiti », 1866... 1966.

la langue tahitienne. La «guerre de Tahiti», le départ des missionnaires anglais en 1844 – à l'exception d'Orsmond et de deux autres pasteurs – entraînent une période de difficultés jusqu'à l'ouverture de l'école protestante de Papeete par Charles Viénot le 17 septembre 1866.

Ces trop rapides repères historiques, indispensables pour situer le contexte des écoles catholiques, de 1834 à nos jours, permettent de saisir la complexité passionnelle et administrative de cet aspect de l'évangélisation en Océanie. Dans une population de quelques dizaines de milliers d'habitants, les événements ont superposé en Polynésie une des plus graves crises de la société française à une histoire locale fort embrouillée sur les plans politique et religieux à travers une dispersion géographique impossible à maîtriser avant les moyens modernes. Le XIXe siècle est une époque de mutation brutale. Les Nations se bâtissent en Etats; le monde rural enfante l'industrie; la Science devient «positive»; la société se sécularise; l'Europe colonise le Monde à coups de guerres et de révolutions. «Dieu est mort» et l'homme se fait dieu.

Ecoles de la Mission catholique: les Pères des Sacrés-Cœurs

Il peut paraître étonnant de ne pas commencer par les écoles célèbres des frères de Ploërmel et des sœurs de Saint-Joseph de Cluny. Ce serait oublier les racines missionnaires des écoles catholiques et l'importance particulière que le P. Coudrin et ses missionnaires attachent aux écoles. Songeons à la mission du Chili et au collège de Valparaiso.

Arrivés le 7 août 1834, dès novembre suivant, le P. Caret commence l'école à Akamaru. Avec l'arrivée de Mgr Rouchouze et des renforts qui l'accompagnent, spécialement de M. Urbain, l'enseignement prend toute sa dimension. Dès 1840, le collège de Anaotiki à Aukena fonctionne avec l'espoir d'y former des «instituteurs, des catéchistes, le sacerdoce étant plus problématique», selon l'avis de M. Henry. En arrivant aux Tuamotu en 1849, les PP. Fouqué et Laval ouvrent des écoles à Faaite, Fakarava et surtout à Anaa. Cette même année, Mgr Tepano Jaussen lui-même ouvre une école à Haapape «comme aprivoisement». Les pères attachent une grande importance à cet «apostolat par l'école du village», selon le mot du P. Montiton. «Evangélisation et civilisation» c'est tout un pour eux. Il s'agit d'une alphabétisation globale unissant les langages de base: parler, lire, écrire, compter, avec une ouverture au monde par l'histoire et la géographie et une initiation aux travaux manuels et agricoles. L'enseignement est bilingue: tahitien et français. C'est la conception actuelle du «développement». A titre indicatif, voici le «règlement des écoles des missionnaires catholiques» envoyé par Mgr Tepano Jaussen au gouverneur de la Richerie le 22 novembre 1860 [5].

---

(5) Mgr JAUSSEN à de la RICHERIE (22-11-1860), F.O.M. Océanie, C 26, H 5.

« 1. Jours et heures de classe. – Tous les jours, moins le samedi, de 8 h à 10 h du matin.
2. Enseignement. – 1re heure : lecture ; 2 questions de catéchisme chaque jour. Lundi, mercredi, vendredi : 1/2 heure d'écriture et 1/2 heure de langue française. Mardi et jeudi : 1/2 heure de calcul et 1/2 heure de géographie.
3. Livres. – L'Evangile en tahitien,
   – L'alphabet en français,
   – Histoires de Joseph et Tobie en français et tahitien,
   – Dictionnaire français-tahitien, tahitien-français.
4. Fournitures. – Données par le Gouvernement de la manière qu'il lui plaira.
5. Admission. – Nous tenons les écoles libres spécialement pour les catholiques, sans exclure les protestants, pourvu qu'ils veuillent suivre tous les exercices. Il n'y a pas d'internes jusqu'à nouvel ordre... Les mutois devront veiller à ce que les élèves soient exacts à l'école. »

Dans la lettre explicative, l'évêque ajoute :

« J'ai l'honneur de vous envoyer le programme de nos écoles libres. Après y avoir mûrement réfléchi, il m'a paru sage de ne pas trop l'étendre ; le peu de temps consacré à l'enseignement ne le permet pas. Nous ne pouvons pas consciencieusement employer l'argent de la mission à imprimer ou acheter les livres destinés à l'enseignement de la langue française. C'est en vain que jusqu'ici nous avons demandé ces livres. Néanmoins, l'expérience nous a convaincu que, sans ce secours, il est comme impossible d'arriver au but. »

Avec des nuances, selon les possibilités des missionnaires (certains faisaient 3 heures de classe par jour), les nécessités de l'apostolat dans les îles (ils étaient aidés par des auxiliaires locaux), ce programme est la base des écoles de la mission. Personne ne doute que c'est un moyen d'apostolat important [(6)]. Le gouverneur constate que « Mgr Jaussen considère les écoles de la mission catholique à Tahiti comme étant dans ses attributions spéciales et, en dehors de l'autorité dûe au gouverneur, comme écoles religieuses devant jouir du même privilège que les écoles religieuses protestantes [(7)] ».

La situation des écoles missionnaires des pères des Sacrés-Cœurs est très variable selon les archipels, le statut politique de ceux-ci, les Résidents et les possibilités de les remplacer par des instituteurs à plein temps. Toutes proportions gardées, les pères jouent, dans les archipels et les districts le rôle des vicaires-ins-

---

(6) B. Schouten au T.R.P. (23-1-1859), Ar. SS.CC. 62, 4 – A. Montiton au T.R.P. (1-7-1854), au curé de Sourdeval (15-1-1856), Ar. SS.CC. 73, 3.

(7) Gouverneur au Ministre (15-12-1858), F.O.M. Océanie C 98, H 14.

tituteurs des diocèses ruraux de la France de l'Ouest; mission obscure et polyvalente d'immersion dans une petite population pour le développement total de la jeunesse. Ces petites écoles dispersées dans les îles sont aussi utiles à la population qu'aux missionnaires. Elles les insèrent vraiment dans la population dont ils partagent la vie quotidienne, les soucis et les joies; elles sont source de confiance réciproque. Le but des missionnaires, outre l'éducation et l'évangélisation, est de former des hommes et des femmes capables de vivre sur leurs îles et aptes à les développer. Ils ne disposent pratiquement d'aucun moyen et ils n'ont que des subventions bien faibles, quand elles existent. En 1879, l'allocation annuelle d'un prêtre-instituteur est de 420 F et celle des auxiliaires est de 360 F; cette somme sert de solde pour le maître et d'attribution pour les fournitures. A la même époque un instituteur officiel reçoit comme traitement personnel la somme de 2.000 F par an. Aux Tuamotu de l'Est en 1928, le P. Paul Mazé signale qu'il doit encore faire la classe en «écrivant sur le sable ou sur les feuilles d'arbres. Bien entendu, il n'y a d'école que lorsqu'il est là; même s'il peut trouver une auxiliaire qu'il doit payer [8]».

Aux Tuamotu, en dehors des deux années d'hostilité du gouverneur Page et de la répression de Parchappe à Anaa en 1853-1854, les pères des Sacrés-Cœurs assurent cette éducation de base des Paumotu jusque dans les années 1960. Le P. Clair Fouqué soumet les programmes dès février 1851 [9]. Le P. Nicolas Blanc, nommé inspecteur des écoles cette année-là, est suspendu suite au drame d'Anaa de novembre 1852. Le P. Montiton est chargé de l'Inspection des écoles aux Tuamotu en juillet 1854. Le gouverneur du Bouzet fait l'éloge du travail des missionnaires dans ces îles difficiles [10]. Même au plus fort des querelles avec la mission catholique et de la laïcisation, les missionnaires des Sacrés-Cœurs peuvent continuer leur œuvre d'éducation liée à l'évangélisation. En 1886, le Secrétaire d'Etat aux Colonies écrit: «L'instruction laïque à Tahiti n'ayant pas encore pu prendre dans cette colonie toute l'extension désirable, les missionnaires des Sacrés-Cœurs rendent de réels services pour la diffusion du français. Dans ces conditions, je verrais avec plaisir qu'il vous fût possible de satisfaire la demande de subvention adressée à l'Alliance française par Mgr Verdier, évêque de Mégare [11]». Ce n'est que très progressivement que le Territoire de la Polynésie peut implanter des écoles permanentes dans toutes les îles Tuamotu. Le P. Victor Vallons est le dernier missionnaire-instituteur dans les Tuamotu de l'Est. A Tubuai, dans les Australes, le P. Nicolas assure le service de l'école primaire jusqu'en 1967. Sans complexes ni crispation, les pères ont assuré aux Tuamotu, durant 120 ans, l'alphabétisation de base par leurs petites classes itinéran-

---

(8) P. MAZÉ au T.R.P. (31-10-1928); au Père Ildefonse (5-10-1929, 19-5-1931), Ar. SS.CC. 59, 1.
(9) C. FOUQUÉ à Mgr JAUSSEN (13-2-1851, 24-3-1851), Ar. SS.CC. 73, 6.
(10) Gouverneur du BOUZET au Ministre (10-10-1855, 10-3-1857), F.O.M. Océanie C 13, A 71.
(11) Secrétaire d'Etat au directeur de l'Alliance française (février 1886), F.O.M. Océanie C 98, H 29.

tes, très proches, avant la lettre, des méthodes d'éducation globale de Paulo Freire au Brésil. Dès que l'administration a pu implanter des écoles primaires, volontiers les pères des Sacrés-Cœurs ont cédé leurs bien modestes classes. Ils le font d'autant mieux et en entretenant de bonnes relations avec les instituteurs publics, qu'ils sont de plus en plus conscients que « ministère et écoles sont peu compatibles», comme le P. Siméon Delmas le constate pour lui aux Marquises [12].

Nous avons déjà signalé que cette harmonie globale entre la Mission catholique et l'Administration, fut moins bonne aux Marquises, aux Gambier et à Tahiti. De 1852 où, selon la loi du 22 mars et après le départ des missionnaires anglais, les ministres des cultes élus dans les districts sont aussi instituteurs des écoles publiques, à la laïcisation de 1882, les missionnaires des Sacrés-Cœurs enseignent avec l'appui du Gouvernement. En 1905, surtout aux Gambier et aux Marquises, la laïcisation sera appliquée rigoureusement. En 1922, le Gouverneur demande à Mgr Le Cadre de reprendre les écoles des Marquises fermées en 1905. En 1929, le P. Paul Mazé est nommé Inspecteur des écoles pour les Tuamotu de l'Est. En 1932, le P. Félix Alazard tient toujours son école à Moorea. Histoire complexe et assez méconnue que celle de ces « petites écoles de villages » tenues par les pères des Sacrés-Cœurs ; avec les écoles des missionnaires de la L.M.S. et dans le même esprit de respect des langues locales – même si les prêtres faisaient en plus l'initiation au français – elles ont assuré l'alphabétisation fondamentale de la population des divers archipels. Bien en avance sur la France, « les lois tahitiennes rendent l'instruction primaire obligatoire et gratuite depuis le 25 septembre 1860 [13] ».

Le Secrétaire Général souligne au Conseil d'Administration, en 1863, avec l'arrivée des frères, « les grands développements de l'instruction publique, confiée aux congrégations catholiques depuis 1857 » [14]. De plus, la liberté d'enseignement existe depuis l'arrêté du Gouverneur en date du 30 août 1860. Charles Viénot reconnaît que « les Tahitiens préfèrent les missionnaires des Sacrés-Cœurs et les frères pour tenir les écoles » que leurs propres compatriotes, même l'abbé Tiripone dont l'essai de classe à Hitiaa ne fut pas concluant [15].

Une lettre du gouverneur du Bouzet au Ministre de la Marine en 1855, permet de saisir les difficultés et les aspects contradictoires de cet enseignement par les missionnaires à cette époque [16].

---

(12) S. DELMAS au T.R.P. (22-12-1899), Ar SS.CC. 46, 2. – de la RICHERIE au Ministre (4-10-1864): *Les devoirs de la mission s'accordent peu avec ceux de l'instruction.* F.O.M. Océanie, C 27, H 20.

(13) de la RICHERIE au Ministre (4-10-1864), F.O.M. Océanie, C 27, H 20.

(14) Secrétaire Général au Conseil d'Administration (8-10-1863), F.O.M. Océanie C 26, H 5.

(15) Ch. VIÉNOT à S.M.E.P. (avril 1877), Océanie, D.E.F.A.P. – Du BOUZET au Ministre (30-9-1855): *Les indigènes ont peu d'aptitudes pour les fonctions d'instituteurs.* F.O.M. Océanie C 13, A 71.

(16) Du BOUZET au Ministre (9-9-1855), F.O.M. Océanie, C 13, A 71 (voir aussi : 10-10-1855).

«Ici les parents ne contrarient jamais leurs enfants; il y a défaut absolu d'autorité et aucune contrainte. Les PP. Nicolas et Collette sont instituteurs à Papara et Papeari. Leurs écoles qui ne datent que de quelques mois sont suivies par tous les enfants; une trentaine se sont faits catholiques. J'ai donné tous les encouragements à ces écoles, surtout à l'étude du français. Les missionnaires ont pris le parti de l'enseigner et les enfants s'y prêtent avec ardeur. S'il n'y avait autant de mobilité dans le caractère tahitien!... (Aux Paumotu, les élèves n'ont pas les mêmes causes de dissipation qu'à Tahiti et ils ont plus d'aptitudes). Je me suis efforcé de faire sentir aux parents et aux enfants que l'étude de cette langue pouvait seule les faire sortir de leur infériorité. J'ai tout lieu de penser que, dans les autres districts, les parents frappés par l'infériorité des instituteurs indigènes, demanderont des missionnaires comme instituteurs.

«Les sujets manqueront à Mgr d'Axiéri (T. Jaussen)... Je favoriserai cette transformation des écoles, tout en recommandant aux nouveaux instituteurs d'éviter de compromettre le succès de leur œuvre en montrant trop ouvertement leurs vues de propagande catholique. Elles sont, comme le Ministre doit bien le penser, le seul mobile qui pousse nos missionnaires à briguer la place d'instituteurs. S'ils savent attendre patiemment la transformation naturelle qui se fera dans les esprits des tahitiens – dont les préjugés contre les prêtres catholiques se dissipent peu à peu – l'avenir leur est assuré; mais une conduite imprudente la compromettrait tout à fait...

«Les parents montrent, en général, assez d'indifférence au changement de religion. Quant aux adultes, la propagande catholique n'a guère de chance; ils ont des préjugés invétérés contre le catholicisme dont les devoirs rigoureux et la pratique plus difficile pour eux que leur culte, les effraie. L'habitude leur a rendu facile la pratique extérieure de leur religion. Quant à la morale, on sait combien à Tahiti elle a peu d'emprise sur les âmes... Les jugements pour adultères sont très fréquents. A Tahiti, le frein de l'opinion publique est presque nul. Par contre, les délits comme les vols et les assassinats sont bien plus rares parmi les indiens que chez les peuples les plus civilisés.»

Ces quelques pages n'ont pu que situer et suggérer un aspect fort peu connu de l'éducation de base dans les archipels polynésiens depuis les origines de la mission à Mangareva en 1834 jusque dans les années 1960: l'alphabétisation des populations et le développement des îles par les missionnaires des Sacrés-Cœurs. Les pères, comme les premiers missionnaires protestants anglais, sont à associer dans la même reconnaissance pour avoir sauvé, codifié et structuré les diverses variétés du «reo maohi» en permettant aux populations des îles éloignées de Tahiti et des atolls ingrats des Tuamotu d'y vivre, de les développer et d'entrer dans le monde moderne.

Les Sœurs de Saint-Joseph de Cluny

Parties de la Maison-Mère de Paris en août 1843, les sœurs Régis Fléchel, Bruno de Moulas, Ignace Chambeau et Joséphine Moureau s'embarquent à Brest sur la « Charte », commandée par Charles Pénaud. Après plus de six mois de traversée, elles arrivent aux Marquises, leur destination initiale. La situation y est si périlleuse que la « Charte » se dirige vers Tahiti en s'arrêtant une semaine à Mangareva. La reine les héberge. Durant ce bref séjour aux Gambier, elles apprennent aux sœurs de Rouru les éléments de la couture ; elles confectionnent une robe pour la reine. Telle est la première action éducative des sœurs de Cluny en Polynésie dans la disponibilité concrète pour « faire la volonté de Dieu ».

Arrivées le 16 mars 1844 à Papeete, leur tâche immédiate est le soin des nombreux blessés de la « guerre de Tahiti ». Dès 1845, les sœurs accueillent quelques filles pour les instruire. Leurs six compagnes, arrivées par la « Sirène » au début de 1847, permettent l'ouverture d'une école. Mais, dans ces premières années, selon le mot de Mgr Jaussen : « Ce ne sont pas les maîtres qui ont manqué aux écoles, mais les écoliers qui ont manqué aux maîtres. » La confiance arrive progressivement grâce à la bienveillance de la reine Pomaré IV qui confie aux sœurs de Cluny l'éducation des filles de la famille royale. Aussi, par le décret du 7 novembre 1857, l'école des sœurs devient école publique des filles de Papeete ; elle est animée par huit religieuses. Le gouverneur en approuve le règlement le 30 avril 1859, l'école comporte un modeste internat. Son successeur de la Richerie loue « les succès remarquables obtenus » par l'école des sœurs en 1863. Dans son rapport de juin 1863, sœur Camille, la supérieure, souligne « l'application des filles tahitiennes aux ouvrages manuels, leur aptitude toute particulière pour les ouvrages d'aiguille... elles feront de bonnes mères de famille » (17). Ce type d'enseignement complet, intellectuel et manuel, très proche des actuelles « écoles ménagères », est encouragé par les gouverneurs de ce temps ; il est fort apprécié par les familles tahitiennes. Cela, avec le dévouement et la disponibilité bien connues des sœurs de Cluny sous les diverses latitudes, explique leur rayonnement dans les divers archipels.

Leurs épreuves sont celles de tous les éducateurs de cette époque en Polynésie : absence de familles chrétiennes ayant le sens de leur responsabilité éducative, difficultés d'une évangélisation en même temps civilisation, tensions vives entre catholiques et protestants, ambiguïté entre les exigences de l'administration demandant l'enseignement en français dans les écoles publiques et l'évangélisation qui se fait dans les langues polynésiennes. Evidemment, leur plus grande épreuve sera celle de la laïcisation dans les années 1900, les chassant des

---

(17) Gouverneur aux Sœurs de Cluny (30-4-1859) ; de la RICHERIE au Directeur des Colonies (2-1-1863) ; Sœur CAMILLE au Gouverneur (30-6-1863), F.O.M. Océanie C 26, H 5.

écoles publiques comme de l'hôpital de Papeete. Leur adaptabilité religieuse et leur polyvalence missionnaire font qu'elles restent sur place soit dans les écoles libres lorsque les diplômes le permettent soit dans les multiples services des paroisses.

Dans l'île de Tahiti, les sœurs de Saint-Joseph de Cluny – après l'école de Papeete ouverte en 1847 et officialisée en 1857 – sont chargées, en 1867, de l'école publique des filles de Papeuriri (Mataiea). Elles y ont 40 à 50 élèves. Après la laïcisation de l'école des frères, le gouverneur leur confie en plus l'école des garçons de Mataiea en 1894. Elles sont chassées à leur tour en 1902 ; leur projet de fonder une école libre à Mataiea ne peut se réaliser. Le 6 août 1898, les sœurs ouvrent une école à Faaa avec une soixantaine d'élèves. Jusqu'en 1927, une sœur vient chaque jour de Papeete pour assurer l'unique classe.

Aux Gambier, après leur bref passage initial en 1844, les sœurs de Cluny sont demandées pour remplacer la « Communauté des Sacrés-Cœurs » des sœurs indigènes qui ne se recrutent plus. Le 15 octobre 1892, les sœurs Rosule, Désirée et Marie-Gaspard arrivent à Mangareva. En plus de la trentaine d'élèves internes, elles s'occupent de la vie paroissiale et des malades. Bien que cette école soit appréciée par la population et reconnue « très bonne » par l'administrateur des Gambier, la laïcisation la ferme en 1905 (18). Les sœurs essaient de rester au service des Mangaréviens en continuant les services paroissiaux et par la création d'un ouvroir. Elles doivent partir en 1909.

Aux Iles-sous-le-Vent dans l'île de Raiatea, Mgr Hermel, le 15 août, bénit l'école que les sœurs de Cluny ouvrent le 1er septembre 1925. Dès octobre suivant, cette école est fréquentée par 80 élèves.

Comme pour toute la mission catholique, l'histoire scolaire des sœurs de Cluny aux îles Marquises est complexe et douloureuse. Initialement, les sœurs sont demandées en 1843 par le Ministère de la Marine pour le service de la nouvelle colonie française du Pacifique (9 mai 1842). L'état de guerre entre les vallées fait que le commandant Pénaud les dirige sur Tahiti. En juin 1847, les sœurs Sophronie et Marcelline ouvrent une école de filles à Vaitahu. Mais, la guerre entre les îles de Tahuata et de Hiva-Oa les obligent à quitter en septembre 1847.

A la demande de Mgr Dordillon, le gouverneur demande aux sœurs de Cluny d'ouvrir une école dans l'île de Nuku-Hiva. Le 4 mars 1864, sœurs Mélanie, Lazarine, Félicité et Anne-Marie débarquent à Taiohae. Leur école-internat compte plus de 80 élèves. A Noël 1884, les sœurs Saint-Prix, Aldegonde, Françoise de Jésus et Appoline-Marie arrivent à Atuona pour lancer l'école-internat

(18) Administrateur des Gambier au Gouverneur (8-6-1904), Rikitea – Gouverneur Cor au Ministre (9-5-1904), F.O.M. Océanie C 98, H 39.

des filles, demandée par Mgr Dordillon. Elles y ont rapidement plus de 110 élèves des îles de Tahuata et Hiva-Oa. Selon les hauts et les bas de cette époque troublée aux Marquises et malgré les efforts de Paul Gauguin qui empêche les parents d'envoyer leurs filles à l'école d'Atuona où il réside, les écoles des sœurs sont appréciées pour l'efficace protection et la formation familiale des filles. « La lutte contre la Mission aux Marquises et le développement de la laïcisation » menés par le gouverneur Cor, entraînent la fermeture de ces écoles-internats en 1905 [19]. En cela, il est d'un avis opposé au gouverneur Petit qui avait écrit au Ministre des Colonies en 1903 : « Supposer que l'Administration locale ait voulu sacrifier une population encore primitive au seul principe de la laïcité, plutôt que d'utiliser les écoles tenues par les frères de Ploërmel ou par les religieuses de Saint-Joseph de Cluny, je puis affirmer que cette pensée n'a jamais été la nôtre. Elle irait à l'encontre des idées gouvernementales les plus simples et ne pourrait s'expliquer que de la part d'ignorants peu conscients de nos véritables intérêts dans ces régions si lointaines... [20] ». Comment ne pas comprendre les gémissements des Vicaires Apostoliques des Marquises devant les « variations de l'Administration » dans ces îles ? [21].

Les sœurs de Cluny ne quittent Taiohae qu'en 1927. Suite à la demande du Gouverneur qui propose à Mgr Le Cadre en 1922 la réouverture des écoles de la Mission, les sœurs envoient une religieuse diplômée et reprennent l'école-internat d'Atuona le 24 mai 1924 [22]. Elles y sont toujours en 1983.

La question des internats, liés aux écoles, suscite des débats passionnés. La dispersion des îles les rendent nécessaires. Le climat de violence et de débauche, surtout aux Marquises, les exigent pour protéger les filles, souvent déflorées dès l'âge de 10 ans. Pour cela, le Ministre de la Marine demande au gouverneur de « soutenir les sœurs » en 1854. Le règlement du pensionnat de Papeete est approuvé en 1859. Après avoir pacifié les Marquises, en 1880, l'Amiral Bergasse Dupetit-Thouars demande au Ministre de « développer les internats et de faire appel aux sœurs ». En 1903, devant les « excès des colons et la débauche généralisée », le gouverneur Petit est du même avis. Mais, devant la suppression de l'obligation scolaire et l'impossibilité de nourrir les enfants, Mgr Martin doit fermer les internats en 1895. Nous avons vu qu'en 1904, au nom de la « liberté individuelle » le gouverneur Cor « interdit les internats et ferme brutalement les écoles ». Il faut remarquer que, depuis cette époque qui nous semble lointaine mais dont les conséquences sont toujours actuelles, l'enseignement public s'est

---

(19) Gouverneur Cor au Ministre (18-2-1905), F.O.M. Océanie C 103, A 165.

(20) Gouverneur Petit au Ministre (11-5-1903), F.O.M. Océanie C 131, A 161.

(21) Mgr Dordillon au T.R.P. (26-5-1881, 6-10-1882, 26-1-1884, 6-9-1884), Ar. SS.CC. 47, 1 – Mgr Martin au T.R.P. (27-11-1894, 13-5-1895, 5-10-1898, 17-10-1902, 28-9-1904), Ar. SS.CC. 47, 2.

(22) Mgr Le Cadre au T.R.P. : lettres de 1922-1923-1924, Ar. SS.CC. 47, 3.

vu contraint, pour assurer le service de l'obligation scolaire, d'ouvrir un certain nombre d'internats.

Enfin le 15 juillet 1895, trois religieuses de Saint-Joseph de Cluny arrivent de Papeete pour fonder la première école catholique à Rarotonga aux îles Cook. Cette ouverture fait suite à la visite de prospection du P. Georges Eich en 1894. Il constate l'excellente réputation des écoles catholiques de Tahiti aux Cook. Le Gouverneur anglais et la Reine désirent ce service pour leur population. Aussi, le P. Bernardin Castanié «débute la mission» par cette école confiée aux sœurs de Cluny avec lesquelles il travaillera tout au long de son ministère [23].

Ces quelques pages laissent deviner la grande disponibilité missionnaire des sœurs de Saint-Joseph de Cluny, les difficultés traversées dans le service de l'éducation chrétienne et de la formation des mères de familles en Polynésie. Personne ne sera étonné de découvrir ainsi les racines profondes de la confiance, du respect et de l'affection dont elles bénéficient de la part de la population et des diverses autorités dans les îles polynésiennes.

Les Frères de Ploërmel

Le 18 octobre 1860, les frères Alpert Ropert, Arsène Guillet, Hilaire Toublanc et Eubert Robic débarquent à Papeete au terme d'un long voyage de 13 mois. Pendant cinq mois à Valparaiso, ils travaillent avec les pères des Sacrés-Cœurs; ils font une escale de huit jours à Nuku-Hiva où ils sont reçus par Mgr Dordillon. Dès le 2 décembre 1860, le Commissaire Impérial Gaultier de la Richerie les «autorise à ouvrir immédiatement un externat de jeunes garçons». Cette date marque l'origine de l'école publique des garçons à Tahiti dans des conditions par ailleurs très difficiles; le gouverneur de la Richerie, malgré ce qu'avait prévu son prédécesseur Saisset et ce qu'offrait Mgr Jaussen, attribue aux frères «une vieille case dans une aile de la caserne» au cœur du quartier le plus mal famé de la ville.

Cet envoi des Frères de l'Instruction Chrétienne à Tahiti est un des tout derniers actes de leur fondateur, alors âgé de 79 ans, l'abbé Jean-Marie de la Mennais. Il avait déjà envoyé ses frères aux Antilles, en Guyane, au Sénégal; c'est d'ailleurs du Sénégal que venait le frère Ropert, le directeur et fondateur de l'œuvre des frères en Polynésie où il restera sept ans. Pour saisir le sens de cette arrivée et comprendre les difficultés de tous ordres qui surviennent dès le début,

---

(23) G. Eich au T.R.P. (1-3-1894, 14-7-1895, 15-10-1897), Ar. SS.CC. 60, 2 – B. Castanié au T.R.P (5-11-1894, 6-11-1895, 31-1-1895, 26-1-1896, 1-3-1907, 1-3-1920, 13-5-1922, 1-4-1924, 23-8-1924), Ar. SS.CC. 78, 1.

à commencer par le logement infect et les tracasseries administratives, il convient de situer cette demande ; elle a ses racines sept ans plus tôt.

Pour asseoir son autorité, « annuler les anglais » et lutter contre les pères des Sacrés-Cœurs par des « prêtres gouvernementaux », le gouverneur Page écrit au Ministre de la Marine en 1853 : « Je prie qu'on m'envoie de France des instituteurs ayant dans leur programme le français ; la majorité des districts me le demandent... Il faut des instituteurs qui reçoivent et respectent les ordres du Gouvernement... des Frères de la Doctrine chrétienne (sic) seraient un noyau suffisant [(24)] ». En plus des autres excès – affaire d'Anaa de 1852 – le Ministre, tout en retenant l'idée, n'apprécie guère les motivations avancées. Il écrit au gouverneur du Bouzet qui succède à Page : « Monsieur Page, à tort, a voulu soustraire l'enseignement à la Mission catholique. Le projet de faire venir deux Frères de l'Instruction Chrétienne demande un très sérieux examen... Le Vicaire Apostolique y est favorable [(25)] ». Ce n'est que quatre ans plus tard, le 25 octobre 1858 que le gouverneur Saisset « de concert avec Mgr d'Axiéri (T. Jaussen) demande au Prince chargé du Ministère des Colonies, quatre Frères de l'Ecole chrétienne (sic) pour l'instruction primaire à Papeete [(26)] ». Le 5 mai 1859, le Ministre transmet la demande à l'abbé Jean-Marie de la Mennais qui accepte aussitôt.

Malgré les « instructions » laissées par Saisset sur cette arrivée des frères, son successeur Gaultier de la Richerie profite de leur long voyage de treize mois pour entraver l'œuvre des frères et la faire échouer [(27)]. Ils logent « au milieu d'une centaine de soldats et d'un plus grand nombre de femmes » pour les décourager et empêcher les européens d'y envoyer leurs enfants. Les élèves doivent passer devant le centre des pasteurs protestants qui ont menacé d'excommunier les parents qui enverraient leurs enfants chez les Frères. De plus on est en plein conflit entre l'évêque et le Gouverneur qui, aux dires du Ministre, « est hostile au catholicisme... et a les vues de protestantiser le pays [(28)] ». Ce conflit amène Mgr Jaussen à aller à Paris et à demeurer absent de Tahiti pendant près de quatre années. De plus le Fr. Alpert se plaint de l'autoritarisme anti-religieux du Gouverneur : « Il n'appartient pas à votre Supérieur de poser ses conditions : c'est un droit qui m'est dû ! me répète-t-il !... Il se moque de nos règles... Son désir est de vouloir nous conduire comme des officiers. Il se croit un petit empereur et veut tout diriger en despote [(29)] ».

---

(24) Gouverneur PAGE au Ministre (5-12-1853), F.O.M. Océanie C 43, H 9.

(25) Instruction du Ministre au Gouverneur du BOUZET (15-5-1854), F.O.M. Océanie C 13, A 70.

(26) Gouverneur SAISSET au Ministre (25-10-1858) ; à de la RICHERIE (1859), F.O.M. Océanie C 14, A 75.

(27) Journal de la Société des Océanistes : *Les premiers temps de l'Instruction Publique à Tahiti.*

(28) Notes du Ministre sur la lettre du P. MONTITON (1863) et Fr. Alpert (28-11-1860), F.O.M. Océanie C 106 et 26.

(29) Frère ALPERT, lettres diverses, Ar. F.I.C., Tahiti.

Dans un tel contexte, il est facile d'imaginer que la compréhension fut délicate à établir avec le Vicariat Apostolique. Mgr Tepano Jaussen, à la demande des missionnaires, s'absente de janvier 1861 à février 1864. Le P. Clair Fouqué gère la Mission comme Provicaire pendant ce temps. Il avait eu à subir les exactions du gouverneur Page à Anaa dix ans auparavant. Si «la plus grande union règne entre les communautés: Pères, Frères et Sœurs», selon une lettre du Fr. Alpert, l'ambiguïté de la position des frères de Ploërmel – à la fois fonctionnaires du Gouvernement chargés des écoles publiques de garçons et religieux dans la mission catholique alors en butte au double jeu de la Richerie – suscite de sérieuses questions aux missionnaires. Le Supérieur Général des Frères, le T.C.F. Cyprien répond aux griefs de Mgr Jaussen et du P. Fouqué le 20 septembre 1865 par une lettre grave et émouvante [30].

«Il y a eu dans tout cela... quelques surprises et de l'exagération... au point de vue des insinuations perfides... Est-il vrai que le Fr. Alpert ait toujours été encouragé comme il aurait dû l'être? Ces pauvres frères, jetés si loin de moi, ne seraient-ils pas soumis parfois à des épreuves tristement décourageantes?... J'ai dû me demander sérieusement si je ne rappellerais pas mes frères, plutôt que de les laisser en butte à d'étranges persécutions de la part de ceux-là même qui devraient les encourager et les défendre. L'heureuse arrivée de Votre Grandeur sera, je n'en doute pas, le meilleur remède à tous ces maux.

«Un mot cruel qui me bouleverse s'est échappé d'une plume bénie: «Serait-il vrai que, dans les colonies, vos frères font la guerre au clergé?» Si cette question pouvait être sérieusement posée, je n'écrirais pas cette lettre. Je briserais ma plume; et, prosterné le front dans la poussière, je demanderais à Dieu la suppression, ou plutôt l'anéantissement de toutes nos écoles coloniales... Que ne m'est-il donné de causer quelques instants avec vous, Monseigneur! Je vous donnerais la clef de bien des choses.»

La position des frères est fort difficile à tenir. Le 1er décembre 1860, le Fr. Ropert veut l'application à Tahiti de «la même règlementation que dans les autres colonies où ils sont demandés... Nous ne dépendons que de l'Ordonnateur et nous demandons avec instance à être sous sa direction réglementaire... L'Ecole doit être gratuite, car le Gouvernement nous a envoyé pour fonder l'Ecole la plus accessible aux indigènes afin de populariser la langue française... Nous nous proposons de conduire seulement les enfants catholiques aux offices» [31]. L'année 1861 voit d'âpres discussions avec le gouverneur sur le règlement, les fournitures, les locaux, l'organisation de l'école. En 1862, le Fr. Ropert doit réaffirmer «la loyauté et le dévouement des Frères à l'Administration pour

(30) T.C.F. Cyprien à Mgr T. Jaussen, Ar. F.I.C., Tahiti (20-9-1865).
(31) Frère Alpert au Gouverneur (1-12-1860), F.O.M. Océanie C 26, H 16.

son œuvre civilisatrice» [32]. Le 20 octobre 1862, le gouverneur de la Richerie, suivant en cela les directives constantes du Ministère de la Marine et des Colonies, promulgue une ordonnance rendant le français obligatoire dans les écoles. Dans son rapport du 30 octobre suivant, il oppose «l'enseignement des écoles de la mission catholique pour ainsi dire nul... aux écoles catholiques françaises des Frères et des Sœurs... J'ai à cœur de voir un clergé catholique solidement établi dans le Protectorat à l'ombre de notre drapeau... Mgr d'Axiéri ne veut pas se conformer à un arrêté si favorable pour lui. Si les écoles de la Mission n'eussent pas été transformées en cours de catéchisme, la susceptibilité des parents n'eût pas été éveillée... Les indigènes ont le désir d'apprendre notre langue» [33]. Pour faciliter l'acquisition du français – et comme Charles Viénot le proposera lui aussi pour l'école protestante de Papeete – le Fr. Alpert suggère en 1863 «de forcer les élèves à être en récréation avec les maîtres pour empêcher de parler la langue indienne» [34]. Ministres et gouverneurs insistent sur cette nécessité de l'école en français. Cette exclusivité qui se poursuivra jusque dans les années 1970, sera un point de friction permanent avec la Mission catholique; les petites écoles des missionnaires sont bilingues et la liturgie est à base de chants en langue locale.

A cette position déjà bien délicate pour les premiers frères, à la fois dans l'administration et dans la Mission, s'ajoute l'arrivée des pasteurs protestants français en 1863. Le 15 mai 1860, pendant le voyage des premiers frères, le gouverneur de la Richerie «décide d'appeler des pasteurs français» à l'instigation de Caillet et suite à la «pétition de l'Assemblée législative». Si cet appel reprend des suggestions de 1844 et de 1857, Charles Viénot reconnaît l'action déterminante de Caillet et de la Richerie dont l'idée essentielle est d'établir «un culte national» contrôlé par le gouverneur [35]. La Société des Missions Evangéliques de Paris répond favorablement en 1862. En mars 1863, le pasteur Arbousset fait une longue visite de prospection. Il demande aussitôt la création d'une école protestante pour équilibrer «l'effort catholique sur les écoles». Le pasteur Atger arrive dans ce but en 1864. Mais c'est Charles Viénot qui ouvrira l'école protestante le 17 septembre 1866. Il faut comprendre la vigueur de la lutte menée par les protestants français en ce domaine. Les religieux catholiques tiennent les écoles des districts et les écoles officielles du Gouvernement. De plus, les pasteurs français constatent avec effroi «le naufrage du protestantisme, le bas niveau des pasteurs locaux, l'immoralité et la superficialité» à Tahiti et Moorea.

---

(32) Frère Ropert au Gouverneur (11-12-1862), F.O.M. Océanie C 44, H 19.

(33) Gouverneur au Ministre (20-10 et 30-10-1862), F.O.M. Océanie C 44, H 19.

(34) Frère Ropert au Gouverneur (1-4-1863), F.O.M. Océanie C 26, H 5 – «Indien» désigne maohi à cette époque. – Ch. Viénot à S.M.E.P. (13-10-1879), D.E.F.A.P. Océanie – Gouverneur de la Roncière au Pasteur Arbousset (18-5-1865), D.E.F.A.P. Océanie.

(35) Ch. Viénot à S.M.E.P. (10-6-1878), D.E.F.A.P. Océanie.

« Les difficultés du protestantisme à Tahiti, en particulier à cause des écoles catholiques soutenues par l'administration » sont considérables. Une telle situation de reprise fondamentale du protestantisme, liée aux mentalités ardentes de l'époque, explique la violence de la lutte scolaire [36].

Dans cette ambiance tendue, le gouverneur de la Richerie, le 31 octobre 1862 décide que « sept jeunes gens sortis des classes tenues par les Frères, vont compléter leur éducation au pensionnat de N.-D. de Toutes-Aides à Nantes, appartenant à la même communauté ». Le quatrième fils de Pomaré IV, Tuavira Joinville, bénéficie lui aussi d'une bourse coloniale. Les élèves sont confiés au T.C.F. Cyprien, Supérieur Général, « comme à leur père » par la Reine et les chefs. Certains élèves étant protestants et la famille royale étant concernée, l'émoi est très vif chez les protestants. L'affaire va au Ministère et fait couler beaucoup d'encre. Malgré l'avis de leurs parents, trois jeunes gens sont enlevés aux frères et confiés à l'école protestante de Nérac. En février 1865, le Gouverneur de la Roncière, juge « l'expérience inutile et onéreuse »; il propose le retour à Tahiti des six jeunes gens. Ce qui a lieu en mai suivant. Le gouverneur procède en avril 1866 à l'examen oral de ces premiers étudiants tahitiens en France ; il le juge « bien peu satisfaisant » [37]. Que cherchait en fait de la Richerie dans cet essai si mal préparé ? Les protestants se sont sentis provoqués ; les frères de Ploërmel ont été floués ; le Ministère de la Marine a été irrité ; la Mission catholique a été embarrassée. Sinon le but, du moins le résultat en fut machiavélique ; les divisions et les tensions en furent aggravées. On comprend l'irritation du T.C.F. Supérieur Général qui intervient deux fois de suite, en 1864, auprès du Ministre. Il constate que, « après un début plein des plus belles espérances – puisque les frères avaient tous les enfants de la localité, sans distinction de protestants et de catholiques – leur mission a été troublée par l'arrivée des ministres protestants français (20 avril)...

Si la situation doit être continuée, je supplie de bien vouloir rappeler les frères (19 août) [38] ».

Après avoir situé l'ambiance compliquée et le contexte tendu de l'arrivée des frères de Ploërmel pour fonder l'Instruction Publique des garçons, retraçons brièvement – car c'est mieux connu – l'histoire de leurs écoles à Tahiti puis aux Marquises.

---

(36) Pasteur ARBOUSSET au Gouverneur (2-12-1863), F.O.M. Océanie C 26, H 5 - Pasteur ATGER à S.M.E.P. (8-6-1864, 21-4-1871, 11-4-1866) – Ch. VIÉNOT (13-6-1866, 3-10-1874) – Conseil des pasteurs français (20-10-1871, 25-4-1872, 4-6-1872), D.E.F.A.P. Océanie.

(37) F.O.M. Océanie C 27, H 20 consacré aux « jeunes tahitiens en France : 1863-1866 » – Archives des F.I.C. à Rome et du D.E.F.A.P. : lettres nombreuses.

(38) T.C.F. CYPRIEN au Ministre (20-4-1864, 19-7-1864), F.O.M. Océanie C 44, H 19.

Le succès de l'école publique des garçons de Papeete, confiée aux frères le 2 décembre 1860, est aussi rapide qu'inattendu. Ils sont plus de 200 élèves après un an et demi. En décembre 1862, les frères ont 153 élèves et les sœurs 140. Devant ce succès, le Comité d'instruction Publique est fondé le 22 janvier 1863. La grande question sera longtemps celle de la persévérance ; catholiques comme protestants se plaignent de « l'absentéisme des élèves ». Les frères sont comblés d'éloges par l'Assemblée législative et le gouverneur ; la Reine « engage tous ses sujets à confier aux Frères l'instruction de leurs enfants ». Ces appels ne peuvent cependant pas donner du jour au lendemain le sens de leurs responsabilités éducatives à des polynésiens alors tout à fait « indifférents et sans autorité sur leurs enfants ».

Le 31 mars 1864, à la demande du chef de Papeuriri, les frères ouvrent une école publique à Mataiea. Les frères, depuis octobre 1863, sont dix au service de l'enseignement. Par « leur dévouement, leurs qualités d'abnégation, leur sens du devoir, leur compétence, leur présence toute la journée avec leurs élèves », les frères transforment rapidement « la mentalité et les mœurs scolaires de la population tahitienne ». L'administration et les familles leur font une confiance totale [39].

Mais l'arrivée des pasteurs protestants français en 1863 et le développement de la laïcité en France vont entraîner dès 1882 pour Papeete et 1887 pour Mataiea la laïcisation des écoles publiques tenues par les frères à Tahiti. Dès le 4 septembre 1866, Charles Viénot envisage cette perspective. Sa participation au Comité d'Instruction Publique en 1876, l'appui du Gouverneur Chessé en 1880, des Amiraux Jauréguiberry et Cloué en 1881, en permettant l'application dès octobre 1882 à Papeete [40]. Il s'agit d'une question politique et religieuse, comme le constate le gouverneur Planche en 1879 [41].

« Nos écoles fonctionnent bien et l'instruction publique primaire est certainement plus avancée à Tahiti et Moorea que dans beaucoup de départements français. On rencontre peu de tahitiens, dans les districts, qui ne sachent lire, écrire et calculer couramment. Les dispositions naturelles sur le calcul sont même extraordinaires.

« Une diminution a été opérée sur le personnel des écoles publiques catholiques afin de reporter l'économie sur l'école protestante indigène de Papeete qui est disposée à devenir école publique. »

Le 12 février 1879, le gouverneur demande au Ministre : « Quelle est la nature et la durée des contrats de direction des Ecoles pour les Frères et les Sœurs ? Il

---

(39) P. O'Reilly : *100 ans au service de la jeunesse tahitienne,* p. 5.
(40) Ch. Viénot : lettres de 1866 à 1881, D.E.F.A.P. Océanie.
(41) Gouverneur Planche au Ministre (12-2-1879, 12-8-1879, 31-10-1879), F.O.M. Océanie C 98, H 31.

n'y a localement aucun acte.» La réponse du Ministre Jauréguiberry est «qu'aucune clause n'existait qui puisse empêcher l'administration d'employer d'autres instituteurs pour diriger les écoles... (de plus) il est opportun de diriger l'instruction conformément aux idées religieuses de la majorité de la population de la colonie» (42). Dès le 2 septembre 1879, par arrêté n° 368, le gouverneur supprime deux postes de frères et deux postes de sœurs qui «devront prendre passage sur le premier bâtiment qui partira de Tahiti pour se rendre en France».

Le report sur les protestants de ce qui est retiré aux catholiques, selon les accords entre la Marine et la S.M.E.P., paraît curieux aux milieux laïcs qui «veulent une école séparée de l'Eglise et du Temple». En janvier 1880, le gouverneur écrit au Ministre: «Le Conseil a refusé de remplacer les écoles actuelles par une école laïque, chose bonne et rationnelle; mais le moment n'est pas arrivé... Les finances locales ne peuvent supporter cette dépense de 80 à 100.000 F. Le Conseil n'admet pas les écoles de culte qui entretiennent l'antagonisme. C'est un dilemme d'où il est difficile de sortir. Le Gouvernement n'a jamais entendu créer des écoles de culte proprement dites; cependant les subventions et les divisions les font considérer comme telles. Où trouver des instituteurs laïques pour remplacer les instituteurs actuels aux modestes appointements (43)?»

Le 30 juin, un entrefilet prévient que «les Frères et les Sœurs exerçant dans les Ecoles du Gouvernement continueront à professer jusqu'à nouvel ordre». Il faut deux années pour trouver des remplaçants aux frères qui cessent le 1er octobre 1882. Ce ne sera pas le succès escompté. Les familles continuent de faire confiance aux frères qui ont fondé une école libre dans le cadre de la Mission. En 1887, le gouverneur Lacascade constate le «délabrement de l'Enseignement Public»; les pasteurs Vernier, Brun et de Pomaret se plaignent que les «écoles publiques soient exclusivement en français, laïques, sans prières et qu'on y cultive la mémoire et non pas le cœur» (44).

La laïcisation pose aux Frères de Ploërmel et à Mgr Tepano Jaussen une grave question pastorale et financière. Le Supérieur Général des Frères ne pouvant entretenir une école libre à Tahiti à la charge de la congrégation, leur demande «de céder à la violence et de se retirer» (17 mars 1881). Tel n'est pas l'avis de l'évêque et des familles. Le 7 février 1882, Mgr Tepano et le Fr. Juvénal signent un accord de principe sur le maintien de quatre frères dans les mêmes conditions que celles de l'administration. Le Supérieur et le Conseil des Frères de Ploërmel l'acceptent. Le Conseil de la Mission aussi. «Nous avons tenu Conseil, les

---

(42) Jauréguiberry au Gouverneur (14-5-1879); B.O., E.F.O. n° 7, 1879, acte n° 283.

(43) Gouverneur au Ministre (12-1-1880), F.O.M. Océanie C 98, H 31.

(44) Pasteurs Vernier (12-9-1883), Brun (14-3-1887), Brun et de Pomaret (15-9-1890), D.E.F.A.P. Océanie.

PP. Collette, Martin et moi. Les Frères consentent à rester, moyennant une installation évaluée à 20-25.000 F et une dépense annuelle de 10.000 F (2.000 F par frère et par an). La Mission peut faire la dépense d'installation ; elle ne pourra pas distraire annuellement 10.000 F... C'est un appel à la Providence (10 mars 1882).

« Les Frères et les Sœurs ont leur installation : 35.000 F. Le plus difficile sera de les maintenir, en sacrifiant 15.000 F par an de notre allocation. Nos placements s'en vont. En 1882, je le dis avec effroi, la Mission a dépensé 105.000 F (4 mars 1883) [45]. » Le Vicariat de Tahiti est le seul à faire un tel effort pour garder les Frères de Ploërmel chassés des colonies par les lois laïques. Jusqu'à l'application de la loi Debré en 1975, ce sera une très lourde charge. Malgré cet effort, les frères vivent dans une très grande pauvreté [46]. Ils seront de plus en plus aidés par les Anciens.

Comme les élèves continuent d'aller à l'école des frères dès l'ouverture de leur école libre à Papeete et que Mgr Verdier vient y faire le catéchisme, les frères sont menacés à cause de cela. Le laïcisme du moment ne tolère pas l'enseignement religieux dans une école religieuse [47]. La situation est délicate pour les frères : ils sont plébiscités par la population et la majorité des élèves n'est pas catholique ; ils sont désormais une école libre de la Mission catholique qui désire que les frères soient explicitement missionnaires. Pour tous c'est une mutation délicate à réaliser au milieu de tensions considérables. Les Vicaires Apostoliques successifs expriment à la fois leur réserve, parfois irritée, devant des frères qu'ils trouvent plus « instituteurs et universitaires » que religieux missionnaires, et leur admiration profonde pour le travail de formation de la jeunesse [48]. La grande figure de cette difficile période de luttes incessantes et de succès grandissants est celle du populaire Fr. Alain Guitton (1890-1913). Le 13 janvier 1944, la Colonie reconnaît officiellement les services rendus par l'enseignement catholique à Tahiti.

Le 16 décembre 1945, Mgr Paul Mazé pose la première pierre du nouveau bâtiment du collège La Mennais, financé par les anciens élèves et les parents ; il est inauguré en 1948. Avec le développement de Tahiti et le soutien actif de l'évêque, les écoles des Frères se déploient dans la zone urbaine : 6 octobre 1958, ouverture de l'école Saint-Paul ; septembre 1965, fondation de l'école Fariimata ; septembre 1968, lancement de l'école Saint-Hilaire à Faaa.

---

(45) Mgr JAUSSEN au T.R.P. (10-3-1882, 4-3-1883), Ar. SS.CC. 58, 1 – Cette année-là les recettes de la Mission sont de 72.000 F, dont 50.000 F de la Propagation de la Foi.

(46) Frère ROMAIN-PIERRE au Supérieur Général (22-2-1935), Ar. F.I.C. Tahiti.

(47) P.R. MARTIN au T.R.P. (10-11-1885), Ar. SS.CC. 47, 2.

(48) Mgr VERDIER au T.R.P. (18-4-1884) – P. DELPUECH à Mgr VERDIER (10-12-1892) – Mgr HERMEL (16-7-1905) – Mgr MAZÉ (1-8-1939, 29-9-1960), Ar. SS.CC. – Frère THÉOHILE au T.C.F. Général (23-10-1922), Ar. F.I.C. Océanie.

De nombreux mouvements de jeunes, des activités très diverses sont lancées et animées par les frères. La musique y est à l'honneur par la célèbre fanfare qui anime les fêtes officielles, comme le défilé de la Victoire de 1918 ; ce qui ne plaît pas à tout le monde, si on en croit le «Journal de Papeete». En plus de la musique, chère aux Tahitiens, le sport sous toutes ses formes est mis à l'honneur. Lorsqu'en 1964, les écoles chinoises de Tahiti ferment leurs portes, la plupart de ses 200 élèves s'inscrivent chez les frères. Avec l'arrivée du C.E.P. en 1963 et le doublement de la population en vingt ans, avec l'introduction de la loi Debré en 1974 et 1975, une époque nouvelle est commencée, préparée du reste par la politique bienveillante et constante des différentes Assemblées Territoriales qui subventionneront les écoles privées pour le traitement des maîtres, les besoins pédagogiques et parfois même certaines constructions.

Aux Marquises, les Frères de Ploërmel se sont implantés en trois périodes différentes, liées aux difficultés du moment. Un premier essai a lieu de 1863 à 1866. En avril 1863, à la demande de Mgr Dordillon, alors directeur des affaires indigènes, les Fr. Stanislas, Gatien et Emilas fondent une école de garçons à Taiohae (Nuku-Hiva). Le 20 août suivant, une épidémie de petite vérole apportée par un bateau, fait disparaître la moitié de la population : 958 décès pour 998 survivants. Le Fr. Arthémas qui savait vacciner, part pour Taiohae avec les sœurs de Cluny. Les classes reprennent en avril 1864. Mais le gouverneur de la Roncière, plus favorable aux formations manuelles et découragé par les médiocres résultats des élèves ainsi que par le mauvais état de santé des frères, supprime la prise en charge des frères et des sœurs qui se retirent en 1866 [49].

Le second essai se déroule de 1898 à 1904 à Atuona et Puamau sur l'île de Hiva-Oa. Mgr Martin, avec l'accord de Mgr Verdier, obtient du Fr. Alain Guitton les trois frères destinés à Mangareva (une première demande pour cette île en 1887 avait été refusée à cause de la laïcisation de Mataiea cette année-là). En décembre 1898, les Fr. Prudent, Mesmin et Emilius arrivent, avec Mgr Martin, à Atuona, la résidence du Vicaire Apostolique à cette époque. Les Fr. Mesmin et Emilius fondent une école à Puamau de l'autre côté de l'île de Hiva-Oa. Ces deux écoles sont des internats dont les familles assurent la subsistance. Les écoles prospèrent rapidement et les enfants «parlent hardiment le français». Les conditions sont fort pénibles et là aussi la fanfare fait merveille. Malheureusement Paul Gauguin fit tout son possible pour «démontrer aux parents qu'ils n'avaient aucune obligation d'envoyer leurs enfants aux écoles d'Atuona, surtout les filles». Le 9 décembre 1904 les Frères regagnent Papeete, leur école ayant été déclarée «sans autorisation réglementaire» le 7 septembre précédent. La laïcisation fermait ainsi les écoles des frères et des sœurs aux Marquises.

---

(49) Mgr Dordillon au T.R.P. (2-10-1864, 2-10-1864, 29-8-1868), Ar. SS.CC. 47, 1.

Le troisième essai est commencé depuis le 5 août 1971 à Taiohae. Les Frères de Ploërmel y prennent l'école-internat Saint-Joseph qui avait été ouverte en 1960 par Mgr Tirilly. Depuis 1922, Mgr Le Cadre soupirait après cette reprise d'une école de garçons aux Marquises.

Le lecteur excusera l'aspect un peu décousu et plus suggestif que longuement explicatif de cette étude sur l'éducation dans la Mission catholique en Polynésie française. Depuis 1950, d'autres congrégations religieuses sont venues apporter leur concours à l'œuvre de l'éducation chrétienne. Le 19 février 1951 les sœurs missionnaires de Notre-Dame des Anges ouvrent une école à Faaa, racine du grand complexe scolaire actuel. En 1965, elles remplacent les sœurs de Cluny à l'école Sainte-Thérèse. Enfin elles prennent en charge l'école primaire de Taravao.

Les religieuses du Bon Pasteur d'Angers ouvrent le 24 octobre 1967 un centre éducatif et un foyer, l'un et l'autre internats, pour les jeunes filles. Enfin en 1972, un petit groupe de religieuses, Filles de la Charité du Sacré-Cœur, s'établissent à Pirae et prennent en charge l'école Saint-Michel.

Désormais, l'Enseignement Catholique est surtout assuré par plus de 90 % de professeurs laïcs. Ses diverses composantes qui se retrouvaient depuis longtemps dans un Conseil diocésain, se réunissent en Comité diocésain de l'enseignement catholique (C.O.D.I.E.C.) depuis le 29 mars 1979. Ce C.O.D.I.E.C. est commun pour les deux diocèses de Tahiti et des Marquises. S'il faut constater, avec l'Assemblée Territoriale en sa séance du 30 décembre 1971, que l'enseignement catholique est principalement présent actuellement dans la zone urbaine de Papeete, ce n'est pas parce qu'il a manqué dans les divers archipels. Il a intéressé tout le monde et d'abord les polynésiens. Les écoles de la mission catholique ont utilisé les diverses langues du «reo maohi», en particulier le tahitien, le mangarévien, le paumotu et le marquisien. Dans les années 1970, des programmes et des documents en langue tahitienne ont été composés par le P. Hubert Coppenrath et approfondis par Joanna Nouveau. On ne peut que regretter que les luttes antireligieuses depuis plus d'un siècle en France aient été exportées, voire anticipées, en Polynésie détruisant l'enseignement de la mission catholique qui a alphabétisé et formé l'ensemble des polynésiens pendant plus de cent ans. Même les gouverneurs les plus opposés à la Mission ont dû constater que ces querelles ont entraîné une régression scolaire importante. Les inspecteurs généraux Coste et Moretti déplorent cette situation en 1903 et 1911, ainsi que le faible budget (7 %) affecté aux écoles. En 1860, l'obligation scolaire est inscrite dans la loi tahitienne et assurée par les missionnaires protestants et catholiques. En 1879, la scolarisation est d'un niveau supérieur à celui de la Métropole, alors qu'en 1887, après la laïcisation, elle est en baisse. Les fermetures de 1904-1905, chassant les religieux des écoles, ont nui aux populations des îles éloignées et des vallées peu accessibles. Les gouverneurs, à partir de 1922, en particulier pour les Marquises et les Tuamotu, s'efforcent de rattraper le retard accumulé par leurs prédécesseurs en s'assurant la collaboration de la Mission catholique.

Tout cela est sans doute une vieille histoire. Il est triste de constater que ce sont les polynésiens qui ont fait les frais des querelles métropolitaines anticléricales. Il n'est peut-être pas inutile, sur un sujet aussi compliqué que délicat et sensible, de purifier la mémoire pour en éviter le retour et, tous ensemble, construire l'avenir d'un Territoire nouveau. Les propositions de l'Etat publiées en décembre 1982 par le Ministre de l'Education, Monsieur Savary, sur « l'insertion du secteur privé d'enseignement au sein du service public sous la nouvelle forme de l'Etablissement d'intérêt public » est source d'inquiétude par son esprit d'étatisation à tous les niveaux. De plus, la « Mission Catholique » en Polynésie française, avec toutes ses composantes religieuses, éducatives, scolaires, sociales... a un statut juridique officiel par le décret Mandel du 16 janvier 1939. La Séparation de l'Eglise et de l'Etat ne s'y applique pas en droit, même si, par un abus historique regrettable, laïcisation et séparation furent appliqués rigoureusement à la seule Eglise catholique. Ne peut-on construire l'avenir sur les bases nouvelles du pluralisme respecté ?

Catéchismes et catéchèse

Le cœur de l'évangélisation par l'éducation c'est la catéchèse. Selon l'exemple du Christ « enseignant longuement les foules » et dans l'obéissance à son ordre « d'annoncer l'Evangile à toutes les nations », les Apôtres proclament le Salut en Jésus-Christ. Très vite ils confient à des collaborateurs ce « service de la Parole » : les diacres, certains disciples, « ceux qui ont le don d'enseigner ». L'exhortation apostolique de Jean-Paul II, récapitulant les travaux du 4e Synode des Evêques d'octobre 1977 sur la catéchèse, la situe dans la dynamique de l'évangélisation et de l'éducation de foi [50].

Nous avons parlé du rôle capital des « katekita » dans l'évangélisation, en particulier des Tuamotu et de l'île de Pâques. Nous venons de rappeler les principales étapes et le contexte des écoles par rapport à la Mission catholique. Pour terminer et synthétiser tous ces efforts d'évangélisation par l'éducation et l'enseignement, il faut découvrir comment et dans quel esprit les documents de catéchèse ont été bâtis. On peut distinguer trois étapes principales : les essais (1830-1851), les catéchismes (1851-1970), l'animation catéchétique diocésaine depuis 1970.

(50) Exhortation apostolique : *Catechesi tradendae* du 16-10-1979. *Doc. Cath.* n° 1773, (4-11-79).

Les premiers essais (1830-1851)

Le P. Alexis Bachelot, Préfet Apostolique des îles Sandwich (Hawaii), met à profit son séjour forcé en Californie pour bâtir le premier catéchisme du Vicariat d'Océanie Orientale en 1835. Il le soumet aux experts de « Propaganda Fide ». Ce sont des témoignages intéressants sur l'esprit et la méthode de l'évangélisation initiale en Polynésie.

« Cet exposé de la doctrine chrétienne et ce petit catéchisme, prémices des ouvrages religieux en langue des Sandwich, veulent permettre aux chrétiens de s'instruire eux-mêmes en raison de la persécution qui les sépare de nous. Le manque de mots, la connaissance imparfaite de la langue amènent des incorrections. Ex. : Papa est un dieu de leurs fables ; ce mot prêt aux ris et aux blasphèmes ; j'ai dû traduire Souverain Pontife par Kumu Kanoka (maître délégué).

« Les insulaires paraissent avoir honte de parler de leur mythologie à cause du ridicule que les étrangers y ont jeté. Nous fîmes des recherches pour savoir si dans ces fables ne se rencontraient pas quelques vestiges de religion ; c'est très obscur. La langue paraît avoir grande analogie avec l'hébreu, disent certains... Ceci paraît dénué de fondement [(51)]. »

L'abbé Finucci répond en donnant quelques orientations catéchétiques.

« Rien d'essentiel ne s'oppose à la foi dans les deux livres du P. Alexis Bachelot.

– La correspondance des termes est à chercher dans des circonlocutions et des exemples de la vie, des relations, de la nature, de ce qui est commun à tous les hommes.

– Attention à ne pas étendre, par imprécision des termes, les exigences essentielles [(52)]. »

On remarque sans peine le souci de l'enracinement culturel de la catéchèse et des catéchismes dans ce qui est valable des conceptions religieuses naturelles, « les pierres d'attente ». Les brèves directives de Propaganda Fide sont dans la ligne des paraboles de l'Evangile et des exigences minimales du premier Concile de Jérusalem par rapport aux païens qui deviennent chrétiens. Ces orientations sont aux antipodes d'un colonialisme de la foi ; elles s'inspirent des directives fondamentales données aux premiers Vicaires Apostoliques en 1659. En termes actuels, elles expriment un souci très moderne d'« inculturation » et

---

(51) A. BACHELOT au Cardinal-Préfet de *Propaganda Fide* en 1835, Ar. SS.CC. 1-1-4.

(52) Abbé FINUCCI au Père A. BACHELOT : 1835, Ar. SS.CC. 1-1-4.

d'«acculturation», dans le sens étudié au Symposium du Congrès Eucharistique International de Lourdes en 1981 (53).

Dès 1840, le P. Honoré Laval écrit: «Nous avons composé un livre de doctrine chrétienne, en prenant pour base celui du P. Alexis Bachelot pour qu'il y ait unité dans tout le Vicariat (54)». Dans cette même lettre, il signale la création d'une catéchèse orale sous forme de dialogue qui deviendra, par l'action du P. Montiton les «parau matutu» (parole de recherche), déjà étudiés. «Les grands, à certains jours, s'interrogent sur différents points de la religion. Cela dure trois heures... C'est long, trop long. Mais comment résister au zèle de nos néophytes».

Ces modestes essais et ce lancement d'une catéchèse collective orale selon le style communautaire si cher aux polynésiens, vont trouver leur forme plénière avec l'arrivée de Mgr Tepano Jaussen. Le P. Fouqué lui écrit en 1849 de Anaa: «Je vous ai dit combien nous avions besoin d'un catéchisme... Nous désirons que vous puissiez ajouter au petit catéchisme du P. Ernest (Heurtel) quelques demandes et réponses sur chacun des commandements et des sacrements, en ayant toujours soin de renvoyer aux textes de l'Ecriture Sainte. Peut-être jugerez-vous à propos une leçon sur l'Eglise. Le petit catéchisme de Grousset et celui de "Smacher" me semblent présenter quelques questions bien à la portée des indigènes (55)».

Cette demande du co-fondateur de la mission aux Tuamotu, explicite un aspect typique de la catéchèse et de tout l'enseignement religieux en Polynésie: il s'agit d'un catéchisme biblique enraciné dans l'Eglise. Parole de Dieu, sacrements de la foi et fidélité à l'Eglise, si caractéristiques des missionnaires des Sacrés-Cœurs, se retrouvent dans leurs catéchismes avec le sens aigu de la culture locale.

Les catéchismes du Vicariat de Tahiti (1851-1970)

Dans la vie de Mgr Jaussen, le P. Venance Prat écrit (56): «Evêque, chargé d'instruire le peuple à lui confié, il voulut peser tous les termes de ce petit ouvrage, afin que tous eussent, en le lisant, l'étudiant et l'apprenant, un abrégé très exact de la doctrine catholique. Il mit tous ses soins à le perfectionner,

(53) M. de Carvalho Azevedo: *Eucharistie, Culture, Economie et Foi. Doc. Cath.* n° 1813, p. 719 (9-8-1981).
(54) H. Laval au P. H. Lucas (31-3-1840), Ar. SS.CC. 1-1-4.
(55) C. Fouqué à Mgr Jaussen (14-8-1849), Anaa, Ar. SS.CC. 73, 6.
(56) V. Prat: *Vie de Mgr Tepano Jaussen,* manuscrit. t. I, p. 186. Ar. SS.CC.

espérant que sa diffusion produirait d'heureux et nombreux fruits de salut. Ce petit livre parut dans les premiers mois de 1852.

«Ce travail, a dit le P. Laval, a fait l'admiration de tous ceux qui ont été à même de l'apprécier. Il est divisé en trois parties, comprenant le dogme, la morale et les secours nécessaires pour se sanctifier. Le volume contient trois gravures sur les clefs données à Pierre, l'Eglise et l'Eucharistie. Cet enseignement qui parlait aux yeux était plus efficace sur l'esprit des indigènes, grands et petits, que des considérations sur le dogme ou la morale.»

Ce petit catéchisme de Mgr Tepano, fruit des dix-sept premières années de mission catholique en Océanie, est à la base d'un important travail de recherche et de publications catéchétiques en «reo maohi [(57)]». Le P. Montiton rédige un catéchisme («Ui Katorika») en 1860; il le complète par une «explication» en 1873. Le P. Georges Eich en fait un en 1877. Un catéchisme est aussi rédigé en mangarévien, le «Katekimo Katoriko». Mgr Verdier, avec le P. Eich, publie un catéchisme approfondi en 1907, le «Haapiiraa Katorika»; c'est une sorte de petite «somme théologique» extrêmement utile. En plus du «Ui Katorika», réédité 11 fois, les missionnaires rédigent de nombreux documents sur des points particuliers: Eucharistie, grâce, sacrements, Morale, Marie, Joseph, etc. Tout cet ensemble est entièrement repris, refondu et complété dans la 12e édition du «Ui Katorika», rédigée par le P. Hubert Coppenrath en 1979. Un livre de «himene» l'accompagne l'année suivante. En plus des divers documents catéchétiques, il ne faut pas oublier la traduction complète de la Bible parue en 1914. C'est un travail considérable qu'ont réalisé, avec des moyens dérisoires et dans des conditions difficiles, une poignée de missionnaires des Sacrés-Cœurs dans ce domaine de la catéchèse en diverses langues polynésiennes.

Le P. Paul Mazé, jeune missionnaire de 1910, constate «l'assiduité des canaques au catéchisme et le zèle des missionnaires, évêque en tête, pour l'assurer» [(58)]. En 1860, le P. Loubat se réjouit que «tous les enfants savent bien le catéchisme; les plus grands en connaissent l'explication et cherchent rapidement dans la Bible Kanake la preuve de chaque demande. Je les avais accoutumés à cet exercice afin que, dans l'occasion, ils pussent repousser les attaques» [(59)]. Ce zèle catéchétique par dialogue et fondé sur la Bible est décrit dans de nombreuses lettres de missionnaires. C'est ce qui vaut quelques ennuis à la Mission et à Mgr Verdier qui fait le catéchisme à la nouvelle école libre des frères après 1883. «Les autorités de Papeete, enthousiasmées par nos écoles, aujourd'hui sont pleines de menaces parce que nous y faisons une heure de caté-

(57) A. Cools: *Répertoire des Archives du diocèse de Papeete.* T. I (1970), nos 766 à 778, pp. 139 à 142.
(58) P. Mazé au T.R.P. (4-12-1910), Papeete, Ar. SS.CC. 59, 1.
(59) F. Loubat au T.R.P. (17-8-1860), Putuahara (Anaa), Ar. SS.CC. 62, 3.

chisme par semaine. Un évêque qui fait faire une heure de catéchisme dans une école tenue par des Frères au nom de l'évêque et payée par la Mission, quel crime! Ils voudraient trouver en nous des instituteurs laïques.

«C'est une affaire de principe. Ils ne veulent pas de religion dans une école payée par la Mission. Partout on fonde des écoles libres dans le but d'enseigner le catéchisme. Monseigneur, sommé de faire cesser les catéchismes, tient bon. Mieux vaudrait fermer les écoles [60].»

A cet enseignement systématique, le P. Montiton en 1860 et dans la ligne du P. Laval en 1840, ajoute ce style très polynésien d'une catéchèse orale, dialoguée et chantée, déployant un thème particulier enraciné sur la Bible, le «matuturaa». «Il m'a été possible d'établir des espèces de conférences auxquelles viennent assidûment assister, 3 ou 4 fois par semaine, une quinzaine d'adultes. Ce genre d'instruction familière où chacun peut dire son mot, soumettre ses doutes, expliquer sa pensée et demander les explications dont il a besoin, est bien plus profitable que les instructions faites à l'église du haut de la chaire» [61].

Le P. Bizien le confirme en 1908:

«Vivant en milieu protestant, nos chrétiens ont grandement besoin qu'on les affermisse dans la connaissance de nos dogmes et dans la ferveur de la foi. C'est pourquoi nous avons fréquemment de grandes séances de "parau matutu" ou explications de versets de la Sainte Ecriture, dont nous nous servons pour l'exposition et la défense des points de doctrine [62].» Les «matuturaa» constituent toujours une activité catéchétique communautaire importante et appréciée.

Le diocèse des Marquises n'est pas en reste pour la recherche et la publication des documents catéchétiques. Après le départ précipité de Ua-Pou en 1842 et l'incendie de la mission de Papeete le 30 juin 1844 dans lequel ont péri tous les manuscrits rédigés en langue marquisienne, Mgr Baudichon arrive à publier à Valparaiso le premier catéchisme à la fin de 1845. En 1857, Mgr Dordillon publie une «vie de Jésus» et un recueil de cantiques en marquisien. La rédaction de son vocabulaire en 1880 facilite grandement le travail catéchétique des missionnaires des Sacrés-Cœurs aux Marquises. Mgr Martin rédige plusieurs documents sur la foi catholique entre 1890 et 1910 [63].

---

(60) R. MARTIN au T.R.P. (10-11-1885), Papeete, Ar. SS.CC. 47, 2.

(61) A. MONTITON au T.R.P. (30-8-1860), Anaa, Ar. SS.CC. 73, 2.

(62) Th.BIZIEN (18-8-1908), Atiue in Annales SS.CC. 1908, p. 303. Parau: parole; matutu: examiner; matuturaa: action de rechercher.

(63) A. COOLS: *Répertoire des Archives du diocèse de Taiohae*, n°s 834 à 847 et 852, pp. 166-167. La *Grammaire et Dictionnaire de la langue des îles Marquises*, parus en 1904 et attribués à Mgr DORDILLON, est l'œuvre du P. Gérauld CHAULET. En 1932, l'«Institut d'Ethnologie» à Paris fait imprimer le «grand Dordillon» en 2 volumes.

Centre diocésain de catéchèse (1970...)

Le premier prêtre « fidei donum » réclamé par le Synode pour aider le diocèse de Tahiti, est l'abbé Paul Cochard du diocèse d'Angers. De 1970 à 1972, son ministère principal est de fonder le centre diocésain de catéchèse. Ce centre a pour mission de former les catéchètes dont les écoles et les paroisses ont besoin pour l'initiation des enfants. Il a pour rôle de collecter les productions et les documents venant d'autres diocèses, France et Québec particulièrement. Il rédige des documents adaptés selon les niveaux scolaires des enfants ; il propose des programmes, des itinéraires et des méthodes. Surtout le centre, en lien avec la pastorale générale du diocèse, organise de nombreuses sessions de recherche et de formation.

Avec le centre diocésain de catéchèse, nous sommes entrés dans l'aujourd'hui d'une Eglise qui prépare son avenir dans un peuple chrétien constitué, pour plus de la moitié, par une population qui a moins de vingt ans. C'est dire l'importance de la catéchèse sous toutes ses formes.

Chapitre 14

DÉVELOPPEMENT ET ÉVANGÉLISATION

Depuis l'action des premiers missionnaires à Mangareva à partir du 7 août 1834 jusqu'à la toute récente ouverture du « Centre pour le développement » à Rikitea le 31 août 1982, évangélisation et développement sont étroitement liés aussi bien dans la pratique que dans les objectifs de la Mission catholique en Océanie. En retraçant l'histoire ou en parlant de l'éducation nous avons déjà rencontré plusieurs aspects de ce qu'on nommait, au siècle dernier, une « œuvre de civilisation ». Essentiellement par des témoignages, selon notre projet, découvrons les principaux secteurs de ce qui est devenu la question majeure de notre fin du XXe siècle ; « le développement est le nouveau nom de la paix », a écrit Paul VI dans sa célèbre et toujours actuelle encyclique sur le développement des peuples [1].

Vision globale de l'homme restauré en Jésus-Christ

A leur manière et dans le langage du XIXe siècle, les missionnaires des Sacrés-Cœurs conçoivent leur mission évangélisatrice comme devant promouvoir « tout homme et tout l'homme ».

Le P. Albert Montiton écrit à son frère Artème en 1852 : « Nous sommes appelés à l'œuvre sublime de la propagation de la foi orthodoxe, c'est-à-dire de la vraie civilisation, la seule qui, éclairant et moralisant simultanément les peuplades encore sauvages de l'Océanie, pourra les rendre véritablement sociables

(1) PAUL VI : encyclique *Populorum progressio* (26-3-1967), *Doc. Cath.* n° 1492 du 16-4-1967.

et heureuses [2]». Nous ne reviendrons pas dans ce chapitre sur ce qui a été dit précédemment concernant l'action fondamentale d'alphabétisation par les «petites écoles de village» que le P. Montiton et ses confrères des Tuamotu ont développées dans tous les atolls avec l'aide de moniteurs et de katekita formés par leurs soins.

Le P. Cyprien Liausu, qui était médecin, s'exprime ainsi en 1842. «La population (des Gambier) continue d'augmenter rapidement ; cette année 52 naissances pour 22 décès... Vous savez que notre but, en venant parmi ces peuples, n'a pas été seulement d'en faire des chrétiens, mais encore des hommes, en leur apprenant les arts de première nécessité. Il fallait d'abord songer à les nourrir, à les vêtir et à les loger; c'est aussi de ce côté que s'est portée d'abord notre attention. Dieu a béni nos efforts et nous n'en sommes plus maintenant à de simples essais.

«Nous avons huit métiers de tissanderie, seulement à la grande île (Mangareva), lesquels ont confectionné cette année 2.300 brasses de toile à coton [3]. Tout le fil a été filé en deux mois et demi et tissé en sept mois. Le tissage en croisé a été distribué aux fileuses les plus habiles et la simple toile à celles qui le sont moins.

«Les bâtisses nouvelles sont à Taravai: une église de 75 pieds de long; une maison pour le roi de 42 pieds de long, une autre pour nous de 30 pieds. Tous nos insulaires sont résolus à se construire des maisons en pierre; ils trouvent que les maisons en bois pourrissent trop vite et obligent à abattre trop souvent les arbres.

«Ils ont défriché tous les endroits marécageux pour y planter du taro; ils ont arraché les forêts de roseaux qui couvraient les montagnes pour y planter des patates douces... Après le terrible ouragan de 1841, ils avaient semé des courges qui donnent encore du fruit et leur ont sauvé la vie. La crainte de la famine, jointe à nos exhortations, leur ont donné un tel goût pour l'agriculture, qu'ils ont mis en culture jusqu'aux plus mauvaises terres occupées par les fougères. Les arbres à pain, si cruellement endommagés par l'ouragan, repoussent avec vigueur et donneront des fruits dans six mois.

«Nous avions ici cinq matelots déserteurs qui n'avaient abandonné leurs navires que pour être libres et indépendants de toute autorité... Ils ne pouvaient rien faire dans ce pays parce que le peuple est trop religieux. Ils voyaient avec beaucoup de peine que le Roi achetât pour son compte les perles que pêchent les

---

(2) A. MONTITON à Artème MONTITON (15-7-1852), à sa famille (27-12-1857), Ar. SS.CC. 73, 3 - Voir H. LAVAL : *Mémoires,* introduction, pp. XXXVII sq.

(3) 1 brasse = 5 pieds = 1,60 m de tissu.

naturels ; ils ne manquaient pas de faire part de leur chagrin aux capitaines marchands qui venaient nous visiter. Dans ces occurences, le mensonge et la calomnie ne leur coûtaient pas beaucoup. C'étaient, disaient-ils, les missionnaires qui conseillaient au Roi d'acheter les perles afin de frustrer les marchands du profit qu'ils auraient pu en tirer, etc. Deux d'entre eux, révoltés contre leur capitaine... vont partir pour Valparaiso. Un troisième, qui a commis plusieurs vols, va partir aussi. Il ne nous en restera plus que deux qui sont mariés ici. J'ai été blâmé par un navire de guerre pour n'avoir pas fait arrêter un autre qui avait manqué grossièrement au Roi ; l'individu n'est plus là ; il s'est enfui à Tahiti [(4)] ».

Tout y est dans cette lettre du supérieur de la mission de Mangareva au Supérieur Général des Pères des Sacrés-Cœurs. C'est la phase initiale que décrit admirablement le commandant Aube dans son compte rendu de voyage en 1869 en Océanie : « Toutes les missions océaniennes offrent en spectacle des sociétés arrivées en quelques années à la civilisation du Moyen Age, mais s'arrêtent incapables de nouveaux progrès [(5)] ». La vigueur et la réussite de la phase initiale de cette évangélisation-développement frappe les navigateurs de ces années 1840-1850 ; ils font part de leur étonnement émerveillé dans leurs comptes rendus. Le Commandant Laplace, en 1839, dit au P. Amat qu'il n'y a « rien de plus surprenant que les Gambier ; les missionnaires y font des miracles ». Le capitaine Pénaud décrit sa visite du 12 février 1844 : « Les habitants des Gambier, signalés par le capitaine Beecher, il y a seulement 18 ans, comme les plus inhospitaliers et les voleurs les plus audacieux de la Polynésie, forment maintenant une des populations les plus bienveillantes... Les changements extraordinaires effectués en si peu de temps sont l'œuvre de quelques missionnaires français. » Le capitaine Brandela en 1850 parle du merveilleux développement obtenu par « la voix de ces apôtres civilisateurs, vraiment devenus les pères de cette nouvelle famille chrétienne », selon les mots de l'abbé de Laval, aumônier de la « Capricieuse » [(6)].

Pour les missionnaires comme pour les voyageurs qui les visitent dans leurs îles océaniennes, « évangélisation et civilisation » vont de pair dans un développement global de l'homme restauré par la foi en Jésus-Christ. Ce que les visiteurs de passage ne voient pas, c'est la vie concrète et la psychologie du missionnaire isolé, en particulier sur les atolls, pour obtenir un résultat aussi étonnant. Un des témoignages les plus émouvants dans sa crudité et son français malhabile est celui du P. Germain Fiérens, flamand, grand apôtre défricheur des Tuamotu. Voici sa description du débroussage évangélisateur et civilisateur de l'atoll de

---

(4) C. LIAUSU à Mgr BONAMIE (16-6-1842) Mangareva, Ar. SS.CC., L.A.M.O. II.

(5) Cdt AUBE : Océanie en 1869 in *Revue Maritime,* février 1873, p. 327.

(6) Cdt LAPLACE au P. AMAT (14-12-1839), Valparaiso – Cdt PÉNAUT : *Revue Coloniale,* septembre 1845 – Cdt BRANDELA (19-7-1850), « Société de l'Océanie » – Abbé de LAVAL, aumônier de la Marine : relation de voyage sur la « Capricieuse » en 1850, Ar SS.CC. 64, 2.

Napuka en 1878 [7]. Les habitants actuels mesureront le chemin parcouru en un siècle.

« Quoi vous dire de ce peuple (de Napuka) ? Avec toute la bonne volonté, je ne pourrais vous en dire que du mal. C'est la population la plus abrutie que j'ai trouvée dans toutes ces îles (Tuamotu). Ça n'a pas deux idées, hormis manger et boire. Tout est sauvage ici. Ça ne sait absolument rien faire... La plupart n'avait pas même la moindre hutte pour s'abriter contre la pluie, vivant au jour le jour sans rien semer ni planter...

« Quelle patience et quel courage il faut avoir pour instruire ces abrutis ; ça ne comprend rien... Il y a de quoi se mettre dans des colères bleues, car, hélas !, on reste homme. Que de fois, dans les commencements, je me suis oublié ; c'est à ma honte que je le confesse. Comme le Bon Dieu sait tirer le bien du mal, ça nous a servi, car ce peuple est autant poltron qu'il est fainéant...

« Jamais ils ne travaillaient ni ne plantaient quoi que ce soit ; car à quoi bon ! Car à moins d'être fort et bien soutenu, on viendrait le leur prendre. La plupart n'ont pas même des lignes de pêche, ni de petits filets de pêche, ni natte, ni pirogue, ni rien. Seuls quelques tyrans du pays ont de ces objets, pour la plupart volés. Quand un individu venait à mourir, on lui prenait tout... Je peux dire que près de la moitié de la population n'avait plus de terre et vivait un peu par ici et par là, comme elle pouvait – qu'on dise encore que le sauvage vit heureux ! Ils ne l'ont donc pas examiné... Qui a voulu et qui voudrait encore ramener l'homme-nature !

« Reste à vous dire ce que nous avons fait. Nous avons commencé par faire une petite case pour nous loger ; puis une petite chapelle qui sert d'école. Nous avons fait cuire deux grands fours à chaux, assez je pense, pour bâtir l'église. Il y a aussi plus qu'il ne faut de pierres ramassées pour finir l'église ; puis un cimetière pour loger les morts. De plus, nous avons fait percer trois routes le long desquelles nous avons fait construire des petites cases, de sorte que ça a l'air d'un petit village maintenant. Je ne veux point vous parler de la peine que nous avons eu pour obtenir tout cela ; vous pouvez vous en faire une idée.

« Reste maintenant à s'occuper spécialement de leur instruction et à enjoliver les villages... J'ai pensé que si vous pouviez acheter des habits, les fonds de magasin, ça pourrait être un stimulant à venir s'instruire ; ceux qui se laisseraient bien instruire, on leur donnerait un habit et on les admettrait à la communion. Ça répugne d'admettre à la Sainte Table des gens à peu près nus. »

En traitant sans nuances « d'abrutis » les Napuka, qui incontestablement forment une nation à nulle autre pareille, le P. Fiérens ne se doutait certainement

---

(7) G. Fiérens à Mgr T. Jaussen (21-6-1878), Napuka, Ar SS.CC. 73, 1.

pas que le village de « Pukamaruia » serait le premier village entièrement équipé à l'énergie solaire en 1982 ! et tout marche bien aux dires des contrôleurs du C.E.A. L'évolution heureuse de Pukamaruia démontre bien que la « patience » requise du missionnaire n'est pas que civilité d'un moment, mais doit embrasser des décades et des décades... Dieu est exigeant, lui qui en tout homme a mis son image.

Mgr Verdier, dans une longue lettre de 1885 au Supérieur Général des missionnaires des Sacrés-Cœurs, récapitule cette conception missionnaire globale telle qu'il l'a découverte dans sa première tournée pastorale aux Tuamotu [8].

« Vu les distances si considérables, vu la grande difficulté des communications... dans les îles les plus reculées... seul, une fois par an, le missionnaire y fait une apparition au prix de grandes dépenses et fatigues, pour baptiser, instruire, confesser... marier, distribuer des habits aux plus nécessiteux, faire les réparations urgentes aux églises, écoles, presbytères, importer les arbres fruitiers et les bestiaux utiles afin de faire parvenir ces pauvres insulaires à avoir leur suffisant pour leur nourriture et leur entretien.

« Ce petit bien-être matériel que cherche à généraliser la Mission a une importance religieuse plus grande qu'on ne pense. Que de fois les missionnaires ont constaté avec douleur la vérité de ce dicton populaire « ventre affamé n'a pas d'oreilles »... Ces pauvres gens restaient dans un état de nudité aussi horrible à voir qu'inévitable. Le missionnaire apportait-il un nombre considérable de cocos qu'il faisait planter sous ses yeux, la faim et l'imprévoyance poussaient ces malheureux à les déterrer la nuit pour les manger. Voilà pourquoi il est encore des îles plongées dans la misère ; ce n'est qu'à force de revenir à la charge qu'on pourra les en tirer.

« Là où, plus dociles à la voix du prêtre, les insulaires ont planté beaucoup de cocotiers, ils se trouvent aujourd'hui jouir d'une médiocre aisance, ont le visage épanoui, possèdent des vêtements, montrent pour l'instruction religieuse une assiduité, une attention, un attrait qu'on ne remarquait pas du tout chez eux avant d'être délivrés de la misère où ils vivaient. De plus, débarrassés du souci de la nourriture devenue abondante, ils se prêtent plus volontiers à aider le missionnaire pour les travaux de construction ou de réparation des bâtiments...

« Le catholicisme a adouci les mœurs sauvages. Il a contribué dans une large part à la formation de gros villages, ce qui rend plus facile l'instruction et l'administration... La Mission a importé et fait planter beaucoup de cocotiers dont les

---

(8) Mgr Verdier (14-8-1885), Hao (Tuamotu), Ar. SS.CC. 58, 2.

fruits abondants procurent, au bout de cinq à dix ans, ce dont les insulaires ont besoin pour leur nourriture, leur entretien, leurs habitations...

« Persuadés que l'instruction, dirigée par la religion... serait d'une grande utilité pour ces pauvres gens, les missionnaires ont établi, à côté de la maison de prière, une école tenue par un indigène instruit par le Père... Ces écoles sont dans beaucoup d'îles à la charge de la Mission exclusivement ; c'est elle qui a fourni le local, formé l'instituteur entretenu par elle et attiré à l'école les enfants du pays... Dans la bonne tenue de ces écoles est l'espoir d'un avenir... plus prospère et plus heureux pour ces îles reculées... Ils seront à même de traiter avec les étrangers sans se laisser aussi facilement que par le passé ou tromper dans les transactions ou séduire dans les relations. Ils deviendront peu à peu civilisés sans cesser d'être bons chrétiens. »

Le travail, réalité fondamentale du développement

Le travail manuel a, pour les missionnaires des Sacrés-Cœurs, une valeur humaine, économique, sociale et morale tout à fait irremplaçable. Si les premiers missionnaires anglais étaient plutôt des artisans et des commerçants habitués aux affaires, selon le génie britannique du XIXe siècle en particulier, les missionnaires français étaient d'origine rurale et habitués aux travaux des champs. De plus, le modèle religieux de la Congrégation des Sacrés-Cœurs est constitué par l'abbaye bénédictine ou cistercienne qui vit de son travail manuel, habituellement agricole. Les frères convers, spécialement préparés pour ces activités, sont vite reconnus comme indispensables à l'activité missionnaire, en complément des pères qui ne dédaignent pas, évêques en tête, de se livrer aux activités de plantation et d'élevage. Cet engagement des missionnaires des Sacrés-Cœurs dans les divers métiers manuels qu'ils apprennent très vite aux polynésiens, leur vaudra les plus vives louanges pour leur action de civilisation par le travail et certaines critiques acerbes, inspirées par la jalousie devant leurs réalisations, spécialement aux Gambier et aux Marquises ; faire du développement agricole est assimilé au commerce par certains administrateurs.

Mgr Rouchouze écrit à son frère Anastase en 1836 : « Ces pauvres peuples avaient négligé la culture de leurs terres et étaient tombés dans une sorte d'inertie dont la religion seule pouvait les tirer ; aujourd'hui, ils se font peu à peu au travail [(9)] ». Pour les pères, comme pour les sœurs de Cluny qui ne séparent pas instruction et travaux manuels, l'école ne se conçoit pas sans une initiation aux divers métiers fondamentaux. Voici ce qu'en écrit le P. Nicolas Blanc : « Tout en exerçant les élèves à la science et à la piété, nous avons fait aussi tout notre

(9) Mgr ROUCHOUZE à son frère Anastase (20-4-1836), Gambier, Ar. SS.CC., L.A.M.O. II.

possible pour leur faire aimer le travail du corps. Tous les jours ils ont quelques heures pour se livrer à l'agriculture à laquelle ils prennent quelquefois assez de goût. J'ai toujours cru que ce serait un grand avantage pour eux si l'on pouvait parvenir à leur faire aimer le travail par goût et c'est à quoi je me suis appliqué pendant les deux ans et demi que j'ai passé parmi eux (aux Gambier) [10]». Nombreuses sont les lettres des missionnaires qui expriment cette nécessité fondamentale de développer l'amour et les techniques du travail, surtout agricole pour avoir l'autonomie alimentaire et pouvoir amorcer des échanges, et artisanal pour vêtir, construire, se déplacer. En plus de l'autonomie d'un peuple libéré de la faim et des soucis quotidiens selon le «lève-toi et marche» de l'Evangile, l'aspect éducatif et moralisateur du travail pour lutter contre l'assistance et la paresse est fortement souligné.

Mgr Tepano Jaussen est très conscient de cet aspect d'une évangélisation rendant les polynésiens responsables de leur avenir par la formation professionnelle. Pour cela, il fonde en 1869 l'œuvre des «apprentis de Saint-Joseph» dans la vallée de la Mission à Papeete.

«En 1869, tout le monde reconnaissait à Tahiti que les premiers métiers manquaient, que pour les nécessités du pays on était tributaire de l'étranger, surtout de San-Francisco et de Valparaiso et que la colonie devait payer à des prix fabuleux les objets fabriqués en Amérique. Ne pourrait-on former des jeunes ouvriers? Mgr Jaussen se résolut d'établir l'œuvre des apprentis de Saint-Joseph. Il décida que les ateliers de la Mission seraient ouverts à ceux des jeunes gens qui se présenteraient désireux d'apprendre un métier. Au bout de l'année, pour exciter l'émulation, aurait lieu une solennelle et publique distribution des prix. Cette œuvre avait un autre but plus élevé: moraliser la jeunesse par le travail. L'évêque chargea le P. Collette, curé de Papeete, d'inaugurer cette œuvre nouvelle qui ne vécut que des quêtes de son fondateur. Le premier concours eut lieu le 30 juillet 1869 avec douze sujets [11].»

Mgr Dordillon, soutenu par le Gouverneur de la Roncière, demande en 1864 «des frères ouvriers, menuisiers, maçons, charpentiers, forgerons... Nous avons une presse lithographique et personne pour la faire fonctionner [12]».

Ce souci d'une formation «technique» avant la lettre rejoint le désir exprimé par divers gouverneurs qui «veulent que les écoles préparent moins de fonctionnaires et plus de professionnels; les écoles sont inadaptées aux polynésiens». En 1935, le Fr. Romain-Pierre écrit au Supérieur Général des frères de Ploërmel,

---

(10) N. BLANC au T.R.P. (22-6-1852), Ar. SS.CC. 60, 2.

(11) V. PRAT: *Vie de Mgr Tepano Jaussen,* T. III, pp. 74-75 – Idée reprise actuellement par M. BOUVIER et son Centre artisanal.

(12) Mgr DORDILLON au T.R.P. (2-10-1864), Ar. SS.CC. 47, 1.

à la suite de ces remarques du gouverneur: «Si notre recrutement était plus abondant, je vous demanderais de nous envoyer de bons professionnels; mais je n'y compte pas... Ce sont des idées très saines, répond le T.C.F.; jusqu'à quel point sont-elles réalisables dans un pays où le cocotier est la principale ressource? Il ne nous appartient pas de le décider [13]».

Ces efforts de formation professionnelle et de valorisation de l'intelligence des mains étaient sans doute trop en avance sur leur temps. Malgré l'exemple des soixante mangaréviens construisant la future cathédrale de Papeete en 1857 avec les félicitations du gouverneur du Bouzet, les «ateliers de Saint-Joseph» ne sont pas soutenus; ils ferment après quelques années, les frères des Sacrés-Cœurs peu nombreux et trop âgés ne pouvant plus s'occuper de la formation des apprentis.

Agriculture, plantations et pêche

Nourrir les populations et permettre aux polynésiens de vivre sur les îles est dès le début le souci des missionnaires. «Il ne faut pas croire que toutes les îles sont arides. La plupart pourront nourrir leurs habitants; mais il faut du temps et le moyen de les cultiver, ce qui ne peut se faire que peu à peu. En attendant, il faut fournir aux premiers besoins», écrit Mgr Rouchouze en 1835 [14]. Le P. Laval signale que le développement agricole de Mangareva est l'œuvre du P. Cyprien Liausu; nous avons lu ses essais de diverses cultures vivrières. En formant à la «civilisation», les pères veulent assurer rapidement l'indépendance économique des populations.

Aux Gambier comme aux Marquises, la culture du coton qui vient naturellement, est développée pour vêtir la population et la mettre moins en dépendance des marchands. Mgr Dordillon souligne «l'importance du coton et d'un troupeau» aux Marquises pour la Mission et la population. Jusqu'en 1880, il a le soutien des gouverneurs qui favorisent l'action agricole de la mission [15]. Le difficile contexte des années 1880 où l'administration voit la Mission des Marquises comme «allemande et commerçante» amène un changement radical d'attitude. «Si nous abandonnons la culture du coton je ne pourrais plus rien procurer aux Kanaks... Nous ne pouvons nous dépouiller ainsi, ayant la perspective que les socialistes et les francs-maçons pourraient bien nous priver des

(13) De la RICHERIE au directeur des Colonies (2-1-1863), F.O.M. Océanie C 26, H 5. – (De la RONCIÈRE en 1866, Gouverneur en 1935, PETIT-BON en 1951.) – Fr. ROMAIN-PIERRE au Frère ARCHANGE (5-10-1935 et réponse 29-10-1935), Ar. F.I.C. Tahiti.

(14) Mgr ROUCHOUZE au P. COUDRIN (2-4-1835), Valparaiso, Ar. SS.CC. L.A.M.O. I.

(15) Mgr DORDILLON au T.R.P. (1-7-1865, 20-9-1876), Taiohae, Ar. SS.CC. 49, 1. – D. FOURNON à Mgr DORDILLON (14-2-1880), La Dominique, Ar. SS.CC. 49, 4.

aumônes de la Propagation de la Foi et nous exposer ainsi à mourir de faim ou à abandonner la mission» (Fournon, 14 février 1880). Il en sera de même à Tahiti en 1884 lorsque Mgr Jaussen voudra mettre en valeur le domaine agricole de la Papenoo pour en faire une station d'élevage; il s'en débarrassera quelques années plus tard, le développement agricole de Tahiti n'étant guère à l'ordre du jour et certains se moquant d'un «évêque marchand de vaches [16]».

Cependant, si «le rêve de Mgr Tepano de faire de Tahiti une colonie d'élevage et d'exportation de bestiaux échoua, son œuvre admirable pour l'agriculture lui a survécu. Il possédait à un rare degré l'esprit de persévérance [17]». Nous avons signalé dans l'introduction l'hommage unanime des diverses autorités sur ce sujet, lors de ses obsèques en 1891. Avec Harrison Smith et Cuzent, Mgr Jaussen est un des fondateurs de l'agriculture en Polynésie. Les chargements de cocos et de barriques de terre sur le «Vatikana» ou d'autres goélettes à destination des Tuamotu sont restés célèbres. Les plantations dans la vallée de la mission: cocotiers, canne à sucre, légumes, fruitiers... sont bien connues. Ecoutons-le raconter à sa sœur religieuse ses essais [18].

«Le parterre de l'évêché est rond; j'en soigne la partie gauche... Mon parterre est fleuri et bien fleuri toute l'année. Ce parterre est pour nous une jouissance: jasmin blanc et jaune, Plombago, Russelia, Héliotrope du Pérou, Bougainvillea, Rosiers de Bourbon, Yucca gloriosa, Bignonia de toutes espèces, pervenches...

«Notre vallée nous donne des fruits: raisins, ananas, avocats, sapotilles, mangues, corosols, cherimolia, pommes-cannelles, framboises, oranges, vi, goyaves, bananes, cocotiers...»

Selon le mot du P. Béchu: «l'évéché, séjour verdoyant et fleuri, est une ferme-modèle comme savent les créer les évêques missionnaires» [19].

Le P. Victor Vallons et ses centaines de milliers de cocotiers plantés aux Tuamotu de l'Est entre 1950 et 1980 a bien continué une ligne de développement agricole, voulue par Mgr Rouchouze dès son arrivée dans le Pacifique en 1835 et auquel Mgr Jaussen a donné toute son ampleur. Le P. Hervé Audran (1906-1918), au Tuamotu du Centre (Puka-Puka, Napuka...) a fait planter les belles cocoteraies alignées que l'on y voit encore. En 1885, M. Bonnet, Président de la Chambre d'agriculture de Tahiti, félicite la Mission catholique pour cette action et lui offre une machine à égrener le maïs.

---

(16) J. TEXIER au Père G. MAAG (28-5-1885, 13-9-1886), Papeete, Ar. SS.CC. 60, 1.
(17) V. PRAT: *Vie de Tepano Jaussen,* T. IV, pp. 39-45.
(18) Mgr JAUSSEN à sa sœur (1-2-1877), Ar. SS.CC. 58, 1.
(19) M. BÉCHU au T.R.P. (30-12-1890), Ar. SS.CC. 61, 2.

Dans le domaine des produits de la mer l'action est modeste bien qu'à la source de la grave querelle des Gambier. En effet, M. Urbain estime de son devoir de «dire aux gens le vrai prix de la nacre, ce qui mécontente les marins», écrit le P. Nicolas Blanc en 1851. Nous comprenons mieux à notre époque ce qu'avait alors d'insolite, dans le contexte libéral de «l'enrichissez-vous» de Guizot, cette éducation économique des producteurs locaux de perles et de nacre aux transactions commerciales et à la vérité des prix [(20)]. M. Ballande de Bordeaux en 1877 donne des conseils à Mgr Jaussen pour le développement de l'ostréiculture; ces suggestions n'auront aucune suite, même si l'évêque s'inquiète auprès de l'administration de la clarification des droits de pêche des populations locales dans les lagons par rapport aux pêcheurs de l'extérieur.

Tissanderies et artisanat

Mgr Etienne Rouchouze écrit au «Bon Père» Coudrin en 1837: «J'oubliais de vous parler du dénuement de nos peuples; nous sommes à la veille de les voir nus comme ils étaient dans le paganisme. Les vêtements que nous avons reçus de France ou de Valparaiso ne sont pas suffisants pour couvrir tout le monde... Le coton vient bien ici. Il nous faudrait un homme pour le mettre en œuvre, c'est-à-dire le carder, le filer, l'ourdir et le tisser. Quelle obligation ne vous auraient pas ces peuples si, à tout ce que vous faites pour eux, vous ajoutiez le bienfait d'envoyer un homme habile pour filer le coton et fabriquer la toile. Outre l'avantage de vêtir nos chrétiens, nous aurions aussi celui d'occuper une partie de la population [(21)]». Cet «homme habile à filer le coton» c'est le P. Potentien Guilmard qui arrive aux Gambier le 13 septembre 1837. Malgré «sa tête faible» – il tombera fou durant sept ans – il réussit à construire des métiers à tisser avec les frères Fabien et Gilbert et à initier des mangaréviens à «faire une excellente étoffe». La reine de Mangareva tisse la première brasse en septembre 1838. Il y a l'année suivante douze tissanderies dans les diverses îles. Pour aider à la qualité des tissages, des concours sont organisés; le premier se déroule le 16 février 1839. Celui du 1er mai suivant permet à M. Urbain de perfectionner les métiers [(22)]. Nous avons lu l'importance de ces filatures décrites en 1842 par le P. Liausu. C'était pour les navigateurs de l'époque qui se souvenaient du caractère particulièrement sauvage de la population de cet archipel, un spectacle étonnant que de voir tous ces travaux. Dumont-d'Urville, de passage le 12 août 1838, pour aider la Mission «a l'idée de laisser bien des instruments en fer qu'il avait à bord, pour le passage des glaces, et qui ne lui avaient été d'aucune utilité».

---

(20) H. LAVAL: *Mémoires*, p. 174 sur les pratiques des trafiquants multipliant les prix 70 fois!
(21) Mgr ROUCHOUZE au B.P. COUDRIN, 1837, Ar. SS.CC., L.A.M.O. I, nº 87 bis.
(22) H. LAVAL: *Mémoires*, pp. 175 et 184-185.

Les outils en fer constituent ce qu'il y avait alors de plus précieux dans ces îles dépourvues de tout métal. C'est avec ces matériels que les frères Fabien Costes et Gilbert Soulié mettent au point les techniques d'extraction et de taille des pierres extraites de la barrière de corail. Sous leur direction, les Mangaréviens deviennent experts dans l'art de travailler la pierre; la cathédrale Saint-Michel de Rikitea et les nombreuses constructions des Gambier en sont la preuve. Mgr Jaussen fait appel à eux pour lancer la construction de la cathédrale de Papeete; le gouverneur de la Roncière les appelle pour construire le phare de la pointe Vénus. Nous avons vu que la qualité de leur travail dans la construction émerveille les tahitiens en 1857 et leur vaut les félicitations du gouverneur du Bouzet.

Non moins surprenant est le travail de «Ponts et Chaussées» entrepris à Mangareva par les premiers missionnaires; leurs confrères des Tuamotu continueront dans la même ligne. A l'arrivée des missionnaires, il n'y avait aucun moyen de communication terrestre dans ces îles. En 1838, Dumont d'Uville décrit en ces termes la route construite à Mangareva: «C'était une belle route large, unie, qui traversait la vallée entière dans l'étendue de plus d'un mille, en longeant le bord de mer. Ses deux côtés sont couverts de jolies plantations de taros, de cocotiers et de bananiers bien entretenues et l'on a ménagé les arbres... qui en font une promenade délicieuse. Tout cet espace était jadis inculte et impénétrable; à l'instigation des missionnaires qui joignent l'exemple au précepte, les naturels ont poussé cette besogne avec une telle vigueur, qu'ils ont accompli ces beaux travaux en moins de deux ans.» Lors des travaux d'installation du C.E.P., des visiteurs constatent, 130 ans plus tard, qu'il y a «avantage à reprendre le tracé de la route des missionnaires... Les missionnaires avaient conçu un remarquable réseau de circulation. Les îles sont sillonnées et ceinturées de larges sentiers, surélevés souvent pour mieux permettre l'écoulement des eaux de pluie; ils sont construits un peu à la manière des voies romaines au moyen de pierres plates, soigneusement posées bord à bord, avec de solides bas-côté, des rigoles pour les eaux de ruissellement. Entretenus et débroussaillés, ils servent encore [23]».

La fabrication de la chaux à partir de la cuisson du corail n'avait plus de secret dans les diverses îles après le passage des missionnaires. La chaux obtenue est d'une remarquable qualité et d'une blancheur éclatante. En 1851, le P. Nicolas Blanc signale «qu'il faut se mettre à faire des tuiles» pour construire l'école d'Aukena [24]. Les diverses techniques artisanales nécessitées par la construction de bâtiments, parfois très importants, sont ainsi progressivement maîtrisées, adaptées et enseignées par les frères des Sacrés-Cœurs.

(23) DUMONT-d'URVILLE: *Histoire du voyage,* T. III, p. 136 et C.E.P.: «Missions des îles» n° 142, janvier 1966, p. 16, cités dans Introduction des *Mémoires,* P. LAVAL, p. CX.
(24) N. BLANC à Mgr JAUSSEN (27-5-1851), Mangareva, Ar. SS.CC. 60, 2.

Pour les aider et éviter des dépenses inutiles, Mgr Etienne Rouchouze, en 1838, demande au P. Léonce Sales, «un Vignat complet avec dessins, plans... pour avoir des idées. Il serait heureux de recevoir les "Arts et Métiers" en 32 ou 33 volumes in-folio. Cet ouvrage est bien volumineux; mais quelqu'un de nous pense qu'il serait très utile, étant, comme nous sommes, obligés de faire et d'enseigner tous les métiers sans les avoir appris [(25)]». S'il n'est pas certain que cette volumineuse encyclopédie des «Arts et Métiers» soit bien arrivée à Mangareva, l'inventaire fait par le P. O'Reilly dans la bibliothèque de Rikitea a montré l'existence de divers ouvrages d'architecture: le «Traité élémentaire de la coupe des pierres» de M. Simonin, publié à Paris en 1792; les «exercices de dessin linéaire» de R. Bouillon, publié à Paris en 1837; un «cours élémentaire théorique et pratique de construction» de J.P. Douliot et «charpente en bois», publié à Paris en 1828; les «Règles des cinq ordres d'architecture» de Vignole, éditées par M. Delagardelle en 1829 [(26)]. Outre la formation initiale des frères convers, préparés pour cet aspect professionnel de la Mission, l'existence de ces ouvrages et d'autres, les conseils demandés aux experts de passage, expliquent l'importance et la qualité particulière des divers artisanats dans des îles aussi reculées que les Gambier ou les Tuamotu.

Pour assurer le développement économique des Gambier et son indépendance commerciale, le P. Laval fit entreprendre la construction d'une petite goélette par les mangaréviens. Le «Maria i te ao pu» (N.D. de Paix), mise en chantier dans la seconde moitié de 1860, est lancée en février 1862 par le Frère Gilbert Soulié. Malheureusement les qualités d'armateurs et de commerçants des mangaréviens pas plus que des missionnaires n'égalaient pas leurs compétences de constructeurs navals; le bâtiment, avant de couler en 1869, ne rendit pas les services attendus [(27)]. Mgr Dordillon aux Marquises dans les années 1860 lance «l'Etoile de la mer», suivie d'autres bateaux. Le P. Paul Mazé relance en 1926 avec son côtre, le «Saint-Pierre», l'art naval dans la mission catholique au service des Tuamotu. Le «Maris Stella» et le «Saint-François-Xavier» du P. Amédée Nouailles, les côtres du P. Orens Briand et d'autres missionnaires des Tuamotu continuent dans le même sens.

Ce rapide tour d'horizon nous montre que pour les pères des Sacrés-Cœurs, «évangélisation et civilisation» constituent une unité indissociable dans un développement global des populations océaniennes. Les premiers missionnaires le font selon le modèle d'un village rural de leur époque; autour de la racine agricole et des activités de pêche devant assurer la subsistance et l'indépendance économique, ils développent ce qui est nécessaire à l'habitat. «Nourrir, vêtir,

(25) Mgr Rouchouze à L. Sales (26-8-1838), Ar. SS.CC., L.A.M.O. II, n° 141.
(26) H. Laval : *Mémoires*, Introduction, pp. cxxix et cxxx.
(27) H. Laval : *Mémoires*, pp. 349 et 372.

loger, circuler, enseigner c'est aussi évangéliser», écrivait Mgr Verdier en 1885 au terme de sa première visite pastorale aux Tuamotu [28]. Dans la première phase, Mangareva en est l'illustration frappante, longuement décrite par le commandant Aube en 1873 et que l'abbé Peyrat dépeint comme «un pieux monastère où l'on travaille» [29]. La part essentielle de tous ces travaux d'artisanat varié revient aux frères convers de la Congrégation des Sacrés-Cœurs dont c'était le rôle primordial. Pour cela, tant des pères que de l'extérieur de la mission catholique, ces frères-artisans ont toujours fait l'objet d'une louange unanime. Il faut aussi souligner que, dans la mesure où le ministère pastoral les laisse libres, les prêtres et les évêques ne sont pas les derniers à mettre la main à la pâte.

Santé et médecine

Les questions de santé ont pris en Océanie, avec le brassage des populations, très particulièrement durant tout le XIXe siècle et jusque vers 1930, une importance primordiale. Nous avons étudié au chapitre IV le caractère dramatique de la dépopulation qui a fait disparaître près de 90 % des habitants des îles; Tahiti et les Marquises furent les plus touchées, suivies par les Gambier et les Tuamotu. Cette situation médicale fut très longtemps un grave sujet de préoccupation pour les missionnaires, surtout lorsqu'ils se trouvaient seuls dans les îles reculées ou des vallées inaccessibles. La généralisation des dispensaires, des services médicaux, des évacuations sanitaires que nous connaissons sont récentes et le fruit de la médecine publique militaire si appréciée dans les îles éloignées.

Deux aspects de l'engagement de la mission catholique au service de la santé des populations ont été très appréciés: l'activité des sœurs de Saint-Joseph de Cluny dans les hôpitaux et les dispensaires, service commencé dès en arrivant en 1844 dans la «guerre de Tahiti». Elles seront chassées de l'hôpital de Papeete en juin 1904. Le dévouement du P. Paul Mazé, «aumônier des lépreux» à Reao et dans les Tuamotu de l'Est dans les années 1930 et pour lequel il recevra la Légion d'Honneur en 1936 et le prix de l'Académie des Sciences Morales et Politiques [30]. Le P. Paul, comme on dit affectueusement en Polynésie, rejoint ainsi le célèbre P. Damien De Veuster, son confrère des Sacrés-Cœurs, «l'apôtre des lépreux» de Molokai à Hawaii décédé le 15 avril 1889 héroïquement à leur service [31]. Les archives de l'Institut de Recherches Médicales Louis-Malardé à

(28) Mgr VERDIER au T.R.P. (14-8-1885), Hao, Ar. SS.CC. 58, 2.

(29) Abbé PEYRAT au P. LAVAL (24-6-1860), Nouméa, «La Thisbé», Ar. SS.CC. 66, 4.

(30) P. MAZÉ au P. Ildefonse ALAZARD (5-10-1929, 9-1-1930, 31-7-1931, 16-11-1932, 30-8-1933, 10-1-1934, 4-11-1935, 22-2-1936, 9-6-1936, 2-12-1936, 18-6-1937, 20-7-1937, 3-1-1938, 23-1-1938, 9-7-1938); Ar. SS.CC. 59, 1.

(31) Le P. DAMIEN a été fait «héros national» aux Etats-Unis. Le P. A. MONTITON, avant de revenir aux Tuamotu en 1885, passa plusieurs années avec lui à Molokai.

Papeete apportent des témoignages intéressants sur les services rendus par les missionnaires à la santé publique. Ces documents et ces gestes publics, accueillis par Mgr Mazé «comme un hommage rendu à la Mission catholique», effacent le mauvais souvenir laissé par les attaques véhémentes de certains administrateurs, politiciens et romanciers «accusant les Pères des Sacrés-Cœurs d'avoir dépeuplé» les archipels et éteint la race maohi. On ne peut que regretter d'entendre encore parfois colporter de si pénibles calomnies, malgré ce qu'écrivent Mœrenhout en 1837, Cuzent en 1860, Le Borgne en 1871, René Virieu et De Deccker en 1981 [32].

Dès le début de la Mission en 1834, deux attitudes se manifestent chez les missionnaires des Sacrés-Cœurs sur le comportement à avoir durant les soins à donner aux malades. La première, appuyée par le P. Coudrin et qui anime les premiers missionnaires, s'enracine dans l'exemple de Jésus à l'égard des malades; comme «signe de la foi» le Christ accueille les malades et opère des guérisons variées. Le P. Cyprien Liausu, arrivé à Mangareva en mai 1835 avec Mgr Rouchouze, n'hésite pas à exercer ses compétences médicales. Dans ses îles peu accessibles des Tuamotu, le P. Germain Fiérens, en 1862, demande à Mgr Tepano Jaussen, alors en France, «d'apporter des remèdes» pour soigner les Paumotu bien abandonnés. Le P. Paul Mazé écrit au Père Ildefonse Alazard (10 septembre 1931): «J'aurai tous les médicaments que (le médecin-chef) peut me donner. Je lui ai demandé de m'apprendre à faire les piqûres; il m'a promis de me montrer lors d'une visite à Orofara (la léproserie). Si les cours de Lille (faculté catholique de Médecine) avaient existé lors de mon voyage en France, j'aurais tout fait pour en profiter. J'ai bien commandé le «Bréviaire médical»; mais rien n'arrive. Nous les plus éloignés nous sommes les oubliés. Que les jeunes profitent de ces cours de Lille.»

Cela pose parfois des cas bien difficiles comme le signale le P. Janeau en 1910 aux Gambier [33]. «Je me présente chez une femme complètement à l'abandon (et chassée par tous). Je lui offris mes soins en présence d'un témoin. Mais il fallait, pour réussir, tout voir et toucher à tout; je me mis à l'œuvre. Après ce pansement général, elle se mit à pleurer... Aujourd'hui cette femme se porte bien; les gens sont embarrassés parce qu'il est reconnu que je l'ai guérie... Dans un pays sans médecin... je soigne moi-même désormais. Seulement, je vous demande:

1) Puis-je continuer à soigner même les maladies secrètes pour hommes et femmes? Pour ces dernières, je demande l'autorisation du mari ou des parents et je ne les soigne qu'en présence d'une personne de confiance.

---

(32) Voir les références détaillées au chapitre IV et dans la Bibliographie.
(33) F. Janeau au T.R.P. (23-8-1910), Gambier, Ar. SS.CC. 70, 2.

2) Jusqu'à quel point suis-je de nos jours tenu à l'observation de la défense de l'Eglise interdisant toutes opérations chirurgicales aux prêtres? Suis-je obligé de m'abstenir des opérations les plus vulgaires? Il est entendu que mes soins sont absolument gratuits et en dehors de l'administration des sacrements.»

Le très austère Mgr Verdier, après observation approfondie de l'exercice de la médecine élémentaire par les pères dans les îles isolées, écrit au Supérieur Général (34): «J'ai étudié par moi-même l'exercice de la médecine dans les districts où j'ai séjourné. Je n'ai découvert aucun abus. Je n'y ai vu qu'un acte de charité sans danger réel pour les missionnaires et d'une grande utilité pour la cause catholique. Aux Paumotu... cela fait autant que les prédications. J'ai consulté Mgr Jaussen et le P. Martin. Aussi, j'ai dit aux pères: je n'ordonne ni ne conseille à personne de faire de la médecine; mais je ne m'y oppose pas non plus à trois conditions: se contenter de remèdes homéopathiques et s'abstenir de manipulations personnelles; ne pas visiter seul les personnes malades; se montrer, dans les interrogations sur la maladie, plutôt trop réservé que pas assez, selon les conseils aux confesseurs.»

Une autre tendance était beaucoup plus restrictive à l'égard des soins médicaux. Elle s'enracine dans l'extrême prudence du P. André Caro. Celui-ci écrit dans sa 22e «recommandation» donnée aux PP. Caret et Laval à Valparaiso en juillet 1834: «Visitez tous les jours les néophytes. Informez-vous s'il y a des malades; donnez-leur quelques remèdes qui ne puissent pas nuire et un peu de sucre.» Le porte-parole de cette opposition à l'exercice de soins médicaux par les missionnaires, est le P. Gilles Collette. Il s'oppose avec force à Mgr Tepano Jaussen sur ce sujet. Comme Provincial, il écrit dans ce sens au Supérieur Général pour que celui-ci interdise l'exercice de la médecine par les missionnaires dans le vicariat de Tahiti (35). Il faut constater que cette opposition radicale, si elle a impressionné le T.R.P. Bousquet (1870-1911) et l'a amené à une position fort restrictive particulièrement à l'égard de la demande du P. Janeau citée ci-dessus, n'a pas été suivie dans la Mission. On comprend mieux la position évangélique et prudente de Mgr Verdier sur ce sujet toujours délicat des maladies et de la santé par rapport à l'évangélisation.

L'attention aux malades, l'accueil de ceux qui souffrent, la guérison des maladies sont toujours, à la suite du Christ, un «signe de foi» vécue comme espérance, une évidente «annonce de la bonne nouvelle aux pauvres» (36). La Gloire de Dieu c'est toujours que l'homme soit vivant; la bonne santé du corps n'est pas indifférente au Royaume de Dieu.

---

(34) Mgr VERDIER au T.R.P. (15-7-1884), Papeete, Ar. SS.CC. 58, 2.
(35) G. COLLETTE au T.R.P. (8-9-1881, 12-3-1882).
(36) Lc 4, 16-19; 7, 22-23; Mt 25, 35-46.

En Polynésie, en dehors de quelques difficultés liées aux querelles idéologiques ou administratives, il faut souligner la bonne harmonie générale entre le corps médical et les missionnaires tout au long de ces 150 années de la mission catholique. Bien évidemment, les développements rapides et l'excellence des services de la Santé Publique depuis les années 1970, ont fort heureusement fait cesser ce modeste rôle de suppléance assurée par les missionnaires dans les archipels éloignés.

Sans doute, à côté des immenses questions du développement humain en cette fin du XXe siècle et par rapport au milliard d'hommes qui a faim, les actions des missionnaires catholiques, pères, frères et sœurs, dispersés dans les petites îles polynésiennes, sont bien modestes. Cela ressemble beaucoup à « l'obole de la veuve » et au « verre d'eau » partagé. Minuscules îles au regard des vastes continents ; faibles populations en marge des foules innombrables ; terres lointaines situées en dehors des grandes routes du monde ; petite poignée de missionnaires à côté des grands rassemblements chrétiens. Tout ceci est bien vrai. Mais l'Océanie pulvérisée dans le « Grand Océan » est aussi fille de la création. N'ayant que peu de ressources naturelles, sa principale richesse est l'homme. Au fond, dans les interrogations angoissées de notre monde en crise de valeurs et du sens des choses, la Polynésie, par sa volonté de vivre autrement, semble relativiser l'orgueil des réussites purement matérielles et propose l'homme vivant comme centre et mesure du développement.

Chapitre 15

BÂTISSEURS D'ÉGLISES

Dans l'introduction aux « Mémoires » du P. Laval sur Mangareva, C. Newbury et P. O'Reilly constatent : « l'œuvre architecturale civile et religieuse accomplie en moins de trente ans par le personnel de la mission catholique à Mangareva fut considérable [1] ». Si les Gambier présentent un ensemble architectural unique dans tout le Pacifique – surtout quand on réalise que cet archipel a eu un maximum de 2.270 habitants en 1845 – il faut convenir que le souci de construire beau et solide caractérise la mission des pères des Sacrés-Cœurs. Le P. Amerigo Cools souligne qu'« une des grandes préoccupations de Mgr Jaussen était de doter la Mission des bâtiments nécessaires : de belles églises, chapelles, presbytères... et de la maison commune des missionnaires ou bien évêché... Monseigneur regardait cela comme une partie de sa charge missionnaire et épiscopale : « nous continuons notre mission, faisant des églises, des presbytères, des baptêmes...

« Pour réaliser ses projets, Mgr Jaussen pouvait compter sur le dévouement, l'esprit religieux et de sacrifice des « frères de la mission, très actifs, très capables et très intelligents. Nous sommes les maîtres ici à Tahiti pour faire de belles églises. Personne ne se vantera de mieux faire que les frères de la Mission [2] ».

M. Fénélon, architecte, a dressé un inventaire détaillé, sinon encore exhaustif des « constructions de la mission aux Gambier ». Bâtiments publics, civils et religieux, maisons individuelles, chemins dallés, tours, magasins et couvent repré-

(1) H. LAVAL : *Mémoires,* Introduction, pp. CIX à CXXXIII. – G. FÉNÉLON, architecte : *Inventaire des constructions aux Gambiers.* Papeete, 24-8-1981.

(2) A. COOLS : *Evêché de Papeete et les frères bâtisseurs,* Rome 1981, p. 16.

sentent un ensemble aussi inattendu qu'impressionnant. Pourquoi tant de constructions? «Corvées abusives ou constructions utiles?» Quels en sont les réalisateurs? Essayons d'y voir clair par divers documents.

«Rien n'est trop beau pour Dieu»

Ce cri du cœur du P. Hervé Audran au soir d'une Fête-Dieu dans l'atoll de Fakahina en 1911, résume toutes les motivations profondes [3]. C'est la vision des choses vécue par le curé d'Ars, saint Jean-Marie Vianney (1786-1859), le contemporain des premiers missionnaires des Sacrés-Cœurs en Océanie: extrême pauvreté personnelle et tout pour la Gloire de Dieu au service du peuple chrétien rassemblé par l'Eucharistie.

Si le grand constructeur est sans conteste Mgr Tepano Jaussen qui était «fier d'avoir fait bâtir autant d'églises que d'années d'épiscopat» [4], le lancement spirituel et matériel de ce grand œuvre architectural revient à Mgr Etienne Rouchouze, premier Vicaire Apostolique d'Océanie orientale. Voici, en ordre chronologique depuis son arrivée à Mangareva le 9 mai 1835, quelques extraits significatifs de ses lettres.

«Si je puis, avant d'aller plus loin, je ferai bâtir une petite église en pierre dans chaque île. S'il nous venait des aides, je les prie d'apporter des outils de maçonnerie, surtout des pointes et des gros marteaux pour la pierre; car elle ne manque pas, mais elle est très dure à travailler (27 mai 1835, 1re lettre 18 jours après son arrivée).

«J'ai béni le 24 octobre, jour de saint Raphaël à qui elle est dédiée, la première pierre de l'église d'Aukena. Elle sera construite en pierres brutes avec ciment de chaux et de sable. Faute d'outils et d'ouvriers, toute notre ressource consiste dans nos bons amis Gilbert Soulié et Fabien Costes; encore se trouvent-ils sans outils de maçonnerie...

Ce que nous avons le plus à cœur c'est de construire des églises décentes et solides. Il me semble que le jour où je verrai dans l'Océanie quelques églises où l'on puisse célébrer et conserver décemment l'illustre mystère, mon bonheur sera parfait et je mourrai content (14 novembre 1837).

«Les frères Gilbert et Fabien, bien bons religieux, sont occupés à bâtir une petite chapelle en pierre dans l'île où je réside (Aukena). On pense en bâtir une

(3) H. Audran au P. I. Alazard (5-7-1911), Fakahina, Ar SS.CC. 61, 2.
(4) Mgr Jaussen à sa sœur Félicité (1-2-1877), Ar. SS.CC. 58, 1.

bien plus grande dans l'île principale (Mangareva). J'observe en passant que si l'on veut donner quelque consistance à l'Evangile que nous prêchons à ces pauvres peuples, il faut absolument laisser dans chaque île quelque monument stable pour parler aux yeux. De là, la nécessité d'avoir des ouvriers dans les différents archipels. Les frères Gilbert et Fabien sont bien propres à cela; ils savent un peu de tout et savent s'accommoder aux circonstances (19 août 1838) [5]. »

« Ces bons prêtres commencèrent par loger Dieu ; les églises eurent naturellement un droit de priorité », lit-on dans l'introduction des « Mémoires » du P. Laval. Sans doute avec notre esprit sécularisé, nos priorités socio-économiques et le matérialisme généralisé qui apprécie tout en terme d'argent, une telle motivation purement mystique paraît-elle surprenante, voire provocante. Ce que nous savons maintenant de la spiritualité du Sacré-Cœur et du style de vie chrétienne qui animaient les premiers missionnaires des Sacrés-Cœurs, cette foi ardente en Jésus présent dans le Saint-Sacrement ne doit pas nous étonner. S'il est un point sur lequel amis et adversaires des missionnaires catholiques se retrouvent, c'est bien leur foi et leur zèle, souvent pour en déplorer l'ardeur jugée excessive. L'Adoration du Saint-Sacrement est une note si caractéristique de la Congrégation des Sacrés-Cœurs qu'elle figure dans l'intitulé complet de leur congrégation. Aussi, comme le note un ancien Provincial venu les visiter longuement en Polynésie, le P. Xavier Riou, « par fidélité à leur adoration individuelle, en union avec leurs frères et sœurs, les pères ont bâti des églises, même dans les îles les plus reculées, pour célébrer et garder l'Eucharistie [6] ».

Jusqu'à nos jours et dans une parfaite fidélité – comme en témoignent les constructions récentes des vastes églises « Maria no te Hau » à Papeete, Saint Etienne à Punaauia et à Ua-Pou, la cathédrale de Taiohae et les diverses réfections d'églises anciennes – cette vision mystique s'est maintenue. Les divers missionnaires soulignent « l'importance des églises dans l'évangélisation, l'influence des églises construites ». Le P. Mazé y ajoute « l'utilité du toit de tôle pour récupérer l'eau de pluie dans des citernes » aux Tuamotu ; le P. Maurel signale qu'il est « préférable de bâtir des églises en pierre, car le bois est trop cher et dure peu » [7]. Les cyclones de 1983 aux Tuamotu ont aussi montré leur utilité pour sauver la population des éléments déchaînés !

Les églises en pierre, œuvre majeure des frères convers bâtisseurs durant plus d'un demi-siècle, constituent un élément essentiel de la mission catholique en Polynésie. A la dimension spirituelle et évangélisatrice, centrée sur l'Eucharistie,

---

(5) Mgr ROUCHOUZE au P. COUDRIN (27-5-1835, 14-11-1837); à Mgr BONAMIE (19-8-1838), Ar. SS.CC. L.A.M.O. T.I. et 1-1-4.

(6) X. RIOU, notes de conversation avec l'auteur; SARZEAU (30-10-1980).

(7) F. LOUBAT (17-1-1857); L. LÉVÊQUE (5-2-1876); C. FOUQUÉ (25-3-1857); P. MAZÉ (3-9-1929); C. MAUREL (21-7-1929), Ar. SS.CC. passim.

que nous venons de signaler, d'autres raisons de vie commune et de vie pratique s'ajoutent dans l'esprit des missionnaires des Sacrés-Cœurs.

L'église, maison du Dieu vivant, est la maison du Peuple de Dieu qu'Il rassemble dans l'unité. Nous avons assez parlé déjà du sens communautaire des polynésiens, de leur amour des cérémonies, des chants, des débats catéchétiques et autres expressions religieuses communes, pour qu'il ne soit pas nécessaire d'y revenir. Les églises solides, belles, décorées, vivantes et chaleureuses en quelque sorte, constituent aux yeux des pères, une catéchèse parlante du sérieux et de la vérité de l'Eglise catholique. Elles sont aussi, en particulier pour Mgr Tepano Jaussen, un acte d'espérance en l'avenir. Les missionnaires sont ceux qui ne désespèrent pas de l'homme. Cette attitude profonde explique seule la taille de la cathédrale de Rikitea (1841), construite en pleine expansion démographique des Gambier (2.040 habitants en 1834, 2.270 en 1845). Cet optimisme est la raison profonde du premier dessin ambitieux de la future cathédrale de Papeete, commencée en 1856. L'âme de tout missionnaire est de préparer l'avenir de l'Eglise du lieu où il annonce l'Evangile. Mgr Jaussen était particulièrement attentif à cet aspect de sa mission épiscopale ; la mission catholique en Polynésie vit toujours de l'ampleur de sa vision prospective, en particulier à Tahiti.

A cet aspect de rassemblement des communautés chrétiennes, s'ajoute la volonté explicite d'éducation aux divers métiers. Même l'administration fera appel aux compétences professionnelles acquises par les mangaréviens ; le phare de la pointe Vénus en est encore le témoignage datant de 1867. Nous avons signalé que, dans les atolls sans eau douce des Tuamotu, les églises servent à alimenter des citernes par la récupération des eaux pluviales. C'est un aspect fort important pour la vie dans ces petites îles. Si à notre époque on sait bien traiter le bois de construction contre les termites et autres insectes friands de bois mort dans les climats tropicaux, il n'en était pas de même autrefois. La réflexion du P. Célestin Maurel, donnant sa préférence à la pierre moins onéreuse, est le fruit d'une longue expérience et de nombreuses observations. En effet, et c'est un aspect trop méconnu, les constructions faites par l'Eglise sont des bâtiments communautaires qui appartiennent au peuple chrétien tout entier. Ce sont les édifices publics de l'Eglise ; ils coûtent sans rien rapporter. Ils n'appartiennent pas aux missionnaires. Aussi, ces derniers sont-ils très conscients, dans un esprit de pauvreté et de service du peuple de Dieu, d'avoir à bâtir des églises solides, durables et d'entretien aisé. Mgr Tepano Jaussen et les « frères bâtisseurs » se doutaient bien que cette phase d'implantation de l'Eglise qu'ils vivaient, ne durerait pas toujours.

Les frères bâtisseurs

Pendant plus d'un demi-siècle, des origines en 1834 aux années 1890, les frères convers des Sacrés-Cœurs jouent un rôle primordial dans la Mission catholique en Polynésie. Le témoignage du P. Eich cité en avant-propos, les diverses allusions dans les documents des chapitres qui précèdent, sont la preuve que les prêtres et les évêques avaient conscience de la valeur religieuse, missionnaire et professionnelle de leurs humbles frères. Il n'est pas rare, à cette époque initiale de la mission, de voir les autorités administratives faire appel à leur savoir-faire ou leur demander des conseils pratiques. Le gouverneur du Bouzet en 1857 ne cache pas son admiration devant les compétences et la manière dont le frère Gilbert Soulié organise le travail des soixante mangaréviens qui posent les fondations de la première cathédrale de Papeete. Vie religieuse communautaire, conscience professionnelle, compétence et dévouement à toute épreuve sont les caractéristiques reconnues par tous au sujet des 24 frères convers qui ont servi le Vicariat de Tahiti de 1834 à 1940 (8). Leur répartition chronologique montre que dans les années 1860, au cœur de l'épiscopat de Mgr Jaussen, les «frères bâtisseurs» sont presque aussi nombreux que les prêtres missionnaires. Nous avons ainsi la réponse aux diverses interrogations sur l'importance des constructions religieuses de cette époque dans la mission catholique en Polynésie. C'était un choix délibéré et prospectif de Mgr Jaussen; l'évêque s'en explique à ses sœurs: «Nous avons acheté une trentaine de terrains pour emplacements d'églises et de presbytères, construit 25 bâtiments en pierres et 20 en bois (9)». Pour le premier Vicaire Apostolique de Tahiti, les frères ouvriers sont avant tout les bâtisseurs de l'avenir de la mission en élevant des églises dans les divers districts et îles de son immense Vicariat où lui-même s'efforce de trouver des terrains disponibles.

Mgr Rouchouze, dès les débuts de la mission catholique aux Gambier, comprend l'importance du rôle des frères convers et en découvre les limites. Les PP. Caret et Laval étaient accompagnés du frère Columban Murphy en arrivant le 7 août 1834 à Mangareva. Cette première année est difficile pour le frère comme le constate l'année suivante Mgr Rouchouze. «Je vous prie, mon Révérend Père, de ne jamais envoyer de frères convers seuls, surtout dans une mission qui ne fait que commencer. Outre qu'ils ne peuvent subvenir à tout, ils ont de la peine à se défendre de l'ennui et du découragement. Les missionnaires ne peuvent presque jamais être avec eux, surtout ici où ils sont à courir sans cesse d'île en île (10)». En effet les frères sont préparés pour les travaux d'établissement et d'entretien d'une mission avec la vie religieuse en communauté. Ils ne sont pas formés pour le débroussage missionnaire préalable. Par contre, lorsque la mission s'enracine, ils peuvent déployer leurs talents professionnels variés pour son

(8) Effectif des frères convers SS.CC. aux diverses époques; (–) effectif des Pères.

époques :	1834	1836	1840	1850	1860	1870	1880	1890	1900	1910	1920
effectif :	1 (2)	4 (7)	5 (9)	4 (12)	12 (15)	10 (20)	7 (22)	4 (24)	3 (18)	2 (26)	1 (21)

Voir les détails de l'Etat de la Mission à l'Annexe IX.

(9) Mgr JAUSSEN à ses sœurs (16-7-1872), Ar. SS.CC. 58, 5.

(10) Mgr ROUCHOUZE au P. COUDRIN (27-5-1835), Aukena, Ar. SS.CC. L.A.M.O. nº 11.

développement. Mgr Rouchouze l'explique en 1838. «Depuis mon arrivée (1835) nos frères Gilbert et Fabien, bien bons religieux, ont bâti une maison et sont présentement occupés à construire une petite chapelle en pierre dans l'île où je réside (Aukena). On pense en bâtir une bien plus grande dans l'île principale (Mangareva)... De là la nécessité d'avoir des ouvriers dans les différents archipels. Gilbert et Fabien sont bien propres pour cela. Ils savent un peu de tout et savent s'accommoder des circonstances. Outre la maçonnerie, ils sont obligés de vaquer à une infinité de travaux de détails tels qu'on peut les supposer dans notre position.

«J'ai appris, avec bien de la peine, que certains individus à Paris trouvent mauvais qu'on envoyât des frères convers dans la Mission ; ils connaissent bien peu l'état des choses. Ce serait un grand mal pour nos missions que cette opinion prévalût. Sandwich aura sans doute donné lieu à cela... Il ne faudrait jamais qu'un frère convers fût seul ; s'il n'a pas un second, il est sans force et sans courage, il ne peut rien entreprendre et il s'ennuie. C'est ce que j'ai vu en arrivant ici. Il est bien à désirer qu'ils soient toujours envoyés, sinon à trois, au moins deux à deux.

«On peut tirer partie des naturels pour les travaux, mais il faut du temps ; et ce n'est qu'en nous voyant travailler qu'ils se décident à sortir de leur apathie naturelle. Toute exhortation serait infructueuse ; il faut qu'ils voient des effets pour se convaincre que le travail est une bonne chose. La première année que nos frères ont entrepris la maison que j'habite, nous n'avons pu obtenir quelque coup de main de la part de nos néophytes, même les plus fervents, que dans l'espoir de recevoir quelques brasses d'étoffes. Mais aussitôt qu'ils ont vu la solidité de ces pierres mises l'une sur l'autre, ils ont pris de l'énergie et n'ont eu aucun repos avant d'avoir commencé une chapelle durable et solide et qui n'a pas besoin d'être refaite tous les deux ou trois ans comme leurs cases. Les habitants de la grande île soupirent après le moment où je leur laisserai commencer une église en pierre ; tout le monde promet de s'y prêter de cœur et d'âme [(11)].»

Deux ans après, le P. Cyprien Liausu écrira : «Nous sommes à la toiture de Mangareva qui sera toujours la cathédrale de l'Océanie. Elle ne nous a coûté aucune dépense, si ce n'est le fer et les outils. Le frère Gilbert a fait seul la maçonnerie avec une quinzaine d'indigènes. Du récif à 4 lieues en mer, il y a eu 304 grands radeaux de pierres et pour ce travail 2 ou 3 morceaux de fer et 7 ou 8 haches et des leviers en bois. On a fait 23 grandes fournées de chaux [(12)].»

Toute l'action et le rôle des frères bâtisseurs est dans ces deux lettres de

---

(11) Mgr ROUCHOUZE à Mgr BONAMIE (19-8-1838), Aukena, Ar. SS.CC. L.A.M.O. n° 137.

(12) C. LIAUSU à Mgr BONAMIE (18-1-1841), Mangareva, Ar. SS.CC. 1-1-4. Voir H. LAVAL : *Mémoires*, chap. XI, pp. 148 ss et chap. XIV, pp. 193 ss.

Mgr Etienne Rouchouze et du P. Cyprien Liausu. Les autres frères des Sacrés-Cœurs marcheront sur les traces de leurs deux modèles de 1835, les frères Gilbert Soulié et Fabien Costes.

Mgr Rouchouze a bien compris la place essentielle des frères-artisans pour donner un visage concret, pratique à l'évangélisation ; sans eux, ni églises, ni presbytères, ni « cette infinité de travaux de détails qu'on peut supposer » quand il y a tout à faire et à inventer dans un terrain neuf. Les multiples nécessités et imprévus de la vie quotidienne, outre la compétence et l'adaptabilité, exigent un travail d'équipe pour être efficace ; l'expérience malheureuse du frère Columban a servi de leçon. Un travail aussi pénible et exigeant s'enracine dans un esprit de foi et une vie religieuse communautaire à laquelle les frères convers tiennent beaucoup. Le signe en est pour eux « l'habit religieux qu'ils désirent porter à l'intérieur de la mission », même après la laïcisation. Sur ce point, les frères convers s'opposent aux pères qui veulent éviter toute provocation à l'extérieur (13).

L'aspect éducatif des populations par l'exemple, l'entraînement et les conseils des frères est bien mis en relief. Cette éducation professionnelle aux métiers du bâtiment réussira avec les mangavériens qui viendront exercer leurs talents à Tahiti en 1857 et en 1867. Cette intuition sera à la base de la création des « ateliers de Saint-Joseph » en 1869 dans la vallée de la Mission à Papeete.

En plus de leur formation initiale – la plupart sont mesuisiers, maçons, charpentiers ou ferronniers – nous avons vu au chapitre précédent que Mgr Rouchouze et la Mission se sont procuré divers ouvrages d'art et de construction. Les frères bâtisseurs peuvent d'autant mieux « s'adapter aux circonstances » et aux matériaux locaux qu'ils s'appuient sur les données éprouvées des techniques de leur temps. Les frères aiment leur métier ; ils ont la foi dans leur mission. Ils n'ont pas de difficultés à utiliser les matériaux qu'ils ont à portée de leur main dans les îles. Evidemment ce sont des constructeurs du XIXe siècle ; ils s'appuient sur la science et les données de leur temps. Le culte naturiste du soleil et les « bienfaits du bronzage » n'étaient pas à la mode il y a 150 ans ! Les frères des Sacrés-Cœurs, pas plus que les bâtisseurs des « maisons coloniales » ne connaissaient la menuiserie d'aluminium, les capteurs solaires, l'électricité ou les grandes baies vitrées des « cités radieuses ». Les murs en pierre, épais et bien assis, les petites ouvertures des fermes campagnardes ou les ogives du style néo-gothique leur sont bien plus familières. Ainsi leurs bâtisses restent fraîches et isothermes avec la climatisation naturelle des alizés diurnes et du « hupé » nocturne.

Si l'art de la menuiserie artisanale n'a guère de secrets pour ces bons frères convers, c'est surtout le travail des pierres de corail qu'ils ont poussé à fond.

---

(13) P. Hickel au T.R.P. (10-8-1894), Ar. SS.CC. 62, 2 – Mgr Verdier au T.R.P. (2-3-1894), Ar. SS.CC. 58, 3.

Leurs techniques de taille, la précision de leurs jointements, la variété des formes utilisées, l'imagination des assemblages font encore l'admiration des architectes qui découvrent, un siècle plus tard, leur architecture. Le grand œuvre de Mangareva reste toujours un ensemble extraordinaire. Certains de ces frères sont devenus si habiles dans l'art d'utiliser les plaques de corail durci, qu'ils ont réussi à tailler des rosaces dans la masse d'une seule dalle et à y insérer des vitraux colorés. Les frères convers des Gambier se sont aussi exercés dans l'art de travailler la nacre si abondante dans le lagon. Le maître-autel et les deux autels latéraux de la cathédrale de Rikitea en sont entièrement ornés par des incrustations merveilleuses et des bouquets étonnants. Cette splendide décoration, tout à fait inattendue pour les rares voyageurs et marins s'arrêtant dans cet archipel perdu, a fait crier aux «églises riches» et médire de la Mission [(14)]. C'est encore colporté de nos jours. C'est oublier que la nacre était gratuite et que les frères ont donné leur temps et leur cœur pour célébrer le Dieu vivant. Nous ne sommes pas là devant une entreprise économique mais devant une œuvre de foi ardente comme au temps du «peuple des cathédrales». Le P. Liausu a signalé que la grande cathédrale de 2.000 places de Rikitea «n'a coûté aucune dépense que le fer et les outils». C'est aux frères Gilbert et Fabien qu'on le doit et à leur exemple qui a entraîné le peuple de Mangareva. C'est l'acte d'amour de tout un peuple traduit dans la pierre de corail et dans la nacre.

En plus de ces deux frères pionniers, avec Mgr Tepano Jaussen, il convient de signaler quelques-uns de ces «frères si utiles et nécessaires à la mission catholique» et les principaux édifices religieux qu'ils ont construit [(15)].

Le frère Henri Delpech (1812-57-93), menuisier-charpentier, travaille aussi le fer, la mécanique et l'outillage. Il participe à la construction des églises de Papeuriri (Mataiea) en 1858, de Tuuhora (Anaa) en 1860, de Papetoai (Moorea) en 1872, de Papara en 1875, de Paea en 1878. Il pose la charpente de l'évêché en 1873.

Le frère Théophile Guilhermier (1819-54-97), maçon, exerce ce métier et celui de chef de travaux de la Mission. Il bâtit l'église de Tekotika en 1855 et de Tamatahoa en 1856 à Anaa. En 1857, il participe aux travaux de la première cathédrale de Papeete avec les mangaréviens et en 1858 il est sur le chantier de Papeuriri. En 1860, il est sur le chantier du presbytère et de l'église de Punaauia. C'est lui qui dirige les travaux de construction de l'évêché (1870 à 1874) et de la chapelle en 1877. Il bâtit les églises de Faaone en 1877, Faaa en 1878 ; il participe à celle de Papaoa (Arue) en 1882.

---

(14) Amiral LAPALIN à LA MOTTE-ROUGE (23-1-1871), au Ministre (28-4-1871) ; LA MOTTE-ROUGE à Amiral LAPALIN (février 1871), F.O.M. Océanie C 89, A 92.

(15) A. COOLS : *Evêché de Papeete et frères bâtisseurs*, pp. 17 à 32. Nous mettrons après le nom des frères, leurs dates de naissance, d'arrivée à Tahiti et de décès.

Le frère Aloys Holtrichter (1831-60-84), menuisier, est l'ébéniste, le doreur des mobiliers et aussi l'organiste de la cathédrale. Il travaille à Punaauia en 1860, à Papetoai en 1872, à l'évêché en 1873 et à Paea en 1878. C'est lui qui fabrique « le bel autel et la balustrade armoriée de la chapelle de l'évêché, ainsi que la plupart des meubles des églises et presbytères de Tahiti, de Moorea et des Tuamotu ».

Les frères André Fort (1832-60-85) et Clément Pascal (1817-61-94) sont les commissionnaires de la Mission, chargés des approvisionnements, des charrois et des chantiers.

Le frère Alexandre André (1824-60-72), maçon et cousin du frère Théophile, avec qui il travaille à Punaauia en 1860. Il bâtit l'église de Tautira en 1865, de Haapape (Mahina) en 1870. Il participe à la construction de l'évêché.

Le frère Cyprien Roldes (1817-60-86), maçon, débute à Punaauia en 1860. Puis il participe aux chantiers de Tautira en 1865, de Haapape en 1870, de l'évêché. Il bâtit l'église de Papara en 1876, de Paea en 1877, de Papaoa (Arue) en 1883.

L'Eglise catholique, le peuple chrétien et toute la Polynésie doivent beaucoup à ces frères des Sacrés-Cœurs, bâtisseurs d'églises simples, solides, de style néo-gothique cistercien dont la chapelle de l'évêché, consacrée le 21 décembre 1877 et dédiée au Sacré-Cœur de Jésus, est un peu le modèle parfait. L'œuvre d'architecture religieuse de ces 24 frères bâtisseurs constitue le plus important patrimoine architectural à travers les nombreuses îles de la Polynésie française.

La cathédrale de Papeete

Entre la première pierre bénite le 8 décembre 1856 et sa consécration le 23 décembre 1875 par Mgr Tepano Jaussen, une histoire complexe et douloureuse marque ces dix-neuf années de la construction de la petite cathédrale Notre-Dame de Papeete, dédiée à l'Immaculée Conception. Trois ans pour édifier la cathédrale de 2.000 places de Rikitea par deux frères et les mangaréviens; dix-neuf ans pour bâtir la cathédrale de 400 places de Papeete, ce contraste situe une profonde différence de situation [16].

Arrivant en 1849 pour fonder le Vicariat Apostolique de Tahiti, Mgr Tepano Jaussen ne trouve à Papeete qu'une petite chapelle en bois de

(16) Dossier de la cathédrale de Papeete : Ar. SS.CC. 57, 2 – Mgr Tepano JAUSSEN : Ar. SS.CC. 58, 1 et 2. – A. COOLS : *Evêché de Papeete et frères bâtisseurs,* pp. 4-6. – V. PRAT : *Vie de Mgr Tepano Jaussen,* T. I, pp. 284-295. T. 2, pp. 10-17. T. 3, pp. 63-79, 139-165.

20 mètres de long sur 6 de large. Ce modeste édifice, construit par la Mission sur la rive gauche du ruisseau de Sainte-Amélie – emplacement actuel de la librairie Hachette-Pacifique en bas de l'avenue Bruat – sert d'église paroissiale de Papeete pendant 32 ans. Le terrain avait été donné par le gouverneur Bruat le 18 juin 1844 en échange de la terre de Tuareva que la Reine Pomaré IV avait offert, le 28 mai 1842, «aux missionnaires catholiques à l'effet d'y bâtir une maison de prières, conformément à la promesse faite au capitaine Laplace» en juin 1839 [17]. De plus, en échange du terrain donné par la Reine et que le gouverneur avait repris pour y implanter une batterie commandant l'accès au port, Bruat «prend l'engagement d'élever une église dans un lieu qu'il jugera convenable» (10 mars 1851). De fait, avec solennité, une première pierre est posée «dans un champ au sud du jardin du gouverneur. Cette pierre n'en a pas vu arriver d'autres». L'évêque se trouve pris entre deux sentiments qu'il exprime au procureur de la Maison-Mère de Picpus à Paris (15 octobre 1852). «Ce que je désirais le plus ce serait de bâtir ma cathédrale. Vous pensez que le Gouvernement pourrait en faire la dépense. Il me semble que ce serait justice. Mais dois-je espérer qu'il en soit ainsi? Je n'ose le faire.»

Toute l'histoire complexe et conflictuelle de la cathédrale – démolition en 1870, querelle des préséances en 1878, excommunication et suspense en 1889 – se trouve en germe dans cette ambiguïté initiale. L'évêque voit la cathédrale, l'église-mère de son diocèse; le Gouvernement français ne veut qu'une «chapelle catholique, une église de la colonie française à Papeete» dont il contrôle le clergé. Avec le gouverneur de la Richerie et sa loi du 18 mars 1860 sur le «culte national», l'ambiguïté devient divergence radicale. L'opposition entre le Gouvernement et la Mission catholique se cristallisera sur la cathédrale jusqu'au coup de force contre Mgr Verdier empêché d'y célébrer par le président du Conseil de Fabrique, soutenu par le curé de Papeete, le P. Collette, le 5 avril 1889.

Après la promesse du commandant Bruat et sa première pierre sans suite, le gouverneur du Bouzet, en 1855, «offre à la Mission, pour construire une église, un terrain situé entre les rues de Rivoli, Bonard et Collet». C'est un terrain boueux sur plus de 20 pieds de profondeur; l'évêque y trouve un banc de corail sur lequel l'église actuelle repose. Mgr Tepano Jaussen, impressionné par le travail des frères et des mangaréviens qui avaient édifié la cathédrale Saint-Michel de Rikitea, se décide à faire appel à eux, d'accord avec le gouverneur. Parti le 28 mai 1856 sur le «Tenemanu» commandé par l'enseigne Hardy, l'évêque est de retour à Papeete le 6 juillet; 60 mangaréviens accompagnent le frère Gilbert Soulié, chef des travaux. Mgr Jaussen a dessiné un bâtiment de 50 mètres de

(17) Les références détaillées aux documents se trouvent dans le fascicule ci-dessus du R.P. A. Cools.

long sur 20 de large. Les fondations sont creusées à quatre pieds de profondeur jusqu'au banc de corail. «On y jette un premier lit d'énormes pierres dures et carrées», tirées du rocher basaltique de la vallée de la Mission. Au-dessus les maçons «rangent des pierres moins grosses et d'énormes et longues pierres tirées du ruisseau».

Ce gros travail de fondation terminé, Mgr Jaussen bénit avec solennité, le 8 décembre 1856, fête de l'Immaculée Conception à qui la cathédrale est dédiée, la première pierre de l'édifice religieux qui lui tient le plus à cœur. Quatre mois plus tard, les murs atteignent 9 à 10 pieds de hauteur. «On laisse le tout se reposer; les fondations ont besoin de s'asseoir, la bourse est vide» et les mangaréviens qui ont perdu quatre de leurs compagnons, décédés depuis leur départ, ont le mal du pays. Sous la conduite du frère Gilbert, ils partent de Papeete le 26 avril 1857 et arrivent au «fenua» le 10 mai suivant.

Le gouverneur du Bouzet donne, le 13 juin 1858, «une allocation de 8.000 F, au titre du budget de 1857, pour la construction d'une église à Papeete et le titre de concession du terrain». De son côté Mgr Jaussen met de côté «son salaire comme aumônier de la Marine pour la cathédrale» (10 mars 1851). Le Supérieur Général, la même année, lui obtient un don à Paris. L'évêque estime le coût de la cathédrale entre 120 et 150.000 F. Selon la promesse de Bruat, il espère que le Ministère des Cultes à Paris aidera le Gouvernement de la Colonie à la financer en partie puisqu'elle sert aussi à la présence française et au service des «marins, soldats et colons». En 1855, l'évêque commande en Australie des moëllons de grès, des briques et autres matériaux; un premier chargement fait naufrage. D'autres le remplaceront. Pour asseoir l'édifice, ramasser de nouveaux fonds et permettre aux mangaréviens de sculpter les pierres qu'ils avaient emportées dans leur île, Mgr Jaussen prévoit deux années d'arrêt du chantier.

Une commission d'enquête, présidée par le capitaine Lombardeau, remet ses conclusions sur les travaux effectués le 15 mars 1859. Le gouverneur Saisset avait fait remarquer qu'il ne convenait pas qu'une cathédrale, bâtiment public, fut construite par la Mission; le Gouvernement devait, en partie, prendre cela à sa charge. Cette offre, correspondant aux idées de l'évêque, était-elle sincère ou hypocrite? «L'Eglise... est conçue selon un plan assez grandiose et dans l'hypothèse probable que, dans un avenir peu éloigné, Papeete deviendra le siège archiépiscopal du clergé catholique français dans l'océan Pacifique... Les maçonneries s'élèvent à 3 mètres, se développent sur 53 mètres de longueur, 22 mètres de largeur et représentent un volume de 14.000 mètres cubes. Le style est gothique... Les dépenses faites se montent à 80.000 F, ainsi répartis: subvention locale: 23.000 F, dépenses de la Mission: 41.000 F, matériaux accumulés: 16.000 F... Le tout résulte d'une bonne gestion économique de la part de la mission catholique...

« La construction est très solidement assise sur de larges et profondes fondations avec connaissance des difficultés à surmonter. Sauf la partie supérieure qu'il sera bon de démolir sur 40 centimètres, le reste peut être consacré pour servir à la continuation de l'église. La Commission émet le vœu que l'église de Papeete, en vue de son importance future, soit continuée par les soins du Gouvernement et qu'il soit ouvert à cet effet un crédit extraordinaire de 290.000 F, à répartir en six annuités égales...

« La Commission demande que... l'achèvement de l'église de Papeete sur ses anciennes bases et à compter de l'appui des fenêtres, soit confié au directeur des Ponts et Chaussées..., que les travaux soient repris le 1er octobre courant et soient achevés le 1er octobre 1865. »

L'arrivée du gouverneur de la Richerie, la loi sur le « culte protestant national », les entraves mises à la mission catholique changent les plans. Le Vicaire Apostolique quitte Tahiti durant quatre ans. M. de la Richerie propose au P. Collette : « Que diriez-vous si, en moins de deux ans, vous aviez une église en pierre, mais plus petite que celle qu'on a entreprise ? » Cette énigme s'éclairera plus tard.

Avant de partir, M. de la Richerie fait voter 130.000 F par annuités de 15.000 F pour continuer la construction. En 1865, Mgr Jaussen rappelle 40 mangaréviens ; il espère couvrir la cathédrale en 1867 « s'il n'y a pas de malheurs ». En 1866, l'évêque demande au nouveau gouverneur de la Roncière les 3 annuités échues, soit 45.000 F pour payer les ouvriers. Le gouverneur offre 15.000 F et nomme une nouvelle Commission, composée uniquement d'officiers sans participation du maître-d'œuvre. Les tranchées ouvertes trouvent les fondations solides, mais le ciment, fait selon la formule ordonnée par le Génie et appliquée au phare de la pointe Vénus alors en construction, transformé en boue. Le gouverneur, contre le rapport du capitaine de la Taille, condamne l'édifice commencé sans énoncer les motifs.

M. de Jouslard qui lui succède le 12 juin 1869 propose à l'évêque de reprendre la construction. Comme il fallait une nouvelle Commission pour casser les conclusions de la précédente, Mgr Jaussen demande au gouverneur d'écrire sa proposition. M. de Jouslard croit voir une manœuvre dans cette demande et ordonne la démolition de la première cathédrale. « Suivant la décision du Ministre, tous les matériaux entrés dans la construction sont propriété de l'administration qui emploie les moëllons pour faire le quai. Les matériaux réunis autour de la construction reviennent à la Mission qui vend les moëllons pour les quais et emploie les pierres de taille à la construction de l'évêché. » La Mission avait dépensé 135.023 F dont elle récupère 42.453 F en matériaux.

Alors le Gouvernement, au même emplacement, construit la cathédrale actuelle pour 110.000 F. Elle est moitié plus petite: 36 mètres de long sur 12 mètres de large. Les trois portails sculptés par les mangaréviens y sont incorporés. Elle est consacrée le 23 décembre 1875. Très rapidement elle s'avérera trop petite. Elle est administrée par un Conseil de Fabrique, selon la loi de 1809; ce Conseil sera légalement reconnu le 16 juin 1892. En 1878, le Gouverneur voulant dans les cérémonies officielles une place d'honneur dans le chœur à égalité avec le trône réservé à la Reine, Mgr Jaussen refuse cette prétention, surtout qu'il «ne peut en conscience placer une Reine protestante dans le chœur réservé au clergé». Dans le contexte polémique du temps, cette querelle des préséances dans la cathédrale nouvelle fit quelque bruit.

En 1900, vingt-cinq ans après tous ces événements, le P. Georges Eich écrit: «Mgr d'Axiéri et tous les membres de la Mission ont vu plus tard dans l'arrêt de la construction de la cathédrale de Papeete, un trait de la Providence. Tous les fonds de la Mission y auraient passé, les forces de nos bons frères s'y seraient épuisées, les églises en pierres et l'évêché n'auraient pas été construits et l'argent aurait manqué pour commencer l'évangélisation des îles païennes des Paumotu de l'Est.» On peut ajouter que la nouvelle église «Maria no te Hau» de Papeete, inaugurée le 7 juin 1975, n'aurait sans doute pas vu le jour s'il y avait eu une grande cathédrale à Papeete.

Evêché de Papeete

L'heureuse conséquence de la démolition de la cathédrale qui tenait tant à cœur depuis vingt ans à Mgr Jaussen, est sa décision d'entreprendre la construction si nécessaire d'une maison commune pour loger les missionnaires, les accueillir à leurs passages ou dans les retraites. C'est l'évêché qui est bâti dans la vallée de la Mission. L'équipe des frères bâtisseurs se trouve disponible. Les matériaux entreposés pour construire la cathédrale: bois, chaux, moëllons... sont sur place. La vallée fournit des pierres de basalte en abondance.

Les frères Théophile, Cyprien et Alexandre construisent, de juillet 1870 à juillet 1873, «une belle maison en pierre». Les frères Aloys et Henri posent la charpente de juillet à novembre 1873. L'évêché a coûté 40.295 F. Il était presque terminé pour la fête des 25 ans d'épiscopat de Mgr Tepano Jaussen en août 1873. La maison commune des missionnaires où désormais se déroulent les retraites annuelles, est inaugurée en mai 1875. Cette construction étonnante avec ses fondations massives et ses murs en pierre de 60 cm d'épaisseur, ses petites ouvertures, sa robustesse en fait une des plus anciennes bâtisses de Papeete. Les termites ayant fait leur œuvre dans toutes les poutres, il a fallu reprendre la toiture et toutes les charpentes en 1980. Une première réfection de la toiture avait eu lieu autour de 1935.

La magnifique petite chapelle de l'évêché, séparée de ce dernier et située dans le jardin que Mgr Jaussen plantait avec amour, est bâtie par le frère Théophile durant l'année 1877. Le vendredi 21 décembre, l'évêque la consacre en la dédiant au Sacré-Cœur de Jésus.

Sur ses vieux jours, en 1877, le P. Laval décrit ainsi l'ensemble de l'évêché avec sa chapelle. « La mission possède le goût de faire de beaux monuments. L'évêché efface, à lui seul, tout ce que peut posséder en ce genre Papeete. Ses remises en dessous, son rez-de-chaussée, son premier étage, ses deux galeries faisant en haut et en bas le tour de l'édifice, ses corridors qui font croix à l'intérieur, desservant 24 chambres, son vaste grenier et son belvédère où est l'horloge, son bel escalier font de cet édifice imposant un véritable chef-d'œuvre. Quel remerciement ne devons-nous pas à Mgr Jaussen d'avoir osé l'entreprendre et à nos chers frères de l'avoir exécuté habilement.

« La chapelle épiscopale est détachée en côté. C'est un petit bijou en fait de construction gothique et de menuiserie. Tous ces beaux travaux font dire que la Mission possède les meilleurs ouvriers de la ville. »

« Tous ces beaux travaux » font dire aussi que la « Mission est riche, très riche (18) » ; certains se demandent si toutes ces constructions sont bien utiles. Elles excitent la jalousie des uns et la susceptibilité de l'administration. « Le palais épiscopal est de toute beauté avec toutes les commodités imaginables. Aussi les Gouverneurs sont jaloux. Les gens disent : la Mission est tout ce qu'il y a de plus riche, de plus beau, de plus luxueux. Elle n'a besoin de rien (19). »

Il est vrai que pour les « commodités » citées on se contentait de peu à cette époque... La nuit il fallait descendre les étages et aller sous les noyers du jardin pour se soulager. Les vieux pères ne pouvaient se livrer à cette gymnastique nocturne... et le matin c'était le transbordement des pots. L'eau courante et les premiers sanitaires seront installés par Mgr Mazé et encore au bout d'un couloir sur les galeries... suspendues comme sur les goélettes d'autrefois !

L'appréciation du P. Collette, en même temps qu'elle se fait l'écho de « radio-cocotier », aux émissions permanentes et bruissantes à Tahiti, est à situer dans le contexte du violent conflit qui l'oppose, en cette fin de 1881, à Mgr Jaussen. Le P. Collette, provincial des Pères des Sacrés-Cœurs, est en très bons termes avec le Supérieur Général qui l'a proposé à la succession de Mgr Tepano Jaussen. Il ne manque aucune occasion de dénigrer l'évêque qu'il trouve « despote, commerçant et devenu enfant ». De plus il est curé de Papeete et a l'oreille des

---

(18) Voir chapitre suivant : vie matérielle et budget de la Mission.
(19) G. Collette au T.R.P. (14-10-1881), Ar. SS.CC. 59, 3.

européens. Le P. Collette a quitté la Mission le 8 septembre et habite seul en ville. Ce n'est que trop humain que de dénigrer ceux qui occupent la place de responsabilité qu'on envie pour soi-même. Il faut constater que le P. Collette est seul de cet avis. Les autres missionnaires, si isolés dans les districts et les îles, apprécient beaucoup de pouvoir enfin se retrouver et vivre de temps à autre un peu la vie communautaire qui leur tient tant à cœur.

Mais il est certain que l'importance et la réussite de ces travaux de construction au service de l'Eglise, encore si faible en nombre, suscite l'étonnement. N'oublions pas que Tahiti-Moorea ne comptent, en 1863, que 8.283 habitants; il y en avait 9.454 en 1848. Dans cette population si faible et en diminution, les administrateurs passent, mais les missionnaires demeurent. L'abbé Déjerine, aumônier de la Marine, remarque que l'évêque catholique a remplacé les interprètes assermentés auprès de la Reine parce que la Reine n'a plus confiance en eux, mais pour les affaires délicates en Mgr Tepano Jaussen. Dans cette même lettre de 1860, il stigmatise le caractère absolutiste du gouverneur de la Richerie [20] qui est bien à l'origine de la démolition de la cathédrale par l'administration de l'époque. Les nombreuses églises et autres édifices protestants dénotent non seulement les talents de leurs constructeurs, mais l'habileté du peuple tahitien lui-même.

Pour apprécier l'utilité de telles constructions religieuses, il faut les situer par rapport à leur destination dans le peuple chrétien. Ce sont les bâtiments publics et les logements de fonction du Peuple de Dieu. Ni églises, ni maisons de réunion, ni presbytères ne sont des maisons de rapport ou la propriété personnelle des missionnaires. Ce sont des lieux de rassemblement public et des bureaux de service. Les missionnaires s'enfouissent à vie dans le peuple qu'ils viennent servir et avec lequel ils ne font qu'un. Plus que tout autre, Mgr Tepano Jaussen, administrateur de grande classe, vit dans la durée et prépare l'avenir «comme s'il voyait l'invisible». Il sait qu'il est l'évêque fondateur. L'évolution des événements de 1848 à 1884 lui montre qu'il doit planter l'Eglise en l'incarnant dans des églises solides. Sans cette vision de foi, porteuse d'espérance pour l'avenir, sans cet amour profond et optimiste du peuple polynésien, un tel effort de construction est incompréhensible. Si les églises et presbytères ont transformé en pierres l'essentiel des subventions reçues de la Propagation de la Foi de Lyon, ces constructions étaient impossibles sans l'important groupe des «frères bâtisseurs», fournis par la congrégation des Sacrés-Cœurs. Devant les foules chrétiennes aujourd'hui rassemblées dans les églises que ces frères ont bâti, églises souvent trop petites depuis des années, qui peut soutenir que la vision missionnaire de Mgr Tepano Jaussen était trop «grandiose» et le travail des frères des Sacrés-Cœurs sans utilité?

---

(20) Abbé Déjerine: rapport du 16-1-1860, Valparaiso, Ar. SS.CC. 57, 2.

Une église ne se comprend bien que de l'intérieur, avec son peuple chrétien priant, célébrant l'Eucharistie et chantant sa foi vivante. Du dehors, cet édifice est toujours un peu étrange, une sorte de point d'interrogation dans la cité des hommes, voire « un signe de contradiction » dans un monde matérialiste et sécularisé. Les églises de pierre ne sont que des signes visibles de l'unique Eglise spirituelle, Corps du Christ et Peuple de Dieu, « foule immense de toutes nations, tribus, peuples et langues» réunie par la puissance de l'Esprit Saint.

Chapitre 16

VIE MATÉRIELLE ET ORGANISATION DE L'ÉGLISE

Il est toujours délicat d'aborder les questions d'argent et de biens matériels concernant l'Eglise. Les « bruits d'argent autour de l'autel » sonnent mal dans le peuple chrétien; prêtres et religieux sont toujours mal à l'aise pour traiter de ces questions. Vue de l'extérieur, par ses églises, ses bâtiments d'œuvres diverses, ses communautés, l'Eglise a la réputation bien établie d'être riche. De plus, contrairement à la mentalité anglo-saxonne plus libre en ce qui regarde l'usage de l'argent, le comportement français est marqué par une sorte de tabou sur ce sujet. Les livres qui osent l'aborder font à la fois recette et scandale. Confusions économiques et complexe de culpabilité marquent les psychologies. Dans un monde matérialisé où l'argent est la mesure de toute chose, où la valeur économique est recherchée comme l'unique valeur de référence – « combien gagnes-tu ? » –, le témoignage de l'Eglise est difficile à faire saisir. Comme toute réalité humaine, elle est incarnée dans des réalités concrètes, matérielles et financières sans lesquelles elle ne serait qu'angélisme vide ; l'Eglise, à la suite du Christ, « est dans le monde sans être du monde ». « Prius est vivere, deinde philosophari », écrit Mgr Jaussen le 11 janvier 1882 devant toutes les charges qui s'accumulent dans son immense Vicariat Apostolique [1].

Eglise riche ?

Les chapitres précédents sur les activités de développement et les constructions d'édifices religieux ont fait toucher du doigt les racines principales de la réputation de richesse de la Mission catholique en Polynésie, à Tahiti particu-

(1) Mgr T. JAUSSEN au T.R.P. (11-1-1882), Ar.SS.CC. 58,1 : « D'abord vivre, ensuite discourir. »

lièrement. Durant le XIXe siècle, selon leur conception globale « d'évangélisation-civilisation », les missionnaires constituent certainement un des groupes les plus actifs sur les plans des activités agricoles et architecturales dans les îles. Nous avons vu que ce n'était pas dans une optique d'assistance mais d'éducation au travail en vue de l'indépendance économique des populations ; nous avons découvert le nombre et la qualité de ceux qui ont bâti gratuitement au service du Peuple de Dieu en Polynésie. Mais il faut bien comprendre qu'une telle activité, vue de l'extérieur par des gens de passage ou des personnes mues par des motifs moins désintéressés, suscite étonnement et interrogations.

Nous ne reviendrons pas davantage sur la confusion, faite trop habituellement, entre Eglise et clergé. Nous avons vu dans le chapitre précédent que terrains et bâtiments ne sont pas la propriété personnelle des missionnaires, mais la propriété collective du peuple chrétien qui a la charge d'entretenir ce qui est nécessaire à son existence communautaire [(2)]. Chacun sait bien qu'un bâtiment public crée plus de charges d'entretien qu'il ne rapporte de bénéfices d'usage, même dans le cas d'un musée garni de souvenirs anciens et de valeur.

Si cette mentalité générale n'est pas trop étonnante, dans le cas de l'Eglise catholique à Tahiti la source principale de sa réputation de richesse vient des propos du P. Gilles Collette. Après avoir eu une action missionnaire remarquable à Tahiti dès son arrivée en 1854, il est nommé provincial en 1874. Allant en Europe cette année-là, il est reçu en « audience particulièrement chaleureuse par Pie IX ». Le 5 août de cette même année, Mgr Jaussen « offre, à titre prudentiel, sa démission à Rome ». Il propose au Supérieur Général de « désigner son successeur ». Celui-ci, en janvier 1875, avance le nom du P. Collette qu'il demande à l'évêque de nommer Provicaire. Le malheur est que le T.R.P. Bousquet a tout dit au P. Collette dont l'ambition devient démesurée. « Il devient autoritaire, avide de pouvoir et veut tout changer. » Les missionnaires sont fort mécontents. Comme provincial, il veut nommer les pères malgré l'avis de l'évêque. Le conflit s'aggrave rapidement et le P. Collette quitte la Mission pour s'installer en ville en septembre 1881. Il peut d'autant mieux le faire qu'étant curé de Papeete, il reçoit un traitement de l'administration. Lorsque Mgr Verdier est nommé coadjuteur de Mgr Jaussen en septembre 1882, l'opposition du P. Collette à l'égard de ses confrères devient radicale ; en 1889, il soutient ouvertement le président du conseil de Fabrique qui empêche l'évêque de venir célébrer les offices dans sa cathédrale [(3)].

---

(2) Le décret MANDEL du 16-1-1939 reconnaît légalement cette gestion des biens à la Mission catholique.

(3) – Mgr JAUSSEN au T.R.P. (2-3-1874, 5-8-1874, 4-1-1875, 4-6-1875, 9-1-1876, 20-11-1878, 11-7-1881, 13-7-1881, 14-8-1882), Ar.SS.CC. 58,1.

– Mgr VERDIER au T.R.P. (17-11-1882, 6-3-1884, 5-6-1884, 14-4-1889, 28-4-1889, 17-9-1889, 12-9-1890, 8-6-1891), Ar. SS.CC. 58, 2.

– Lettres de cette époque des pères EICH, MARTIN – Mgr DORDILLON au T.R.P. (24-2-1884), Ar. SS.CC. 47, 1.

C'est dans ce contexte que le P. Collette dénigre systématiquement la Mission en ville en dénonçant sa richesse et en traitant Mgr Tepano Jaussen de tous les noms: «despote, avare, diviseur, haineux, retombé en enfance, scandaleux, mauvais évêque...» [4]. Sa fonction de curé de Papeete, ses liens privilégiés avec la Marine qui le considère comme aumônier militaire, sa façon de se faire passer comme victime du «despotisme de l'évêque» en font un personnage populaire. Dans l'ambiance anticléricale de ces années 1880 à 1900, les propos du P. Collette sont repris et amplifiés par la population européenne qui le soutient, comme Jules Texier, avocat, Picquenot, le journal «Les Guêpes» de V.L. Raoulx... Même le roi Pomaré V écrit en faveur du P. Collette le 4 mars 1888 au T.R.P. Bousquet. La «bonne société» de Papeete et l'administration se font un plaisir de répandre jusqu'en France les propos du P. Collette; il est «soutenu dans sa guerre contre la Mission et on le trouve bien adapté aux libres penseurs et libéraux francs-maçons», comme l'explicite Jules Texier en 1888. Cependant, dans une autre lettre de la même année, l'avocat reconnaît «son emballement et que le P. Collette est aigri par son idée fixe». N'empêche que, désormais, la cause est entendue; et cela vient d'un membre de la Mission elle-même: la Mission catholique est riche [5]. Qu'en est-il de cette opulence que le P. Collette nous oblige à scruter?

Vie quotidienne des missionnaires

La question des «provisions des missionnaires» a toujours causé des difficultés sérieuses aux évêques et aux provinciaux. En raison des lenteurs et des difficultés de transport, particulièrement pour desservir les Tuamotu, il fallait entreposer à Papeete les vivres de base pour au moins une année à l'avance. La nourriture quotidienne était fort simple: caisses de biscuits, lard salé, riz, haricots et petite épicerie. S'y ajoutait un peu de farine et de vin pour célébrer la messe et soutenir la santé selon les idées du temps. Tissu, linge, chaussures, fil et boutons complétaient les envois. Voici la liste des fournitures expédiées aux missionnaires en 1873 par le provincial, le P. Collette [6]. «Vin rouge: 70 bouteilles; huile d'olive: 2 litres; vinaigre: 4 litres; vin blanc: 27 bouteilles; café: 22 kg; savon: 32 morceaux; riz: 120 kg; farine: 2 barils; haricots: 14 kg; huile de coco: 2 touques; lard salé: 2 barils; bougie: 22 livres; allumettes: 20 boîtes; graisse: 2 boîtes; cirage: 2 boîtes; cire: 30 cierges; encens: 25 kg.

(4) G. COLLETTE au T.R.P. (16-10-1874, 25-1-1876, 7-11-1878, 12-1-1879, 14-9-1879, 30-7-1881, 8-9-1881, 26-8-1881, 8-10-1881, 7-5-1882, 15-7-1883), Ar. SS.CC. 59, 3.

(5) J. TEXIER au P. GERVAIS (28-5-1885, 13-9-1886, 23-2-1888, 13-8-1888) – «Les Guêpes» (12-9-1899). – POMARÉ V au T.R.P. (4-3-1888) – Un collectif anonyme de Papeete en 1888; Ar. SS.CC. 60, 1.

(6) Analyse des objets envoyés aux Pères en 1873, bilan au T.R.P., Ar. SS.CC. 59, 3.

Le vestiaire indiqué par le règlement a été délivré. Ceux qui n'ont pas reçu 3 barils de lard, ont reçu d'autres vivres ou 70 francs pour acheter des vivres à leur gré.»

Ce vestiaire, d'après ce qui est fourni aux quatre frères des Gambier cette année-là – Pères Nicolas et Barnabé, Frère Fabien et M. Henry –, comprend: «pantalons: 15, souliers: 10 paires; bas: 12 paires; chapeaux: 4; chemises: 20; soutanes: 3».

Le 15 octobre 1875, le Conseil provincial étudie cette question des vivres. «Le Conseil prie Monseigneur de bien vouloir envoyer de temps en temps des pommes de terre... on fait remarquer que le règlement des vivres a été établi quand la Mission était dans la gêne.» La question difficile est d'adapter les fournitures aux appétits différents, aux états de santé et aux goûts de chacun. C'est la quadrature du cercle, d'autant que NN.SS. Jaussen puis Verdier ne sont pas des dépensiers en raison des charges générales du budget. D'où leur réputation «d'avarice et de raideur» sur ce sujet des provisions attribuées aux missionnaires [(7)].

A ces questions d'approvisionnement et de distribution des vivres en nature, il faut ajouter – ce qui n'est pas un petit problème dans les archipels en dehors de Tahiti – les naufrages, les provisions mouillées dans les transbordements par baleinières, les cancrelats et les rats qui s'en donnent à cœur joie. Les missionnaires des Tuamotu en particulier signalent fréquemment que «les provisions sont gâtées et que tout est chér sur les bateaux» [(8)]. «La vie est frugale et les frais de transport sont élevés» dans les îles éloignées, constate Mgr Rouchouze.

Ce système de provisions en nature a une double raison: éviter que les missionnaires soient à la charge des populations évangélisées, comme Mgr Jaussen l'a expliqué à Anaa en 1849 dans son premier sermon cité au chapitre XI; permettre à chacun d'avoir de quoi survivre correctement même dans les îles les plus démunies. En plus, cela évite les trop grandes jalousies entre les missionnaires, même si ce système monacal ne satisfait pas les goûts de chacun.

On comprend aisément que, en plus de leur souci du développement agricole pour l'autosuffisance des populations, les pères n'aient pas tardé à faire de multiples essais de fruits et de légumes pour améliorer l'ordinaire quelque peu spartiate et monotone de la Mission. Mgr Jaussen n'est pas le dernier à mettre en valeur la vallée de la Tepapa à Papeete, acquise le 8 décembre 1855 en partie; plusieurs autres parcelles seront acquises entre cette date et 1869. Souvenons-

(7) G. EICH au T.R.P. (15-10-1895, 7-4-1896), Ar. SS.CC. 60, 2.

(8) G. FIERENS à Mgr JAUSSEN (21-10-1866, 21-6-1878); au T.R.P. (1-6-1877), Ar. SS.CC. 73, 1.

nous de la conception rurale et de l'idéal monastique de type cistercien des missionnaires des Sacrés-Cœurs; cela explique beaucoup de choses dans la vie et l'organisation de l'Eglise.

Au fur et à mesure que la desserte des îles par l'administration s'améliore, un tel système de fournitures en nature montre ses limites. A la fin de 1905, Mgr Verdier pose «la question toujours délicate des provisions des Pères: faut-il continuer à fournir en nature ou faut-il attribuer à chacun une somme forfaitaire?» [9]. L'évêque confie au P. Célestin Maurel en octobre 1905 cette question, «source de bien des difficultés». En janvier 1906, il est décidé que «chaque père, pour les vivres, aura 100 F par mois, alloués par la Mission». Depuis cette date, c'est le système général.

Depuis le début, chaque père garde sur son compte, géré à Papeete par le provincial et sous son contrôle pour satisfaire au vœu de pauvreté, les honoraires de Messe. Cela fournit une modeste caisse à chaque missionnaire. Pour 1883, voici l'état de ces comptes personnels, donnés par le provincial, le P. Rogatien Martin [10].

Pères	Bruno	Privat	Georges	Adrien	Paul	Chrétien	Michel	Rogatien
Recettes	489 F	1 066	683	405	880	267	831	1 072
Dépenses	401 F	878	536	354	848	558	710	1 643

Pour 1884, voici l'état des recettes et dépenses de chaque missionnaire [11]:

Pères	Bruno	Chrétien	Michel	Germain	Roussel	Georges	Gilles	Privat	Nicolas
Recettes	660 F	500	895	420		734	1 793	888	2 289
Dépenses	512 F	429	619	305	1 185	716	1 793	819	1 580

Les recettes viennent pour ceux qui font la classe des salaires de 300 à 600 F par an. Le P. Gilles Collette reçoit en plus, comme curé de Papeete, 2.000 F par an dont il ne rend pas compte. Le P. Nicolas fait état des rentrées de la vanille et des troupeaux de la mission à Mangareva.

Les dépenses sont habituellement au service de leur mission: écoles à entretenir, églises à couvrir, voyages à effectuer.

Aujourd'hui, les prêtres gardent aussi à leur usage personnel le montant des honoraires de messe, soit 15.000 CFP (825 FF) au 1er janvier 1983 (le S.M.I.G. est à 55.000 CFP). Un contrat lie le diocèse aux congrégations de prêtres et le

(9) Mgr Verdier au T.R.P. (1-11-1905), Ar. SS.CC. 58, 3.
(10) R. Martin au T.R.P. (7-2-1884), Ar. SS.CC. 47, 2.
(11) R. Martin au T.R.P. (4-2-1885), Ar. SS.CC. 47, 3.

montant de 18 heures du S.M.I.G. est attribué pour chaque prêtre par mois. Il faut ajouter à cela les avantages en nature : les prêtres sont logés, nourris, blanchis par la paroisse qu'ils servent ; il en est de même pour les frais de déplacement, assurances. Pour 34 prêtres inscrits à l'Entraide Missionnaire Internationale, le montant des cotisations annuelles vieillesse et maladie versées par le diocèse a été, en 1982, de 3.569.546 CFP. La retraite servie aux prêtres de plus de 65 ans est de 230.000 CFP par an (1 CFP = 0,055 FF).

Autrefois les missionnaires ne retournaient que deux ou trois fois dans leur vie dans leur pays d'origine. Il y a 15 ans, c'était tous les 7 ans ; actuellement le diocèse paie l'aller et retour tous les 5 ans. Aussi, aujourd'hui comme hier, les pères mènent une vie digne et pauvre que chacun reconnaît et dans laquelle, selon la remarque du Seigneur à ses disciples « ils ne manquent de rien d'essentiel », par rapport aux gens simples et modestes. Même le Gouverneur Cloué dans sa lettre violente au Ministre contre les missionnaires aux Gambier, accusés de tous les vices et de « spolier les populations au profit de leur Ordre » – ce que le tribunal de Papeete condamnera comme pure diffamation en 1872 – reconnaît : « Ce n'est pas dans l'intérêt de leur santé et en s'imposant les plus dures privations, c'est dans l'intérêt de leur Ordre qu'ils ne gardent rien pour eux de ce qu'ils amassent et qu'ils vivent dans le mépris le plus absolu du nécessaire et même de tout soin de leur personne » [(12)]. Même à travers la polémique abusive et calomnieuse, l'hommage involontaire à la pauvreté ascétique des missionnaires n'en est que plus remarquable.

Pour être complet certains missionnaires, et il n'y a pas encore longtemps, ont affiché un mépris total de ce qui était vestimentaire, intérieur de presbytère, par tempérament, même si les subsides alloués permettaient plus de bien-être.

Allocations et subventions

Le rapport du gouverneur Bonard au Ministre de la Marine sur les « Missions catholiques en Océanie » en 1850, en plus de montrer un regard positif sur l'action des missionnaires, signale les deux sources des allocations et leur usage [(13)]. « Les missionnaires catholiques se sont montrés dignes du clergé français. Si les fonds de la Propagation de la Foi et la solde qui leur est allouée par l'Etat ont mis quelques ressources à leur disposition, ils les ont appliquées, non pas au luxe de leur intérieur, mais à l'exercice de la charité. Ils n'ont pas été moins fidèles à la morale que désintéressés. »

(12) Gouverneur Cloué au Ministre : rapport (15-9-1870), F.O.M. Océanie C 89, A 92.

(13) Gouverneur Bonard au Ministre : rapport « Missions catholiques » (1850), F.O.M. Océanie C 106, H 2.

Allocations de la Propagation de la Foi

Le 9 août 1834, le cardinal-préfet de « Propaganda Fide » avertit Mgr Etienne Rouchouze qu'il a « peu d'aide financière à attendre de Rome et qu'il lui faut voir les Œuvres missionnaires ». Le Vicaire Apostolique d'Océanie orientale reçoit une allocation initiale de « 3.000 écus romains » ; le « Bon Père » Coudrin arrive à collecter de quoi payer le passage des premiers missionnaires jusqu'à Valparaiso. Pour le reste « la Providence y pourvoira » (14). En plus des générosités venant des relations personnelles et de l'action déterminante du P. André Caro à Valparaiso, la providence des Missions catholiques s'incarne en Pauline Jaricot qui a fondé à Lyon en 1822 l'« Œuvre de la Propagation de la Foi ». Son intuition originale est de faire que, grâce à la prière du « Rosaire Vivant » et aux modestes offrandes, les pauvres soient tout à la fois évangélisés et évangélisateurs ; le Conseil central, où elle n'a qu'un rôle discret, est composé de prêtres et de laïcs d'origines diverses. Grâce à elle et par la revue qui relate les joies, les peines et les besoins des missionnaires, tout le peuple chrétien se trouve concerné par les Missions catholiques à travers le monde. Tel sera le soutien essentiel des missionnaires des Sacrés-Cœurs en Polynésie. Les rapports annuels des Vicaires Apostoliques au Conseil central de la Propagation de la Foi à Lyon constituent des documents précieux et précis pour suivre les espoirs et les épreuves, les avancées et les reculs de l'évangélisation dans les îles.

Ces quelques extraits du premier compte rendu de trois pages écrit par Mgr Tepano Jaussen en 1849 permettent de bien situer les besoins et les aides de la Mission ; avec des variantes, les autres rapports reprennent sensiblement les mêmes thèmes (15).

« Il y aura un an, en février, que je suis arrivé à Tahiti. Quatre jours après j'embarquais pour Mangareva où je suis resté jusqu'en juillet. J'ai trouvé cette chrétienté florissante. L'archipel a quatre îles habitées. Chaque île a son église, grande pour la population et d'une extrême solidité. Trois presbytères sont bâtis ; les matériaux sont amassés pour le quatrième. Si les églises sont convenablement fournies, je ne puis en dire autant des presbytères qui exigeront environ 5.000 F que je vous prierai de nous accorder une autre année.

« L'île principale, outre sa grande église, possède 4 chapelles dont l'une est celle de la société de 80 jeunes filles qui vivent dans une maison vaste et commode sous la direction d'une supérieure. Elles n'ont pas fait de vœux... Une autre maison, presque aussi grande, est occupée par 40 jeunes gens qui s'occu-

(14) H. LAVAL : *Mémoires*, pp. 2 à 7.

(15) Mgr T. JAUSSEN aux Conseils de l'Œuvre de la Propagation de la Foi, Paris et Lyon (10-11-1849), Ar. SS.CC. 57, 2.

pent à filer, pêcher et cultiver la terre. J'ai mis sur un meilleur pied une école fondée par Mgr de Nilopolis (Rouchouze) et dont j'espère tirer des instituteurs et peut-être des prêtres. Je compte que je pourrai envoyer les tisserands deux à deux dans les îles que nous irons évangéliser. Pour ces établissements... je sollicite 10.000 F. Inutile de vous parler des chemins, débarcadères, murailles, maisons en pierres, filatures, tissanderies, etc., exécutés par cette population, depuis 3 ans décimée par une fièvre maligne et depuis 8 ans malheureuse dans sa récolte.

«J'ai détaché le P. Honoré Laval pour aller commencer une mission dans l'archipel Paumotu. J'ai visité Faaite, île la plus proche d'Anaa où le P. Laval était arrivé depuis le mois de mai, avec le P. Fouqué, un indigène de Faaite converti à Mangareva et un tisserand de Mangareva... Nous aurons beaucoup à dépenser pour ces îles (semi-infidèles ou encore anthropophages) au nombre de 50 à 60. Les prêtres européens... devront recevoir leur nourriture et leurs habits de leur pays même, ces îles ne pouvant fournir que des cocos. Pour le moment une église à Fakarava et une à Faaite sont nécessaires... Je crois que 10.000 F seront suffisants. Je tiens beaucoup à cette construction parce que j'en espère de très bons résultats... Je dois songer à loger mes deux prêtres, jusqu'ici hébergés dans des cases indigènes... 10.000 F ne suffiront peut-être pas pour ces constructions. Les missionnaires aux Paumotu ne peuvent communiquer que par canots ou baleinières qui se vendent ici 700 F. La conformation de ces îles exige que chaque missionnaire ait la sienne; total 2.500 F.

«Nos progrès à Tahiti ont été nuls jusqu'ici. Les habitants ne nous connaissent que sous le nom de papistes et nous regardent comme des idolâtres... On nous souffre comme maîtres d'école. Depuis un mois je donne des leçons à Haapape, à deux lieues de Papeete; deux de mes prêtres en font autant... Les sœurs de Cluny ont à Papeete une école fréquentée par une quinzaine d'enfants... Si ce noyau prend de l'extension, je vous demanderai une allocation en leur faveur.

«2.000 F par prêtre est le taux que j'ai jugé nécessaire là où on ne nous fournit rien et où tout est très cher. Les habitants de Mangareva, dont les îles sont si petites et si populeuses, ne peuvent nourrir leurs prêtres entièrement. Le transport et leur entretien mettent leurs dépenses au même taux. Jamais un navire n'ira à Mangareva si les circonstances ne changent pas.

«Je porte mes dépenses personnelles au double, vu certains frais de représentation dans une colonie, les frais de cheval... Nous sommes 9 prêtres; je porte à mon budget pour entretien et nourriture 20.000 F...

«On n'a créé aucune ressource dans ce Vicariat et tant que les Tahitiens ne changeront pas, il est à peu près impossible d'en créer... Accidentellement nous avons reçu à Valparaiso et à Lima 1.000 F en dons et honoraires de messe; les

Français de Tahiti ont donné 1.000 F pour la mission de Faaite. Le Gouvernement nous accorde 4.000 F pour deux prêtres chargés du service spirituel de Papeete. Ils couvriront en partie nos dépenses de voyages. J'ai porté 6.000 F en ressources.

«Les voyages et les transports nécessiteront un jour une énorme dépense dans ce Vicariat. Nous n'avons en ce moment que trois ou quatre points et néanmoins nous avons suffisamment à dépenser, quoique le gouverneur mette les navires de l'Etat à notre disposition lorsqu'ils doivent toucher à ces mêmes points. Mais ces égards dépendent des instructions et des bonnes dispositions du Commissaire de la République. Tahiti est un lieu de passage pour diverses missions, ce qui peut occasionner quelques dépenses en plus.

«L'idiome de Tahiti et du reste de l'archipel est déjà corrompu par le néologisme. Les Paumotu ont un autre idiome, mais chaque jour le tahitien gagne. L'archipel de Cook a son dialecte. Mangareva conserve le sien. Faut-il conserver ces divers dialectes avec d'énormes dépenses d'impression ou laisser le tahitien les remplacer tous et favoriser ses progrès? Ayez la bonté de me faire connaître votre décision; vous y êtes interessés. Je sacrifierais à l'unité les idées des linguistes...

«Pour ce qui me regarde, j'ose affirmer que j'apporterai dans mon administration la plus grande économie...»

Voici quelques données sur les allocations de la Propagation de la Foi [16]:

Années	1871	1872	1873	1874	1875	1876	1877-80	1882	1947
Allocations	27 000 F	54 000	60 000	54 000	56 000	60 000	56 000	50 000	390 000

Dans les années 1890, l'allocation OPF se stabilise à un forfait de 60.000 F/an.

Pour les Marquises, le P. Siméon Delmas écrit en 1905 en réponse aux attaques de Dejeante disant que «les Marquises ont été conquises non au profit de la France, mais de Picpus»:

«La Propagation de la Foi et de la Sainte-Enfance ont versé aux Marquises 35 à 40.000 F par an. La France a prélevé sur les Marquises pour l'exercice 1902, 166.000 F. Aussi chaque Marquisien coûte à la Congrégation 8,71 F et rapporte à la France 41 F» [17].

(16) Mgr JAUSSEN au T.R.P. (11-1-1882), Ar. SS.CC. 58, 1; Mgr MAZÉ (22-2-1947), Ar. SS.CC. 59, 1.
(17) S. DELMAS au T.R.P. en 1905 (*in Annales SS.CC.* 1905), Ar. SS.CC. 50, 2.

Les allocations de la Propagation de la Foi et des Œuvres Pontificales Missionnaires constituent une ressource privilégiée pour les Missions de Tahiti et des Marquises ; les Vicaires Apostoliques estiment qu'ils doivent gérer avec « la plus grande économie » ces offrandes du peuple chrétien à la Mission dont ils ne sont que les administrateurs. Pour cette raison, les perspectives de la spoliation des biens de la Mission en 1905 par l'Etat français leur pose un redoutable cas de conscience ; terrains, églises, presbytères, écoles appartiennent au peuple chrétien dans sa source et sa destination, même si l'Etat refuse de reconnaître « la personnalité civile de la Mission ». Ce n'est pas la propriété de la congrégation de Picpus ni des évêques, comme il feint de le croire.

Les quêtes pour les Œuvres Missionnaires de la Propagation de la Foi existent en Polynésie comme dans tout le reste de l'Eglise Universelle. Si Papeete continue de recevoir de ces Œuvres Missionnaires un secours de 4.707.134 CFP en 1982, de cette somme est retranché le montant de 1.369.602 CFP donnés par le diocèse aux Œuvres Missionnaires de la Propagation de la Foi. Même chose pour l'Œuvre de Saint-Pierre Apôtre (Œuvre des vocations). En 1982 le diocèse de Papeete recevait 1.265.023 CFP mais donnait à la même Œuvre 421.547 CFP, fruit des quêtes du 29 juin de chaque année (1 CFP = 0,055 FF).

Subventions de l'Etat

En dehors des subventions exceptionnelles pour des constructions reconnues d'intérêt public, comme la cathédrale étudiée au chapitre précédent, de 1849 au 1er septembre 1927 le Gouvernement français accorde une subvention « aux desservants catholiques de l'Eglise de Papeete » comme clergé colonial [18]. En 1849, le Gouverneur Lavaud reconnaît 2 postes pour le service spirituel de Papeete et l'aumônerie de la Marine ; cela représente 4.000 F, la solde de chacun étant de 2.000 F par an. En 1882, le P. Martin signale 12.000 F par an, le Gouvernement ayant reconnu 6 postes de desservants au titre du « clergé colonial » dans les années 1860. L'arrêté du 15 mai 1862 reconnaît le poste de curé de Papeete, à charge du budget de l'Etat au début, puis du budget local vers les années 1880. Le curé perçoit un traitement de 3.000 F par an, une indemnité de logement et de frais de fonction de 1.280 F ; 1.500 F sont affectés par le budget local pour l'entretien de l'église. De 1888 à 1892, le budget local porte une « indemnité aux missionnaires catholiques non rétribués par l'Etat » pour des sommes variant de 3 à 7.000 F par an.

De 1893 à 1925, le budget local alloue 4.000 F chaque année pour les desservants catholiques de Tahiti. Suite au décret du 5 juillet 1927 – prenant effet le

(18) Secrétaire Général (5-9-1929), Papeete, Ar. Territoriales, liasse T, 90-41.

1er septembre suivant – concernant l'organisation du culte protestant et assimilant le curé de Papeete aux pasteurs indigènes, tout traitement ou subvention pour les cultes sont supprimés.

A ces rétributions au titre du culte, il faut ajouter, pour la plupart des missionnaires, mais durant une période variable selon les archipels, les modestes gratifications de 300 à 600 F par an accordées aux pères qui étaient instituteurs. Nous avons vu que cette somme représentait la moitié des recettes annuelles des prêtres, en particulier aux Tuamotu. Ajoutons que le P. Liausu ne touche qu'un an, en 1844, les 2.000 F d'indemnité comme représentant du gouverneur.

Il faut bien reconnaître que, pour non négligeable qu'elles soient et très appréciables par rapport au train de vie modeste des missionnaires, les subventions versées par le Gouvernement à la Mission durant près de 80 ans ne représentent pas une somme considérable. Les diverses allocations semblent osciller autour de 15.000 F par an en moyenne, soit 1,5 % du budget local de 1890. En 1903 le gouverneur Petit, en demandant la séparation complète Eglise-Etat «pour alléger le budget local de 26.220 F, signale que chaque pasteur français reçoit 4.000 F par an, chacun des 51 pasteurs indigènes 500 F par an et le curé de Papeete 4.000 F par an; les autres missionnaires catholiques ne reçoivent plus rien». En 1912, le gouverneur Géraud signale que «sur le budget de 21.000 F pour les cultes, la mission catholique de Papeete reçoit 8.000 F» [19].

Le foncier [20]

Malgré les difficultés institutionnelles, et parfois tout simplement juridiques, la Mission catholique, au fur et à mesure de son extension dans les îles et districts, a pu trouver une implantation pour les églises, maisons de réunion et écoles. Les communautés paroissiales, sauf depuis la fin de la guerre à Tahiti sont généralement très petites. Il a fallu cependant répéter partout le même effort. Sur des îles ou des atolls dont la population a fondu, il y avait jusqu'à 5 paroisses comme à Mangareva, 5 aussi à Anaa, à Fakarava 2; à Rangiroa il y a toujours 2 paroisses, mais d'autres églises dans les secteurs souvent peuplés au moment des «rahui». Il n'y a guère d'atolls où il n'y ait eu 2 paroisses à l'origine, 2 églises, 2 maisons de réunion, 2 presbytères. En zone urbaine, la création de dessertes s'est multipliée après 1966.

Mais soit aux Gambier, soit à Moorea et à Tahiti, c'est très sensible sous l'épiscopat de Mgr Jaussen, et encore sous celui de Mgr Paul Mazé, la Mission a acquis des terres qui n'avaient pas une pure vocation paroissiale ou scolaire, mais agricole.

---

(19) Gouverneur Petit (15-3-1903); Gouverneur Géraud (14-12-1912), F.O.M. Océanie C 23, A 160.
(20) Répertoire des archives du diocèse de Papeete 1970, n. 547 à 756, pp. 100-134.

L'acquisition de la vallée de la Tepapa, à Papeete, celle de Varari à Moorea, par exemple avait un but agricole : la mission devait se suffire à elle-même et c'était le moyen d'initier des familles et les élèves de l'école des katekita à l'agriculture. Le domaine de Pamatai a été finalement partagé entre 24 familles de Rapanui en 1887-88. Faute de pouvoir repartir dans leur île de Pâques, elles devaient trouver sur leur lot les ressources qu'apportaient diverses plantations. Toutes ces tentatives, et il en a déjà été question, n'ont finalement pas influencé la vie économique, sinon très momentanément, puisque celle-ci finalement est axée sur le commerce ou bien se repose sur le secteur tertiaire. La mission a formé plus d'artisans du bâtiment qu'elle n'a donné le « feu sacré » de l'agriculture ou de l'élevage. Une exception à noter cependant pour le cocotier dans l'Est des Tuamotu.

Ce préambule nous permet d'aborder le problème foncier
- par rapport à la législation qui a beaucoup varié,
- par rapport à la gestion pratique des biens,
- par rapport à leur destination.

Législation

Actuellement et selon les dispositions du décret du 16 janvier 1939 dit « Mandel » promulgué dans le *Journal Officiel* des Etablissements Français de l'Océanie (*J.O.* du 5-4-1939, pp. 121-122), les missions quelles qu'elles soient sont soumises à la même législation. A cette époque les missions dans les Colonies étaient principalement protestantes ou catholiques ; mais le décret vise les missions de toute confession. D'une manière générale, et ici tout particulièrement, il y avait un vide juridique. Comment sans accorder à ces « Missions » une reconnaissance que l'on refusait à l'Eglise en Métropole, leur permettre de gérer néanmoins leurs biens ! Le rapport au Président de la République note bien qu'il s'agit d'instaurer une réglementation dans des pays où le régime de séparation des Eglises et de l'Etat n'est pas applicable.

Le décret Mandel a choisi une solution élégante, encore une fois la même pour toutes les dénominations religieuses : la création d'un Conseil d'Administration, ayant la personnalité morale et représentant la mission. Le 14 août 1939, le Vicariat Apostolique de Tahiti a constitué le sien et la guere survenant et se prolongeant, l'enregistrement de l'acte ne se fit que le 26-6-1951. Celui des Marquises fut fondé le 10-5-1939 par Mgr David Le Cadre.

Antérieurement au décret Mandel, Mgr Verdier, en juin 1906, avait créé la Corporation Catholique de l'Océanie, avec son siège aux Hawaii. C'était la période des inventaires, et il fallait sortir aussi d'une situation de fait : dans l'impossibilité de créer un organisme représentant la Mission, le titulaire des biens de la Mission était le chef de la mission ou un simple missionnaire. Le décret Mandel clarifiait une bonne fois pour toutes la propriété des biens qui était celle de l'Eglise elle-même et non celle des religieux missionnaires comme ceux-ci n'avaient jamais cessé de le faire valoir, et comme le droit de l'Eglise l'établit aussi. Les Pères des Sacrés-Cœurs après 150 ans de présence en Polynésie n'ont du reste acquis aucun bien immobilier. La communauté catholique qu'ils ont aidée à se constituer, est titulaire de toutes les propriétés acquises.

Le représentant du Territoire et de l'Etat a un droit de regard sur la marche de ce Conseil. La nomination de nouveaux membres au Conseil est soumise à son agrément. Les acquisitions de toute sorte, legs ou achats de biens qui ne sont pas immédiatement affectés au culte, à l'enseignement, à l'assistance médicale ou sociale, sont soumises aussi à ce même agrément du Chef du Territoire.

Une longue contradiction avait pendant de nombreuses années provoqué des tensions. La législation française autrefois favorisait l'individualisme et la propriété privée, tout en combattant la possibilité pour des personnes morales de fait, comme une mission ou une Eglise, d'acquérir ou de gérer ses biens. Mais là n'était pas l'unique source de difficultés.

La première donnée qui gêne considérablement l'organisation législative française en Polynésie est « l'organisation du culte catholique, antérieur à notre établissement à Tahiti et qui n'a été constitué qu'en vue uniquement du catholicisme dans des populations dépourvues de gouvernement régulier. Notre établissement a dû gêner l'indépendance de mouvement de la Mission... Toutes les questions religieuses à Tahiti se lient intimement à la question politique... le clergé protestant jouit d'une vraie supériorité morale...

« Il faut donc constituer le culte catholique sur des bases analogues à celles d'une Préfecture Apostolique dans quelques-unes de nos Colonies... Les graves difficultés résultent de la dévolution faite par le Saint-Siège, antérieurement à notre établissement, de l'apostolat dans ces régions à une société religieuse, française il est vrai, mais non reconnue. Cette dévolution, pour l'époque à laquelle la Société de Picpus l'a obtenue et pour d'autres motifs respectables, réclame de notre part beaucoup de circonspection et il est impossible, de ma part, d'en tenir compte » [21].

Ce sentiment est partagé par le P. Collette : « Les missionnaires étaient établis aux Marquises et à Tahiti au moment où la France vint occuper ces îles » [22].

---

(21) Ministre de la Marine au Gouverneur DE LA RICHERIE : instruction du 22-8-1861, F.O.M. Océanie C 14, A 76.

(22) G. COLLETTE : mémoire à Mgr JAUSSEN sur la « position des missionnaires » (4-8-1880), Ar. SS.CC. 59, 3.

C'est un fait que la mission catholique ne doit rien à l'Etat pour son établissement (voir chapitre IX, Gambier).

Le second motif de difficultés juridiques, signalé par le Ministre Chasseloup-Laubat : la Congrégation des Sacrés-Cœurs, dite de Picpus, est une « Société relieuse non reconnue » légalement par l'Etat français. A partir de 1861, cette constatation reviendra sans cesse. Les missionnaires sont regardés comme « romains » et non « nationaux ». L'indépendance politique, venant de ces circonstances historiques, dont jouit le Catholicisme « ne peut que gêner l'Etat » reconnaît le Ministre de la Marine et des Colonies. D'où sa proposition, reprise en 1877 par le Ministre des Cultes de s'inspirer des structures des Préfectures Apostoliques où l'Etat a droit de regard sur la nomination des Chefs de la Mission [23].

Dans un tel ensemble, certains hauts responsables de l'Etat, surtout après 1880, identifient la Mission dont le Vicaire Apostolique est le Chef, avec l'appartenance congréganiste des missionnaires. Une telle confusion poussée à l'extrême, voici ce que cela donnera dans la pensée de l'amiral Jauréguiberry, Ministre de la Marine, qui écrit au gouverneur en 1882 : « La Mission n'est qu'une portion d'une congrégation d'hommes non autorisés, et j'ai lieu de m'étonner de l'appui que vous semblez lui prêter... la possession de fait ne constitue pas un droit en sa faveur. Le seul maître des biens est légalement Mgr Tepano Jaussen... il s'agit d'une congrégation non autorisée agissant indirectement et par l'intermédiaire et au nom de ses membres » [24].

Selon les circonstances les Gouvernements successifs oscilleront entre la reconnaissance de la Mission, ou un refus de reconnaissance [25].

Le Gouverneur Chessé proposera pour les Marquises, ce que le Tribunal de Papeete reconnaîtra, que la Mission soit distinguée de la Congrégation qui se borne à prêter son concours [26].

Cela n'empêchera pas la spoliation des biens, commencée aux Marquises, suivie d'un interminable procès entre Papeete et Paris ; l'épilogue en sera l'accord sur les propriétés des Marquises signé entre le gouverneur et Mgr Le Cadre le 7 avril 1924 [27].

---

(23) Ministre des Cultes à Ministre des Colonies (22-9-1877 et 8-6-1877), F.O.M. Océanie, C 106, H 28.

(24) JAURÉGUIBERRY au Gouverneur (11-9-1882), F.O.M. Océanie C 106, H 28.

(25) – Mgr VERDIER au T.R.P. (18-2-1906), Ar. SS.CC. ; Mgr MARTIN au T.R.P. (5-10-1895), Ar. SS.CC. 47, 2.

– Mgr MARTIN au T.R.P. (12-10-1902 ; 3-9-1895), Ar. SS.CC. 47, 2.

– Gouverneur PAGE au Ministre (5-12-1853), F.O.M. Océanie C 13, H 69.

– Ministre des Cultes au Ministre de la Marine (8-6-1877), F.O.M. Océanie C 106, H 28.

(26) Mgr DORDILLON au T.R.P. (8-6-1880, 20-1-1881), Ar. SS.CC. 47, 1 – Tribunal Papeete 1905, Ar. SS.CC. 50, 1. – Mgr MARTIN au T.R.P. (3-9-1895 et 5-10-1895), Ar. SS.CC. 47, 2.

(27) *J.O.* des E.F.O. (11-9-1902) ; Mgr MARTIN au T.R.P. (28-9-1904, 10-7-1905), Ar. SS.CC. 47, 2 ; Dossier sur les biens des Marquises et du procès, Ar. SS.CC. 50, 1.

De son côté, prise dans cette oscillation continuelle, la Mission Catholique a essayé de développer ses arguments. Ils figurent dans le « Mémoire sur la position des missionnaires aux Etablissements Français de l'Océanie » rédigé par le P. Collette en 1880 et la très longue étude juridico-historique « sur les biens de la Mission et du Vicaire Apostolique aux Marquises » par M. Langomazino en 1903 [28].

Ne perdons pas de vue ce qui est en cause du point de vue de la Mission catholique : l'exercice même de sa mission. Quelle que soit la législation de tel ou tel pays, il faut situer tout cela dans les perspectives mêmes ouvertes par l'important document d'application du Concile Vatican II, publié en mai 1978 sur « les relations mutuelles » entre les églises locales gouvernées par les évêques et les Congrégations religieuses qui les aident à réaliser le projet pastoral diocésain. Il explicite aujourd'hui cette donnée traditionnelle dans l'Eglise.

Du côté de l'Etat les apaisements avaient été donnés dès 1922 : M. Jonnart, ambassadeur près le Saint-Siège transmet l'avis de Raymond Poincaré sur l'abus constitué par l'application des Lois de 1901, 1904 et 1905 ; la Mission a donc une existence légale en droit et peut posséder et gérer son patrimoine propre [29].

Le décret Mandel représente donc une évidence, que l'on ne s'est avouée qu'après des décades de diatribes et de procès : l'Eglise doit pouvoir être reconnue, au moins à travers un organisme juridique, pour gérer ses biens ; mais l'Eglise et cet organisme doivent aussi se soumettre au contrôle de l'autorité publique, qui en l'occurrence est celle de l'Etat.

Un autre aspect mérite d'être traité, celui de la gestion pratique au sein du Conseil d'Administration.

Gestion pratique

Le décret de 1939 « canonise » en quelque sorte la manière de gouvernement de chaque confession religieuse. Voici pratiquement ce qui se passe pour l'Eglise Catholique.

L'art. 2, § 1, prévoit que le président du Conseil d'Administration est le Chef de la Mission. Le passage des Vicariats Apostoliques au rang de diocèse en 1966 ne change rien au sens très clair de l'article ; c'est l'évêque qui est président de ce Conseil car il a l'autorité sur cette Eglise, et il en est aussi le représentant.

---

(28) G. Collette à Mgr T. Jaussen : *Mémoire* (4-8-1880), Ar. SS.CC. 59,3. Les citations sont de lui. – M. Langomazino à Mgr Martin : étude sur les biens des Marquises (17-1-1903), Ar. SS.CC. 50, 1.

(29) M. Jonnart au T.R.P. (27-11-1922), Rome, Ar. SS.CC. 50, 1. Cf. également I. Alazard au Ministre des Colonies (23-12-1904), Ar. SS.CC. 50, 1.

Dans le droit de l'Eglise, les paroisses aussi, les congrégations, les associations de fidèles ont une personnalité morale; dans le décret, non! Bien que tous les actes officiels soient soumis à la signature de l'évêque, ce dernier peut parfaitement déléguer ses pouvoirs à ceux qui ont la responsabilité d'une paroisse par exemple, comme le curé. L'ouverture d'un compte bancaire ou postal permet à une paroisse d'y placer ses fonds propres et de les administrer. De même un curé, un diacre, un directeur d'école, un supérieur de congrégation peut gérer les biens immeubles affectés au service dont ils ont la charge.

Ce système très souple n'a qu'une limite et elle est importante: toute la masse des biens meubles ou immeubles n'a qu'un titulaire, le Conseil lui-même. Il n'y a pas de bien d'Eglise qui ne soit la propriété de ce Conseil.

Le décret Mandel permet donc de consacrer la nature «communautaire» de tous les biens d'Eglise, et en même temps, à l'intérieur même de la pratique de l'Eglise, il laisse au principe de «subsidiarité» l'application la plus heureuse et la plus large.

Enfin le principe de subsidiarité permet aussi à l'initiative personnelle de fonctionner à plein; si une école, une paroisse, une association – qui donc par principe ne sont pas reconnues par le Territoire ou l'Etat comme personnalité morale – prend l'initiative de construire, d'acheter, il suffit que son projet soit agréé par le Conseil d'Administration qui engage alors sa reponsabilité. Cela permet au diocèse tout entier de veiller à la portée pastorale de ces initiales, et de les placer toujours dans un ensemble.

C'est aussi dans cet ensemble que le Conseil d'Administration doit apprécier s'il faut acquérir ce qui est utile au développement des communautés chrétiennes, ou se séparer de ce qui devient inutile... C'est par rapport à leur destination qu'en fin de compte l'opinion juge la possession des biens immobiliers.

Destination

Le principe canonique selon lequel tout bien d'Eglise est inaliénable a été maintes fois assoupli et l'Eglise, société incarnée sur terre, n'échappe pas à l'évolution économique et sociale.

Depuis une quinzaine d'années ces mutations immobilières ont été nombreuses. Le catholicisme, surtout présent aux Marquises et aux Tuamotu, du fait de l'immigration en zone urbaine, est devenu aussi «citadin». D'où la vente de terrains à destination agricole autrefois, pour l'achat de parcelles là où la population est plus dense. Il est incontestable qu'une si rapide adaptation tant pour les paroisses que pour les écoles, tant pour les œuvres sociales que de loisirs, n'aurait jamais pu se faire si le diocèse de Papeete n'avait pas disposé d'un certain patrimoine; il est juste d'ajouter: s'il n'avait été aidé par la générosité de personnes donatrices, il serait encore bien au-dessous des tâches nouvelles qu'il doit assumer.

Depuis longtemps, et spécialement depuis que toute activité agricole s'avère peu rentable en Polynésie, l'Eglise a abandonné l'idée de tirer de l'agriculture ou de l'élevage un complément de ressources. Et surtout maintenant, il y a des organismes territoriaux et sur eux retombe la responsabilité du développement humain et matériel des îles.

Le 31 décembre 1979 la vallée de la Tepapa a été incorporée dans le plan d'urbanisme de la Ville de Papeete, ce que les responsables avaient repoussé jusque-là. Il en résulte que la Vallée est soumise à la même réglementation que le reste de la commune de Papeete, soit pour les lotissements, la largeur des routes, les équipements de tout nature. Entre la fin de la guerre et les premières années du C.E.P., c'est une population pauvre qui avait trouvé, en pleine ville, une place au soleil avec les loyers très modiques. Les familles s'installaient après avoir la plupart du temps aménagé elle-mêmes à peu de frais leurs lots. L'urbanisation de la Tepapa, sans doute nécessaire, va transformer l'habitat; parviendra-t-on à favoriser toujours les familles modestes ou pauvres?

La basse vallée a trouvé son caractère. Du temps de Mgr T. Jaussen, elle était tenue par des frères. Le coton ou la canne à sucre ont fait place à l'élevage. Au moment où son initiateur prenait sa retraite en 1884, il voulait que l'on reconnaisse au moins, qu'après des années d'exploitation, elle n'avait pas créé de trou «dans les bilans annuels». Maintenant, tout a changé; c'est une zone socio-éducative où les écoles, terrains de sports, foyers pour jeunes ou handicapés ont trouvé à s'implanter au milieu d'une population très variée. Les plus gros réservoirs d'eau de la villc y sont implantés. Un jour elle servira de jonction entre les vallées de Sainte-Amélie et de la Fautaua. En dehors de quelques collines qui peuvent encore être habitées, la moyenne et haute vallée resteront en forêt. Partout où les pentes inhabitables n'offraient qu'une maigre végétation, avec le service du reboisement des dizaines d'hectares ont été plantés. Une réglementation due en 1961 au Maire de Papeete, M. Poroi, en accord avec la Mission, a interdit les cultures maraîchères qui, jusqu'en 1960, avaient donné lieu à des brûlis qui provoquaient des incendies ravageurs. C'était l'époque où la Mairie procédait au captage d'eau dans un des bassins naturels de la rivière. Depuis cette époque les incendies ont complètement cessé.

Le reboisement pratiqué aussi en d'autres endroits est le meilleur service que ces terres trop en pentes peuvent rendre.

La Mission ne provoque pas l'évolution... mais quand elle se produit, par suite des déplacements de population, il faut bien assurer l'implantation dans de nouveaux lotissements. Mais arrivera-t-on à maîtriser tout cela ? A 5 ou 10 minutes de la ville beaucoup de personnes souhaitent habiter la Tepapa.

Les ventes immobilières – commencées du reste après la guerre de 1914-18 par Mgr Hermel (le quartier de la Mission a été ainsi loti), mais ensuite longtemps repoussées – ont permis d'améliorer les budgets, d'équiper les paroisses et le diocèse et augmenter les sommes consacrées au personnel. Il y a une différence sensible entre les budgets et bilans d'il y a encore 20 ans et ceux de maintenant. Les ressources et les dépenses de la Mission se sont accrues dans les mêmes proportions.

En janvier et février 1983 les cyclones « Nano » et « Orama » ont détruit ou mis à mal 12 églises des Tuamotu, et souvent les maisons attenantes et les presbytères... Beaucoup de paroisses ont subi le même sort que la population. Quand les édifices religieux ont tenu, ils ont servi d'abri. Habituellement ils servent à capter l'eau de pluie et à constituer des réserves d'eau. Il faudra tout reconstruire, sans arrêter l'équipement des nouvelles paroisses. Les cyclones de janvier à avril ont mis à mal 80 bâtiments dans la Mission catholique.

Peut-être y a-t-il eu tendance chez les fondateurs de la Mission à trop prévoir, et à prévoir trop dans l'avenir ? La révision portera-t-elle sur ce point précis ? Chaque génération ne doit-elle pas travailler pour elle-même, sans l'aide de ce que les anciens ont accumulé et laissé ?

En tout cas la participation des diacres et des laïcs, beaucoup plus importante dans les conseils diocésains et paroissiaux, n'a fait que renforcer l'attachement « communautaire » au patrimoine ecclésial et le sens de la solidarité ; car, pour la première fois, le diocèse peut chaque année apporter son concours à des secours extérieurs ou des opérations de développement [30].

Budgets de la Mission

On trouvera en Annexe IX, 3, le montant des recettes et des dépenses annuelles de 1849 à 1957, avec quelques éléments de comparaison pour les situer dans le temps et par rapport à la valeur actuelle du franc. Aussi nous ne donnerons ici que quelques analyses faites par les responsables eux-mêmes pour comprendre cet austère tableau de chiffres.

Voici d'abord quelques points particuliers pour rendre plus concrètes diverses données.

– « Prix de revient de la goélette « Vatikana » :
Achat en 1870 : 5.000 F ; cuivrage : 3.600 F ; réparations (1873) : 6.090 F ;

(30) Lettre Pastorale : « Partager, toujours partager » (octobre 1982).

équipage (1873): 1.500 F; total (pour 3 ans): 16.190 F» (T. Jaussen: 30-9-1873).

– «Installations des Frères et des Sœurs par la Mission (après la laïcisation): 35.000 F. Le plus difficile sera de les maintenir en trouvant 15.000 F par an. La Mission avec son personnel a dépensé 70.000 F; soit un total pour 1882 de 105.000 F» (T. Jaussen: 4.3.1883).

– «Les recettes des missionnaires:
Monseigneur me donne 235 F par an pour chacun qui garde les honoraires de messe. Le Conseil Général a voté 3.000 F pour les écoles de Papeete cette année. Les pères des Tuamotu reçoivent 600 F par an pour l'école» (G. Eich: 7-4-1896).

– «Les comptes sur l'exercice du 1-1 au 25-7-1907 donnent:
Recettes 23.187 F, dépenses 28.883,45 F. Nous avons très peu d'honoraires de messe et les vivres sont très chers. On ne peut pas vivre avec 2 F par jour, non compris les vêtements et l'entretien de maison» (C. Maurel, octobre 1907).

Maintenant découvrons quelques comptes rendus plus détaillés.

– Mgr Tepano Jaussen le 11-1-1882 [31]:
«J'ai acquis à Papenoo pour 20.000 F de terrain en collines, vallées, montagnes. J'y ai environ 40 vaches. Toutes les Missions ont des terrains et des vaches... Jamais ni la Propagation de la Foi ni le Gouvernement ne donneront ce qui est l'absolue nécessité à ce Vicariat; *prius est vivere, deinde philosophari.* De 1871 à 1880 inclus la Mission a reçu comme allocation de la Propagation de la Foi: 537.293 F, de l'Etat: 120.000 F (12.000 F par an). Les dépenses se sont élevées à 861.742 F, soit un déficit annuel de 20.000 F [32].

«Voilà donc dix ans que je dois trouver 20.000 F chaque année pour vivre. On dit que cette année le Gouvernement nous enlève 4.000 F et les rations. Il faudra trouver 25.000 F. Il faut bien que la Propagation de la Foi fournisse à nos besoins ou que nous y pourvoyons nous-mêmes ou que nous fassions nos malles. La vallée (de la Mission) et Pamatai nous donnent quelque chose. Nous avons de l'argent placé. Mais l'intérêt est tombé de 8 à 4 %. Papenoo réparera ce déchet, si ces terrains valent quelque chose et qu'on s'en occupe. Si aujourd'hui on dépense 86.000 F par an, que sera-ce si tout le Vicariat est un jour occupé! Pour avoir 24.000 F d'intérêts à 4 %, il faut 600.000 F!»

– P. Rogatien Martin, provincial, le 25-4-1882 [33]:

---

(31) Au T.R.P., Ar. SS.CC. 58, 1.
(32) Voir les détails à l'Annexe IX, 3.
(33) Au T.R.P., Ar. SS.CC. 47, 2. Rapport qui fait suite aux accusations du P. COLLETTE.

« Après m'avoir communiqué vos inquiétudes au sujet des biens matériels considérables de la Mission, vous ajoutez : écrivez-moi, dites-moi tout... Les questions sont délicates et difficiles.

« La Mission possède 82.000 F placés à intérêts. Cet intérêt est tombé à 4 %. Il y a une autre somme provenant de la succession royale de Mangareva, mais qui doit être dépensée exclusivement pour Mangareva. Monseigneur possède en son nom propre une somme importante fruit de ses économies ; il n'y a pas à en tenir compte ici, Monseigneur est libre d'en faire l'usage qu'il lui plaira.

« La Propagation de la Foi donne actuellement 50.000 F ; le Gouvernement alloue 12.000 F. Pamatai rapporte 3 à 4.000 F et la vallée de la Mission à peu près autant. En résumé, 72.000 F de rentes annuelles.

« Les dépenses dépassent 62.000 F, soit plus que les recettes venant de la Propagation de la Foi et du Gouvernement. Ces recettes iront-elles en augmentant ? Au contraire, probablement.

« Les dépenses iront-elles en diminuant ? Il faut entretenir les édifices construits. Si, ce qui est à espérer, nous gagnons du terrain à Tahiti, aux Tuamotu, aux Iles-sous-le-Vent, alors les dépenses seront doublées.

« Les frères des écoles sont congédiés de Tahiti. La Mission va les conserver ; elle en sera pour 30.000 F d'installation et 10.000 F d'entretien annuel. Si Monseigneur n'avait pas un peu d'épargne, les frères s'en iraient... Il y aura bientôt les sœurs. Comment la Mission fera-t-elle ?

« Les pères demandent vivement une école de catéchistes. Elle a été résolue en principe ; de fait, elle sera remise à plus tard, faute de ressources.

« Voyant les recettes diminuer et les dépenses augmenter, Monseigneur a eu l'idée de se créer une ressource par le moyen d'un troupeau à Papenoo ; 20.000 F pour l'achat du terrain, 15.000 F pour les animaux. L'intention a été bonne. L'idée a-t-elle été heureuse ? Elle ne me sourit guère. Je doute qu'on en retire grand bénéfice... Ce n'est pas une affaire de vie ou de mort pour la Mission ; il n'y a pas là de commerce proprement dit. D'exploitation de terrain, il n'en est pas question. Que cette acquisition fasse faire des réflexions inconvenantes, c'est possible !

« A part la propriété de Papenoo, je ne vois aucun bien d'une certaine valeur qui ne soit pas très utile "au but pour lequel nos sommes en Océanie", si ce n'est Pamatai ; mais le P. Collette lui-même désire garder Pamatai à cause de la colonie Rapanui qui y est établie.

« A Rapanui (île de Pâques), Monseigneur cherche à se débarrasser de ce que la Mission y possède ; mais la succession Brander est embrouillée...

«A Mangareva, les pères ont des moutons et des chèvres; ils passent pour avoir de l'argent. Des explications avec le P. Nicolas seraient utiles. Il ne refusera pas de rendre compte et de se défaire d'une source d'envie et de chicanes de la part des Résidents.

«... Nos églises et chapelles de districts sont pauvres en ornements. Nos presbytères sont encore plus pauvres. Un demi-verre de vin par repas, un morceau de lard et du riz sont la nourriture des missionnaires. Une natte sert de lit. Pourquoi? Par économie et non par avarice. La Mission me paraît sur un bon pied; elle peut marcher. Qu'elle ne cherche pas à acquérir davantage. Mais elle a pu, sans manquer de confiance en la Providence, prendre les mesures qu'elle a prises.»

– Mgr Verdier le 16-11-1891 [34].

«Certains ont décrié la Mission de Tahiti comme riche et sans vie... Quelques mots d'explication ont déchiré ces préjugés. Ils avaient cru tout autre notre situation et ils se demandaient comment la Mission pouvait faire avec si peu de ressources...

«Mon Vicariat n'est pas un pays où on peut se créer des ressources locales. Les tentatives réitérées sont restées sans résultat... Il n'y a pas de familles opulentes. Le prix des denrées est deux fois plus élevé que dans les autres colonies et trois fois plus qu'en France: éloignement, rareté des communications, le peu de commerce d'un pays où l'importation dépasse l'exportation.

«Veut-on créer des ressources, acquérir ou exploiter une propriété? La main-d'œuvre fait défaut et coûte cher; les indigènes n'aiment pas travailler... de manière suivie. Il faut payer 100 à 150 F par mois et fournir nourriture et logement... Pluies fréquentes, chaleur, cyclones, inondations augmentent les dépenses. Les profits d'une propriété se réduisent à une somme modique... La propriété de la vallée de la Mission rapporte 3.000 F.

«L'entretien des 22 membres de la Mission exige 40.000 F. Les prêtres se contentent du strict nécessaire... La diminution de 25 % de la monnaie chilienne, l'augmentation des prix... font un surcroît de 4.000 F. L'aide aux insulaires (habits, frais de mariage civil): 1.200 F. L'impression des livres: 1.600 F. Les voyages: 7.200 F. Frais de baleinières et matelots: 6.280 F. Les écoles: 20.280 F. Depuis neuf ans qu'elles existent, les deux écoles libres de Papeete ont coûté 182.000 F à la Mission. En plus de l'installation, les dépenses de fonctionnement sont de 15.000 F par an. Les deux écoles de catéchistes de Moorea coû-

(34) Au Conseil Central de la Propagation de la Foi à Lyon, Ar. SS.CC. 58, 2.

tent 6.000 F par an ; les écoles des îles représentent 4.500 F... Les constructions de nouveaux bâtiments : 8.000 F. Entretien des bâtiments : 8.400 F...

« L'évangélisation des nouveaux archipels coûtera beaucoup. Nos dépenses annuelles s'élèvent à 100.000 F. »

– Mgr Paul Mazé : 1947 à 1961.

Pour comprendre l'explication des comptes qu'il fournit, il faut se souvenir de plusieurs éléments. Pendant plus de cinq années, il n'y a eu aucune relation avec la Métropole et dès septembre 1940, la Polynésie rallie la France Libre. Tahiti n'a pas souffert de la guerre et a plutôt bénéficié de la présence américaine à Bora-Bora, alors que la Métropole a beaucoup souffert sur tous les plans. La réputation de richesse de la Mission de Tahiti reste incrustée dans les mentalités, en particulier dans la congrégation des Sacrés-Cœurs. Comme tous, les pères doivent reconstruire au sortir de la guerre ; il semble normal à ses responsables généraux de demander de l'aide auprès de tous ceux qui bénéficient des services de la congrégation.

Le 17 août 1947, Mgr Mazé constate : « Les prix montent en flèche. Nous sommes en dette. On est plus privé que pendant la guerre. »

Le 22 février 1948, il écrit : « Nous avons reçu de la Propagation de la Foi, en 1947, 8.000 dollars (390.000 CFP). Nos dépenses s'élèvent à 1.360.000 CFP. En un an, j'ai pris sur notre dépôt 12.000 dollars. Devant nos immenses besoins et notre situation critique, nous avons obtenu cette année 15.000 dollars. Qu'est-ce cela pour nos besoins ? Nos écoles demandent des réparations pour des millions... et nos églises, notre personnel : pères, frères, sœurs, séminaristes, catéchistes ! »

Bien souvent Mgr Mazé reviendra sur cette question, pris entre la congrégation des Sacrés-Cœurs, qui demande d'être aidée en 1961 pour la formation des futurs missionnaires dont beaucoup viennent en Polynésie, et la volonté de soutenir de toutes ses ressources l'Eglise en Polynésie. Entré dans le tourisme [35], le Territoire connaît une forte augmentation démographique et est à la veille d'entrer dans une « économie de monnaie » qui provoque un brassage commercial qui dure toujours. Au moment où Mgr Paul Mazé construit à Taravao une école, un noviciat, prépare la réimpression de la Bible, les seules dépenses extraordinaires représentent 9.400.000 CFP.

(35) Le tourisme a rapporté 256 millions CFP à Tahiti en 1961.

Ce chapitre a abordé un domaine autour duquel se sont crispées les relations Eglise-Etat pendant trop longtemps. En réalité deux conceptions de la société et de la « mission » se sont affrontées. La « pastorale » consiste précisément pour l'Eglise à maintenir les choix que la poursuite de la mission commande. Même quand de part et d'autre les conceptions de la société sont inconciliables, l'Eglise avec sagesse doit comprendre que les querelles ne portent jamais sur tout, et qu'il n'y a finalement pas de raisons qu'elles opposent les hommes.

A travers des relations administratives lentes qui portent la marque de leur temps mais qui ont engendré une pratique, chacun ressent les divers témoignages et documents selon son expérience, sa vision des choses, du monde, de l'Eglise. 1.000 dollars c'est beaucoup pour une personne ; c'est peu pour une communauté sans cesse tournée vers l'avenir. On peut admirer ou critiquer la conception de développement rural tenté obstinément par la Mission catholique pour assurer son autonomie économique, et celle des populations des îles. On peut se réjouir ou s'interroger sur une évangélisation reposant beaucoup sur les investissements lourds des églises et des écoles. Nous avons tenté « de présenter la vérité pour arriver à la lumière ». Dans une situation aussi complexe qu'évolutive depuis 150 ans, une réflexion en profondeur s'impose ; une réflexion évangélique concrète et réaliste doit suivre pour bâtir ensemble une Eglise à la fois locale et universelle, particulière, ouverte, fidèle à son passé et porteuse d'avenir [36].

(36) Diverses précisions actuelles ont été fournies par Mgr COPPENRATH qui a aussi apporté sa contribution aux lignes qui concernent le foncier.

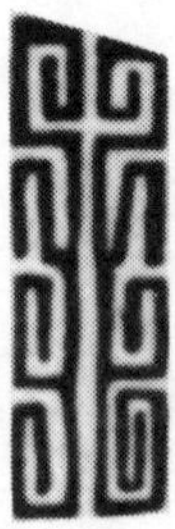

Chapitre 17

ÉGLISE ET ÉTAT EN POLYNÉSIE FRANÇAISE

A diverses reprises au cours de ces 150 années de vie catholique en Polynésie française – et même au-delà avec le P. Coudrin qui en est à l'origine – et sur bien des sujets, le témoignage de l'Eglise missionnaire et l'action des Gouvernements français se rencontrent dans les îles. En raison des circonstances locales, liées principalement à la présence antérieure du protestantisme anglais à Tahiti, et par suite des mutations politiques dans une France en profonde transformation depuis 1789, les relations entre l'Eglise et l'Etat n'ont jamais été simples en Polynésie. Les conflits, parfois violents, y sont fréquents. Ce chapitre délicat se propose avant tout d'élucider les diverses données entrant dans ces rapports difficiles, en même temps que de mieux saisir les motivations des divers protagonistes.

Etat, Eglise et Congrégations religieuses [1]

Contexte océanien

« La République est une, indivisible et laïque ». Ce préambule permanent des Constitutions républicaines depuis la fin de l'Ancien Régime et basé sur la « Déclaration des Droits de l'Homme et du Citoyen » du 26 août 1789, récapi-

(1) – Lœw et Meslin : *Histoire de l'Eglise par elle-même,* chapitres sur « l'Eglise et l'Etat ».
– Daniel-Rops : *Histoire de l'Eglise,* chapitres sur l'Eglise et l'Etat.
– J. Georgel : *Régime des Congrégations.* Jurisclasseur, fasc. 217-1972.
– J. Georgel : *Police des Cultes.* Jurisclasseur, fasc. 215-1972.
– J. Léonnet : art. Association ; Dalloz 1970.

tule parfaitement l'identité essentielle de la France comme collectivité politique. Chacun de ces mots est dense et chargé d'histoire. Il importe de les expliciter, surtout par rapport à la Polynésie située à 18.000 km de la Métropole et juridiquement Territoire autonome au sein de la République française. En plus de l'éloignement géographique et du Statut particulier, l'histoire rend difficile la compréhension intime de ce vocabulaire. Tahiti-Moorea avaient leur personnalité politique et ont été un royaume jusqu'à la donation du 29 juin 1880 par Pomaré V; ces îles ont été sous emprise anglaise et protestante officiellement jusqu'en 1842. Les Iles-sous-le-Vent étaient un royaume indépendant dans la mouvance exclusive de la Société missionnaire de Londres jusqu'en 1890. Les autres archipels ont eu des statuts très variés jusqu'en 1900; les Marquises et les Gambier ont été marquées par l'action des missionnaires catholiques français, les Tuamotu par ceux-ci et les mormons américains, les Australes par ces derniers et les protestants anglais. Enfin, l'environnement géopolitique actuel immerge la Polynésie dans un univers océanien de style anglo-saxon à 99 % et protestant pour les trois-quarts, monde îlien vivant dans l'attraction immédiate du grand voisin américain. Géographie océanienne, statut autonome, histoire originale, environnement anglo-américain font que les métropolitains se situent difficilement en Polynésie et que les polynésiens comprennent mal les réactions des français, particulièrement dans les domaines culturels et religieux étroitement imbriqués en Océanie (2). Cette difficulté de compréhension familière prend toute son importance quand on se souvient qu'en 1982, un emploi sur trois est assuré par les services publics qui induisent un autre tiers d'emplois tertiaires; par le C.E.P., la Métropole fournit le plus clair des ressources de la Polynésie: 47,5 milliards CFP pour un budget territorial de 30 milliards CFP en 1982 (3). Poids considérable de l'Etat français dans une sensibilité et un environnement sociologiques plutôt anglo-américains, compliqué du bilinguisme officiel et de la brièveté des séjours des fonctionnaires métropolitains: deux ans pour les militaires et trois ans pour les civils.

Chacun sait le caractère religieux naturel des polynésiens, marqué en plus par les traditions protestantes anglaises. Or il se trouve que dans le monde des «démocraties occidentales», si semblables par leur respect de l'homme dans une société de liberté, c'est précisément sur les relations entre l'Eglise et l'Etat, la religion et la société, que se situent les plus grandes divergences. La France a sur ce plan une législation particulière et une pratique restrictive à l'égard des associations religieuses. J. Georgel écrit: «Dans certains pays étrangers, presque toujours extra-européens et rarement à majorité catholique (U.S.A., Canada, Grande-Bretagne...) les Congrégations religieuses bénéficient du droit commun (très libéral) des associations et sociétés. Jamais un tel régime n'a existé en

(2) Les langues océaniennes ont été sauvées par les missionnaires. *Voir Evangélisation et Education.*

(3) Voir les détails à l'Annexe X: l'homme et le travail en Polynésie.

France... Toujours les congrégations religieuses catholiques ont fait l'objet, chez nous, d'une législation plus ou moins dérogatoire au droit commun» [4]. A. Lemoyne constate: «Dans les pays anglo-saxons, la religion est ostensiblement mieux intégrée à la société civile que chez nous, bien qu'il s'agisse de nations laïques; le sentiment et la raison coexistent, chacun avec sa spécialité et sa tonalité. Il n'y a ni fusion ni exclusion mutuelle. Cette liberté de la pensée n'est, à mes yeux, que le signe le plus évident d'une forme de paix sociale – le fameux "consensus" – et correspond à la libération de la foi, symbole d'une paix intérieure partagée... Ce consensus s'enracine dans l'histoire même de ces pays... Pour les américains, l'important n'était pas de réformer ce qui existait, mais de construire ce qui n'était encore qu'un eldorado» [5]. C'est l'opposition traditionnelle entre «l'intellectualisme français» qui pense, pèse, évalue, raisonne les réalités de ce monde et le «pragmatisme anglo-américain» qui dirige, construit, accepte et affronte les faits. Le comportement français est marqué par un dualisme manichéen qui privilégie l'analyse, les distinctions et l'absolu des idées; le comportement anglo-saxon est plus «romantique», synthétique, associant l'efficacité manuelle, la connaissance intellectuelle et le sentiment religieux. L'histoire de la France est marquée par cette difficile harmonie entre les connaissances rationnelles et les croyances religieuses, entre les groupes spirituels et la société civile. Les gouvernements regardent avec une certaine suspicion les associations en général et les associations religieuses en particulier.

Unité nationale

«La République une et indivisible» est le résultat d'une longue histoire. A partir des peuples des Gaules et des apports successifs: colonisation romaine, invasions barbares, migrations et brassages, par l'action continue des «40 rois qui ont fait la France», l'Etat unifié et centralisé est constitué sous Louis XIV en 1661. Le pouvoir royal est, en principe, absolu; le roi nomme les ministres, fait les lois et a le pouvoir judiciaire. En fait, courtisans et seigneurs intriguent et sont puissants. Au niveau du peuple, la Province ou le «pays» garde toute sa valeur. L'Etat est une chose, mais la Nation en est une autre; elle est constituée de peuples fort divers. Dans le cadre de la Révolution, les débats entre les «girondins» plus fédéralistes et les «jacobins» centralisateurs tournent au bénéfice de ces derniers. Les départements sont créés le 22 décembre 1789 pour faciliter le contrôle du Gouvernement. La loi Le Chapelier, 14-17 juin 1791, interdit toutes les associations. Napoléon Bonaparte, comme premier Consul (1799-1804) puis empereur (1804-1814) accentue la centralisation unitaire de l'Etat.

(4) J. GEORGEL: art. cit., jurisclasseur, fasc. 217, p. 2, généralités.
(5) A. LEMOYNE: L'intellectualisme français, *in La Croix* (30-12-1982), p. 16.

Le Code pénal de 1810 (art. 291) « interdit, sans autorisation du gouvernement, toute association de plus de vingt personnes pour s'occuper de sujets religieux, littéraires, politiques ou autres ». Cette disposition ne sera abrogée que par la loi du 1er juillet 1901 autorisant les associations ; les congrégations religieuses et les étrangers sont soumis à un régime particulier et restrictif. Le principe de la liberté d'association est désormais une valeur constitutionnelle fondamentale inscrite dans le préambule de la Constitution de 1958. Après les essais malheureux sur la « régionalisation » (référendum négatif de 1969), la « décentralisation » actuelle tente un assouplissement de la rigidité excessive du centralisme français.

L'Eglise en France s'est bâtie dans ce contexte. Après une évangélisation gallo-romaine, « l'Eglise passe aux barbares ». Le baptême et le sacre de Clovis en 496, scelle une alliance entre la monarchie franque qui en est sacralisée et l'Eglise qui est protégée et défendue. Selon les époques, les évêques de France accentuent les particularismes de leurs églises et les rois appuient « les libertés de l'Eglise gallicane » : c'est le gallicanisme ; à d'autres moments, c'est la communion avec le Pape, centre d'unité de l'Eglise Universelle, qui est mise en avant : c'est l'ultramontanisme. Pendant plus d'un millénaire, principalement autour des moines défricheurs et de leurs abbayes ainsi que des cités épiscopales et de leurs chapitres, l'Eglise et les congrégations religieuses ont rayonné et construit la France en grande partie. Ainsi, progressivement l'Eglise acquiert un foncier, des richesses et donc un pouvoir qui ne peut que se heurter au pouvoir royal qui unifie la France autour de lui. Dès le Moyen-Age nous voyons des luttes du pouvoir civil contre les congrégations religieuses ; la dissolution des Templiers en 1312, des Jésuites en 1762 sont bien connues. Les rois de France discutent âprement avec l'Eglise au sujet des taxes et des revenus sur les bénéfices ecclésiastiques ; c'est le « droit de régale ». De plus, il faut remarquer que, dans l'Eglise elle-même, les Congrégations religieuses sont soumises à un statut canonique particulier. Aussi, du point de vue de l'Etat, les Congrégations religieuses constituent des groupements originaux, à vie communautaire spéciale, dont le pouvoir moral, financier et foncier par la mainmorte (accroissement des biens par absence de succession individuelle) peut devenir gênant. Pour rendre concrète cette situation, rappelons qu'en 1789, l'Eglise de France possède un tiers du sol national rapportant des bénéfices considérables, inégalement répartis entre un haut clergé bien pourvu et un bas clergé fort « crotté ».

Dans ces conditions, il est compréhensible que les législateurs depuis la Révolution s'opposent aux diverses associations, religieuses spécialement, susceptibles de faire échec à l'autorité du Gouvernement. Il faut se souvenir que le droit français, héritier du droit romain, est fondé sur la prééminence de l'Etat. De plus, la Révolution transforme les sujets en citoyens, libres individuellement, égaux en droits et devoirs dans une Nation unifiée. Entre l'Etat et l'individu, citoyen libre, tous les corps intermédiaires autres que les assemblées électives prévues, sont radicalement supprimés par la loi Le Chapelier de 1791 qui reste en vigueur jusqu'en 1884. Outre les aspects religieux qui nous intéressent, ce texte aura de graves conséquences au moment où la France s'industrialise en empêchant la création des associations professionnelles, syndicales, sociales ou autres pour promouvoir et défendre «les intérêts communs» des citoyens d'un même état ou d'une même profession. La gravité des conflits socio-économiques dans la France du XIXe siècle trouve là une de ses sources.

Laïcité républicaine

Etudions maintenant le contenu historique de l'expression: «la République est laïque», par rapport aux congrégations religieuses, puis à la liberté de culte et de conscience.

Si, sous l'Ancien Régime il fallait une décision royale pour reconnaître la personnalité civile aux congrégations religieuses et si leurs biens étaient contrôlés, la Révolution s'attaque à l'identité et à l'existence des communautés religieuses.

Après avoir nationalisé et confisqué les biens du clergé le 2 novembre 1789, la loi des 13-19 février 1790, toujours en vigueur actuellement, dénie toute valeur légale aux vœux monastiques; les religieux sont autorisés à quitter leurs monastères. Le 4 août 1792, l'expulsion des religieux est ordonnée et le 18 août, la loi déclare «éteintes et supprimées les corporations religieuses et congrégations séculières d'hommes et de femmes, ecclésiastiques et laïques». Le Concordat du 14 juillet 1801 ne rétablit pas les congrégations et les «articles organiques», ajoutés unilatéralement en 1802, «suppriment tous les établissements ecclésiastiques» autres que les chapitres et les séminaires. Deux ans plus tard, le décret du 3 messidor (22 juin) permet implicitement aux congrégations de se former avec l'autorisation du Gouvernement en mettant un terme à la prohibition absolue des lois révolutionnaires. Mais l'article 291 du code pénal de 1810 est très strict sur «l'agrément du Gouvernement aux conditions qu'il lui plaira.»

La Restauration, moins favorable aux congrégations que certains l'espéraient – il n'y aura aucune reconnaissance de 1817 à 1901 pour les hommes – distingue les congrégations masculines qui ne peuvent être reconnues que par une loi particulière (loi du 2 janvier 1817) et les congrégations féminines, autorisées par simple décret (loi du 24 mai 1825). Dans la pratique, les Gouvernements se montrent assez tolérants à l'égard des congrégations constituées sans autorisation. En 1901, sur 1.665 congrégations (154 hommes et 1.511 femmes), 910 sont autorisées; 5 masculines seulement: Missions étrangères de Paris (1815), Spiritains (1816), Sulpiciens (1816), Lazaristes (1816), Frères des Ecoles Chrétiennes et 905 féminines.

La Troisième République, de 1880 à 1905, voit la laïcisation et la suppression des congrégations ainsi que la séparation de l'Eglise et de l'Etat. En 1880, les décrets contre les congrégations non autorisées ferment 261 établissements. Après les lois du 28 mars et du 2 novembre 1882 sur l'enseignement obligatoire de 7 à 13 ans et laïque, dans des locaux laïcisés, celle du 30 octobre 1886 laïcise le personnel enseignant. La loi du 1er juillet 1901 sur les associations, sans définir le contenu des congrégations religieuses, ne reconnaît plus que les congrégations autorisées par la loi ; son article 16 institue le « délit de Congrégation ». La Chambre refuse toutes les demandes d'autorisation déposées, sauf celle des Trappistes ; cela représente 64 congrégations d'hommes (2.001 maisons) et 145 de femmes (6.799 maisons). Les congrégations religieuses non autorisées sont dissoutes ou s'exilent hors de France. La loi du 7 juillet 1904 interdit totalement l'enseignement aux religieux, même autorisés comme les Frères des écoles chrétiennes qui se trouvent dissous du fait même. Le 2 août 1914, le ministre de l'Intérieur Malvy demande de suspendre les mesures prises en application des lois de 1901 et de 1904. 440 millions de francs et 25.000 hectares avaient été déjà confisqués.

La guerre de 1914-1918 fait « l'Union sacrée » pour défendre la Patrie. Aussi, entre 1919 et 1939, la plupart des congrégations supprimées se reconstituent sans être inquiétées. La loi du 3 septembre 1940 abroge celle de 1904 interdisant l'enseignement aux religieux. Celle du 21 février 1941 autorise les Chartreux. La plus importante est celle du 8 avril 1942 qui supprime le « délit de congrégation », facilite la reconnaissance légale par simple décret et permet la restitution des biens non encore liquidés.

Il faut souligner que les congrégations missionnaires, dans le cadre des « Missions religieuses » hors de France, voient leur situation statutaire et fiscale se régler par les décrets du 16 janvier et du 6 décembre 1939.

La loi sur les associations de 1901 a été modifiée par celle du 9 octobre 1981, abrogeant les dispositions restrictives concernant les associations étrangères ; seuls restent en vigueur quelques articles du titre III sur le contrôle des congrégations religieuses. Actuellement et du point de vue légal, il existe donc deux catégories de congrégations religieuses : les congrégations non autorisées, licites depuis 1942 mais dans la situation d'associations non déclarées, ne possèdent ni personnalité civile ni capacité juridique ; les congrégations autorisées jouissent de la personnalité morale, de la pleine capacité civile, mais leur capacité juridique est limitée par une législation particulière et des règles propres, édictées principalement au XIXe siècle.

Pour conclure ces remarques sur les congrégations religieuses et l'Etat en France, il convient de reconnaître que la prolifération actuelle des sectes et des groupes religieux de tous genres ne facilitent pas le rôle des gouvernants et législateurs. Dans la tradition républicaine des Droits de l'Homme et du citoyen, l'Etat est garant de la liberté individuelle, de la liberté de conscience, de l'ordre public. Certaines récupérations du phénomène religieux, diverses manipulations psychologiques, d'étranges comportements sociaux et politiques – dont l'ampleur est multipliée par l'impact des médias – posent aux pouvoirs publics à l'égard de tels groupements qui se disent « religieux » de redoutables questions de société : libre association, fanatisme, culte de la personnalité, désarroi culturel, immaturité affective... Il ne vient à l'idée de personne de confondre une congrégation religieuse vivant au grand jour à l'intérieur de l'Eglise catholique avec les sectes ou ces groupes religieux ésotériques « tordant le sens de l'Ecriture » (6). Mais il faut reconnaître que pour un Etat laïc qui ne se donne pas le droit de définir les caractéristiques d'une « association religieuse », certaines pratiques sont inquiétantes pour la sécurité des citoyens et l'ordre public. Eglise et Etat peuvent sans doute se retrouver sur cette attitude évangélique en même temps que rationnelle : faire la vérité pour vivre dans la lumière en hommes libres (7).

Cette conclusion nous amène naturellement à la « police des Cultes ». La Déclaration des Droits de l'Homme de 1789 (art. 10) proclame la liberté de conscience ; chaque individu est libre d'adopter ou non une croyance sans avoir à en rendre compte. Ce principe est inséré dans le préambule des Constitutions de 1946 et de 1958. La liberté de conscience a pour corollaire, sous peine de n'être que formelle et vide, la liberté de culte ; c'est le droit de manifester en public et en communauté, tant en actes qu'en paroles, son attachement à une confession religieuse. La situation harmonieuse et sans entrave que nous connaissons actuellement dans l'ensemble français par la « laïcité » d'un Etat neutre sur le plan religieux public, est le fruit d'une histoire difficile et douloureuse. Il fallait à la fois assurer le caractère laïc des services publics sans favoritisme religieux et maintenir la liberté de conscience individuelle sans pression administrative.

A partir de l'Ancien Régime à caractère confessionnel marqué par les liens privilégiés entre « le trône et l'autel », ces objectifs ont été acquis en deux grandes étapes : 1789-1905, une séparation conflictuelle ; 1905 à nos jours, une harmonisation progressive.

La Révolution commence par une double opération de destruction-substitution. Le 2 novembre 1789 tous les biens de l'Eglise sont confisqués et nationalisés. Le 12 juillet 1790, la Constitution civile du clergé tente de créer une Eglise nationale élective dans le cadre des départements nouveaux (22-12-1789). Le

(6) 2 P 3,16. Les chapitres 2 et 3 sont consacrés aux « faux docteurs ». Voir 2 Co, Jude.
(7) Jn 3,21 ; 8,32 ; 18,37 ; 1 Jn 1,2,3.

serment exigé, malgré le veto de Louis XVI, divise le clergé et entraîne un schisme entre les «jureurs» assermentés et les «non-jureurs» réfractaires, mis hors la loi. L'année 1792 voit la tentative de créer une «religion civique» (26 juin). Chaque commune doit posséder l'autel de la Patrie. Les symboles «religieux» sont la cocarde tricolore (8-7-1792 pour les hommes, 21-9-1793 pour les femmes), les arbres de la liberté, les tables de la Déclaration des Droits de l'Homme et de la Constitution. La Révolution bouleverse et réorganise le temps par le «calendrier révolutionnaire» basé sur le système métrique. Il comporte 12 mois de 3 décades de 10 jours, dont le dernier, le décadi, est jour de repos. Les 5 jours restants et le jour intercalaire des années bissextiles sont «jours de la Révolution». L'an I de «l'Ere des Français» part du 22 septembre 1792, équinoxe d'automne et proclamation de la République. Ce calendrier, pensé pour être universel mais resté exclusivement français, fut en usage du 24 novembre 1793 au 1er janvier 1806. L'état-civil est aussi laïcisé en 1792.

Le «culte de la Raison» est célébré en 1793, les 10 août et 7 novembre. Les 4 grandes journées républicaines: 14 juillet, 10 août, 21 janvier et 31 mai sont célébrées ainsi que chaque décadi. Le sommet de la substitution du culte catholique par le culte républicain est la solennité de l'Etre Suprême où Robespierre officie comme grand prêtre le 8 juin 1793. Cette «religion civique» avec son rituel républicain et ses gestes, trouve son symbole suprême et son signe fondateur dans le Panthéon, église Sainte-Geneviève (patronne de Paris) laïcisée. La séparation des Eglises et de l'Etat est proclamée en septembre 1794.

Il faut remarquer que si ce culte républicain n'a pas grand succès populaire et reste intellectuel et surtout parisien, il représente, par son effort de substitution religieuse et son autre vision du temps, une symbolique puissante et toujours présente. Songeons à l'impact affectif de la cérémonie au Panthéon pour la prise de fonction du Président François Mitterrand le 21 mai 1981. Sur ce plan, la Révolution française se veut globale dans la ligne de la «Philosophie des lumières»; elle est spirituelle, mentale et morale. Elle se voit comme un christianisme non clérical, «rationnel», centré sur l'individu et célébré par l'Etat, gardien des idéaux de «Liberté, Egalité, Fraternité». Nous sommes ici au cœur de l'ambiguïté entre la laïcité et le laïcisme. La laïcité est la neutralité idéologique et religieuse, fondée sur la séparation des Eglises et de l'Etat. Chacun reconnaît l'autonomie et la compétence de l'autre sans empiètement de pouvoirs. En ce sens, la laïcité est respect des différences, sympathie pour l'autre, tolérance idéologique. Elle s'enracine profondément dans un humanisme chrétien et les valeurs de l'évangile. Le laïcisme, au contraire, est le remplacement de la «religion d'Etat» par la religion de l'Etat dans la ligne des empereurs de Rome. L'Etat devient la référence de toutes choses; il contrôle tout et se met au centre de tout. Les autres groupements et collectivités n'existent que par rapport à lui et non pas en eux-mêmes et par eux-mêmes. Finalement, entre l'Etat et l'individu, c'est le vide (loi Le Chapelier). Il n'y a plus que le «public» et le «privé»; le droit public français ne connaît pas la notion de «subsidiarité», caractéristique des structures fédératives. La religion devient ainsi une pure affaire privée sans dimension communautaire, sans retentissement social, économique, culturel, politique. C'est «le curé à la sacristie», le spirituel désincarné. L'Etat et la politique sont la mesure de la vie et des hommes. Le communisme soviétique pousse jusqu'au bout cette logique du laïcisme en faisant du «Parti», gardien rigoureux d'une doctrine quasi religieuse, l'unique absolu à «rôle dirigeant» de la société.

Les excès de la Révolution française, devenue religion d'un Etat intolérant et «Terreur» sous Robespierre, amènent à plus de compréhension. Le rapport de Camille Jourdan rétablit le culte catholique le 18 juin 1795. Bonaparte, premier Consul et le Pape Pie VII signent le Concordat du 14 juillet 1801. Il n'a rien de libéral et les «articles organiques» de 1802 rétablissent un gallicanisme politique. Le clergé est voulu comme fonctionnaire de l'Etat au service du «culte» qu'il reconnaît. La Restauration desserre l'étreinte publique. Le Second Empire oscille entre une alliance avec l'Eglise et la lutte anticléricale menée par une franc-maçonnerie puissante.

La Troisième République passe d'une attitude «modérée» à une position «radicale» à partir de 1880. C'est plus une option «anticléricale», qui a la sympathie et le soutien des prostestants français, qu'un choix antireligieux comme l'explique F. Pisani-Ferry dans son livre «Monsieur l'Instituteur». Dans la pratique, dissocier la foi du peuple chrétien de celle de son clergé est bien illusoire; la «morale laïque» remplace la foi au Dieu de Jésus-Christ par la référence aux Droits de l'Homme. Après les décrets contre les congrégations non autorisées en 1880, 1881 voit la laïcisation des hôpitaux, des cimetières, des pompes funèbres et des tribunaux; 1882 à 1886 apportent la sécularisation des locaux et du personnel scolaire. Les ministres du culte sont soumis au service militaire en juillet 1889. Après les lois de 1901 et de 1904 contre les congrégations, c'est la séparation de l'Eglise et de l'Etat par la loi du 9 décembre 1905; elle abroge le concordat de 1801.

L'Etat protège la liberté de conscience et ne reconnaît plus aucun culte qui devient une affaire privée non subventionnée. L'Etat garantit seulement l'ordre public. Les biens des églises, dévolus à des «associations cultuelles», font l'objet des «inventaires» qui suscitent de nombreuses oppositions de la part des fidèles en 1906. Les associations cultuelles ne reconnaissant pas l'autorité des évêques sont refusées par Pie X le 10 août 1906. Les biens des églises sont nationalisés et transférés aux communes, «tenues de les laisser à la disposition des fidèles et des ministres du culte» par la loi du 2 janvier 1907. Le «denier du culte» pour assurer la subsistance du clergé est instauré le 8 octobre 1907. La guerre 1914-18 reconstitue une certaine union; les relations diplomatiques entre la France et le Saint-Siège sont rétablies en 1921. Les «associations diocésaines» où le rôle de l'évêque est reconnu, sont constituées le 12 octobre 1924 pour gérer le patrimoine de l'Eglise acquis depuis 1905. De même, les «Missions religieuses» situées hors de France voient leur «personnalité civile reconnue» par le décret Mandel du 16 janvier 1939.

Désormais, avec des hauts et des bas selon les circonstances – écoles catholiques, questions sociales... – la séparation de l'Eglise et de l'Etat est plutôt gérée comme une convivialité respectueuse des compétences propres et lucide sur les valeurs engagées. L'héritage historique, les préjugés idéologiques, la méconnaissance réciproque sont toujours présents et lourds à porter. L'Etat républicain a tendance à regarder l'Eglise comme une survivance d'un passé révolu; l'Eglise, alourdie par un passé douloureux, a attendu 1890 avec le cardinal Lavigerie et le Pape Léon XIII pour se «rallier» à la République. Dans la crise de civilisation actuelle qui secoue la France comme l'Eglise, il est urgent de «laisser les morts enterrer leurs morts» et de ne pas écrire l'avenir avec les cendres à peine refroidies d'un tel passé. Républicains et chrétiens sont également les hérauts des droits de l'Homme trop souvent bafoués de nos jours. L'Eglise et l'Etat marchent sur la même route: l'Homme, sa dignité et sa liberté.

Etat, Congrégation des Sacrés-Cœurs et Rome

L'abbé Pierre Coudrin, prêtre du diocèse de Poitiers en 1792, «réfractaire» de la Motte-d'Usseau et audacieux missionnaire clandestin pendant la Révolution, fonde à Noël 1800, avec Henriette Aymer de la Chevalerie, la Congrégation des Sacrés-Cœurs de Jésus et de Marie. Désormais, il se nomme le P. Marie-Joseph Coudrin. Avec toute la discrétion nécessitée par la non-reconnaissance des associations religieuses, le P. Coudrin se lance dans la reconstruction de l'Eglise en France par la prédication, les missions intérieures, les séminaires, le culte eucharistique. Lui-même, en plus de sa charge de fondateur, accepte d'aider les évêques qui le demandent comme Vicaire Général; on le voit ainsi à Mende, Troyes, Séez et Rouen. Son grand désir des missions extérieures se réalise par l'offre de la mission des îles Sandwich en 1825, puis de l'Océanie orientale en 1833; en 1832, Mgr Bonamie part comme évêque de Babylone et en 1833 le P. Coudrin envoie des missionnaires au service du diocèse de Boston.

Sous Napoléon, le fondateur n'a aucun espoir de se faire reconnaître. «Dans un siècle comme le nôtre et en France, tout épouvante; la plus petite réunion fait ombrage. La religion est sans ressource et sans appui. Tout est ici dans l'indifférence en matière de religion», écrit-il au P. Lucas en décembre 1814. Grâce à ses relations avec le cardinal de Croÿ, archevêque de Rouen et grand aumônier de la Cour, le P. Coudrin a l'espoir de faire reconnaître rapidement sa communauté. La loi de 1817 demande, pour les congrégations d'hommes, un vote du Parlement cas par cas. De fait, aucune nouvelle association religieuse masculine ne sera reconnue légalement après 1817. Des difficultés, liées à son très vif sens de l'Eglise en union avec le Pape, font qu'il centre tous ses efforts pour obtenir la reconnaissance du Saint-Siège. C'est chose acquise par la bulle *Pastor œternus* du 17 novembre 1817. Ses démêlés avec l'archevêché de Paris et le curé de la paroisse Sainte-Marguerite où la maison de Picpus est implantée, ne facilitent pas les relations avec des autorités et une Eglise plutôt gallicanes. La réputation d'« ultramontain » et de « romain » du P. Coudrin et de sa jeune congrégation est bien ancrée dans les esprits ; il ne refuse pas cette réalité.

Les maisons de Picpus à Paris et à Rouen sont pillées lors de la Révolution de 1830. Lors de la Commune de Paris en 1871, les maisons de Paris sont saccagées à nouveau et quatre des pères du Conseil Général sont fusillés. Comme beaucoup de congrégations d'hommes, les religieux des Sacrés-Cœurs sont expulsés en 1903. La maison générale s'installe à Braine-le-Comte en Belgique avant de s'établir à Rome en 1954, suite à la décision du chapitre de 1953.

Ces quelques rappels montrent que les rapports entre la Congrégation des Sacrés-Cœurs et l'Etat ont été difficiles jusqu'en 1939. Le gouvernement n'apprécie pas de n'avoir pas été consulté lors de la nomination de Mgr Etienne Rouchouze comme Vicaire Apostolique de l'Océanie orientale en 1833. En droit ce n'était pas nécessaire puisqu'il ne s'agissait pas de territoires français ; de plus le gouvernement n'était partie prenante que dans la nomination des Préfets Apostoliques. Mais il aurait « apprécié d'être averti », écrit le P. Lucas. Telle n'était pas la psychologie du P. Coudrin, devenu un peu raide à l'égard des autorités françaises. En 1882, Mgr Verdier demande au Supérieur Général « s'il ne lui faut pas l'agrément du gouvernement pour prendre possession du Vicariat de Tahiti depuis que l'île est devenue colonie française en 1880 ». En 1893, la Direction des Cultes, à propos de l'enregistrement du Bref nommant Mgr Martin aux Marquises, fait remarquer que les missionnaires des Sacrés-Cœurs ne sont pas autorisés et que Mgr Martin ne peut accepter. Le P. Alazard constate que l'enregistrement des brefs pontificaux nommant les Vicaires Apostoliques à Tahiti et aux Marquises est « inutile et de nulle importance » [8].

Le fait que la congrégation des Sacrés-Cœurs est non autorisée ni reconnue est rappelée en permanence, comme plusieurs textes nous l'ont déjà montré précédemment. Ce fait embarrasse le Ministre de la Marine Chasseloup-Laubat en 1861 ; il sert d'argument majeur à son successeur Jauréguiberry en 1882 pour lutter contre la Mission. Le Gouvernement envoie à Papeete les décrets pour expulser les religieux [9]. Mais il n'a personne pour les remplacer. En juin 1901,

(8) Directeur des Cultes au Ministre des Colonies (6-3-1893) – P. ALAZARD au Ministre des Cultes (6-6-1893), F.O.M. Océanie C 132, H 26.

(9) G. EICH au T.R.P. (12-9-1896, 10-1-1900) ; Mgr VERDIER au T.R.P. (2-3-1894) ; P. MARTIN au T.R.P. (8-12-1886), Ar. SS.CC.

le T.R.P. Bousquet après avoir constaté que la congrégation des Sacrés-Cœurs a fait bien des démarches depuis un siècle pour être autorisée, demande à «Propaganda Fide» s'il doit encore solliciter cette «autorisation au moins comme Congrégation missionnaire». Le cardinal Ledochowski ne s'y oppose pas. Ce qui n'a aucun résultat, comme l'écrit le Supérieur Général en 1903 : «La demande en autorisation a été rejetée sans examen par la Chambre des députés le 25 mars. Le 4 avril, à 11 h 30, notification m'en a été faite par le Préfet de Police avec ordre de quitter la maison-mère dans les 15 jours. Le 20 de ce mois nous n'aurons plus le droit d'habiter notre maison ni d'être deux ensemble. Je transporte le siège de notre maison-mère en Belgique, à Braine-le-Comte.» En 1912, «le procès en cassation est perdu et le liquidateur peut vendre tous les biens de la Congrégation... Mgr Martin se trouve dans la même situation aux Marquises» [10].

Dans cette période difficile, l'attitude du Saint-Siège est faite d'indépendance et de fermeté. Selon les directives constantes de «Propaganda Fide» depuis sa fondation en 1622, Rome ne veut plus lier l'évangélisation à aucune puissance politique. Il a fallu trop d'efforts pour sortir des «patronats» portuguais et espagnols pour s'attacher de nouveau à quelque pouvoir que ce soit. C'est ce qu'écrit le P. Collette: «En 1874, le cardinal Franchi et Mgr Simeoni me dirent: "Conservez votre indépendance; on ne doit se faire reconnaître que lorsque cela est absolument nécessaire. Car un jour ou l'autre le Gouvernement quel qu'il soit vous fait sentir son autorité." Vous et votre Conseil êtes du même avis. Les Congrégations reconnues en France sont aussi mal traitées que les non reconnues» [11]. En même temps, au moins jusqu'à la rupture des relations diplomatiques entre la France et le Saint-Siège en juillet 1904, Rome agit avec fermeté auprès du Gouvernement pour protéger les missionnaires. «Ici, en pays français, nous ne sommes que tolérés; notre expulsion est décrétée en haut lieu, mais non effectuée grâce à votre initiative auprès de la «Propagande» et à la ferme opposition du Saint-Siège.» Mgr Verdier signale en 1901 que «la loi ne s'appliquerait pas aux missionnaires dans les Colonies françaises» [12]. De même, en mars 1884, lorsque le Gouvernement «veut introduire quatre prêtres séculiers de son choix», indépendants de la Mission, Rome soutient le Vicaire Apostolique dans son opposition à ce qui serait un démantèlement de ce qui lui a été confié sur le plan de l'Eglise [13].

L'exil forcé de la Congrégation des pères des Sacrés-Cœurs en Belgique, alors que les sœurs peuvent rester à la rue de Picpus à Paris, arrête les relations avec

---

(10) T.R.P. Bousquet au Préfet *Propaganda Fide* (16-6-1901, 11-4-1903, 17-12-1907), Ar. SS.CC. 1-1-12.
(11) G. Collette au T.R.P. (10-2-1880, 4-10-1901), Ar. SS.CC. 59, 3.
(12) Mgr Verdier au T.R.P. (2-3-1894), Ar. SS.CC. 58, 3.
(13) T.R.P. Bousquet à *Propaganda Fide* (10-3-1884 et 31-3-1884), Ar. SS.CC. 1-1-11.

l'Etat. A partir de 1920, diverses activités reprennnent, mais au niveau de la Province de France, la maison générale restant à Braine-le-Comte avant de s'établir à Rome en 1954. Depuis le rétablissement des relations diplomatiques entre Paris et le Saint-Siège en 1921, les tensions se sont apaisées avec la congrégation des Sacrés-Cœurs. Nous avons signalé qu'en 1922, le Président du Conseil, Raymond Poincaré, intervient pour dire que les «lois laïques» ne s'appliquent pas en Polynésie et donc que la Mission est légale. Le décret Mandel de 1939 sur la reconnaissance des «Missions religieuses» hors de France clarifie définitivement le jeu triangulaire si longtemps conflictuel entre la congrégation des Sacrés-Cœurs, Paris et Rome.

Etat et Mission catholique en Polynésie

Le développement des Missions catholiques en Océanie à partir de 1827 se réalise à l'époque où la Marine nationale prend conscience de la nécessité d'une présence permanente de la France dans le Pacifique [14]. Depuis 1788 avec la fondation de Port-Jackson (Sydney), l'Angleterre est présente de manière permanente en Océanie où elle développe une colonisation importante. L'arrivée des missionnaires de la L.M.S. en 1797 se produit au moment où l'activité commerciale anglaise connaît une grande extension. Les anglais à cette époque sont antifrançais: on sort à peine de la Révolution pour entrer dans le règne napoléonien; l'hostilité de la France à l'égard de l'Angleterre est tout aussi forte. La réciprocité est moins évidente pour l'antipapisme, très fort en Angleterre, mais qui existe aussi en France car sorti d'un courant révolutionnaire. L'entrée en scène des Etats-Unis en 1813 aux Marquises et en 1818 à Hawaii fait de l'ensemble de l'Océanie un espace anglo-saxon.

L'action de Rives à Hawaii, de Mœrenhout à Tahiti, de Mauruc à partir de Valparaiso amène la France à s'intéresser progressivement au Pacifique; la marine y cherche une base permanente. L'arrivée des missionnaires catholiques français en 1827 à Hawaii et les graves difficultés suscitées par Bingham de 1829 à 1840 amènent la marine française, parfois aidée de la marine anglaise, à intervenir pour protéger les citoyens français et assurer la liberté du commerce et la liberté de conscience contre le monopole américain et protestant. A partir de l'implantation à Mangareva en 1834 des pères des Sacrés-Cœurs, leur essai malheureux à Tahiti en 1836, terminé par leur expulsion vigoureuse organisée par Pritchard, entraîne de nouvelles interventions de la marine nationale excédée de «l'acharnement anglais contre les français rendus méprisables» [15].

---

(14) Voir 1re partie, chapitres 1 et 2.
(15) DUPETIT-THOUARS au Ministre (15-9-1838), F.O.M. Océanie, C 1, A 4; voir aussi A 8.

En plus de la présence de la France et de la liberté du commerce, la marine nationale ajoute l'action de protection des citoyens français qui sont de plus en plus les missionnaires picpuciens et maristes ; ceux-ci représentent souvent le seul visage permanent de la France dans les îles océaniennes. Avec ce que nous savons du contexte national à l'égard des religieux, on comprend l'ambiguïté des attitudes réciproques ; Etat et Mission, de fait, comptent l'un sur l'autre tout en se méfiant de leurs intentions réciproques.

Contrairement aux anglais qui émigrent par groupes constitués en Australie et en Nouvelle-Zélande, la Marine constate que, hors les missionnaires et quelques aventuriers, les français ne sont pas intéressés à venir s'installer en Océanie. D'où l'idée du peuplement pénitenciaire émise par Dupetit-Thouars en 1838 (15). Aussi, très vite, les Ministres de la Marine demandent aux navires de l'Etat « d'accorder une protection spéciale aux missionnaires » (16). La Marine, que les officiers soient catholiques ou protestants (comme le commandant Aube), est fidèle à ces instructions. Charles Viénot le constate en 1878 et la mission protestante en bénéficie largement, comme nous l'avons vu. Il convient de remarquer que la Marine nationale intervient pour faire respecter les droits des gens et la liberté de conscience. Selon les directives du Gouvernement, les amiraux n'hésitent pas à s'opposer à certains aspects de la Mission catholique ; souvenons-nous des luttes aux Gambier, de l'opposition aux missionnaires allemands aux Marquises, du refus de reconnaître Mgr Verdier à Tahiti, de la grande réserve de Bruat et de Lavaud à l'égard des pères Caret et Heurtel. Si, tout au long de ces 150 années de Mission, la Marine nationale n'a pas failli aux ordres « de protéger et d'assister en permanence les missionnaires » français comme compatriotes, elle n'est pas intervenue pour favoriser son action évangélisatrice proprement dite. Dans l'ensemble, l'entente est bonne avec la marine embarquée qui visite les missionnaires dans les îles, selon les remarques de Mgr Dordillon comme de Mgr Mazé. Il n'en est pas toujours de même avec les officiers et marins à terre, parfois débarqués à titre de sanction ; leur mauvaise conduite et leur anticléricalisme sont assez souvent dénoncés, aussi bien par les autorités que par les évêques. Mgr Jaussen, en 1871, demande « le remplacement des officiers de Marine servant de Résidents dans les archipels par des gendarmes mieux préparés et plus sérieux ».

L'estime réciproque entre la Mission catholique et la Marine nationale, surtout tout au long du XIXe siècle, s'enracine dans le fait qu'en Océanie, catholique s'identifie à français comme protestant équivaut à anglais. Encore en 1892 Charles Viénot signale « la recrudescence de cette idée que protestant est anglais » (17).

---

(16) Ministre au commandant LE GOARANT DE TROMATIN (24-5-1847), F.O.M. Océanie C 29, A 53 ; Directeur des Colonies au T.R.P. COLIN, s.m. (22-7-1845), F.O.M. Océanie C 29, A 46.

(17) Ch. VIÉNOT à S.M.E.P. (13-8-1892) ; BRUN et DE POMARET à S.M.E.P. (15-9-1890), D.E.F.A.P. Océanie.

Le Ministre de la Marine et des Colonies l'écrit avec vigueur au gouverneur Page après les graves incidents d'Anaa et son opposition aux missionnaires: «La mission catholique, en Océanie plus qu'ailleurs, est réellement l'intérêt français» [18]. En 1850, le Directeur des Colonies écrit au Ministre de la Marine: «Depuis 1848, M. Lavaud a demandé deux missionnaires protestants français pour éteindre les difficultés avec la L.M.S. et l'influence anglaise. Mais dans l'Océanie, le catholique est français et le protestant est anglais. L'envoi actuel serait une sorte d'abdication nationale, une faute politique ainsi qu'un désaveu de nos missionnaires. Pour les anglais, les missions religieuses sont un instrument de conquête politique» [19]. Cette image psychosociale, fortement enracinée dans l'histoire, courre, plus ou moins marquée, tout au long de cette période. Les protestants en sont imprégnés; en 1852 à Anaa, les mormons baptisent pour les anglais afin de chasser les français. En Océanie, c'est tout juste si l'on ne donnerait pas une nationalité à Dieu, à cette époque!

Dans un tel contexte océanien et national, la position de la mission catholique est difficile à tenir. Les missionnaires, comme les français du XIXᵉ siècle, sont ardents patriotes; même au plus fort de leur lutte contre l'Eglise catholique, les autorités le soulignent. Si loin de la France et souvent isolés, ce sera une profonde souffrance pour eux que de se voir si peu compris et parfois persécutés par des compatriotes dans ces conditions. En même temps et d'abord, ils sont missionnaires catholiques, annonçant l'évangile dans la fidélité à l'Eglise en communion avec le Pape. Pour cela, ils sont opposés à toute forme de colonisation par la France, comme l'écrit le P. Laval en 1842: «On veut imiter ce gouvernement (l'Angleterre) qui vient d'imposer son joug sur la tête des habitants de la Nouvelle-Zélande (en 1840). On veut que la loi du plus fort soit toujours la meilleure et au siècle où nous vivons, jours de lumière et de liberté, dit-on, nous sommes sur le point de voir en Océanie ces horreurs qui ont fait gémir les côtes d'Amérique... Vouloir que les baïonnettes introduisent dans leur cœur et l'amour de la religion et l'amour de la France, non jamais, jamais... Pourtant l'Océanien serait capable de devenir homme s'il n'était conduit que par la douceur et la morale de l'évangile... Pourquoi venir leur enlever leur liberté? Pourquoi s'emparer de leurs propriétés?... L'Océanie n'aura pas de millions à fournir à la France... on sera peut-être au contraire obligé de fournir de grosses sommes...

«Si j'étais le Roi de France, je voudrais exiger des autres nations de laisser l'Océanie jouir de sa pleine liberté! car enfin, on a beau avoir la force pour soi, on n'a pas le droit de s'emparer du domaine du faible. Cela ne se voit que chez les sauvages» [20].

---

(18) Ministre au Gouverneur PAGE (1-12-1853), F.O.M. Océanie C 13, H 69.
(19) Directeur des Colonies au Ministre (août 1850).
(20) H. LAVAL à Mgr BONAMIE (10-6-1842), Ar. SS.CC. 68, 2.

Newbury et O'Reilly dans l'Introduction aux «Mémoires» du P. Laval constatent que «l'ensemble des missionnaires partage l'opinion de Laval» [21].

Pas plus pour Hawaii après leur expulsion par Bingham que pour Tahiti après leur rejet par Pritchard, les missionnaires des Sacrés-Cœurs n'ont demandé l'intervention de la France et encore moins des sanctions militaires. L'action de Dupetit-Thouars à Tahiti a embarrassé le gouvernement dont le ministre des Affaires étrangères, le protestant Guizot, tenait aux bonnes relations avec l'Angleterre. Les religieux des Sacrés-Cœurs, nous l'avons vu plus haut, n'étaient pas particulièrement en faveur à Paris, surtout sous Louis-Philippe. Sans doute le P. Walsh et Mgr Rouchouze apprécient «le calme revenu aux Sandwich après l'intervention de la Marine... la liberté assurée par le capitaine Laplace à Oahu». Si la Secrétairerie d'Etat du Saint-Siège «apprécie l'expédition de Dupetit-Thouars à Tahiti», *Propaganda Fide*, tout en se félicitant de la protection apportée aux missionnaires, exprime une satisfaction assez réservée [22].

Tant à cause de leurs hésitations internes concernant la Polynésie, qu'en raison de l'antériorité des Missions protestantes anglaises et catholiques françaises, les Gouvernements sont gênés dans leurs «Instructions» et les gouverneurs changeants dans leurs actions. Mais, avec ce que l'histoire nous a montré des rapports entre l'Eglise et l'Etat en France, le point central est d'assurer la prééminence du «drapeau de la France et le pouvoir de l'Etat». Le gouverneur Page écrit en 1853: «Le sentiment religieux est secondaire en ce pays... Sous moi, l'influence des missionnaires anglais est annulée... Il faut des instituteurs – ayant dans leur programme l'enseignement du français – qui reçoivent et respectent le mot d'ordre du Gouvernement... Il faut des prêtres qui soient soumis au Gouvernement, car hors de lui rien ne se peut... Je penche pour le catholicisme afin de rompre avec la tradition de l'Angleterre, mais à condition qu'il soit gouvernemental et non pas un pouvoir religieux faisant échec au pouvoir d'Etat» [23]. On ne saurait être plus clair. Avec des nuances de style, c'est un peu le refrain permanent des rapports des gouverneurs successifs lorsqu'ils rendent compte des relations entre les diverses Eglises et l'Etat en Polynésie.

Les premières «Instructions» ministérielles sont les directives données au gouverneur Bruat en 1849. Elles servent de base à celles qui suivent: 1854 à du Bouzet, 1861 et 1864 à de la Richerie. Celles de Jauréguiberry en 1882 marquent une rupture avec les précédentes. Enfin à partir de 1922, nous entrons dans la phase actuelle.

---

(21) H. LAVAL: *Mémoires;* introduction, Newbury. O'REILLY, pp. XC sq.

(22) Mgr ROUCHOUZE à S.C. *Propaganda Fide* (20-6-1840); A. WALSH à Mgr BONAMIE (30-10-1839), Secrétairerie d'Etat à *Propaganda Fide* (11-11-1837); *Propaganda Fide* à A. BACHELOT (18-11-1837), Ar. SS.CC. 1-1-4.

(23) Gouverneur PAGE au Ministre (5-12-1853 et 16-3-1853), F.O.M. Océanie C 13, H 69.

La période initiale, de 1849 à 1880, peut se définir par une attitude de sympathie prudente de l'Etat à l'égard de la Mission catholique, principalement à Tahiti-Moorea. Après les sérieuses difficultés causées par la «guerre de Tahiti» et l'extrême réserve des Commandants à l'égard des missionnaires des Sacrés-Cœurs en raison des querelles religieuses avec les protestants anglais, le Ministre fixe les lignes de l'administration par rapport aux cultes. Ces directives seront reprises dans celles de 1864. «Cette partie de votre administration est celle qui présente le plus de difficultés... Vous vous ferez un devoir de protéger tous les cultes et veillerez à ce qu'ils se pratiquent en toute liberté. Votre conduite à l'égard des ministres de la religion protestante sera animée d'une parfaite bienveillance. Ils ont acquis une grande autorité sur la population... Les ministres méthodistes sont anglais; vous respecterez leur culte et vous laisserez toute liberté pour le pratiquer. Mais il ne faut pas qu'à l'aide de la religion, ils s'immiscent dans l'administration et le gouvernement et pèsent par leur influence dans nos rapports avec la Reine et les chefs. La protection que vous leur accordez est à ce prix...

«Des prêtres catholiques s'efforcent depuis plusieurs années d'attirer à leur foi les habitants de Tahiti. Le Gouvernement qui prévoit toutes les difficultés que cette lutte entre les deux religions peut susciter, vous recommande l'impartialité la plus absolue. Vos rapports avec les ministres des deux églises devront être empreints du respect que méritent toujours ceux qui améliorent l'homme par la double influence de la morale et de la religion. Les prêtres catholiques que vous trouverez à Tahiti insisteront beaucoup auprès de vous pour obtenir en qualité de français et de catholiques, des marques particulières de votre bienveillance. Ils voudront que vous répariez, par quelqu'acte de protection manifeste, le tort que le Gouvernement local a eu envers eux et pour le redressement duquel nos navires de guerre sont venus souvent réclamer. Mais il sera nécessaire que vous refusiez votre intervention de manière à ce qu'elle se limite à ce qui leur est dû seulement comme français. Votre action en leur faveur devra éviter de prendre un caractère religieux» [24].

Ainsi, sur la base de la liberté religieuse et du respect de la mission protestante anglaise, le Gouvernement demande neutralité, respect et impartialité à l'égard des deux Eglises, présentes à Tahiti avant l'établissement de la France. Le gouverneur doit assurer le pouvoir de l'Etat sans tolérer aucune ingérence des cultes. Les Instructions de 1854 rétablissent le soutien aux écoles tenues par la Mission catholique que le gouverneur Page avait retiré. Celles de 1861 reprennent les directives de 1849 en insistant sur la neutralité et la passivité du Gouvernement; «le culte catholique doit être constitué sur des bases analogues à celles d'une Préfecture Apostolique; les catholiques ne doivent plus être contraints de bâtir les temples protestants». En réalité les catholiques ne «construisaient» pas des

(24) Ministre au Gouverneur (4-6-1864, citant 18-6-1849), F.O.M. Océanie C 106, H 10.

temples mais participaient à des travaux considérés comme publics. Enfin en 1877, le Ministre des Cultes suggère à son collègue de la Marine « la création de Préfectures Apostoliques pour affirmer nos droits». De plus il estime «qu'une Mission est une œuvre distincte d'une Congrégation. Il est donc possible, en se concertant avec le Pape, de donner vie et capacité civile aux missions de Tahiti et des Marquises» [25].

La période de 1880 à 1922, dominée par la crise majeure en France contre les congrégations et l'Eglise catholique, est marquée par la directive de l'amiral Jauréguiberry, Ministre de la Marine en 1882 «refusant la personnalité civile aux Missions; cette reconnaissance est contraire à notre politique» [26]. C'est à cette époque que la Polynésie politique et électorale est réduite à Tahiti-Moorea, les autres archipels étant privés des droits électoraux mais non des devoirs fiscaux. Les «lois laïques» sont appliquées dans l'ensemble.

A partir de l'intervention de Raymond Poincaré en 1922 sur le «caractère inapplicable de "lois laïques" en Polynésie», les directives sont de rapprochement et d'entente jusqu'au décret Mandel de 1939 qui «reconnaît les Missions religieuses» outre-mer.

Comment les directives ministérielles sont-elles appliquées dans les îles à l'égard des missionnaires catholiques? Rappelons tout d'abord que, pour Tahiti-Moorea, Guizot avait interdit toute action missionnaire aux catholiques. En 1843, Bruat, par crainte d'une «guerre de religion», cantonne les pères à Papeete au service de la colonie française. En 1849, Lavaud «devient aimable, change d'idée sur les missionnaires et autorise les pères des Sacrés-Cœurs sur l'île de Tahiti». Deux sont reconnus comme aumôniers de la Marine et de Papeete; tous sont autorisés à faire la classe, évêque en tête [27]. Ce genre de mesures est appuyée principalement par les gouverneurs Lavaud et du Bouzet. Elles permettront à la longue une véritable insertion.

En 1852-53, arrive le premier conflit grave avec le gouverneur Page dont «l'action s'exerce avec une puissance presque irrésistible», selon ses propres termes. Le drame d'Anaa de novembre 1852 déjà décrit, est la première grande épreuve de la Mission catholique par l'action du gouvernement. Le gouverneur, prévenu du drame et de la révolte, refuse d'aider rapidement les missionnaires attaqués; il accuse le P. Fouqué d'être la cause de l'agitation et en annonce la mort à Paris. Il laisse opérer le saccage de la Mission par les supplétifs tahitiens aux ordres de Parchappe qui fait pendre un catholique innocent; les missionnai-

---

(25) Ministre au Gouverneur (22-8-1861), F.O.M. Océanie C 14, A 76; (15-5-1854), F.O.M. Océanie C 43, H 9. – Ministre des Cultes à Ministre de la Marine (8-6-1877, 29-9-1877), F.O.M. Océanie C 106, H 28.

(26) JAURÉGUIBERRY au Gouverneur (11-9-1882), F.O.M. Océanie C 106, H 28.

(27) Lettres du P. HEURTEL (1847 à 1850), Papeete, Ar. SS.CC. 59, 3.

res sont empêchés de venir en aide aux condamnés. Les plaintes sont si graves et les preuves si accablantes que Mgr Jaussen se décide à aller à Paris défendre la Mission catholique. Les instructions données au gouverneur du Bouzet le 17 mai 1854 remettent les choses en place; les missionnaires sont en paix pendant six ans.

De 1860 à 1870 avec les gouverneurs de la Richerie et de la Roncière se déroulent des conflits très sévères. Tout commence par la loi du 18 mars 1860 sur les «ministres des cultes» et instituant «le culte national protestant aux fonctions duquel seuls les Français et les indigènes sont admis (art. 30). Tout indigène, quelle que soit sa religion, doit participer aux obligations qui assurent l'exercice du culte national protestant (art. 10)». On établit une peine de prison pour ceux qui ne veulent pas participer à la construction des temples. L'inspiration de ces textes est tout simplement grotesque [qu'on songe maintenant qu'il y a parfois aide mutuelle des protestants et catholiques pour leurs édifices]. Son article 4, inspiré par le lieutenant Caillet qui voulait «voir les ministres des deux cultes se battre comme des coqs», «demande à la Reine et au Commissaire Impérial deux ministres protestants français». De plus le tribunal suprême est constitué de quatre ministres, deux diacres et un fidèle protestants, avec, comme suppléants, trois diacres protestants. Divers chefs et députés le 13 mai 1860 expriment leur mécontentement: «La loi est méprisante pour les catholiques». Le consul anglais proteste contre l'exclusion des pasteurs britanniques et le Gouvernement de Londres le fait savoir à Paris.

Pour Mgr Jaussen cette loi est «une violation de l'acte du Protectorat et du code tahitien qui établissent la liberté et une certaine égalité des cultes» [28]. L'évêque envoie la liste des catholiques jetés en prison et soumis aux amendes pour avoir refusé ces travaux obligatoires au service des protestants. «Sur 56 habitants formant le village d'Utumaoro (exceptés une famille européenne et les enfants), 5 femmes seulement ont échappé à la prison. Les 51 autres ont été emprisonnés neuf fois chacun en moyenne, payant 10 F à chaque fois, ce qui a produit au Gouvernement 4.730 F». A cette situation mal reçue, s'ajoutent les difficultés faites aux écoles, l'enquête faussée du «Railleur» aux Gambier qui n'écoute que Pignon et Dupuy mais non la Reine ni les missionnaires, le refus de la procession du Saint-Sacrement, etc. Devant une telle «persécution systématique de la Richerie contre la Mission», Mgr Jaussen, poussé par les pères, quitte Tahiti pour Valparaiso, Paris, Rome et Gambier. Il ne rentre qu'après le départ du gouverneur. Le Comte de la Roncière qui lui succède aggrave le conflit aux Gambier qu'il fait «occuper militairement» pendant deux ans. Les tracasseries se multiplient et pour couronner le tout, la future cathédrale de Papeete est condamnée en 1869 et rasée en 1870.

---

(28) Mgr JAUSSEN au Ministre (7-11-1860), rapport de janvier 1861, Ar. SS.CC. 57, 2.

Le 1er juin 1861, de la Richerie s'explique au Ministre: «Je suis catholique, mais ce n'est pas à dire que je doive aveuglément admettre la politique du chef de la Mission, évêque romain. L'intérêt de la politique française est mon premier devoir et mon seul mobile. Je ne crois pas que, dans notre Protectorat des îles de la Société, refuser à nos protégés le secours de pasteurs français soit servir les intérêts français... Le culte protestant a reçu une organisation régulière et légale en 1851 et 1852...

«L'œuvre d'éducation... commencée par les sœurs de Saint-Joseph et les frères de l'instruction chrétienne, voilà, dans ma conviction profonde, les puissants introducteurs du catholicisme... Si on pouvait adjoindre un clergé français desservant avec une pompe convenable le culte catholique à Papeete, il ne resterait plus rien à faire que d'attendre l'œuvre du temps» [29]. A la même époque, le Secrétaire Général écrit: «Les indiens ne nous voient à nous gouvernement aucun clergé. Nous prenons les dimanches et fêtes une messe officielle; voilà nos seuls rapports avec la Mission... La Mission catholique se dit entièrement dépendante de Rome et le répète assez haut et assez souvent; cela paraît singulier aux indiens qui se demandent s'il y a deux gouvernements» [(30)].

Tout est là. Pour le gouvernement, les pères doivent assurer le culte officiel. Il s'agit bien peu de religion, absolument pas de foi et encore moins d'évangélisation. D'où les demandes réitérées à partir de la Richerie en 1860 d'avoir un «clergé séculier à Papeete indépendant de la Mission»; il faut un clergé national et non romain. Cela entraîne naturellement la mainmise par le gouvernement sur l'église de Papeete, érigée en paroisse indépendante de la Mission catholique, pourvue de sa Fabrique et de son curé reconnus, eux seuls, par les autorités. Cette attitude amène les discussions épiques sur les places officielles et les préséances à l'église de Papeete que le gouvernement considère comme sienne puisqu'il l'a payée et que Mgr Jaussen regarde comme sa cathédrale, héritière de celle qu'on a démolie contre son gré. De même, jusqu'en 1903, les dossiers se font l'écho des querelles sur la prière liturgique officielle pour les autorités de l'Etat, le *Domine salvum fac.* Les gouverneurs et Résidents l'exigent quand ils se rendent aux Messes officielles. NN.SS. Jaussen et Verdier, en raison du contexte et selon la rigueur du droit, sont très réservés. L'aumônier de la Marine, l'abbé Bouché, explique longuement au Ministère que «le Vicaire Apostolique n'a pas d'attache officielle et que les règlements qui régissent le culte en France ne sauraient être invoqués en l'espèce» [(31)]. Mgr Dordillon, dans le compte rendu

---

(29) DE LA RICHERIE à Ministre (1-6-1861), F.O.M. Océanie C 14, A 74.
(30) Secrétaire Général à Ministre (25-7-1860), F.O.M. Océanie C 106, H 10.
(31) – Abbé BOUCHÉ au Ministre: ?, F.O.M. Océanie C 106, H 28; voir C 44, H 22 sur ce conflit. – C. FOUQUÉ à Mgr JAUSSEN (18-6-1857), Ar. SS.CC. 73, 7.

de sa mission de conciliation à Papeete, écrit: «Le reproche de manque de sympathie au gouvernement s'appuie sur l'abstention du chant *Domine salvum fac.* Mgr d'Axiéri (Jaussen) n'a ni donné l'ordre ni défendu de le chanter... On le chante à Papeete tous les dimanches et jours de fêtes à la messe militaire à laquelle assiste le Commissaire Impérial... Celui-ci désirerait qu'il se chantât à la messe paroissiale... Dans les districts, il est rare qu'on le chante parce qu'on ne trouve personne pour le chanter... J'ai cru devoir engager Mgr d'Axiéri à satisfaire sur ce point le Commissaire Impérial... On défend de part et d'autre ses droits et de petites choses en amènent de grandes. Un peu moins d'écrits, de plaintes... plus de douceur et de patience des missionnaires produiraient un bon effet» [32]. Le P. Eich en 1902 abonde dans le même sens de la conciliation: «Monseigneur refuse le chant du *Domine salvum fac* à la fin de la Messe à la cathédrale qui appartient au gouvernement. Pourquoi, en effet, ne pas prier pour le gouvernement?» [33].

Les démarches entreprises par Mgr Jaussen, soutenues par le gouverneur de l'époque et approuvées par le Ministre des Cultes en 1877 n'ayant rien donné au sujet de la «reconnaissance de la personnalité civile de la Mission», la période de 1880 à 1920 est celle des épreuves majeures entre la Mission catholique et le gouvernement à Tahiti. Le 29 juin 1880 voit l'annexion de Tahiti par la France, suite à la donation de Pomaré V et à «l'action déterminante» de Charles Viénot. 1882 est l'année de la laïcisation des écoles, du refus catégorique de Jauréguiberry de «reconnaître et de favoriser la Mission, fruit d'une Congrégation non autorisée». Les polémiques internes, aggravées par l'action de division du P. Collette, font que les «archipels sauvages» et catholiques des Tuamotu-Gambier et des Marquises ne sont plus électeurs [34]. Les actions contre les biens de la Mission et pour chasser les religieux se font pressantes, très particulièrement aux Marquises où les missionnaires «ont leurs malles prêtes et s'attendent à être chassés» [35]. Les pétitions circulent à Tahiti pour l'expulsion des missionnaires des Sacrés-Cœurs et des religieux; «les catholiques sont vus comme ennemis de l'Etat». Depuis 1894, les décrets d'expulsion sont sur le bureau du gouverneur et sont connus de tous. Dans ces années périlleuses, autour de Mgr Verdier et du P. Eich, l'attitude «est de laisser passer l'orage et de ne pas humilier le gouvernement... Les tracasseries et les jugements iniques font vivre le caractère réparateur de la Congrégation... Les articles violents des journaux d'ici le sont pour Paris et nous font peu de mal». En même temps, la solution de repli aux îles Cook, devenues colonie anglaise en 1900 et où la

(32) Mgr DORDILLON au T.R.P. (13-6-1867), Ar. SS.CC. 47, 1.
(33) G. EICH au T.R.P. (19-5-1902), Ar. SS.CC. 60, 2.
(34) Le carton 106 des archives F.O.M. Océanie est consacré aux conflits de cette époque, H 24, H 28, H 13...
(35) Mgr MARTIN au T.R.P. (30-10-1904, 13-1-1905), Ar. SS.CC. 47, 2.

Mission catholique et ses écoles sont bien vues du Résident anglais ainsi que de la Reine, est sérieusement envisagée [36].

L'attitude courageuse et appréciée de Mgr Hermel et des religieux, pères, frères et sœurs, pendant la guerre de 1914-18, le changement d'attitude du gouvernement à partir de 1920 amènent un arrêt de ces quarante années particulièrement conflictuelles. Progressivement l'harmonie, l'estime réciproque se rétablissent. L'entraide scolaire aux Tuamotu et aux Marquises, le service des lépreux, les actions de développement réalisent une meilleure compréhension qui trouve enfin sa structure officielle par le décret de reconnaissance des «Missions religieuses hors de France» en 1939, le célèbre «décret Mandel» [37].

Abandonner la Mission ?

Personne ne sera étonné, sans doute, de découvrir que la poignée des 12 à 20 missionnaires des Sacrés-Cœurs, peu préparés dans l'ensemble à une situation aussi compliquée et violente, ait eu, de temps à autre, envie de «secouer la poussière de leurs pieds et d'aller ailleurs» (Mt 10,14). Voici quelques témoignages pris aux périodes cruciales et venant des principaux responsables.

P. Clair Fouqué au Supérieur Général en 1861 [38].

«Les circonstances les plus fâcheuses obligent Mgr d'Axiéri (Jaussen) à quitter pour une seconde fois sa mission de Tahiti. Tous les pères n'ont qu'une voix pour l'engager à faire cette démarche devenue des plus urgentes... Tous ont cru nécessaire que les plus anciens missionnaires (moi en particulier) accompagnassent sa Grandeur. On verra par là que ce n'est pas une personne seulement, mais la mission tout entière, le catholicisme lui-même que persécute M. de la Richerie... La dispersion des îles, les dépenses d'embarcations..., 2.000 catholiques et 12 prêtres... M. de la Richerie est jaloux de l'influence réelle de Mgr d'Axiéri; d'où les entraves administratives...

«Si le gouvernement ne nous accorde pas des avantages réels et ne nous met pas à l'abri des gouverneurs, il faut profiter de l'occasion pour nous retirer ailleurs et demander à la Propagande d'envoyer à Tahiti des missionnaires auxquels l'administration sera moins défavorable.»

---

(36) Lettres de Mgr VERDIER et du P. EICH (de 1900 à 1904), Ar. SS.CC. 58, 3 et 60, 2.

(37) Décret MANDEL du 16-1-1939. *Georges Mandel,* par P. COBLENTZ. Ed. Bélier, Paris, 1946. 248 pages. G. MANDEL, né Louis-Georges Rothschild à Chatou le 5-6-1885. Chef de cabinet de Clémenceau, député de la Gironde, ministre des P.T.T. (1934), des Colonies (1938), de l'Intérieur (1940). Arrêté en 1940, prisonnier au Portalet, déporté à Buchenwald, assassiné par la Milice le 7-7-1944. Républicain et anticlérical, mais restaurateur des liens avec le Saint-Siège (1920) et auteur du décret sur les Missions.

(38) C. FOUQUÉ au T.R.P. ROUCHOUZE (16-1-1861), Valparaiso, Ar. SS.CC. 73, 1 (rapport de 8 pages).

Mgr Tepano Jaussen au Supérieur Général en 1871 [39].

« Vous n'ignorez pas que depuis de longues années l'Administration française à Tahiti fait une sourde guerre à notre mission. J'ai été obligé de faire deux voyages en France et les ordres ou recommandations que j'ai obtenus là, ont été éludés ici.

« En 1853, M. Page écrivait au Ministre que deux missionnaires avaient baptisé de force et avaient été tués (PP. Fouqué et Loubat). Il laissa piller un de nos presbytères par les soldats tahitiens.

Sous M. du Bouzet nous eûmes la paix.

M. Saisset m'accuse d'acheter en mon nom les propriétés, fit payer injustement... les catholiques d'un district, intimida les autres et continua les paperasses mensongères de M. Page en 1853.

« M. de la Richerie fit une loi... pour nous priver des écoles... Des catholiques furent condamnés à la prison et aux travaux publics... C'est lui qui a excité Pignon et l'a conduit par la main. Jamais cette affaire n'aurait eu lieu sans M. de la Richerie. M. de la Roncière fit déborder le vase en l'affaire Pignon dont, trop tard, il a reconnu l'injustice. Les Résidents des Gambier furent immoraux, tracassiers, insolents...

« M. de Jouslard (1869)... est un faux bon homme. Il a fait constater la solidité de l'église (de Papeete)... puis l'a fait démolir parce que nous n'avons pas voulu la continuer si la solidité n'en était pas constatée par écrit. Cet écrit, si nécessaire, il n'a pas voulu le donner; et l'église est démolie...

Aux Marquises, aux Paumotu la guerre nous est faite par les Résidents. Ce sont des officiers de marine repoussés de leur corps... pour qui c'est une distraction de faire la guerre aux prêtres... Les Gambier depuis 1844...

« Jugez de l'opposition que nous trouvons dans ce pays de la part de nos compatriotes... Si un officier nous est sympathique, il est mal noté. Et ces paperasses odieuses, écrites en secret, amoncelées au Ministère et à Tahiti, contre lesquelles nous ne pouvons pas nous défendre puisque nous ne les connaissons pas et où chacun puise ici et en France des préventions contre nous. Ces préventions passent des uns aux autres et s'éternisent.

« Un remède prompt et radical, c'est d'abandonner ce pays. Quelle mission ! 1.000 lieues de long et de large... et pas plus de 20.000 âmes... La Société n'aura jamais assez de prêtres et les prêtres se tuent au travail tant les âmes y sont disséminées.

---

(39) T. Jaussen au T.R.P. Bousquet (25-3-1871), Papeete, Ar. SS.CC. 58, 1 (rapport de 4 pages).

« Retirez-nous. Pressez le gouvernement de s'adresser à une société séculière ou régulière dont il puisse être content... Pressez Rome de donner Tahiti à d'autres missionnaires. Je donne ma démission avec bonheur. Je vous engage, je vous supplie de plaider, d'agir dans le sens d'un abandon complet dans l'intérêt de notre Société. Vous voyez les croix, les calomnies dont on nous a abreuvé. Et ce n'est pas fini...

« M. Dutrou-Bornier travaille depuis un an à détruire la mission de l'île de Pâques. Il a incendié les deux villages et fait arracher les récoltes et plantations. Je me garderai bien d'avoir recours à ces messieurs du gouvernement... Mieux vaut les décrets de la Providence quelque terribles qu'ils soient... »

Les idées ont sans doute joué leur rôle dans ce conflit de la mission catholique avec le commissaire impérial, mais la plus haute autorité du protectorat a vraiment manqué de sens commun, de mesure, d'objectivité. Ses lacunes ont sans cesse envenimé des conflits et retardé leur solution.

En 1875, Mgr Jaussen propose de céder la Mission aux séculiers.

En 1885, il suggère de la remettre « à la Congrégation du Saint-Esprit, spécialement chargé du service religieux dans les Colonies françaises » [40].

En 1881, Mgr Dordillon, devant l'obligation où il est de renvoyer les trois missionnaires allemands écrit : « Les pères étrangers vont être obligés de partir. Les Lazaristes pourraient-ils nous envoyer des missionnaires aux Marquises ? Je donnerai volontiers ma démission » [41].

Au cœur de la grave crise des années 1900, Mgr Verdier propose le retrait de la Congrégation des Sacrés-Cœurs en 1898 et en 1901 [42]. « Il vaudrait mieux prier Rome de confier cette mission à un autre Institut... Après 50 ans d'impuissance constatée, il n'y a pas à croire qu'on pourra en temps de persécution ce qu'on a pu en temps de paix. Les protestants poussent l'administration à demander des prêtres séculiers... nous ne sommes pas assez de prêtres... nous n'avons pas d'hommes de choix pour Papeete... et nous sommes trop mal vus. »

Mgr Hermel, en 1920, reprend à son tour cette idée de départ de la Mission [43].

A travers une histoire polynésienne et française fort embrouillée et difficile, l'Eglise catholique de Tahiti a appris à rester libre à l'égard des divers pouvoirs et régimes. Comme Jésus devant Pilate, elle en reconnaît la légitimité tout en

---

(40) Mgr JAUSSEN au T.R.P. (4-1-1875, 7-10-1885), Ar. SS.CC. 58, 1.
(41) Mgr DORDILLON au T.R.P. (20-1-1881), Ar. SS.CC. 47, 1.
(42) Mgr VERDIER au T.R.P. (15-6-1898, 25-9-1901), Ar. SS.CC. 48, 3.
(43) Mgr HERMEL au T.R.P. (3-1-1920), Ar. SS.CC. 58, 3.

sachant qu'elle ne leur doit rien; elle reste libre à l'égard de toute «politique politicienne» et se met résolument «hors des partis» [44]. Plus que tout autre, et particulièrement en Polynésie, l'Eglise catholique se veut catholique, c'est-à-dire universelle; accueillante à tous, respectueuse des pouvoirs, elle vit la distinction des domaines «de Dieu et de César», fondement majeur de la saine laïcité idéologique comme religieuse. Pour les catholiques en Polynésie, à partir des valeurs évangéliques à témoigner dans tous les secteurs de la vie, il n'y a pas de politique chrétienne mais une manière chrétienne de faire de la politique dans la vérité et par la liberté.

(44) Mgr VERDIER au T.R.P. (28-3-1894), Ar. SS.CC. 58, 2.

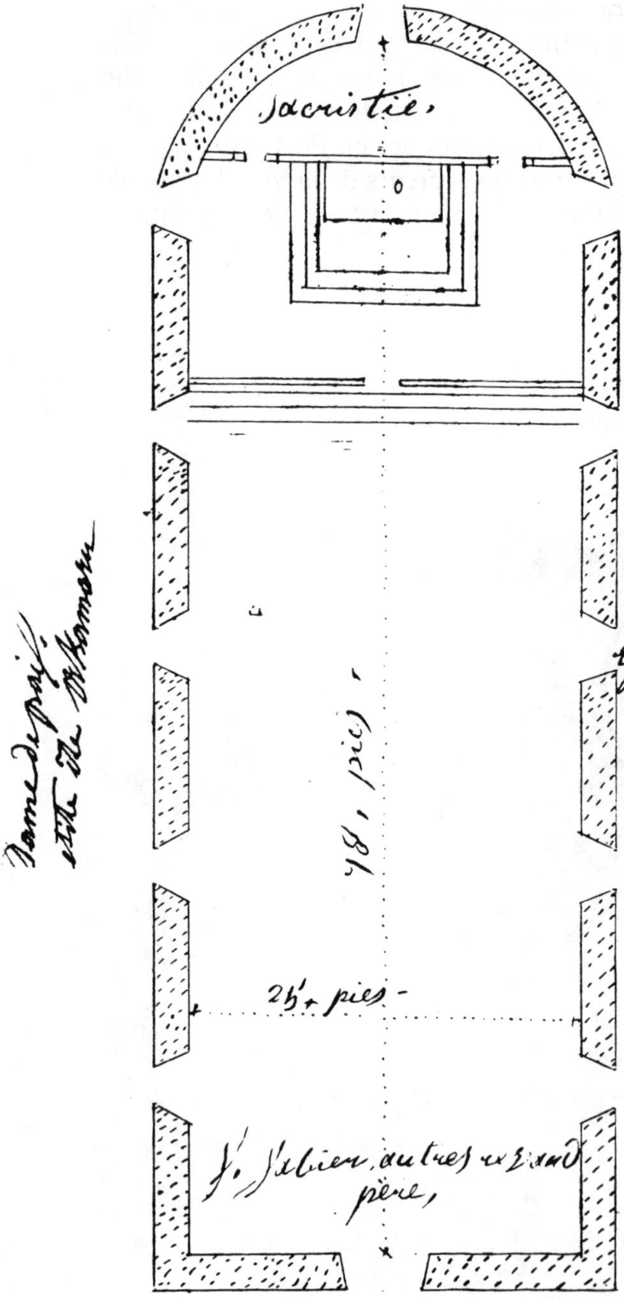
Sacristie.
78, pies
25, pies
Dame de paix
etite île Akamaru

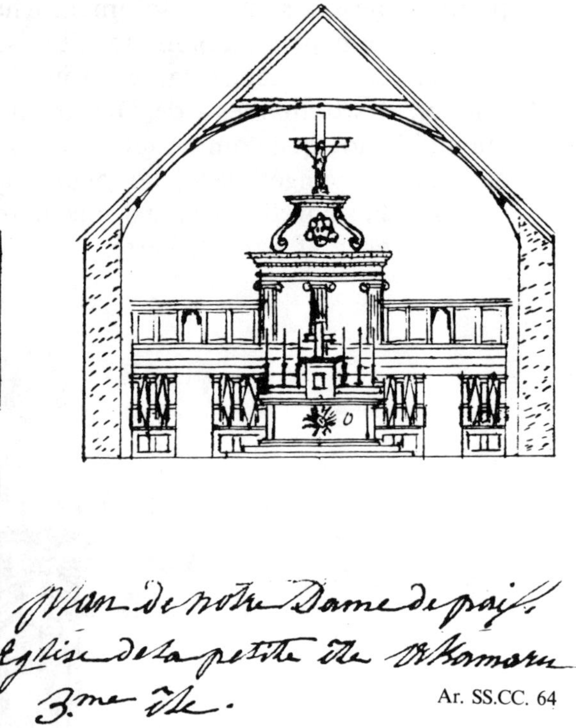
Plan de notre Dame de paix.
Eglise de la petite île Akamaru
3me île.

Ar. SS.CC. 64

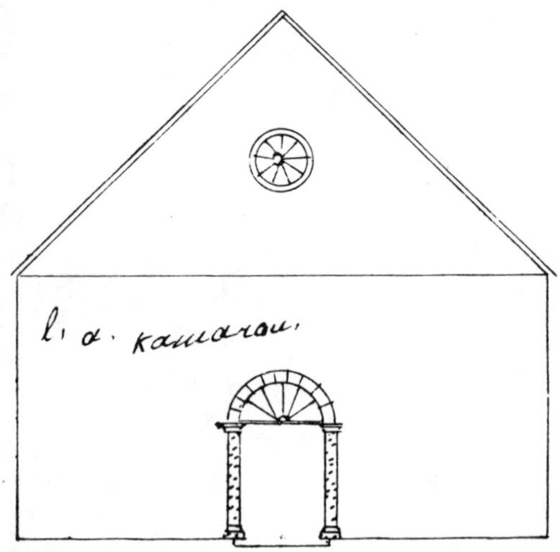

Chapitre 18

POLYNÉSIE MISSIONNAIRE

Au terme de cette troisième partie consacrée à l'évangélisation de la Polynésie depuis 150 ans, aux réussites et aux échecs, aux joies et aux épreuves de ses missionnaires, nous mesurons mieux l'extrême petitesse de l'humain dispersé dans l'immensité océanienne. Terres minuscules, population peu nombreuse, petites commnunautés, quelques dizaines de missionnaires pères, frères et sœurs, administration réduite... et cette poussière « d'îles lointaines » se trouve prise dans le gigantesque bouillonnement politique et religieux d'un XIXe siècle scientifique et colonial. « Petites îles, grands problèmes » ; expression classique, mais combien vraie en Polynésie française ! Dans l'ensemble, le caractère des populations a atténué les conflits, la diginité cordiale des polynésiens a relativé les querelles et les agressivités, fort heureusement.

D'une Eglise si petite qui a tant de mal à faire éclore les vocations sacerdotales et religieuses, si faible au milieu des épreuves du temps, il est remarquable de découvrir que, très tôt, elle aussi fut missionnaire. D'évangélisée, elle devient évangélisatrice, bien évidemment à sa manière simple et à sa dimension fort modeste ; rien de comparable aux grandes réalisations des pays continentaux bien pourvus en hommes et en moyens. Nous avons signalé dans la seconde partie le rôle missionnaire joué par les tahitiens protestants qui ont porté l'évangile à travers les archipels de l'Océanie. Il en est de même, toute proportion gardée, pour les polynésiens catholiques. C'est l'illustration de ce que l'apôtre Paul écrit aux Corinthiens : « Considérez qui vous êtes ; il n'y a pas parmi vous beaucoup de sages aux yeux des hommes, beaucoup de puissants... Ce qui est folie dans le monde, Dieu l'a choisi pour confondre les sages ; ce qui est faible dans le monde, Dieu l'a choisi pour confondre ce qui est fort ; ce qui est vil et méprisé, Dieu l'a choisi pour réduire à rien ce qui est »[1]. C'est un peu ce paradoxe évangélique que nous vivons avec les polynésiens missionnaires dans l'Eglise catholique.

---

(1) 1 Co 1,26-31. La 1re lettre aux Corinthiens aide beaucoup à comprendre le style, les questions et le témoignage de l'Eglise catholique en Polynésie.

Catéchistes évangélisateurs

Le rôle important joué par les «katekita» dans la Mission catholique a été étudié au chapitre XII. Ils accompagnent les missionnaires; ils restent comme chefs permanents des petites communautés chrétiennes dans les îles et les vallées. La vie quotidienne des «amuiraa» repose sur eux entre les passages des pères.

Un certain nombre d'entre eux quittent leurs îles pour aller comme missionnaires ailleurs, ou vont se former hors de chez eux pour évangéliser plus tard leurs compatriotes. C'est l'aventure étonnante du jeune Atanatio âgé de 15 ans, parti sur un coup de tête de Mangareva en 1860 et qui vient s'échouer sur l'atoll de Pukarua. Sauvé du «four kanake» par sa prière et l'intervention de Moeava, le fils du chef de l'île, il entreprend l'évangélisation de cette population encore tout à fait cannibale. Il réussit à amener quelques pukaruans à Mangareva pour se former un peu. Puis ils retournent tous, l'année suivante, commencer l'évangélisation des Tuamotu de l'Est [2].

Il convient de rappeler le rôle initial dans l'évangélisation des Tuamotu, en 1849, de Petero Maki. Ce pêcheur de nacre, originaire de l'atoll de Faaite, reste en cachette à Mangareva pour se former à la vie chrétienne. Baptisé, c'est lui qui décide Mgr Tepano Jaussen à entreprendre la mission aux Tuamotu en y envoyant les pères Laval et Fouqué. C'est par son action et ses relations que les premiers missionnaires sont introduits à Faaite, Fakarava et Anaa. Nous avons nommé un certain nombre de ces premiers catéchistes des Tuamotu. Le P. Terlijn signale que «le voyage du P. Montiton, lié aux horaires de la goélette frêtée, n'était que de un à quelques jours dans chaque île visitée en 1867. Aussi il laissa un catéchiste dans chacune des îles importantes: Alain Fatuga à Raroia, Athanase Tuamea à Takoto, Gabriel Hina à Hao, Joseph Mati à Fakahina» [3]. Il n'est pas douteux d'affirmer que l'évangélisation fondamentale des 84 îles Taumotu est due, pour l'essentiel, au témoignage des «katekita». Nous avons cité la lettre de 1866 où le P. Germain Fierens demande «la formation de diacres... Sur dix que nous baptisons, six au moins nous sont amenés par le ministère des Kanaques. Un bon Kanaque un peu instruit fait souvent beaucoup, là où le missionnaire n'obtient rien». Ce témoignage de celui qui a été appelé «l'apôtre des Tuamotu» vaut plus que toutes les longues démonstrations sur le rôle évangélisateur et missionnaire des katekita aux Tuamotu. En voici une belle figure.

Athanase Tuamea de Anaa avait été choisi par le P. Montiton pour l'accom-

---

(2) H. LAVAL: *Mémoires*, pp. 350-351, 367, 401.
(3) V. de P. TERLIJN au P. PALMACE (3-2-1900), Ar. SS.CC. 73, 1.

pagner en 1868 à Tatakoto que Boenechea avait découvert le 29 octobre 1774 et à qui il avait donné le nom de Narcisse.

Athanase Tuamea était à la fois katekita, maître d'école, maçon. Le P. Montiton le laisse seul à Tatakoto avec sa femme Eulalie, fille du grand chef Parua. Cernés tous les deux dans leur case, ils y restent 3 jours à réciter le chapelet... Eulalie déjà tuberculeuse meurt quelques semaines après à 25 ans «douce, pieuse, intelligente». Athanase Tuamea ne se décourage pas... il continue son enseignement et prépare la construction de l'église en incitant les jeunes à ramener de une à cinq pierres. En novembre 1869 le P. Fierens revient... le 11 novembre la population instruite par ce seul katekita est baptisée, 142 personnes en tout. Des 14 couples mariés ce jour-là, Mgr Mazé en retrouvera encore 4 en 1922. Le P. Fierens ne s'attarde pas... et Athanase Tuamea demande à rester. L'année suivante en novembre 1870, c'est le P. Montiton qui revient et qui constate les changements importants survenus dans l'île. Il en profite pour tracer le village... Tuamea est toujours là, et les restes de Eulalie sa femme sont transportés dans le nouveau cimetière. Parmi les nouveaux convertis Inatio Tetauru, élu chef, fonction qu'il exercera trente ans.

Athanase avait épousé Eulalie à Putuahara le 15 août 1863, trois ans après son baptême, il avait 26 ans. Les deux témoins étaient Jean-Baptiste Aumeran et Théodule Maevatua. Il se remariera à Julienne Tematagi le 9 janvier 1975.

De 1845 à 1863, la mission catholique de Mangareva joue un rôle missionnaire. En 1857, le témoignage de vie chrétienne des 60 mangaréviens qui bâtissent la future cathédrale de Papeete fut encore plus important que la manifestation de leurs qualités professionnelles. C'est dans un but d'évangélisation que le P. Laval fait construire la petite goélette «Maria i te aopu». Un courant déjà régulier était amorcé avec les Tuamotu, surtout lors du retour du P. Laval en 1852 après ses trois années de lancement de la mission avec le P. Fouqué à Faaite, Fakarava et Anaa. Des Paumotu viennent se former plusieurs mois à Rikitea; des mangaréviens partent aider les missionnaires. Ces relations déplaisent au gouverneur de la Richerie qui les interdit. De même la goélette est envisagée pour desservir la mission de l'île de Pâques; malheureusement des ennuis d'équipage et avec l'administration empêchent de donner toute l'ampleur souhaitable à cet essai missionnaire. La maîtrise des communications entre les îles sera toujours le talon d'Achille de la mission catholique en Polynésie [4].

Un cas très particulier doit être souligné dans ce chapitre: l'évangélisation de l'île de Pâques. La mission y est fondée par l'action héroïque du frère Eugène Eyraud, frère convers des Sacrés-Cœurs, en 1864. Les pères viennent ensuite

(4) La question des communications a été étudiée au chapitre 1.

pour approfondir son évangélisation initiale et structurer la communauté. Nous avons vu que la mission, après la dépopulation de l'île en 1871, est reprise par le katekita Nicolas Pakarati de 1888 à sa mort en 1927. Rapanui est sans doute un des cas les plus remarquables d'une évangélisation initiale et d'une reprise, dues à l'initiative de la mission de Tahiti et assurée par les katekita.

Une autre forme de cette action évangélisatrice des catéchistes tahitiens au loin est l'entraide missionnaire apportée par quelques-uns aux archipels en difficulté à la demande des pères. C'était en quelque sorte des « laïcs missionnaires » de style « fidei donum » avant l'encyclique célèbre de Pie XII. Le P. Bernardin Castanié est heureux de bénéficier de l'aide précieuse de Théophile Tehema, de Tahiti ; il a bâti trois églises aux îles Cook et le remplace pendant ses voyages. Il est mort en février 1904. De même, Mgr Rogatien Marin est content d'obtenir le concours de plusieurs de ses anciens paroissiens de Papaoa (Arue) pour relancer la mission à Atuona, revitaliser les vallées d'Hiva-Oa autour des années 1900.

Actions modestes sans doute ; témoignages importants qui montrent le sens missionnaire de la petite Eglise catholique polynésienne qui ne vit pas repliée sur elle-même, mais porte, dès le début, le souci de ceux qui sont au loin.

Evangélisation des Gilbertins

Une page très intéressante concernant le rôle missionnaire de Tahiti est l'évangélisation des Gilbertins, appelés à cette époque les « Arorai ». Ce sont les habitants de l'actuel Kiribati, anciennes îles Gilbert en Micronésie situées à 3.500 km au N.W. de Tahiti. Voici ce qu'en écrit le P. Privat Delpuech [5].

« Les Gilbertins avaient un engagement décennal et étaient repartis avant la mort du P. Latuin Lévesque (en 1879). Ils travaillaient à Taaone et Atimaono à la plantation de M. Robin Manson après la faillite de W. Stewart. L'engagement des Gilbertins comme travailleurs se fit à diverses époques à partir de 1864 sous M. de la Roncière. Le premier groupe s'établit à Paea, s'y livra à la pêche et a extrait le corail qui a servi à construire l'église Saint-François-Xavier. Cela a donné au père Latuin l'occasion de leur donner une excellente formation qui faisait l'admiration de tous et aussi de leur apprendre à lire et à écrire. Les derniers temps il put s'occuper de leur évangélisation en se rendant à Taaone tous les dimanches soirs. Tous étaient devenus catholiques. Le P. Latuin connaissait à fond leur langue. Il avait composé un catéchisme en gilbertin, avec des prières et des cantiques. Il avait ébauché une grammaire et un dictionnaire que j'ai eu sous les yeux.

(5) P. Delpuech au P. I. Alazard (18-11-1913), Ar. SS.CC. 62, 3 (dossier L. Lévesque).

«Le P. Latuin s'occupa des Gilbertins de 1872 à 1878, époque de leur rapatriement aux Gilbert. Ils étaient plusieurs centaines, inscrits par groupes de 50 à 80. En 1875, avec l'autorisation de Mgr Tepano Jaussen, ils vinrent par centaines s'installer sur le terrain de la Mission de Paea. Ils étaient catholiques fervents.

«Mgr Leroy, à son arrivée à l'île de Nonouti (Gilbert) trouva une première gerbe de 1.200 fidèles catholiques assemblés pour le recevoir dans une grande église en planche qu'ils avaient eux-mêmes construite sous la direction du catéchiste Petero formé par le P. Latuin Lévesque. Il faisait le catéchisme avec le livre composé par le P. Latuin, imprimé à Tahiti et réimprimé à San Francisco aux frais des Gilbert.»

En réponse à une question du P. Henquel, mariste, qui avait retrouvé un exemplaire de ce catéchisme, Mgr Jaussen écrit: «Nous appelons ici Arorai ceux que vous appelez Tapi touea. Nous avons baptisé des indigènes de presque toutes les îles Gilbert. Ces îles appartiennent à votre Société. Je les ai recommandés à Mgr Elloy quand il passa ici. Ne comptant plus avoir de nouveaux Arorai, je ne fis imprimer que le nombre de catéchismes voulus. Un seul de nos pères apprit leur langue; il était le dictionnaire et la grammaire. Il est mort et nous n'avons rien trouvé d'écrit» [6].

En 1875, le P. Latuin Lévesque écrit au Supérieur Général [7]: «Ce qui m'occupe le plus, depuis plusieurs mois, ce sont les insulaires des îles Gilbert, appelés ici indistinctement Arorai. J'ai appris un peu de leur langue, je suis parvenu à leur faire un petit catéchisme et à traduire les prières du matin et du soir. Il y a une centaine de convertis. C'est mon premier noyau de fidèles à Paea». Le P. Latuin Lévesque est mort à 36 ans, épuisé par le zèle après seulement neuf ans d'apostolat.

Comme le souligne le P. Delpuech, ce fut une énorme surprise quand les missionnaires du Sacré-Cœur d'Issoudun arrivèrent aux Gilbert et se trouvèrent accueillis par une si importante communauté catholique; elle était animée par un catéchiste et avait construit une église selon le modèle de celles des frères des Sacrés-Cœurs à Tahiti. Après avoir vérifié leur sens de l'Eucharistie, leur dévotion à la Vierge Marie et leur union au Pape, les premiers pères du Sacré-Cœur à débarquer aux îles Gilbert furent accueillis à bras ouvert. Ils étaient spirituellement attendus depuis longtemps.

---

(6) *Missions catholiques,* 1884, p. 531.
(7) L. Lévesque au T.R.P. (4-9-1875), Ar. SS.CC. 62, 3.

«La grammaire et le dictionnaire introuvables», aux dires de Mgr Jaussen, sont retrouvés par le P. Joseph Allais et une copie a été envoyée à Papeete le 10 août 1982 [8]. Ce texte de 44 pages manuscrites est intitulé: «Essai de notions élémentaires sur la langue des îles Gilbert, adressé à Mgr Eloi (sic), Vicaire Apostolique des îles Samoa et Gilbert» Cet essai est localisé de Paea et cosigné de Mgr Tepano Jaussen. Il comporte une grammaire de 8 pages, un vocabulaire de 28 pages et une liste des baptisés à Tahiti. Il a été retrouvé aux archives de l'évêché de Tarawa, capitale de Kiribati. C'est une découverte précieuse sur le plan linguistique et encore plus sur le rôle missionnaire joué par la Mission catholique de Tahiti en Océanie, dont le P. Latuin Lévesque est une des grandes figures.

En 1981 a été fêté au diocèse de Tarawa le centenaire du retour des premiers catholiques «arorai» aux Gilbert. Mgr Michel invité aux célébrations a préféré y déléguer un katekita de Papeete, Médéric Bernardino. Mgr Paul Mea, évêque de Tarawa, a eu la délicatesse et même en présence de Mgr le Délégué Apostolique de lui faire faire un baptême pour rappeler que leurs catéchistes missionnaires avaient été formés à Tahiti.

Evangélisation des Chinois [9]

Dans le cadre des essais de développement agricole à Tahiti, en particulier sous de la Richerie en 1862 avec William Stewart à Atimaono, l'importation de main-d'œuvre étrangère se fait importante. Les tahitiens ne sont ni assez nombreux, ni intéressés par ces travaux. En plus des Gilbertins que nous venons de découvrir, les Chinois, si actifs dans la vie polynésienne actuelle, commencent à arriver à Tahiti en 1851. Ce sont des hakka, paysans d'origine très modeste. L'arrêté du 30 mars 1864 autorise l'introduction de mille Chinois. Les déboires de Stewart, la faillite d'Atimaono entraînent le rapatriement de nombreux asiatiques. Ceux-ci ne sont plus que 320 en 1892 se livrant à l'agriculture et au colportage. Les immigrations reprennent en 1907 et seront importantes jusqu'en 1929. Si l'administration au début est plutôt bienveillante, la communauté blanche faite de colons et de commerçants voit avec crainte ces concurrents potentiels et redoute «l'expansion asiatique». Les chinois sont souvent accusés de tous les vices. En 1872, ils sont autorisés à organiser une société de Secours Mutuel, première association qui offre un soutien aux anciens. En 1876, le Temple de Mamao dédié à Kan Ti est construit pour permettre la prière et les rites traditionnels. Cette association permet aussi un meilleur contrôle administratif

(8) Ce document est aux archives de Papeete, section linguistique, P. 33-21.
(9) *Histoire et portrait de la communautés chinoise de Tahiti.* Ch. GLEIZAL, éditeur, 1979, 303 pages.

des Chinois en Polynésie. Très vite, par leur sérieux et leur travail, ils deviennent indispensables au commerce dans les îles. Le 9 janvier 1973 les Chinois de Polynésie acquièrent la nationalité française et sont de plus en plus intégrés à la population aussi bien maohi qu'européenne par des métissages qui se développent rapidement, constituant une nouvelle catégorie de «demis».

Ces quelques points de repères permettent de saisir que la présence et le développement progressif de la commnunauté chinoise à Tahiti posent à la Mission catholique des questions neuves et entièrement imprévues. Déjà mal préparés et peu formés intellectuellement pour la mission en général [10], la poignée des missionnaires des Sacrés-Cœurs, de même que les frères de Ploërmel et les sœurs de Cluny se trouvent confrontés à une population héritière d'une des plus anciennes et brillantes civilisations du monde, même si ses premiers représentants n'étaient que de pauvres paysans hakka cantonnais.

En 1882, le P. Delpuech «s'occupe de quelques chinois lépreux isolés par l'administration à Maruapo. Cet endroit est dépourvu d'eau depuis deux mois de sécheresse... Ils sont abandonnés de tous. On leur fait payer l'eau. Certains sont là depuis 12 ans. Le père est seul à aller les voir.» Ce missionnaire commence à s'intéresser à eux et se demande «s'il ne pourrait pas faire quelque chose pour eux. Il y a près de 500 Chinois et personne pour les instruire. Ils ont des qualités morales inconnues de nos indigènes» [11]. Aussi, en 1886, Mgr Verdier demande au Supérieur Général à Paris de «voir aux Missions Etrangères quels livres essentiels pourraient nous aider à convertir les chinois, au nombre de 500, qui résident à Tahiti. Déjà 5 ou 6 sont catholiques, mais nous n'avons aucun livre à leur remettre» [12].

L'apostolat auprès de la communauté chinoise de Tahiti continue ainsi très petitement dans cette période difficile sur tous les plans pour la Mission catholique dans ces années 1900. Or il se trouve que le 24 mars 1923, la Congrégation des Sacrés-Cœurs et les Missions Etrangères de Paris signent un accord d'entraide missionnaire pour l'envoi des Picpuciens dans la Mission de Haïnan. Les trois premiers pères des Sacrés-Cœurs de la Province de France, sous la direction du P. Paul-Marie Juliotte, arrivent dans leur nouvelle mission chinoise le 30 novembre 1923. Celle-ci devient autonome le 15 avil 1929 et Préfecture Apostolique le 25 mai 1936. Les pères des Sacrés-Cœurs en sont expulsés par

(10) – Cardinal LEDOCHOWSKI au T.R.P. (3-3-1899), Ar. SS.CC. 1-1-11.
– Mgr VERDIER au T.R.P. (5-4-1887, 8-9-1887, 8-9-1894, 7-3-1899), Ar. SS.CC. 58, 2.
– G. EICH au T.R.P. (10-4-1899, 7-3-1902), Ar. SS.CC. 60, 2.
– C. MAUREL au T.R.P. (22-8-1912, 29-5-1913, 6-7-1926, 21-1-1931, 22-5-1932), Ar. SS.CC. 60, 3.
– Mgr LE CADRE au T.R.P. (25-2-1920, 1-7-1920), Ar. SS.CC. 47, 3.
(11) Pr. DELPUECH au T.R.P. (8-9-1882, 25-10-1885), Ar. SS.CC. 61, 3.
(12) Mgr VERDIER au T.R.P. (7-10-1886), Ar. SS.CC. 58, 3.

les communistes chinois en 1953 ; Mgr Desperben est chassé le dernier le 3 août de cette même année [13].

Malgré la distance, mais en raison de l'étroite fraternité missionnaire et des mêmes problèmes apostoliques, cette nouvelle mission des picpuciens français en Chine suscite un grand espoir parmi leurs confrères de Tahiti ; elle s'avèrera providentielle pour le service de la Polynésie.

En 1926, Mgr Hermel demande « l'envoi d'un Père venant de Haïnan pour s'occuper des chinois » [14]. C'est surtout le provincial des missionnaires, Célestin Maurel qui s'efforce d'évangéliser la communauté chinoise et de trouver des solutions pastorales [15].

« Les chinois de Bora-Bora veulent une église et plus tard une école. Ils ont déjà ramassé une certaine somme. Nous regrettons beaucoup de ne pas savoir le chinois... Nous comptons ici sur la jeunesse, car elle parle le français et le canaque (*sic*). Il y a ici un chinois catholique parlant bien le français ; il va aller en février à Bora-Bora. Je lui ai demandé de bien vouloir nous aider. Mais comme il est tout à fait jeune et à la recherche de la fortune par le moyen de la vanille, son aide sera peu efficace (2-1-1925).

« Le Très Révérend Père parle d'envoyer 1 ou 2 Pères en les faisant passer par Haïnan. Monseigneur (Hermel) est de cet avis. Les chinois sont plus de 4.000. Il est urgent de s'occuper d'eux. Un Père zélé, connaissant le chinois, ferait un bien immense auprès des cultivateurs. Les marchands seront plus difficiles à convertir (12-11-1925).

« Une seule chose semble nous tendre la main, c'est la conversion des chinois. Malheureusement, impossible de parler leur langue. Si je n'avais que 30 ans, je demanderais de passer deux ans en Chine. Papeete et Faaa sont plus chinois que tahitien et français. Ces chinois nous préfèrent (2-6-1925).

« La population de Tahiti, grâce aux mélanges, augmente et devient de plus en plus chinoise... Les enfants nés dans le pays connaissent le tahitien. Il nous sera facile de leur causer (30-3-1930).

« Sur 40.000 habitants (en Polynésie), il y a 20.000 protestants, 8.000 catholiques, 12.000 autres. La chose à faire est la conversion des chinois. Ceux-ci nous donneraient volontiers leurs enfants, mais pas de messe : le travail avant tout. Ils sont comme cela. A la mort on nous accepte, surtout pour les bébés (10-9-1934).

(13) F. A. MURILLO : *Missionnaires en action.* SS.CC., Rome 1976 ; 265 pages.
(14) Mgr HERMEL au T.R.P. (8-3-1926), Ar. SS.CC. 58, 3.
(15) C. MAUREL au T.R.P. et au P. I. ALAZARD, Ar. SS.CC. 60, 3 (dates après chaque citation).

« Si nous pouvions instruire les chinois qui sont plusieurs milliers. Les enfants chinois finiront par se joindre à nous à cause des écoles catholiques qui sont prospères et nous donnent espoir pour l'avenir (15-6-1936). »

Ces quelques extraits des lettres du P. Maurel montrent clairement les efforts entrepris et l'évolution des efforts missionnaires en direction des Chinois, vivant en Polynésie, entre les deux guerres mondiales. N'oublions pas qu'ils ont le statut d'étrangers ; c'est vraiment une mission nouvelle à entreprendre. Il est certainement malheureux que les missionnaires des Sacrés-Cœurs n'aient pas pu détacher un de leurs prêtres parlant le chinois à cette époque, malgré les demandes pressantes de l'évêque et du provincial de Tahiti. Les relations anciennes de quelques missionnaires et surtout la qualité des écoles catholiques des frères de Ploërmel et des sœurs de Cluny ont beaucoup fait, malgré l'incompréhension de la langue hakka, pour établir des relations de plus en plus confiantes entre les enfants et l'Eglise en Polynésie. Chacun connaît le sens familial très profond, l'attention éducative aux enfants et les qualités de travail sérieux des chinois. Ce sont des convergences précieuses entre les traditions chinoises et catholiques qui expliquent une confiance réciproque. Aussi, lorsque en 1964, les écoles chinoises ferment leurs portes, c'est tout naturellement que la grande majorité des familles confient leurs enfants aux écoles des frères et des sœurs qu'ils fréquentent depuis déjà de longues années.

L'avènement de la République populaire de Chine en 1949, selon le paradoxe traditionnel de toute évangélisation, marque l'élan nouveau de la Mission catholique en Polynésie. Mgr Paul Mazé ouvre largement les portes aux missionnaires chassés de Chine par le régime communiste de Mao. Grâce à l'action décisive de sœur Jeanne-d'Arc – qui ne viendra jamais elle-même à Tahiti – les premières sœurs missionnaires de Notre-Dame des Anges, fondées en 1923 pour l'apostolat en Chine, arrivent à Papeete le 30 novembre 1950. Les pères des Sacrés-Cœurs peuvent envoyer à Tahiti plusieurs missionnaires connaissant le chinois. le P. Mandé Mariage (Haïnan 1928-47) arrive à Papeete en 1947. Ses confrères Camille Beunard en 1950 (Haïnan 1934-50) et Pierre Laporte en 1952 (Haïnan 1947-52) le suivent à leur tour. En avril 1954, les pères Orens Briand (Haïnan 1948-52) et Alexis Castel (Haïnan 1948-52) arrivent à Papeete. Enfin le P. Bruno Puech (Haïnan 1949-53 et Japon 1953-62) débarque en 1962. L'évangélisation peut se faire en chinois et les cérémonies se célébrer dans la langue hakka.

La Communauté chinoise catholique en Polynésie acquiert progressivement son identité et ses structures. L'« amuiraa tinito » élit son comité et développe ses activités spirituelles. les baptêmes d'adultes sont nombreux chaque année. Le couronnement de cette longue persévérance missionnaire est l'éclosion de plusieurs vocations religieuses et ministérielles chinoises polynésiennes. Chez les sœurs de Saint-Joseph de Cluny nous avons les sœurs Pierre-Chanel, Christiane et Joséphine; chez les sœurs missionnaires de Notre-Dame des Anges: sœur Jocelyne et sœur Margaret; chez les Filles de Jésus-Sauveur: sœurs Simone et Joséphine. Le frère Maxime Chiu fait profession chez les frères de Ploërmel en 1958. Le premier prêtre chinois est Lucien Law, originaire de Raiatea, ordonné en 1964; le père Peter Choy, né en Chine, est ordonné en 1975. En 1979, deux des quatre permiers diacres permanents ordonnés le 24 février: André Chiu et Léon Min-Chiu sont d'origine chinoise. Ainsi l'entrée chinoise se manifeste au sein de l'Eglise catholique polynésienne qui réussit à intégrer la communauté hakka tout en respectant sa culture. Elle est constituée d'environ 5.000 personnes en 1982. A Tahiti, l'Eglise catholique a ainsi un visage encore plus universel, montant que «Dieu ne fait pas de différence entre les hommes» (Actes 10 et 11).

Hospitalité missionnaire

S'il est un geste évangélique recommandé dans la ligne de toute la tradition biblique, c'est bien «la pratique de l'hospitalité sans murmure» [16]. Très tôt, en raison de sa position au centre du Pacifique, Tahiti et la Polynésie deviennent des haltes pour les missionnaires venant de Valparaiso d'abord puis du canal de Panama après son ouverture en 1914.

La première hospitalité missionnaire s'exerce à l'égard de Mgr Pompallier et des premiers Maristes, dont le futur saint Pierre Chanel. Ils arrivent à Mangareva le 13 septembre 1837 à bord de l'«Europa» en route vers la Nouvelle-Zélande. Ils y restent trois jours qui marquent profondément les pères maristes; ceux-ci s'inspireront dans leurs premières missions de ce qu'ils ont découvert aux Gambier [17]. Nous avons signalé que Mgr Tepano Jaussen, dans son premier compte rendu à la Propagation de la Foi le 10 novembre 1849, souligne que «Tahiti est un lieu de passage pour diverses missions». De fait, au moins jusqu'à l'ouverture de l'aéroport international de Faaa en 1961 et la généralisation des «jets» gros porteurs en 1970, Papeete est une escale obligée et appréciée des divers missionnaires, Maristes surtout, qui viennent de France vers le Pacifique du Sud-Ouest par Panama. Ces escales sont l'occasion d'échanges fructueux et d'une connaissance réciproque bénéfique. Les lignes actuelles plus rapides et directes ont malheureusement supprimé ces liens réguliers. D'autres se sont créés. L'archevêché de Papeete, désormais équipé pour recevoir plusieurs hôtes

(16) 1 P 4,9 - He 13,2 - Ro 12,13 - Mt 25,35 - Gn 18, etc.
(17) - H. LAVAL : *Mémoires*, pp. 165 sq.
- P. CHANEL à F. PAGÈS (3-10-1837), Tahiti, Ar. SS.CC. L.A.M.O.I.

à la fois, n'a guère de semaines dans l'année sans le passage d'hôtes d'horizons et de langues variés. Les communautés paroissiales sont toujours heureuses d'accueillir, selon leurs coutumes fleuries, chantantes et chaleureuses, ces frères et sœurs chrétiens qui viennent les voir. Les visiteurs gardent un souvenir étonné et ému de l'hospitalité polynésienne, si simplement fraternelle et biblique. Sans qu'on puisse apprécier la part des dons naturels maohi et de l'intériorisation des valeurs évangéliques, il est certain que l'hospitalité de l'Eglise en Polynésie a un retentissement missionnaire certain si on en juge par les témoignages si divers de ceux et celles qui en ont bénéficié.

Un aspect peu connu, car très personnel à ceux qui le vivent, est l'éveil et le soutien des vocations sacerdotales et religieuses chez un certain nombre de métropolitains de passage pour un service temporaire, civil ou militaire. La qualité de l'accueil, la chaleur communautaire, la simplicité rayonnante des célébrations constituent des signes qui interpellent profondément les européens. En douze ans, dix-huit d'entre eux ont fait savoir qu'ils avaient trouvé ou approfondi leur vocation sacerdotale au contact des communautés chrétiennes de Tahiti. De même un certain nombre de familles retrouvent une certaine qualité d'amour et le chemin de la foi ou repartent sérieusement interrogées par ce témoignage de l'Eglise catholique en Polynésie. Bien rares sont ceux et celles, même de très haut niveau de responsabilités officielles, qui n'expriment pas, à un moment ou à un autre, cette découverte d'un autre regard sur les événements et les choses, cette qualité particulière de relations humaines plus cordiales et personnalisées, ce style polynésien fait de partage communautaire et de respect tolérant et discret des personnes. Il y a comme une intelligence du cœur qui sourit dans les yeux et pénètre au plus intime de l'âme. Les mots sont impuissants à rendre ce témoignage discret et puissant, simple et vrai, fragile et fort des communautés chrétiennes à Tahiti. La joie de la foi n'y est pas un mythe. Ceux et celles qui la vivent quelque peu de l'intérieur en restent marqués et parfois changés. Il n'est pas rare d'en recevoir l'expression reconnaissante. Ainsi les pauvres et les petits deviennent évangélisateurs par la qualité de leur cœur.

Un cas très particulier de l'hospitalité missionnaire est celui des demandes de mariage de touristes japonais non baptisés [18]. Mgr Michel Coppenrath étudie en détail dans l'article cité en note ce « problème juridique et pastoral absolument imprévisible », lié à l'ouverture par Air-France en novembre 1973 de la ligne Tokyo-Papeete-Lima. Dans le contexte de mutation rapide des années 1970 et de la prolifération des sectes, « voici que tout à coup ce sont des étrangers pour très peu de temps dans les îles, qui demandent une hospitalité disons

(18) Mgr M. Coppenrath : « L'Eglise, témoin du mariage de non-chrétiens », dans *l'Année Canonique*, 1977, n. 22. – Dossier F 421/424, Ar. Papeete.

« matrimoniale ». L'appel de ces japonais non baptisés ne se fonde au surplus ni sur le baptême, ni sur la foi.

«Il est apparu que l'épiscopat japonais autorise de tels mariages. Mais cela ne résout pas d'autres questions: doit-on agir de même à Tahiti? Quels motifs poussent les fiancés à célébrer leurs noces au milieu du Pacifique? Même si les demandes sont légitimes, aucun prêtre à Tahiti ne peut avoir une conversation approfondie avec des fiancés ne parlant que japonais ou un anglais à accent très spécial. N'était-ce pas une question de « mode » alors qu'il est si facile de se marier au Japon? Pourquoi des japonais non baptisés veulent-ils se marier devant un prêtre catholique à Tahiti? Le petit diocèse de Papeete, déjà aux prises avec ses multiples soucis, doit-il soutenir une orientation missionnaire propre au Japon en pratiquant le même accueil?»

Les évêques japonais expliquent ainsi ces demandes: « Les japonais non chrétiens estiment plus la religion catholique que les cultes anciens du Japon dans les temples où les époux sont obligés à être passifs à leurs mariages; de bonne foi, ils demandent secours auprès des églises catholiques. » Aussi Mgr Michel se demande: «Si des "païens" estiment la religion catholique à un degré tel qu'ils préfèrent ses ministres, ne doit-on pas se sentir obligé de leur porter le même secours qu'au Japon? L'image de l'Eglise Catholique ne doit-elle pas être la même partout et refléter un caractère d'universalité dans l'aide qu'elle veut bien apporter à un moment grave de la vie. » En effet les évêques japonais disent que « ces mariages sont une occasion unique de contact avec l'Eglise et parfois le départ d'une véritable catéchèse ».

L'Eglise au Japon a fondé des centres de préparation au mariage spécialement adaptés pour ces cas [19]. Ils sont très suivis. Ces mariages sont sérieux et les fiancés sont « attachés aux valeurs essentielles du mariage et à sa célébration. Souvenons-nous de la Cananéenne qui réclame le secours de Jésus et veut se contenter des "miettes" tombant de la table ». Pour assurer le but missionnaire poursuivi, il convient de les célébrer en Polynésie avec toutes les garanties requises. « Nous nous en remettons au certificat de préparation au mariage délivré par un prêtre du Japon: temps de préparation, désir de contracter un mariage religieux devant Dieu connu en conscience, acceptation des obligations du mariage établies par Dieu comme sacrées et inviolables. S'y ajoutent les "formalités" de la loi française appliquée en Polynésie et différentes de celles du Japon, en particulier l'obligation stricte du mariage civil antérieur à la célébration religieuse (Code Pénal, art. 199, 200). Il est intéressant de noter que le caractère religieux d'un mariage est plus accentué par la célébration ici. Civilement les époux sont

---

(19) R.P. M. Carrier : un C.P.M. à Tokyo fréquenté par les non-chrétiens, 1973. *Le Christ au Monde*, vol. 18, n. 3.

déjà mariés aux yeux de la loi française et japonaise et, en fait aussi réellement selon le droit naturel, puisque ces personnes se conforment aux traditions et aux lois de leur pays. Mais ces époux subordonnent en conscience leur union civile reconnue, à un mariage devant le ministre catholique, qui a lieu plus tard.»

On comprend qu'une telle «hospitalité matrimoniale» missionnaire ne peut passer inaperçue dans une petite île comme Moorea où elle se pratique habituellement. Elle a des conséquences pastorales certaines sur l'Eglise à Tahiti. Le lien évident et obligé avec les circuits touristiques et commerciaux amène une ambiguïté qui peut être dangereuse et source de critiques. Aussi, dans une note à tous les prêtres en date du 17 septembre 1974, Mgr Coppenrath «rappelle que nous marions ces époux dans les mêmes conditions que nos catholiques sans aucun honoraire et sans aucun tarif, selon la tradition en Polynésie depuis toujours. Mais les époux peuvent dédommager les paroissiens pour les frais engagés afin de décorer l'église». La vie chrétienne en Polynésie étant très communautaire, ces mariages de japonais non chrétiens ne sont pas célébrés comme «en secret» mais «avec la participation des fidèles de la paroisse comme pour tout autre mariage, persuadés que nous accomplissons vraiment une œuvre missionnaire».

Ces japonais sont de toutes origines sociales, avec cependant peu de ruraux. Si un certain goût d'exotisme joue, c'est surtout la volonté des époux de faire un «acte plus spontané et personnel» – libéré des sérieuses contraintes qui emprisonnent les cérémonies de mariage au Japon – qui pousse les jeunes japonais à demander d'hospitalité à Tahiti pour cela.

Depuis l'arrêt de la ligne Tokyo-Papeete-Lima en 1976, les demandes ont diminué sans cependant cesser. «Ces mariages sont un exemple de coopération entre diocèses extrêmement différents. L'aspect missionnaire déborde largement l'aspect purement juridique ou strictement théologique... Avec saint Paul, allons aux "païens"; mais c'est eux qui viennent à nous! Comment alors ne les recevrions-nous pas!» [20].

Pour éviter une assistance trop marquée et une dépendance trop forte à l'égard des aides extérieures, nous avons vu que les premiers missionnaires à Mangareva développent l'agriculture et l'artisanat. Mgr Jaussen s'efforce de donner toute sa dimension à cette entreprise d'indépendance économique pour l'épanouissement de l'Eglise. Un des buts de telles entreprises est aussi missionnaire. Assez rapidement NN.SS. Jaussen et Verdier prennent la mesure de l'immensité géo-

(20) Mgr Coppenrath: conclusion de l'article cité, Papeete (12-8-1977).

graphique du semis d'îles à évangéliser et des moyens en personnel et financiers pour se rendre dans les archipels et y planter l'Eglise. De plus, autour des années 1900, les missionnaires organisent une quête annuelle pour les œuvres de la Propagation de la Foi. Même si son rendement est très modeste en raison du petit nombre des catholiques et de leur pauvreté, ce geste de partage missionnaire et d'ouverture à l'Eglise Universelle est estimé important pour éviter la mentalité si facile d'assistés à qui les autres apportent tout. Les largesses reçues deviennent vite un droit et un acquis.

Ces quelques traits du visage missionnaire de l'Eglise catholique de Tahiti, à la fois «allant au large jeter les filets» et accueillant ceux que le Seigneur lui envoie dans ses îles, nous amènent tout naturellement à la dernière étape de notre itinéraire. Enraciné dans son passé, conscient de son identité particulière au sein de l'Eglise Universelle, le Peuple de Dieu qui est en Polynésie est en marche, par la puissance de l'Eucharistie, pour construire l'avenir dans la fidélité à l'aujourd'hui de Dieu.

Quatrième partie

Peuple en marche dans l'espérance

Les cocotiers polynésiens ont été situés dans leurs îles et atolls. Nous avons précisé leur génétique particulière, issue de croisements multiples. Nous avons tenté d'apprécier leur vitalité propre et leur résistance aux tempêtes. Il s'agit maintenant d'en goûter les fruits et d'en apprécier les floraisons porteuses de l'avenir. A Tahiti aussi, «le Royaume des cieux est comparable à une graine semée» dans le champ des îles. Elle pousse; elle devient un grand arbre et les oiseaux du ciel y viennent faire leurs nids [1]. Le cocotier, symbole des îles du Pacifique et si utile à la vie quotidienne des océaniens, peut aussi, à la suite de Jésus parlant du Royaume à venir à partir des arbres et des fleurs, servir de parabole évangélique pour nous aujourd'hui en Polynésie. Il ne pousse pas sans sélection attentive des plants, sans préparation minutieuse du terrain, sans entretien permanent ni sans une longue patience au milieu des saisons variées, voire des cyclones dévastateurs. Il en est de même du modeste Peuple de Dieu rassemblé dans l'Eglise catholique en Polynésie. Les trois parties qui précèdent nous ont fait revivre son enracinement laborieux et patient, sa longue croissance avec ses joies et ses peines, ses fruits savoureux et ses feuilles mortes. Aujourd'hui, grâce aux efforts persévérants des anciens missionnaires: pères, frères, sœurs, catéchistes, la vie chrétienne s'est répandue dans l'ensemble des îles. Un Peuple de Dieu s'est levé; il s'est mis en marche dans la communion universelle. En «renouveau spirituel» croissant, il se veut messager d'espérance au service d'une Polynésie en mutation profonde et qui cherche son identité dans un monde en crise radicale. Tel est l'objet de ces derniers chapitres.

(1) Mt 13,31-32 et tout le chapitre; aussi Mt 7,15 ss, 12, 13 ss, 21, 18 ss...

Les années 1961 à 1963 marquent l'entrée de Tahiti d'abord puis des autres archipels polynésiens dans le monde moderne (chapitre III). Le 5 mai 1961 voit l'ouverture de l'aéroport international de Tahiti-Faaa; en novembre 1962 le Général de Gaulle décide d'installer le Centre d'Expérimentation du Pacifique. Celui-ci naît le 19 mars 1963; en mai les premiers travaux débutent à Moruroa (2). Telles sont les trois dates fondatrices de la mutation présente et rapide de la Polynésie Française. Cette arrivée du Centre d'essais nucléaires, avec tous les effets socio-économiques qu'il induit, s'insère dans une transformation sociale et politique de la mentalité des polynésiens commencée dè le retour du Bataillon du Pacifique le 5 mai 1946. Le signe le plus manifeste en est l'élection du député Pouvanaa a Oopa le 23 octobre 1949, sur le thème: «Tahiti aux tahitiens». Grâce aux phosphates de l'île de Makatea, le budget du Territoire est en équilibre jusque vers 1955. Le C.E.P., en plus de régler des problèmes majeurs de Défense Nationale, a pour objectif secondaire d'aider au développement économique de la Polynésie. Les principaux responsables locaux et nationaux sont bien conscients des déséquilibres possibles que peut entraîner une telle activité artificielle, contestée, très puissante par rapport à une petite population de 85.000 personnes à vie encore traditionnelle. «Maintenir les prix, refuser la spéculation, empêcher la migration intérieure de main-d'œuvre», telles sont les conditions du «progrès économique qui doit entraîner la promotion sociale», selon le général Thiry en avril 1963. Les débats sont vifs et les opinions très partagées. Enfin, en février 1964, la commission permanente de l'Assemblée suit l'avis de son rapporteur, Jacques Drollet pour «céder gratuitement, en toute propriété pour les besoins du C.E.P., les atolls domaniaux de Moruroa et de Fangataufa». La «lourde décision» est votée par 3 voix contre 2. Si les autorités militaires restent réservées par rapport à une forte implantation à Tahiti, divers responsables locaux voient au contraire tout le bénéfice à tirer pour l'équipement et les activités de l'île principale d'un tel pactole métropolitain. Cet appétit fait sauter les trois conditions posées sur les prix, la spéculation et les migrations. Tahiti s'hypertrophie rapidement et les archipels se vident. Le suréquipement, loin de favoriser un développement harmonieux entre les trois secteurs économiques, entraîne l'effondrement de l'agriculture qui aurait dû au contraire se développer par le doublement des bouches à nourrir; le secteur secondaire stagne et le tertiaire devient démesuré avec deux emplois «actifs» sur trois. «En 1981 l'ensemble des transferts économiques et sociaux de la Métropole a représenté 47,5 milliards CFP (2,6 milliards FF) soit 310.000 CFP (17.050 FF) par habitant, la part du ministère de la Défense, représentant environ 1/3 de ce total (3).» Ce transfert financier métropolitain est environ le double du budget territorial de cette même année. L'annexe X, sur «l'Homme et le Travail en

(2) Voir en annexe X l'étude socio-économique de la Polynésie en 1982. – Ph. MAZELLIER : *Tahiti de l'atome à l'autonomie.* Hibiscus, Papeete 1979, 576 pages.

(3) P. NOIROT-COSSON, Haut-Commissaire : ouverture de la session budgétaire (16-12-1982).

Polynésie» essaie de faire la lumière sur une situation aussi complexe qu'originale aussi bien dans l'ensemble français que dans le Pacifique.

Pendant que cette période d'après la guerre voit progressivement la présence socio-économique métropolitaine se développer par le C.E.P. et les diverses conventions d'aides sectorielles, le monde maohi prend conscience de son identité et de sa personnalité. 1945 voit la citoyenneté reconnue aux polynésiens et l'élection de l'Assemblée représentative. Mais avec le retour du Bataillon du Pacifique tout auréolé du prestige de Bir-Hakeim, de la campagne d'Italie et d'autres actions pour la libération de la France, commencent les difficultés. La réinsertion des anciens combattants est difficile. La Polynésie n'a pas souffert de la guerre, sur son propre sol. La bourgeoisie locale et les fonctionnaires métropolitains sont bien incrustés. Les tahitiens veulent être reconnus et demandent leur place. Dès novembre 1946, le comité Pouvanaa a Oopa est fondé. Le «Metua» est élu député sur le slogan: «Tahiti aux tahitiens» le 23 octobre 1949. Il est réélu en 1956, année de la visite du général de Gaulle. Le Territoire de la Polynésie française vote «Oui» au référendum de septembre 1958 qui fonde la 5e République. Pouvanaa est arrêté le 11 octobre 1958, jugé l'année suivante et exilé en Métropole. Il rentre à Tahiti le 30 novembre 1968. L'année précédente, Francis Sanford est élu député et Georges Pompidou se prononce contre l'autonomie de la Polynésie. Cela n'empêche nullement la progression des autonomistes et l'élection, le 26 septembre 1971, de Pouvanaa comme sénateur. L'Académie tahitienne est créée le 2 août 1972. Le drapeau tahitien devient officiel en 1975 et la langue tahitienne en 1980. Pouvanaa meurt le 10 janvier 1977. Son monument public est inauguré devant l'Assemblée Territoriale le 10 mai 1982. Le maximum de la tension entre la Polynésie et la France se situe de juin 1976 à mars 1977 lorsque l'Assemblée Territoriale est occupée par les élus du Front Uni. «Au train où vont les choses entre Paris et Tahiti, la Polynésie ne restera plus longtemps française.» Après un premier projet de Statut en janvier 1977 qui suscite un tollé général, un référendum sur l'indépendance est proposé; car «l'indépendance n'est pas un crime, c'est un idéal», proclame Francis Sanford. Le tout se dénoue par le Statut d'autonomie du 12 juillet 1977.

L'opposition d'alors, devenue majorité le 23 mai 1982 sous la direction de Gaston Flosse, loin de désavouer cette autonomie de gestion fait tous ses efforts pour l'étendre en véritable autonomie interne en 1983. Ce qui suscite des débats passionnés et contradictoires, y compris parmi les plus hauts représentants de l'Assemblée Nationale et du Gouvernement en janvier 1983. Les discussions sont vives entre les tenants de «la Polynésie c'est la France» et les partisans d'une «autonomie interne sans ambigüité [4]». Ces contradictions illustrent par-

(4) *La Dépêche de Tahiti* (7-1-1983), pp. 12 et 13.

faitement la situation de la Polynésie qui «boîte des deux pieds» sur le plan politique.

D'un côté «qui paie, commande». La Polynésie est dans une dépendance quasi totale à l'égard de la Métropole qui entretient un corps de 10.000 fonctionnaires civils et militaires. La reprise en main du Code du Travail pour appliquer celui de la Métropole illustre ce qui est évident pour les uns: «la Polynésie c'est la France». Au mieux, on concède une certaine décentralisation parce que «Tahiti c'est loin». En ce début de 1983, les difficultés en Corse et en Nouvelle-Calédonie n'incitent pas à trop céder sur le jacobinisme hégémonique traditionnel, même s'il est habillé d'un vocabulaire adapté à notre temps. L'Etat garde la maîtrise de tout ce qui est jugé important. On ne décentralise que par rapport au centre de direction et de décision.

De l'autre on constate la reconnaissance de la spécificité polynésienne avec ses composantes géographiques, culturelles, linguistiques, historiques. Etre soi-même dans l'ensemble français, être accepté comme différent tout en étant complémentaire – en particulier grâce à l'immense espace maritime océanien apporté et à un style de vie envié – constitue la revendication fondamentale sous de multiples nuances locales. C'est un problème tout à fait nouveau posé au droit public français que cette conception de type fédératif; elle suppose la reconnaissance par la France d'une identité polynésienne autre et préexistante à son arrivée dans ces îles. Ce n'est pas la Métropole qui accorde le droit de vivre à la Polynésie; c'est celle-ci qui s'associe à la France pour vivre ensemble dans une unité plurielle. Ces questions neuves, issues de la profonde mutation de Tahiti, constituent un redoutable défi pour tous les partenaires socio-politiques locaux comme nationaux en Polynésie française. Seul un dialogue confiant à tous les niveaux et des structures permanentes de concertation entre le Territoire et l'Etat – ce qui semble souhaité des deux côtés – pourra permettre de se comprendre et d'ajuster les actions dans le monde incertain où nous sommes. Désormais, plus que les équipements nombreux et utiles déjà réalisés, c'est la promotion humaine et la justice sociale qu'il faut bâtir dans un développement global.

Mais en même temps, une habitude ancestrale de considérer la politique comme une sorte de grand jeu collectif où l'on s'amuse un peu, une course de pirogues, un combat de coqs ou un tournoi de foot-ball entre grands adolescents n'est plus de saison. Une sérieuse formation sociale, économique et politique est désormais indispensable aux Polynésiens. Un certain nombre de responsables ont bien compris que c'était le sens profond de la lettre pastorale de Mgr Michel Coppenrath du 4 octobre 1982: «partager, toujours partager [5].» La Polynésie

(5) *Semeur Tahitien,* n° spécial (8-10-1982), n. 18.

actuelle ressemble un peu à un cocotier dérivant dans les courants du lagon la tête en bas et les racines en l'air. La remettre sur pied en reconstituant un secteur agricole et maritime cohérent et attractif, dépasser les fausses concurrences entre les îles et archipels pour bâtir une économie solidaire, s'attaquer aux avantages acquis et aux privilèges hérités d'une prospérité coloniale, lutter contre les clientèles électorales et les multiples pots-de-vin, bref sortir du rêve de l'assistance facile pour vivre l'effort du travail et le sacrifice de la solidarité, telle est la direction d'avenir où l'Eglise peut apporter sa contribution propre au niveau du changement des mentalités et des cœurs ; l'homme est toujours la mesure de tout progrès réel et durable.

Derrière une affiche publicitaire rutilante et une industrie touristique indispensable au Territoire, il y a les familles polynésiennes qui ont à y vivre tous les jours. Depuis Bougainville, Tahiti n'en finit pas d'exister par et pour le mythe qu'il a lancé et que les « Philosophes » ont célébré. La Polynésie a un pied dans le réel et un autre dans la fiction. Les « demis », parias ailleurs, sont ici prestigieux. Sous tous les gouvernements, Tahiti bénéficie d'une faveur exceptionnelle et unique dans l'Outre-Mer français. A son départ en janvier 1983, J. Fournet constate « qu'entre la France et Tahiti c'est une histoire d'amour ». Cela rejoint la « rencontre passionnée » que nous avons décrite au chapitre III. Peut-on souhaiter que ce soit un amour vrai – sinon désintéressé du moins sincère – respectueux de l'identité maohi et promoteur de leur dignité d'hommes libres ?

Plan de Saint-Michel, église de la grande Ile, Magareva – 1841

Ar. SS.CC. 64

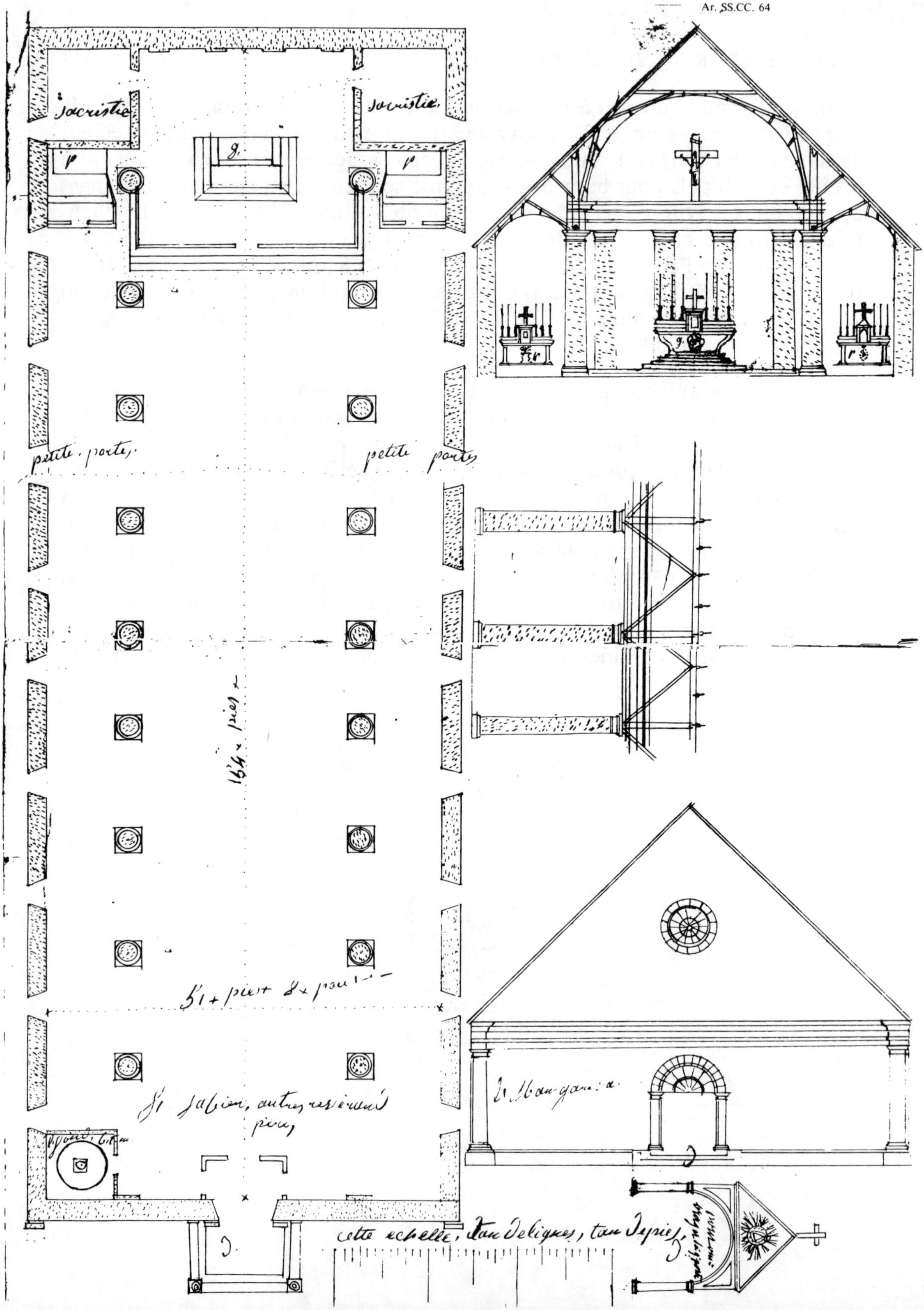

Chapitre 19

ÉGLISE LOCALE EN ÉTAT DE SYNODE

Etapes principales

Plus qu'une chronologie détaillée que l'on trouve dans les annexes, l'introduction qui précède situe le contexte d'ensemble où évolue l'Eglise locale en Polynésie face aux défis de l'horizon 2000. Avoir un pied en Océanie et un pied en France est instable et malaisé pour Tahiti. L'Eglise, dans ce monde en évolution rapide, est à la fois catholique, «se faisant tout à tous», et locale, vivant l'aujourd'hui de Dieu dans un peuple donné et dans un lieu déterminé. L'Universel devient angélisme ou idéologie s'il n'est pas incarné dans le particulier; le particulier devient secte, ghetto ou nationalisme s'il n'est pas ouvert sur la fraternité universelle. Telle est la mission permanente de l'Eglise, «Corps du Christ qui rassemble dans l'unité les enfants de Dieu dispersés». Telle est l'exigence évangélique à laquelle l'Eglise catholique à Tahiti est particulièrement attentive. Elle n'a pas choisi la mutation socio-économique présente ni le brassage des cultures et des hommes ni la crise de civilisation. Plus qu'ailleurs, dans la fidélité à son identité universelle, elle doit être à la fois un espace de liberté personnelle et un lieu de communion fraternelle. Une et plurielle, telle est la situation que ses 50.000 fidèles ont à vivre ensemble dans la petitesse des îles polynésiennes, depuis vingt ans surtout.

Trois étapes principales marquent la période actuelle: le Concile Vatican II, les Synodes diocésains, le Renouveau spirituel et missionnaire.

Le Concile

Le 21e Concile œcuménique, annoncé par Jean XXIII le 25 janvier 1959, convoqué le 25 décembre 1961, s'ouvre le 11 octobre 1962. Environ 2.300 participants suivent les quatre sessions qui s'achèvent le 8 décembre 1965. Le

21 juin 1963, Paul VI a succédé à Jean XXIII décédé le 3 juin précédent. Ce dernier, « obéissant à une inspiration surnaturelle pour donner à l'Eglise catholique et à toute la famille humaine un nouveau Concile œcuménique », le définit comme une « nouvelle Pentecôte » ouvrant les portes et les fenêtres de l'Eglise sur un monde en mutation radicale. C'est un « aggiornamento », une « mise à jour » des sources de la foi ; c'est un ressourcement évangélique et un renouveau spirituel [1].

Avec Mgr Louis Tirilly des Marquises, Mgr Paul Mazé participe fidèlement à tous les travaux du Concile. Il est âgé de 77 ans à l'ouverture de Vatican II ; il a 52 années de vie missionnaire derrière lui, dont 23 d'épiscopat. Sa vénérable figure de « patriarche du Pacifique » est vite célèbre et Paul VI l'invite même à présider une des liturgies solennelles du Concile. Durant le déroulement des sessions « il est une oreille qui écoute ».

Son lointain Vicariat suit les travaux surtout par les journaux et les revues. La « mise à jour des sources » s'y fait paisiblement et dans la fidélité à l'Eglise, selon une des caractéristiques principales de la Mission en Polynésie que nous avons déjà notée à plusieurs reprises. Mais, en même temps, Mgr Mazé se rend bien compte qu'il lui faut préparer sa succession. Son explication du budget de 1961 montre ce souci de laisser une situation viable et saine. En application des décisions conciliaires sur les « églises locales ou particulières », les Vicariats Apostoliques de Tahiti, des Marquises, des îles Cook deviennent, le 21 juin 1966, des diocèses de plein droit. Papeete est archidiocèse (comme les deux autres grandes capitales Nouméa et Suva) avec Taiohae comme suffragant ; Mgr Paul Mazé est le premier archevêque de Tahiti et Mgr Louis Tirilly premier évêque des Marquises. Dans ces années conciliaires où il prépare progressivement sa succession, Mgr Paul est moins le berger qui marche en avant que le pasteur qui se situe au centre de son peuple. Il fait confiance à chacun pour marcher à son rythme propre dans l'Eglise ; il laisse chacun se situer en Eglise dans ses responsabilités particulières. Si ce style imposé par le grand âge et les événements de la transformation rapide de Tahiti depuis 1962, met certains mal à l'aise qui voudraient plus de fermeté et de directives, il faut reconnaître que c'est aussi un passage tranquille vers une Eglise-communion selon la théologie du « Peuple de Dieu » remise en valeur par le Concile.

Pour envisager sa succession dans la perspective d'une plus grande localisation de l'Eglise, Mgr Mazé avait la joie de compter non seulement sur les missionnaires des Sacrés-Cœurs, fondateurs de la Mission, mais aussi sur trois prêtres diocésains : les deux frères Coppenrath, Michel et Hubert de retour à Tahiti depuis 1959 et Lucien Law qu'il avait ordonné en 1964. Un quatrième se pré-

---

(1) LŒW-MESLIN : *Histoire de l'Eglise par elle-même,* pp. 528-588.

parait à Nouméa: Norbert Holozet qui sera ordonné en 1968. En novembre 1966, Mgr Paul associe de près l'abbé Michel Coppenrath à la gestion du diocèse de Papeete en le nommant Vicaire Général. Les consultations entreprises pour la succession portent, avant le choix du candidat, sur une question fondamentale: la Congrégation des Sacrés-Cœurs qui a fondé la Mission le 7 août 1834 doit-elle et souhaite-t-elle en garder la responsabilité principale depuis que Tahiti est devenu un diocèse? Nulle part et dans aucun domaine le passage d'un «tutorat» à la pleine responsabilité de ceux qui ont été formés n'est aisé, surtout lorsque les anciens missionnaires restent sur place en devenant des partenaires. Il convient de saluer le désintéressement unanime des religieux des Sacrés-Cœurs et de Mgr Paul Mazé proposant et accueillant la nomination de Mgr Michel Coppenrath. C'est le signe le plus manifeste de la réussite de leurs efforts que de voir un tahitien devenir archevêque de Papeete; c'est aussi le départ d'une étape nouvelle.

Les Synodes

La nomination de Mgr Michel Coppenrath, datée du 16 février 1968, est publiée le 25 mars. C'est le 3 juin que Mgr Mazé sacre son coadjuteur et futur successeur et qui a la pleine administration de l'archidiocèse de Papeete. Mgr Michel devient le second archevêque de Papeete le 5 mars 1973. Son prédécesseur se retire discrètement au presbytère de Taravao; il meurt le 21 décembre 1976 au terme d'une vie missionnaire de 66 ans dans les îles polynésiennes.

La période qui s'ouvre est dominée par les Synodes diocésains et la création de diverses structures de participation. Il s'agit de s'adapter à l'Eglise d'après le Concile Vatican II et de faire face à la transformation accélérée de la Polynésie. Signalons simplement les principaux événements de cette étape synodale dont le contenu sera analysé tout au long des chapitres qui viennent. Le P. Xavier Baronnet, jésuite, anime le premier Synode diocésain qui tient sa session plénière en août 1970. Le Conseil presbytéral en est issu, de même que l'Association du Monde des jeunes et le centre diocésain de catéchèse. En 1973, le diocèse organise par lui-même un second Synode dont est issu le Conseil pastoral. Cette démarche de concertation de type synodal est reprise en 1978 sous forme d'une année de «Révision Apostolique» qui fait le point de l'action missionnaire des diverses composantes du diocèse; l'Union de supérieurs religieux se constitue à ce moment-là. Dans les années 1980, divers comités de coordination pastorale voient le jour, pour l'enseignement catholique en 1979, la Pastorale familiale en 1980, le développement en 1982. Le P. Baronnet, à la demande de Mgr Hervé Le Cleac'h, organise le Synode du diocèse des Marquises en 1978.

Parallèlement aux organismes pour une meilleure communion en Eglise, un effort important se fait pour former les divers responsables du peuple chrétien. En 1970 s'ouvre l'école des «katekita» pour former les leaders des petites communautés dispersées dans les îles ou les vallées. Avec le Centre de catéchèse ouvert en 1971, s'inaugurent de multiples sessions pour former et soutenir les catéchètes scolaires et paroissiaux; la fondation, en 1974, de la librairie diocésaine «Pureora» vient étoffer le service de catéchèse. Janvier 1976 voit l'ouverture de l'école des diacres permanents; les 4 premiers sont ordonnés en février 1979, suivis de 3 autres en 1981.

L'important effort entrepris par Mgr Mazé pour accueillir et former les vocations consacrées, en plus des divers ministères précédents, est poursuivi et amplifié. Le 21 décembre 1968, Norbert Holozet, formé au Séminaire Saint-Paul de Nouméa, est ordonné prêtre. En 1972, une équipe de Filles de la Charité du Sacré-Cœur de Jésus, venant de Sherbrooke au Québec s'implante dans le diocèse. En 1981, un groupe de Clarisses de Lennoxville arrive pour lancer la vie contemplative. Une communauté de Frères du Sacré-Cœur de Québec s'établit à Mangareva en 1982 au service du développement global des archipels éloignés. Ces nouvelles arrivées qui portent à dix le nombre des Congrégations religieuses établies dans le diocèse de Papeete, s'accompagnent d'un important effort au service des foyers d'accueil pour les jeunes en recherche d'une vocation consacrée dans l'Eglise : foyer de jeunes filles du Bon Pasteur en 1971, noviciat de Cluny en 1977, séminaire Jean-XXIII en 1979, noviciat des Filles de Jésus-Sauveur en 1980, foyer d'accueil de jeunes filles à la Mission en 1981, foyer «Epifania» des missionnaires des Sacrés-Cœurs en 1982. Les premiers engagements de polynésiennes dans la vie religieuse et diverses entrées au noviciat sont des signes encourageants pour l'avenir.

L'animation pastorale et spirituelle du peuple chrétien se réalise par des récollections, retraites, sessions, séminaires de plus en plus nombreux organisés par les divers mouvements de jeunes (A.M.D.J., M.E.J., scoutisme...), d'apostolat (Légion de Marie, Association Familiale Catholique, Rosaire Vivant...) et le «Renouveau charismatique» depuis 1978. Les deux journaux diocésains («Semeur» et «Vea Katorika») voient leur action amplifiée par la création d'un studio de Radio en 1961 qui s'adjoint la Télévision en 1967; ce studio diocésain diffuse ses émissions religieuses sur les antennes publiques de F.R. 3 devenu R.F.O. en 1983.

Le Renouveau

La grande mission d'évangélisation organisée par le «Renouveau dans l'Esprit» et animée par le P. Emilien Tardif du 21 octobre au 14 novembre 1982 est tout ensemble le couronnement – inattendu par son ampleur – des 14 années d'efforts de la période précédente enracinée dans la longue fidélité eucharistique et l'entrée dans une étape nouvelle [2]. Comme Mgr Michel le constate lors du Conseil presbytéral du 12 janvier 1983, «les objectifs fixés par les Synodes de 1970 et 1973 sont atteints, avec plus ou moins de succès selon les cas. Le «renouveau spirituel» sous ses diverses formes nous précède et nous bouscule. Désormais nous entrons dans l'après-synode». En même temps la Polynésie qui «n'est plus une île» se trouve, bon gré mal gré, impliquée dans la crise économique, politique, sociale, culturelle du monde actuel. Même si, sur certains plans et dans divers aspects, elle est plus protégée et «invulnérable» que des pays plus vastes, elle n'échappe pas à la «crise des valeurs» et aux interrogations éthiques de notre fin de civilisation. Dans un esprit de «partage» de ce qu'on est d'abord, de ce qu'on a ensuite, il convient de tout réévaluer [3]. Ce n'est plus une «querelle des anciens et des modernes» dans une société reconnue et simplement à adapter; c'est un «renouveau» profond et global qui est à lancer dans un monde où tout bouge et où tout se veut en novation. Il nous faut entreprendre une réflexion en profondeur sur un monde nouveau qui naît. Si chacun peut constater que Dieu agit directement par la puissance de son Esprit qui convertit les cœurs pour vivre avec Jésus, les disciples doivent agir et témoigner comme le Christ nous en a donné l'exemple; comme à la Pentecôte, conversion est indissociable de mission.

En marche vers l'an 2000 et les horizons nouveaux qui se profilent, les chrétiens revitalisés et rénovés peuvent infuser un dynamisme plus spirituel pour le service de l'Homme tout entier dans les divers domaines où se joue l'avenir: la culture, l'économie, le social, la politique, l'éducation, la recherche... S'il n'y a pas de politique ou d'économie chrétiennes, si l'homme est pleinement responsable de ses choix pour «dominer la terre», il y a certainement une manière chrétienne, conforme à l'exemple de Jésus, de faire de la politique, de l'économie, du social, du culturel, de l'éducation... Car rien de ce qui est vraiment humain n'est étranger aux valeurs de l'Evangile. «La gloire de Dieu c'est la vie des hommes; et la vie des hommes c'est de voir Dieu» (saint Irénée).

Les Synodes diocésains

Les Synodes tenus dans les diocèses de Tahiti et des Marquises ont constitué les moyens privilégiés pour assurer la mutation de l'Eglise catholique en Polynésie dans la fidélité au Concile Vatican II. L'archidiocèse de Papeete en a tenu

(2) Voir les relations dans le *Semeur Tahitien* (novembre 1982), n. 21 et 22.
(3) Mgr Coppenrath: lettre pastorale «Partager, toujours partager» (4-10-1982); *Semeur,* 1982, n. 18.

deux : 1970 et 1973, prolongés par l'année de « Révision Apostolique » en 1978 ; le diocèse de Taiohae en a tenu un en 1978 [(4)].

Synode de 1970 à Papeete

La session plénière du premier Synode catholique en Polynésie s'est déroulée du lundi 27 juillet au samedi 1er août 1970 dans la grande salle de la paroisse Sainte-Thérèse de Papeete, l'O.P.E.L. L'assemblée des 250 délégués synodaux, dont 70 % de laïcs, était présidée par Mgr Paul Mazé, assisté de Mgr Michel Coppenrath, archevêque-coadjuteur et administrateur apostolique du diocèse. Des représentants de l'Eglise Evangélique de Polynésie française, conduits par leur Président, le Pasteur Samuel Raapoto, ont participé aux cérémonies d'ouverture et de clôture. Les travaux de l'assemblée étaient animés par le P. Xavier Baronnet, jésuite du Centre de Recherche et d'Action sociales ; Mgr Michel l'avait chargé de la préparation et du déroulement de ce premier Synode diocésain qui constituait une grande aventure spirituelle et pastorale pour tous. Pour la première fois, selon l'enseignement du Concile récent et pour mieux vivre en conformité avec l'Evangile, les catholiques en Polynésie mettaient en commun leur vie chrétienne dans la situation actuelle d'un Territoire en profonde mutation.

Ce premier Synode diocésain est l'aboutissement de plusieurs rencontres et d'une maturation de plus de deux années. En mars 1968, le chanoine Boulard, responsable de la « Pastorale Diocésaine d'Ensemble » en France, annonce à Mgr Mazé, dont il garde un excellent souvenir depuis le Concile, que les évêques du Cambodge et du Laos le demandent pour faire un travail de sociologie religieuse. Il se propose de rentrer à Paris par Tahiti ; il lui offre ses services à l'occasion de cette escale de plusieurs jours. Le P. Boulard renouvelle en avril son offre à Mgr Coppenrath qui vient d'être nommé archevêque-coadjuteur et administrateur apostolique de Papeete. L'accord est conclu dès le mois de mai. Mgr Michel, qui connaît déjà le P. Boulard, lui demande de proposer « le choix d'une méthode sociologique adaptée à des îles dispersées et à des missionnaires peu nombreux, de former ceux-ci à la méthode retenue et à son interprétation ». Dès le mois de septembre 1968, le chanoine Boulard assure la retraite diocésaine et une session où il lance l'enquête de sociologie religieuse sur la pratique de la foi et les familles catholiques. Le P. Boulard prévoit de revenir à la fin de 1969 pour tirer les conclusions de cette enquête et dégager des orientations pour une réflexion pastorale adaptée à la situation découverte. Mgr Michel pensait avoir

(4) Les actes et minutes des Synodes constituent une importante documentation aux Archives diocésaines de Papeete et de Taiohae. – Voir aussi les dossiers : BARONNET, BOULARD... Répertoire des Archives de Papeete n. III : A. COOLS, Papeete, Rome (22-5-1981).

le temps de dépouiller les milliers de fiches récoltées. Devant l'impossibilité de mettre les résultats sur ordinateur pour des raisons de discrétion et suite au manque de temps, il se décide à faire appel au P. Baronnet, jésuite «nomade de l'Action Populaire» dans les pays francophones et qui était déjà passé à Tahiti en 1965. Le père et son provincial étant d'accord, le P. Xavier se met au service du diocèse de Papeete du 10 octobre 1969 au 30 avril 1971. Devant l'intérêt et l'ampleur des questions soulevées par l'enquête dont le chanoine Boulard vient tirer les enseignements en décembre 1969, Mgr Coppenrath décide de convoquer un Synode «pour associer tout le diocèse à la recherche».

Avec la maîtrise, l'organisation et la ténacité qu'on lui connaît, le P. Baronnet assure le secrétariat général du Synode. La préparation est méthodique pour aboutir à l'assemblée synodale convoquée en session du 27 juillet au 1er août. Le premier document, daté du 9 avril 1970, explicite les objectifs.

«L'évolution considérable en tous domaines, économique, social, culturel, etc., qui s'est produite dans le Territoire depuis une dizaine d'années, et la nécessité d'y adapter notre pastorale à la lumière des enseignements du Concile, invitent à prolonger le travail important d'enquêtes socio-religieuses... et à l'étendre au plus grand nombre...

Une première réunion au début d'avril en définit le thème: «Notre vocation de chrétien, aujourd'hui, en Polynésie»...

1. La vocation: « Tous appelés» !

Le langage courant réserve trop souvent le terme vocation aux seuls prêtres et religieux. Or tous les hommes sont appelés à devenir fils de Dieu; nul que le baptême a agrégé à l'Eglise, que l'Esprit-Saint a confirmé, ne peut refuser d'entendre l'appel de Dieu à vivre et à annoncer l'Evangile... Nous sommes tous responsables d'une vie d'Eglise vraiment communautaire qui permette d'entendre l'appel de Dieu et d'y donner réponse... dans le concret des conditions de vie et des occasions de dévouement.

2. Une vocation commune: « Appelés ensemble».

Même en Polynésie, isolé sur le plus lointain des atolls, nul n'est une île. La vocation, service d'Eglise, est toujours à recevoir au sein d'une communauté. La réponse n'est vraie que donnée et approfondie dans une prière, un dialogue, une recherche menés ensemble...

3. Une vocation manifestée par les « signes des temps» : « aujourd'hui, en Polynésie».

La vocation n'est pas donnée une fois pour toutes... Elle demande que nous soyons attentifs, personnellement et ensemble, en Eglise, aux événements, aux faits de vie, aux problèmes qui se posent, à l'évolution économique, sociale, politique, culturelle, à tout ce qui se passe dans le Territoire et, dans une certaine mesure, dans le monde ; ce sont autant de "signes des temps", d'appels de Dieu dans le concret de l'existence... »

Une note pratique accompagne la présentation doctrinale du thème qui est enracinée dans la Bible et le Concile. Dates, horaires, lieux, secrétariat sont précisés. Le P. Baronnet, aidé des PP. Laporte et Holozet et d'autres personnes selon les sujets et les circonstances, coordonne l'exécution du programme de recherche. Celui-ci comporte une analyse « des hommes aujourd'hui en Polynésie » : évolution, situation, perspectives, démographie, migrations, vie sociale, l'économie, la famille, l'éducation. Un second secteur étudie « nos vocations propres dans ce monde » pour annoncer et témoigner de l'Evangile en liens les uns avec les autres. Un troisième volet porte son attention sur « les appels concrets de Dieu, manifestés par les "signes des temps" dans l'aujourd'hui polynésien ».

Si tous les pères, frères et religieuses sont invités, les curés sont priés de déterminer « les laïcs les plus capables de tenir un rôle actif, à raison de un représentant pour 200 catholiques adultes ou nombre inférieur pour les petites paroisses. Il est très souhaitable que ces représentants soient mandatés par leur communauté ». Deux questions particulières se posent : la participation des îles éloignées de Tahiti et la traduction en tahitien.

On se doute bien qu'une telle entreprise qui mettait l'ensemble du Peuple de Dieu devant les exigences de l'Evangile, actualisées par le Concile, face aux mutations profondes de la Polynésie et aux nouveautés du témoignage des chrétiens, ne fut pas facile. Réunions, sessions, récollections se multiplient. Le 9 juillet voit la parution du 15e document préparatoire. Beaucoup ont du mal à saisir le sens d'un tel effort. « Ce souci de l'Eglise de Polynésie de participer, par le Synode, au grand effort de l'Eglise Universelle d'adaptation au monde moderne et de Renouveau ouvert par le Concile » est difficile (Doc. 10 du 10-6-70). Prédications, efforts de prière, rencontres d'information et de sensibilisation se multiplient ; les deux journaux diocésains, les émissions catholiques de la Radio et de la Télévision sont mobilisés.

Combien de personnes ont été touchées lors de la préparation ? Pour réaliser l'enquête sur la vie des familles, chaque prêtre devait visiter toutes les maisons où il y avait au moins un catholique et remplir une fiche. Sur les 39.170 catholiques recensés en 1971 – dernier recensement où l'appartenance religieuse fut demandée officiellement – 26.013 personnes ont été contactées dont 21.567 catholiques, soit 55 % du chiffre donné par le recensement de

1971. N'oublions pas que plus de la moitié de la population a moins de 20 ans [5]. Les catholiques touchés représentent 5.089 familles, 12.126 plus de 15 ans et 9.441 plus jeunes. Sur ces familles, 2.872 sont mariées religieusement, les autres sont en concubinage, en adultère ou en situation non précisée. Ces chiffres manifestent une des questions majeures de la Polynésie : la faiblesse des familles chrétiennes par rapport à la vie en couple.

Le 27 juillet ce sont 266 délégués qui participent au Synode présidé par Mgr Paul Mazé, archevêque de Papeete et Mgr Michel Coppenrath, son coadjuteur et administrateur du diocèse. Il y a 86 prêtres, religieux et religieuses (32 %) et 180 laïcs (68 %). La grande majorité réside sur l'île de Tahiti ; cependant 18 viennent des Iles-sous-le-Vent, des Australes et des Tuamotu-Gambier auxquels se sont adjoints 4 religieux du diocèse des Marquises. Le Délégué Apostolique de Wellington, Mgr Etteldorf avait envoyé tous ses encouragements et signalé que Rome était très intéressé par les travaux de ce premier Synode dans les îles du Pacifique.

La vaste assemblée est répartie en 7 commissions pour étudier les trois objectifs du Synode : changements en Polynésie, évangélisation de la vie des hommes, participation des chrétiens à l'apostolat. La première commission étudie « les exigences du développement et les principaux problèmes sociaux ». Elle comporte 34 membres : 24 laïcs et 10 religieux. Elle centre son attention sur l'alcoolisme (fléau majeur de la Polynésie), l'urbanisation, l'immigration, l'habitat et l'enfance inadaptée. Elle soumet à l'Assemblée la création d'un secrétariat social, l'éducation de la responsabilité personnelle, l'action contre l'alcoolisme et l'attention aux adolescents.

La seconde commission approfondit les questions de la famille. 40 participants la constituent : 29 laïcs et 11 religieux. Elle analyse les 4 principaux types de familles : maohi, demi, chinois, métropolitain. Le sacrement de mariage, la vie du couple, les rapports parents-enfants, les questions de l'adoption, l'autonomie financière des jeunes, l'éducation sexuelle sont approfondis par divers groupes de travail. Devant la gravité des thèmes abordés, la commission familiale propose à l'Assemblée la création d'un Organisme pour former les jeunes et préparer au mariage, soutenir les foyers constitués et les mouvements familiaux ; elle engage l'Eglise à entreprendre une action vigoureuse d'information et de formation sur les questions sexuelles et familiales ; elle demande la création de centres de formation professionnelle pour les 14-17 ans à l'abandon après la scolarisation obligatoire.

---

(5) P. O'Reilly : *Tahiti, la vie de chaque jour.* Nouvelles éditions latines, Paris 1982, p. 99. 57.286 protestants (50 %) ; 39.170 catholiques (34 %) ; 3.570 mormons (3,2 %) ; 3.282 sanitos (2,9 %) ; 2.652 adventistes (2,3 %) ; 5.435 « sans religion » (4,7 %) ; 1.871 divers (1,6 %).
Recensement de 1971 : 113.266 habitants en Polynésie.

La troisième commission s'occupe du «monde des jeunes». Elle regroupe 56 personnes: 42 laïcs et 14 religieux. La transformation rapide de la Polynésie pose de graves questions aux participants: la scolarisation accélérée et la masse des jeunes «qui n'arrivent pas», même au certificat d'études primaires; la culture et les cultures en Polynésie; les loisirs et l'instabilité des jeunes; la sexualité, les relations avec les adultes: autorité, dialogue, argent. Devant tant de questions, à la fois permanentes et neuves, la commission demande au Synode de créer un «Comité Diocésain pour le monde des jeunes»; son but serait d'épanouir, de coordonner, d'engager les jeunes et tous les responsables au service de la jeunesse dans l'Eglise. De plus il est souhaité une attention particulière aux jeunes qui sortent du Primaire sans aucun bagage et un assainissement des divers spectacles, fêtes. Enfin une nouvelle session du Synode est souhaitée pour élargir la représentation des jeunes et approfondir les questions posées par ce «monde des jeunes» si développé en Polynésie (52 % de moins de 20 ans en 1977).

Les 26 participants de la 4e commission: 11 laïcs et 15 religieux traitent de «la vie de l'Eglise». Ils constatent que le «renouveau liturgique semble plaire à l'ensemble du peuple chrétien». La commission réfléchit sur les éléments qui «favorisent une participation plus active» de tous aux célébrations. On ne veut plus «assister mais participer»: équipes liturgiques, chants, lectures bien sonorisées... Les membres du groupe étudient dans le détail la vie, les structures, les moyens des paroisses: visites des familles, réunions de quartiers, conseil paroissial, catéchistes, mouvements et groupes. Le groupe propose au vote de l'Assemblée synodale l'organisation des Conseils paroissiaux, la création des équipes liturgiques, la reconnaissance des quartiers comme unités de base et la possibilité de la messe dominicale anticipée au samedi soir en zone urbaine.

La 5e commission s'occupe des «moyens de communication sociale»; elle regroupe 15 participants: 5 laïcs et 10 religieux. Ceux-ci réfléchissent sur l'impact considérable des nouveaux médias audio-visuels qui complètent les deux journaux diocésains fondés en 1909: «Semeur» et «Te Vea». La diffusion rapide depuis 1960 des quotidiens, de la Radio en français et en tahitien, de la Télévision, du transistor, des bandes dessinées... pose des questions nouvelles pour l'évangélisation, même dans les îles les plus reculées. La Commission propose au Synode la «mise en place d'un centre catholique de documentation et d'information» dans un but surtout d'éducation des jeunes et des parents.

La 6e commission regroupe 25 personnes: 15 laïcs et 10 religieux pour approfondir «la formation des cadres» dans le diocèse. C'est surtout la question des «catéchistes» et des «animateurs» (jeunes, liturgie, groupes spirituels, culture, loisirs...) qui retient l'attention des participants. Le groupe insiste sur «la question vitale du Comité paroissial». D'où la proposition au Synode de créer un centre diocésain responsable de la formation des animateurs, une direction diocésaine de la catéchèse, un comité pour les colonies de vacances. De plus la

Commission souhaite l'organisation régulière de récollections, retraites à tous les niveaux de la vie du diocèse.

La 7e commission, chargée d'analyser la difficile situation «des îles et du monde polynésien», voit la participation de 70 membres: 54 laïcs et 16 religieux. La migration accélérée des insulaires vers Tahiti, le fléau de l'alcoolisme en milieu maohi, la délinquance juvénile, la pastorale des îles qui n'ont pas de prêtre à demeure... autant de thèmes de grande actualité. Aussi la commission soumet au Synode une orientation fondamentale: «l'Eglise en Polynésie doit considérer comme l'une de ses tâches les plus importantes, l'étude et la mise en œuvre d'un programme de développement des archipels extérieurs. Il ne s'agit pas seulement de réclamer un effort des autorités publiques; il faut surtout aider la population de ces îles à se faire les principaux acteurs de leur propre développement.»

Le P. Xavier Baronnet restera encore neuf mois pour assurer la mise en place des décisions synodales, aider à la création des divers organismes demandés, assurer la coordination pastorale des efforts de «renouveau» attendu. La Commission permanente du Synode fonctionne alors comme Conseil Pastoral diocésain. Le Conseil presbytéral – qui s'identifie de fait au presbyterium vu le petit nombre des prêtres – est créé en 1970; cette même année, le P. Hubert fonde l'école des «katekita» et l'abbé Paul Cochard, premier prêtre «fidei donum» d'Angers arrive en novembre pour lancer le centre diocésain de catéchèse. En février 1971, l'Association du Monde des Jeunes (A.M.D.J.) est lancée; le studio pour les émissions Radio, puis ensuite Télévision, est installé dans les caves de l'Evêché: c'est le Centre Tepano Jaussen. La créativité liturgique, en particulier en langue tahitienne, s'épanouit rapidement; divers compositeurs locaux sont heureux d'apporter leur concours au renouveau liturgique. Ainsi, sans heurts majeurs grâce au Synode de 1970, le Peuple chrétien se met en route progressivement dans le monde de ce temps.

Synode de 1973

Le second Synode de l'archidiocèse de Papeete, lancé le 3 décembre 1972, a tenu sa session du 27 au 31 août 1973. Certains, particulièrement le «Monde des Jeunes» le souhaitaient dès la clôture du premier. Le Synode, selon l'étymologie, signifie faire «route ensemble». Le premier était une innovation totale. Une minutieuse enquête socio-religieuse, animée par deux spécialistes: le chanoine Boulard et le P. Baronnet, l'avait préparé. Sept commissions avaient réfléchi, travaillé, émis des vœux. Autour du Conseil Pastoral directement issu du Synode, les objectifs prévus commencent à se réaliser. Si certains sont aisés à obtenir, d'autres se heurtent à de multiples difficultés: départ du P. Cochard, instabilité des jeunes, lenteurs inévitables, personnel restreint. Aussi, dans la ligne du Concile et « en vue d'une application plus exacte de l'Evangile à tous les aspects de la vie présente », Mgr Coppenrath convoque en réunion générale le Conseil Pastoral le 25 octobre 1972. Sur les 65 membres, 42 sont présents pour débattre la question du « lancement d'un deuxième Synode diocésain ». Les participants approuvant à l'unanimité l'idée et devant l'impossibilité de trouver un animateur extérieur – le P. Baronnet était retenu à Nouméa pour le Synode de Nouvelle-Calédonie – le diocèse décide d'entreprendre le travail par lui-même. Le but est moins la nouveauté que la « précision et l'approfondissement des orientations » du premier Synode dans un sens plus missionnaire.

Les trois étapes restent les mêmes : longue préparation pour une réflexion la plus large possible des fidèles, puis session d'approfondissement des données recueillies et enfin formulation des vœux présentés à l'évêque pour l'aider dans l'organisation et la direction du diocèse. Mais les commissions sont réduites à cinq : famille, jeunes, catéchèse, développement et action des laïcs. Ce sont les Commissions qui sont responsables de leur travail ; ce sont leurs membres qui se déplacent dans les paroisses et les îles pour faire une préparation la plus étendue et la plus concrète possible. Elles ont jusqu'au 15 juin pour ce faire. Chaque commission aura une journée du Synode pour présenter son document, le soumettre à la discussion de l'assemblée, le corriger et présenter ses motions d'orientation pastorale. Une bonne trentaine de paroisses – soit les deux tiers du diocèse – ont travaillé pendant six mois à la préparation du second Synode. Plus de 600 délégués ont participé à la session du Synode, soit environ 115 votants dans chaque Commission. Le passage du cardinal Pignedoli au moment de la célébration du Synode a été apprécié comme un encouragement important.

La Commission de la famille a analysé les fiançailles comme temps fort pour préparer la vie du couple et découvrir le véritable sens de l'amour conjugal. Pour ce faire une préparation au mariage avec une information détaillée sur tous ses aspects doit encore être étendue. Dans la vie de mariage « un point fondamental a retenu l'attention : que le mari considère son épouse comme son égale et non comme sa "chose" et réciproquement ». Les participants ont réfléchi au drame de l'alcoolisme, au dialogue difficile par différence de religion, à la régulation des naissances, au budget familial. De même le sacrement de mariage a été approfondi. Aussi la Commission soumet-elle à l'assemblée qui les approuve, quatre vœux : l'organisation de soirées-débats sur le couple et la famille au niveau de chaque paroisse ; la formation d'animateurs de C.P.M. ; un budget de fonctionnement du C.P.M. ; la rédaction d'articles et la réalisation d'émissions dans les médias.

La Commission du développement a analysé quelques-unes des principales préoccupations issues des transformations de la Polynésie. L'alcoolisme est l'ennemi numéro un du développement et de la famille ; parfois plus de la moitié des maigres salaires y passe. La délinquance juvénile dans la zone urbaine se développe rapidement: désœuvrement, chapardage, «bringue des week-ends», fumeries. La grave question des emprunts, du crédit à tous les échelons, de l'absence de comptabilité dans beaucoup de familles, ce qui est lié au «désir d'épater les autres en ayant toujours les modèles nouveaux» ont été bien soulignés. Nous sommes ici devant une attitude profonde: la différence des comportements culturels devant la société de consommation. De même la Commission s'est penchée sur la préoccupante situation de l'emploi, de la formation professionnelle, de l'absence de soutien à l'agriculture et de politique cohérente et persévérante en ce domaine du secteur primaire pourtant si nécessaire. Les migrations des îles vers Tahiti, de plus en plus attractive depuis l'arrivée du C.E.P., le développement du tourisme ont été analysés selon un bilan nuancé des avantages (économiques, éducatifs, sanitaires) et des inconvénients (sociaux, moraux, coût de la vie, familiaux). Mais la grande préoccupation de la Commission «Développement» du Synode a été l'étude détaillée de la scolarisation en Polynésie par rapport à la promotion globale de l'homme. «L'école catholique est-elle suffisamment orientée vers le développement? Est-elle soucieuse des plus défavorisés de la population? Comment faire face à l'important échec scolaire des enfants polynésiens? Quelles perspectives d'avenir, y compris une formation extra-scolaire?» Pour terminer, la commission s'interroge sur l'esprit civique des Polynésiens. Elle constate que beaucoup d'habitants de la Polynésie cherchent surtout leur intérêt et profit personnels. Ils vivent du Territoire, mais le bien général de la Polynésie leur est assez indifférent. Aussi, dans la fidélité à l'action passée de l'Eglise qui a développé les archipels dans le respect de la personnalité maohi, la Commission propose au Synode la création d'un Comité diocésain pour le développement.

La Commission «Monde des Jeunes» fait le point des diverses réalisations depuis trois ans et approfondit la recherche du service de la jeunesse si complexe, mouvante et qui représente plus de la moitié de la population du Territoire. Elle analyse les mouvements de jeunes et constate que «dans les paroisses où ils existent, les jeunes sont assez satisfaits». C'est la question des locaux qui se pose avec la difficulté permanente de trouver des animateurs vraiment responsables et formés. L'approfondissement de la foi et la difficulté pour la plupart des jeunes d'en percevoir le lien avec la vie retient l'attention des participants; activités et Evangile sont trop souvent des réalités juxtaposées et séparées. Les relations avec la famille, toujours perçue comme ayant un rôle important à remplir vis-à-vis des jeunes, sont analysés dans le détail. Il en est de même des difficiles questions du travail et de l'emploi après la scolarité obligatoire jusqu'à 14 ans. La Commission soumet à l'assemblée synodale plusieurs vœux qui sont adoptés à la quasi-unanimité. L'A.M.D.J. coordonne les divers mouvements de jeunes au niveau diocésain et assure l'information, la formation et les rencontres. Les paroisses doivent favoriser la participation des jeunes aux diverses activités et mettre des locaux à leur disposition. Enfin l'Enseignement catholique, en lien avec les instances compétentes, est invité à favoriser les formations techniques pour les élèves en vue de l'emploi.

La 4e commission a pour objet «la catéchèse et l'animation spirituelle»; immense thème qui regroupe tous les aspects de la vie chrétienne dans son caractère spécifique et son identité. Six groupes ont étudié la catéchèse dans l'enseignement catholique, la catéchèse en 6e, la confirmation et l'engagement chrétien, la participation des parents, le catéchuménat chez les chinois, l'animation spirituelle. De longues et minutieuses analyses et enquêtes ont été réalisées sur les divers aspects de la catéchèse diocésaine «renouvelée» depuis deux ans par le P. Paul Cochard. La nécessité de traduire en tahitien les principaux documents catéchétiques a été soulignée. La formation des parents et des enseignants à l'éducation de la foi est un souci primordial pour les participants. Mais la préoccupation première, la base indispensable à tout effort missionnaire est «l'animation spirituelle du Peuple de Dieu par l'éveil à la Foi, la catéchèse des enfants et des adultes, le ressourcement spirituel permanent». C'est ce qui est retenu par la Commission et proposé au Synode avec des vœux pour le réaliser concrètement: traductions en tahitien, choix des enseignants catholiques, publications dans le «Semeur» et le «Vea».

La dernière Commission traitait «l'action des laïcs dans l'Eglise». Un plan-guide, rédigé en français et en tahitien, a servi de base à la préparation. Plus de 30 paroisses – les 13 de Tahiti et 17 dans les autres îles dont Tubuai et Gambier, sans compter celles qui ont pu participer par le questionnaire-radio – ont été directement touchées par la préparation; cela représente 180 personnes en responsabilités diverses dans leurs paroisses. Si tous n'ont pas bien vu la différence entre fonction et service dans l'Eglise, c'est toujours par un motif surnaturel qu'on s'engage et qu'on est fidèle à la parole donnée. L'engagement se vit dans les «communautés de base», les «amuiraa» qui constituent ce qu'il y a de plus polynésien dans le diocèse. Cela suppose, pour éviter que quelqu'un d'influent s'empare du gouvernement, la précision et la diversification des fonctions; cela favorise l'engagement personnel au sein des communautés. Le désir d'aide et de formation est souligné par tous les participants. De plus on constate l'apparition d'un œcuménisme pratique à la base, avec la disparition de l'agressivité et du complexe d'infériorité. Aussi la Commission analyse longuement l'«amuiraa» dans ses dimensions culturelle maohi, traditionnelle dans l'Eglise, missionnaire en milieu populaire et facteur d'unité. Elles recèlent un vrai «dynamisme ecclésial». Dans cette ligne, la Commission soumet au Synode le vœu de réunir des «Congrès paroissiaux, de renforcer la formation des "katekita", de reconnaître ceux-ci comme ministres institués, de réorganiser les quêtes, de réadapter et réimprimer les livres paroissiaux de base: le "Raanuu" et le "Ui Katorika". Enfin il est demandé au Synode de constituer une "Association Familiale Catholique" pour la défense des intérêts matériels et moraux des familles».

Dans sa déclaration du 26 août 1973, lors de la séance inaugurale du Synode, Mgr Michel, sous le thème «l'appel de Dieu», développe les divers visages de la vocation chrétienne dans l'Eglise en Polynésie. Il insiste sur les vocations ordonnées, consacrées et instituées en rappelant qu'il «faut des prédicateurs de l'Evangile en Polynésie. Or qu'en est-il actuellement? 35 prêtres, 30 frères, 57 sœurs, 67 catéchistes: voilà ce dont dispose l'Eglise pour porter l'Evangile aux 80 îles qui forment le diocèse de Papeete. Il n'est pas étonnant que certaines îles ne voient le prêtre qu'une semaine ou deux dans l'année.»

On comprend que ce deuxième Synode, dans la ligne du précédent, dégage deux priorités pastorales d'ailleurs intimement liées:

- l'éveil et le soutien des vocations locales dans l'Eglise,
- la formation et l'animation des familles chrétiennes.

Révision Apostolique de 1978

Le mouvement est lancé par les deux Synodes; le Peuple de Dieu est en marche dans le monde d'aujourd'hui. Il est bon de temps à autre de «revoir» et de «réviser» l'action entreprise. Refaire un Synode est une opération lourde. Aussi Mgr Michel a l'idée de lancer une «année de Révision Apostolique» en 1978 [6]. Son but est de «revoir l'apostolat de l'Eglise en Polynésie à la lumière de l'Evangile pour une meilleure évangélisation». Dans un diocèse aussi dispersé et dans un Territoire en transformation très rapide et vivant des confrontations socio-culturelles intenses, il s'agit de créer une «meilleure connaissance des uns et des autres, de coordonner les programmes des divers secteurs apostoliques et de choisir des orientations diocésaines communes».

De façon très souple et selon les possibilités et le style de chaque communauté, la Révision Apostolique s'adresse à tous ceux qui jouent un rôle dans l'évangélisation: paroisses, groupes, écoles ou mouvements. Ce travail de réflexion et de révision s'est échelonné sur plus d'une année; plus de 400 personnes s'y sont appliquées. Pour vivre la double priorité pastorale dégagée par les deux Synodes concernant les vocations et les familles, trois grands axes d'efforts apostoliques se dégagent de tous les comptes rendus.

D'abord l'intensification de la vie de prière et l'approfondissement de la foi. Le «Rosaire Vivant», la «Légion de Marie», les groupes de «Renouveau» et les diverses «amuiraa» organisent des réunions régulières, le plus souvent hebdomadaires, avec temps de prière, lecture de la Bible, partage spirituel. Très

(6) Ce fut le premier travail d'animation pastorale et spirituelle demandé à l'auteur de ce livre.

rapidement ce secteur prend de l'importance avec les nombreuses sessions, récollections ou séminaires au point que les quelques lieux habituels de réunions sont retenus longtemps à l'avance. Il faut envisager la construction d'un centre permanent pour les activités d'approfondissement de la foi.

Ensuite la formation des animateurs et des cadres. C'était une demande pressante et un point d'insistance des deux Synodes. Il faut souligner la multiplication des sessions de formation aussi bien au niveau des paroisses que surtout des mouvements et services diocésains. Depuis sa fondation en 1970 jusqu'en 1982, l'école des « katekita » a formé 257 personnes durant ses sessions d'un mois chaque année. L'école des diacres permanents, ouverte en 1974, a déjà permis l'ordination de 7 d'entre ses élèves. Le Service de la catéchèse, tant dans le cadre de l'Enseignement catholique que des paroisses, organise plusieurs séminaires chaque année regroupant plusieurs centaines de catéchètes. Il en est de même de l'« Association du Monde des Jeunes » et des divers mouvements de jeunesse : scoutisme, Mouvement Eucharistique des Jeunes. L'Association Familiale a formé quelques cadres permanents comme Pauline Min Chiu, sœur Margaret, responsables du « Pou Utuafare » : centre de régulation des naissances dans une vision chrétienne. De nombreuses sessions familiales sont assurées dans les paroisses et jusque dans les îles les plus éloignées. C'est un fait qu'un immense désir de formation s'est manifesté.

Enfin nécessité de coordination. Pour des raisons géographiques évidentes et par héritage historique, c'est toujours le point le plus difficile à réaliser. La diversité des cultures et des milieux sociaux, l'importance de la population métropolitaine de passage quelques années, l'atavisme d'une individualité ilienne, l'héritage des conflits du passé font qu'il faut toujours un effort très volontaire pour assurer cette connaissance les uns des autres. De plus en plus de lieux de rencontre existent : Conseils paroissiaux, comités diocésains, commissions pastorales, Union des religieux, bureaux directeurs... sans compter les multiples rencontres informelles facilitées par la petitesse de Tahiti. Un certain esprit de compétition et de rivalité, une grande difficulté à prévoir et à durer, l'importance des relations affectives au niveau des petits groupes font que la coordination des activités apostoliques, l'établissement de la collaboration entre les divers mouvements, la continuité persévérante dans les engagements sont sans cesse à réviser et à revoir.

Synode des îles Marquises en 1978

Quatre religieux des Marquises participent au Synode de Tahiti animé par le P. Baronnet en 1970. Quelques mois plus tard, le R.P. Marie-Denys Le Cleac'h est nommé Administrateur Apostolique du diocèse de Taioha'e le 8 décembre 1970. Promu évêque le 1er mars 1973, Mgr Hervé-Marie Le Cleac'h est sacré à

Taioha'e par Mgr Coppenrath le 24 juin suivant. En 1976, du 24 avril au 6 juin, il fait appel au P. Xavier Baronnet. Celui-ci, après avoir visité les îles de Hiva-Oa, Ua-Pou, Nuku-Hiva et Ua-Uka, rédige des «notes et suggestions», détaillées en 133 points. C'est une vision d'ensemble d'un spécialiste qui a déjà animé les Synodes de Tahiti (1970) et de Nouvelle-Calédonie (1975). Elles portent sur «l'éducation, la famille, la pastorale et l'avenir aux îles Marquises». Elles dégagent quelques grandes priorités.

Cet important document fait son chemin. Le P. Xavier Baronnet est de retour à Tahiti, en route pour les Marquises, le 18 juillet 1978. Il en repartira fin juillet 1979, après avoir animé le Synode du diocèse de Taioha'e d'août 1978 à juin 1979. Une assemblée des prêtres du diocèse, les RR.PP. Gilbert Allain, Jean Mayaux, André Darielle et Georges Aballain autour de Mgr Hervé Le Cleac'h, réunis du 28 août au 6 septembre 1978, décide l'organisation de ce premier Synode diocésain et en confie l'animation au P. Baronnet. Rappelons que le diocèse des îles Marquises, situé à 1.500 km au Nord-Est de Tahiti, est constitué de six îles habitées, réparties en deux groupes. Ce sont des îles hautes et escarpées, d'une surface d'à peine 1.000 km² et peuplées, en 1977, de 5.419 habitants vivant en villages dans des vallées difficiles d'accès. Ces quelques données aident à saisir le type d'organisation du Synode.

Dans le but d'étudier la vie chrétienne du diocèse, d'en découvrir les attentes et de chercher les moyens appropriés à son évangélisation actuelle, le Synode se propose trois objectifs: dialogue entre tous les marquisiens; tous sont membres actifs et responsables de l'Eglise; vivre la foi dans toute la vie humaine. Un déroulement en trois étapes est prévu:

- une «enquête-conscientisation» par petits groupes homogènes à partir d'un questionnaire simple avec réponses sur fiches;
- une assemblée générale des délégués au Synode du 27 au 31 décembre, à Taioha'e;
- des assemblées régionales et réunions de vallées, ouvertes à tous et se déroulant de janvier à mai 1979.

En voici le calendrier:
Hiva-Oa: 20 février au 4 mars,
Tahuata: 13 au 25 mars,
Fatu-Iva: 27 mars au 8 avril,
Ua-Uka: 17 au 29 avril,
Ua-Pou: 3 au 20 mai,
Nuku-Hiva: 22 mai au 3 juin.

Les questionnaires, bâtis selon la méthode classique – voir-réfléchir-agir – recouvrent huit secteurs principaux: vie commune, famille, jeunes, vie moderne, travail-économie, social, politique, vie religieuse. Tout était bilingue : français et marquisien, aussi bien les documents écrits que les diverses interventions orales.

La première étape « enquête-conscientisation » a touché 70 à 95 % des habitants et à pu se dérouler dans toutes les vallées des six îles habitées. La participation se faisait par groupes homogènes de six à huit personnes ; tous les aspects de la vie humaine ont été abordés et débattus. 3.600 fiches ont été recueillies dont la moitié en langue marquisienne. Cette participation considérable a dépassé les meilleures prévisions. Les thèmes de vie familiale, les questions religieuses et les interrogations à propos de la jeunesse dominent nettement les autres sujets. Le P. Baronnet dans sa lettre d'adieux, souligne l'importance du travail réalisé. En plus de l'Assemblée générale du Synode du 27 au 31 décembre 1978, il compte 120 réunions de vallées et 20 journées d'assemblées régionales dans les six îles.

Avant de dégager les conclusions du Synode, voici l'évaluation faite par le P. Xavier, les points saillants proposés par les marquisiens eux-mêmes.

Sur la vie commune, pour faire face aux mésententes et jalousies inévitables, ils proposent des réunions régulières de réflexion et de partage pour approfondir la confiance mutuelle.

Concernant la famille, les interrogations sont nombreuses sur l'amour conjugal, le concubinage fréquent. Si le mariage est désiré, on demande une préparation approfondie sur tous les plans. L'éducation des enfants est un gros point ; l'obéissance leur étant peu naturelle, les mères ne savent que faire et les pères s'en soucient bien peu !

Les jeunes se préoccupent de l'éveil à la sexualité et à l'amour. Ils sont souvent en relations difficiles avec leurs parents. Les garçons jouissent d'une trop grande liberté et souffrent d'un manque d'exigences ; les filles se plaignent d'un manque de confiance à leur égard et craignent aussi les risques d'un laisser-faire. La jeunesse apprécie les groupes et activités proposées ; elle s'interroge sur la formation professionnelle et l'emploi, mais sans beaucoup se préparer à l'avenir.

Si les marquisiens paraissent s'adapter sans trop de difficultés aux changements nombreux et rapides de la société de consommation, ils découvrent que toute évolution n'est pas progrès. Il y a des discernements et des choix à faire sans cesse.

L'emploi est rare aux Marquises. Une mentalité d'assisté s'installe d'autant qu'il n'y a de sécurité et de salaires assurés que dans la fonction publique. Cela entraîne sans doute des frustrations profondes – parfois avouées – qui se compensent dans un alcoolisme démesuré et un tabagisme croissant. Ces fléaux sont vivement ressentis par la population.

Le domaine politique n'est guère compris et est plutôt objet de mépris. Les scandales dans ce domaine ne facilitent pas la découverte du sens civique et l'ouverture au «bien commun». Il y a un repli individualiste marqué.

Les interrogations du monde moderne et la prolifération des sectes amènent à développer la catéchèse, à mieux connaître la Bible, à approfondir la vie de prière. On demande une meilleure formation pour les «chefs de prière» («Tumu-pure»). De nombreuses questions sur les vocations et la prise de conscience de la nécessité de prêtres et religieux(ses) marquisiens sont un signe d'espérance pour l'avenir de l'Eglise aux Marquises.

Le 27 mai 1979, Mgr Hervé Le Cleac'h publie le résumé des travaux et les résolutions du Synode des îles Marquises sous le titre: «Nous continuons.» Le P. Baronnet résume son envoi par «au travail, bon courage; ayez confiance en vous, ayez confiance dans le Seigneur surtout».

Les vœux et demandes du Synode de Taioha'e rejoignent en grande partie les orientations de ceux de Papeete; la situation générale de la Polynésie est analogue dans ses divers archipels à travers les particularités de chacun d'eux. Les premières décisions concernent la préparation au mariage pour les jeunes et le soutien de la vie familiale par des réunions régulières de foyers. De même on souhaite la création d'associations de parents d'élèves pour dialoguer avec les enseignants et étudier les questions d'éducation générale. La formation d'animateurs de jeunes et l'organisation de rencontres et activités variées pour ceux-ci sont très désirées, avec une éducation au discernement à faire dans tout ce que proposent les médias modernes. Le Synode souhaite que l'Association culturelle marquisienne «Motuhana» diffuse ses travaux et soutienne la fidélité aux valeurs marquisiennes. On demande une lutte énergique contre l'abus d'alcool et de tabac, sans oublier que la responsabilité personnelle est capitale en matière de santé et d'hygiène.

Surtout le Synode des îles Marquises demande une éducation générale de la Foi pour tous, une formation des parents et catéchètes pour l'éducation chrétienne des enfants, la diffusion et l'étude de l'Evangile en langue marquisienne, l'éducation à la prière sous toutes ses formes. Il souhaite une formation approfondie des «Tumu-pure» dans le cadre d'un effort généralisé pour l'éveil et le soutien des vocations.

Très vite, en particulier par l'entraide fraternelle entre les diocèses de Taioha'e et de Papeete, diverses résolutions sont mises en pratique concernant les familles, les jeunes, les vocations, les groupes de prière et la formation des divers animateurs.

«Eglise locale en état de Synode», avons-nous intitulé ce chapitre. Le survol rapide de l'histoire de la décade 1970-1980 concernant le modeste peuple des 55.000 catholiques des deux diocèses de la Polynésie Française, laisse deviner l'intensité de cette démarche synodale. Le célèbre «lève-toi et marche» de Jésus et de Pierre [7] se vit dans un «Renouveau» de plus en plus conscient, généralisé et spirituel. Le partage communautaire, la prière qui fait vivre de l'Esprit de Jésus, l'approfondissement de la Parole de Dieu sont les bases solides du renouveau de l'Eglise et du renouveau en Eglise. La continuité et le développement en sont assurés, en plus des divers comités particuliers, par le Conseil presbytéral et le Conseil Pastoral.

Le Conseil Presbytéral, tant aux Marquises qu'à Tahiti, est constitué de tous les ministres ordonnés: évêque, prêtres et diacres permanents. Le nombre restreint des participants – 5 aux Marquises, 40 à Tahiti – permet cette identification du «presbyterium» avec le Conseil presbytéral prévu par le Concile Vatican II [8]. Progressivement le fonctionnement de ce Conseil se rode; diacres et prêtres, habituellement isolés de par la configuration géographique et leur petit nombre, apprennent à se connaître, à partager, à «porter les fardeaux les uns des autres» dans le service du même Peuple de Dieu.

Le Conseil Pastoral lui aussi est issu de Vatican II [9]. Le Secrétariat des Synodes de 1970 et de 1973 en a fait fonction jusqu'à sa constitution actuelle le 5 octobre 1976. C'est le Conseil du Peuple de Dieu autour de l'évêque. Sa diversité est à l'image du diocèse. Il comprend alors, avec l'évêque, 18 membres: 5 prêtres, 5 religieux, 7 laïcs. Après l'ordination des premiers diacres permanents en 1979 et pour en accentuer le caractère local et bilingue, le Conseil Pastoral est restructuré en 1980. Autour de Mgr Michel, il rassemble 25 participants: 4 prêtres, 2 diacres, 4 religieux et 15 laïcs. Hors les questions doctrinales et de gouvernement du diocèse – du ressort du Conseil épiscopal et du C.A.M.I.C.A. – l'Evangélisation, la marche du diocèse, la coordination pastorale lui sont soumises. Depuis sa création, le Conseil Pastoral a eu à traiter entre autres sujets, la Catéchèse, la famille, la jeunesse, l'œcuménisme, les communications sociales, la pastorale scolaire, les sectes, la justice sociale, le développement, la Révision Apostolique... C'est désormais une institution essentielle dans la vie de l'Eglise locale de Papeete; ses avis, ses réflexions sont efficaces pour aider l'évêque dans sa responsabilité pastorale et son charisme apostolique de «tête» de l'Eglise qui lui est confiée au nom du Seigneur.

---

(7) Lc 5,24; Ac 3,6.
(8) Vatican II: Décret *Presbyterorum ordinis* sur la vie des prêtres, n. 7.
(9) Vatican II: Constitution *Christus Dominus* sur la charge pastorale des évêques, n. 27.

Ces deux principaux Conseils presbytéral et pastoral, l'un et l'autre issus du premier Synode diocésain de 1970, se réunissent chacun en session ordinaire, deux fois par an pour le Conseil presbytéral et quatre fois pour le Conseil pastoral [10]. Selon les circonstances, des assemblées extraordinaires sont toujours possibles. Chaque Conseil, de son point de vue complémentaire de l'autre, réalise en quelque sorte une structure synodale permanente, assurant la communion fraternelle, la coordination et la participation entre les forces vives de l'église diocésaine.

(10) On trouvera les détails dans les « Communiqués hebdomadaires », les dossiers et les comptes rendus des Conseils presbytéraux et pastoraux et les documents de la « Révision Apostolique ». Archives du diocèse et des paroisses.

Chapitre 20

FAMILLES ET VOCATIONS

Les deux Synodes diocésains de Papeete comme celui des Marquises ont dégagé deux priorités pastorales majeures: bâtir des familles chrétiennes, épanouir les vocations locales. La « Révision Apostolique », les sessions régulières des Conseils presbytéraux et pastoraux confirment, année après année, ces deux objectifs fondamentaux; ils conditionnent la vie et le témoignage de l'Eglise catholique en Polynésie. Il s'agit, dans ces deux formes complémentaires d'un même « amour répandu dans nos cœurs par l'Esprit-Saint » et restauré par Jésus-Christ (Mt 19,1-12), de faire vivre aux polynésiens la richesse totale de l'Evangile pour qu'ils apportent, à leur tour, les talents et les qualités des maohi à l'Eglise universelle. Si on en juge par les lettres des Apôtres aux premières communautés chrétiennes, il a fallu de longues années pour faire vivre l'évangile dans la famille et susciter des vocations consacrées « en vue du Royaume des cieux ». Ne nous étonnons pas trop, avec ce que nous savons maintenant du passé, des difficultés rencontrées dans ces deux secteurs essentiels de la vie chrétienne en Eglise.

La transformation rapide de la Polynésie actuelle est cause de nouvelles lourdeurs et lenteurs pour la vie des familles chrétiennes et l'éveil des vocations consacrées. Le matérialisme jouisseur d'une consommation effrénée, le culte égoïste de l'Argent, les ravages fréquents de l'alcool et des drogues, le climat de laisser-aller, de combines, de démission, demandent aux chrétiens une conversion personnelle en profondeur. « La société permissive ne construit pas le bonheur; la société de consommation ne construit pas l'amour », a dit Jean-Paul II aux jeunes à Paris. La qualité des hommes, la valeur des cœurs sont primordiales dans tous les domaines. Le crime tragique de mars 1980 à Punaauia, de nombreux drames personnels ou familiaux, moins spectaculaires mais aussi destructeurs, sont là pour montrer qu'il faut sans cesse choisir entre les «tentations de la chair et les fruits de l'Esprit» (Ga 5,13-25) à Tahiti et dans les archipels comme au temps de l'apôtre Paul à Corinthe, en Galatie ou à Rome.

Aux lourdeurs du passé, aux provocations actuelles, il faut ajouter les lenteurs des chrétiens eux-mêmes. Nous devons constater que pour beaucoup de maohi – encore aujourd'hui – vivre l'idéal évangélique de la famille proposé par Jésus, «tout quitter pour suivre le Christ en vue du Royaume de Dieu», ce n'est pas fait pour eux. C'est un peu une «manière des Blancs» qui n'est pas faisable dans les îles. Mentalité polynésienne ancestrale, style de vie des missionnaires, manque de confiance des religieux(ses) dans les possibilités des océaniens se partagent la responsabilié d'une telle situation: peu de mariages chrétiens et petit nombre des vocations locales.

Mais il faut souligner que, à la suite des Synodes, l'année 1978 marque un renversement de tendance, comme un point de rebroussement. A l'occasion de la «Révision Apostolique» et par l'extension rapide des groupes de prière et du «Renouveau charismatique», de nombreux chrétiens se convertissent à l'Evangile et deviennent apôtres dans leurs milieux. Par des témoignages sincères et émouvants, ils partagent, lors des nombreuses retraites et récollections des divers mouvements, le changement profond de leur vie. A la suite de l'apôtre Pierre relevant un paralytique, ces chrétiens redisent avec foi: «De l'or et de l'argent je n'en ai pas; mais ce que j'ai, je te le donne: au nom de Jésus-Christ de Nazareth, lève-toi et marche!» (Ac 3,6). Ce mouvement de conversion par le renouveau spirituel s'est répandu de proche en proche, «de bouche à oreille» en quelques années au point de rassembler 15.000 personnes au Stade Olympique de Pirae autour du P. Tardif le 13 novembre 1982. Familles chrétiennes et vocations en bénéficient largement.

Familles chrétiennes

L'action pastorale, fondée sur notre assurance en Jésus-Christ, en vue de construire des familles selon l'idéal chrétien, rejoint l'étude lucide et le souci de l'Eglise Evangélique. Nous avons, à plusieurs reprises, fait allusion à la remarquable étude du pasteur Samuel Raapoto à l'occasion de la Conférence des Eglises du Pacifique en avril 1961 aux Samoa [1].

---

(1) S. RAAPOTO: «La famille chrétienne» dans *Ve'a-Notre Lien*, n. 6, juin 1976.

Arrière-plan socio-culturel

Avec le président Raapoto, il convient «d'abord de faire une étude approfondie de l'arrière-plan culturel». S'il est un domaine où les habitudes inconscientes, les modèles sociaux, les styles de vie, les préférences alimentaires, les modes vestimentaires... sont bien marqués, c'est bien dans l'organisation familiale. Habitat, rythme de vie et famille forment un ensemble socio-culturel qui distingue profondément les principaux groupes ethniques en Polynésie, bien plus que les milieux sociaux. Les quatre principales composantes de Tahiti se trouvent ici très fortement marquées; on passe d'un univers à un autre en allant d'une famille à une autre. Familles maohi, chinoise, française ou «demi» sont très typées; elles n'ont pas les mêmes références pratiques.

L'unité familiale large, l'attention éducative aux enfants, la qualité du travail, le respect des traditions sont très poussés dans la communauté chinoise. Si le brassage actuel des populations et le rythme accéléré des transformations amènent un style plus souple dans la nouvelle génération qui entre de plus en plus dans le monde des «demis», cela ne signifie pas que les diverses valeurs familiales chinoises disparaissent.

La famille est toujours la communauté de base importante pour les français. Cette famille est habituellement restreinte, réduite aux seuls parents et à quelques enfants, rarement plus de trois. En Polynésie, les familles françaises sont surtout représentées par les fonctionnaires, civils et militaires, en passage temporaire. La plupart, en raison de la brièveté de leur séjour, de la difficulté d'apprendre les langues locales et des nombreuses occupations qui leur sont offertes, ont peu de contacts réels avec la population océanienne. De plus, les métropolitains qui se fixent en Polynésie ont beaucoup plus dans l'idée de se tahitianiser que d'imposer le style français. C'est un phénomène très particulier à Tahiti. La famille française qui devient résidante met un point d'honneur à vivre à la polynésienne, même si de nombreuses habitudes «popaa» demeurent dans les détails et si l'individualisme reste bien marqué.

Il est bien difficile de parler de la famille «demi»; il n'y a que des familles «demi» à équilibres divers et changeants selon leurs composantes: maohi, française, chinoise, américaine... Plus qu'un phénomène biologique et ethnique, c'est une réalité socio-culturelle et socio-économique; c'est un mode de vie et de pensée. Mais, là aussi – en particulier chez les étudiants qui vont en France – une prise de conscience d'une identité tahitienne constitue le noyau central. Flora Devatine a très bien analysé ce phénomène complexe du «demi» qui se croit «français» devant le maohi et qui se sent maohi quand il est en France. Comme le brassage est de plus en plus profond et rapide, Flora Devatine parle de «l'apparition d'un type néo-polynésien» qui atteint la majorité de la population d'une manière ou d'une autre; il imprègne beaucoup de familles [2].

Rappelons quelques données particulières des familles maohi [3]. La donnée essentielle est le groupe familial, la parenté, la « famille élargie » où père et oncle sont également « metua », où frères, cousins et les consanguins constituent les « fetii ». Une famille se fait et se défait; les enfants ne s'étonnent pas trop des changements. La première fonction de la famille est la fonction nourricière; adopter (« faaamu ») signifie donner à manger. L'échange d'enfants pour diverses raisons, l'adoption de style polynésien est fréquente et pose un problème délicat. Aussi à la maison, on trouve plus souvent l'assiette et l'oreiller que l'affection du cœur et une profonde communauté d'amour. L'enfant grandit sans qu'on y prenne vraiment garde, surtout les garçons qui très tôt vivent en bandes de copains en marge de la famille. Nous avons signalé déjà que les jeunes vivent très tôt en couples; la période de 15 à 25 ans est « l'âge de l'amusement »: « taurearea », où l'on prend la vie du bon côté sans obligation ni responsabilité ». La sexualité échappe aux données habituelles; c'est un domaine trouble et anarchique.

Bien évidemment, sur ce fond culturel traditionnel, il y a beaucoup de variations et de changements. Mais il faut reconnaître que pour la grande majorité des maohi, la réalité de la famille est une notion imprécise; le mariage est peu réfléchi et plus intéressé qu'un amour fidèle. Tous les congrès familiaux constatent que la quasi-totalité des problèmes des enfants et des jeunes ont leur source dans la défaillance des familles, la mésentente conjugale, l'excès de gâterie ou l'abandon irresponsable.

Données socio-économiques [4]

Sur ce fond complexe et très évolutif de la rencontre de cultures très typées, l'accélération rapide des changements socio-économiques a des conséquences profondes sur la vie quotidienne des familles. La « tertiarisation » généralisée de l'économie a perturbé radicalement l'harmonie géographique et les activités des familles autochtones. Les migrations accélérées ont vidé les archipels éloignés; des villages sont réduits aux anciens, aux femmes et aux enfants puisque les travailleurs doivent aller travailler seuls sur les îles de Moruroa et du C.E.P. Les hauts salaires versés dans le secteur public entraînent une attraction excessive pour ces emplois; les secteurs primaires (agriculture, pêche) et secondaires (arti-

---

(2) F. DEVATINE : *Conservation du patrimoine culturel et développement des cultures océaniennes dans Tauhiti.* Papeete 1979, 12 pages.

(3) Voir chapitre IV pour une étude détaillée des maohi et des « demis ».

(4) Voir l'étude détaillée « L'Homme et le Travail en Polynésie »: Annexe X.

sanat, industries) ne peuvent suivre ou bien il faut payer les productions locales à des prix exorbitants : exemple, les pommes de terre locales en 1982 sont payées aux producteurs 60 CFP (3,30 FF) le kilo, soit 10 fois plus cher qu'en Métropole (0,30 FF soit 5,5 CFP).

L'injection de l'importante masse monétaire venant de Métropole, surtout sous forme de salaires, amène une forte demande de biens de consommation que satisfait un secteur tertiaire commercial à la fois hypertrophié et luxueux [(5)]. La publicité en augmente l'attraction et la fascination, en particulier chez les jeunes. Avant la maison et la nourriture, la belle voiture, la chaîne Hi-Fi à la mode, la dernière video sont achetées à crédit. Celui-ci ronge la vie des familles, d'autant plus que le maohi est « très attiré par les nouveautés et la vie moderne sans profondeur ». Tout ce qui est « api » (nouveau) jouit d'un grand prestige d'abord pour sa nouveauté et non pour sa réalité ou son utilité.

Inégalités salariales importantes (1 à 20), inégalités de revenus familiaux très excessives (1 à 30), secteur tertiaire hypertrophié et quasi « invulnérable » dans le modèle économique artificiel et importé de l'économie polynésienne actuelle, déséquilibrent les familles. Le souci des avantages personnels, la course à la « bonne place » dans un service public, les tentations de l'argent facile avec les « magouilles » à tous les niveaux amènent une base économique fragile et aléatoire pour les familles et la société. Cette situation de sous-développement de luxe et « d'enrichissement sans cause » entraîne de nombreuses « pollutions » : bidonvilles, sans doute discrets mais très réels de Papeete et Faaa, délinquance juvénile, alcoolisme, tabagisme, drogue, vols, favoritisme, pots-de-vin... La vie est plus dure qu'on ne le dit pour beaucoup de familles et de jeunes. Les questions d'hygiène alimentaire, d'équilibre de vie sont difficiles dans plus de cas qu'on ne l'imagine. Malgré les efforts récents et intéressants des Maisons Familiales Rurales, des Ecoles Ménagères, des Centres de Jeunes Adolescents, des Centres Techniques adaptés au développement, l'inadaptation scolaire du monde maohi est toujours une grande préoccupation pour les divers responsables et les familles.

Pastorale familiale

Selon les souhaits des Synodes et de la Révision Apostolique, l'action de l'Eglise catholique en Polynésie au service des familles se déploie dans trois axes principaux : l'animation spirituelle, l'éducation du couple, la vie quotidienne [(6)].

---

(5) I.T.S.A.T. : Note de conjoncture de novembre 1982, tableau du circuit économique, p. 35.

(6) P. HODÉE : *Mission de la famille chrétienne en Polynésie,* Synode de Rome (22-2-1980). *La famille chrétienne, communauté d'amour,* Papeete 1979, 24 pages. *Un enfant nous est né,* Gerka, Paris 1970, 15 pages et 36 diapositives. *Homme et Femme,* Nouméa 1979, 9 pages.

La formation spirituelle est enracinée avant tout sur la Parole de Dieu. La famille est don de Dieu aux hommes «faits à son image et ressemblance» (Gn 1,27-28; 2,22-24). La famille a un caractère primordial et sacré qui la relie à «Dieu qui est Amour» (1 Jn 4). De ce fait, le couple humain est antérieur à tout autre groupe social; créateur et source de vie avec Dieu, il constitue un droit fondamental. Jésus ne dit rien de nouveau sur la famille. Il confirme, accomplit et restaure la Loi de Dieu dans toute sa plénitude et sa pureté (Mt 19,1-12). L'unité responsable, libre et irrévocable des époux qui se donnent et se reçoivent échappe à la fantaisie des hommes; ce lien d'amour vient de Dieu dont il est reflet et signe. Un tel amour restauré par le Christ ne peut se vivre qu'à son exemple (Jn 10,11-17; 15,9-14), selon le modèle que constitue la Sainte Famille (Lc 2). La famille chrétienne constitue le lieu privilégié de l'amour mutuel, de la vie nouvelle dans le Christ (Col 3,12-21; Ep 5,1-23). Réalisant un «homme nouveau recréé dans la justice et la sainteté», la famille est une «église à la maison», la communauté chrétienne de base où «par la parole et par l'exemple les parents sont les témoins de la foi au service de la vocation particulière de chacun de leurs enfants»[7]. Nous savons que la Bible est un livre familier et connu des polynésiens; la Parole de Dieu est la référence acceptée par tous. Aussi un tel enracinement est naturel et nécessaire. Lui seul permet de dépasser et de reconnaître les légitimes diversités socio-culturelles propres à Tahiti et d'aller à ce qui est profondément humain, commun à tous de par l'origine créée de l'homme et de la femme; cette communauté de nature et de destin, c'est ce que Jésus-Christ a remis en honneur dans les valeurs évangéliques.

Sur cette base commune qui permet «de regarder dans la même direction», la commission familiale du premier Synode a créé et mis en place un centre de préparation au mariage: le C.P.M. A des rythmes et sous des formes diverses il fonctionne toujours et étend son action. De plus en plus, à partir des divers documents mis au point, de l'expérience acquise, la préparation au mariage chrétien se fait au niveau des paroisses. Elle associe le dialogue individuel, les rencontres au niveau du couple et la formation collective, très enrichissante par le partage des expériences. Selon l'appartenance culturelle, les sessions de préparation au mariage ont lieu en tahitien, en français ou en chinois; elles sont le plus souvent bilingues: tahitien-français. De plus, on doit tenir compte de l'âge de ceux qui demandent à préparer la célébration chrétienne de leur mariage. L'enquête initiale du Synode de 1970 a montré que sur les 5.000 foyers catholiques, près de la moitié étaient en situation de concubinage. Surtout dans le monde maohi, où l'on vit en couple très tôt et où le mariage est perçu comme une contrainte extérieure, la découverte de la dimension chrétienne du mariage est très progressive. Eglises catholique et évangélique ne bénissent qu'un petit

(7) Vatican II: Constitution *Lumen Gentium* sur le Mystère de l'Eglise, n. 11.

nombre de mariages de jeunes. La plupart sont «des régularisations, librement acceptées, d'un état qui dure depuis des années». On voit des parents célébrer à l'église leur mariage en même temps que leurs grands enfants.

Pour aboutir à cette découverte du mariage restauré en Jésus-Christ et à la demande de le célébrer en Eglise dans la Foi, on devine qu'une pastorale d'acheminement est indispensable. C'est l'apostolat spécifique de la «Légion de Marie», lancée par sœur Saint-Fidèle de Notre-Dame des Anges en 1966. Après quelques années de recherche d'identité et dans l'éclairage synodal, en 1979 ce mouvement apostolique marial s'est vu chargé, au niveau du diocèse, d'aider les familles en difficulté, très particulièrement les couples en concubinage et les jeunes sous l'emprise de l'alcool et de la drogue. Cela se réalise, au niveau des quartiers, par les visites et invitations régulières, les soirées de prière et d'échanges, l'entraide quodidienne. Les «week-ends spirituels» de chaque mois offrent le moyen, en assurent le cadre. Les couples concubinaires, les jeunes intéressés ou d'autres qui se sentent en recherche pour préparer un mariage chrétien, se retrouvent pour deux jours en session-récollection sur un thème précis concernant toujours un aspect de la vie familiale. En plus des quelques exposés bibliques et des longs moments de prière, le partage en petites équipes et les témoignages des couples qui ont réussi à construire une famille chrétienne au terme de leurs épreuves et de leur long cheminement sont les temps forts de ces journées. Dieu seul sait le nombre et la profondeur des conversions familiales qui en sont le fruit merveilleux.

Les groupes de «Rosaire Vivant» au niveau de chaque quartier, par les visites, les réunions de prière, les échanges et les activités communautaires constituent de même un soutien spirituel et fraternel pour les familles. L'approfondissement de la foi, sa revitalisation permanente par l'extension rapide du «Renouveau Charismatique» depuis 1978 sont des apports sérieux pour la vie chrétienne dans les familles. «Renouveau dans l'Esprit» et Légion de Marie, malgré, parfois, certaines concurrences entre les réunions, se sentent complémentaires; nombreux sont ceux et celles qui participent aux deux. Les réconciliations familiales, la découverte du mariage chrétien sont parmi les fruits les plus marquants de la mission d'évangélisation animée par le P. Tardif du 21 octobre au 14 novembre 1982. Jamais il n'y a eu autant de demandes de préparation au mariage et de régularisations de situations matrimoniales. La famille chrétienne s'enracine d'abord dans une évangélisation en profondeur et dans la conversion du cœur.

Le second aspect d'éducation du couple est surtout le rôle de l'Association Familiale Catholique (A.F.C.). Sa création a été demandée par les Synodes pour «représenter et défendre les familles chrétiennes». C'est une action à long terme et difficile. Elle se déroule tant au plan général du diocèse et du Territoire qu'au niveau local des paroisses. Un bureau diocésain a été constitué ; il se renouvelle régulièrement selon ses Statuts. Il organise chaque année un congrès à Tahiti sur un thème d'actualité pour les familles. Les assemblées d'une journée complète sont bien suivies par plusieurs centaines de participants. Sur le plan d'ensemble, l'A.F.C. assure des émissions d'information sur les sujets du couple, des enfants, des fléaux sociaux. De même les journaux diocésains diffusent des articles, des études ou des comptes rendus.

L'effort, depuis quelques années surtout, est d'implanter l'Association familiale au niveau de chaque paroisse de façon à être plus proche des lieux de vie des familles et de donner une dimension familiale à la pastorale. Dans ce but, de 1978 à 1981, de nombreuses réunions de formation et d'information ont été tenues dans les divers districts de Tahiti, à Raiatea, aux Tuamotu, aux îles Marquises et aux Gambier.

Pour assurer avec efficacité et sérieux une telle éducation des couples, Mgr Coppenrath a confié cet apostolat à Madame Pauline Min Chiu et à sœur Margaret Choo-Foo. Elles ont été se former aux méthodes de régulation naturelle des naissances auprès du Docteur Billings en Australie. Celui-ci est venu à Tahiti. Elles suivent régulièrement des sessions sur toutes ces questions de la « parenté responsable » et de l'harmonie des couples. Les sœurs Bernadette Lisée et Yvette Laprise travaillent aussi en liaison avec elles. Devant les besoins considérables des couples demandant aide et formation et ayant des personnes formées et acceptées par les familles, Mgr Michel ouvre le centre diocésain de régulation des naissances le 1er décembre 1978. Ce centre, le « Pou Utuafare », en plus des permanences où viennent plusieurs centaines de couples chaque année, assure l'information sexuelle dans les écoles et les groupes de jeunes. On dénombre plusieurs milliers de rencontres chaque année. Les deux responsables sont en liaison avec les assistantes sociales, le « Planning familial », le corps médical et les autorités du Territoire. Même s'il est loin de recevoir l'aide que son audience auprès des familles demanderait, son rôle dans l'éducation à la vie de couple et dans la prévention des fléaux destructeurs des foyers : alcool, tabac, concubinage, avortement... est désormais considérable. Un service « S.O.S.-Futures Mères » a été aussi lancé, à la suite du passage de Madame Poullot, pour venir en aide aux femmes en détresse.

La Légion de Marie et le Renouveau apportent un soutien actif, chacun à sa manière et à sa place, à cette action quotidienne et sans cesse à reprendre qu'est l'éducation des couples. Nous avons plusieurs fois signalé que la persévérance, la ténacité dans l'effort sont très difficiles pour les polynésiens, vite atteints par le « fiu » [8]. La formation d'animateurs et de cadres est un souci permanent qui

---

(8) Voir chapitre IV et thèse de l'auteur : *Conscience du temps et éducation chez les Océaniens.*

demande une longue patience à vivre dans l'espérance. Dégager des personnalités chrétiennes, structurées et conscientes de leurs responsabilités dans l'Eglise et la société, est, dans ce secteur comme dans les autres, la priorité des priorités. C'est par là que les deux axes pastoraux des Synodes se rejoignent : vocations et familles chrétiennes. Pour cette raison, la donnée fondamentale de toute l'action éducative au service des familles est la promotion de la maîtrise de soi et de la responsabilité personnelle. L'individualisme moderne, l'égoïsme jouisseur, la facilité de l'assistance financière, la permissivité généralisée et bien d'autres aspects d'une sexualité commercialisée, débridée et consommée, obligent les chrétiens d'aujourd'hui à choisir clairement – comme saint Paul le demande aux Galates (chapitre 5) – entre les « œuvres de la chair et les fruits de l'Esprit ». N'oublions pas que « la maîtrise de soi » est un don de l'Esprit ; il faut le demander et l'accueillir dans la prière d'un cœur converti. Education du couple et formation spirituelle ne peuvent aller l'un sans l'autre pour bâtir des familles chrétiennes.

Le dernier aspect de la pastorale familiale, issue des Synodes et de la Révision Apostolique est l'initiation socio-économique des foyers. Prévoir, organiser, compter, équilibrer les dépenses, réfléchir les crédits, etc., autant de réalités neuves pour la plupart des polynésiens habitués à cueillir le jour qui passe. Le second Synode de 1973 a réfléchi longuement sur le difficile sujet du budget familial. Le style économique si particulier de la Polynésie actuelle, la réalité de la « famille élargie » avec la solidarité entre « fetii », la mentalité traditionnelle d'une vie au jour le jour, les tentations de la consommation étalée avec les grandes facilités de crédit, le rythme hebdomadaire de la plupart des salaires populaires, etc., tout cela entraîne une grande difficulté de gestion de la vie quotidienne. Le fait de la généralisation de la fiscalité indirecte et l'absence des impôts sur les revenus des personnes physiques, pénalisent les pauvres et entraînent la cherté de la vie, malgré certaines détaxes sur les produits de grande consommation. Le caractère luxueux et artificiel d'une économie assistée qui a détruit, de fait, les productions locales, a de graves conséquences sur la vie quotidienne de très nombreuses familles. Faire découvrir le coût réel du tabac, de la bière, des alcools dans le budget des familles n'est pas une entreprise simple. Apprendre à choisir entre les produits offerts, ne pas se précipiter sur le plus cher ou le plus nouveau, savoir se contenter, ne sont pas des attitudes faciles. Ne pas gaspiller la nourriture, savoir accommoder les restes « afin que rien ne se perde » demandent de sérieux efforts. Ne parlons pas des menus larcins ou des vols plus importants qui découragent ceux qui font effort et brisent la confiance sans laquelle la vie sur de petites îles loin de tout peut devenir agressive, voire impossible.

La pastorale familiale ce n'est pas du rêve. La Société, le Territoire, l'Etat sont des grands mots abstraits ; leur réalité concrète, leur densité humaine, leur contenu social, leur dimension économique, c'est la vie quotidienne des familles qui en est l'expression. La justice sociale, le respect des plus défavorisés, la dignité reconnue aux plus pauvres est toujours le critère de la santé véritable d'une société, comme l'expriment certains hauts responsables. Par la formation aux contraintes de la vie quotidienne, la pastorale familiale rejoint les graves et fondamentales interrogations sur les inégalités sociales, les distorsions économiques et la gestion politique de la Polynésie. Si l'Eglise comme telle, si l'Evangile ne fournissent pas de solutions – la responsabilité des hommes reste pleine et entière et l'Eglise se refuse à tout cléricalisme – il est bien évident que l'exemple de Jésus et l'idéal chrétien des Béatitudes n'est pas neutre par rapport à la liberté, à la dignité des hommes et des familles. Etre est plus important qu'avoir. Le bonheur des familles est le but du développement économique ; l'épanouissement d'hommes libres est la mesure des programmes politiques. L'Homme est autant la route de l'Eglise que celle de la Société [9].

Vocations en Polynésie

Depuis les Synodes diocésains, l'éveil et l'épanouissement des vocations ministérielles et consacrées, constituent, avec la famille chrétienne, la priorité majeure de l'apostolat. En effet, il ne peut y avoir d'Eglise vraiment locale sans les apôtres et les cadres issus de son propre peuple. Nous avons vu au chapitre XII que la faiblesse des vocations sacerdotales et religieuses polynésiennes constitue la plus grave interrogation de ces 150 années de Mission catholique. L'ordination du septième prêtre autochtone, Gérald Mahai, le 25 mars 1983, est tout à la fois une belle espérance et un sujet de réflexion. Ayant déjà analysé en détail les multiples causes de plus d'un siècle de quasi-totale stérilité vocationnelle, c'est le moment d'expliciter le renouveau de l'espérance en ce domaine. Il s'enracine dans l'énergique acte de foi de Mgr Paul Mazé qui ouvre le petit séminaire en 1940 à l'évêché et fait venir le P. Jean-Louis Ledoux pour cette œuvre essentielle. Le soutien continu que Mgr Paul apporte aux écoles catholiques inclut explicitement cet objectif. « Leur absence de résultat malgré leur état florissant » est pour le nouveau Vicaire Apostolique de 1939 une grave interrogation [10]. Il fait tout, en plus du séminaire, pour soutenir les frères de Ploërmel et les religieuses enseignantes, développer « les œuvres de jeunesse » et consolider les écoles catholiques qui doivent devenir les pépinières des diverses vocations chrétiennes.

Le retour des deux frères Michel et Hubert Coppenrath en 1959 et qui avaient été ordonnés prêtres respectivement en 1954 et 1957, les ordinations de Lucien

---

(9) JEAN-PAUL II : Encyclique sur le Travail humain (14-9-1981). Ed. Centurion, par G. DEFOIS.
– JEAN-PAUL II : Audiences du mercredi sur l'homme, le mariage, la sexualité. D.C. 1979-80-81-82.
(10) Mgr MAZÉ au P. I. ALAZARD (1-9-1939), Ar. SS.CC. 59, 1.

Law en 1964 et de Norbert Holozet en 1968 sont des événements qui annoncent un renversement de situation. La nomination du premier évêque tahitien en 1968 en la personne de Mgr Michel Coppenrath est la démonstration que toutes les vocations et ministères sont désormais ouverts et possibles aux polynésiens. Sans doute faut-il encore du temps, après de si longues décades désertiques, pour que cette localisation de l'Eglise devienne une réalité concrète et une donnée assimilée par le peuple catholique polynésien. La reconnaissance de la valeur originale des vocations océaniennes, l'accès aux postes de responsabilité ecclésiale des ministres polynésiens demande à la fois approfondissement théologique, analyse sociologique, réflexion sur les diverses cultures, acceptation d'un nouveau style pastoral!

La recherche intellectuelle sur cette question de «Foi et culture» est déjà ardue, comme le montrent les discours très fouillés de Jean-Paul II lors de ses divers voyages apostoliques [11]. La reconnaissance de la différence des cultures, la question de leur «authenticité», la rencontre harmonieuse de leur diversité dans un même lieu, surtout lorsqu'il s'agit de petites îles à population restreinte, constituent la réalité pastorale la plus complexe. Si y réfléchir est déjà difficile, la vivre dans les multiples aspects concrets de la vie quotidienne demande une attention permanente et une profonde humilité pour accueillir l'autre avec respect. S'il est un domaine où «les échanges inégaux» entre langues et civilisations de poids historique différent sont ressentis dans la profondeur de la conscience et y laissent des marques permanentes, c'est bien celui de la culture; celle-ci constitue le noyau central de la vie communautaire de tout groupe humain. La recherche sociologique actuelle qui réfléchit sur la «crise de civilisation», est amenée, avec Lévi-Strauss, à souligner que le phénomène religieux, sous toutes ses formes, constitue le cœur de la culture [12]. C'est dire la complexité de la formation aux ministères dans les îles du Pacifique sous ce rapport; c'est souligner la difficulté pratique de l'exercice de l'art pastoral en Polynésie. «Tout prêtre est pris du milieu des hommes» pour les faire vivre de Jésus-Christ, indissociablement libérateur et rassembleur. L'Eglise, fondée sur la foi de Pierre, est l'unique Corps du Christ par la diversité reconnue et dans l'unité reçue du Seigneur [13].

Vocations chrétiennes

«Favoriser l'engagement des laïcs dans l'Eglise», en particulier au service des familles et de l'éducation, constitue le premier vœu soumis à l'assemblée syno-

---

(11) JEAN-PAUL II écrit: «Les rapports avec le monde de la culture sont une hantise constante, le point de référence obligé... le domaine vital dans lequel est en jeu le destin du monde» (discours aux cardinaux: 28-6-1982). D.C. n. 1834 (18-7-1982), pp. 704-705.

(12) LÉVI-STRAUSS: «La crise de civilisation», dans le journal *La Croix* (24-1-1979).

(13) He 5 à 8; Ga 5,1; Jn 11,52; 1 Co 12; Mt 16,13-20; Jn 17,21.

dale de 1973 par la 5e Commission chargée de la vie de l'Eglise. Dans tous les domaines, depuis dix ans, ce souhait reçoit un début d'application. Les Conseils paroissiaux se sont étoffés et renouvelés. De nombreux enseignants, surtout au niveau du Premier Degré, se sont engagés dans la catéchèse, les mouvements de jeunes, le service des familles. Divers comités diocésains se sont constitués pour la famille, le développement. La participation des catholiques dans le domaine artistique et culturel maohi, si important aujourd'hui, est significative et reconnue.

Il est deux domaines où l'engagement de laïcs chrétiens est souhaitable : les mondes de l'économie et de la politique. Bien que « les écoles catholiques aient joué un rôle privilégié dans la formation des cadres politiques et économiques du Territoire » et que cela donne une « impression d'être proche du pouvoir par certaines personnalités influentes » [14], il faut bien constater qu'une amicale d'anciens élèves, même chaleureuse, ne constitue pas un engagement apostolique. Le diocèse reconnaît volontiers aux écoles confiées aux congrégations religieuses un style pédagogique et spirituel particulier ; elles ont leur « caractère propre » aussi bien vis-à-vis de l'Eglise que de l'Etat, surtout au niveau du Second Degré même s'il faut parfois déplorer un engagement chrétien varié, voire très réservé, de certains enseignants à l'égard de l'expression de la foi. De plus les problèmes économiques et politiques du Territoire sont neufs et changeants. Ils sont en étroite dépendance de la Métropole et de ses variations. Dans ces conditions, on comprend que le comportement chrétien et les valeurs évangéliques aient très peu pénétré le monde des affaires, de l'argent, de l'administration, des partis politiques ou des pratiques électorales. Malgré les prières officielles et traditionnelles, cet univers économique et politique pose de sérieuses interrogations de valeur morale, d'honnêteté comptable, de vérité transparente, de désintéressement au service du bien commun. Avantages, compromis, combines et même scandales ont terni dans l'esprit de la population la noblesse et la dignité des fonctions électives et du service public.

Les difficultés et les tentations du monde de l'Argent et du Pouvoir sont une raison de plus pour que des chrétiens formés, compétents et consciencieux s'y engagent pour y infuser les valeurs évangéliques du respect de l'homme et de tout homme. Comme nous l'avons dit – mais face aux préjugés incrustés il faut le répéter – l'Eglise n'a pas de solutions économiques ou politiques à proposer ou à imposer. Les élus ne sont pas aux ordres des Eglises ; les chrétiens ne sont pas le « cheval de Troie » de la Société. Ils ne constituent pas une franc-maçonnerie secrète, ni un groupe de pression occulte. Ils s'efforcent de vivre dans la lumière en faisant la vérité. La pratique montre qu'il faut plutôt craindre la

---

(14) J.M. KOHLER (O.R.S.T.O.M.-Nouméa) : *Mission en Polynésie Française* (17-9 au 10-10-1982), rapport du 18-11-82, p. 7.

manipulation et la récupération du dévouement des chrétiens par les partis politiques. Depuis toujours en Polynésie, l'Eglise catholique a été très réservée à l'égard des groupes politiques; la «Mission catholique se tient hors des partis» (15). Elle s'en trouve fort bien pour sa liberté évangélique. Mais cela ne veut pas dire que les catholiques, à titre personnel de croyant, n'aient pas à s'engager vigoureusement au service du développement économique et du débat politique. Ils ont à y apporter un sens des droits de l'homme, un respect de «l'éminente dignité des pauvres», une fraternité tolérante par la promotion des libertés, un sens du caractère très relatif de l'argent et du pouvoir politique, plus nécessaires que jamais pour l'harmonie sociale et la paix civile. L'Evangile est toujours le «sel de la terre».

La lettre pastorale du 4 octobre 1982 de Mgr Michel sur «le partage» dans ses diverses dimensions a commencé à en faire réfléchir certains en ce sens. Pour former les laïcs chrétiens comme témoins engagés dans ces domaines socio-politiques, en Métropole il y a les mouvements d'Action Catholique. Les essais tentés à Tahiti ont montré l'inadaptation culturelle et pastorale de méthodes typiquement françaises, comme le constate le P. Kuntzmann en 1952 (16). Mais si on en prend l'esprit général: l'apostolat du milieu par le milieu, la vision apostolique: rendre les laïcs responsables de l'évangélisation, la méthode d'action: voir-juger-agir, il faut constater que les divers mouvements en Polynésie vivent l'intuition de l'Action Catholique. Les trois Synodes ont été bâtis selon ce schéma: voir-réfléchir-s'engager. La méthode apostolique de la Légion de Marie suit avec efficacité ces trois étapes: regarder les autres, connaître Jésus, changer la vie (17). Comme pour tout le reste, il y a une manière polynésienne de vivre le témoignage apostolique, l'engagement chrétien, le service évangélique. Message et langage, parole et voix sont toujours difficiles à marier.

Ministres institués: les katekita

Dès le début de la Mission, les katekita (nom des catéchistes) ont joué un rôle important dans l'évangélisation puis dans la pastorale, surtout des îles dispersées (Tuamotu, Pâques, Cook...). Dans les petites paroisses insulaires de 50 à 300 personnes, ils dirigent la communauté, président la prière du dimanche, veillent à la catéchèse des enfants, conduisent les funérailles, baptisent en cas d'urgence. Comme leaders de l'«amuiraa», ils jouissent d'un grand prestige. Ils sont souvent secondés par des aides («tauturu-katekita») dans les îles Tuamotu à population semi-nomade, souvent dispersée pour aller faire le coprah dans les

(15) Mgr Verdier au T.R.P. (28-3-1894); Ar. SS.CC. 58, 3.
(16) P. Kuntzmann au T.R.P. (6-2-1952), Ar. SS.CC.
(17) P. Hodée: «Apostolat avec la Légion de Marie» (3-7-1980); *Semeur Tahitien.*

îles inhabitées ou les «rahui». Avec l'immigration importante des habitants des archipels, les katekita jouent un rôle d'animateur des communautés à l'intérieur de la zone urbaine de Tahiti. Evidemment tous sont bénévoles et pourvoient eux-mêmes à leur subsistance; ils ne reçoivent d'aide qu'en cas très exceptionnels.

Il convient de bien distinguer les anciens katekita d'avant 1970 et qui ont été formés sur le tas par les missionnaires, des catéchistes formés dans l'école fondée en 1970 selon les vœux du premier Synode. Les premiers ne sont plus renouvelés; dans l'ensemble ils sont trop âgés pour suivre les sessions de formation de la nouvelle école.

Plusieurs étapes sont indispensables avant de devenir katekita. Souvent cela commence comme simple «chef de prière» à la demande de la communauté et avec l'accord du missionnaire; ce sont les «faatere pure». Si le besoin se fait sentir, le père investi le «chef de prière» comme aide-catéchiste pour le service d'une «amuiraa» déterminée. Ce «tauturu-katekita» n'a d'autorité que dans ce lieu précis; c'est une responsabilité à la fois personnelle et locale dont l'aide rend compte au prêtre chargé de son secteur. Lorsqu'ils ont fait leurs preuves pendant plusieurs années, les «tauturu-katekita» à la fois acceptés par les communautés et volontaires, vont suivre une ou plusieurs sessions de l'école diocésaine des catéchistes. La formation dure un mois chaque année; l'école peut recevoir 60 élèves à la fois. Si l'ensemble est satisfaisant, l'évêque investit solennellement les katekita au cours d'une liturgie spéciale. Selon le vœu du Synode de 1973, «les katekita sont reconnus comme de véritables ministres à l'instar des lecteurs et acolytes, sans pour autant que ce soit une étape vers le sacerdoce». C'est un ministère institué que l'évêque peut révoquer; ce n'est pas un ministère ordonné. C'est une cérémonie impressionnante à laquelle le peuple chrétien attache une grande importance; elle manifeste aux yeux de tous la place irremplaçable tenue par les katekita [18].

Le programme de formation comporte une réflexion sur la théologie et la spiritualité du katekita en Polynésie: histoire, place dans l'Eglise, rôle dans le développement et la vie de la communauté, sa vie spirituelle... Le rôle liturgique est étudié en détail: la liturgie du dimanche, les funérailles, la communion aux malades, le baptême, la confirmation, le mariage en l'absence du prêtre... Dans l'action pastorale, les katekita sont formés à la visite des familles et spécialement aux malades, à l'attention à porter à la catéchèse des enfants, à la lutte contre l'alcoolisme et autres fléaux sociaux si répandus en Polynésie. L'initiation à la Bible, au maniement de la traduction en tahitien est importante; les épîtres pastorales de saint Paul et les quatre évangiles font l'objet d'une étude plus atten-

(18) G. DEFOIS: «L'obéissance de la foi» dans *La Croix* (21-3-1982), article sur ce sujet.

tive, ainsi que les psaumes. Enfin la connaissance des principaux groupes chrétiens présents dans les îles et la formation à la parole en public complètent ce programme de formation initiale.

Depuis la reprise de l'école des katekita en 1970 sous cette forme de sessions annuelles durant un mois, 257 élèves ont suivi les cours dont 18 femmes durant les 12 années récentes. 169 n'ont participé qu'à une seule session mensuelle et 91 en ont suivi plusieurs. 14 ont été institué dans le ministère officiel de katekita et 51 dans la fonction de tauturu-katekita. Il faut remarquer que les demandes de formation sont de plus en plus nombreuses, y compris pour l'île de Tahiti dans le but d'instruire des militants paroissiaux, des catéchètes familiaux ou des animateurs de mouvements.

Le ministère auprès des malades, le développement de la communion eucharistique a entraîné l'institution d'aides-catéchistes spécialisés dans ce ministère qui est lié à la visite des malades dans les hôpitaux et les cliniques. Les « ministres extraordinaires de l'Eucharistie », avec une formation adaptée, reçoivent une investiture particulière qui les habilite à aider le prêtre à porter la communion dans des conditions toujours bien précisées. C'est un ministère fort apprécié des familles et des malades, car ces aides prennent leur temps et ont le contact plus facile auprès de la population.

Ministres ordonnés : diacres et prêtres

Le Concile Vatican II a restauré le diaconat permanent « non en vue du sacerdoce mais du ministère ». Il constitue le troisième « degré » du sacrement de l'Ordre dans la « hiérarchie » de l'Eglise [19]. Avec l'accord du Pape, la décision de l'institution de diacres permanents, mariés ou non, est de la compétence des Conférences Episcopales. Après consultation, Mgr Coppenrath ayant estimé le diaconat permanent fort bénéfique pour le diocèse de Papeete, soumet son projet à la C.E.P.A.C. (Conférence Episcopale du Pacifique). Le diocèse de Tahiti est le premier, avec les Carolines, à se lancer dans cette possibilité conciliaire parmi les diocèses iliens de l'Océanie. Après avoir obtenu l'accord des autres diocèses, l'école des diacres est ouverte le 12 janvier 1976 dans les locaux de l'école des katekita. Comme celle-ci, elle est confiée au P. Hubert Coppenrath. En plus des conditions générales d'avoir dix ans de mariage chrétien et 35 ans, il faut être bilingue – tahitien-français ; certains connaissent le chinois en plus – et avoir fait ses preuves comme katekita.

---

(19) Vatican II : *Lumen Gentium* n. 29 ; *Christus Dominus* n. 15 ; *Ad Gentes* n. 16 ; *Orientalium Ecclesiarum* n. 17.

Le 24 février 1979 est un événement de grande portée pour l'Eglise catholique en Polynésie et pour la C.E.P.A.C. André Chiu, Tihoti Anania, Petero Marere et Léon Min Chiu sont ordonnés diacres permanents par Mgr Michel pour le service de l'archidiocèse de Papeete. Les deux premiers sont déjà grands-pères. Leurs femmes et leurs enfants ont une participation active dans la cérémonie suivie par un peuple fort nombreux. Pour les quatre ordonnés c'est l'aboutissement d'une longue histoire au service de leurs frères dans l'Eglise et parfois d'une conversion profonde. L'impact d'une telle ordination est d'autant plus fort que chacun connaît bien les nouveaux diacres et leurs familles ainsi que le chemin qu'ils ont dû parcourir. Cette ordination est un geste d'espérance en marche ; il est suivi, le 25 octobre 1981, par l'ordination de trois nouveaux diacres permanents : Tihoti Bellais, Valselin Tavita et Moïse Cadousteau. Ainsi en 1983, diacres mariés et prêtres séculiers diocésains, y compris l'évêque, sont le même nombre : sept pour chaque groupe.

Non seulement le diaconat restauré est le fruit d'une longue préparation aux divers ministères, mais sa réussite demande des prêtres et des fidèles de nouvelles attitudes. L'archevêque les détaille en mai 1979 dans une note aux prêtres et aux diacres [20].

« Le ministère du diacre permanent est récent. Il est fondé sur le sacrement de l'Ordre... Le diacre, comme dans la primitive Eglise, est « témoin » et son témoignage est mis en valeur par son ordination et la communion au presbyterium auquel il appartient.

Le diacre doit avoir dans la paroisse une place visible et reconnue : accès au presbytère, réception des fidèles...

Il importe que le prêtre fasse comprendre aux fidèles que le diacre partage l'existence des laïcs, mais n'est pas un laïc ; de par l'Ordre, il est associé à l'évangélisation. Il doit être associé à la réflexion et à l'organisation pastorale... exactement comme un vicaire de paroisse...

Que le curé et les prêtres préfèrent toujours laisser aux diacres l'exercice de leur propre ministère : baptêmes, mariage, obsèques, saluts du Saint-Sacrement... qu'il y ait échange fructueux entre le prêtre plus expert en théologie et le diacre qui a l'expérience intime du milieu.

Dans la fonction enseignante de l'Eglise, le prêtre et le diacre doivent prévoir un usage circonstancié des langues : français, tahitien, chinois. En fonction de l'assistance, il y a lieu de confier la prédication à celui qui maîtrise le mieux la

---

(20) Mgr COPPENRATH : note aux prêtres et aux diacres de Papeete (3-5-1979).

langue comprise. Pour cela l'homélie sera préparée à l'avance par le prêtre et le diacre en fonction de l'orientation pastorale de la paroisse...

Ce n'est pas en faisant des entorses aux rubriques et au droit canonique que l'on donne au diacre la place qui lui revient, mais en mettant en pleine valeur le ministère diaconal et en donnant une pleine extension à sa mission propre.»

Grâce à l'attitude claire de Mgr Michel qui, le premier, applique ces directives et met en valeur le ministère de ces nouveaux confrères, si proches et si différents, l'insertion pastorale des diacres se réalise sans trop de mal en quelques années. Il faut remarquer qu'à l'instar de ce qu'ils ont vécu comme katekita, les diacres permanents sont bénévoles; ils gardent leur maison et leur profession dont ils vivent. L'équilibre entre la vie familiale, les exigences professionnelles et les appels du ministère ne peut se trouver que dans un dialogue permanent et une bonne volonté réciproque. Il faut constater la réussite pastorale des diacres permanents. Quatre ans après les premiers, chacun a bien l'impression que ce ministère est déjà ancien; le diocèse serait bien ennuyé pour le remplacer. Diacres et prêtres s'estiment dans leur complémentarité et se mettent bien rarement en concurrence ou en conflit de compétences. A tout prendre, il n'est vraiment pas certain qu'il existe plus de problèmes pratiques entre diacre et prêtre que dans une équipe de prêtres de même effectif.

Cette situation globale d'accueil et de confiance à l'égard des diacres mariés permanents, amène à tenter une expérience pastorale inédite. Le 15 août 1982, l'évêque installe lui-même le diacre Tihoti Anania dans les fonctions de quasi curé des quatre paroisses de l'île de Moorea qui comportent environ 900 catholiques. Sa proximité de Tahiti – 5 minutes d'avion ou 50 minutes de bateau – facilite la venue du prêtre lorsque le diacre-curé le juge nécessaire. Les premiers mois de cette expérience sont pleins de promesses.

Le temps dira ce que vaut ce renouveau pastoral issu du Concile Vatican II. En tout cas, il s'insère sans heurt dans le renouveau d'ensemble de l'Eglise catholique polynésienne en état de Synode et d'obéissance docile à l'Esprit-Saint dans la foi.

L'ordination sacerdotale de Gérald Mahai le 25 mars 1983 – la première depuis Norbert Holozet en 1968 – est aussi une espérance de renouveau. En effet deux autres jeunes sont au Grand Séminaire Régional de la C.E.P.A.C. à Suva; les petits séminaires Jean-XXIII à Punaauia et Sainte-Thérèse à Taravao ont près de quarante jeunes garçons. La mentalité générale des familles commence à s'ouvrir à cette perspective: des garçons polynésiens peuvent être prêtres et des prêtres valables et respectés. Ce n'est plus réservé aux européens, aux «popaa». Les prêtres d'origine locale, à commencer par Mgr Michel Coppenrath, archevêque de Papeete depuis 15 ans, montrent à toute la population, résidante ou de passage, un visage sérieux, compétent, honorable et évangélique du sacerdoce catholique. Ce n'est pas parce que « l'appareil missionnaire est encore en majorité d'origine européenne ou nord-américaine », que l'Eglise catholique à Tahiti est moins locale. Cette lecture sociologique purement extérieure est en réalité très trompeuse. La localisation n'est pas qu'un bulletin de naissance et une couleur de peau, à moins de tendre à un certain racisme exclusif. Le style de vie, la possession de la langue locale, le partage des conditions d'existence des plus modestes, font que le peuple chrétien ne fait pas de différence entre les « metua » (pères); il existe entre eux, au sein d'un même presbyterium, une véritable estime fraternelle. Les clivages ethniques dans l'Eglise catholique de Polynésie sont moins marqués que les clivages socio-professionnels en Métropole. S'il est difficile à définir intellectuellement, le visage polynésien de l'Eglise catholique dans les archipels est évident pour les chrétiens de passage et bien réel pour ceux qui le vivent. Le retour en Métropole le fait vivre assez brutalement.

Enfin il est bien certain que les pères des Sacrés-Cœurs comme les autres congrégations n'ayant que peu de recrutement métropolitain, ne peuvent envoyer du personnel qu'au compte-goutte ; ces religieux viennent plus dans un style de coopération de type « fidei donum » pour bâtir l'Eglise locale que pour prendre la place des polynésiens. Ce sont plutôt ces derniers qui font appel à ces aides pour n'être pas trop isolés.

Vocations consacrées

Il en est des vocations religieuses comme des vocations ministérielles dont nous avons parlé au chapitre XII. En dehors de quelques entrées chez les Sœurs de Saint-Joseph de Cluny, le mouvement en faveur de la consécration religieuse est le fruit de l'action persévérante de Mgr Mazé. Lors de la « Révision Apostolique » des religieux le 18 décembre 1978, les divers aspects de la vie religieuse en Polynésie furent abordés. C'était la première fois que tous les religieux(ses) se retrouvaient pour partager et réfléchir à leur vocation religieuse. Les échanges furent profonds et prometteurs. Mgr Michel a nommé cette rencontre « une journée référence à laquelle il faudra souvent revenir ».

De fait, dans le renouvellement général du diocèse par les Synodes, la « Révision Apostolique » est pour les religieux(ses) dans chaque communauté et tous ensemble, l'occasion d'un nouveau départ. La miséricordieuse tendresse du Père l'a fait coïncider avec le démarrage du « Renouveau dans l'Esprit » par le groupe des pèlerins revenus de Terre Sainte. La convergence providentielle et pas du tout programmée des trois aspects du « Renouveau » : apostolique par les Synodes, religieux par la « Révision Apostolique » ; spirituel par le « Renouveau charismatique » aboutit en ces années 1980 à une grande recherche de la vie religieuse consacrée, chez les jeunes filles surtout.

Mgr Mazé, avec les sœurs missionnaires de Notre-Dame des Anges dont c'était la mission principale en Chine, lance la future congrégation locale des Filles de Jésus Sauveur le 1er janvier 1962 à Taravao. Après les premières professions des sœurs Reine et Marie-Thérèse en 1966 et 1967, le démarrage se fait avec sœur Louise en 1978, les sœurs Simone et Rosalie en 1982. Le noviciat, désormais fixé à Pamatai, près de Papeete, comporte plusieurs novices et postulantes. Les sœurs organisent, pour répondre aux demandes des jeunes filles en recherche, de nombreuses journées de vocation.

En plus de cette fondation locale, les autres congrégations féminines ont ouvert des foyers ou des noviciats pour accueillir les jeunes filles. Foyer du Bon Pasteur qui a actuellement deux postulantes; noviciat des sœurs de Cluny qui a plusieurs jeunes filles; foyer diocésain animé par les Filles de la Charité. Les sœurs Clarisses ont une postulante. Les congrégations reçoivent des jeunes qui viennent pour découvrir et observer la vie religieuse.

Tout ceci est sans doute un peu neuf. Toutes les fleurs de printemps ne donnent pas des fruits; mais sans printemps, il n'y a pas de récolte non plus. L'Eglise n'est pas un éteignoir à espérance et elle se réjouit du renouveau que son Seigneur lui envoie. Pour accueillir et faire épanouir ces bourgeons, l'Eglise de Tahiti compte aujourd'hui 10 congrégations religieuses. Elles offrent des charismes variés et des apostolats différents. C'est une richesse et une chance pour tous. La plupart des chrétiens ne les connaissent pas bien. Voici quelques mots de présentation, selon ce que leurs responsables en ont dit lors de la «Révision Apostolique» de 1978 à Paea.

Les Pères des Sacrés-Cœurs, fondés en 1800 et présents en Polynésie depuis 1834, sont les missionnaires qui ont planté l'Eglise dans les archipels. Le chapitre X en a longuement parlé.

Les Frères de l'Instruction Chrétienne de Ploërmel ont été fondés en 1819 par l'abbé Jean-Marie de Lamennais en vue des Ecoles chrétiennes et de tout ce qui se rapporte à l'instruction. Ce sont des professionnels de l'éducation, tant profane que religieuse. Ce sont des enseignants exigeants, actifs et efficaces. Leur compétence et leur dévouement sont bien connus des polynésiens depuis 1860 où ils sont arrivés à Tahiti. Le niveau élevé des études pour être enseignant de nos jours rend très difficile l'épanouissement de vocations polynésiennes. Ils ont un frère d'origine locale: le frère Maxime Chiu. Ils sont aussi aux Marquises.

Les Pères Oblats de Marie-Immaculée sont fondés en 1816 à Marseille par Mgr de Mazenod en vue des missions. Répandus dans les cinq continents, ils ont répondu à l'appel du diocèse de Papeete en 1977 pour travailler dans les milieux populaires à Faaa et au service des vocations en prenant le foyer Jean-XXIII.

Les Frères du Sacré-Cœur sont fondés par l'Abbé André Coindre en 1821 au Puy pour le service de la jeunesse délaissée par la rééducation et l'apprentissage des métiers. Ils sont très développés au Québec qui envoie des Frères en Nouvelle-Calédonie en 1954. Après le Vanuatu et Wallis-Futuna, ils viennent en Polynésie au service du développement global des archipels. Ils ouvrent leur premier centre à Mangareva le 31 août 1982.

Les Filles de Jésus-Sauveur, congrégation locale polynésienne fondée en 1962 veut répondre aux besoins urgents des plus pauvres dans la société : les malades et les familles. Elles se veulent insérées dans les paroisses et attentives aux vocations locales.

Les Sœurs de Saint-Joseph de Cluny sont fondées en 1806 par Anne-Marie Javouhey. Elles cherchent à faire la Volonté de Dieu par l'ouverture missionnaire et la disponibilité aux besoins concrets des personnes et aux imprévus du quotidien : catéchisme, malades, paroisses, écoles... Elles sont arrivées à Tahiti en 1844. Elles sont aussi aux Marquises et aux îles Cook. Elles ont servi à Mangareva.

Les Sœurs Missionnaires de Notre-Dame des Anges sont fondées au Québec en 1922 essentiellement pour l'apostolat en Chine et la formation des sœurs chinoises. Selon l'esprit franciscain qui les anime, elles se veulent disponibles pour une évangélisation simple et joyeuse au service de la vie religieuse locale. Mgr Mazé les a chargées de la fondation et du soutien des Filles de Jésus-Sauveur. Elles sont au service de la Polynésie depuis 1950, par les écoles et les mouvements spirituels.

Les Sœurs du Bon Pasteur d'Angers ont été fondées par sainte Marie-Euphrasie Pelletier en 1824 à partir des « foyers de charité » de saint Jean Eudes. Leur mission propre est l'aide aux enfants, jeunes filles et femmes en difficulté. Elles travaillent en lien étroit avec les services sociaux. Elles tiennent deux centres à Papeete où elles sont arrivées en 1967.

Les Filles de la Charité du Sacré-Cœur de Jésus sont fondées en 1800 à La Salle-de-Vihiers (diocèse d'Angers) pour le service de l'éducation des jeunes, le soin des malades et la vie des paroisses. Elles sont développées au Québec. Elles sont dans le diocèse de Papeete depuis 1972 au service surtout de la catéchèse, des vocations et maintenant de la Fraternité chrétienne des malades et handicapés fondée par Geneviève Dano en 1977.

Les Sœurs Clarisses sont fondées par sainte Claire en 1212 dans le sillage de saint François d'Assise. Ce sont des religieuses contemplatives consacrées à la prière simple dans une vie de pauvreté. Arrivées du Québec (Lennoxville) le

7 juin 1981 au terme d'une recherche approfondie, elles sont demandées pour lancer en Polynésie la vie contemplative par la prière continue dans une vie communautaire simple et joyeuse.

En janvier 1983, le diocèse de Papeete compte 125 religieux et religieuses, répartis en dix Congrégations [21] dont cinq viennent d'Amérique du Nord – 4 du Québec et 1 des Etats-Unis – qui se sont épanouies à partir des anciennes souches venues de France il y a plus d'un siècle. Tels sont les échanges missionnaires qui rendent plus catholiques, plus «frères universels».

Un tel développement des vocations de laïcs engagés, de ministres institués et ordonnés, de vocations religieuses dans un si petit diocèse amène la nécessité de regrouper les forces pour la formation. C'est l'idée de «l'Ecole Théologique», ouverte au début de 1983. Les professeurs et moniteurs sont peu nombreux; les besoins d'approfondissement de la foi sont immenses et de tous niveaux. Un Centre de formation spirituelle et pastorale, une sorte «d'Ecole de la Foi» est désormais nécessaire. Depuis 1976, le diocèse de Papeete assure la formation jusqu'au diaconat. Sans exclure du tout pour ceux qui le souhaient et en ont les possibilités de continuer la formation des séminaristes tahitiens au Séminaire Régional de Suva, certains pourront désormais aussi être préparés sur place jusqu'au sacerdoce. L'Ecole Théologique ainsi conçue et située n'est pas, comme on le suppose parfois, en concurrence avec Suva ou en opposition avec le Pacifique anglophone. Tahiti est solidaire du Séminaire de la C.E.P.A.C. à Suva, dont il est co-fondateur; mais comme tout diocèse, la Polynésie a aussi ses problèmes particuliers de formation à résoudre. «S'accepter différents et se respecter complémentaires» est aussi difficile que nécessaire, en Océanie comme ailleurs.

(21) Voir Annexes V et VI.

Chapitre 21

DÉFIS ACTUELS À LA VIE CHRÉTIENNE

Les thèmes étudiés à l'occasion des deux Synodes, l'engagement des familles à se construire, les recherches pour l'épanouissement des vocations, conduisent à relever les défis. Il y va de notre vie en Jésus-Christ, de «Jésus-Christ Vie du Monde», comme le suggère le thème œcuménique de l'année 1983. Dans ce chapitre il n'est question que de proposer une recherche sur les préoccupations actuelles. C'est une interrogation à la lumière de l'Evangile.

Les défis que l'Eglise catholique doit affronter en Polynésie rejoignent ce que le Concile Vatican II dit de la situation de l'Eglise dans le monde de ce temps. «Le monde actuel apparaît à la fois comme puissant et faible, capable du meilleur et du pire. Le chemin qui s'ouvre devant lui est celui de la liberté ou de la servitude, du progrès ou de la régression, de la fraternité ou de la haine. De plus, l'homme découvre qu'il lui appartient de bien diriger les forces qu'il a mises en mouvement et qui peuvent l'écraser ou le servir. C'est pourquoi il s'interroge... C'est en lui-même qu'il souffre division; c'est du cœur de l'homme que naissent au sein de la société des discordes si nombreuses et si profondes» (G.S. n°s 9 et 10).

Défi de la mutation

L'implantation du C.E.P. en 1963 a été, au sens biologique, une mutation radicale. La Polynésie passe d'un style de vie «rural» au rythme tranquille à la rapidité complexe d'un monde technique et urbanisé. En 20 ans seulement la population double; Tahiti en concentre les trois quarts, les archipels se dépeuplent et subissent des transformations profondes. La tertiarisation de la vie économique, avec ses étonnantes inégalités salariales et financières, détruit une agriculture qui fut pourtant exportatrice. L'attraction des bonnes places sûres du secteur public, l'appétit de l'argent facile venant de la «solidarité métropolitaine», les tentations de la société de consommation déstabilisent les modèles sociaux et les équilibres économiques traditionnels. Le brassage des populations accélère le phénomène «demi». Un type «néo-polynésien» apparaît [1].

A ce bouleversement humain – à la fois culturel, social, moral, familial, éducatif, religieux – correspond un équipement matériel moderne, souvent heureux et habituellement apprécié: infrastructures de communications modernes (routes, ponts, aérodromes, Radio-Télé, Postes...), équipements de santé (hôpitaux, dispensaires, évacuations), généralisation des écoles de tous niveaux, développement sportif extraordinaire, électrification et adduction d'eau, aides efficaces de l'Armée en cas de catastrophes (cyclones 1983). En peu de temps, grâce à un effort financier massif et exceptionnel, la Polynésie française est devenue le Territoire le mieux équipé du Pacifique Sud. Par rapport à sa population, aucun département métropolitain de même dimension ne peut rivaliser avec la quantité et la qualité de ce qui est fait en Polynésie. «En 1981, les transferts économiques et sociaux de la Métropole ont représenté 47,5 milliards de "francs pacifique" (2,6 milliards FF), soit 310.000 CFP par habitant (17.055 FF)» [2].

Le grand défi est là. De façon accélérée on a sur-developpé les «choses» dans une optique de consommation, pratiquement sans production économique locale. Celle-ci s'est plutôt effondrée au bénéfice du commerce, alimenté par les transferts métropolitains qui garantissent un haut niveau de ressources par les sur-salaires. La masse monétaire qui circule à Papeete est très importante. Il n'y a pas d'impôt direct sur les revenus des personnes physiques, mais seulement sur les entreprises. L'essentiel des recettes du budget territorial est assuré par les impôts indirects et taxes sur la consommation [3]. Par son économie artificielle, dopée et monétaire, la Polynésie est un pays sous-développé de haut luxe. L'argent et la consommation l'emportent sur les hommes, mêmes si ceux-ci bénéficient des retombées par les équipements collectifs. Dans l'ensemble français, la Polynésie constitue une société très inégalitaire sur le plan des salaires et des revenus de par l'action hégémonique de l'Etat, seul moteur économique par le C.E.P. et ce qu'il induit [4].

Sur ce fond de distorsion entre les «choses» et les hommes, un double phénomène social affecte les polynésiens, maohi surtout: la prise de conscience de

(1) Voir Annexe X et chapitres III et IV.
(2) P. NOIROT-COSSON, Haut-Commissaire à l'Assemblée Territoriale le 16-12-1982.
(3) Pour 1982: 10,4 milliards CFP impôts indirects et 2 milliards CFP impôts des entreprises.
Voir I.T.S.T.A.T.; notes de conjoncture de mars et novembre 1982.
La Trésorerie Générale a ordonnancé en 1982 70 milliards CFP (3,85 milliards FF).
(4) J. VERNAUDON: rapport d'étude et propositions sur les problèmes sociaux. Papeete, août 1982, 58 pages.
Assises Régionales de la Recherche et Technologie: rapport de synthèse. Papeete, octobre 1981.

l'identitié socio-culturelle autour du « Metua » Pouvanaa a Oopa et l'autonomie des Eglises. Le 1er septembre 1963, le pasteur Marc Bœgner proclame l'autonomie de l'Eglise Evangélique de Polynésie française. Le 21 juin 1966, les Vicariats Apostoliques de Tahiti et des Marquises deviennent des diocèses de plein droit au sein de l'Eglise Catholique ; en mars 1968, Mgr Coppenrath est le premier tahitien nommé archevêque de Papeete. Comme les nations européennes au siècle passé, les îles océaniennes prennent conscience de leur personnalité sociale, culturelle et politique. Avec l'ensemble du « Tiers-Monde », l'Océanie vit une profonde « crise des nationalités » dans divers mouvements d'indépendance. Si « personne n'est une île », chaque île a le désir intense d'être elle-même et reconnue dans son identité particulière. L'existence des micro-Etats de Nauru, de Niue a un effet d'entraînement certain.

Enfin, la nature atomique du C.E.P. est un élément psychologique et moral qui aide à comprendre le visage original des défis que la mutation socio-économique actuelle lance aux polynésiens. Rappelons que le Général de Gaulle, en réponse aux craintes manifestées, a clairement défini la position de la France. « L'installation (du C.E.P.) est faite avant tout dans un but de Défense Nationale et pour des raisons que vous connaissez bien... Ce centre devra être profitable à l'expansion et à l'équipement de votre Territoire... Dites à vos pasteurs qu'ils fassent d'abord cesser les expériences nucléaires russes et américaines. » En plus des questions morales, de plus en plus vitales pour l'espèce humaine, posées par les bombes atomiques devenues terrifiantes, il faut se souvenir que les deux premières furent utilisées en août 1945 dans le Pacifique sur le Japon. Cette localisation dans la même région donne une charge affective particulière aux réalités nucléaires en Océanie.

Le défi atomique

Depuis 1963 la Polynésie constitue le Centre d'Expérimentation pour les essais atomiques ; aussi convient-il d'abord de faire quelques rappels historiques sur ce sujet très sensible.

Le physicien français Henri Becquerel (1852-1908) met en évidence en 1896 le phénomène naturel de la radioactivité. Les époux Joliot-Curie, Frédéric (1900-1958) et Irène (1897-1956) découvrent la radio-activité artificielle en 1934. Cette découverte est à la base des applications atomiques. Certaines sont utilisées en médecine (isotopes radioactifs, bombe au cobalt contre le cancer). Diverses réations nucléaires sont source d'énergie pour produire de l'électricité dans des centrales ou dans des moteurs atomiques. Malheureusement en raison de la guerre de 1939-45 et comme beaucoup d'autres découvertes, l'énergie nucléaire est utilisée pour faire les bombes atomiques. Les premières sont à base d'uranium : les bombes à fission, utilisées contre le Japon en 1945. Depuis, on a mis au point les bombes à fusion ou thermo-nucléaires et les bombes à neutrons ou à rayonnement renforcé. La puissance destructrice des bombes atomiques actuelles par les effets de chaleur, de choc et de radiations est inouïe. Les 18 fusées du plateau d'Albion valent 5.600 bombes d'Hiroshima!

Beaucoup des essais atomiques ont lieu dans le Pacifique: les Etats-Unis à Bikini (1946-1958), à Christmas et Johnston (1962-63); l'Angleterre en Australie et à Christmas (1957); la France à Fangataufa et à Moruroa: de 1966 à 1974 par tirs aériens, depuis 1975 par tirs souterrains. L'Océan Pacifique sert aussi de champ de tir pour des essais de fusées soviétiques. Depuis les années 1970, les grands pays continentaux (Union Soviétique, Etats-Unis, Chine, Indes...) font les essais sur leur territoire national. L'Angleterre est liée aux Etats-Unis. Il se trouve ainsi que la France est la seule puissance nucléaire à poursuivre ses essais en Océanie. Cette originalité actuelle la montre du doigt et suscite des protestations vigoureuses des Etats indépendants de l'Océanie et des nations riveraines. Ces pays demandent le 9 mai 1973 à la Cour internationale de La Haye d'interdire à la France la poursuite de ses essais nucléaires en Polynésie. L'Etat français ne reconnaît pas la compétence de cette Cour en matière de Défense Nationale. Depuis 1972 et sous des formes variées, les croisades antinucléaires se poursuivent contre les essais atomiques de Moruroa. Ces derniers se déroulent paisiblement et en bonne sécurité – ce qui est surveillé de très près par les Néo-Zélandais – au rythme d'une douzaine par an. Divers incidents (éboulements du récif, tonneaux radioactifs mal arrimés...) ont défrayé la chronique, suscité des contrôles; mais ils n'ont pas effrayé les 3.000 personnes vivant en permanence sur l'atoll. Chaque tir revient à environ 85 millions de FF (155 millions CFP) [5].

La Polynésie, comme certaines régions en France et ailleurs dans le monde, vit d'un arsenal militaire; le C.E.P. se comporte comme une «monoculture» prospère et protégée. De fait la population en vit, au moins par les retombées; elle bénéficie des importantes infrastructures à utilité sociale évidente et appréciée. De nombreuses familles vivent des importants salaires versés aux travailleurs des «sites»; ceux-ci reviennent régulièrement en congé dans leurs familles. Comme tous les employés des «arsenaux», ils tiennent à leur gagne-pain. Ce n'est pas sur les plans de la sécurité et du travail que se pose la question de Moruroa. Les interrogations sont sur l'absence de maîtrise du changement brutal et massif de la société polynésienne d'une part et sur la nature même d'un travail lié à la fabrication des bombes atomiques.

Il faut reconnaître que pour la plupart des habitants de la Polynésie, une telle interrogation est lointaine, abstraite, intellectuelle. A 18.000 km de la Métro-

---

(5) Sources: *Quid* 1983; Ph. MAZELLIER: «De l'atome à l'autonomie».

pole, quel polynésien peut apprécier l'opportunité et la valeur de la «dissuasion nucléaire» par rapport à l'indépendance et à la défense de la France? Les habitants des îles, surtout les maohi, sont bien plus sensibles au fait qu'ils sont mal vus des autres océaniens anglophones, même si ces derniers jalousent leur niveau de vie exceptionnel. La masse des «actifs» économiques vit sans question majeure des transferts métropolitains. Moruroa est à 1.500 km de Tahiti. Aussi la position des Eglises est délicate.

L'Eglise Evangélique, par la voix de ses dirigeants, a toujours été réservée au sujet du C.E.P. Le compte rendu du Synode d'août 1982, sur quatre pages, consacre six lignes à la question du nucléaire. Elles ont beaucoup fait parler d'elles dans les médias. «Les membres du synode n'ont pas manqué de dire (au Vice-Président du Conseil de Gouvernement) leur détermination pour que ce problème soit suivie avec vigilance.

(N. 10) «Devant le danger que représente le nucléaire sous toutes ses formes, le synode demande que cessent les expériences à Moruroa, que cessent les dépôts de déchets radioactifs dans le Pacifique, que cesse dans le monde la course au nucléaire» (1-08-1982).

Cette désapprobation de fond exprime le refus de principe de la guerre atomique. Cette déclaration a suscité des réactions diverses en raison de sa formulation globale; les usages pacifiques ne sont pas distingués de la bombe atomique et les aspects socio-économiques sont passés sous silence.

L'Eglise catholique n'a jamais varié sur la condamnation absolue de «la démesure et de l'inhumanité de la guerre totale par l'armement scientifique. Tout acte de guerre qui tend indistinctement à la destruction de villes entières ou de vastes régions avec leurs habitants est un crime contre Dieu et contre l'homme lui-même; il doit être condamné fermement et sans hésitation.» Cette condamnation de la «guerre totale anti-cité » – cc qui est l'objectif ultime des bombes atomiques – a été formulé au Concile Vatican II le 7 décembre 1965; Mgr Paul Mazé l'a signée [6].

Comment, dans le monde tel qu'il est issu de la dernière guerre mondiale, aboutir à un désarmement général, progressif et contrôlé? Hormis quelques hommes politiques fous, personne ne veut la guerre totale et la destruction de l'humanité. Mais, puisque la méfiance est la règle et que la force fait la loi dans les relations internationales, comment tenir l'adversaire éventuel en respect? Quelle «dissuasion» employer pour l'empêcher d'aller trop loin? Les questions de défense sont complexes et en évolution rapide. Nous vivons, depuis 1945, dans un contexte mondial de paix armée où la «dissuasion nucléaire» et la ter-

---

(6) Vatican II: *Eglise dans le monde de ce temps* n. 80.

reur atomique sont des faits politiques majeurs. La dissuasion, basée sur l'équilibre ne doit pas être un but, mais un simple verrou de sécurité ; elle ne peut être qu'une étape vers le désarmement par un engagement actif vers la paix et le développement. Le désarmement sans une action culturelle d'ouverture aux autres, un engagement spirituel par le changement des cœurs, est illusoire puisque la méfiance, voire le racisme et la haine demeurent. Les conflits actuels sont d'abord des affrontements idéologiques ; ils expriment l'appartenance à l'un ou l'autre des « blocs » en présence. L'indépendance politique n'existe que dans l'interdépendance d'alliances qui, au bout du compte, reposent sur l'équilibre des forces nucléaires.

Mgr Coppenrath explique longuement à deux reprises cette position de l'Eglise catholique : condamnation de l'emploi de l'arme atomique, soutien aux négociations pour éliminer les armes atomiques. Il souligne que le « militantisme qui fait abstraction de la complexité des choses telles qu'elles sont » ne résoud pas la question et est source de nouvelles divisions. L'évêque constate que « l'Océan Pacifique abrite une grande partie de la puissance atomique des Super-grands et que les peuples du Pacifique n'ont aucune responsabilité dans la course à cet armement démentiel. Epargnons à nos populations l'usage de ces armes » (7).

A son retour de la C.E.P.A.C., Mgr Michel revient sur ce sujet en mars 1982 (8). « Les essais nucléaires regardent les Eglises sous un certain angle seulement, dans la mesure où l'Evangile est en cause. Les valeurs morales, la vie et le bonheur des hommes, guerre et paix regardent les chrétiens aussi. Entraîner le Pacifique entier dans une hostilité déclarée à tout ce qui est nucléaire, dépasse absolument nos compétences. A-t-on l'Esprit Saint pour dire au nom de l'écologie que l'homme ne peut tirer aucun bénéfice des recherches scientifiques et de certaines applications ? L'Eglise est prudente quand il s'agit de science ; chacun son domaine. N'entrons pas dans une nouvelle affaire Galilée. »

Distinction des domaines ne veut pas dire désengagement. Le diocèse fait sien et publie le même mois, « la déclaration sur les conséquences de l'emploi des armes nucléaires » (9). C'est un cri d'alarme de quatorze scientifiques de divers pays sur les conséquences irrémédiables pour l'humanité d'une guerre nucléaire. La lettre pastorale d'octobre sur le « partage » revient sur le sujet (10). « Comment anéantir la violence sans être soi-même violent ? La question est particulièrement grave en matière d'armement nucléaire. Nous contribuons à cet armement... qui se présente comme une menace de moins en moins illusoire d'auto-

---

(7) Mgr Coppenrath : *Semeur Tahitien* (15-8-1975), n. 16 « Armement des Super-Puissances ».
(8) Mgr Coppenrath : interview à *La Dépêche* (25-3-1982), pp. 10-11.
(9) *Semeur Tahitien* (15-3-1982), n. 5.
(10) *Semeur Tahitien* (8-10-1982), n. 18 « Violence et armement ».

destruction de l'humanité par elle-même. La conscience chrétienne qui n'évite le mensonge qu'en respectant l'homme, ne peut plus admettre que cette menace existe et soit de plus en plus sérieuse. Déclarations et manifestations ont leur limite. Que ceux qui détiennent la clé de la science et du pouvoir soient capables de mettre en mouvement un nouvel ordre de désarmement progressif» [11].

Pour essayer d'aider à la réflexion sur le désarmement nucléaire, voici quelques repères principaux.

Puisque «la gloire de Dieu c'est l'homme vivant», la guerre totale est à proscrire totalement et l'emploi de la bombe atomique, comme arme anti-cité de guerre totale, est à condamner de façon absolue.

On ne peut confondre la bombe atomique, inventée par l'homme pour détruire l'homme, avec la radio-activité naturelle, don du Créateur, et son utilisation pacifique (énergie, médecine...). Cet usage, conforme à la mission de l'homme de «dominer et soumettre la terre» ne pose que des questions de bonne utilisation, de maîtrise et de sécurité comme pour toute technique.

La guerre, degré suprême de la violence, est le fruit d'idéologies dominatrices et d'égoïsmes agressifs. Comme tout ce qui est mauvais, elle a sa source profonde dans le «cœur de l'homme» qui est à changer plus que dans les choses extérieures (Mc 7,21). C'est à ce niveau de la conversion évangélique que se situe la mission propre de l'Eglise pour aider les hommes à dépasser les méfiances et les divisions, fruits du péché où l'homme se fait dieu.

Convivialité et inégalités

La profondeur de la mutation globale de la société polynésienne est désormais assez bien perçue. Les diverses conséquences sociales, économiques, culturelles, politiques, etc., commencent à être sérieusement analysées. La fondation de l'Institut Territorial de la Statistique (I.T.S.T.A.T.) en 1980 et dirigé par M. Baudchon, fournit désormais des données précieuses. Il permet des études précises et un suivi de l'évolution socio-économique. Les assises régionales du Colloque National de la Recherche et de la Technologie, tenues à Papeete les 29 et 30 octobre 1981, ont été une occasion remarquable de rassembler chercheurs et spécialistes de la Polynésie. Le rapport général de synthèse, coordonné par Jean Fages, directeur de l'O.R.S.T.O.M. à Papeete, fournit une documentation riche et variée sur les divers aspects de la société en Polynésie. L'étude et

(11) On trouvera des dossiers sur cette question dans la *Doc. Cath.* : n. 1833 (4-7-82), 1835 (1-8-82), 1836 (5-9-82), 1844 (16-1-83), etc.

les propositions du « médiateur » sur les questions sociales et économiques de la Polynésie en 1982, Jean Vernaudon, situe avec beaucoup de clarté les défis à relever aujourd'hui à Tahiti et dans les archipels. Tout cela rejoint une dimension essentielle de l'évangile qui appelle à « faire la vérité pour parvenir à la lumière ». Ces recherches et celles qui suivront, aident l'Eglise à remplir sa mission d'évangélisation « dans le monde de ce temps » ; pour les uns comme pour les autres, on ne peut rien « bâtir sans commencer par s'asseoir et réfléchir ». Sur ce plan, science et foi sont fondées sur les mêmes exigences de « voir », la même attitude d'humilité pour accueillir [12].

Parmi les « constats de portée générale », Jean Vernaudon, après avoir dégagé la « difficulté d'appréhender objectivement la question dans son ensemble », étudie l'apparition du risque de rejet de la convivialité.

« Notre société est multi-raciale et pluri-ethnique. Cela constitue sa force si les tensions internes arrivent à être maîtrisées. Les fragiles équilibres des seuils de tolérance entre les divers groupes doivent être appréciés avec attention et préservés avec soin ; car notre petite société est vulnérable, plus particulièrement dans les Iles-du-Vent et aux Iles-sous-le-Vent, et singulièrement dans la zone du grand Papeete (de Mahina à Paea) qui concerne environ 57 % de la population totale. Déjà bien des ferments sont rassemblés pour qu'un processus de dégradation des rapports sociaux s'enclenche.

« Les habitants d'origine maohi qui regroupent, d'après le recensement de 1977, 66 % de la population, sont ceux qui auront été les plus ébranlés par la très rapide évolution de ces vingt dernières années.

« Les comportements ataviques toujours vivaces, le goût du nomadisme et du travail libre, l'attitude permissive à l'égard des erreurs de jeunesse, la notion de "fiu", cohabitent mal avec les exigences et les contraintes des relations de travail d'une économie moderne. Pourtant les attraits du modernisme et de la consommation sont irrésistibles et les besoins d'argent inéluctables. Ils sont d'autant plus élevés que l'individu se rapproche de Tahiti et de la zone urbaine. Les facultés d'adaptation en milieu urbain sont inégales selon l'origine des migrants ; les liens familiaux se détériorent.

« Les demis, les chinois et les européens, qui représentent 34 % de la population, ont tiré de substantiels avantages de la situation... et leurs conditions d'existence sont, dans l'ensemble, très satisfaisantes. Cette situation est proportionnelle au niveau de formation, au savoir-faire et à l'ardeur au travail.

« L'immersion de la population dans la société de consommation, la propen-

---

(12) Teilhard de Chardin : *Voir,* introduction au Phénomène Humain, Seuil, Paris 1955.

sion assez généralisée à l'ostentation, avive, chez les plus pauvres et les moins adaptés, les sentiments d'envie et de frustration.

«Il faut mettre en œuvre les moyens d'éviter les heurts entre ces différents groupes à la culture, à la langue, à la conception des choses et aux modes de pensée et d'existence différents et qui vivent, chacun dans sa sphère, dans un espace restreint les forçant à la confrontation. Il convient d'échapper à l'isolement des diverses composantes de la société locale...

«La société polynésienne ancestrale était inégalitaire, se rattachant par là aux lois naturelles qui ne sont pas choquantes. Mais le sentiment d'injustice naît d'un excès d'inégalité. Ce fait est ressenti au niveau de l'accès aux postes de commandement. Le relatif échec des efforts d'éducation et d'enseignement met en relief ce point... Il faut y réfléchir sérieusement, trouver les réponses, avoir le courage de les exposer, mener des actions qui modifieront cet état de chose. Un repli des maohi sur eux-mêmes n'apparaît pas forcément comme la voie la meilleure.

«Au plan des différences de revenus, les écarts décelés se révèlent parfois excessifs. Le secteur public local, dans une certaine mesure, pénalise le décollage économique et altère l'équilibre social. On peut se demander si nous ne sommes pas le seul pays au monde où, en ce qui concerne les basses et moyennes catégories, les agents de la fonction publique, outre la stabilité de l'emploi, bénéficient de rémunérations nettement supérieures à celles de leurs homologues du secteur privé. Ces écarts sont encore plus profonds avec la masse des agriculteurs, des pêcheurs et des artisans, surtout ceux des archipels éloignés. Cet état de fait n'est pas sain et doit préoccuper les responsables.

«Tous se déclarent partisans du progrès social. Mais son contenu et les moyens à mettre en œuvre pour le réaliser ne sont pas totalement identiques selon les parties» [13].

Ces remarquables réflexions du «médiateur» qui avait la charge de mettre au clair la complexité sociale et économique de la Polynésie actuelle, rendent très vigoureux les défis qui sont posés aux chrétiens. Sous peine de ne faire qu'une évangélisation confinée à la sacristie et limitée au sanctuaire, l'Eglise doit se laisser interpeller par «les signes des temps». C'est la ligne fondamentale du Concile Vatican II, telle que Jean XXIII l'a lui-même présentée. Le danger qui guette l'Eglise – et certains voudraient bien la réduire à ses seuls «oignons spirituels» – c'est une attitude littéraliste et fondamentaliste qui répète indéfiniment les traditions du passé. Ce courant est nommé «l'intégrisme». Cette mentalité, surtout développée aux périodes de mutations et de crise, rejoint la

---

(13) J. VERNAUDON : rapport cité, pp. 14 à 19.

mentalité très religieuse des pharisiens, mais qui «avaient enfermé Dieu dans leurs traditions». Le Royaume de Dieu n'est pas copie, il est croissance. Il n'est pas répétition, il est conversion.

Ces défis socio-économiques qui nécessitent une nouvelle évangélisation, s'enracinent dans la profonde rencontre des sciences et des cultures. Sous divers aspects, les «Assises de la Recherche» ont exprimé cette situation [14].

«Il faut bien comprendre que la population polynésienne ne peut juger de la valeur de l'univers scientifique et technique qu'au travers des retombées positives et négatives sur sa santé, le bien-être des familles, son développement collectif et individuel. D'où l'apparition, non pas de "l'antiscience" au sens européen de rejet idéologique et de principe, mais d'une réaction contre des retombées que l'on subit sans les comprendre ni en profiter, d'une allergie à ce qui semble imposé de l'extérieur, d'une affirmation de valeurs et de mode de pensée différents...

«Comment ne pas comprendre la réserve des polynésiens devant une rationalité scientifique trop exclusivement fondée sur le mesurable et le mathématisable, quand on sait que la rationalité polynésienne fait aussi appel aux observations ancestrales, à une logique plus globale et affective, à la qualité des relations à l'intérieur d'une communauté. Le temps ne se mesure pas de la même façon pour un européen et un maohi.

«Ce qui nous a paru caractériser le polynésien dans le monde actuel, c'est l'appartenance de fait à une double culture. D'une part, on est confronté à la technologie et à la culture occidentales; d'autre part, on souhaite préserver ou retrouver sa personnalité maohi, d'autant plus précieuse qu'elle est plus menacée. Jusqu'à un passé récent, ces deux aspirations semblaient inconciliables. Mais la lente remontée de l'attention portée à la culture locale, qui n'est plus la relique poussiéreuse d'un passé définitivement aboli, nous autorise à remettre en question ce constat.

«Cette double culture, française et polynésienne, se complique de l'immersion de la Polynésie dans un Pacifique à 99 % de langue anglaise et où le modèle américain domine, ainsi que de l'importance de la sensibilité d'un groupe chinois dynamique... (Il ne faut pas oublier l'influence croissante de l'Australie et de la Nouvelle-Zélande.)

«Le développement des sciences et des techniques pose de plus en plus une grave question de civilisation: développement des choses ou progrès des hommes, avoir ou être. Ces problèmes ne sont pas seulement d'ordre intellectuel

---

(14) Assises de la Recherche, Papeete 1981: synthèse générale, thèmes I, IV et VII.

d'une simple connaissance rationnelle. Ils sont aussi d'ordre culturel, social et éthique. Le débat ne doit pas seulement se cantonner entre les spécialistes de la science et de la politique; c'est toute la population polynésienne qui est concernée»[15].

A partir d'un tout autre point de vue et selon les méthodes de l'analyse statistique, B.M. Grossart soulève les mêmes questions sur les grandes inégalités socio-économiques à Tahiti, les déséquilibres entre les différents secteurs et les conséquences sur les «ménages de Polynésie française»[16]. «Les écarts entre le niveau et la structure des revenus sont tout à fait significatifs» selon la répartition ethnique et géographique; «la variation des revenus est élevée... Mais il s'agit là d'un sujet "tabou" sur lequel la population est particulièrement sensibilisée. L'absence d'impôt sur le revenu des personnes physiques et son actualité constante, font de ce thème un point délicat sur lequel on ne peut raisonnablement espérer des réponses franches.»

Argent, cultures, inégalités: autant de graves défis à la conscience chrétienne et au témoignage de l'Eglise. Sous peine de faire un pieux angélisme ou de continuer la conception ancestrale des océaniens réduisant la religion à un certain formalisme rituel sans conséquences sur la vie ni responsabilité morale pratique, l'évangélisation doit faire la lumière dans ces domaines brûlants de l'actualité économique, sociale et culturelle. Trop de zones d'ombre y empoisonnent les relations; trop de sous-entendus, de préjugés ou d'électoralisme rendent fragile «l'heureuse coexistence de groupes humains et culturels différents au sein de la société actuelle, caractéristique qui est à porter au crédit du peuple polynésien».

La réflexion et les orientations des Synodes ont éveillé les chrétiens à ces difficiles réalités de la Polynésie moderne. Un certain nombre de catholiques commence à s'engager dans ce monde périlleux. La lettre pastorale d'octobre 1982 sur le partage, marque une étape importante et ouvre des perspectives plus vastes. Fruit de deux années d'échanges au sein des Conseils pastoral et presbytéral, elle constitue un acte officiel de l'Eglise catholique. Elle dégage l'esprit dans lequel les chrétiens veulent apporter leur contribution pour résoudre les problèmes actuels de la Polynésie. Ce document soutient l'engagement des catholiques à témoigner résolument de leur foi dans tous les secteurs de la vie pour construire une société où la dignité de l'homme soit première. Sans violenter la liberté des responsables politiques, sans porter atteinte à la légitime diversité des options socio-économiques, cet éclairage évangélique qui se situe comme «sel, levain et lumière dans la pâte du monde», rejoint la préoccupation profonde des

(15) Assises Régionales de la Recherche, Papeete. Thème I, pp. 2, 3 et 5.

(16) R.M. Grossart: I.T.S.T.A.T., dossier 1; enquête sur les ménages, 1979; Papeete 1981, 168 pages.

hauts responsables publics. Paul Cousseran avant son départ en 1978 en appelait à une «nouvelle sensibilité sociale. Une société qui ne règle pas le problème de ses pauvres et de ses exclus, surtout lorsqu'elle en a les moyens, est une société condamnée parce qu'elle est une société condamnable. Ce n'est pas seulement une question de tactique politique, c'est surtout une question de morale; car il n'y a pas de politique sans morale» [17].

Développement et éducation

«Le développement est le nouveau nom de la paix», selon l'expression célèbre de Paul VI. Ce dernier et Jean-Paul II dans des encycliques très fouillées ont proposé de véritables chartes d'un développement total centré sur l'Homme, au service de «tout l'homme et de tout homme» dans la ligne du Concile Vatican II [18]. C'est dans cet esprit que les Synodes de Papeete et de Taioha'e ont réfléchi à la mission de l'Eglise catholique au service des polynésiens. Le Synode de 1973 avait une commission entièrement consacrée à l'étude du développement et du rôle de l'éducation dans cet esprit.

Ce n'est pas parce que le mot est devenu à la mode et est employé pout tout, que la réalité est simple en Polynésie. Sous son aspect économique et pour les infrastructures collectives, il n'est pas douteux que «l'aide massive de la France est une condition nécessaire du développement» [19]. La qualité, la diversité et l'efficacité de tels équipements dans divers domaines sont appréciées; ils sont d'ailleurs d'un niveau bien plus élevé qu'en Métropole pour une population équivalente.

Les recherches scientifiques et techniques adaptées aux îles du Pacifique sont importantes. Les organismes comme l'O.R.S.T.O.M., le C.N.E.X.O., les Services de l'agriculture, de la pêche, etc., font d'excellentes études. Au sein de la Commission du Pacifique Sud – sise à Nouméa et qui regroupe les divers pays de l'Océanie avec les Etats-Unis, l'Angleterre et la France – quelques programmes de recherche et de développement sont mis au point concernant l'agriculture, la pêche, l'artisanat, l'hygiène, la formation.

Les questions qui se posent sont plus au niveau des hommes que des moyens matériels. La plus fondamentale est celle de «la formation de base. Pourquoi former des architectes de marine ou des docteurs en océanologie s'il n'y a pas d'abord des marins pêcheurs», se demande le Colloque de la Mer de 1979. On

---

(17) Paul COUSSERAN, Haut Commissaire de la République (20-9-1978) dans *La Dépêche*. p. 9.
(18) PAUL VI: *Populorum progressio* (1966); JEAN-PAUL II: *Laborem exercens* (1981).
(19) Haut Commissaire, P. COUSSERAN, à l'Assemblée (30-5-1979), *Les Nouvelles*, p. 7.

a tellement intellectualisé les diverses formations qu'on en a oublié que tout développement repose d'abord sur des producteurs. Il en est de même pour les cultures sur les atolls et les diverses productions agricoles possibles et rentables dans les îles. Mais ici c'est l'hypertrophie du secteur tertiaire avec ses gros moyens financiers qui a détruit le secteur primaire de l'agriculture et de la pêche. Il est plus facile, quand on a les moyens, d'acheter boîtes à conserve, plats cuisinés et autres produits de la distribution moderne, il est plus intéressant d'accélérer les échanges commerciaux qui rapportent de nombreuses taxes, que d'assurer un développement équilibré de l'agriculture et de la pêche. Ce sont les profondes distorsions salariales et des inégalités de revenus entre les secteurs économiques qui ont tué un développement harmonieux et solidaire en Polynésie. C'est sans doute la question la plus urgente et la plus délicate à résoudre en Polynésie. On ne change pas aisément des habitudes de luxe facile et d'assistance irresponsable sous une conversion radicale des mentalités. C'est là où se situe l'action spécifique des chrétiens. L'opinion catholique appuierait toute initiative sociale ou gouvernementale à court ou long terme qui se proposerait, sans ambiguïté, de réduire l'inégalité des salaires et des revenus.

En plus de ces inégalités dangereuses pour le développement, l'irrégularité des productions, la difficulté des polynésiens à un travail encadré par des contraintes strictes, la dispersion des îles entraînant un certain individualisme de chaque groupe, le mélange de techniques ancestrales et d'habitudes traditionnelles avec les technologies modernes sophistiquées, entraînent de grandes complications pour assurer la maîtrise d'un développement global.

Aussi, puisque selon la vision évangélique approfondie par l'Eglise, l'Homme est la source, le but et la mesure de tout développement vrai et intégral, les Synodes ont étudié cette réalité à partir de la formation des polynésiens. « Le souci des pauvres et des plus défavorisés, le désir que le développement de la Polynésie se fasse en conformité avec la finalité profonde de l'homme, doivent conduire l'Eglise en Polynésie à s'intéresser aux efforts de tous ceux qui œuvrent pour le progrès physique, économique, social et moral des populations du Territoire et à joindre ses efforts aux leurs. Les relations entre l'Ecole et le développement sont très étroites. »

La Commission du développement approfondit longuement ces liens étroits entre éducation et développement. Elle se demande comment orienter toujours davantage les écoles catholiques dans ce sens. La recherche excessive des diplômes comme but de la scolarisation et l'orientation des écoles en Polynésie vers les professions libérales et la fonction publique font qu'on a tendance à négliger, voire à sous-évaluer, les formations techniques et la préparation aux métiers. L'éveil aux réalités locales (artisanat, folklore, histoire, langues...), les méthodes actives et le travail communautaire sont appuyés. Il convient d'éduquer une fierté raisonnée et raisonnable d'être polynésien, en excluant tout chauvinisme et xénophobie mais en insistant sur la responsabilité personnelle et collective. Les polynésiens peuvent aussi être actifs, entreprenants et consciencieux. La confiance des maîtres et leur ouverture au développement global des élèves est nécessaire pour que les enfants et les jeunes construisent et se prennent en charge.

L'ouverture des écoles aux problèmes sociaux, la participation active des parents à la vie de l'école contribuent à l'insertion des écoles dans le progrès social et économique du Territoire. En plus des problèmes de culture et de langue, la cause principale des échecs scolaires des enfants polynésiens se trouve dans la situation des familles maohi. Développement, scolarisation et éducation familiale sont de fait étroitement liés en Polynésie. L'action en faveur des adolescents au moment de la crise très violente à cet âge chez les polynésiens (le « taure'are'a ») est un élément important pour empêcher les jeunes maohi d'être totalement marginalisés par rapport à la vie actuelle.

En dehors des « écoles ménagères », l'enseignement catholique n'a guère pu se lancer dans des formations professionnelles. Aussi l'Eglise apporte tout son appui aux initiatives nombreuses et heureuses qui se font jour dans le Territoire pour préparer les jeunes à des métiers : Maisons Familiales Rurales, Centre de Jeunes Adolescents, Centres Artisanaux, Centres Techniques adaptés au développement, etc. De plus, avec le P. Hubert Coppenrath et Joanna Nouveau, Eglise et enseignement catholiques perfectionnent sans cesse les documents et méthodes pour l'enseignement du tahitien, selon la très ancienne tradition des « petites écoles » de la Mission. Car « le développement et le progrès ne doivent pas faire perdre à ce Territoire son originalité propre et sa personnalité. Il importe donc que, non seulement l'Ecole, mais les mouvements de jeunesse et les organisations de loisirs s'attachent aux traditions polynésiennes.

« L'Eglise, qui dans le passé, a largement contribué au développement des archipels, doit continuer son effort. Elle ne dispose ni des capitaux ni des techniciens ; mais elle peut, par les missionnaires, les cadres et les institutions, exercer une influence qui amènera les populations à militer activement pour le développement. Elle doit aussi éclairer les fidèles sur le développement au sens chrétien du terme » [20].

En 1982, le Comité diocésain du développement est lancé selon l'esprit des Synodes. En août 1982, Mgr Coppenrath installe à Mangareva un groupe de quatre Frères du Sacré-Cœur pour lancer un centre extra-scolaire de formation au service du développement global des Gambier et des îles éloignées afin de permettre aux jeunes de s'y épanouir.

---

(20) Les citations sont extraites de l'Orientation générale proposée par la Commission du développement du Synode de Papeete en 1973.

Défi politique

Tout ce qui précède et les divers chapitres consacrés à la mutation présente de la Polynésie, laissent entrevoir l'importance de la question politique. Quel statut pour Tahiti ? Depuis Pouvanaa sur le thème : « Tahiti aux tahitiens », les débats sont vifs. Mais quel contenu réel chacun met-il dans les mots de « liens organiques avec la Métropole », « autonomie interne », « autonomie de gestion », « indépendance », etc. ? Que représente la réalité politique dans un Territoire qui ne couvre qu'à 5 % ses importations et est dans la dépendance économique prépondérante du C.E.P. ? Quelle société imaginer avec le brassage ethnique qui construit un « type néo-polynésien » de plus en plus métissé ?

En même temps qu'une prise de conscience de l'identité polynésienne, de la personnalité maohi – reconnues par le Statut d'autonomie du 12 juillet 1977, la langue et le drapeau tahitiens devenus officiels – l'intégration de la majeure partie des fonctionnaires locaux dans la fonction publique métropolitaine affectée en Polynésie française (les C.E.A.P.F.) par la loi du 11 juillet 1966 et le décret du 5 janvier 1968, crée une situation contraire. Pour soulager le Territoire, l'Etat accepte de payer les fonctionnaires locaux, même ceux des services de compétence territoriale hormis les contractuels, mais à la condition de les intégrer aux corps d'Etat. Ainsi ces personnels ne dépendent plus du gouvernement local mais du gouvernement central représenté par le Haut-Commissaire de la République. C'est pour le moins une anomalie institutionnelle au Statut d'autonomie, mais logique par rapport au principe : « qui paie, commande ».

De même la généralisation de la structure communale de plein droit au Territoire par la loi du 24 décembre 1971 – auparavant il n'y avait que Papeete, Uturoa, Faaa et Pirae – retire des pouvoirs à l'Assemblée Territoriale pour accroître la responsabilité des communes. Enfin la procédure des Conventions Etat-Territoire selon le titre 3 du Statut de 1977, s'il permet le concours de l'Etat dans divers secteurs territoriaux, diminue, par le fait même, la compétence du Territoire. Certains ne cachent pas d'ailleurs leur objectif de vider ainsi l'autonomie de tout contenu significatif par une participation directe de l'Etat dans tous les domaines. C'est un peu une « départementalisation » pratique de l'autonomie politique du Territoire.

Intégration, autonomie, indépendance, tels sont les trois grands thèmes autour desquels se font les variations indéfinies, selon les personnes et les circonstances, des partis politiques locaux. Comme toutes les autres réalités, les groupes politiques ont une identité locale, fondée d'abord sur des relations personnelles et des sensibilités traditionnelles, et une référence aux grands partis nationaux à Paris. Ces deux visages ne sont pas plus superposables que les deux langues officielles. De plus, tant localement qu'à Paris, selon les résultats électoraux, les équilibres varient d'un côté comme de l'autre.

Officiellement peu de groupes sont partisans d'une intégration départementale pure et simple, refusant de reconnaître les spécificités polynésiennes. Dans la pratique, par l'importance du secteur public et le poids de l'administration, la théorie de «la Polynésie c'est la France» est appliquée dans la plupart des réalités quotidiennes. Les discussions présentes sur le Code du Travail montrent les grandes difficultés concrètes d'une véritable autonomie dans les domaines social et économique. le Vice-Président Francis Sanford le remarque dans le *Pacific Magazine.*

«C'est au peuple de décider de l'indépendance. Mais il doit comprendre un fait. Nous avons 10.000 familles vivant des salaires des fonctionnaires. Ils sont très bien payés. S'ils étaient payés sur les fonds provenant de notre propre budget, il faudrait réduire leurs salaires des deux tiers. Nous avons 3.000 personnes travaillant sur les sites des expériences à Moruroa. Elles font vivre 13.000 personnes. Comment expliquer à des gens qui possèdent des articles de luxe, voitures, stéréos, téléviseurs, qu'il faut faire machine arrière? Avant de parler d'indépendance, il faut une indépendance économique... Je préfère aller lentement par pallier» (21).

C'est la position des autonomistes qui veulent tous disposer du pouvoir le plus étendu dans les affaires locales. En dehors des questions de personnes et des traditions qu'elles représentent – ce qui est très important ici – les discussions portent sur les symboles de la reconnaissance de cette autonomie: titres officiels, drapeau, hymne, représentativité... et sur l'extension des domaines des compétences entre l'Etat qui paie et le Territoire qui apporte une belle place à la France dans le Pacifique. Les jeux sont subtils, changeants; les mots sont évolutifs. C'est un peu la fable du «Chêne et du roseau», le dialogue entre la puissance et la souplesse. Comment faire quand on est petit, dépendant, lointain, mais plein de vie et fier de sa personnalité?

En Polynésie, le mot d'indépendance n'est pas tabou. Il peut se dire officiellement sans susciter des bouillonnements passionnels ou des réactions enflammées. Le Vice-Président Francis Sanford en a parlé clairement devant l'Assemblée Territoriale en 1979 (22).

«Economiquement, notre Territoire est encore un pays sous-développé jouissant d'une prospérité plus apparente que réelle et profondément artificielle... Nous devons garder l'habitude de voir la vérité en face. Nous ne pouvons concevoir l'avenir de la Polynésie sans la suppression de tous nos déséquilibres... Il est malhonnête et dangereux de vouloir, systématiquement, faire payer toutes nos

---

(21) F. Sanford au «Pacific Magazine» dans *La Dépêche* (17-11-1981), p. 27.
(22) F. Sanford: discours à l'Assemblée Territoriale; *Les Nouvelles* (30-5-1979), p. 6.

dépenses par le contribuable métropolitain, aggravant notre dépendance au point de faire de la Polynésie le parasite insouciant de la France. Une telle voie ne peut mener qu'à la régression de nos libertés et à une domination méprisante...

« Quant à l'indépendance, je crois fermement que la Polynésie y accèdera un jour ; mais je souhaite qu'elle y parvienne dans des conditions qui lui permettent d'en tirer le meilleur et non le pire, c'est-à-dire en remplaçant les liens anciens par des relations encore plus fécondes et plus larges...

« Dans l'immédiat, une brusque rupture des liens avec la France ne pourrait aboutir qu'à faire tomber notre pays sous un néo-colonialisme dont nous voyons chaque jour les tristes résultats... Il ne suffit pas de vouloir le bien pour le faire ; encore faut-il y travailler avec la sagesse qu'il exige. »

Trois attitudes politiques fondamentales : intégration, autonomie, indépendance, avec lesquelles l'Eglise doit travailler. Il ne lui appartient pas de choisir à la place des populations régulièrement consultées. A la suite de Jésus, elle a pour mission de « rendre témoignage à la vérité et non de s'occuper des questions d'héritage ». Elle reconnaît l'autorité responsable des pouvoirs légitimes dans la pleine « autonomie des réalités terrestres » (23). La politique est chose noble, service du bien commun ; elle est aussi réalité changeante, équilibre relatif et « art du possible ». La dignité et la vie de chaque homme pour qui Jésus a livré sa vie, a plus de valeur que tous les programmes politiques. C'est l'Homme vivant, libre et responsable qui est la mesure de la politique. Ce ne sont pas les partis politiques qui sont la mesure du bonheur des hommes. Même pour les grands pays, même pour les deux super-puissances, leur indépendance n'est-elle pas interdépendance ? Actuellement, il n'est pas un seul pays capable de vivre par lui-même et pour lui-même, sans avoir besoin des autres. Pour les Etats comme pour les hommes, la vie est toujours échange, dialoguc, partage. L'indépendance c'est choisir ses amis, gérer de façon réaliste et responsable les contraintes qui s'imposent, épanouir sa personnalité par les relations acceptées avec les autres. C'est avant tout une question de dignité, de liberté, de respect des différences en maîtrisant les moyens essentiels pour développer la vie de chaque jour. Pour une communauté humaine vivant dans un lieu déterminé, son indépendance, sa personnalité sont le fruit des ressources naturelles, du travail des hommes et des échanges avec les autres. Indépendance et interdépendance sont indissociables selon la conception de l'unité organique développée par saint Paul, la pratique d'une Eglise Universelle constituée de la communion d'Eglises locales à la fois sœurs et unies.

---

(23) Jn 18,37 ; 19,11 ; Lc 12,14.
– Vatican II : *Gaudium et Spes* (Eglise dans le monde de ce temps) n. 36, 62.

Ce chapitre, dans la ligne des Synodes diocésains, n'avait pas pour but de faire le catalogue de toutes les interrogations posées par l'évolution rapide de la société polynésienne à l'Eglise. Il s'est efforcé de dégager les défis majeurs posés à la foi chrétienne dans les archipels : inégalités socio-économiques, « monoculture » atomique, rencontre dynamique des cultures, éducation et développement, déstabilisation des familles, personnalité polynésienne et Statut politique. Devant cela, l'Eglise catholique qui est constituée des mêmes hommes et femmes que les autres groupes, s'efforce de « lire les signes des temps ». Elle n'a pas la vérité sur tout et sa compétence n'est pas d'ordre politique, social ou économique ; elle a vocation d'être compétente en évangile et d'être « experte en humanité ». L'homme est sa route pour marcher humblement avec son Dieu. En ce sens « rien de ce qui est humain ne lui est étranger », mais uniquement sous l'angle de sa mission propre. Il est certain que les valeurs de l'évangile ne sont pas neutres et que Jésus-Christ a du caractère. Les faire vivre, c'est interpeller vigoureusement le monde politique ainsi que les partenaires sociaux et économiques. Mais les rappeler ce n'est pas proposer telle ou telle solution, ce n'est pas imposer tel ou tel choix. C'est inviter les hommes à se libérer pour bâtir ensemble un monde de partage par la justice et dans la paix.

Chapitre 22

PEUPLE RASSEMBLÉ PAR LE DIEU VIVANT

La messe des malades du samedi 13 novembre 1982, organisée au stade Pater pour la clôture des trois semaines de la « Mission d'évangélisation » animée par le P. Tardif à la demande du « Renouveau dans l'Esprit », constitue le sommet et le symbole du peuple chrétien rassemblé par l'Eucharistie en Polynésie. Les 15.000 personnes réunies ce soir-là autour de Jésus Vivant constituent « le plus grand rassemblement humain » constaté à Tahiti ; manifestation « impressionnante », à la fois dans la ligne de toute la tradition polynésienne et signe d'espérance pour une Eglise-communion. « Les retraites, les veillées de prières, les Eucharisties, les conversions et le rassemblement au stade Pater, constituent, au moins pour nous catholiques, l'événement le plus important qui se soit produit depuis l'implantation des missionnaires à Mangareva en 1834... Devant un phénomène religieux de cette ampleur, il convient de rester très "petit", très accueillant. Bien des questions nous sont posées. Il faut aussi, dans la foi, faire appel à un discernement sérieux où la raison ne perd pas son rôle, bien au contraire... Un examen critique ne supprime pas la foi ; il est nécessaire. La foi n'en sort que grandie ; l'Eglise a toujours procédé ainsi » (1).

Rassemblements, généralisation de l'esprit de prière, libération des cœurs et guérisons, témoignages et partage, autant d'aspects actuels d'une vie communautaire à laquelle tiennent beaucoup les polynésiens. Inutile, dans ce chapitre, de revenir sur le centre vivant et rayonnant de ce qui rassemble les chrétiens : la foi en Jésus présent et agissant dans l'Eucharistie ; le chapitre XI a détaillé ce qui fait le cœur de la Mission catholique dans les archipels. Explicitons les formes principales de la vie communautaire actuelle en Polynésie.

(1) Voir les journaux : *Les Nouvelles, La Dépêche* (15-11-1982) ; *Le Semeur* (14 et 28-11-1982). Mgr COPPENRATH.

Renouveau charismatique

A Tahiti les sœurs missionnaires de Notre-Dame des Anges – dans les années 1970, en même temps que la « Légion de Marie » et le mouvement des « Alcooliques Anonymes » – lancent discrètement le premier groupe de prière inspiré par le « Renouveau » à la paroisse Sainte-Thérèse de Papeete. N'oublions pas que ce mouvement est né dans l'Eglise catholique aux Etats-Unis aux Universités du Saint-Esprit puis de Notre-Dame en 1967 dans l'immédiat après-Concile ; il se situe dans la ligne du Pentecôtisme américain apparu en 1901. Les sœurs de Notre-Dame des Anges, originaires du Québec, connaissent bien ce renouveau spirituel qui se diffuse rapidement dans l'Amérique du Nord.

En 1977, le P. Guy Chevalier, l'actuel supérieur provincial des missionnaires des Sacrés-Cœurs, lance de telles réunions de prière à Sainte-Thérèse, principalement en vue de redonner un souffle évangélique aux traditionnels groupes du « Rosaire Vivant » et de venir en aide aux jeunes. Geneviève Dano a une action importante dans le démarrage du Renouveau. Mais c'est surtout au retour du groupe d'une trentaine de pèlerins revenant de Terre Sainte et de divers sanctuaires en Europe que le Renouveau prend corps en septembre 1978. Autour du P. Hubert Coppenrath, l'aumônier du pèlerinage, les participants voulaient tout à la fois approfondir leurs découvertes spirituelles faites sur les pas de Jésus et en partager la réalité actuelle à leurs familles et amis. L'Esprit Saint, dans cette fin d'année de « Révision Apostolique » et dans la continuité du renouveau diocésain lancé par les Synodes, a donné une ampleur inattendue à ces divers essais bien modestes. En octobre 1982, la mission du P. Tardif a manifesté aux yeux de tous un réveil spirituel beaucoup plus étendu que même les plus avertis ne l'attendaient ; 20.000 participants en ont suivi les divers exercices.

Les groupes de renouveau sont présents un peu partout, même dans les îles les plus éloignées. De nombreux jeunes en font partie. Rien que pour l'archipel de la Société, on dénombre près de 2.000 personnes qui participent régulièrement aux réunions hebdomadaires de prière. Les fruits spirituels et apostoliques sont variés et nombreux [2]. Les guérisons intérieures, les libérations des cœurs, les délivrances des peurs et des esprits sont nombreuses et accompagnées de diverses guérisons physiques stables et confirmées. Ces fruits de « paix et de joie » se traduisent par une expression plus spontanée dans les groupes, une plus grande attention aux malades et d'abondantes demandes de régularisation de mariages. La pratique religieuse dominicale et la participation aux messes, y compris quotidiennes, a bien progressé en quantité et en qualité. L'adoration du Saint-Sacrement a repris de l'importance dans les retraites, sessions et la vie des groupes. C'est réellement l'expérience de la foi vécue par les petits et les pauvres.

---

(2) Rapports du P. H. COPPENRATH : *Semeur* (28-11-1982) ; P. P. MOREL au Conseil presbytéral du 12-1-1983.

Une telle rénovation spirituelle qui atteint tous les milieux des personnes vivant habituellement à Tahiti – les gens de passage se sentent naturellement moins concernés par la vie locale – entraîne une soif de formation doctrinale et catéchétique. Le désir d'approfondir la vie spirituelle, de mieux connaître la Parole de Dieu fait qu'il faut multiplier les sessions, récollections, séminaires de formation. Ainsi se trouve réalisé un des vœux importants des Synodes.

La libération et la conversion des cœurs débouche habituellement sur le témoignage par l'engagement apostolique et le service des autres. C'est évidemment le point difficile ; cela demande éducation patiente, découverte des besoins et des appels ainsi que soutien par des mouvements d'apostolat. Le P. Hubert écrit : « Les communautés de renouveau découvriront petit à petit leur vocation propre : évangélisation, service des malades, contemplation, etc. D'autres membres puiseront dans le renouveau leur alimentation spirituelle en continuant à militer dans la Légion de Marie, le Rosaire Vivant, les mouvements familiaux, etc. » Divers artistes, chanteurs et compositeurs de Tahiti sont touchés par le réveil spirituel ; en Polynésie, le chant et la musique sont des secteurs importants de la vie collective et constituent des engagements sociaux de grande valeur.

Nous devons constater, en Polynésie comme en France, l'éveil de diverses vocations religieuses et ministérielles grâce au renouveau dans l'Esprit. Ceci est très frappant dans les groupes de jeunes et dans les divers foyers vocationnels du diocèse.

« Il faut aussi noter la dimension œcuménique de cette sorte de nouvelle Pentecôte. Dans les foules qui se pressent aux messes, il y a beaucoup de non-catholiques. Comment ne pas remarquer les nombreuses guérisons opérées chez ces frère ! Le Seigneur rappelle qu'il est le Père de tous ; il manifeste à tous ses enfants sa tendresse. Il leur fait comprendre qu'au-delà des dénominations, il désire les voir s'aimer et se respecter. Que chacun reste fidèle à ses convictions ; mais que personne ne se permette de mépriser, de critiquer, de regarder d'un œil supérieur celui qui n'appartient pas à la même confession chrétienne. Le Seigneur semble vouloir faire naître un mouvement œcuménique, non pas à partir de la tête des Eglises, mais à partir de la base (3). »

Sans doute, comme à Corinthe dont Tahiti est si proche par de nombreux aspects, y a-t-il des dangers et des déviations. Avec l'apôtre Paul, les responsables de l'Eglise catholique en sont bien conscients. Se contenter de la seule prière, en chantant longuement « Seigneur, Seigneur », sans exprimer dans des engagements et services concrets sa foi en Jésus Vivant qui fait signe dans la per-

---

(3) P. H. COPPENRATH : *Semeur Tahitien* n. 22 (28-11-1982), p. 4.

sonne des autres et des pauvres n'est guère vivre positivement l'Evangile. Cela rejoint le courant ancien du «fideisme» et du «quiétisme», déjà dénoncé par saint Jacques dans son épître. La foi sans les œuvres de la foi est tout à fait morte, selon le jugement décrit par Jésus lui-même (Mt 25,32). Engagements et services demandent une durée, un sens de l'organisation, de la prévision qui nécessitent une éducation au temps et persévérance pour surmonter le «fiu» si facile.

Un autre danger contre lequel Paul lutte avec force à Corinthe, est celui des rivalités, des séparations, des concurrences ou des incompréhensions entre les groupes et les responsables. Chacun se reconnaît dans son leader et ses habitudes. Un certain individualisme des petites communautés est une donnée liée à la géographie d'îles dispersées et une tradition polynésienne. De plus et surtout dans le domaine religieux, la diversité des sensibilités culturelles et des styles liturgiques ne facilite pas la compréhension et la rencontre. Voir large, dépasser ses horizons pour servir le bien commun, situer son groupe dans la paroisse et insérer sa paroisse dans l'Eglise diocésaine demande un effort permanent. Vivre l'unité organique décrite par saint Paul par la pluralité des membres, dans la variété des ethnies et des traditions, exige une conversion permanente; ce n'est jamais acquis.

Un point d'attention très particulier est celui de la primauté donnée à l'aspect affectif et émotionnel. Les polynésiens privilégient les relations humaines sur les idéologies, l'amitié partagée sur la raison intellectuelle. Ils se retrouvent bien dans ce mot célèbre: «On ne comprend bien qu'avec son cœur.» «Cela fait honte», «cela fait pitié», bien plus que des expressions quotidiennes, expriment un style de présence aux autres où la qualité des sentiments est première. Libérer l'affectivité, la purifier par le renouveau c'est aussi en faire le moteur pour une intelligence de la foi et une force de volonté afin de donner sa vie au service des autres.

Avec son énergie spirituelle et ses points d'attention pastorale, le «Renouveau dans l'Esprit» est une grâce pour l'Eglise et une chance pour la Polynésie. Il se situe clairement dans la ligne de la «nouvelle Pentecôte» désirée par Jean XXIII en lançant Vatican II. Sans le Concile il ne peut se comprendre. En Polynésie, il se situe en plus dans la continuité de l'antique dévotion à l'Eucharistie, dans la ligne de la rénovation apostolique des Synodes. C'est l'aspect le plus frappant et qui a étonné le P. Tardif. Le renouveau n'est pas marginal; il pénètre toute la vie chrétienne dans l'Eglise. Il est indissociablement renouveau de l'Eglise et renouveau en Eglise. Mgr Michel souligne ce caractère très particulier du renouveau en Polynésie et cette nouveauté pastorale. En ce sens, il n'est pas un mouvement parmi d'autres mouvements; il ne se situe pas en concurrence spirituelle ou apostolique. Il n'est pas et ne se veut pas en marge du clergé responsable de la pastorale paroissiale. Il est, par la puissance de l'Esprit, interrogation et interpellation de tout ce qui se vit et se fait pour le renouveler par l'Evangile. Car, selon le mot du P. de Lubac: «Détaché du Christ, l'Esprit peut devenir n'importe quoi.» L'Esprit est toujours l'Esprit de Jésus, seul «chemin, vérité et vie» qui nous conduit au Père pour que nous ayons la vie.

Ce caractère ecclésial du renouveau se traduit par l'élection d'un comité diocésain de douze membres le 28 décembre 1982; le P. Hubert Coppenrath est le «répondant diocésain» (4).

Un peuple qui chante

La joie de la foi célébrée ensemble dans des eucharisties chantantes et où l'on prend son temps, est bien connue de ceux qui vivent ou passent à Tahiti et dans les îles. Cet héritage primordial de la mission assurée par les missionnaires des Sacrés-Cœurs depuis 1834 est de plus en plus célébré par des communautés chrétiennes nombreuses et participantes. La messe constitue le principal rassemblement du peuple chrétien centré sur Jésus Vivant et présent. Cette participation est organisée autour de «l'amuiraa», parfois des groupes de «Rosaire Vivant» qui prennent en charge l'animation liturgique à tour de rôle. De plus en plus de groupes de jeunes, de mouvements, de groupes de chants apportent leur concours. La préparation demande à chacun un long temps et de gros efforts. Ce n'est pas parce que les polynésiens aiment à chanter que cela vient tout seul sans travail persévérant; les laborieuses répétitions sont la croix des maîtres de chorale.

Il convient de souligner la variété et la qualité des compositions de musique religieuse en langue tahitienne. La fanfare de l'Ecole des frères – disparue autour de 1966 – a formé de nombreux tahitiens à la musique; elle a joué ainsi un rôle important. Des efforts sont faits aussi en langue marquisienne. Divers compositeurs locaux apportent volontiers leur imagination et leurs talents pour célébrer la Parole de Dieu et les mystères chrétiens. Il y a déjà quarante ou cinquante ans, Lantereis, Bambridge, Ganivet, Leboucher; maintenant Dédé Nouveau, Coco Mamatui, Richard Mai, Teipo vahine, M. Frogier, pour ne parler que de ceux qui ont à leur actif des Kyriale en entier. Dans les îles hors de Tahiti, les compositeurs restent habituellement anonymes, ce qui ne diminue en rien leur qualité musicale et religieuse. Des jeunes même proposent des refrains et des airs nouveaux. Le passage de John Littleton en 1982 a contribué à ouvrir

---

(4) Rappelons que l'Assemblée des évêques de France à Lourdes en 1982 a étudié le «Renouveau» en France. On y compte 800 groupes de prière et autour de 30.000 participants réguliers chaque semaine.

Le Renouveau rejoint ce que le cardinal Suhard disait, en 1949, du «prêtre dans la cité: ministre de l'inquiétude», interpellation évangélique.

encore davantage le répertoire et a donné un élan qui s'est très bien coulé dans le renouveau spirituel d'ensemble [5].

Malheureusement pour le lecteur ce n'est pas en écrivant qu'on peut donner une idée du style et du dynamisme des communautés catholiques polynésiennes rassemblées pour chanter et célébrer leur foi vivante. Ces quelques lignes ne peuvent que souligner cet aspect très important de la vie chrétienne en Polynésie; elles veulent encourager ceux et celles qui s'y dévouent avec ardeur et y consacrent beaucoup de leur temps ainsi que donner envie à tous d'y participer avec joie. Comme partout, les chorales et les groupes, selon les souhaits des Synodes, doivent bien veiller à faire participer la foule rassemblée et non pas d'abord donner leur répertoire. L'oreille musicale et la grande mémoire des polynésiens leur permettent d'apprendre rapidement des chants nouveaux sans avoir besoin d'avoir trop de livres avec eux.

L'animation liturgique nous amène à la catéchèse. La Parole de Dieu est l'une des «deux tables» de la liturgie et la Bible est un livre familier et respecté en Polynésie. La fondation d'un Centre diocésain de catéchèse était demandée par le premier Synode de 1970. Le P. Paul Cochard, suggéré par le chanoine Boulard, arrive à Tahiti le 30 novembre 1970 dans ce but. Il est le premier prêtre «fidei donum» demandé par le diocèse de Papeete. En un an et demi, il organise la catéchèse. Un grave ennui de santé l'oblige à partir en mai 1972. Le Synode de 1973 vit sur sa lancée et la Commission diocésaine de catéchèse approfondit son travail dans six directions principales: la catéchèse dans les écoles catholiques, le programme de sixième, la confirmation et l'engagement chrétien, la participation des parents, le catéchuménat chez les chinois, l'animation spirituelle.

En 1972, on dénombre 9.010 élèves catéchisés dans les écoles catholiques et 1.620 dans les paroisses venant des écoles publiques. L'existence du centre catéchétique est appréciée; le P. René Pousset est préparé pour succéder au P. Cochard. Car chacun souhaite que continue l'élan du renouveau entrepris. Les Filles de la Charité du Sacré-Cœur, arrivées en 1972, jouent un rôle croissant dans l'animation catéchétique du diocèse. Sœur Denise Lessard fait partie de l'équipe de direction du Centre diocésain. Les sœurs Gisèle Bégin et Micheline Busque ont une responsabilité essentielle à la librairie catéchétique Pureora. De plus il y faut une formation religieuse permanente et la collaboration des parents. Celle-ci peut être favorisée par un manuel simple traduit en tahitien, comme le livre «Vers le Seigneur»; les réunions préparatoires aux sacrements de Pénitence et d'Eucharistie sont bien suivies par les parents qui y participent

(5) Le P. E. AMANS entreprend de rassembler et d'éditer les plus importantes de ces compositions religieuses en un volume édité en 1983 par les Editions Saint-Paul.

activement. Pour approfondir la catéchèse chez les adolescents et les grands jeunes, la liaison avec les mouvements de jeunes est souhaitée. Le Centre catéchétique assure, plusieurs fois par an, des sessions de formation pour les catéchètes.

Un point particulier est souligné en raison de la dispersion des îles: c'est l'importance catéchétique des divers médias. Les deux jounaux diocésains fondés en 1909 [6] voient leur action se développer particulièrement sous la direction du P. Pierre Laporte. En 1961, un modeste studio Radio est installé dans les caves de l'évêché. Quelques années plus tard, il devient le Centre Tepano Jaussen qui comporte une installation de Télévision. En 1980, un nouveau studio est construit. Le P. Adrien Joanny, mariste de Nouméa, vient aider le diocèse de Papeete pour le *Semeur Tahitien,* la Radio et la Télévision du 3 novembre 1973 jusqu'au 10 août 1978. Sœur Angèle Grenier travaille surtout à la Télévision de 1974 à 1979. Le P. Peter Choy, en plus d'autres tâches, assure les services Radio-Télévision depuis 1979. Le diocèse de Papeete fait partie de l'association «Unda-Oceania». L'Eglise n'a pas d'émetteur ni de station propres. Elle diffuse sur les ondes de la Radio d'Etat à l'intérieur des horaires attribués: un quart d'heure de télévision par semaine, en alternance les samedi et dimanche soir avec l'Eglise Evangélique, et une demi-heure de Radio, moitié en français et moitié en tahitien. A cela s'ajoute la messe de la nuit de Noël diffusée en direct à partir des studios de Radio-Tahiti. C'est l'unique office religieux diffusé annuellement. Ces émissions sont bien suivies, en particulier la Radio, seul lien avec les îles éloignées; nouvelles données, homélies proposées constituent une catéchèse hebdomadaire appréciée dans les atolls qui ne voient le prêtre que rarement.

Pour compléter cet équipement catéchétique, le diocèse ouvre une librairie catholique en 1974: la librairie Pureora. Lewis Laille, Juanita Domingo, Henri Avril, Suzette Raymond surtout (1976-79) contribuent à lui donner toute sa dimension de librairie religieuse au service de la pastorale diocésaine. Actuellement ce sont les Filles de la Charité qui ont la responsabilité de ce qui est devenu un outil apostolique très important au service des chrétiens.

Un peuple en mouvement

Toute cette vie s'exprime par de nombreux mouvements. Ils sont plus de style spontané et libre que fortement encadrés et disciplinés. Pas plus la tradition locale ou les possibilités de l'Eglise catholique que la mentalité des groupes très dispersés à travers les îles ne font envisager une organisation centralisée et trop structurée. Les mouvements chrétiens, qu'ils soient de jeunes ou d'adultes, sont

(6) Il s'agit du *Semeur Tahitien* et du *Vea Katorika.*

d'abord au service de l'évangélisation pour la promotion d'hommes libres ; les activités éducatives ou sportives, l'encadrement sociologique sont au service de l'homme et de sa dignité. En effet les chrétiens en Polynésie ont une vive conscience que l'Eglise c'est eux ; ils sont de quelque manière les possesseurs de leur paroisse et le diacre ou le prêtre est au service de leur communauté. Par « l'amuiraa », l'Eglise est leur patrimoine dans les épreuves comme dans les réussites. Sur tous les plans, ils en sont les constructeurs avant d'en être les usagers.

L'attitude de Mgr Mazé qui a beaucoup travaillé pour les « œuvres de jeunesse » était beaucoup plus de faire faire dans la confiance que de s'imposer. Les demandes des deux Synodes de 1970 et 1973 concernaient seulement une concertation et une coordination pastorale au niveau du diocèse entre les divers mouvements et activités ; c'est une conception fédérative et pluraliste permettant à chaque personne et à chaque groupe de s'épanouir selon sa personnalité, ses traditions et son projet éducatif. L'Eglise se refuse à proposer et encore moins à imposer une recette idéale. Elle favorise les « communautés de base », la responsabilité au niveau de la vie concrète dans une conception organique et pluraliste de l'unité. D'ailleurs, la dispersion géographique des îles, la diversité des groupes et la pluralité des cultures appellent une telle spontanéité libre. Une centralisation uniforme ne pourrait se faire sans une certaine contrainte violente de la jeunesse.

L'histoire récente montre trop la récupération de la générosité des jeunes et la manipulation politique ou religieuse de leur ardeur par les divers fascismes et pouvoirs totalitaires pour que l'Eglise catholique, qui a toujours beaucoup à en souffrir, ne soit pas fort réservée à cet égard. Tentation du pouvoir, puissance de l'argent ou orgueil des compétitions sont des dangers permanents pour tous les mouvements de jeunes qui se veulent éducateurs selon les valeurs de l'évangile. « L'essentiel est de participer et non de gagner », disait Coubertin en relançant les Jeux Olympiques modernes. On voit comment la politique, l'argent ou l'orgueil les ont dénaturés. Ces tentations ne sont pas illusoires en Polynésie où le sport compte beaucoup et reçoit énormément d'argent. Tout ce qui est entrepris l'est-il toujours au service des jeunes et de leur épanouissement ? Ce sont des questions graves ; il est en fait difficile de les aborder en public tellement les intérêts et les passions en jeu sont importants. C'est une question très sérieuse pour la Polynésie qui a plus de la moitié de sa population au-dessous de 20 ans [7].

Les deux Synodes avaient une importante commission du « Monde des Jeunes ». Pour répondre au vœu du premier Synode, « l'Association du Monde des Jeunes » (A.M.D.J.) est créée en février 1971. Son but premier est de coordonner

(7) Les passages du P. Dersoir de la F.S.C.F. en 1981 et 1982, de divers commissaires et aumôniers du scoutisme, de responsables d'autres mouvements permettent régulièrement d'approfondir ces questions.

les divers mouvements et d'animer la jeunesse. L'animateur pastoral en est le P. Léon Lemouzy aidé d'un bureau. Dans la pratique, l'animation de la jeunesse désœuvrée, trop souvent victime de l'alcool, de la drogue et insérée dans aucun groupe prend vite le pas sur la coordination. Progressivement l'A.M.D.J. devient une sorte de fédération diocésaine des groupes paroissiaux de jeunes. Ces groupes locaux fonctionnent de manière spontanée au niveau des quartiers, des vallées ou des petites îles. Ils sont très liés à la personnalité du cadre et de la petite équipe qui l'entoure. Chacun a son style, son projet particulier, ses possibilités. C'est un peu analogue aux anciens «patronages» dans la France d'avant 1939. Aussi l'A.M.D.J. – avec les hauts et les bas de n'importe quel groupe de jeunes à reprendre tous les deux ou trois ans – devient le mouvement de base pour la jeunesse populaire du diocèse. Il se vit au niveau des paroisses et des quartiers avec tous les aléas des variations incessantes des jeunes. C'est un accompagnement patient dans un esprit communautaire et par des projets ponctuels. Ce mouvement atteint environ un millier d'adolescents et de jeunes dans les quartiers populaires. D'une certaine manière c'est assez proche de la Fédération Sportive et Culturelle de France (F.S.C.F.) qui accepte de parrainer l'A.M.D.J., spécialement pour la formation des cadres et l'initiation à diverses techniques éducatives [8].

Le Scoutisme est lancé en 1947. Ce mouvement, fondé par Baden Powel en juillet 1907, est bien connu de tous. On se doute qu'il a connu bien des changements depuis 35 ans. Tahiti entre les années 1950 et 1983, tout en gardant son âme, a subi de profondes métamorphoses. Le mouvement dépend en grande partie, comme beaucoup d'activités sportives et éducatives en Polynésie, des «cadres verts» métropolitains; ce sont habituellement des enseignants. Les frères de Ploërmel jouent un rôle actif dans l'encadrement du scoutisme, comme actuellement Fr. Jean-Pierre Boissière et Fr. Henri Alanou, avec des responsables locaux comme Léone Révault. En 1983, le scoutisme compte autour de 60 cadres et il touche 400 enfants et adolescents. Les parents y prennent une part active ainsi que quelques prêtres qui les accompagnent.

Le Mouvement Eucharistique des Jeunes (M.E.J.) est lancé par deux sœurs de Saint-Joseph de Cluny: sœur Marthe Hellard à la Mission et sœur Louise Guiavarc'h à Sainte-Thérèse. Malgré divers essais d'extension aux paroisses, le M.E.J. reste essentiellement un mouvement d'animation des enfants et des jeunes en milieu scolaire; il y joue un rôle très important. Rapidement, en particulier par divers jeunes frères de Ploërmel faisant leur service comme volontaire à l'aide technique dans les écoles (V.A.T.), le M.E.J. se développe et se fortifie. Il est présent dans l'ensemble des écoles catholiques. Il organise diverses sessions, des récollections et des camps. Divers professeurs laïcs y participent et y

---

(8) F.S.C.F.: *Vers quel homme?... Par quels chemins?* Paris 1982.

ont un rôle actif, comme Dominique Soupé. Sous la responsabilité du frère Alain Celton, le M.E.J. anime actuellement autour de 700 jeunes et compte 120 cadres.

A côté de ces mouvements apostoliques qui sont structurés autour de leur projet et organisés à travers leur pédagogie propre, on ne peut négliger des groupes plus spontanés liés aux activités paroissiales ou aux mouvements d'adultes. Les groupes de chants («pupu himene») jouent un rôle considérable pour regrouper les jeunes en vue de fêtes ou de célébrations régulières. Par les longs temps de répétition, les exigences de la qualité musicale, l'intériorisation des contenus liturgiques, ces groupes motivent et rassemblent les jeunes dans le service de la communauté. Avec le développement général du renouveau liturgique et spirituel, ces jeunes se mettent en route dans l'approfondissement de la foi et son témoignage par divers services ; tel ce groupe de jeunes de Faaa, animé par des adultes du Renouveau et le chanteur Gabilou, qui a passé, à Noël, plusieurs heures à visiter les prisonniers de Nuutania ; ces services ponctuels correspondent bien à la psychologie polynésienne.

De même les récollections mensuelles de la «Légion de Marie» attirent de nombreux jeunes qui veulent découvrir les divers aspects chrétiens de la famille, de la sexualité, de l'amour tels que Jésus-Christ nous les propose. Ces rencontres constituent comme des sortes de groupes d'acheminement où les jeunes, souvent pris par l'alcool, la drogue et la débauche, se sentent accueillis, respectés, aimés. Ils y rencontrent des adultes qui ont vécu les mêmes tentations, sont passés par les mêmes épreuves qu'eux. Le témoignage simple et prenant des foyers convertis, l'exemple de la lutte quotidienne de ces adultes pour s'en sortir est un des aspects les plus évangéliques de la pastorale en Polynésie. Il y a de l'or chrétien dans les poubelles de la société tahitienne. Les jeunes découvrent par l'expérience que Jésus est bien vivant dans l'Eglise et qu'il continue toujours de «venir chercher et sauver ce qui était perdu, appeler les pécheurs pour qu'ils se convertissent» (Lc 5,32).

Le «Rosaire Vivant» de même accueille les jeunes des divers quartiers. Dans la zone urbaine de Papeete, ces groupes se réunissent selon une certaine affinité dans de vraies communautés de base empêchant l'anonymat mortel des grandes cités. Ils constituent comme un réseau nerveux et un système circulatoire permettant des échanges à échelle humaine. En plus de l'entraide et des visites, nous avons signalé que certains groupes ont habituellement des responsabilités précises dans la vie paroissiale: entretien de l'église et des salles de réunions, débroussage de l'enclos paroissial, entretien des pelouses et des plantes, animation de telle ou telle cérémonie (messe, salut, adoration...). Régulièrement il y a des réunions et des célébrations dans les quartiers où un coin de prière est aménagé dans telle ou telle maison: grotte, calvaire...

Ne revenons pas sur l'activité importante des groupes de Renouveau charismatique pour assurer le rassemblement et éveiller au service des autres.

Sans vouloir être complet, il convient en terminant cette évocation d'un peuple chrétien en mouvement, de signaler divers engagements demandés par les Synodes et la «Révision Apostolique» et actuellement en cours de réalisation. L'Association Familiale Catholique (A.F.C.) s'organise progressivement à l'échelle de chaque paroisse. De plus en plus de rencontres et d'actions au service des familles sont entreprises; nous en avons déjà parlé. C'est une action constante et de longue haleine; dans le monde actuel c'est une entreprise apostolique difficile mais essentielle aussi bien pour la société polynésienne que pour l'Eglise. Il est absolument inouï de constater qu'il existe des gens pour penser qu'une société humaine puisse vivre et prospérer avec des familles détruites.

De même les associations de parents d'élèves deviennent de plus en plus actives. Elles commencent à organiser des rencontres avec des thèmes de réflexion éducative. Les enseignants catholiques, très particulièrement au niveau du Premier Degré et surtout depuis la «Révision Apostolique» de 1978, participent de plus en plus à ce mouvement commun. L'action de formation et de soutien du Bureau Pédagogique, jointe à celle du centre de la catéchèse et aux divers groupes de prière, entraîne un mouvement en profondeur dans la direction de ce qui a été souhaité par le Synode de 1973. Les écoles catholiques sont de mieux en mieux, selon leur «caractère propre», des communautés éducatives, ouvertes aux parents et à la vie. Des progrès sont faits dans la proposition de la foi en Jésus-Christ et dans sa célébration. Les liens avec les mouvements de jeunes sont bien acceptés.

De nombreux chrétiens participent aux diverses activités territoriales, selon le souhait du Synode de 1973 sur le développement. L'Eglise catholique ne joue pas à la «société parfaite» autosuffisante ni au contre-pouvoir. Nous avons déjà signalé les bonnes relations entre l'Enseignement Territorial et la Mission dans les diverses îles, malgré les inévitables petits problèmes ponctuels. Des frères de Ploërmel participent activement aux organismes de jeunesse et de sports, comme Fr. Henri Guigo et Fr. Maxime Chiu. Diverses opérations d'entraide au niveau du Territoire, tel le célèbre «Noël pour tous» qui mobilise tant de monde, font appel au soutien des congrégations comme les sœurs de Cluny. Si la convivialité est fragile, il faut reconnaître qu'elle est réelle et que l'action sociale des catholiques à travers les divers mouvements et organisations travaille en ce sens.

Peuple communautaire

Il importe de bien se comprendre. La Polynésie, Tahiti spécialement, est le lieu de rencontre de quatre cultures caractéristiques et fort différentes. Les distorsions économiques et les inégalités sociales sont choquantes et criantes. Malgré l'apparence riante et fleurie des paysages, les divers groupes humains vivent en sorte de ghettos de fait; les quartiers sont très typés selon le niveau économique et le style ethnique. Malgré cela et un individualisme certain qui gagne du terrain, c'est la convivialité qui l'emporte. La peur et la violence sont pratiquement inconnues comme phénomènes de société et de racisme; elles peuvent exister comme réalités quotidiennes liées aux tempéraments personnels ou à des fléaux sociaux comme l'alcool.

D'où vient cette réalité qui fait le charme de la Polynésie et la réputation «paradisiaque» de Tahiti? Alors que tout semble réuni pour des phénomènes de rejets culturels, économiques ou politiques, comment expliquer une convivialité aussi rare qu'appréciable dans le monde actuel? Laissons de côté les réactions épidermiques de compréhension parfois difficile de certains métropolitains de passage pendant deux ou trois ans. Souvent, ils sont très pris par leurs fonctions; ils n'ont pas le temps de découvrir la langue, le rythme, la sensibilité polynésienne. Tout est si différent. C'est une situation difficile que le nomadisme fréquent du personnel affecté Outre-Mer. Pourtant, même ces européens au séjour si bref, découvrent souvent une qualité de relations inter-communautaires qui ne les laissent pas indifférents.

Un certain nombre dépassent l'interrogation et se fixent sur place; ils deviennent résidants, habituellement par mariage. Leur désir n'est pas du tout de vivre à l'européenne mais à la tahitienne. Contrairement à beaucoup d'ethnies bien plus puissantes qui se sont perdues par les métissages, le phénomène «demi» à Tahiti met en honneur diverses données polynésiennes. Si bien que, dans la pratique, c'est le caractère socio-culturel maohi qui peu à peu devient dominant alors qu'il est dominé dans les secteurs économiques et politiques. Il y a comme une dimension intérieure à l'âme maohi qui la rend attirante aux autres groupes ethniques pourtant plus forts.

Après expérience et analyse, ceci paraît s'enraciner dans ce que le Synode de 1973 a longuement analysé: «l'amuiraa» [9]. C'est le nom traditionnel des communautés de base dans l'Eglise. Elles remontent aux origines mêmes de la Mission. Ce «être-ensemble, ce besoin congénital de la communauté, du groupe» est aussi fortement souligné par le pasteur Daniel Mauer pour les polynésiens protestants [10]. Ne l'attribuons pas trop vite et uniquement à un don naturel du «bon sauvage»; l'histoire nous a montré l'ardeur guerrière, voire cannibale, des maohi dans diverses îles. Cet instinct communautaire, développé par l'évangile, ne vient pas non plus uniquement des missionnaires; trop de chrétiens montrent

---

(9) Synode de Papeete 1973 (29-8-1973): Orientation générale de la Commission 5 et note de Mgr COPPENRATH sur les «amuiraa».

(10) D. MAUER: *L'Eglise Protestante à Tahiti.* Société des Océanistes, dossier 6, p. 31.

le contraire. Il faut reconnaître que la conversion évangélique a purifié et libéré le sens communautaire marqué de l'âme polynésienne, cet «esprit de groupe» que l'on trouve à la base de la «famille élargie». N'oublions pas que, par suite de la considérable dépopulation qui a ravagé la Polynésie durant le XIXe siècle, les communautés étaient restreintes et l'entraide dans le groupe vitale. Dons providentiels, conversion évangélique, nécessité vitale se conjuguent dans ce phénomène culturel et spirituel primordial: «l'amuiraa». Cette solidarité communautaire, liée aux qualités d'accueil et à la fraternité chrétienne, a sauvé finalement l'âme maohi.

L'amuiraa représente un groupe humain qui se sent en communauté de vie. Elle est plus restreinte que la paroisse qui désigne l'ensemble des choses et des personnes se trouvant sur un territoire donné sous l'autorité d'un même responsable pastoral: prêtre, diacre ou katekita. Mais l'amuiraa a une intensité de vie partagée, de solidarité affective plus forte que la paroisse. En ce sens c'est une communauté de base; elle est au cœur des petites paroisses des atolls disséminés comme des vastes paroisses hétérogènes de la zone urbaine, comme Faaa ou Papeete. C'est l'amuiraa qui sert de cadre à de nombreux groupes de chant, à des groupes de prière ou de jeunes, à des activités et services, à des rencontres et échanges.

Mais cette solidarité communautaire est aussi mise à l'épreuve par les défis de la société moderne. Un certain nombre ne s'y sentent plus à l'aise, en particulier les demis. Les conflits de génération, inévitables, s'accélèrent avec les techniques modernes: télévision, vidéo... De nature, même si le polynésien est ouvert aux nouveautés, l'amuiraa, comme tout groupe, est conservatrice; elle n'intègre pas automatiquement les éléments extérieurs qui n'acceptent pas un minimum de partage en profondeur ou qui restent à la surface des choses. Les dangers du littéralisme, des pures et simples répétitions du passé ne sont pas illusoires.

Cela, qui n'est pas propre aux seules communautés polynésiennes, ne peut faire oublier que les amuiraa représentent ce qu'il y a de plus maohi dans l'Eglise. La majeure partie des catholiques est d'origine populaire, en particulier des Tuamotu et des Marquises. Les amuiraa, par leurs qualités d'accueil, de sécurité affective, d'insertion sociale et civique, sont essentielles pour éviter aux polynésiens d'être des déracinés anonymes, en particulier dans la zone urbaine de Tahiti. C'est dans ces communautés de base que se réalise le mieux l'évolution des mentalités, l'assimilation des nouveautés, l'ouverture aux autres groupes et au monde moderne. C'est à partir d'elles que se dégagent progressivement des leaders acceptés par la population. C'est un fait que ces communautés à échelle humaine, où se pratique le pluralisme politique et social, permettent aux jeunes, dans leur adolescence tumultueuse, de trouver un groupe d'accueil compréhensif qui peut favoriser la reprise après les tempêtes. Les amuiraa permettent de ne pas désespérer de l'homme, car elles mettent la vie et le partage en premier lieu. Les européens qui ont su s'intégrer aux amuiraa sont souvent les seuls à réaliser une véritable insertion en milieu maohi.

Rien n'est idéal, pas même les amuiraa. La vie ensemble est toujours difficile. L'homme pécheur est replié sur lui et se met au centre de tout. L'amour fraternel dépasse les seules forces humaines, puisque c'est le «commandement nouveau», le vrai signe auquel on «reconnaît les disciples» du Seigneur. Mais grâce à cet esprit communautaire, à la fois naturel et évangélique, qui est toujours une valeur première pour les chrétiens en Polynésie, l'Eglise catholique peut vivre avec joie comme Peuple de Dieu rassemblé par Jésus vivant et donner un témoignage de convivialité ouverte à la dimension universelle de l'Evangile.

Chapitre 23

ÉGLISE OUVERTE À L'UNIVERSEL

«Dieu veut que tous les hommes soient sauvés et parviennent à la connaissance de la vérité.» Dans cet amour universel, le Père des miséricordes envoie son Fils bien-aimé manifesté en Jésus de Nazareth afin que la multitude des humains ait la vie en abondance et soit rassemblée dans l'Unité. Par la puissance de l'Esprit Saint, Jésus ressuscité envoie les apôtres réaliser ce salut en proclamant la Bonne Nouvelle «jusqu'aux extrémités de la terre [1]». Enracinée dans la foi en Jésus-Christ et fondée sur le témoignage des Apôtres, l'Eglise vit de la Pentecôte ; elle est l'anti-Babel. Elle libère les cœurs par la conversion et rassemble les hommes dans la communion fraternelle. Elle apprend peu à peu, comme Pierre avec Corneille, que «Dieu ne fait pas de différence entre les hommes». Dans une croissance continue, l'Eglise fondée par le Christ sur la foi et l'union du groupe apostolique, devient universelle [2]. En l'an 325, le premier Concile œcuménique de Nicée prend conscience de cette identité profonde de l'Eglise. Dans la profession de foi que nous récitons toujours au cœur du rassemblement eucharistique, il la définit comme «l'Eglise une, sainte, catholique et apostolique». Avant d'être une institution humaine, un groupe social, l'Eglise de Jésus-Christ est objet de foi. Pour réaliser concrètement le mystère de salut universel par l'Incarnation rédemptrice, elle est le «Corps du Christ continué et répandu» parmi toutes les races, peuples et langues [3].

Mais, dès l'époque apostolique les tensions sont vives entre les groupes ; les divisions menacent autour de leaders qui se croient plus apôtres que les Apôtres eux-mêmes. Les épîtres de Paul, de Jean, de Pierre, de Jude sont remplies

(1) 1 Tm 2,4 ; Jn 3,17 ; 11,52 ; 12,47 ; Ac 1,8.
(2) Ac 2,10, 11 et 15.
(3) Ap. 7 ; 1 Co 12 ; Ep 4 et 5 ; Co 1. – Bossuet.

d'exhortations à l'unité autour des apôtres établis par le Christ et en communion les uns avec les autres, comme Paul le souligne aux Galates pour lui-même (Ga 2,1-10). Etre soi-même et ouvert aux autres sans faire de différence, vivre en « petit frère universel », selon le mot de Charles de Foucauld, dépasse les simples forces humaines ; le péché est toujours égoïsme et orgueil de l'homme « qui se fait dieu » (Gn 3,5). Mais « Dieu est le maître de l'impossible ; tout est possible à celui qui croit [4] ».

La foi en l'Eglise comme Corps du Christ qui rassemble tous les hommes est toujours difficile. Dès les premiers siècles, la catéchèse préparatoire au baptême explicite clairement le Symbole de la Foi sur ce sujet. Voici, par exemple, ce qu'en dit quelques années après le Concile de Nicée, saint Cyrille, évêque de Jérusalem de 350 à 386.

« L'Eglise est appelée catholique (ou universelle) parce qu'elle existe dans le monde entier, d'une extrémité à l'autre de la terre ; et parce qu'elle enseigne de façon universelle et sans défaillance toutes les doctrines que les hommes ont besoin de connaître, sur les réalités visibles et invisibles, célestes ou terrestres. En outre, elle est appelée catholique parce qu'elle annonce la vraie religion à tout le genre humain : chefs et sujets, savants et ignorants. Parce qu'elle soigne et guérit universellement toute espèce de péchés commis par l'âme et par le corps ; enfin parce qu'elle possède en elle toute espèce de vertus, en actions ou en paroles, quel que soit leur nom, et toute espèce de dons spirituels.

« Ce nom d'Eglise (ou convocation) lui convient tout à fait parce qu'elle "convoque" et rassemble tous les hommes, ainsi que le Seigneur ordonne dans le Lévitique : "convoque toute la communauté à l'entrée de la Tente du Témoignage". Il est à noter que le mot convoque (ecclésiason) est employé ici pour la première fois dans l'Ecriture, lorsque le Seigneur établit Aaron dans la charge de grand-prêtre...

« Lorsque la seule "Eglise" qui était en Judée a été rejetée, les Eglises du Christ se sont multipliées par toute la terre... selon le prophète : "de l'Orient à l'Occident, mon nom est glorifié chez les nations païennes". C'est de la même Eglise sainte et catholique que Paul écrit à Timothée : "Tu dois savoir comment te conduire dans la maison de Dieu, qui est l'Eglise du Dieu vivant, colonne et soutien de la vérité" [5] ».

Les « îles lointaines » de l'Océanie, grâce aux efforts et à la foi des missionnaires et des évangélisateurs, ont bénéficié à leur tour, « lorsque les temps furent

(4) Lc 1,37 ; 18,27. – Expression de Ch. de Foucauld.
(5) Saint Cyrille de Jérusalem ; catéchèse prébaptismale sur le Symbole de la foi. Cité dans : *Office des lectures,* temps ordinaire, mercredi 17e semaine.

accomplis» selon le dessein de Dieu, de cette universalité du Salut par l'Eglise. A leur tour, elles entrent dans la communion du Peuple de Dieu convoqué par le Seigneur et elles apportent à «l'Eglise une, sainte, catholique et apostolique» les richesses des talents maohi et le visage polynésien qui la rendent encore plus universelle.

Ouverte en Polynésie

C'est au nom de l'Eglise et dans la communion apostolique autour du successeur de Pierre, que les premiers missionnaires catholiques de la Congrégation des Sacrés-Cœurs, arrivent en 1827 à Hawaii et en 1834 à Mangareva. Les directives de Rome sont très claires sur le caractère évangélique et universel de la Mission dans le «respect des rites, des coutumes et des mœurs non contraire à la religion et à la morale. Quoi de plus absurde, que de transporter la France, l'Espagne, l'Italie, ou quelque autre pays d'Europe. N'introduisez pas chez eux nos pays, mais la foi» (6). Nous avons vu que le P. Laval et les missionnaires se sont opposés à la perspective de la colonisation française envisagée par la France sur la Polynésie selon l'exemple de l'annexion de la Nouvelle-Zélande par l'Angleterre en 1840 (7).

Pratiquement, les missionnaires ont bien dû s'adapter aux circonstances locales et historiques; c'est la règle de toute l'Incarnation à la suite de Jésus, Fils de Dieu et fils d'homme, juif de Nazareth. Les missionnaires catholiques en Océanie étaient des français et des étrangers tout comme les missionnaires protestants étaient des anglais puis des français. Nous avons étudié les ambiguïtés historiques et les graves conflits politiques et religieux que ces contraintes de l'histoire ont amené dans les îles. Cela n'a pas empêché les missionnaires de «se faire tout à tous»: mangaréviens, paumotu, tahitiens, marquisiens, pascuans, cookiens, etc. La diversité du «reo maohi» a posé aux missionnaires de sérieuses questions; la multiplicité des langues et dialectes en Océanie est une grande difficulté. En fait, les missionnaires se sont plongés dans les langues locales; ce qui a été une des sources majeures d'incompréhension avec l'administration française et cause de tension à l'intérieur de la Mission au niveau des écoles.

Avec l'ouverture de la Polynésie sur l'extérieur, l'importation de main-d'œuvre étrangère, les débuts de la colonisation agricole et marchande, l'Eglise voit son caractère catholique devenir de plus en plus manifeste sur place. L'accueil et l'évangélisation des Gilbertins en est un premier exemple. Les efforts progressifs pour s'ouvrir à la communauté chinoise qui s'étend rapide-

---

(6) Instruction aux Vicaires Apostoliques du Tonkin; Rome (10-11-1659)., dans LŒW-MESLIN, p. 364.
(7) H. LAVAL à Mgr BONAMIE (10-6-1842), Mangareva. Ar. SS.CC. 68, 2. – *Mémoires*, p. XC.

ment amène une universalité encore plus large. Le souci des français métropolitains qui s'installent petit à petit et font souche, l'ouverture aux anglais, allemands, américains, etc., fait de la petite Eglise catholique à Tahiti une communauté riche de diversité.

Il n'appartient pas à l'Eglise de trier les hommes que Dieu met sur sa route ni de les classer en «bons et méchants, justes et injustes» (Mt 5,45). Malgré son apparence encore très métropolitaine dans son personnel religieux, il n'est pas douteux que l'Eglise catholique est tahitienne avec les tahitiens, marquisienne avec les marquisiens, paumotu avec les Tuamotu. Langue maohi, style pastoral, organisation ecclésiale sont à l'évidence polynésiens. Ce caractère local, dans la ligne de Vatican II, interroge voire même gêne et heurte, un certain nombre de métropolitains de passage. L'usage toujours fréquent du français, la prégnance généralisée de la culture française dans la société polynésienne, interpelle les maohi et leur est souvent un embarras et une sujétion. Le développement important de la communauté chinoise dans l'Eglise catholique oblige à ne pas se replier sur le bilinguisme officiel. Les chinois sont également nos frères en Jésus-Christ; l'Eglise qui n'est pas à l'origine de leur venue à Tahiti, se doit de les accueillir avec respect, même s'ils n'étaient pas prévus au programme de 1834. La tentation est grande de faire autant d'Eglises que d'ethnies, de langues ou de communautés, alors qu'il faut «choisir tout» et apprendre à vivre ensemble.

Il faudrait aussi parler de la pastorale des 100.000 touristes, essentiellement de langue anglaise et riverains du Pacifique qui viennent passer en moyenne une grande semaine en Polynésie. Un certain nombre participent aux messes dominicales. Il n'est pas rare que ces touristes soient aussi des chrétiens désireux de découvrir la vie de foi à Tahiti, de rechercher de nouveaux visages pour exprimer la richesse de l'Evangile. Venant de pays riches, mais en profonde crise de société, un certain nombre voudraient pouvoir découvrir de l'intérieur ce qui rend la célébration de la foi en Jésus-Christ si joyeuse, vivante et communautaire en Polynésie. Ils partent avec une interrogation et un témoignage. Il aurait fallu pouvoir dialoguer, cheminer ensemble, en un mot devenir, les uns et les autres plus catholiques.

Solidarité océanienne

Située au centre de l'Océan Pacifique, à l'extrémité orientale de l'Océanie et peuplée d'autochtones maohi, il est naturel que le premier cercle de communion universelle soit avec les archipels océaniens. Le Concile Vatican II dans le décret sur «la charge pastorale des évêques» a institué une solidarité nouvelle entre les diocèses: les Conférences Episcopales [8]. Dispersées au milieu du Pacifique entre les continents de l'Asie et de l'Amérique ainsi que des vastes «îles continentales», les 10 diocèses des archipels océaniens constituent, en 1968, la «Conférence des Evêques du Pacifique», dont l'abréviation est C.E.P.A.C. Cette conférence est officiellement bilingue: anglais et français; mais la prédominance massive du monde anglophone fait que l'anglais est la langue habituelle des échanges et des documents. En 1983, la C.E.P.A.C. compte douze diocèses.

Les diocèses anglophones sont les suivants:
- Tarawa (Kiribati [ex-Gilbert], Nauru): Mgr Paul Mea.
- Suva (Fidji): Mgr Petero Mataca.
- Nuku'Alofa (Tonga): Mgr Patelesio Finau.
- Apia (Samoa occidentales, Tokelau): Cardinal Pio Taofina'u, Mgr Hurley, auxiliaire.
- Pago-Pago (Samoa américaines-diocèse érigé en 1982 et Tuvalu): administré par Apia.
- Rarotonga (îles Cook): Mgr Denis Browne.
- Ponape (îles Carolines, Marshall et Truk): Mgr John Neylon.

Les diocèses francophones comprennent:
- Nouméa (Nouvelle-Calédonie et îles Loyauté): Mgr Michel Calvet.
- Lano (Wallis et Futuna): Mgr Lolesio Fuahea.
- Papeete (Tahiti et 4 archipels de Polynésie Française): Mgr Michel Coppenrath.
- Taioha'e (archipel des îles Marquises, Polynésie française): Mgr Hervé Le Cléac'h.

Un diocèse est bilingue avec une évolution vers l'anglais:
- Port-Vila (Vanuatu, ex-Nouvelles-Hébrides): Mgr Francis Lambert.

Cette seule énumération des douze participants à la C.E.P.A.C. montre la complexité de cette conférence épiscopale. La dispersion géographique n'arrange rien. Si la seule Polynésie française a la taille de l'Europe et s'étend sur un espace grand comme dix fois la France, que dire de la surface recouverte par les douze diocèses de la C.E.P.A.C. Ils vont du 130ᵉ méridien Est au 130ᵉ méridien Ouest de Greenwich avec la ligne de changement de date en plein milieu et d'un Tropique à l'autre; cela représente un rectangle de 11.000 km de long sur 5.000 km de large, soit 55 millions de km^2: 100 fois la France, 3 fois l'Amérique du Nord tout entière!

Une telle immensité est un désert d'eau parsemé de milliers d'îles et d'atolls disséminés, représentant au total environ un millième de terres émergées. Le

(8) Vatican II. Décret *Christus Dominus* du 28-10-1965, nº 36 à 41.

chapitre I a décrit cette géographie et la difficile question des communications. La population totale de ces archipels en 1978 est appréciée à 1.500.000 habitants dont 350.000 catholiques (24 %). La moitié de la population catholique se trouve dans les diocèses de langue française et dans le Vanuatu francophone. Dans les diocèses de langue anglaise, le Kiribati et les Carolines ont près de 50 % de catholiques; dans tous les autres, le catholicisme est minoritaire, comme à Tahiti. Aux Fidji et en Nouvelle-Calédonie, il existe une minorité musulmane de l'ordre de 5 %. Aux Fidji, près de la moitié de la population pratique l'hindouisme. Enfin il faut souligner que le monde protestant est éclaté en de nombreuses dénominations mais rassemblé au sein du P.C.C. (Pacific Council of Churches). Voici un tableau de la situation en 1978 (9).

Diocèses	Population	Catholiques	Protestants (Tous)
Tarawa	63.870	26.442	34.975
Suva	558.068	49.826	250.134
Nuku'Alofa	90.085	14.514	74.525
Apia	153.558	33.525	115.778
Pago-Pago	29.190	5.897	21.458
Rarotonga	18.127	2.544	14.773
Ponape	115.251	51.890	56.287
Port-Vila	110.000	14.000	80.000
Nouméa	135.000	90.000	35.000
Lano	9.200	9.200	?
Papeete	153.000	50.000	80.000
Taioha'e	5.500	5.000	500

N'oublions pas que les statuts politiques de ces divers diocèses sont fort variés: Etats indépendants, Etat associé (Cook), Territoires américains et français. Les diocèses de Tarawa et d'Apia comprennent chacun plusieurs Etats indépendants.

En plus de recouvrir sans doute la plus vaste zone du monde, la C.E.P.A.C. doit faire face à des situations socio-culturelles et politiques très variées; l'héritage des passés anglais, américain et français, le poids des traditions protestantes anglaises sont très forts. L'influence actuelle de la Nouvelle-Zélande et de l'Australie est puissante. De par la géographie, la Polynésie française est le territoire le plus isolé à l'extrême-Orient de l'Océanie; l'histoire lui donne plus de relations nord-sud avec l'Amérique et l'Europe qu'est-ouest avec le Pacifique.

(9) Population par religion. Commission du Pacifique Sud. Population 1978, tableau 9, pp. 35-37. Les chiffres pour les Territoires français sont estimés à la date de 1980.

La première session de la C.E.P.A.C. a eu lieu à Suva du 26 au 29 mars 1968. Une quinzaine de sujets étaient à l'ordre du jour, à commencer par les statuts et l'organisation de la Conférence elle-même. Les questions dominantes étaient celles concernant la famille, la liturgie, l'œcuménisme et les vocations sacerdotales et religieuses. Le diaconat fut présenté par Mgr Coppenrath dès cette première assemblée. Le sujet des Mass Média, si important, surtout par les émissions Radio, fut aussi traité.

En raison du caractère dispendieux et du temps à prendre pour venir aux assemblées, certains proposent que la C.E.P.A.C. ne se réunisse que tous les deux ans. La majorité souhaite une rencontre annuelle et à tour de rôle dans chacun des diocèses pour apprendre à se connaître. C'est ce qui se fait depuis 1969. En plus des sujets de la première session, le problème des migrants, les relations entre congrégations religieuses et diocèses, les Séminaires, la participation au Synode des Evêques à Rome, la catéchèse sont à l'ordre du jour. L'assemblée de 1970 se tient à Sydney à l'occasion de la visite de Paul VI en Australie. Cette session constitue le premier Symposium des quatre Conférences épiscopales d'Océanie ; désormais il y en aura un tous les trois ans. Le souhait du diaconat permanent, la formation des catéchistes autour du P. Tournaire, l'organisation des études dans les grands séminaires de Nouméa et de Suva avec la question d'une culture orale sans traditions écrites ni habitude de lire sont des points importants étudiés par les évêques. De même la C.E.P.A.C. souhaite établir des liens avec la Commission du Pacifique Sud, sise à Nouméa, qui travaille pour le développement des populations des îles par des programmes éducatifs et sanitaires adaptés.

La session de 1971 se déroule à Papeete. Les thèmes des catéchistes, du diaconat permanent, des Séminaires, de la Justice dans le monde sont les plus approfondis. A partir de 1973, où l'assemblée se tient à Tonga, les documents sont uniquement en anglais. A cette session, le Grand Séminaire Régional de Suva est constitué comme Séminaire de la C.E.P.A.C. par suite de la fermeture du Séminaire Saint-Paul de Nouméa. Il est sous la responsabilité d'un « sénat » d'évêques qui contrôle l'organisation des études et nomme le corps professoral. Les divers mandats sont de trois ans. Les aspects variés du « développement » commencent à prendre de l'importance dans les travaux de la C.E.P.A.C. La session de 1975 à Nouméa approfondit les mêmes sujets. Celle de 1976 se déroule à Randwick, près de Sydney. La participation au P.C.C. : Pacific Council of Churches qui regroupe les diverses confessions protestantes des îles du Pacifique, est discutée et approuvée. Mais ce n'est pas chaque diocèse comme Eglise locale qui en sera membre, mais seulement la C.E.P.A.C. qui y participe comme telle depuis 1973.

L'assemblée de 1978 aux Samoa Occidentales, en plus des sujets habituels, approfondit le développement sous forme d'une entraide à promouvoir dans le

Pacifique ; c'est le Pacific Partnership for Human Development : P.P.H.D. Ce sujet est appelé, sous toutes ses formes, à prendre de plus en plus d'extension. Les implications en sont nombreuses en tous les domaines. En particulier les grandes différences économiques, sociales et politiques entre les divers archipels, la présence française ressentie par le monde anglophone comme colonisatrice et provocatrice en raison des essais atomiques de Moruroa, sont souvent au centre des débats sur cette question du développement dans les îles du Pacifique, bien plus d'ailleurs au P.C.C. qu'à la C.E.P.A.C.

La C.E.P.A.C., à la fois très vaste géographiquement et fort modeste humainement, entretient des relations avec les autres Conférences Episcopales de la région : Papouasie-Nouvelle-Guinée, Nouvelle-Zélande et Australie depuis le premier Symposium de 1970, renouvelé depuis tous les trois ans. Ces deux dernières sont à l'évidence d'un grand poids et l'Australie exerce un leadership incontestable dans la région. Pour assurer une meilleure entraide au service du développement global des îles du Pacifique, faut-il envisager une coordination plus étroite et structurée entre les quatre Conférences Episcopales de l'Océanie ? La question se pose de plus en plus. Certains envisagent même une nouvelle organisation de type « Fédération ». Que l'Océanie se veuille solidaire et soit à la recherche de son unité régionale, est une aspiration profonde et déjà une réalité. Mais jusqu'où aller ? Que met-on exactement dans ce projet et sous les termes qui l'expriment ?

Dans la conception et la pratique anglo-saxone, religion et politique sont étroitement imbriquées dans une vision globale de la société. Ce n'est pas du tout le cas des conceptions américaines et françaises, fondées sur la séparation des Eglises et de l'Etat, mais avec un regard assez bienveillant en Amérique et une attitude plus critique en France. Or il se trouve que les Territoires américains et français dans le Pacifique sont les seuls qui ne sont pas des Etats indépendants sans oublier Pitcairn qui est anglais. Ces archipels jouissent d'un niveau de vie nettement supérieur aux autres îles par les transferts monétaires et les relations privilégiées qu'ils ont avec leurs Métropoles respectives [10]. La fixation anti-nucléaire de l'ensemble de l'Océanie complique encore la question. Théologie de l'Eglise locale, collégialité au niveau des Conférences Episcopales et au niveau des grandes régions géo-politiques à problèmes communs (Océanie, Europe, Amérique latine, etc.), Communion catholique autour du Successeur de Pierre, autant de questions neuves ouvertes par le Concile Vatican II. Elles se posent d'une manière spécifique et fort complexe dans une Océanie en pleine recherche d'identité socio-culturelle tant au niveau local de chaque archipel qu'au plan de la grande région océanienne. Ce n'est pas une nouvelle Eglise qui

(10) Voir les tableaux à l'Annexe x.

est à construire ; mais dans un monde qui évolue, c'est une nouvelle manière de vivre la solidarité et l'entraide entre les Eglises locales qui se veulent au service du développement humain global des océaniens. Sur ce plan, l'Ecole Pastorale et catéchétique de Manille aux Philippines (E.A.P.I.) joue un rôle de plus en plus important et apprécié des diocèses de la C.E.P.A.C.

Cette situation pose au diocèse de Papeete particulièrement des questions difficiles en raison de la double solidarité de la Polynésie française. La vie économique, sociale, politique du Territoire est directement branchée sur Paris ; les liens sont très faibles et les communications très modestes avec les autres îles du Pacifique. La vie culturelle et religieuse de la Polynésie se joue en Océanie et non en Europe. Les diocèses de Tahiti et des Marquises ne font pas partie de la Conférence Episcopale de France où ils ne sont qu'observateurs et non membres de plein droit. Le Concile n'a pas prévu l'appartenance à deux Conférences Episcopales en même temps. L'Eglise catholique à Papeete est d'abord océanienne et polynésienne sans cesser d'avoir une ouverture privilégiée à ce qui se vit dans l'ensemble français où la Polynésie évolue. Position inconfortable s'il en est ; situation inévitable par le poids des choses et les nécessités géo-politiques qui ne sont pas de la responsabilité propre de l'Eglise. Nous sommes toujours des héritiers. Aucun bourgeon porteur d'avenir ne peut s'épanouir s'il est déraciné ; mais il peut fructifier davantage s'il est émondé. Tahiti est au carrefour de relations nord-sud établies et faciles, est-ouest neuves et difficiles.

Avec la C.E.P.A.C. qui est le cadre essentiel, les deux diocèses de la Polynésie sont solidaires du Pacifique par la participation au P.C.C. dont nous parlerons avec l'œcuménisme. Un lien de travail commun important pour les diocèses iliens est le Grand Séminaire Régional de Suva. Depuis 1973, après la fermeture du Séminaire francophone de Nouméa, il reste le seul pour préparer au sacerdoce dans les douze diocèses de la C.E.P.A.C. La fermeture du Séminaire Saint-Paul pour des raisons graves propres à la Nouvelle-Calédonie, fut un rude coup pour les autres diocèses francophones, Papeete spécialement. Non pas, malheureusement, parce que les vocations étaient nombreuses ; mais pour des questions de langue et de culture. Déjà les maohi ont de la difficulté à bien maîtriser la langue française. Pour être prêtre, il faut désormais en plus être capable de suivre des cours de théologie, d'étudier des ouvrages d'Ecriture Sainte ou de rédiger des travaux personnels en anglais. Entre se débrouiller en anglais pour la vie courante et faire des études universitaires, il y a un monde. De plus, les références culturelles, les styles pastoraux, les modes de vie entre monde britannique et univers français sont parfois bien différents. Non pas que l'un soit meilleur ou plus mauvais que l'autre. C'est à l'évidence, comme le P. Gérard Leymang le défend sans cesse pour le Vanuatu, une grande richesse que d'être trilingue : langue océanienne, français, anglais. Est-ce que tous les séminaristes le peuvent ? N'est-ce pas demander l'impossible pour être prêtre ? N'est-ce pas exiger des polynésiens ce qu'on ne demande nulle part ailleurs ?

Le diocèse de Papeete est partie prenante et co-fondateur du Séminaire Régional de Suva. Gérald Mahai, ordonné prêtre le 25 mars 1983, y a fait toutes ses études. Deux autres tahitiens le suivent. C'est une richesse pour eux ; c'est un grand bienfait pour le diocèse, même s'ils doivent en redécouvrir la vie concrète et l'évolution pastorale rapide qu'ils n'ont pu suivre que de loin à 3.500 km et d'un ailleurs anglophone. Nous avons déjà parlé plus haut des besoins nombreux du diocèse de Tahiti en formation de tous niveaux. La nouvelle Ecole Théologique s'ouvre d'abord pour y répondre et en complément du Séminaire Régional de Suva auquel Papeete désire envoyer le maximum de vocations locales susceptibles de s'y épanouir pour le service de l'Eglise.

Un dernier point à signaler est celui de l'entraide caritative et fraternelle entre les diocèses du Pacifique. Avec les îles Cook, elle est régulière par une association permanente. Avec les autres, le Secours Catholique apporte son soutien au fur et à mesure des besoins. En 1981 les îles du royaume de Tonga ont été dévastées par un terrible cyclone. Des Tongiens sont venus à Tahiti faire connaître leurs îles par les chants, les danses de façon à reconstruire la cathédrale ; des tahitiens sont allés à Tonga apporter des secours et rencontrer la population. Si le Secours Catholique n'est pas particulier à la Polynésie, fort heureusement, et s'il n'est pas le seul mouvement de solidarité pratique et efficace – Rotary, Lion's, le groupement de solidarité des femmes de Tahiti, Caravane du bonheur, Physigma, et bien d'autres groupes sont actifs sur Tahiti – il faut souligner son rôle de partage et de sensibilisation aux besoins des autres îles du Pacifique.

Communauté avec la France

Aussi étonnant que cela puisse paraître, les diocèses de Papeete et de Taioha'e ne font pas partie de l'Eglise qui est en France. Comme Territoires d'Outre-Mer autonomes, ayant de plus une législation spéciale depuis le décret Mandel de 1939, les deux évêques de la Polynésie Française sont uniquement des membres observateurs sans droit de vote. La localisation de l'Eglise n'est pas un vain mot. Les évêques de France et les Services de l'Episcopat français n'ont aucune responsabilité pastorale, encore moins aucune autorité ecclésiale ou administrative en Polynésie, pas plus d'ailleurs qu'en Nouvelle-Calédonie ou à Wallis-Futuna. La participation aux assemblées épiscopales annuelles de Lourdes constitue des temps de rencontre et de partage fort appréciables.

Mais indépendance pastorale et respect de la compétence ecclésiale de Tahiti et des Marquises, ne signifient nullement rupture d'entraide fraternelle, refus d'accueil et de partage. Bien au contraire. La vie c'est en même temps le respect du vivant et la richesse des échanges. La rapidité de la transformation de Tahiti, l'étroitesse des liens entre la France et la Polynésie au niveau de la société, les échanges de personnel nécessitent des relations croissantes. Les services demandés concernent surtout la mise sur pied de structures professionnelles pour la formation des cadres locaux. C'est le même besoin que dans tout le Tiers-Monde et dans les pays en voie de développement. La formation et la qualité des hommes sont la clé de tout le reste.

Depuis le chanoine Boulard en 1968, Mgr Michel Coppenrath s'efforce de faire venir chaque année des prédicateurs de retraites et animateurs de sessions de grande expérience pour le personnel religieux, le clergé et les responsables laïcs; le cardinal Etchegaray, le R.P. Bro, le R.P. Boisvert, etc., sont ainsi venus. De nombreux prêtres ou spécialistes métropolitains passent régulièrement pour assurer des sessions de formation pour les enseignants des écoles catholiques ou les animateurs des divers mouvements de jeunesse ainsi que les familles: A.F.C., M.E.J., scoutisme, A.M.D.J... C'est moins onéreux et plus efficace de faire venir un spécialiste qui, en même temps, découvre d'autres modes de vie et peut faire une animation mieux adaptée et plus assimilable. C'est toujours la vieille histoire du «latin à faire apprendre à John»; le difficile c'est de bien connaître John pour le motiver.

Un autre aspect très apprécié est la création de bureaux ou de centres de formation et de recherche. Le centre diocésain de catéchèse est dans ce cas. Le Bureau psycho-pédagogique fondé pour l'animation pédagogique du Premier Degré de l'enseignement catholique par Jacques Trompas et sœur Estelle Jacques s'avère très précieux. La mise sur pied de la librairie religieuse Pureora a bénéficié de l'aide professionnelle de Suzette Raymond. Les mass-media diocésains ont été mis sur pied de cette façon. Dans cet ordre d'idée, la documentation régulière fournie par le Secrétariat de l'Episcopat français ainsi que les visites des PP. Raymond Michel et Gérard Defois constituent des aides très appréciées. Les facilités de communications téléphoniques, la rapidité du courrier et du service des journaux et revues venant de Métropole assurent un désenclavement et une ouverture tout à fait remarquables. La presse catholique est bien utile en Polynésie.

Enfin un point très important dans ces échanges entre Eglises avec la Métropole est le service temporaire de religieux et de prêtres en Polynésie. Les religieux(ses), surtout les Frères de Ploërmel, font ainsi appel à des membres de leurs congrégations pour venir les aider quelques années. Les frères ont aussi fait appel aux PP. Francis et Jean-Baptiste Gendrot pour l'aumônerie de leur collège.

C'est surtout le diocèse qui a fait appel à ce service d'entraide ouvert par l'encyclique *fidei donum* de Pie XII pour secourir l'Afrique. Le P. Xavier Baronnet, jésuite, est venu passer deux ans et demi pour assurer le Synode de 1970 à Tahiti et celui de 1978 aux Marquises. Le P. Patrice Lesteven, jésuite, est venu de 1972 à 1975 au service de la communauté chinoise. Le P. Adrien Joanny a passé cinq années de 1973 à 1978 au service de la presse et des mass-media. Le P. Lauréat Saint-Pierre, des pères du Saint-Sacrement, est venu pour aider au secteur pastoral des Iles-sous-le-Vent de 1975 à 1979. Le P. Amérigo Cools, de la Congrégation des Sacrés-Cœurs, passe trois années à mettre en ordre les archives des diocèses de Papeete, de Taioha'e et de Rarotonga. Le P. Georges Aballain, des Missions étrangères de Paris, va aider le diocèse des Marquises de 1978 à 1981.

A ces religieux demandés par le diocèse, il faut ajouter quelques prêtres diocésains que leurs évêques ont accepté de détacher pour le service de la Polynésie. Le diocèse d'Angers prête ainsi : Paul Cochard pour la catéchèse de 1970 à 1972, Michel Girard présent depuis 1972 pour les vocations et les paroisses et Paul Hodée depuis 1978. Le P. Guy Hacquet, de Rouen, arrive en 1982 pour l'animation des mouvements de jeunesse. Le P. René Richard, de Metz, aide le diocèse des Marquises de 1980 à 1982, puis celui de Tahiti pour l'aumônerie du collège La Mennais. Ainsi les relations sont étroites et confiantes avec la Commission Episcopale aux Missions Extérieures (C.E.M.E.) qui a la responsabilité de coordonner cet important service d'entraide entre les Eglises.

Communion catholique

Depuis les origines de la Mission et dans la ligne du « Bon Père » Coudrin, les relations entre Rome, « centre de l'unité catholique » et les Vicariats puis diocèses de Polynésie française sont empreintes de respect et de confiance réciproque. Dès le début avec Grégoire XVI, les Papes se sont intéressés personnellement à l'évangélisation des îles océaniennes. L'accueil à la Congrégation de « l'Evangélisation des Peuples » – nom nouveau de l'ancienne *Propaganda Fide* – est fraternel, simple et chaleureux. Mgr Paul Mazé y jouissait d'une profonde estime. Il en est de même pour les autres Dicastères de la Curie Romaine au service de la communion catholique de l'Eglise. Pour des petits diocèses situés si loin, en marge des grands continents et des centres de décision du monde actuel, ignorés pour les uns ou carrefour des courants contradictoires des tensions présentes pour d'autres, c'est une aide précieuse que de se voir ainsi accueilli et respecté. L'Eglise montre ainsi, à partir de son centre apostolique, qu'elle est une communion d'Eglises-sœurs, égales en dignité et reconnues dans leur personnalité. La restauration de la théologie de l'Eglise comme Peuple de Dieu par le Concile Vatican II a plus authentifié, purifié et libéré ce que les missionnaires des Sacrés-Cœurs ont construit depuis 150 années, qu'apporté une profonde nouveauté. Nous avons vu le rôle majeur des katekita comme chefs des communautés dispersées à travers les îles. Le ministère hiérarchique ordonné, auquel certains veulent toujours réduire l'Eglise dans leur manière de parler, s'est toujours situé en Polynésie au centre du peuple chrétien. C'est la vision traditionnelle du « metua » (père) au cœur des « amuiraa » (communauté).

A partir de cette communion catholique vécue autour du Saint-Père comme successeur de Pierre, les liens sont nombreux et variés avec divers organismes internationaux d'entraide missionnaire. Nous nous souvenons que c'était le premier conseil donné par le Cardinal-Préfet de Propaganda Fide à Mgr Etienne Rouchouze le 9 août 1834. Les Oeuvres Pontificales Missionnaires (O.P.M.), fondées comme Oeuvres de la Propagation de la Foi par Pauline Jaricot à Lyon en 1822, furent les premières et les plus importantes. Nous avons vu que, durant un siècle, elles ont fourni l'essentiel du budget (Chapitre XVI). « Missio » d'Allemagne située à Aix-la-Chapelle, œuvre puissante et organisée, apporte progressivement une aide importante pour des projets précis, comme les mass-medias, les séminaires, les actions familiales, etc. Avec la présence récente de congrégations dont le personnel vient d'Amérique du Nord (Canada et Etats-Unis), une ouverture se fait d'autant plus aisément que Tahiti y est connue sur le plan touristique.

La Communion Catholique se réalise de façon pratique et normale par l'intermédiaire de la Délégation Apostolique de Wellington en Nouvelle-Zélande. En plus de ce pays, le Délégué a charge des douze diocèses de la C.E.P.A.C. Les envoyés du Pape visitent quand l'occasion s'en présente – assemblées de la C.E.P.A.C., inaugurations d'églises importantes ou d'autres invitations – les divers diocèses iliens de leur vaste région. NN.SS. Raymond Etteldorf (1969-74), Angelo Acerbi (1974-79), qui bénira la grande église de « Maria no te Hau » le 7 juin 1975, Antonio Magnoni depuis le 24 avril 1980, sont des visages connus à Tahiti et jusqu'aux Marquises où ce dernier a consacré l'église Saint-Etienne à Ua-Pou le 26 décembre 1981.

Oecuménisme en marche

Dans un héritage historique très complexe et agressif, mêlé en plus des conflits coloniaux entre l'Angleterre et la France sans négliger les interférences américaines, personne ne sera étonné que la marche œcuménique soit lente et heurtée à Tahiti. Selon le style polynésien, les relations personnelles jouent un rôle primordial. L'étroitesse des îles et la multiplicité actuelle des groupes religieux et des sectes ne facilitent pas les relations d'Eglise à Eglise. Si le Conseil œcuménique des Eglises depuis 1948 et le Concile Vatican II (1962-1965) ont énormément libéré certaines hypothèques d'un lourd passé et ouvert une immense espérance, il est impossible de purifier la mémoire des uns et des autres en quelques années après plusieurs siècles de profondes déchirures. De plus, ces ruptures de l'Unité chrétienne sont souvent le fruit de conflits socio-politiques ; elles correspondent à des périodes de graves crises entre les groupes humains :

– crise du monde oriental au Ve siècle : Eglises coptes et syriennes ;
– crise du monde méditerranéen au XIe siècle : Eglises orthodoxes ;
– crise de l'Europe au XVIe siècle : Eglises Protestantes et Anglicane.

Démêler le théologique, le culturel, le social, le politique dans ces crises globales des diverses sociétés est difficile. C'est pourtant essentiel à faire dans « la vérité qui libère et éclaire » afin de reconstruire « l'amour fraternel », seul signe auquel on reconnaît les disciples de Jésus, et réaliser, par l'obéissance de la foi, sa prière « pour que ceux qui croient en Lui soient Un » (11).

A Tahiti, peut-être plus qu'ailleurs en raison des charges affectives et du poids symbolique des premières missions, pour les protestants de la L.M.S., les prêtres catholiques des Sacrés-Cœurs et les mormons américains, cette exigence de voir clair dans le respect fraternel est fondamentale. Les polynésiens ne sont pour rien dans les conflits politiques et religieux des européens et américains du XIXe siècle. C'est un fait historique qu'il ne faut jamais oublier. Ils sont d'abord victimes des querelles d'héritage chrétien du monde des Blancs. Les différences que ceux-ci mettent entre eux, jusqu'au point de faire des « guerres de religion », échappent à la majorité des Océaniens. Mais, selon leur culture traditionnelle, les polynésiens quand ils ont adopté un groupe, y restent fidèles. « L'esprit de groupe » est très fort, comme nous l'avons étudié. Parfois l'esprit de rivalité, de compétition entre les groupes l'emporte.

Aussi la première visite d'une équipe internationale et interconfessionnelle, envoyée par le Conseil Oecuménique des Eglises à Tahiti en octobre 1982, constitue un grand événement. Du 20 au 29 octobre, ses cinq membres – pasteur Frédéric Trautmann de Paris, père Gérard Leymang du Vanuatu, diaconesse Lavinia de Fidji, diacre Kaoua de Nouvelle-Calédonie, M. Pierre Beffa de Genève – ont interrogé et écouté les Eglises évangélique et catholique. Le sommet en fut le grand culte commun célébré pour la première fois de l'histoire au Temple principal de Paofai. 1.500 fidèles, protestants et catholiques, réunis autour de l'ensemble des pasteurs, diacres et prêtres de Tahiti, ont prié et médité durant une heure et demie dans un esprit commun (12). Sur le thème de l'Assemblée de Vancouver en Juillet 1983 : « Jésus-Christ, Vie du Monde », le pasteur Trautmann, à partir de la multiplication des pains en Mc 8,1-9, a développé cinq points qui invitent à dépasser les cloisons « confessionnelles » du passé pour se centrer sur Jésus-Christ.

La marche œcuménique est d'abord enracinée dans la conversion personnelle et communautaire à Jésus-Christ. C'est Lui qui appelle le premier ; c'est Lui qui

(11) Jn 3,21 ; 8,32 ; 13,35 ; 17,21.– *Semeur Tahitien* (23-1-1983), n° 2.
(12) *Semeur Tahitien* (31-10-1982), n° 20.

rassemble les hommes ; c'est Lui qui convoque les chrétiens. L'Evangile est d'abord à accueillir comme donné par Lui aux croyants qui ont à s'y convertir afin d'en témoigner dans sa totalité. Pour s'aimer les uns les autres et se respecter entre chrétiens, il faut d'abord regarder ensemble vers Lui. Sinon les confessions religieuses que l'Histoire a séparées, restent enfermées dans leur héritage si noble soit-il ; elles ne se mettent pas en marche à la rencontre les unes des autres.

Ce regard centré sur Jésus qui appelle et envoie doit permettre d'entrer profondément dans sa prière : « Que tous soient un pour que le monde croie. » Est-ce que tous ceux qui se réclament de l'Unique Seigneur et Christ souffrent profondément du scandale de la division entre les chrétiens ? Est-ce que chaque confession chrétienne est bien persuadée que la désunion met en cause, aux yeux du monde, l'identité et la crédibilité du témoignage évangélique donné ? Y a-t-il, intimement incrusté dans le cœur de chaque disciple du Christ en Polynésie, la volonté de « rassembler dans l'unité les enfants de Dieu dispersés » en donnant sa vie, en offrant sa prière pour cela ? Chaque croyant est-il bien persuadé que de nombreuses rivalités exagérées, que beaucoup de conflits graves dans les familles et la société en Polynésie, trouvent leur source profonde dans l'héritage des divisions entre les chrétiens ?

Sans doute, un tel poids d'histoire est-il impossible à soulever par les seules forces humaines. Une mémoire si lourdement chargée de conflits et de préjugés ne peut se purifier seulement par des études ou des rencontres, si nécessaires soient-elles pour débrousser un terrain si encombré de mauvaises herbes. Il est certain que nous sommes petits, faibles, dépassés et impuissants devant de si graves problèmes et face à la multitude humaine. Mais Jésus n'a pas dit que c'était notre œuvre à nous tous seuls. « Il est avec nous jusqu'à la fin des temps » ; Il est au milieu de nous et nous envoie. « Paul plante, Appolos arrose, mais c'est Dieu qui fait grandir ». L'œcuménisme est d'abord une question de foi en Jésus ressuscité, un engagement de foi devenant espérance en Jésus Vivant.

Alors nous trouverons, les uns et les autres à l'intérieur de nos Eglises, la force de purifier la mémoire des préjugés, le courage de nous mettre au service les uns des autres sans esprit de domination. Il faut purifier la foi en Jésus-Christ des traditions sociologiques qui l'altèrent, des manipulations et récupérations politiques qui la dénaturent, des volontés de puissance qui la souillent. Tahiti n'est pas catholique, Tahiti n'est pas protestante ; Tahiti est tahitienne et l'Evangile a été apporté pour servir les populations. L'Eglise n'est pas un pouvoir ni direct ni interposé ; elle est au service de l'Evangile. Nous avons trop vu, depuis plus de 150 ans à Tahiti, les terribles confusions politiques et religieuses pour ne pas nous en libérer tous radicalement [13]. La force de l'Evangile c'est Jésus-Christ et

---

(13) « Lettre ouverte au général de Gaulle » dans *Vea Porotetani* n° 11, novembre 1961. L'auteur anonyme y fait un long plaidoyer pour restaurer « Tahiti protestante » dans la ligne du « culte national protestant ».

lui seul, proclame l'Apôtre Paul. La pureté de la Bonne Nouvelle du Salut n'a que faire de l'appui ou des compromissions des divers « Césars » politiques. Les principales difficultés concrètes de l'œcuménisme sont beaucoup plus dans les domaines sociologiques, culturels ou politiques que dans les contenus de foi. C'est pour cela que la racine de la reconstruction de l'unité brisée est d'abord dans la sincère conversion à l'Evangile. Sans œcuménisme spirituel, il risque de n'y avoir que discussions stériles ou confrontations théoriques.

Des signes encourageants existent et des faits ont été posés. Le dialogue confiant et respectueux entre le Président Samuel Raapoto et Mgr Michel Coppenrath a permis une avancée significative. La célébration de l'autonomie de l'Eglise Evangélique de Polynésie française en 1963, les interventions du Président Marc Bœgner à cette occasion ont marqué un apaisement à l'égard d'un passé douloureux et ont posé les jalons d'un dialogue réciproque. Le signe le plus manifeste en est l'inauguration en commun, le 30 mai 1977, de la salle « Tenete » (Genèse) consacrée aux Eglises dans l'ensemble du Musée de Tahiti et des Iles aux bords de la Punaruu. Sans doute, comme le remarque le groupe œcuménique au terme de sa visite, « les relations œcuméniques au sommet, ne sont pas encore très avancées ; elles sont parfois plus réelles et spontanées à la base... : dynamisme des deux grandes communautés catholique et protestante et attente populaire ». L'équipe du Conseil Oecuménique fait allusion aux poids des « causes historiques et sociologiques » pour expliquer les difficultés rencontrées [(14)]. Nous les avons étudiées à plusieurs reprises dans cet ouvrage consacré au Jubilé des 150 ans de la Mission catholique.

L'espérance est en marche. L'aspect œcuménique populaire de la « mission d'évangélisation » animée par le P. Tardif juste après le passage de l'équipe envoyée par le Conseil Oecuménique de Genève, a manifesté au grand jour l'espoir qu'a suscité cette visite. La participation active des croyants de diverses confessions aux prières et liturgies a déployé ce que le grand rassemblement du Temple de Paofai portait déjà en germe. Sans doute, il convient d'être lucide. Les forces de division existent et sont actives. David Barret constate avec effroi « qu'il y avait 1.900 dénominations chrétiennes en 1900 et qu'il y en a 22.000 en 1982. Il s'en crée actuellement cinq par semaine dans le monde » [(15)]. L'offensive des sectes et l'éclatement des Eglises est malheureusement une des réalités les plus tragiques et dangereuses du monde d'aujourd'hui, même en Polynésie. Ceci est une raison de plus pour « changer nos cœurs et croire à la Bonne Nouvelle » (Mc 1,15) comme Jésus le veut et par les moyens qu'Il veut.

---

(14) Conseil Oecuménique des Eglises, Genève (Octobre 1982). « Aide-mémoire » de la visite d'un mois dans les îles du Pacifique.

(15) D. Barret : *World Christian Encyclopedia.* Oxford University Press, Nairobi 1982. Recension dans B.I.P.-S.N.O.P. n° 455 du 15-10-1982.

Pour réaliser la prière du Seigneur lui-même pour l'union de ses disciples, est-il trop audacieux de faire deux suggestions pour construire ensemble l'avenir? Ne serait-il pas souhaitable, dans la ligne de la célébration de Paofai et de la mission d'évangélisation, d'instaurer en Polynésie la «semaine universelle de prière pour l'Unité des chrétiens» du 18 au 25 janvier, sans préjudice de ce qui existe déjà dans chaque Eglise? La Polynésie doit-elle continuer de rester à l'écart du grand mouvement spirituel de l'œcuménisme mondial?

La seconde porte sur une traduction œcuménique de la Bible en langue tahitienne. Est-il utopique d'imaginer que, pour le bicentenaire de «l'arrivée de l'Evangile» à Tahiti le 5 mars 1997, les Eglises chrétiennes offrent à la population maohi une telle traduction commune? Non seulement de telles traductions, accompagnées d'une initiation biblique détaillée, existent en français et en anglais; mais elles sont réalisées dans divers archipels polynésiens comme les Samoa. Tahiti qui est à la source du rayonnement de la Parole de Dieu dans le Pacifique, tant du côté protestant que du côté catholique, ne doit-elle pas à l'Océanie ce nouveau témoignage de sa foi? Ce n'est certainement pas manquer de respect à la mémoire d'Henry Nott, manquer de fidélité à sa traduction de 1836 et par laquelle il a sauvé et codifié la langue tahitienne, que d'envisager une traduction œcuménique bénéficiant des progrès réalisés dans l'exégèse et la connaissance du «reo maohi». Avec l'Académie Tahitienne, fondée le 2 août 1972, n'a-t-on pas un outil linguistique sérieux, reconnu et ouvert à toutes les compétences, capable de coordonner un travail de cette ampleur et apte à mettre en valeur, dans cette grande œuvre, la vitalité retrouvée de la langue tahitienne désormais officielle depuis 1980?

L'évêque, responsable de l'élan missionnaire de son peuple

Pour terminer ce Chapitre consacré à l'Eglise de Papeete ouverte à l'Universel, la Conférence prononcée à Lyon le 9 novembre 1972 par Mgr Michel Coppenrath pour le 150e anniversaire de la fondation de la Propagation de la Foi par Pauline Jaricot semble très indiquée. Elle fut prononcée sous le titre écrit ci-dessus. En même temps elle constitue comme une synthèse dynamique de cet ouvrage qui s'est efforcé de faire revivre 150 années de Mission catholique en Océanie. Il est juste que celui qui a eu l'idée de lancer cette entreprise puisse nous présenter sa vision apostolique comme responsable du Peuple de Dieu rassemblé dans l'archidiocèse de Papeete [16].

(16) Tout ce qui suit est l'article *in extenso* de Mgr COPPENRATH, publié dans: O.P.M., sous le signe de la collégialité; 150e anniversaire de l'œuvre de la Propagation de la Foi (9-12-1972), pp. 151 à 158. Lyon, S.P.M., 373 pages.

«L'élan missionnaire catholique des diocèses groupés à l'intérieur de la Conférence épiscopale du Pacifique Sud a une origine très simple.

En 1834, les Pères des Sacrés-Cœurs de Jésus et de Marie, dits "de Picpus", répondant à l'appel du Pape Grégoire XVI, arrivaient dans l'extrême orient de la Polynésie, aux Gambier. Ce fut le commencement de bien d'autres missions qui se répandirent assez rapidement d'île en île, à la faveur du développement de nombreuses congrégations venues d'Europe. Cet élan venu d'Europe s'est fondu peu à peu, plus ou moins vite selon les archipels, dans un courant intérieur propre à chaque peuple. Quand on devient évêque d'un de ces peuples, on se sent donc très peu responsable de cet élan missionnaire qui vous est déjà bien antérieur, et qui est déjà sur sa lancée. Première attitude épiscopale, par conséquent, qui devrait se prolonger durant toute une vie d'évêque : constater, regarder simplement l'élan missionaire dont il est le témoin ; puis s'il est fidèle à cette première attitude, elle se meut en une autre plus intérieure, aussi nécessaire : comprendre cet élan. Cette attitude, si proche de la première, est tout aussi indispensable. Tout le long de sa vie, si tout le peuple est missionnaire de par son état chrétien, l'évêque a à comprendre "comment" et "où" travaille l'Esprit Saint. Enfin seulement les deux premières attitudes étant sauves, l'évêque devra lui aussi promouvoir l'élan missionnaire. C'est un fait d'expérience aussi, que le meilleur élan missionnaire s'affaiblit, si l'évêque en quelque sorte ne le suscite pas. Les fidèles eux-mêmes à certains moments, ne se tournent-ils pas vers lui comme vers un guide, et, permettez-moi d'emprunter à notre patrimoine culturel polynésien une image pour faire comprendre ma pensée : comme certaines de nos statues polynésiennes, un évêque devrait avoir de grands yeux, de grandes oreilles, et par conséquent, être doué de faculté d'observation. Par contre, il faut lui souhaiter que les fruits de sa contemplation ne tournent pas en une délectation stérile, que reflète aussi l'immobilité de nos statues volcaniques qui, une fois, ont été malléables aux coups portés par des sculpteurs, jadis, mais qui, ensuite, restent impassibles et indifférentes au temps.

Donc, première attitude de l'évêque : découvrir et regarder l'élan missionnaire de son peuple. Depuis quatre ans, la condition de l'évêque du Pacifique a changé. Il fait partie de tout un réseau de conférences, de syposiums, qui l'ont tiré de son isolement. Et je dois rappeler aussi le voyage du Saint Père en 1970, qui a été comme un réveil de l'élan missionnaire, et qui surtout, a permis le rassemblement de tous les évêques du Pacifique ; ils ont pu, pour la première fois, considérer cette mission universelle de l'Eglise au plan du Pacifique lui-même. On a pu écrire qu'il y avait – malgré les diversités extrêmes d'une île à l'autre, diversités pas simplement géographiques mais politiques aussi, d'un peuple à l'autre – un "homme du Pacifique". Nous pourrions ajouter aussi qu'il y a un "homme religieux du Pacifique".

Le christianisme dans les îles du Pacifique

Du point de vue catholique, l'état missionnaire se présente ainsi :

1. La pénétration des missions protestantes fut antérieure à l'arrivée des missionnaires catholiques qui souvent trouvèrent, dans certains archipels, des peuples complètement convertis au christianisme. Le catholicisme est donc surtout minoritaire, sauf dans certains territoires où, justement par exception, les missions catholiques ont été les premières à s'implanter, comme en Nouvelle-Calédonie, aux Iles Wallis et Futuna.

2. Surtout dans les îles polynésiennes ou semi-polynésiennes, une main-d'œuvre asiatique, chinoise ou indienne, et quelquefois européenne, a été importée, et a constitué, au temps des grandes sociétés de colons, une masse de nouveaux venus non-chrétiens, dont on a fini par s'occuper sérieusement, le jour où l'on a compris qu'ils étaient établis définitivement. Le même phénomène s'est produit dans les territoires dotés d'exploitations minières, comme la Nouvelle-Calédonie.

3. Troisième caractéristique de nos peuples autochtones du Pacifique, c'est qu'ils sont devenus chrétiens – en tout cas, tous les Polynésiens sont baptisés – bien qu'appartenant à quantité de confessions ou Eglises différentes.

4. Les rivalités entre Eglises ou confessions n'ont pas toujours eu des conséquences néfastes. L'enseignement religieux y a beaucoup gagné, puisque davantage appuyé sur la Bible, et cela même en ce qui nous concerne. D'autre part, les missionnaires catholiques se sont parfois trouvés en présence d'un protestantisme devenu la religion du peuple. Notre Eglise fit donc plus largement usage de ses traditions : grandes réunions, discussions religieuses publiques, emploi du chant, non seulement à la messe mais pour toutes les espèces de réunions qui regroupent des chrétiens.

5. Enfin, l'expérience montre que les conversions solides et durables ne se font pas par l'influence d'une personne, fût-elle un excellent prêtre. Le fidèle qui, avant son entrée dans l'Eglise, a fait un stage un peu prolongé dans un petit groupe ecclésial paroissial, où il se familiarise aux coutumes, est en mesure de donner ensuite un témoignage d'une véritable conversion. Dans nos îles, en tout cas, c'est le groupe qui est missionnaire. Un prêtre disait un jour avec malice, en parlant de ses paroissiens : « Pris individuellement, ils ne valent rien ; mais quand je les considère en bloc, c'est une véritable Eglise ».

Ces cinq points que nous avons notés montrent davantage, bien sûr, une situation missionnaire, qu'ils n'indiquent un mouvement missionnaire. Mais, seconde attitude de l'évêque : « pénétrer par le dedans » ce qu'il pressent de l'élan missionnaire. Nous pourrions appliquer aux liens qui existent entre l'évêque et l'élan missionnaire de son peuple, une expression dont on se sert pour la foi : *sentire cum Ecclesia.* L'évêque doit sentir son Eglise, pour percevoir intimement la nature et le sens de cet élan. C'est ce que nous voudrions expliquer ici en disant que l'évêque doit vraiment comprendre cet élan.

Missionnaire, cela va de soi

Première constatation qui frappe: le mot «missionnaire» n'a pas, à l'intérieur de l'Eglise catholique, dans nos territoires, un sens péjoratif, démodé, ou réservé à une catégorie d'hommes venus d'Europe. Il ne désigne pas, par exemple, le croyant qui vient exercer une influence spirituelle sur le peuple. Ce mot est pris dans son sens exact : « l'envoyé qui apporte la Parole de Dieu », ou même : « le chrétien du pays dont le rayonnement conquiert ». A Tahiti, j'ai entendu souvent des chrétiens dire : « Nous sommes tous des missionnaires », et ils n'avaient nullement l'intention de prendre l'avion le lendemain pour partir au loin. Il s'agissait donc pour eux de prêcher par la parole et par la vie, dans leur propre district ou dans leur île. Du reste, les origines de la mission ont été marquées par un fait bien connu. C'est un polynésien qui, relayant un frère religieux, a assuré et complété la conversion d'une île dont on entend souvent parler : l'île de Pâques.

Plusieurs îles des Tuamotu ont été gagnées au catholicisme par des catéchistes formés spécialement pour l'évangélisation ; le prêtre arrivait ensuite pour compléter ce qu'ils avaient commencé. Telle île, conquise entièrement au mormonisme, a été reconquise au catholicisme par l'influence d'un chef qui était en même temps un catéchiste.

Rappelons aussi un autre fait que vous connaissez peut-être. Des travailleurs des îles Gilbert et Ellice, par conséquent des îles qui se trouvent à des milliers de kilomètres de la Polynésie, sont venus au milieu du siècle dernier travailler dans des sociétés de canne à sucre, à Tahiti. Là, un Père s'est intéressé à eux, les a convertis et, ces mêmes travailleurs, retournés dans leurs îles, sont restés catholiques. Quel fut l'étonnement des missionnaires du Sacré-Cœur d'Issoudun, lorsqu'arrivant pour la première fois dans ces îles Gilbert et Ellice, ils ont trouvé une communauté qui avait gardé des traditions catholiques.

Ces faits qui ont existé, pourquoi ne se reproduiraient-ils pas ? Certes, nos îles, avec une population catholique relativement faible, ne peuvent pas prétendre envoyer vers l'extérieur des missionnaires. Et d'ailleurs, pour que l'idée de quitter son pays pour porter l'évangile ailleurs puisse se répandre, il faut s'élever à une certaine notion d'universalisme, ce qui est bien difficile pour des insulaires.

Bien sûr la grâce a déjà déjoué des situations sociologiques, et le Pacifique a déjà envoyé à l'extérieur maintes religieuses, et aussi, je crois, des prêtres ; mais la générosité de nos fidèles les porte plutôt, pour l'instant, à des tâches de remplacement. Nos laïcs, catéchistes, chefs de communauté, s'efforcent de faire subsister et vivre certaines paroisses privées de prêtre. Dans nos écoles, le personnel local tend à remplacer complètement le personnel enseignant venu jadis du dehors. Mais remplacer, même avec dévouement et compétence, ne suffit pas pour être missionnaire. Quand une population s'efforce d'assurer par elle-même la marche de l'Eglise, la vie de l'Eglise, pour combler les vides laissés par les missionnaires insuffisants, ce peut être une étape préparatoire à un nouvel élan, à condition que l'entreprise missionnaire trouve une prolongation novatrice. Cette prolongation novatrice ne peut surgir désormais que des profondeurs d'un peuple. Certes, il n'y a pas d'élan missionnaire à l'état pur, et tout reste élan, dépendant d'autres courants, dont la source finalement aboutit aux temps apostoliques. Sachons préparer le moment favorable.

Il a fallu aux peuples d'Europe se nourrir longtemps des Pères grecs et latins, pour trouver par la suite des formes originales de vie chrétienne : la sève missionnaire greffée sur le rejeton sauvage, doit imprégner toute la plante avant qu'un nouveau fruit apparaisse. Néanmoins l'élan missionnaire propre à tel ou tel peuple sera toujours tributaire de son histoire et de ses origines. Comme illustration de ce que je viens de dire, voici un exemple pris dans mon diocèse. Il est assez typique et reflète d'autres situations, d'autres diocèses. Actuellement, le mouvement le plus important et le plus vivant, est ce que nous appelons le « Rotario Ora », qui n'est ni plus ni moins que le Rosaire Vivant, fondé par Pauline Jaricot. Le « Rotario Ora » qui peut chez nous avoir la même nature qu'en France, regroupe à peu près tous les éléments dynamiques de nos paroisses, adultes ou jeunes. En principe, ce n'est qu'un mouvement de prière ; mais il se trouve que les membres du Rosaire Vivant ont pris peu à peu des fonctions dans les paroisses : organiser des fêtes, soutenir des œuvres ; et le regroupement de ses membres autour d'un président ou d'une présidente convient à merveille à notre population. Il permet d'obtenir une certaine cohésion sociale et chrétienne dans les quartiers où il y a beaucoup d'immigrants venus des îles lointaines ; et, s'il arrive que les tahitiens vont en Nouvelle-Calédonie travailler sur les mines, ils se regroupent à nouveau à l'aide du Rosaire Vivant. Cette institution a les caractères missionnaires essentiels et, comme c'est le groupe qui la fait marcher, ceux-ci restent plus vivants et plus populaires que jamais. Ceux qui n'accèdent pas aux sacrements parce qu'ils sont dans une situation anormale, se trouvent à l'aise dans le « Rotario Ora », car ils peuvent prier et là, se montrer apôtres.

Depuis deux ans, autre phénomène : des groupes spontanés de jeunes se sont formés, appelés « groupes d'amitié paroissiale » ; sans qu'il y ait, bien sûr, de la part des jeunes l'intention de se modeler sur leurs anciens, ils ont organisé spontanément leurs groupes, mais bien des fois, ils ont repris les traditions du Rosaire Vivant.

Responsabilité de l'évêque

Mais le respect des vraies traditions apostoliques d'un peuple ne doit pas non plus paralyser l'évêque, et sa responsabilité dépasse de beaucoup un simple patronage protecteur ; il a aussi à promouvoir l'élan. La responsabilité de l'évêque ne porte pas seulement sur ce que l'élan est actuellement, mais sur ce qu'il devrait devenir ; et pourtant, ni l'évêque, ni l'Eglise ne sont maîtres du passé ni de l'avenir missionnaire. L'Eglise ne peut contrôler ni les événements, ni leur orientation ; du moins l'évêque doit-il susciter une réflexion la plus large possible. L'évêque sera au centre de cette réflexion ; il s'efforcera de la susciter chez le plus grand nombre de chrétiens.

Comme la responsabilité de l'évêque n'est pas purement morale, celle-ci doit aussi se traduire dans des institutions nouvelles. Le Concile du Vatican a permis de créer, entre les diocèses très isolés jadis les uns des autres, des liens institutionnels nouveaux et, par une nouvelle délégation apostolique plus proche de nous, de replacer l'effort missionnaire dans un contexte naturel. Il serait anormal que les diocèses eux-mêmes tardent à se donner de nouveaux organismes. A Papeete, nous avons eu en juillet 1970 un synode, et en septembre 1973, un deuxième est prévu. D'autres diocèses ont mis sur pied des structures qui leur sont propres, à leur convenance, et qui répondent au même but : rassembler dans la prière, dans la réflexion, autour de l'évêque et face aux événements, le peuple missionnaire.

Problèmes de demain

Une question ressort de tous nos échanges, au sommet inter-diocésain, comme à la base diocésaine. Nos peuples récemment parvenus à la foi, intégrés à l'Eglise, apporteront-ils demain leur contribution à l'évangélisation du monde ? Nos peuples seront-ils, dans un Pacifique qui peut devenir une nouvelle Méditerranée, porteurs de foi et fidèles à l'Eglise ? Jadis, les navigateurs polynésiens ne rencontraient au terme de leur aventure que de proches cousins liés par une culture à peu près identique. Désormais, soit sur les centres miniers, soit dans les grandes villes, plusieurs ethnies du Pacifique... d'Asie, d'Europe, se côtoient, en nombre de plus en plus important. Certains archipels craquent dans leurs limites terrestres trop étroites pour la pression démographique. Si de nouvelles frontières s'ouvrent à eux, feront-ils le plongeon dans la société nouvelle où le néo-paganisme est plus menaçant que le retour au passé ? Et ceux qui n'émigrent pas recevront des touristes ; le missionnaire est-il désormais celui qui part au loin, ou plutôt celui qui reste pour accueillir ? Ou qui reste lui-même là où il va ? L'élan missionnaire ne semble pas avoir d'autres issues que dans une compénétration pacifique de plus en plus large, de plus en plus profonde, des peuples de nos archipels, puisque voilà nos insulaires contraints une nouvelle fois à bouger, mais cette fois vers les villes. Position difficile de notre Eglise... Comment concilier la sauvegarde de la personnalité de ces peuples, et donner libre cours à un élan missionnaire ? Dramatique situation aussi de nombreux petits pays qui tentent de rester eux-mêmes en protégeant, de toute leur fierté et énergie, leur indépendance et leur particularisme, au risque d'être figés sur le passé. A notre sens, une seule issue : croire vraiment aux valeurs essentielles de sa propre culture, en vivre, en témoigner même. Alors, le monde en formation fera moins peur, et on verra mieux quelle contribution les petits peuples ignorés pourront apporter à l'évangélisation universelle. Les particularismes ne sont pas seulement un héritage du passé, mais des constantes qu'aucune révolution économique ou politique ne pourra faire disparaître : par exemple l'immensité de l'océan, qui fera que l'on se sentira toujours insulaire... le soleil et la paix, non seulement celle qu'apporte une belle nature, mais qui provient aussi du fait que ces îles n'ont jamais été déchirées par des conflits intérieurs graves. Puissent le monde et nos peuples se rappeler que le Pacifique est moins une source de richesses futures qu'un facteur d'équilibre, une zone de sécurité pour l'homme moderne si tenté de se refaire et de se rapprocher d'une nature, encore intacte ! Mais ces petits peuples seront-ils suffisamment équipés intellectuellement et spirituellement ? Equipés aussi suffisamment tôt pour que leur avenir ne soit pas décidé sans eux ? Une vocation civilisatrice peut être inscrite dans la géographie, sans que pour autant il y ait un consentement résolu ou une force suffisante des peuples pour y répondre.

Conclusion

Pour terminer, disons que l'évêque doit au moins favoriser une réflexion approfondie et la plus générale possible sur ce que, peut-être, on ne perçoit pas tout de suite. Sur l'immensité de nos océans, il était très important jadis pour nos insulaires, à l'époque des grands navigateurs, d'apercevoir le plus vite possible une voile, voile qui longtemps apparaissait et disparaissait à l'horizon, avant que leurs yeux, sans les corrections des longues-vues et des jumelles, ne puissent identifier le bateau. Après la voile, le navire : c'est dans l'ordre. La mission se propose toujours l'implantation de l'Eglise. Seul un certain type d'église locale, en pays de chrétienté, a pu faire oublier que l'élan missionnaire est tout aussi important pour la permanence des églises locales, que leur organisation. A travers sa responsabilité dans l'élan missionnaire, l'évêque peut discerner combien le maintien de l'élan missionnaire importe à la survie d'une église locale et à son identification à la véritable Eglise. »

« Pour vous, je viens de relire cette intervention au Congrès Pauline Jaricot de Lyon de novembre 1972. C'est ce que je pensais et pense toujours, mais aussi ce que nous venons de vivre dans les 10 dernières années qui viennent de s'écouler. Le renouveau charismatique à l'œuvre en Polynésie depuis 1976, nous a rappelé aussi l'intervention directe de l'Esprit Saint. Le passage du P. Tardif en octobre-novembre 1982 a révélé ce que l'Esprit Saint peut accomplir à un moment où il n'est pas programmé ! Comme un journaliste l'a lui-même noté à la fin d'un article consacré aux effets du renouveau : « Il a révélé les possibilités spirituelles étonnantes du peuple polynésien. »

« Aujourd'hui même un métropolitain me disait : "Les hommes de ma génération (42 ans) se sont détachés de la foi et se posent une foule de questions (mal, souffrance, qu'est-ce que je dois faire des 70 ans de vie ?...) et il n'y a aucune réponse valable. Les grandes religions ne savent pas y répondre". Avons-nous à répondre à toutes ces questions, comme elles sont posées ? C'est l'Evangile qui fait question, malgré tous les débuts de réponse qu'il donne... il n'y aura dans ce sens-là jamais "d'après mission", car nous serons toujours en mission... pour que l'élan missionnaire soit toujours un élan vers les autres, les plus pauvres matériellement et spirituellement, qu'ils viennent à nous interroger, il faut répondre. A Tahiti, comme dans le Monde, le défi c'est que l'élan missionnaire ne se brise pas devant l'incroyance, mais qu'il y trouve avec l'Esprit Saint un stimulant [17] ».

(17) Cette note mise en conclusion de ce dernier chapitre a été rédigée par Mgr COPPENRATH le 27-1-1983 à Papeete, après relecture attentive de sa conférence de 1972 à Lyon. – P. HODÉE : Réponse à l'enquête sur « Science et Incroyance », Papeete (23-1-1980).

ENVOI MISSIONNAIRE

« Il n'y aura jamais d'après-mission. Nous serons toujours en état de mission », vient d'écrire Mgr Michel Coppenrath. Cela éclaire la conclusion de la recherche demandée en avril 1980 et qui a pris deux ans et demi ; elle lui donne la coloration d'un envoi missionnaire. Les nouveaux défis analysés précédemment, la métamorphose rapide de la société polynésienne ainsi que les interrogations sans cesse renouvelées d'un monde en crise de civilisation amènent des dimensions toujours nouvelles et imprévues à l'annonce de l'Evangile en Eglise. Les chrétiens ont ainsi à vivre l'attitude que l'Apôtre Paul décrivait pour lui-même : Oubliant le chemin parcouru et tout tendu en avant, je m'élance vers le but, en vue du prix attaché à l'appel d'en-haut que Dieu nous adresse en Jésus-Christ [(1)] ».

Comme dans le bouillonnement de Corinthe il y a 2.000 ans, ce sont toujours les petits, les faibles, ceux qui n'ont ni notoriété ni pouvoir que « Dieu choisit pour confondre les forts ». Ce paradoxe évangélique et missionnaire nous l'avons vu se réaliser durant ces 150 années de Mission Catholique en Polynésie. Ce n'est pas manquer de respect aux missionnaires des Sacrés-Cœurs que de constater leur faiblesse humaine pour une telle entreprise. Eux-mêmes l'ont souvent constaté. La puissance de Jésus ressuscité se manifeste à travers la pauvreté des envoyés ; c'est, en Polynésie, l'actualisation d'une évangélisation paulinienne. Il en sera de même aujourd'hui et demain. Ce ne sont pas les hommes qui sauvent le monde. Jésus est le seul Messie-Sauveur ; mais chacun est invité à « compléter ce qui manque à la passion du Christ pour son Corps qui est l'Eglise » par son engagement chrétien personnel. Les terribles cyclones rendent cela très concret.

(1) Ph 3,13-14.

Le Jubilé du 150e anniversaire de l'arrivée des missionnaires catholiques à Mangareva le 7 août 1834, préparé depuis trois ans, va, de façon inattendue et providentielle, se trouver en couronnement du Jubilé de la Rédemption annoncé par le Pape Jean-Paul II. Loin de se faire concurrence et dans l'épanouissement du fort courant de renouveau spirituel qui s'est manifesté en octobre 1982, c'est à un nouvel élan missionnaire que les catholiques polynésiens sont invités. Il prend sa source dans la conversion personnelle par la découverte vitale de l'amour de Dieu, manifesté en Jésus et répandu dans nos cœurs par l'Esprit. Il se réalise au niveau des familles et des communautés. Il est révélateur des appels de Dieu dans l'éveil et le soutien des diverses vocations chrétiennes. Cet élan missionnaire nouveau, comme le premier il y a 150 ans, prend sa source dans l'Eucharistie, mémorial agissant de Jésus mort et ressuscité pour tous les hommes. En elle et par la puissance de l'Esprit, la petitesse des îles et la faiblesse des hommes deviennent «force de la foi»[2]. Le rassemblement eucharistique construit l'Eglise comme Corps du Christ; la Messe a une dimension d'ouverture universelle et œcuménique.

Sans doute ce livre du Jubilé de la Mission catholique ne répond-il pas à toutes les attentes des uns et des autres. Peut-être a-t-il un peu trop un aspect pédagogique et une certaine lourdeur documentaire scientifique. Les omissions sont inévitables devant une littérature de 15.000 titres publiés et plus de 60.000 pages de documents manuscrits consacrés à Tahiti et aux archipels polynésiens. On a essayé d'éviter de reprendre ce qui avait déjà été bien édité et était connu, comme, par exemple, l'histoire des écoles des sœurs de Saint-Joseph de Cluny et celle des Frères de Ploërmel. Selon la demande initiale, les événements ont été situés le plus précisément et clairement possible; d'où l'importance des annexes assez techniques et les nombreux renvois aux documents référencés. C'est aussi et surtout une sorte de «révision apostolique» s'efforçant de comprendre les valeurs engagées, les motivations en cause et les projets des acteurs, en vue de situer l'avenir de la mission dans un élan de renouveau spirituel. Espérons avoir fourni aux divers polynésiens et à ceux qui s'intéressent à la vie chrétienne à Tahiti un outil de travail personnel et communautaire clair et honnête, donnant envie d'approfondir les questions soulevées et permettant à chacun d'être toujours plus témoin de l'Evangile par une profonde vie chrétienne en Eglise.

Ces quelques phrases de l'Apôtre Paul aux Thessaloniciens nous semblent bien récapituler l'activité des missionnaires qui nous ont précédé et ouvrir une belle perspective apostolique à tous ceux et celles qui désirent marcher à leur suite pour construire l'Eglise localisée en Polynésie.

---

(2) 1 P 5,9.

«Ce n'est pas en vain que vous nous avez accueilli. Alors que nous venions de souffrir et d'être insultés... nous avons trouvé en notre Dieu l'assurance qu'il fallait pour vous prêcher son Evangile à travers bien des luttes. C'est que notre prédication ne repose pas sur l'erreur, elle ne s'inspire pas de motifs impurs, elle n'a pas recours à la ruse. Mais Dieu nous ayant éprouvés pour nous confier l'Evangile, nous prêchons en conséquence; nous ne cherchons pas à plaire aux hommes, mais à Dieu qui éprouve nos cœurs. Jamais nous n'avons eu de paroles flatteuses, jamais d'arrière-pensée de profit... jamais nous n'avons recherché d'honneurs auprès des hommes... Nous avions pour vous une telle affection que nous étions prêts à vous donner non seulement l'Evangile de Dieu, mais même notre propre vie, tant vous nous étiez devenus chers. Vous vous rappelez, frères, nos peines et nos fatigues; c'est en travaillant nuit et jour, pour n'être à charge à aucun d'entre vous, que nous vous avons annoncé l'Evangile de Dieu... Traitant chacun de vous comme un père ses enfants, nous vous avons exhortés, encouragés et adjurés de vous conduire d'une manière digne de Dieu qui vous appelle à son royaume et à sa gloire [3].»

Paul HODÉE

Achevé à Papeete le 2 février 1983,
Présentation du Seigneur
«lumière des nations».

(3) 1 Th 2,1-12.

ANNEXE I

Cartographie

DOMAINES LINGUISTIQUES

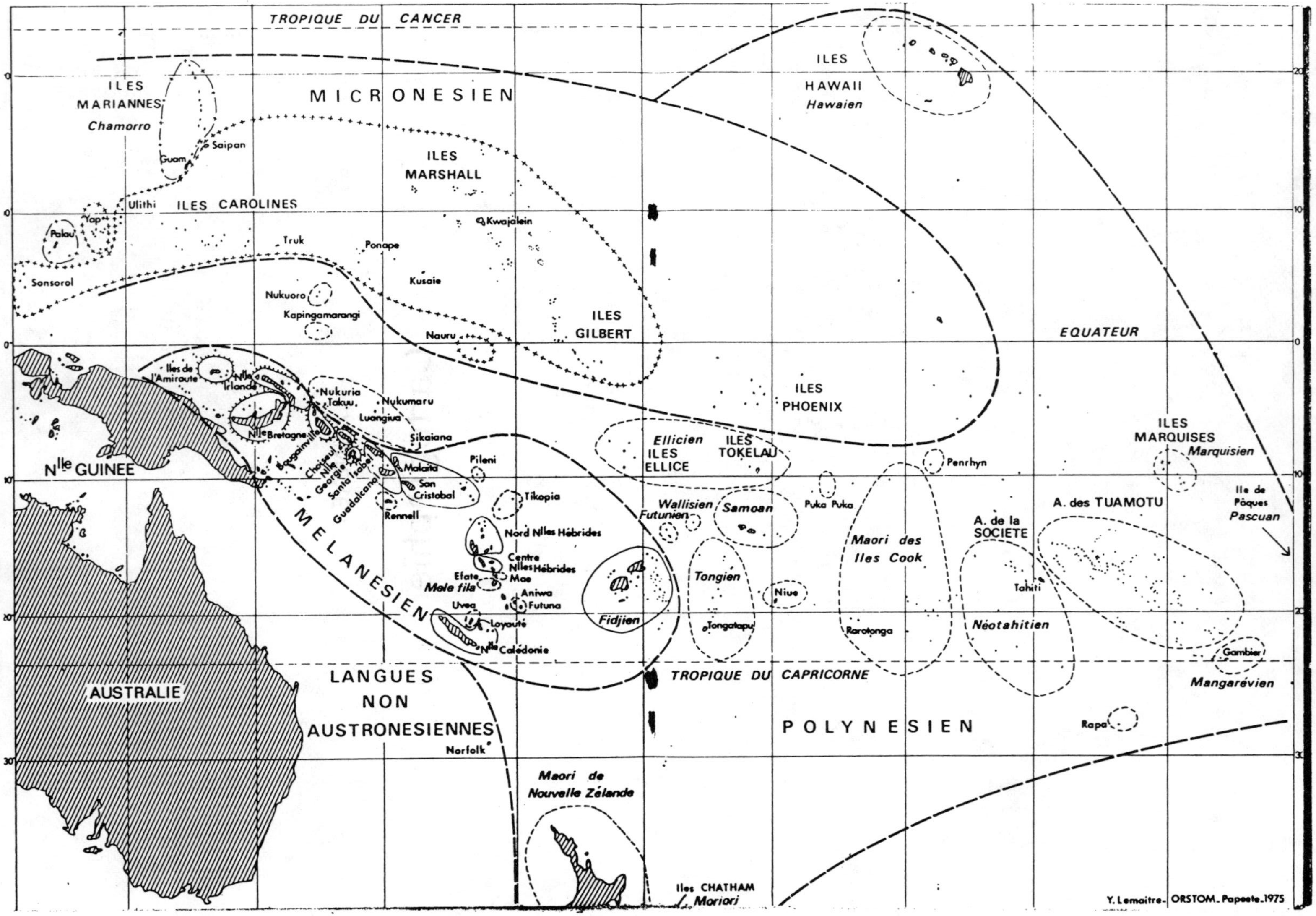

DISTANCES

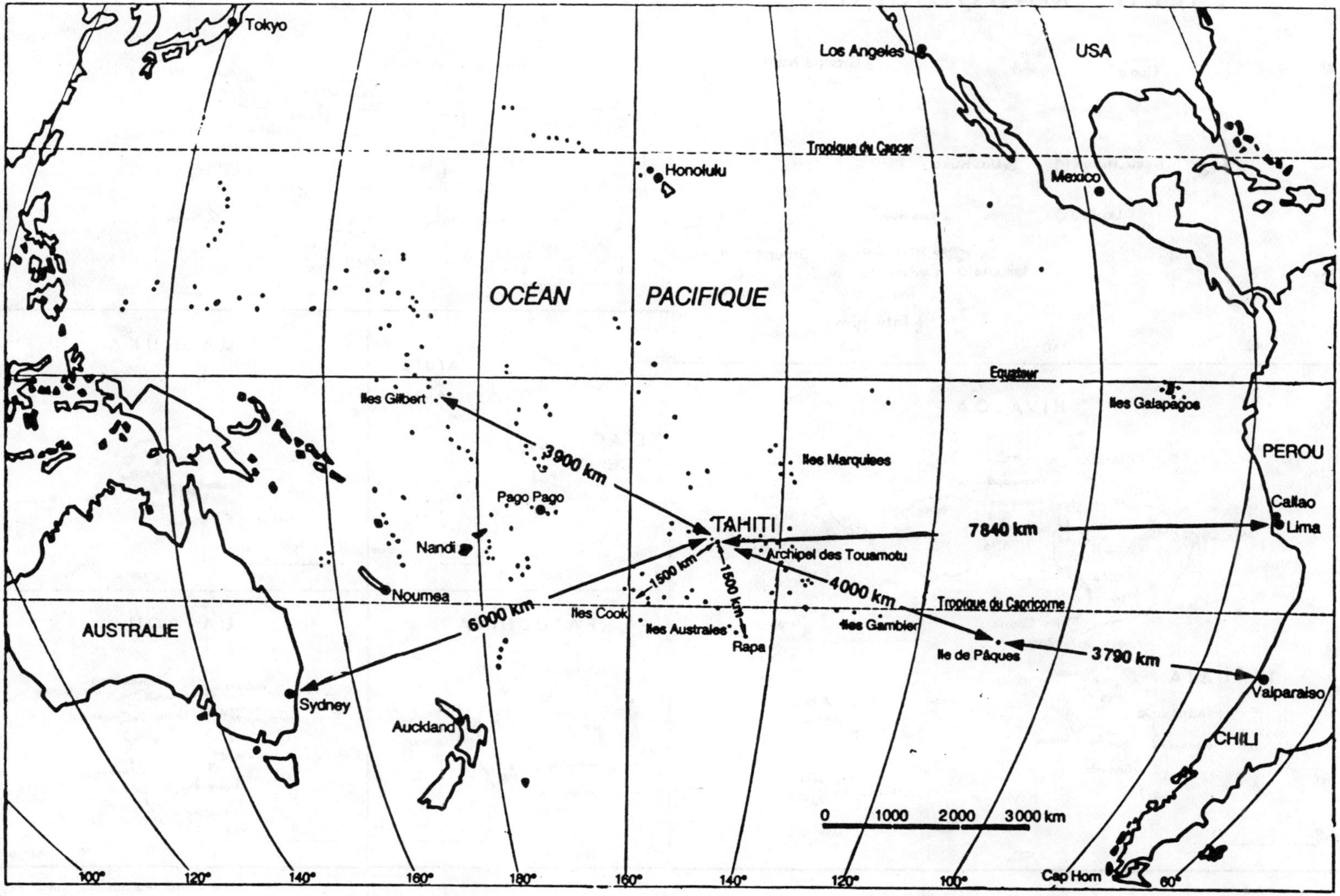
Tokyo
Los Angeles
USA
Tropique du Cancer
Honolulu
Mexico
OCÉAN
PACIFIQUE
Equateur
Iles Gilbert
Iles Galapagos
3900 km
Iles Marquises
PEROU
Pago Pago
Callao
TAHITI
7840 km
Lima
Nandi
Archipel des Touamotu
1500 km
1500 km
4000 km
Noumea
Tropique du Capricorne
6000 km
Iles Cook
AUSTRALIE
Iles Australes
Iles Gambier
Rapa
Ile de Pâques
3790 km
Valparaiso
Sydney
Auckland
CHILI
0
1000
2000
3000 km
100°
120°
140°
160°
180°
160°
140°
120°
100°
Cap Horn
60°

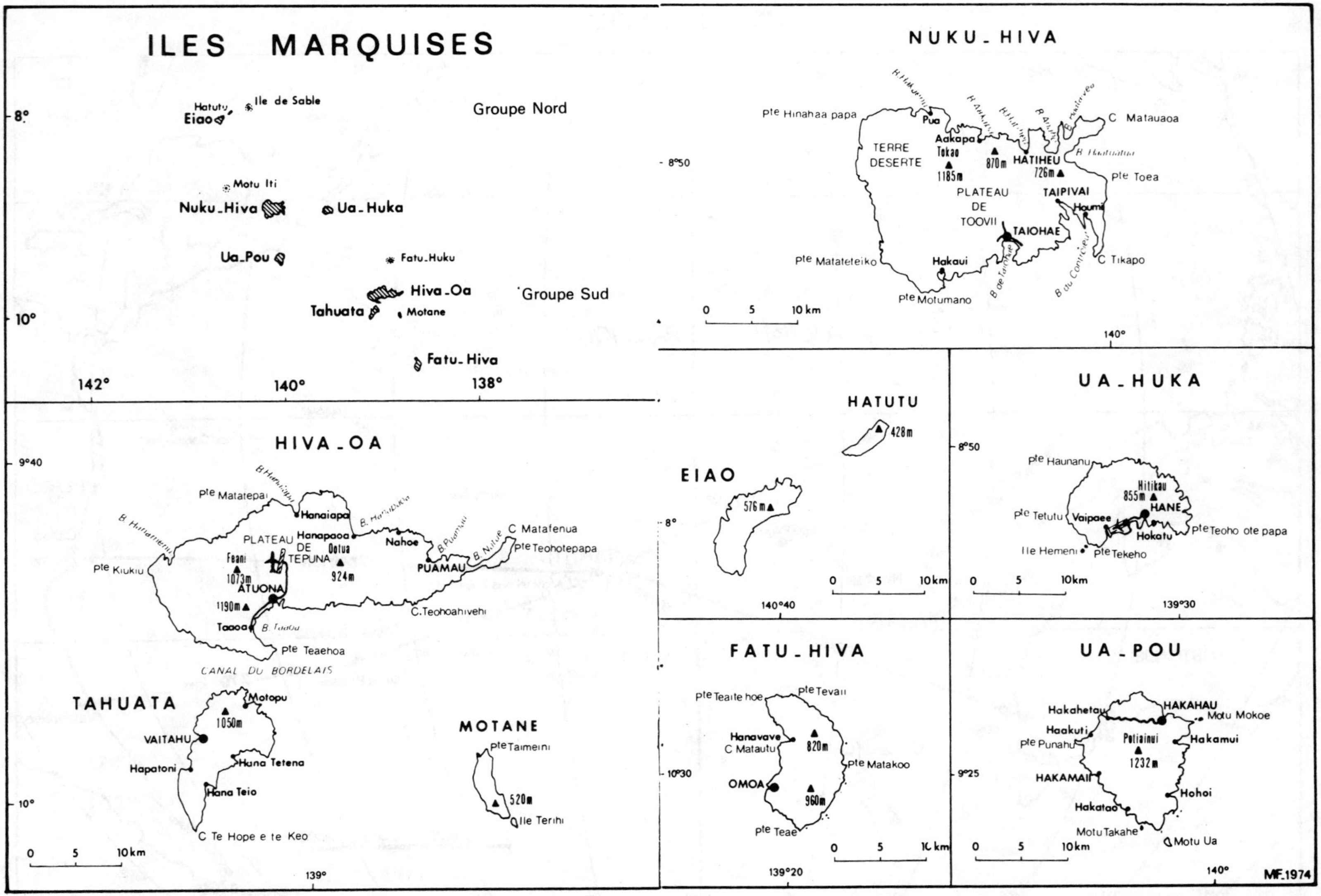

Avec l'aimable autorisation de J. Fages

TAHITI CATHOLIQUE

LIEUX DE CULTE ET EDIFICES SCOLAIRES.
CATHOLIC CHURCHES AND SCHOOLS.

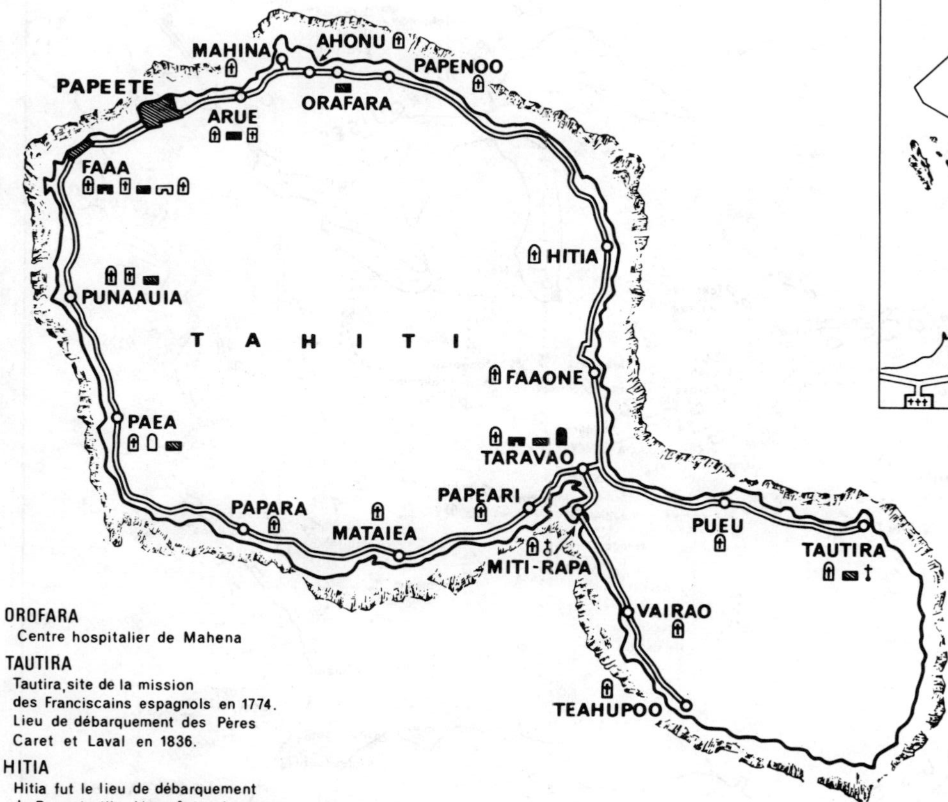

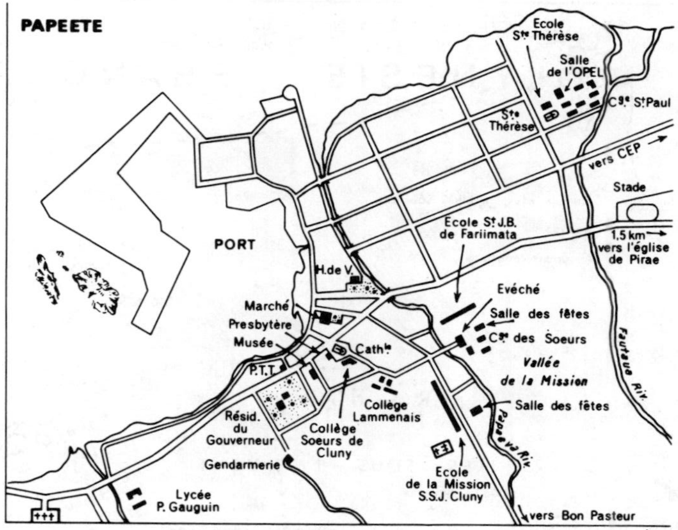

Eglise ou chapelle / Church or chapel

Presbytère ou bâtiment ecclésiastique / Rectory or clerical building

Ecole de garçons / Boy school

Ecole de filles / Girl school

Petit séminaire / Seminary

Soeurs / Sisters

Frères / Brothers

Cimetière / Cemetery

Calvaire / Calvary

OROFARA
Centre hospitalier de Mahena

TAUTIRA
Tautira, site de la mission des Franciscains espagnols en 1774. Lieu de débarquement des Pères Caret et Laval en 1836.

HITIA
Hitia fut le lieu de débarquement de Bougainville. L'aumônier du navire y célébra-t-il la messe dominicale à terre?

MATAIEA
Le célèbre artiste français, Paul Gauguin, auteur d'oeuvres religieuses tahitiennes, vécut sur cette côte.

Avec l'aimable autorisation du P. O' Reilly

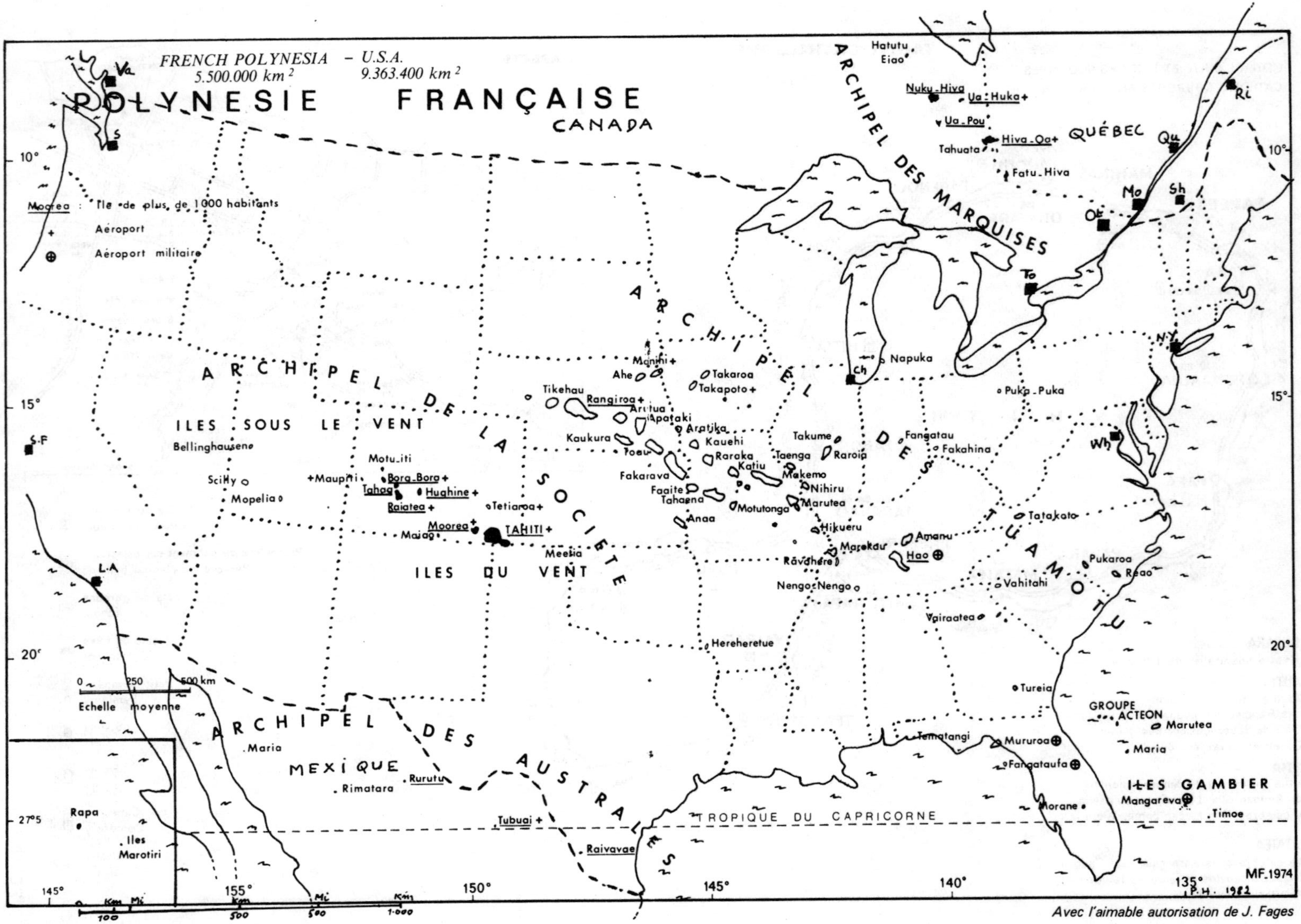

Avec l'aimable autorisation de J. Fages

POLYNÉSIE FRANÇAISE
DISPERSION GEOGRAPHIQUE
COMPAREE A L'EUROPE
SUPERFIE COMPAREE A CELLE DE LA CORSE
CORSE : 8722 Km²
POLYNESIE FRANCAISE : 4000 Km²
IMPRIMERIE / SERVICE DE L'EDUCATION
ARCHIPEL DES MARQUISES
OSLO
EIAO
NUKU-HIVA
UA-HUKA
STOCKHOLM
UA-POU
HIVA-OA
TAHUATA
MOTANE
FATU-HIVA
DUBLIN
TEPOTO
NAPUKA
PUKA-PUKA
LONDRES
MATAIVA
AMSTERDAM
MANIHI
AHE
TAKAROA
TAKAPOTO
RANGIROA
TIKEHAU
ARUTUA
APATAKI
ARATIKA
TOAU
KAUEHI
TAKUME
BERLIN
FANGATAU
FAKAHINA
VARSOVIE
BELLINGHAUSEN
ILES SOUS - LE - VENT
TUPAI
SCILLY
MAUPITI
BORA-BORA
BREST
TAHAA
RAIATEA
HUAHINE
MOPELIA
MAKATEA
KAUKURA
BRUXELLES
NIAU
FAKARAVA
RARAKA
RAROIA
MAKEMO
TAENGA
KATIU
FAAITE
TAHANEA
NIHIRU
MAHUTEA
ARCHIPEL DES TUAMOTU-GAMBIER
TETIAROA
PARIS
ANAA
TAUERE
TATAKOTO
MOOREA
Tahiti
HIKUERU
PRAGUE
AMANU
MAIAO
MEHETIA
ILES DU VENT
MAROKAU
RAVAHERE
HAO
AKIAKI
PUKARUA
REAO
NENGO-NENGO
VAHITAHI
ARCHIPEL DE LA SOCIETE
PARAOA
NUKUTAVAKE
PINAKI
U.R.S.S.
MANUHANGI
AHUNUI
VAIRAATEA
HEREHERETUE
MUNICH
VIENNE
GENEVE
ANUANURARO
ANUANURUNGA
NUKUTIPIPI
VANAVANA
BUDAPEST
TUREIA.
Groupe Acteon
Tenararo
MARUTEA sud
MARIA
BORDEAUX
RAROTONGA
TEMATANGI
MORUROA
FANGATAUFA
TOULOUSE
RURUTU
RIMATARA
(ILES GAMBIER)
MANGAREVA
BELGRADE
MARSEILLE
TROPIQUE DU CAPRICORNE
TUBUAI
TIMOE
BUCAREST
RAIVAVAE
ARCHIPEL DES AUSTRALES
CORSE
AJACCIO
ROME
SOFIA
RAPA
TURQUIE
ALGER
ECHELLE
0
500
1000 km
AFRIQUE
SICILE
TUNIS
SEPTEMBRE 1979

ANNEXE II

Repères chronologiques

1. Sources consultées pour les Chronologies :

1 – Archives de l'Archevêché de Papeete (R.P. A. Cools)
2 – Archives du diocèse de Rarotonga (R.P. A. Cools)
3 – Archives du diocèse de Taiohae (R.P. A. Cools)
4 – Archives des Pères SS.CC. (Rome) (R.P. A. Cools)
5 – Archives de l'Eglise évangélique de Polynésie Française (Pr. A. Schneider)
6 – Archives de la Polynésie Française (P. Morillon)
7 – Archives de la France d'Outre-Mer à Paris
8 – Daniel-Rops – Histoire de l'Eglise (Fayard)
9 – Danielsson B. – Le Mémorial polynésien (Hibiscus)
10 – Encyclopédia Universalis
11 – Encyclopédie Quillet
12 – Jore L. L'Océan Pacifique (1815-1848)
13 – Lœw J. – Histoire de l'Eglise par elle-même (Fayard)
14 – Mazellier Ph. – De l'atome à l'autonomie (Hibiscus)
15 – O'Reilly P. – Les Tahitiens – Société des Océanistes n° 36
16 – O'Reilly-Reitman – Bigliographie de Tahiti – Société des Océanistes n° 14
17 – Vernier Ch. – Tahiti hier et aujourd'hui – S.M.E. – Paris
18 – Rey-Lescure Ph. – Abrégé d'Histoire de Tahiti – Papeete

2. Note

Selon les sources consultées, des variations de dates existent pour un même événement (ex. 4 ou 5 mars 1797 pour l'arrivée du « Duff »). En plus des erreurs matérielles de transcription ou des fautes d'impression, la difficulté de la « date-line » a joué dans quelques cas (ex. les îles Cook en retard d'un jour jusqu'à la rectification du 25-12-1899). De plus les navigateurs notaient soit le jour où ils étaient en vue d'une terre, soit le moment où ils jetaient l'ancre ; c'est cette dernière date qui a été retenue dans la mesure du possible. Pour les fondations des œuvres, certains notaient leur lancement, d'autres leur inauguration officielle ; c'est le lancement qui a été retenu de préférence.

	Histoire générale	Histoire de France	Histoire de Polynésie	
16e siècle	*25-9:* Balboa aperçoit le Pacifique			**1513**
	28-11: Magellan nomme l'«Océan Pacifique»	François Ier (1515-1547)	Entrée de l'Océanie dans l'Ere des Navigateurs	**1520**
	6-3: Magellan découvre Guam et Philippines	Mort de Josquin des Prés (1450-1521)	*24-1:* Magellan découvre Puka-Puka (Tuamotu)	**1521**
	Guerre des Paysans (Allemagne) Mort de V. de Gamma (1469-1524)			**1524**
				1526
	Sac de Rome par les troupes de Charles-Quint; Saavedra découvre les îles Marshall et la Papouasie			**1527**
	Diète d'Augsbourg			**1530**
	Paix de Nuremberg – Turcs en Hongrie	«Gargantua» et «Pantagruel» de Rabelais		**1532**
	Ivan le Terrible (1533-1584) en Russie			**1533**
	Les Turcs prennent Bagdad – J. Cartier au Canada	François Ier s'allie aux protestants allemands		**1534**
	Charles-Quint prend Tunis			**1535**
	Guerre de Charles-Quint contre François Ier	François Ier s'allie aux Turcs		**1536**
	Sainte Ligue contre les Turcs: Corfou			**1538**
				1539
				1541
				1542
	«De Revolutionibus» de Copernic – Villalobos aux Carolines			**1543**
				1545
		«Défense et illustration de la langue française»: J. du Bellay		**1549**
				1551

16e siècle

	Eglise catholique en Polynésie	Eglises issues de la Réforme	Histoire de l'Eglise
1513			Création du premier diocèse en Amérique (Panama)
1520		**M. Luther rompt avec Rome**	Léon X (1513-1521) – Bulle *Exsurge Domine*
1521		**Luther à la Diète de Worms**	
1524		**Bible de Luther – Suède de G. Vasa, protestante**	Clément VII (1523-1534)
1526			Fondation de l'Ordre des Capucins
1527			
1530		**«Confession d'Augsbourg» – extension en Europe**	
1532			Ordination du premier Evêque noir au Congo
1533		**Calvin se sépare de Rome**	Création du diocèse de Goa (Indes)
1534		**Henri VIII rompt avec Rome: Eglise anglicane**	Paul III (1534-1549)
1535		**«Institution chrétienne» de Calvin – Concorde de Wittemberg**	Martyre de J. Fisher et Th. More (Angleterre)
1536			
1538			
1539		**Calvin à Genève**	Fondation de la «Compagnie de Jésus» (S. Ignace)
1541			Echec du colloque de Ratisbonne
1542			Création de l'Inquisition romaine
1543			
1545			Concile de Trente: 1re Session (1545-1547)
1549		**Premier «Prayer Book»**	S. François-Xavier au Japon – «Réductions» au Paraguay
1551			Concile de Trente: 2e Session (1551-1552)

Histoire générale	Histoire de France	Histoire de Polynésie	
	Premières Eglises Réformées		**1554**
Paix d'Augsbourg – Marie Tudor			**1555**
Elisabeth Ire en Angleterre			**1558**
	Mort de C. Jannequin (1480-1559)		**1559**
Abolition du catholicisme en Ecosse	Conjuration d'Amboise – Guerre de Religions		**1560**
			1562
			1566
A. de Mendaña découvre les « Salomon » et le Tuvalu (Ellice)		1er voyage de Alvaro de Mendaña dans le Pacifique	**1567**
Mort de J. Walter (1496-1570)			**1570**
7-10: Victoire de Lépante contre les Turcs			**1571**
	Massacre de la St-Barthélémy – Mort de Goudimel (1505-1572)		**1572**
Guillaume d'Orange bat les catholiques	« Les Essais » de Montaigne		**1580**
Réforme du calendrier par Grégoire XIII			**1582**
			1587
			1589
Persécution au Japon contre les chrétiens			**1590**
			1592
Mort de R. de Lassus (1530-1594) et Palestrina (1526-1594)	Abjuration de Henri IV		**1594**
Mendaña aux Marquises du Sud		*27-7 à 5-8:* Mendaña et Quiros à Fatu-Hiva et Tahuata (Vaitahu). *20-8:* Pukapuka (Cook)	**1595**
			1596

	Eglise catholique en Polynésie	Eglises issues de la Réforme	Histoire de l'Eglise
1554		**Premières Eglises Réformées en France**	
1555		**Paix d'Augsbourg : *Cujus regio, ejus religio***	Paix d'Augsbourg : *Cujus regio, ejus religio*
1558			Création de l'Index
1559		**Premier Synode protestant en France**	
1560		**Début des guerres de religion en France**	
1562		**Angleterre : Bill des 39 articles**	Concile de Trente : 3e Session (1562-1563 le 4-12) – le Carmel
1566			S. Pie V, «Catéchisme du Concile de Trente» (1566-1572)
1567			S. Charles Borromée (1538-1584)
1570		**J. Walter, organisateur du chant choral avec Luther**	S. Jean de la Croix (1542-1591)
1571			Développement de la prière du Rosaire
1572		**Massacre de la St-Barthélémy en France**	Grégoire XIII (1572-1585) – Les Nonciatures
1580		**Victoire de Guillaume d'Orange**	
1582			M. Ricci en Chine – Mort S. Thérèse d'Avila (1515-1582)
1587			Sacré Collège réorganisé – Création des congrégations romaines
1589			Moscou devient Patriarcat
1590			Persécution au Japon
1592			Révision de la Vulgate – Clément VIII (1591-1605)
1594			Missions de S. Fr. de Sales dans le Chablais
1595	*27-7 à 5-8 :* Mendaña à Vaitahu – 1re messe à terre		
1596			Eglise de Kiev s'unit à Rome : Traité de Brest – Litvosk

	Histoire générale	Histoire de France	Histoire de Polynésie	
				1597
		Edit de Nantes: libertés politiques et religieuses		**1598**
17e siècle	«Don Quichotte»: Cervantes – Conspiration des Poudres			**1605**
	Quíros à Santo (Vanuatu) et aux Tuamotu		*4-2:* Quíros découvre les Acteons – *10-2:* Quíros à Hao – Première Croix plantée – *2-3:* Quíros à Rakahanga (Cook)	**1606**
	Mort de Vittoria (1535-1608)			**1608**
		Assassinat de Henri IV – Louis XIII (1610-1643)		**1610**
	Premier procès de Galilée – Acadie ravagée par les Anglais	Réception des décrets du Concile de Trente		**1615**
	Le Maire et Schoutten à Tonga, Futuna et aux Tuamotu		*14-4:* Le Maire et Schoutten à Takaroa, Takapoto, Ahe, Rangiroa	**1616**
	Débuts de la guerre de Trente Ans – Neper et Képler			**1618**
	Puritains du «May Flower» en Amérique			**1620**
		Evêché de Paris érigé en Métropole		**1622**
				1626
	Rembrandt à Amsterdam – Québec pris par les Anglais	Richelieu, Ministre d'Etat (1624-1642)		**1629**
	Condamnation de Galilée			**1633**
	Débuts des Etats de la «Nouvelle-Angleterre» en Amérique	Fondation de l'Académie Française – Corneille		**1635**
		«Discours de la Méthode» de Descartes		**1637**
	Création des Saints Synodes chez les Orthodoxes			**1639**
	Tasman en Australie et Nouvelle-Zélande			**1642**

	Eglise catholique en Polynésie	Eglises issues de la Réforme	Histoire de l'Eglise	
1597			*6-2:* Martyrs du Japon – « Catéchismes » de S. P. Canisius	
1598		**Libertés politique et religieuses en France**		
1605			Paul V (1605-1621) – P. de Nobili aux Indes	17e siècle
1606	*10-2:* Quiros à Hao – Première croix plantée		S. Rose de Lima (1587-1607)	
1608			« Introduction à la vie dévote » de S. Fr. de Sales	
1610			Fondation des Visitandines par S. J. de Chantal	
1615			Catholicisme banni du Japon – Recollets au Canada	
1616				
1618		**Synode réformé de Dordrecht**		
1620				
1622			*6-1:* Fondation S.C. de la « Propagation de la Foi » – Grégoire XV	
1626			Dédicace de S. Pierre de Rome, achevée en 1612	
1629			Fondation des Filles de la Charité (L. de Marillac)	
1633				
1635				
1637				
1639			Canada: Marie de l'Incarnation et les Ecoles	
1642			Fondation des Séminaires (Vincent de Paul, M. Olier)	

Histoire générale	Histoire de France	Histoire de Polynésie	
Mort de Monteverdi (1567-1643) – Tasman à Fidji et à Tonga	Mort de Louis XIII		**1643**
Cromwell, dictateur en Angleterre – Traité de Westphalie	La Fronde (1648-1653) – Pascal et Toricelli		**1648**
Exécution du roi Charles Ier en Angleterre			**1649**
			1650
Dynastie mandchoue en Chine			**1653**
	«Les Provinciales» de Pascal		**1656**
Mort de Cromwell – Léopold Ier, Empereur	Querelle des «Anciens et des Modernes»		**1658**
			1659
	Mort de S. Vincent de Paul (1581-1660)		**1660**
	Règne personnel de Louis XIV – Colbert (1661-1683)		**1661**
Empereur Kang Hi en Chine (1664-1722)	«Compagnies de Commerce» – «Tartuffe» de Molière		**1664**
			1671
Bill du Test	Lutte entre Louis XIV et Rome: gallicanisme		**1673**
	«Phèdre» de Racine		**1677**
Pierre le Grand en Russie (1682-1725)	Révocation de l'Edit de Nantes		**1685**
Newton et les lois de la gravitation	Mort de J.B. Lulli (1632-1687)		**1687**
Révolution anglaise: Guillaume III d'Orange	Louis XIV déclare la guerre à l'Empire		**1688**
Sac du Palatinat par Louis XIV			**1689**
	Machine à vapeur de Denis Papin		**1691**

	Eglise catholique en Polynésie	Eglises issues de la Réforme	Histoire de l'Eglise
1643			Dévotion au Sacré-Cœur de Jésus lancée par S. Jean Eudes
1645		**George Fox et les Quakers**	Querelle des Rites chinois
1648		**Triomphe du puritanisme. Exil des Anglicans**	
1649			Persécutions contre les Irlandais – Jansénius
1650			Développement des «Réductions» au Paraguay (1610-1773)
1653			Condamnation du Jansénisme
1656			Décret sur les Rites chinois
1658			Création des Vicariats apostoliques en Extrême-Orient et Québec
1659			Missions étrangères de Paris – Instruction sur les Missions
1660			
1661			
1664			Réforme de la Trappe par de Rancé
1671			«Exposition de la doctrine de l'Eglise catholique» de Bossuet
1673		**Bill du Test réserve les fonctions publiques aux Anglicans**	S. Marguerite-Marie et le Sacré-Cœur
1677		**Départ de nombreux protestants français à travers l'Europe**	«Histoire critique du Vieux Testament» de R. Simon
1685			Piétisme en Allemagne
1687			
1688			
1689			
1691		**Dialogue infructueux: Leibnitz-Bossuet (1691-1702)**	Tentative d'union: Bossuet-Leibnitz – Echec

	Histoire générale	Histoire de France	Histoire de Polynésie	
	Mort de H. Purcell (1659-1695)	Achèvement du Château de Versailles		**1695**
18e siècle	Guerre de Succession en Espagne (1701-1714)	Révolte des Camisards		**1702**
		Morts de Bossuet et Bourdaloue		**1704**
	Vivaldi musicien (1677-1767)	Affaire de Port-Royal (détruit en 1710)		**1707**
		Tour du monde du «Grand Dauphin» (S. Dufresne: 1711-1713)	*3-4:* Découverte de Clipperton (Dubocage et de Chassiron)	**1711**
	Mort de Corelli (1653-1713)	(10 bateaux de St-Malo font le tour du monde de 1711 à 1719)		**1713**
		Mort de Louis XIV – Louis XV (1715-1774)		**1715**
	Fondation de la loge maçonnique de Londres	Voltaire (1694-1778)		**1717**
	Grande Loge d'Angleterre organisée par Anderson – Roggeveen aux Samoa et à l'île de Pâques		Roggeveen à l'île de Pâques (5-4), Makatea (2-6), Borabora (6-6)	**1722**
	Mort de Pierre le Grand en Russie	Première loge maçonnique en France		**1725**
	Linné et la Botanique (débuts en 1731)			**1732**
	Pergolèse (1710-1736) – Guerre en Pologne (1733-1735)	Mort de Couperin (1668-1733)		**1733**
				1738
	Travaux de Franklin sur l'électricité	«Esprit des Lois» de Montesquieu – «Histoire Naturelle» de Buffon		**1748**
	Mort de J.S. Bach (1685-1750)			**1750**
		«L'Encyclopédie» de Diderot		**1751**
	Déportation des Acadiens – Séisme de Lisbonne	Déportation des Acadiens français		**1755**
	Scarlatti (1685-1757)	Guerre de Sept ans avec l'Angleterre (1756-1763)	Ch. de Brosses appelle «Polynésie» les îles des Terres Australes	**1756**

	Eglise catholique en Polynésie	Eglises issues de la Réforme	Histoire de l'Eglise	
1695			Quiétisme en France – Décret contre les Rites chinois	
1698		**Fondation de la première société missionnaire anglicane**		
1702		**Révolte des protestants en France: les Camisards**		18e siècle
1704			Condamnation des Rites malabars	
1707			Condamnation des Rites chinois	
1711				
1713			Bulle *Unigenitus* contre le jansénisme de Quesnel	
1715			Bulle *Ex illa die* contre les Rites chinois	
1717			Kang Hi interdit les Missions en Chine	
1722				
1725				
1732			S. Alphonse de Liguori et les Rédemptoristes	
1733		**Action du Révérend Wesley (1703-1791): le «Revival»**		
1738		**Wesley fonde le Méthodisme**	Bulle *In eminenti* contre la Franc-Maçonnerie	
1748				
1750			Fin des «Réductions» du Paraguay	
1751				
1755				
1756				

Histoire générale	Histoire de France	Histoire de Polynésie	
Canada devient anglais – Mort de G.F. Haendel (1685-1759)	Mort de Montcalm à Québec (défaite d'Abraham)		**1759**
Fin de l'Inde française	« Contrat Social » de J.J. Rousseau		**1762**
Traité de Paris entre France et Angleterre	La France perd le Canada et les Indes – Colonie aux Malouines		**1763**
Mort de Rameau (1683-1764)	« Dictionnaire philosophique » de Voltaire – Suppression des Jésuites		**1764**
Voyage de J. Byron (6-1764 au 5-1766) : Tuamotu		*5-6 :* J. Byron à Napuka et Tepoto (Tuamotu) – *11-6 :* Takaroa	**1765**
Travaux de Priestley en chimie	Voyage (1766-1769) de L. de Bougainville (1729-1811)		**1766**
Voyage de S. Wallis (1766-1768) : Tahiti, Moorea, Wallis – Carteret à Pitcairn et aux Tuamotu	Remise des Malouines à Buenos-Aires par Bougainville	*19-6 :* S. Wallis à Taiarapu – *23-6 :* Matavai – *19-6 au 26-7 :* Tahiti – Défaite d'Amo de Papara par Wallis	**1767**
Début des voyages de Cook (1768-1779) – Bougainville à Tahiti, Tuamotu et Nouvelles-Hébrides	Voyage de L.A. de Bougainville : « Boudeuse », « Etoile »	Mars : Bougainville à « Archipel Dangereux » – 4-16 avril à Hitiaa et Matavai – Décembre : Bataille de Papara – Taiarapu indépendante – Vairaatoa Tu	**1768**
Cook en Polynésie – 1re machine à vapeur : J. Watt	Le Tahitien Ahutoru en France (mars 1769-mars 1770)	Cook à Tahiti (12-4 au 13-7), aux « Iles de la Société » et Rurutu	**1769**
Première automobile à vapeur de Cugnot	*15-5 :* « Voyages autour du Monde » de Bougainville		**1771**
Second voyage de Cook : circum navigation australe (1772-1775)		*19-11 au 20-12 :* D. Boenechea à Tautira et Tahiti sur « Aguila »	**1772**
Cook à Manuae (îles Cook)	Le Grand Orient de France – Lavoisier – « Supplément au voyage de Bougainville » de Diderot	*15-8 au 1-9 :* Cook à Tahiti – Cook à Raiatea et à Vaitahu – Guerre de Tutaha – Débuts de Pomaré Ier (1773-1803)	**1773**
4-9 : Cook découvre la Nouvelle-Calédonie, Niue, Norfolk	Louis XVI (1774-1793)	*23-4 au 14-5 :* Cook à Tahiti – *27-11 au 26-1-1775 :* Boenechea à Tautira – *12-11 :* Départ des Espagnols – Gayangos à Raivavac	**1774**
Révolte de 13 colonies anglaises – Fondation des Etats-Unis		Pomaré fait la guerre aux Atahuru	**1775**
4-7 : Déclaration d'Indépendance des Etats-Unis	Echec de Turgot		**1776**

	Eglise catholique en Polynésie	Eglises issues de la Réforme	Histoire de l'Eglise
1759			
1762			
1763			
1764			
1765			Institution de la fête du Sacré-Cœur
1766			
1767			Mgr Pigneau de Bechaine en Indochine
1768			*1-3:* Naissance de J.M. Coudrin
1769			Clément XIV (1769-1774)
1771			
1772			
1773			Suppression de la Compagnie de Jésus par le Pape
1774	*27-11:* 1er essai missionnaire à Tautira : G. Clota, M. Gonzalès, O.F.M.		
1775	*1-1:* Plantation de la croix à Tautira ; *12-11:* Fin essai – Echec		Pie VI (1775-1799)
1776			

Histoire générale	Histoire de France	Histoire de Polynésie	
Cook à Atiu, Mangaia (îles Cook), Christmas et Tubuai		*29-3:* Cook à Mangaia; *31-3:* Atiu (Cook); *13-8 au 8-12:* Tahiti – Pomaré en guerre contre Eimeo (Moorea) – Cook à Tubuai	**1777**
Guerre d'Indépendance américaine (1778-1783)	Morts de Rousseau et de Voltaire – Lafayette aide l'Amérique	Cook découvre les Sandwich (Hawaii) – Y est assassiné (1779)	**1778**
Débuts de la Révolution industrielle en Angleterre			**1780**
19-10: Bataille de Yorktown – «Critique de la Raison pure» Kant	Participation française à la bataille de Yorktown	Guerres intérieures permanentes à Tahiti et dans les îles (1773-1803)	**1781**
Traité de Versailles: naissance des Etats-Unis	Première «Montgolfière»		**1783**
Métier à tisser automatique (Cortwright)	Mort de Diderot – Voyage de La Pérouse		**1784**
Constitution des U.S.A. – «Don Juan» de Mozart	«Paul et Virginie» de B. de S. Pierre – Affaire du Collier		**1787**
Anglais fondent Port-Jackson (Sydney) – Mort de C.P.E. Bach	Etat Civil pour les protestants – Peintre Quentin de la Tour	«Bounty» de W. Bligh – *8-8:* W. Lever à Penrhyn – *26-10 au 27-4-1789:* Séjour à Tahiti – *11-4:* W. Bligh à Aitutaki – *27-28 avril:* Mutinerie de la «Bounty»	**1788**
G. Washington, 1er Président des U.S.A.	*5-5:* Etats généraux – *22-6:* Union Clergé-Tiers Etat – *27-6:* Assemblée Constituante – *14-7:* La Bastille – *4-8:* Abolition privilèges – *20-8:* Droits de l'Homme	Mai à septembre: équipage mutiné à Tubuai – Septembre 1789 à mars 1791: 16 marins, mercenaires de Tu-Pomaré Ier	**1789**
	12-7: Constitution civile du Clergé – *14-7:* Fédération	Janvier: Fletcher à Pitcairn – «Bounty» brûlée	**1790**
«Flûte enchantée» et mort de W.A. Mozart (1756-1791) – *14-9:* Avignon annexé par la France	*14-6:* Loi Le Chapelier – *1-10:* Assemblée législative – *14-9:* Annexion d'Avignon – *29-11:* Décret contre les prêtres	Mars: Edwards récupère les mutins – Investiture de Pomaré II – Vancouver découvre Rapa – Marchand et Ingraham aux Marquises (Nord)	**1791**
20-4: Guerre de la France contre l'Autriche – *6-11:* Annexion de la Belgique par la France	*10-8:* Chute de la Royauté – *22-9:* Proclamation de la République – La Convention (1792-1795) – *24-10:* Calendrier républicain	Second voyage de Bligh – 3 marins s'établissent à Tahiti: premiers popaa – Action néfaste des baleiniers aux Marquises	**1792**

	Eglise catholique en Polynésie	Eglises issues de la Réforme	Histoire de l'Eglise
1777			
1778			
1780			Naissances de A.M. Javouhey (1779) – J.M. de La Mennais (1780)
1781			Naissance d'Eugène de Mazenod (1782)
1783			Suppression des monastères en Autriche
1784			Evangélisation de la Corée
1787		**Edit de Tolérance pour les Protestants en France**	
1788			
1789			*22-6 :* Union Clergé-Tiers Etat amorce la Révolution (1789-1800) – *2-11 :* Nationalisation des biens du Clergé en France
1790			*13-2 :* Vœux monastiques supprimés en France – Constitution civile
1791		**Mort du Rév. Wesley – Rév. Th. Haweis à envoyer des missionnaires à Tahiti avec Bligh – Egalité des droits civils en France**	*10-3 :* Pie VI condamne la Constitution civile du Clergé – *29-11 :* Début de la persécution religieuse en France
1792		**Rév. W. Carey fonde la Société baptiste missionnaire**	*27-5 :* Déportation des prêtres – *2 au 6-9 :* Massacre des prêtres à Paris – *4-3 :* Ordination du P. Coudrin « maquisard de Dieu »

	Histoire générale	Histoire de France	Histoire de Polynésie	
	25-3: Coalition contre l'hégémonie française – Angleterre en guerre contre la France de 1793 à 1814	*21-1 :* Exécution de Louis XVI – *10-3:* Guerre de Vendée – Avril-juillet: La Terreur – *10-11:* Déesse Raison	Septembre: Pomaré Ier, vainqueur à Punaauia – Fin des Vehiatua – Nombreuses luttes dans les districts – Renforcement de Pomaré	**1793**
		8-6: Etre Suprême – *27-7:* Chute de Robespierre	Pomaré conquiert Eimeo et s'allie avec les Sous-le-Vent	**1794**
	Troisième partage de la Pologne – Traité de Bâle et La Haye	*17-2:* Pacification en Vendée – 21-2: Séparation Eglise-Etat		**1795**
	La vaccination (Jenner)	Le Directoire (octobre 1795-novembre 1799)		**1796**
		Septembre: Coup d'Etat jacobin – Reprise de la persécution	Autorité de Pomaré Ier sur les Iles-sous-le-Vent (Raiatea) – Roi légitime – *23-5:* «Duff» de Wilson découvre Mangareva	**1797**
	Rome occupée: République romaine – Bonaparte en Egypte	*5-9:* La conscription (Loi Jourdan)	Lutte entre Pomaré Ier et II – Déserteur Roberts à Tahuata (Marquises)	**1798**
	Mars: Seconde coalition contre la France	*9-11 :* Coup d'Etat du 18 Brumaire par Bonaparte		**1799**
19e siècle	La pile électrique (Volta)	Le Consulat (1800-1804) – Paix religieuse – *17-2 :* Création Préfets		**1800**
	9-2: Paix de Lunéville – *25-3:* Paix d'Amiens	*17-7:* Concordat – «Génie du christianisme» de Chateaubriand		**1801**
	Alexandre Ier, Tsar de Russie (1801-1825)	Montbelliard rattaché à la France – Lycées – Légion d'Honneur	Guerre de Rua – Enlèvement de Oro – Massacres	**1802**
	Les U.S.A. achètent la Louisiane à la France	Le Franc germinal	*3-9:* Mort de Pomaré Ier – Pomaré II (1803-1821)	**1803**
	Insurrection des Serbes contre les Turcs	*18-5:* Empire – *2-12:* Sacre de Napoléon par Pie VII – Code Civil	*6-5:* Krüsenstern à Taiohae – Baleiniers et alcoolisme	**1804**
	21-11: Blocus continental – Hegel «Phénoménologie»		Pomaré II étend son pouvoir aux Tuamotu Nord et Centre	**1806**
		Abolition de la traite des Noirs	Pomaré II en guerre avec Punaauia et Papara	**1807**
	Occupation de Rome par les Français	Conflit Napoléon et Pie VII	Tahiti se soulève contre Pomaré II – Découverte d'Adams à Pitcairn	**1808**

	Eglise catholique en Polynésie	Eglises issues de la Réforme	Histoire de l'Eglise	
1793		**Rév. Th. Haweis veut évangéliser la France**	*17-9 :* Les prêtres sont « suspects » – « Déchristianisation » – Départ en exil de nombreux prêtres	
1794		***1-12:*** **Prédication de Haweis : « Devoir missionnaire des chrétiens »**	Persécution à son maximum sous la Terreur	
1795		***22-9:*** **Fondation London Missionary Society (Haweis, Eyre...)** *24-9 :* Choix de Tahiti comme première Mission	Séparation de l'Eglise et de l'Etat – Liberté des cultes	
1796		*10-8:* Départ du « Duff » de Londres – *24-9:* Départ de Portsmouth		
1797		*5-3:* Arrivée du « Duff » à Tahiti – 18 missionnaires y débarquent – *4-6:* « Duff » à Vaitahu (Marquises) – *4-8:* Retour du « Duff »	Reprise de la persécution – *15-8 :* Concile national à Paris	
1798		*30-3:* Départ de 11 des missionnaires sur le « Nautilus »	*15-2:* Français à Rome – Pie VI fait prisonnier	
1799			*29-8:* Mort de Pie VI en exil à Valence	
1800		*5-5:* Construction de la première chapelle à Matavai	*14-3 :* Pie VII – *25-12 :* Fondation de la Congrégation des SS.CC.	19e siècle
1801		*10-7:* Arrivée de 12 missionnaires L.M.S. (J. Davies)	*17-7 :* Concordat avec la France	
1802		*26-2 au 5-4:* Nott et Elder font le tour de Tahiti		
1803		Les missionnaires s'appuient sur Pomaré II		
1804		Action persévérante et décisive de Henry Nott – 1er livre en tahitien (1805)	Pie VII en France – Reconstitution des Jésuites en Italie	
1806		Mort du Rév. Jefferson		
1807		Correspondance entre Pomaré II et la L.M.S. – Mission à Huahine	A.M. Javouhey fonde les Sœurs de St-Joseph de Cluny	
1808		Départ de Tahiti des 4 derniers évangélistes, sauf Henry Nott		

Histoire générale	Histoire de France	Histoire de Polynésie	
Napoléon annexe les Etats Pontificaux – Mort de Haydn (1732-1809)	*10-6:* Napoléon excommunié par Pie VII	Pomaré II et H. Nott se réfugient à Moorea	**1809**
Amérique latine se révolte contre l'Espagne (1808-1815)		Pomaré II épouse les filles du roi de Raiatea – Bateaux anglais attaqués	**1810**
Indépendance du Vénézuela	*20-3:* Naissance du Roi de Rome – *17-6:* Concile de Paris	Pomaré II reprend la guerre contre Tahiti – Henry à Rimatara	**1811**
Campagne de Russie			**1812**
Campagne d'Allemagne	*25-1 :* Concordat de Fontainebleau	D. Porter à Taiohae – Pomaré reprend Matavai – Attaque des bateaux	**1813**
Campagne de France – Restauration en Europe – 1re locomotive	*6-4:* Première abdication de Napoléon		**1814**
Congrès de Vienne – La Sainte Alliance – *18-6 :* Waterloo	Les Cent-Jours – Louis XVIII (1815-1824)	Guerre de Pomaré et chrétiens contre Opuhara – *12-11 :* Bataille des «Feipi» à la Punaruu – Mort d'Opuhara – Pardon aux vaincus – Conversion – Pomaré II revient à Tahiti	**1815**
«Science de la logique» de Hegel – Argentine indépendante	Sœurs de Cluny demandées pour la Réunion		**1816**
Monroe, Président des U.S.A. (1817-1825)		*30-6:* Pomaré II imprime la première page d'un livre en tahitien	**1817**
Guerres d'Indépendance de l'Amérique latine (1816-1824)	Fondation de la Société Biblique de France	*14-4 :* W. Crook fonde Papeete – Chapelle royale de Pomaré à Papaoa	**1818**
Missionnaires U.S.A. à Hawaii – « Savannah », 1er paquebot à vapeur		*13-5:* Code de lois civiles – *16-5:* Baptême de Pomaré II – Inauguration de la chapelle royale de Papaoa	**1819**
Doublement de la population anglaise depuis 1790	« Les Méditations » de Lamartine – Rives à Hawaii	*22-27/2 :* Bellinghausen à Tahiti (1804-1824: 5 expéditions russes)	**1820**
Indépendance du Chili et du Mexique – Guerre en Grèce	«Le système industriel» de Saint-Simon	*7-12:* Mort de Pomaré II – Régence de Pomaré Vahiné	**1821**
	Lois limitant la Presse	Pomaré III enfant (1821-1827) – *13-10:* Patrickson à Manihiki	**1822**

	Eglise catholique en Polynésie	Eglises issues de la Réforme	Histoire de l'Eglise
1809		Henry Nott reste seul avec Pomaré II à Moorea (Eimeo)	*6-7:* Pie VII arrêté par Napoléon
1810		Octobre 1809: Départ des missionnaires pour Sydney	
1811		Retour de 7 missionnaires	Pie VII prisonnier à Fontainebleau
1812		Intérêt de Pomaré II pour les chrétiens: demande le baptême	
1813		*13-7:* 1er temple et école à Moorea – Développement des «pure Atua»	
1814		Développement du christianisme aux I.S.L.V.	*24-5:* Retour de Pie VII à Rome
1815		Le prêtre païen Patii se convertit et brûle les idoles à Moorea – Mouvement général de conversion: marae et idoles détruits	
1816			Mgr de Mazenod fonde les Oblats de Marie Immaculée (O.M.I.)
1817		Arrivée de W. Ellis et J. Osmond – Imprimerie à Moorea (Ellis)	Approbation Congrégation des Sacrés-Cœurs par le Pape
1818		*30-6:* Impression de la première page de la Bible – Ouverture d'Ecoles	
1819		*13-5:* «Société des Missions évangéliques de Tahiti», fondée à Papetoai – *12-15/5:* «Grande semaine du christianisme»	Fondation par J.M. Lamennais des Frères de Ploërmel (F.I.C.)
1820		Imprimerie et Centre d'Evangélistes à Vaitoare: Tahaa (R. Bourne)	
1821		6 premiers diacres à Papetoai – Retour du paganisme – *26-10:* J. Williams à Aitutaki – Evangélistes à Rurutu	(Patriarche de Constantinople pendu par les Turcs)
1822		Henry Nott baptise la population de Raivavae	Œuvre de la Propagation de la Foi fondée à Lyon (P. Jaricot)

Histoire générale	Histoire de France	Histoire de Polynésie	
« L'Amérique aux Américains » : Doctrine Monroe		Mai-juin : L. Duperré à Tahiti sur « La Coquille » – *20-23/6 :* J. Williams et J. Dibbs à Mauke, Mitiaro – *25-7 :* Rarotonga	**1823**
Anglais en Birmanie	Mort de Louis XVIII – Charles X (1824-1830)	Février : Parlement de Tahiti – *21-4 :* Couronnement de Pomaré III (4 ans)	**1824**
Nicolas Ier, Tsar (1825-1855)		W. Beechey aux Gambier – Protectorat anglais demandé par Nott	**1825**
Mort de K.M. Weber (1786-1826)	P. Dillon découvre les restes de Lapérouse à Vanikoro (Salomon)	Société anglaise pour exploiter les « richesses » des lagons – Etrangers interdits	**1826**
Mort de L.V. Beethoven (1770-1827) – Navarin : Victoire franco-anglaise sur les Turcs		Pomaré IV (1827-1877) – Teau fonde les « Mamaia » appuyés par la Reine – Groupes de « Tutae 'auri »	**1827**
Russes en Arménie – Mort de F. Schubert (1797-1828)			**1828**
Emancipation des catholiques anglais		Développement de la pêche aux baleines	**1829**
Révolutions assez anticléricales en Europe : Belgique, Grèce	Prise d'Alger – Louis-Philippe, roi des Français (1830-1848)	Moerenhout (belge) s'installe à Tahiti – Guerre à Rapa	**1830**
« Jeune Italie » de Mazzini – Moteur électrique	Dumont d'Urville délimite « Polynésie, Mélanésie, Micronésie » – Emeutes parisiennes de février	Révolte des chefs contre Pomaré IV – Transfert des gens Pitcairn-Papeete – Second mariage de Pomaré IV avec Ariifaaite	**1831**
Mehemet Ali du Caire se révolte contre les Turcs	Hélice en spirale pour les bateaux (sauvage)	Premières épidémies à Mangareva – Mamaia condamnés	**1832**
Guerre carliste en Espagne			**1833**
	« Paroles d'un croyant » de Lamennais	Mission catholique aux Gambier : Aukena	**1834**

	Eglise catholique en Polynésie	Eglises issues de la Réforme	Histoire de l'Eglise
1823		Evangélistes à Tubuai (conversion en 1825) – *25-7:* J. Williams à Rarotonga – Chapelle à Rimatara	Mort de Pie VII – Léon XII (1823-1829)
1824		Arrivée de G. Pritchard – *15-6:* La L.M.S. à Mangaia – Evangélistes à Tubai – **Société Missionnaire de Paris**	
1825	*27-11:* Préfecture apostolique des Sandwich (A. Bachelot)	*27-2:* 2e essai aux Marquises (Crook) – Baptême de Tubuai	*10-9:* Rome offre la Mission des Sandwich aux SS.CC.
1826	*20-11:* Départ de Bordeaux sur «Comète» des 6 premiers SS.CC.	Evangélistes à Rapa	
1827	*7-7:* Arrivée à Oahu des missionnaires – *29-11:* 1er baptême	*Joseph Smith fonde les Mormons aux U.S.A.* Divisions causées par la secte syncrétiste des «Mamaia» – *23-10:* 3e essai de 4 catéchistes tahitiens aux Marquises	
1828	Progrès rapides de la Mission – *26-8:* Prédication en langue locale		
1829	*5-8:* Début de la persécution animée par Bingham	Nouveau Testament imprimé en tahitien – 4e essai aux Marquises	*6-6:* Fondation du «Bon Pasteur» d'Angers (S. M.E. Pelletier)
1830	*10-1:* Préfecture apostolique d'Océanie Orientale		H. de Solages, Préfet apostolique des Océans Indien et Pacifique
1831	*24-12:* Expulsion des missionnaires d'Hawaii		Election de Grégoire XVI (1831-1846) – Appui aux Missions
1832	Persécution contre les catholiques à Hawaii (1832-1840)	Condamnation des Mamaia	Réaction contre le libéralisme de Lamennais
1833	Mgr E. Rouchouze (1798-1843): 1er Vicaire apostolique	2e édition du Nouveau Testament – Sociétés de Tempérance	*2-6:* Création des Vicariats apostoliques en Océanie
1834	*7-8:* Caret, Laval, Murphy aux Gambier – *15-8:* Première Messe	Juillet: G. Nobbs à Mangareva Stall Worthy à Tahuata **Mouvement d'Oxford**	*1-2:* Arrivée à Valparaiso – Fondation du poste: A. Caro

Histoire générale	Histoire de France	Histoire de Polynésie	
Université de Louvain – «Vie de Jésus» de Strauss – Télégraphe	P. Lacordaire à N.D. de Paris	*15-11 :* Fitz, Roy et Ch. Darwin à Papeete – Moerenhout consul U.S.A.	**1835**
Reine Victoria en Angleterre	Réouverture de l'abbaye de Solesmes (D. Guéranger)	*29-11:* Pritchard chasse PP. Caret et Laval – Affaire Brémont-Fr. Vincent	**1836**
7-11: Très violent séisme à Valdivia (Chili)	A. Dupetit-Thouars envoyé pour faire la police dans le Pacifique	Dupetit-Thouars contrôle les baleiniers – *10-7:* Français et Anglais à Hawaii – *7-11:* Séisme et tsunami aux Gambier – Pritchard consul de G.B.	**1837**
8-11: Pomaré IV et les chefs demandent la protection anglaise		Dupetit-Thouars exige réparation et convention – Dumont d'Urville – Moerenhout consul de France; sa femme victime d'un attentat	**1838**
Conflit turco-égyptien – Vulcanisation du caoutchouc	Reconstitution des Dominicains (P. Lacordaire) – Louis Blanc	Convention violée – Laplace intervient – Guerre aux Marquises – Juin: Traité sur la liberté religieuse à Tahiti	**1839**
6-2: Nlle-Zélande, colonie anglaise – Australie a 100.000 habitants – Juillet: Traité sur la liberté religieuse aux Sandwich (Hawaii)	Echec de Lavaud à Akaroa (Nlle-Zélande): 1840-1843 – Proudhon	Anarchie – Pomaré IV sans pouvoirs – Pritchard demande Protectorat anglais; il va à Londres	**1840**
Guerre de l'opium en Chine (1840-1842)		Septembre: Pendant trois jours mariages Tahitiens-Européens autorisés – Cyclone aux Gambier	**1841**
Traité de Nankin	«Cours de Philosophie positive» d'A. Comte	*1-5:* Annexion des Marquises – *9-9:* Protectorat de la France sur Tahiti – H. Melville à Tahiti – Guerre à Tahuata	**1842**
«Risorgimento» en Italie – Angleterre désavoue ses partisans à Tahiti	*25-3:* Ratification du Protectorat de Tahiti – Bruat Gouverneur – *3-3:* Convention sur le Clergé colonial des E.F.O.	*25-2:* Retour de Pritchard et parti anglais – *3-11:* Dupetit-Thouars et Bruat – *6-11:* Ultimatum et déchéance de Pomaré IV réfugiée chez Pritchard – *8-11 :* Bruat Gouverneur	**1843**
Mouvement anti-catholique aux U.S.A. – Grave tension France-Angleterre: «affaire Pritchard»	*16-7:* Mackau interdit tout Protectorat aux Gambier – *12-7:* Dupetit-Thouars désavoué – Excuses de Guizot	*16-2:* Protectorat offert aux Gambier – *3-3:* Arrestation de Pritchard – *21-3:* Insurrection, début de la «guerre de Tahiti» (1844-1846)	**1844**

	Eglise catholique en Polynésie	Eglises issues de la Réforme	Histoire de l'Eglise
1835	*9-5:* Mgr Rouchouze et 5 Pères aux Gambier – 4 îles évangélisées	*18-12:* Henry Nott achève la traduction de la Bible	
1836	*25-8:* Baptême du roi Maputeoa – Echec à Tahiti, sauf Vincent (1836-1840) – *29-11:* Expulsion des PP. Caret et Laval	Henry Nott à Londres pour faire imprimer la Bible en tahitien	
1837	*13-9:* Maristes aux Gambier – Décembre: Expulsion et mort de A. Bachelot – Mgr Pompallier à Tahiti	Interdiction des mariages tahitiens-européens	Mort du P. Coudrin – P. Caret envoyé en Europe
1838	Conversion totale des Gambier – Retour du P. Caret et de 6 Pères – *4-8:* Desvault, Borgella, Laval à Vaitahu (Marquises) – *15-8:* 1re messe		
1839	Février: Mgr Rouchouze aux Marquises – Terrain promis à Papeete	Arrivée du Rév. W. Howe – *3-12:* Rév. S. Thomson à Taiohae	
1840	Liberté religieuse à Hawaii – Juin: Mgr Rouchouze, P. Maigret à Oahu	*12-9:* Retour de Henry Nott avec la Bible imprimée	
1841	*9-8:* Mission à Papeete et Mataiea – Mgr Rouchouze en Europe	Mariages légaux entre Européens-Tahitiens Décembre: Abandon des Marquises par la L.M.S. **1res religieuses anglicanes**	
1842	*18-5:* Pomaré IV donne un terrain pour une église à Papeete		Mission des Maristes aux Tonga
1843	Troubles aux Marquises (1842-1844) – Mission à Mataiea et Mahina – Mars: Disparition du « Marie-Joseph » avec Mgr Rouchouze et 24 missionnaires	9-10: *Départ des premiers Mormons sur le « Timoléon »; arrivent en 1844; à Tubuai le 30-4; à Papeete le 15-5*	Fondation de l'Œuvre de la Sainte-Enfance – Maristes fondent la Mission de Nouvelle-Calédonie
1844	*16-3:* Arrivée des sœurs de Cluny – *18-6:* Terrain échangé à Papeete – *14-8:* Mgr Baudichon, coadjuteur – Eglises aux Gambier	*2-5:* Mort du Rév. Henry Nott – *29-6:* Rév. Mac Kean tué – *2-7:* Missionnaires L.M.S. quittent Tahiti sauf J. Orsmond	*13-8:* Vicariats apostoliques des Sandwich et des Salomon

Histoire générale	Histoire de France	Histoire de Polynésie	
Les U.S.A. annexent le Texas – Bateaux anglais aux I.S.L.V. – Famine en Irlande: Emigration aux U.S.A.	Crise économique en Europe	*7-1:* Paraita Régent – Mai: Combats – *31-7:* Revision des lois	**1845**
Guerre U.S.A.-Mexique (1846-1848) – Crise économique: Europe		*14-11:* Lavaud, Gouverneur – *22-12:* Fautaua, reddition des insurgés	**1846**
Mort de F. Mendelssohn (1809-1847)	*19-6:* Traité franco-anglais: indépendance des Iles-sous-le-Vent	*7-1:* Paix – *6-2:* Pomaré IV rétablie; retour à Papeete; chefs mutés – *19-6:* Indépendance I.S.L.V. – *5-8:* Convention et Assemblée législative	**1847**
Les U.S.A. annexent la Californie et le Nouveau-Mexique – Marx et Engels: « Manifeste du Parti Communiste»	Révolution de février – IIe République (1848-1851) – *4-3:* Abolition de l'esclavage (V. Schoelcher)		**1848**
Insurrection à Rome – Mort de Fr. Chopin (1810-1849)	Intervention de la France à Rome	*17-12:* 1er abandon des Marquises – Inventaires des biens des Missions	**1849**
Rétablissement de la hiérarchie catholique en Angleterre	Début de la Révolution industrielle en France – Loi Falloux	*10-7:* 2e abandon des Marquises	**1850**
Découverte d'or en Australie	*2-12:* Coup d'Etat de Louis-Napoléon	*18-3:* Loi sur les ministres des cultes – Dictionnaire anglo-tahitien	**1851**
Cavour au pouvoir en Italie	Napoléon III, empereur (1852-1870) – «Catéchisme positiviste» d'A. Comte	*22-3:* Indépendance des églises tahitiennes – *9-11:* Emeute d'Anaa. Page, Gouverneur: installation, Fare Ute, « Le Messager de Tahiti» – Départs des missionnaires anglais, sauf J. Orsmond	**1852**
	24-9: Prise de possession de la Nouvelle-Calédonie – V. Hugo	*25-5:* La N.-Calédonie est rattachée à Tahiti (fini: 18-1-60)	**1853**
Guerre de Crimée (1854-1855)		Mort du chef Tati Salmon – Révolte aux Iles-sous-le-Vent	**1854**
Alexandre II, Tsar de Russie (1855-1881)		Abandon de Taiohae par le Gouverneur	**1855**
Traité de Paris sur l'Orient – Mort de R. Schumann (1810-1856)			**1856**

	Eglise catholique en Polynésie	Eglises issues de la Réforme	Histoire de l'Eglise
1845		1-5: *Mormon E. Grouard à Anaa* – 21-9: *Assemblée – Décembre: Tahiti*	Newman devient catholique
1846		*Anaa: 2e Mission mormone: Pratt et Grouard* Fixation des dimanches	Mort de Grégoire XVI – Pie IX (1846-1878)
1847	Mai: Ecole de Cluny à Papeete – *4-6:* Ecole de Cluny à Vaitahu – Arrivée à Papeete des frères-bâtisseurs: Gilbert et Zénon	Eglise protestante de la L.M.S. en situation précaire	Apparitions de La Salette
1848	*26-8:* Mgr T. Jaussen – *15-9:* Départ de Mgr Baudichon (Marquises)		*9-5:* Création des Vicariats apostoliques: Nlle-Calédonie, Marquises, Tahiti
1849	*16-2:* Arrivée Mgr Jaussen – *17-5:* Mission Tuamotu – Oct.: Haapape	*6-8:* Aporo et Tairi à Manihiki	Pie IX fuit à Gaète
1850	Mataiea – Progrès aux Tuamotu (Anaa) – Ecole d'Aukena	*Difficultés administratives pour les Mormons*	Retour de Pie IX – Fondation *Civilta catholica*
1851	Mgr Jaussen, aumônier E.F.O. – Mission aux Tuamotu du Centre	Difficultés par la loi des cultes: 1 pasteur par district	Mort d'Anne-Marie Javouhey
1852	*9-11:* Attaque contre PP. Fouqué et Loubat à Anaa – Action A. Montiton aux Tuamotu (himene)	*22-3:* Pasteur élu par le district – J. Orsmond, chef de l'Eglise – W. Howe édite «Tatararaa» et écrits antipapistes *Mai-novembre: Retour des Mormons aux U.S.A. – 9-11: Insurrection d'Anaa*	
1853	Mgr Jaussen en Europe (6-4-53 à 15-11-54) – C. Fouqué, Provicaire	*26-8:* 2 Pasteurs de Sandwich aux Marquises: H.M.S.	
1854	Mgr Jaussen, Administrateur apostolique des Marquises (1854-1856)	Mars: 3 missionnaires indigènes à Penrhyn	*8-12:* Dogme de l'Immaculée-Conception
1855	*28-11:* Vallée de la Mission – *7-12:* Mgr Dordillon, Vicaire apostolique des Marquises		
1856	*1-8:* Mgr Dordillon à Hiva-Oa – *8-12:* Début cathédrale de Papeete		Don Bosco fonde les Salésiens

Histoire générale	Histoire de France	Histoire de Polynésie	
Mort de M. Glinka (1804-1857)	Mort d'A. Comte (1798-1857)		**1857**
Autonomie de la Roumanie – *27-6:* Traité Chine-France	Amiral J. Chasseloup-Laubat, Ministre de la Marine et des Colonies		**1858**
Guerre Italie-Autriche – «Origine des espèces» de Darwin			**1859**
Guerres maories en Nlle-Zélande – Australie a 1 million d'habitants	Acquisition Savoie et Nice – Libre échange avec l'Angleterre – Saïgon	Appel aux Frères – Guerre à Nuku-Hiva	**1860**
Fondation du Royaume d'Italie	*22-1:* Ratification du Traité France-Chine – Le vélocipède	Action des négriers du Pérou (1860-1863)	**1861**
Garibaldi sur Rome – Guerre de Sécession (1861-1865) – Bismarck, chancelier (1862-1890)		*5-11:* Cadastre – Capture d'un négrier aux Tuamotu – *20-10:* Français obligatoire – 7 Tahitiens étudiants à Nantes (retour 1866)	**1862**
Insurrection de la Pologne – Le phare électrique	«Vie de Jésus» de Renan – Mort d'A. de Vigny – Cambodge	Querelle des Gambier: affaire Pignon-Laval – Marquises troublées – *27-7:* Variole aux Marquises	**1863**
«Question ouvrière et christianisme» de Mgr Ketteler	*11-1:* Thiers et les libertés – Droit de grève	Atimaono: W.S. Stewart	**1864**
Crise du textile en Europe: «famine» du coton		Garnison à Mangareva (1865-1868) – Résident aux Marquises – Révolte de Tahaa – *28-2:* Premiers Chinois – *24-10:* Mort du Régent Paraita – *14-12:* Code Napoléon	**1865**
Première Internationale – Sadowa		*28-3:* Législation française – Tension Evêque-Gouverneur – 1.010 Chinois	**1866**
«Le Capital» de Marx – U.S.A. achètent l'Alaska	(Empereur Maximilien exécuté au Mexique)	Epidémies à Rapa – Rapport pessimiste sur Tahiti – *28-4:* Protectorat à Rapa	**1867**
Erc Meiji au Japon – Mort de Rossini (1792-1868)		*23-4:* Phare Vénus – *28-7:* Départ de W. Stewart – Sévices à Atimaono	**1868**
Ouverture du canal de Suez	La «Houille Blanche»: Bergès – Mort d'H. Berlioz (1803-1869)	*19-5:* Ch. Soo guillotiné – Pomaré IV demande le Protectorat anglais	**1869**

	Eglise catholique en Polynésie	Eglises issues de la Réforme	Histoire de l'Eglise
1857	*26-4:* Arrêt cathédrale – Eglise Mataiea – *7-11:* Ecole Cluny Papeete	Ecole pastorale fondée à Vaitoare (Tahaa) par J. Barff – Décembre: Missionnaires à Puka-Puka (Cook)	
1858	Mission à Tautira et Paea		*11-2:* Apparitions de Lourdes à Bernadette
1859	*20-1:* Mgr Dordillon à Ua-Uka	Développement du Protestantisme libéral en Europe	
1860	*18-10:* Arrivée des Frères – *2-12:* Ecole publique – Anaa: 1er matutu	*15-5:* Appel à la Société des Missions évangéliques de Paris	Mort de J.M. de Lamennais (F.I.C.)
1861	2e voyage de Mgr Jaussen en Europe (janvier 1861 à février 1864)	*2-10:* Mission H.M.S. à Hakaheteau (Ua-Pou)	Mort d'Eugène de Mazenod (O.M.I.) – *Osservatore Romano*
1862	Grammaire-Dictionnaire T. Jaussen – Gambier: affaire Pignon	*20-11:* S.M.E.P. envoie le Pasteur Arbouset	
1863	*1-5:* Ecole des F.I.C. à Taiohae – *20-3:* Mgr Dordillon, directeur civil	Mars: Arrivée de Th. Arbousset (1863-1866)	
1864	*2-1:* Fr. Eyraud à l'Ile de Pâques – F.I.C. à Mataiea – Cluny à Taiohae	Arrivée du Pasteur Atger – Tensions à propos des étudiants à Nantes	*Quanta Cura, Syllabus* – P. Damien De Veuster à Hawaii
1865	Troubles aux Gambier – Petit Séminaire à Aukena – Mission à Faaa	*W. Booth et l'Armée du Salut*	
1866	F.I.C. quittent Taiohae – Evangélisation de l'Ile de Pâques: 28-3	*25-2:* Arrivée Ch. Viénot pour Ecoles protestantes Papeete (ouv.: 17-9)	
1867	Evangélisation des Tuamotu: Est et Centre (Montiton-Fierens)	Arrivée du Pasteur F. Vernier – **Lambeth: communion anglicane**	
1868	Mgr Jaussen découvre les «Tablettes parlantes» de l'Ile de Pâques	Fondation de l'Ecole de Papaoa (Arue)	Convocation du Concile Vatican I – Invitation œcuménique
1869	Création des «Ateliers de St-Joseph» – Difficultés à l'île de Pâques		Concile Vatican I – Mgr Dordillon y participe

Histoire générale	Histoire de France	Histoire de Polynésie	
Prise de Rome – Guerre franco-allemande	Sedan et chute de l'Empire – IIIe République (1870-1940)	Gilbertins, Hébridais à Atimaono	**1870**
Empire allemand – Le «Kulturkampf» – L'«Internationale» (Pottier)	Commune de Paris – Traité de Francfort: Alsace-Lorraine	Dutrou-Bornier sévit à l'île de Pâques	**1871**
	France refuse le Protectorat sur l'île de Pâques	Ile de Pâques ravagée – P. Loti (J. Viaud) à Tahiti	**1872**
	Chute de Thiers – MacMahon – Le Septennat	Faillite d'Atimaono – Chinois agriculteurs et colporteurs – Opium	**1873**
	«Impression, Soleil Levant» de Monet	2e demande de protectorat sur l'Ile de Pâques (refus)	**1874**
Brazza en Afrique équatoriale – Mort de Bizet (1838-1875)	République définitivement installée	Mariage de Pomaré V avec Marautaarou Salmon	**1875**
G. Bell invente le téléphone – Le frigorifique		Difficultés Evêque-Gouverneur – Société Commerciale d'Océanie	**1876**
Guerre Russo-Turque	Ch. Cros et le phonographe – Anticléricalisme	*17-9:* Mort de Pomaré IV – Pomaré V (1877-1891)	**1877**
Congrès de Berlin – Edison et la lampe électrique – Microphone	Révolte canaque en N.-Calédonie	Cyclone aux Tuamotu Ouest – Présence allemande aux I.S.L.V.	**1878**
Apaisement du Kulturkampf – Colonisation allemande	*30-1:* Démission de MacMahon		**1879**
Création de la Société «Le Nickel» en Nlle-Calédonie	Lois contre les congrégations religieuses – Annexion I.S.L.V. désavouée – Jauréguiberry, Ministre des Colonies – *30-12:* Loi annexant Tahiti	*16-3:* Annexion I.S.L.V. – Juin: Pacification militaire à Hiva-Oa – *29-6:* Pomaré V donne ses Etats à la France; ratification le 30-12	**1880**
Alexandre III, Tsar (1881-1894) – Mort de Moussorgski (1839-1881)	«Positivisme et Science Expérimentale» de Broglie – Pasteur	*23-2:* Annexion Gambier – Mars: Annexion Rapa – *14-7:* 1er Tiurai	**1881**
Conquêtes coloniales par l'Europe	Lois laïques sur l'enseignement – Mort de Gambetta – Hanoï	Religieux remplacés par des instituteurs laïcs	**1882**
Mort de Richard Wagner (1813-1883)	Conquête Annam et Tonkin – «Légende des siècles» de V. Hugo	Installation de l'école laïque de Papeete	**1883**
Conférence de Berlin (partage de l'Afrique) – Mort de Marx	Loi sur les Syndicats – Loi autorisant le divorce	Avril : Conseil général (Tahiti-Moorea) – *23-6:* Incendie à Papeete	**1884**
Hertz invente la radio	*9-6:* Traité de Tien-Tsin entre France et Chine		**1885**

	Eglise catholique en Polynésie	Eglises issues de la Réforme	Histoire de l'Eglise
1870	Démolition de la cathédrale par le Gouvernement		Infaillibilité pontificale – Concile interrompu
1871	Séminaire à Pamatai – Moorea – H. Laval à Tahiti – *6-6:* Abandon de l'île de Pâques; départ des habitants		Schisme Vieux-Catholique
1872	Papenoo et Papetoai – Pascuans à Tahiti		
1873	*24-12:* Ordination de Tryphon, 1er prêtre mangarévien	*Projet de statut officiel de l'Eglise tahitienne (Eglise sanito)*	Septembre: P. Damien à la léproserie de Molokai
1874	*30-5:* Fermeture du Séminaire		
1875	Mai: Inauguration de l'Evêché – *23-12:* Cathédrale		Ouverture des Universités catholiques en France
1876	Conversion des Gilbertins: catéchisme (P. L. Lévêque)		
1877		Enseignement obligatoire aux I.S.L.V. (L.V. Bayle)	
1878	Retour des Gilbertins chez eux – Eglise de Faaa		Mort de Pie IX – Léon XIII (1878-1903)
1879			Encyclique sur la valeur du thomisme
1880	Dictionnaire marquisien de Mgr Dordillon	Tractations Viénot-Chessé pour la donation de Tahiti	
1881	*5-2:* Laïcisation des écoles – P. Montiton à Molokai (1881-1885)		Premier Congrès eucharistique international à Lille
1882	*31-1:* Conseil ecclésiastique – *9-7:* Mgr Verdier – *10-10:* Ecole libre – *1-2:* Ouverture des écoles de katekita (Haapiti et Gambier)	S.M.E.P. obtient que les instituteurs laïcs soient protestants	Martyrs de l'Ouganda
1883	Tuamotu toutes évangélisées	*Mission des Sanitos: Saints des derniers jours*	*16-6:* Fondation de *La Croix* (Assomptionnistes)
1884	Mgr Verdier succède à Mgr Jaussen – *25-12:* Sœurs Cluny à Atuona	*23-1:* Décret instituant le Conseil Supérieur des Eglises	Prêtres catholiques interdits aux I.S.L.V. et Cook
1885	Extension des katekita	Temple de Salema de Vaitoare (Tahaa)	Arbitrage de Léon XIII aux Carolines

Histoire générale	Histoire de France	Histoire de Polynésie	
Moteur à essence – Mort de F. Liszt (1811-1886)	Laïcisation du personnel enseignant		**1886**
Tractations France-Angleterre: I.S.L.V. contre les Nlles-Hébrides	Le Boulangisme – Religieux chassés des Ecoles – *5-4:* Protectorat sur Wallis et Futuna	Mangareva: Code français – Route de ceinture – 3e refus sur l'île de Pâques – *16-11:* Annexion des I.S.L.V. (convention du 26-10-1887)	**1887**
Guillaume II en Allemagne – *9-9:* Chili annexe l'Ile de Pâques – *22-3:* La Grande-Bretagne annexe Penrhyn – Octobre: Protectorat anglais sur Cook	*29-4:* Pasteur Puaux délégué de Tahiti au Conseil Colonial à Paris – *30-5 :* Convention avec Angleterre sur Nouvelles-Hébrides et I.S.L.V.	*16-3 :* Colonisation des I.S.L.V. – Refus des pasteurs et rebellion de Taraupoo – *21-3:* Révolte à Huahine: 3 marins tués	**1888**
Extension de l'électricité – *9-8:* Protectorat anglais sur Manihiki	La Tour Eiffel	*27-3:* Protectorat sur Rurutu	**1889**
Branly et la T.S.F. – Ader et l'avion	«Le Ralliement» et Lavigerie – Mort de C. Franck (1822-1890)	Révolte à Huahine – Création de la Commune de Papeete	**1890**
Alliance franco-russe – L'automobile – Lignes électriques	M. Chessé élu délégué des E.F.O. à Paris	*9-6:* P. Gauguin – *12-6:* Mort de Pomaré V – *9-9:* Mort de Mgr Jaussen	**1891**
	Mort du Cal de Lavigerie (1825-1892) – Scandale de Panama	Prince Hinoi: succession honorifique des Pomaré	**1892**
Moteur Diesel	Mort de Ch. Gounod (1818-1893)	Dissolution du Conseil Général – Alcoolisme et débauche	**1893**
Nicolas II, Tsar de Russie (1894-1917)	Dreyfus condamné – Lumière et le cinéma – Ministère des Colonies	Développement canne à sucre et rhum – Question de l'opium	**1894**
Guerre sino-japonaise – Massacres en Arménie – Pneumatiques	Branly et Marconi réalisent la Radio – Mission Chessé pour I.S.L.V.	Annexion Huahine, Bora-Bora – Révolte Teraupo à Raiatea	**1895**
Crise économique en Europe – Mort d'A. Bruckner (1824-1896)	Conquête de Madagascar – Becquerel et la radio-activité	Reine de Raiatea appelle l'Angleterre – Intervention du consul anglais	**1896**
Mort de J. Brahms (1833-1897) – 1re ligne de bateaux à vapeur: Nlle-Zélande-U.S.A. par Tahiti	« D'où venons-nous, où allons-nous... » de P. Gauguin	*1 à 16-2:* Guerre à Raiatea – Teraupo déporté à Nouméa – La Reine et 136 autres aux Marquises – Autonomie interne demandée (Cardella)	**1897**
Guerre Espagne-U.S.A. – Fachoda	Affaire Dreyfus – *19-3:* Loi sur l'annexion des I.S.L.V.	*11-8:* Création du poste de Secrétaire Général – *4-3:* Question des Chinois	**1898**

	Eglise catholique en Polynésie	Eglises issues de la Réforme	Histoire de l'Eglise
1886	*1-1:* Mgr Dordillon inaugure l'Eglise d'Atuona	Départ du Rév. Green – Fondation « Arc-en-ciel » (Te Anuanua)	Socialisme chrétien de Stöcker
1887	Septembre: Laïcisation de l'école de Mataiea		Premiers syndicats chrétiens
1888	Nouveau Testament en tahitien – Mort de Mgr Dordillon – Nicolas Pakarati à l'île de Pâques	Fondation de l'Ecole pastorale à Moorea	
1889	*8-2:* Ile de Pâques rattachée à Santiago/Chili – Avril: M. Holozet excommunié, P. Collette suspens	Pasteur Vernier chargé des I.S.L.V. à la place des Anglais	*15-4:* Mort du P. Damien – Rencontres Lord Halifax-Portal
1890	Ecole apostolique de Varari – *6-4:* R. Martin aux Marquises	Départ du Rév. Cooper, dernier Pasteur anglais des I.S.L.V.	Ecole biblique de Jérusalem
1891	*9-9:* Mort de Mgr Tepano Jaussen		*Rerum Novarum,* 1re Encyclique sociale
1892	*16-6:* Reconnaissance de la paroisse de Papeete – Octobre: Sœurs de Cluny à Rikitea	*Retour des Mormons – A.J. Read fonde les Adventistes*	Léon XIII soutient le «Ralliement» à la République
1893	*1-1:* Sacre de Mgr Martin – *6-9:* G. Eich à Rarotonga		*Providentissimus* sur l'Ecriture Sainte
1894	*29-10:* Fondation Mission d'Avarua (Cook) par B. Castanié	25-1: *Ministres Mormons à Hiva-Oa*	Les Eglises orientales
1895	*15-7:* Sœurs de Cluny à Rarotonga – G. Eich à Penrhyn		
1896	Fermeture de l'Ecole apostolique		Neuvaine de prière pour l'Unité des chrétiens
1897	Avril: G. Eich aux Iles-sous-le-Vent		Mort de Thérèse de Lisieux (1873-1897)
1898	*6-8:* Ecole Cluny à Faaa – *13-12:* Ecole F.I.C. à Hiva-Oa (Puamau)	*5-4:* Pasteur P.L. Vernier aux Marquises: Atuona (Hiva-Oa)	

	Histoire générale	Histoire de France	Histoire de Polynésie	
	Guerre des Boers en Afrique du Sud (1899-1903)	Marc Sangnier et le «Sillon» – Waldeck – Rousseau	*10-8:* Tahiti-Moorea seuls électeurs du Conseil Général	**1899**
20e siècle	*8-10:* Cook annexées par l'Angleterre – Guerre des Boxers – Angleterre est la 3e puissance mondiale – Pierre et Marie Curie découvrent le radium	Constitution des E.F.O. (Etablissements Français d'Océanie) – Paris-Papeete en 26 jours par le vapeur «Australia» – «Cahiers de la quinzaine» de Péguy – Exposition universelle	Raiatea: Retour des déportés de Ua-Uka – Peur des épidémies: peste – «Le Sourire» et les «Guêpes» de Gauguin – Développement chinois – *25-8:* Annexion de Rurutu et Rimatara	**1900**
	Mort de Victoria – Edouard VII – Commonwealth Australia	Lois sur les associations et contre les religieux – *9-1:* Pasteurs et Politique	*19-8:* Ecole Supérieure laïque – Lèpre à Reao	**1901**
		Combes attaque les congrégations	Dépopulation des Marquises (alcoolisme, épidémies)	**1902**
	Bolchevisme – Wright et l'avion à essence	Mort de P. Gauguin aux Marquises (1848-1903)	*11-17/1:* Cyclone aux Tuamotu (515 morts) – Suppression Conseil Général	**1903**
	Entente cordiale: France-Angleterre	Rupture Paris-Vatican – Semaines Sociales – Religieux interdits	*14-6:* Sœurs de Cluny chassées de l'hôpital	**1904**
	Défaite russe par le Japon – Einstein et la relativité – Sinn Fein	*9-12:* Loi de Séparation de l'Eglise et de l'Etat	*23-3:* Cyclone à Tahiti-Makatea: phosphates découverts (Agassic)	**1905**
	Conférence d'Algésiras sur le Maroc	Les inventaires – Dreyfus réhabilité – Clémenceau	*8-2:* Cyclone aux Tuamotu – Bruits de cession Tahiti et Nlle-Calédonie	**1906**
	Photographie en couleurs	«Evolution créatrice» de Bergson	Intérêt de Tahiti pour le canal de Panama	**1907**
	Mort de Rimsky-Korsakov (1844-1908) – B. Powell et le scoutisme	Zola au Panthéon		**1908**
	Massacre des Arméniens	Ministère A. Briand		**1909**
		Les retraites ouvrières	Extension de la lèpre aux Tuamotu-Est	**1910**
	République de Chine – Mort de G. Mahler (1860-1911)	Coup d'Agadir		**1911**
	Guerres des Balkans (1912-1913) – Mort de Massenet (1842-1912)	Protectorat de la France sur le Maroc – Claudel		**1912**
	Première guerre mondiale (28-7-1914 au 11-11-1918) – *15-8:* Ouverture du canal de Panama	Guerre – Morts de Péguy, Psichari – Impôt sur le revenu	*27-1:* Léproserie d'Orofara – *15-8:* Panama – *29-8:* Allemands internés – *22-9:* Bombardement de Papeete – *24-9 au 3-10:* Allemands aux Marquises	**1914**

20e siècle

	Eglise catholique en Polynésie	Eglises issues de la Réforme	Histoire de l'Eglise
1899	*16-1:* Ecole F.I.C. à Atuona (Hiva-Oa)	Ch. Viénot au Conseil Général – Synode influent – « Ramepa api »	
1900		Goélette « La Croix du Sud » de Ch. Viénot – Mai: Fondation de la « Croix bleue » à Raiatea *2 Ministres Mormons à Nukuhiva*	
1901		**Alliance luthérienne mondiale** *9-1:* Pasteurs, diacres et la Politique	
1902			Crise moderniste – Commission biblique
1903		Commission centrale des Eglises évangéliques	Mort de Léon XIII – Pie X (1903-1914)
1904	*27-5:* G. Eich, coadjuteur, renonce – *1-1:* Fermeture école Cluny Taiohae		Refonte du Droit Canon – La Musique sacrée
1905	*27-8:* Mgr Hermel, coadjuteur – Spoliation des biens aux Marquises	Associations cultuelles acceptées *Pentecôtisme*	Communion fréquente
1906	*25-4:* Fondation « Corporation catholique Océanie » – Mort P. Terlijn		
1907	*17-4:* Mission de Huahine – Vente des biens à la C.C.O.	Achèvement du Temple de Paofai	Condamnation du modernisme
1908	*26-2:* Démission Mgr Verdier – Mgr Hermel – Commission biblique		Loisy excommunié
1909	*15-8:* « Te Ve'a » – *24-8:* « Semeur » – Uturoa et Australes		Institut biblique pontifical
1910	Mission à Manihiki et Penrhyn (Cook du Nord)		Condamnation du « Sillon »
1911	Août: Ecole de Cluny à Uturoa		
1912	*27-5:* Mort Mgr Martin – D. Le Cadre, administrateur des Marquises		Péguy lance les pèlerinages de Chartres
1914	*27-1:* Chapelle St-Lazare d'Orofara – Bible complète en tahitien – Départ du Fr. A. Guitton – « Torea Katorika » aux Cook		*22-6:* Pie X bénit la Bible en tahitien – Mort de Pie X – Benoît XV (1914-1922)

Histoire générale	Histoire de France	Histoire de Polynésie	
	«Les Tranchées»	Spéculation sur les timbres Croix-Rouge – *21-3:* Premier contingent	**1915**
Entrée des U.S.A. dans la guerre	Verdun – Sursalaire familial à Romance	*28-5:* Mort du Prince Hinoi – *6-7:* Mort de Cardella – Bataillon de 906 Tahitiens	**1916**
Révolution russe – *2-3:* Kerensky – *25-10:* Lénine	Clémenceau	*2-8 :* Corsaire Seeadler échoué à Mopélia – Bataillon de 107 Tahitiens	**1917**
11-11: Armistice – Traité de Brest-Litovsk	*11-11:* La victoire – Mort de C. Debussy (1862-1918)	*16-11:* Grippe espagnole par «Navua» – Phosphates de Makatea	**1918**
Traités de Paix: Versailles, St-Germain, Neuilly, Trianon		*28-6:* Retour de 540 «Poilus tahitiens» sur «El Kantara»	**1919**
Traité de Sèvres – Invasion de la Pologne – La S.D.N.	Mort de Modigliani	1er truck: Jamet de Taravao par la côte Ouest	**1920**
Irlande indépendante	Relations diplomatiques Paris-Vatican – Mort St-Saëns (1835-1921)	Administration contestée – *24-7:* Koo Men Tong – *14-11:* 2e guillotiné: K. You	**1921**
Mussolini à Rome	N.D. du Raincy, 1re Eglise en ciment	*20-7:* Lois antireligieuses non applicables (R. Poincaré)	**1922**
Question des dettes de guerre	France occupe la Ruhr	*14-7:* Monument aux Morts – Associations chinoises reconstituées écoles	**1923**
Mort de Lénine (1870-1924) – Staline	Mort de G. Fauré (1845-1924) – Cartel des Gauches	Lancement du Tourisme: «Tahiti, la voir et y vivre»	**1924**
Athéisme militant en U.R.S.S.	Mort d'E. Satie (1866-1925)		**1925**
Pouvoir absolu de Staline	Fondation de la J.O.C. en France (P. Guérin) – «Action française»	*1-1:* Cyclone sur la Société – Lèpre à Pukarua	**1926**
Guerre religieuse au Mexique	Centre d'Union des Eglises à Catho de Paris		**1927**
Persécution en U.R.S.S.		Tournage du film «Tabou» à Bora-Bora	**1928**
24-10: Crise économique mondiale	«Degré du savoir» de Maritain – Création J.A.C.		**1929**
Haïlé Sélassié, Empereur d'Ethiopie	Création J.E.C.		**1930**
République espagnole – Commonwealth britannique	*28-1:* Clipperton rattaché officiellement à la France	*28-1:* Clipperton reconnu à la France – Tahiti à l'Exposition universelle	**1931**

	Eglise catholique en Polynésie	Eglises issues de la Réforme	Histoire de l'Eglise
1915	Mission aux I.S.L.V.		« Union missionnaire du Clergé »
1916	6e édition du « Ui Katorika » (catéchisme)		
1917			Promulgation du Code de Droit canonique
1918	*7-6:* Pèlerinage Paix à Arue – 20 % population morte de la grippe	Mort de 20 Pasteurs, nombreux diacres, 823 fidèles par la grippe	Persécution en U.R.S.S. – *Maximum illud* sur les Missions
1919			
1920			Canonisation de Jeanne d'Arc
1921	*5-1:* Mgr D. Le Cadre, Vicaire apostolique des Marquises	Création de l'internat des garçons	Entretiens de Malines (1921-1925)
1922	*17-1:* Mort Mgr Verdier – *20-1:* Rapa – *27-11:* Préfecture apostolique des îles Cook		Mort de Benoît XV – Pie XI (1922-1939)
1923	*3-9:* Réouverture Ecole libre Cluny à Atuona	Reconstruction des Ecoles de Papeete	
1924	*7-4:* Règlement des biens de la Mission aux Marquises	2 diaconesses pour les lépreux d'Orofara	Autorisation des « Diocésaines »
1925	*15-8:* Ecole Cluny à Uturoa – Evangélisation des Chinois		Cardijn chez Pie XI – Canonisation de Thérèse de Lisieux
1926	P. Mazé, « aumônier des lépreux » à Reao et Tuamotu	Reconstruction de l'Ecole d'Uturoa	Sacre des 6 premiers évêques chinois
1927		Ecole pastorale à Hermon – *5-7:* Décret organisant les Eglises	Sacre du premier évêque japonais
1928	*20-9:* Mission à Rurutu (C. Maurel)		Condamnation de l'antisémitisme
1929	Décembre: Eglise de Rurutu		*11-2:* Accords du Latran – Cité du Vatican – « Action catholique »
1930	Septembre: Mission fondée à Bora-Bora		*Casti Connubii:* mariage chrétien
1931			*Quadragesimo* – Condamnation du fascisme

Histoire générale	Histoire de France	Histoire de Polynésie	
Salazar au Portugal – New-Deal de Roosevelt	Premiers essais de télévision	Octobre: Conseil de la Colonie – Développement des sports	**1932**
Hitler, chancelier du IIIe Reich allemand		Faillite Kong Ah – Scandale Yune Sing – «Supplément colonial»	**1933**
Joliot-Curie découvrent la radio-activité artificielle		Tournage du film: «Les Révoltés du Bounty» par la M.G.M.	**1934**
Mussolini envahit l'Ethiopie – S.D.N. impuissante	Premier Congrès J.A.C. à Tours	Alain Gerbault en Polynésie (1934-1940)	**1935**
Guerre civile en Espagne (1936-1939): Franco	Front Populaire en France: L. Blum	Ilot Clipperton rattaché aux E.F.O.	**1936**
Guerre Chine-Japon – Morts de Widor (1844-1937) – Gershwin (1898-1937)	Morts de Vierne (1870-1937), Ravel (1875-1937) – «Guernica» de Picasso		**1937**
Mars: «Anschluss» – Munich – «Purges» en U.R.S.S.	Débuts de l'électronique		**1938**
1-9: Début de la 2e Guerre Mondiale (1-9-39 à 15-8-45)	«Drôle de guerre»	*16-1:* Décret Mandel: reconnaissance légale des Eglises	**1939**
Guerre russo-finlandaise – Bataille d'Angleterre	Armistice et Vichy – 18 juin et France Libre	*10-8:* Comité Pétain – *27-8:* Comité France-Libre – *2-9:* Ralliement à la France-Libre – *30-9:* De Curton, Gouverneur	**1940**
7-12: Pearl Harbour – U.S.A. en guerre – Hitler en U.R.S.S.	«Etat Français»: Pétain – «France-Libre»: de Gaulle	*25-3:* Escadre U.S. – Pétainistes à Maupiti – Bataillon du Pacifique	**1941**
Mai-juin: Bir-Hakeim et bataillon du Pacifique		Orselli, Gouverneur (1941-1945) – Inspection de Thierry d'Argenlieu – Brunot	**1942**
Chute de Mussolini		Américains à Bora-Bora (du 17-2-1942 à 1946)	**1943**
Campagne d'Italie – Conférence de Brazzaville	*6-6:* Débarquement en Normandie – Gouvernement Provisoire	Bataillon du Pacifique participe à la Campagne d'Italie	**1944**
Yalta – Bombes atomiques – *8-5 et 15-8:* Capitulations – *26-6:* O.N.U.	*8-5:* Fin de la guerre – Début de la guerre d'Indochine (1945-1954)	*31-8:* Assemblée représentative – Citoyenneté – Pasteur Vernier, député – Commune d'Uturoa	**1945**
Italie République – Immigration en Australie	IVe République (1946-1958) – Union Française – Nationalisations – Polynésie, Territoire d'Outre-Mer	*5-5:* Retour du Bataillon du Pacifique – Novembre: Comité Pouvanaa – G. Ahnne, premier député des E.F.O. – *2-6:* Départ des Américains	**1946**

	Eglise catholique en Polynésie	Eglises issues de la Réforme	Histoire de l'Eglise
1932	*20-2:* Mort de Mgr Hermel – *26-4:* Mgr A. Nouailles		Institut des Missions
1933			P. Couturier et Semaine de Prière pour l'Unité des chrétiens
1934	Lancement du «Rosaire Vivant» aux Tuamotu-Est		Condamnation du racisme allemand
1935			
1936	Monument du centenaire de la Mission		
1937	*17-8 :* Mort de Mgr A. Nouailles		Condamnation du Communisme et du Nazisme
1938	*8-11:* Mgr P. Mazé, Vicaire apostolique (sacre le 30-4-1939)		Persécution en U.R.S.S.
1939	*10-5 :* Création du C.A.M.I.C.A. – *14-5:* Mort de Mgr Castanié (Cook)	Ouverture de plusieurs Temples	*10-2:* Mort de Pie XI – *2-3:* Pie XII (1939-1958)
1940	*27-3:* Fondation du Séminaire à l'Evêché		Fondation de Taizé par R. Schutz
1941		Premier Pasteur installé à Rurutu	P. Lœw, premier prêtre-ouvrier à Marseille
1942			Octobre: Séminaire de la «Mission de France» à Lisieux
1943			*Divino afflante* et *Mystici Corporis*
1944	*13-1:* La Colonie reconnaît les services de l'E.C.		Fondation de la «Mission de France» à Lisieux
1945	*16-12:* 1re pierre du nouveau collège La Mennais	Décès d'E. Ahnne – Premier Pasteur installé aux Tuamotu	
1946		**Alliance biblique universelle**	

Histoire générale	Histoire de France	Histoire de Polynésie	
Indépendance de l'Inde et du Pakistan	Président Vincent Auriol (1947-1954) – *5-5:* Ministres communistes révoqués	*22-6:* «Ville d'Amiens» – *7-8:* «Kon Tiki» – Décembre: T.R.A.P.A.S.-Pouvanaa à Oopa	**1947**
14-5: Etat d'Israël – «Guerre froide» – Tito	(*10-12:* Déclaration Universelle des Droits de l'Homme)	Départ de 757 Chinois pour la Chine	**1948**
République Populaire de Chine – C.O.M.E.C.O.N.	Luttes vigoureuses sur les «écoles libres»	Radio-Tahiti – *23-10 :* Pouvanaa député, «Tahiti aux Tahitiens»	**1949**
Guerre de Corée (1950-1953) – «Rideau de fer»		Air-Tahiti – Paris-Bora-Bora en DC4, 1re liaison aérienne	**1950**
Traité de l'A.N.Z.U.S. – Mort de Shoenberg (1874-1951)		Pouvanaa réélu – I.G.N.: cartographie aérienne	**1951**
		Le R.A.I. et liaisons par hydravion par L. Castex	**1952**
Mort de Staline (1879-1953)	«Vie chrétienne et sexualité» de Marc Oraison	*14-3:* Succès du R.D.P.T. de Pouvanaa à l'Assemblée locale	**1953**
Traité de l'O.T.A.S.E. – Dien-Bien-Phu – Insurrection algérienne	R. Coty – Fin Indochine – Guerre d'Algérie (1954-1962)	Nombreux peintres et artistes à Tahiti	**1954**
Conférence de Bandung – Mort d'A. Honegger (1892-1955)		Sports collectifs et rencontres internationales	**1955**
Révolte de Budapest – Indépendance de la Tunisie et du Maroc	Coup de Suez – *23-6:* Loi-Cadre sur O.M.	Pouvanaa réélu – *30-8 :* Visite de Charles de Gaulle	**1956**
Marché Commun – 1er satellite artificiel	Traité de Rome et fondation du Marché Commun	*22-7:* Territoire de Polynésie Française – *11-12:* Pouvanaa au Conseil	**1957**
	13-5: De Gaulle – Ve République – *28-9:* Référendum	Vote Oui – *11-10:* Pouvanaa arrêté – *23-12:* Réforme du Conseil	**1958**
	Wallis-Futuna, Territoire d'Outre-Mer	S.O.C.R.E.D.O. – Septembre: J. Soustelle – *19-10:* Procès Pouvanaa – Exil	**1959**
Décolonisation de l'Afrique Noire		M.G.M. tourne «les Mutinés de la Bounty» avec Marlon Brando	**1960**
Premier vol spatial (Gagarine)		*5-5:* Aéroport de Faaa – 1er «Jet» – S.E.T.I.L. – Tourisme	**1961**
Algérie indépendante – Mur de Berlin	Action de l'O.A.S. – Centre Nucléaire à Moruroa	*22-7:* Création du C.E.P. à la place du centre d'Hammaguir	**1962**

	Eglise catholique en Polynésie	Eglises issues de la Réforme	Histoire de l'Eglise
1947	Fondation des Scouts de France	**Fédération mondiale luthérienne**	
1948	Nouveau collège La Mennais inauguré	**Création du Conseil œcuménique des Eglises**	*12-2:* Création du Vicariat apostolique de Rarotonga (Cook)
1949	Création de l'Amuiraa chinoise		Règles de l'action œcuménique précisées – Création A.C.O.
1950	*30-11:* Arrivée des Sœurs M.N.D.A. expulsées de Chine		Dogme de l'Assomption – «Humani Generis»
1951	*19-2:* M.N.D.A. à Faaa – Novembre: Miti Rapa – 1re émission radio	1res émissions radio – Préparation Autonomie de l'Eglise	
1952	Aumônerie militaire – *21-11:* Mort de Mgr Le Cadre à Atuona	Parution du «Ve'a Orometua»	
1953	*16-11:* Mgr L. Tirilly, Vicaire apostolique des Marquises		
1954	*29-6:* Ordination de M. Coppenrath – *5-9:* Eglise Ste-Thérèse	Fondation des Eclaireurs unionistes – 1er U.C.J.G.	Arrêt de l'expérience des prêtres-ouvriers
1955	Plantations de Victor Vallons aux Tuamotu (Tematagi...)		
1956	*31-1:* 2 séminaristes à Nouméa – Ecole Ste-Thérèse		Ouverture du Séminaire intervicarial à Nouméa
1957	*26-6:* Ordination d'Hubert Coppenrath		
1958	Fr. Maxime – *6-10:* Ecole St-Paul – *1-8:* 1er pèlerinage à Lourdes	*(Arrivée des Témoins de Jéhovah.)*	Mort de Pie XII – Jean XXIII (1958-1963)
1959	Juin: Retour des abbés Michel et Hubert Coppenrath	Création Alliance des U.C.J.G.	*25-1:* Annonce d'un Concile œcuménique
1960	Ecole de la Mission par Cluny – Internat et Ecole de Taiohae	Pasteur Samuel Raapoto, Secrétaire général	
1961	*30-8:* Taiohae, siège du Vicariat des Marquises		*Mater et Magistra – 25-12:* Convocation du Concile
1962	*1-1:* Fondation des Filles de Jésus Sauveur		*11-10:* Ouverture du Concile – *8-12:* Fin de la 1re session

Histoire générale	Histoire de France	Histoire de Polynésie	
Assassinat de John F. Kennedy	*12-9:* Création de l'U.T.A. – Centrale nucléaire de Chinon – Ouverture du Centre atomique de Moruroa	*19-3:* Ouverture du C.E.P. – *19-7:* La Légion à Moruroa – *1-9:* Jeux du Pacifique à Suva – *6-11:* R.D.P.T. dissout	**1963**
4-1: Rencontre Paul VI-Athénagoras à Jérusalem – Paul VI en Palestine et en Inde – *28-5:* Création de O.L.P. au Caire	Reconnaissance de la Chine communiste de Mao – «Les Mots» de Sartre	Janvier: Chinois citoyens français – Février: Don de Moruroa et Fangataufa – G. Pompidou et ministres – Avantages métropolitains aux locaux	**1964**
U.S.A. au Vietnam (1965-1973) – *5-10:* Paul VI à l'O.N.U.		Musée Gauguin – *16-10:* Télévision – Communes de Faaa et Pirae – Consultats U.S.A., Taïwan fermés	**1965**
De Gaulle en U.R.S.S.	Retrait de l'organisation militaire O.T.A.N.	*2-7:* 1re explosion atomique aérienne – *11-7:* Intégration des fonctionnaires locaux dans l'Etat – *11-9:* De Gaulle à Moruroa	**1966**
Première greffe du cœur – Paul VI en Turquie		*19-3:* F. Sanford député – *26-8:* Pompidou, non à l'autonomie	**1967**
Printemps de Prague – Paul VI en Amérique latine	«Mai 68»: Crise grave	*24-8:* Bombe thermonucléaire – *30-11:* Retour de Pouvanaa	**1968**
Nixon, Président – Deux astronautes U.S. sur la Lune	Non au référendum – Démission de Gaulle – G. Pompidou, Président	Vote Non et Poher – F. Sanford réélu – Montée des autonomistes	**1969**
Paul VI en Extrême-Orient	*9-11:* Mort de Charles de Gaulle	*3-3:* Cyclone «Emma» – Drapeau tahitien – Affaire Lejeune – Départ de H. Rey – Remous dans l'Enseignement	**1970**
«Boom» du Nickel en Nlle-Calédonie (1969-1973)		Le C.E.S. – *10-9:* Jeux du Pacifique – *26-9:* Pouvanaa, sénateur – *24-12:* Généralisation des communes (44 communes)	**1971**
		Mutinerie – Croisade antinucléaire – *2-8:* Création Académie tahitienne	**1972**
Accords de Paris sur le Vietnam – Angleterre entre dans le Marché Commun	France accusée par La Haye pour les essais du C.E.P.	C.N.E.X.O. – Bâtiments publics nouveaux	**1973**

	Eglise catholique en Polynésie	Eglises issues de la Réforme	Histoire de l'Eglise
1963	Mgr Paul Mazé participe à tout le Concile	Mars: Création du Centre de Moria – *1-9:* Autonomie de l'Eglise évangélique (M. Boegner)	*Pacem in Terris* – *28-3:* Révision du Droit canonique – *3-6:* Mort Jean XXIII – *21-6:* Paul VI – *29-9 au 4-12:* 2ᵉ session
1964	*19-12:* Ordination de Lucien Law		Débuts des « pèlerinages » internationaux des Papes – *14-9 au 21-11:* 3ᵉ session du Concile
1965	*28-1:* Trinité de Pirae – Septembre: M.N.D.A. à Ste-Thérèse – F.I.C. à Fariimata		*14-9 au 8-12:* 4ᵉ session et clôture du Concile
1966	*21-6:* Création des diocèses Papeete, Taiohae – Légion de Marie	*17-9:* Centenaire des Ecoles – Studio radio-télévision	*Populorum progressio* – Paul VI et Dr Ramsey
1967	*17-8:* Sœurs du Bon Pasteur – *19-9:* 1ʳᵉ émission télévision	Fondation des C.P.C.V.	1ᵉʳ Synode des Evêques – Réforme de la Curie
1968	*3-6:* Sacre de Mgr Coppenrath – *21-12:* Ordination Norbert Holozet		*Humanae Vitae* – *1-1:* Journée mondiale de la Paix
1969	Ecole St-Hilaire F.I.C. – Mgr de Cocq, administrateur de Taiohae		Paul VI à Genève: O.I.T., C.O.E.E. et en Afrique
1970	Ecole des « Katekita » – 1ᵉʳ Synode diocésain – Conseil presbytéral – *8-12:* Mgr H.M. Le Cleac'h, administrateur des Marquises		2ᵉ Synode – Paul VI en Océanie
1971	A.M.D.J. – Centre catéchèse – Studio – F.I.C. à Taiohae (Ecole)	Culte œcuménique pour les « Jeux du Pacifique »	3ᵉ Synode: Sacerdoce et Justice
1972	Filles de la Charité et Vice-Province SS.CC. à Pirae	Fondation du foyer de Paofai	
1973	Mgr Coppenrath, Archevêque – 2ᵉ Synode – Conseil pastoral – Nomination et sacre de Mgr H.M. Le Cleac'h à Taiohae		

Histoire générale	Histoire de France	Histoire de Polynésie	
	Mort de G. Pompidou – V. Giscard d'Estaing, Président – Airbus: 1er vol commercial	Vote pour F. Mitterrand – *2-7:* Inauguration Académie tahitienne – *15-9:* 43e et dernière explosion aérienne	**1974**
Chute de Saïgon – Chute de Salazar	F. Mitterrand à Tahiti – O. Stirn reconnaît le drapeau tahitien	*28-2:* Bureau Académie tahitienne – *5-6:* 1re explosion souterraine – Drapeau tahitien officiel	**1975**
Morts de Mao-Tse-Tung et de Franco		Juin 76 à mars 77: Occupation de l'Assemblée Territoriale	**1976**
		10-1: Mort de Pouvanaa – *30-5:* Musée de Tahiti et des Iles – *12-7:* Statut d'Autonomie – *12-8:* Poste sabotée – *26-8:* Meurtre de d'Anglejean – *2-11:* Accident du Gouverneur Schmitt	**1977**
			1978
Sadate à Jérusalem – Jean-Paul II au Mexique, U.S.A., O.N.U.		Juillet: visite officielle V. Giscard d'Estaing – La culture maohi	**1979**
Jean-Paul II en Allemagne	*30-5 à 2-6:* Voyage de Jean-Paul II	Tahitien, langue officielle – *26-3 :* Meurtre d'Olivier Bréaud	**1980**
Jean-Paul II aux Philippines, Japon, Guam, Alaska	*10-5:* Mitterrand, Président – La Gauche – *9-10:* Abolition de la peine de mort – C.E.I. à Lourdes	Vote pour V. Giscard d'Estaing	**1981**
17-4: «Rapatriement de la Constitution au Canada – Juin-août: Guerre Israël – O.L.P. au Liban – Guerre Argentine-Angleterre aux Malouines	*11-2:* 39 nationalisations – *2-3:* Loi de décentralisation – *15-4:* F. Mitterrand au Japon – Déc.: Plan Savary sur les écoles privées	Tensions politiques et sociales – *10-5:* Inauguration du monument de Pouvanaa – R.D.P.T. réhabilité – Statut et Code du Travail – Nouvelle majorité: G. Flosse, Vice-Président – Décembre: Dépression « Lysa » aux I.S.L.V.	**1982**
Crise monétaire et économique. Tensions politiques.	Crise économique. Plan de rigueur. Tensions sociales.	Janvier à avril: série de cyclones sur toute la Polynésie: «Nano» à «William». Dégâts importants	**1983**
			1984

	Eglise catholique en Polynésie	Eglises issues de la Réforme	Histoire de l'Eglise
1974	Librairie Pureora – Nouvelle cathédrale de Taiohae		4e Synode: l'Evangélisation
1975	*7-6:* Eglise Maria no te Hau – Maison des Chinois	*15-6:* Décès du Président Samuel Raapoto	Année Sainte sur la Réconciliation
1976	*1-1:* Ouverture de l'Ecole des Diacres	Décembre: Visite de la C.E.V.A.A.	*Evangelii Nuntiandi*
1977	*24-6:* Inauguration de la cathédrale de Taiohae – *30-5:* Musée «Tenete» – *30-8:* Arrivée des O.M.I. – Noviciat de Cluny – Fraternité chrétienne malades et handicapés	Salle œcuménique «Tenete» au Musée de Tahiti et des Iles	5e Synode: la Catéchèse
1978	Synode des Marquises – «Révision apostolique» – Centre familial		*6-8:* Mort Paul VI – *29-9:* Mort Jean-Paul I – *16-10:* Jean-Paul II
1979	*24-2:* Ordination de 4 diacres permanents – *29-3:* C.O.D.I.E.C.		*16-10:* «La Catéchèse» – Jean-Paul II en Irlande et en Turquie
1980	Noviciat de Pamatai – Pastorale familiale		6e Synode: la Famille – *Dives in Misericordia*
1981	*7-6:* Arrivée des Clarisses – Comité du Développement	*8-8:* Inauguration du Temple de Paofai rénové	*13-5:* Attentat contre Jean-Paul II – *Laborem exercens*
1982	*24-6:* Arrivée des Frères du Sacré-Cœur – *31-8:* Ouverture du Centre pour le développement à Mangareva – *20-29 oct.:* Mission du Conseil œcuménique des Eglises – *21-10 au 14-11:* Grande Mission d'Evangélisation (P. Tardif)	*26-3:* Chapelle œcuménique «Te Aroha» de l'hôpital Mamao – Mission du Conseil œcuménique des Eglises – Grand culte œcuménique ou Temple de Paofai	«Familiaris consortio» – Jean-Paul II en Afrique
1983	Fondation de l'Ecole théologique – *25-3:* Ordination de Gérald Mahai 80 édifices détruits	**Assemblée œcuménique à Vancouver: Jésus-Christ, Vie du monde**	7e Synode: la Réconciliation – *25-3:* Année Sainte pour le Jubilé de la Rédemption
1984	Jubilé 150 ans		

ANNEXE III

Chronologie des fondations de la Mission catholique par archipel 1774-1984

TAHITI	MOOREA – HUAHINE – RAIATEA TAHAA – BORA-BORA – MAUPITI	
		1595
		1606
27-11: «Aguila» Cne Boenechea débarque G. Clota, N. Gonzalès – Fr. Perez, M. Rodriguez		**1774**
1-1: 1re messe à Tautira – *12-11:* départ des Franciscains espagnols		**1775**
		1825
		1826
		1827
		1828
		1829
10 janvier: Création de la PRÉFECTURE APOSTOLIQUE D'OCÉANIE ORIENTALE		**1830**
		1832
22-11: Départ de Bordeaux sur «Sylphide» Caret, Laval, et Fr. C. Murphy	....	**1833**
		1834
		1835
6-11 au 12-12: 1er essai Caret et Laval à Tahiti – Fr. A. Vincent y reste		**1836**
		1837

TUAMOTU GAMBIER – AUSTRALES	MARQUISES Diocèse de Taiohae	COOK – SANDWICH (Hawaii) ILE DE PAQUES et PITCAIRN
	27-7 au 5-8: Mandaña à Vaitahu; 1re messe à terre	*20-8:* Mendaña et Quirós à Puka-Puka («San Bernardo»)
10-2 : Quirós plante la 1re croix à Hao		
		15-7: P. Coudrin demande une Mission extérieure – *10-9:* Offre de Mission des Sandwich – *6-10:* Acceptation – *27-11:* Création Préfecture Apostolique des Sandwich – *3-12:* A. Bachelot, Préfet Apostolique
		8-9: A. Bachelot, Sup. SS.CC. – *20-11 :* Départ de Bordeaux sur «Comète»
		8-2: Valparaiso – *7-7:* Arrivée à Oahu – *13-7:* Débarquement – *29-11:* 1er baptême
		26-8: Prédication en langue locale – Progrès rapides
		6-6: 1re confirmation – *5-8:* Début de la persécution par Bingham
....	PRÉFECTURE APOSTOLIQUE D'OCÉANIE ORIENTALE	
		22-1: Arrivée en Californie des R.P. expulsés *(24-12)* – Mission St-Gabriel
.... 2.6 1833: VICARIAT APOSTOLIQUE D'OCÉANIE ORIENTALE		
7-8: Arrivée Caret, Laval, Murphy à Akamaru – 1res messes à bord *10-8;* à terre *15-8*		*Mai:* Arrivée «Sylphide» à Valparaiso – *16-7:* Départ «Peruviana» pour Gambier
Evangélisation des 4 îles – *9-5:* Arrivée Mgr E. Rouchouze		Sandwich: *11-8:* Aggravation des lois contre les catholiques
25-8: Baptême du roi Maputeoa – *24-10:* 1re pierre de l'église d'Aukena – Eglise de Taku		*30-9:* Arrivée du P. A. Walsh à Hawaii – Octobre : corvettes «Bonite», «Actaeon» à Oahu
13-9: Passage Mgr Pompallier, S. P. Chanel et 1ers		*18-4:* Retour du P. Bachelot, Short – *10-7:* Corvettes «Sulphur»,

TAHITI	MOOREA – HUAHINE – RAIATEA TAHAA – BORA-BORA – MAUPITI	
		1837
		1838
		1839
23-5: P. Caret, Préfet Apostolique du Sud du Vicariat		**1840**
9-8: A. Chausson, C. Murphy et Fr. N. Laval pour fonder la Mission – Terre à Mataiea (Mairipehe)		**1841**
18-5: Pomaré IV donne un terrain Tuareva pour l'église de Papeete (*9-9:* Protectorat)		**1842**
Terrains pour la Mission à Mataiea et Mahina négociés par le P. Caret, Préfet Apostolique – *3-3:* Convention sur le Clergé colonial		**1843**
16-3: Arrivée des Sœurs de St-Joseph de Cluny – *18-6:* Echange du terrain Papeete – *22-8:* Père A. Chausson à Mataiea		**1844**
		1845
		1846
Mai: Ouverture de l'Ecole de Cluny – Arrivée des Frères SS.CC. Gilbert et Zénon		**1847**
9-5: Erection du Vicariat apostolique de Tahiti – *26-8:* Sacre de Mgr Tepano Jaussen et Mgr Doumer, coadjuteur à Valparaiso		**1848**
16-2: Arrivée de Mgr T. Jaussen à Papeete – Octobre: Ouverture de l'école de Haapape		**1849**

TUAMOTU GAMBIER – AUSTRALES	MARQUISES Diocèse de Taiohae	COOK – SANDWICH (Hawaii) ILE DE PAQUES et PITCAIRN
Maristes – Ordination secrète de C. Murphy		« Venus » – *2-11:* P. Maigret, Murphy – *23-11 :* Expulsion P. Bachelot, Maigret – *4-12:* Mort P. Bachelot – *13-12:* Ile Ascension
Conversion totale archipel des Gambier	*4-8:* D. Desvault, Borgella, Laval à Vaitahu – *15-8:* 1re messe à Tahuata	*(18-12-1837 à 1840):* Mise hors la loi des catholiques aux Sandwich
Développement des Tissanderies, agriculture et Ecoles – *24-10:* Bénédiction église d'Aukena – Premiers essais de parau matutu (Laval)	*3-2:* Mgr E. Rouchouze à Vaitahu – *8-2:* Taiohae: Mgr P. Fournier, Gracia, Guilmard – Achat du premier terrain	*25-7:* D. Maigret, Préfet Apostolique des Sandwich
Débuts du collège d'Anaotiki (Aukena): M. Urbain	*15-1:* Guilmard, Fournier à Hakahau (Ua Pou) – *19-5:* P. Caret	Liberté aux catholiques ; juin : Mgr Rouchouze, Maigret à Oahu « Sylade »
15-8: Bénédiction cathédrale Rikitea (Cyclone aux Gambier)	*11-8:* Chapelle de Hakahau (Ua Pou)	P. Gracia à Hawaii
	(*9-5:* Marquises, Colonie Française)	
Mars: Disparition en mer du « Marie-Joseph » : Mgr Rouchouze et 24 missionnaires		
(*16-2:* Protectorat imposé et non ratifié) – *15-4 :* Bénédiction de l'église d'Akamaru	*14-10 :* Mgr Baudichon, coadjuteur de Mgr Rouchouze disparu – *25-12 :* Baptême du roi Maheono de Tahuata – Eglise de Vaitahu	*13-8:* Création du Vicariat apostolique des Sandwich
	21-12: Sacre de Mgr Baudichon à Valparaiso – 1er catéchisme	
Clochers de la cathédrale de Rikitea	*1-11:* 1re communion générale à Vaihitahu – Tahuata évangélisée	
Chapelles de Tokaragi et Atititoa	*4-6:* Ouverture école Cluny à Vaihitahu (fermée le 15-9-1848)	*31-10:* Sacre de Mgr Maigret, Vicaire apostolique Sandwich (à Valparaiso)
Petero Maki de Faaite converti et formé aux Gambier	*9-5:* Erection du Vicariat apostolique des Marquises – *15-9:* Départ de Mgr Baudichon pour Tahiti	
Février-mai: Mgr T. Jaussen aux Gambier – *19-5:* P. Fouqué et Laval – Faaite – Fakarava *(16-7)* – *20-5:* Première messe	Mission s'établit à Nukuhiva et Ua-Pou – *13-7:* Mgr Baudichon arrive à Brest (départ Papeete: 28-1)	

TAHITI	MOOREA – HUAHINE – RAIATEA TAHAA – BORA-BORA – MAUPITI	
Premiers baptêmes à Mataiea		**1850**
Mgr T. Jaussen, aumônier des E.F.O.		**1851**
Premier catéchisme en tahitien (Mgr Tepano Jaussen)		**1852**
		1853
		1854
8-12: Vallée de la Mission – *2-6:* Paea (P. Vital) – Papara: P. Nicolas – Recueil d'Himene (Montiton – Fouqué)		**1855**
6-7: Fondations – *8-12:* 1re pierre de la cathédrale de Papeete – Hitiaa, Faaone (P. Collette)		**1856**
26-4: Arrêt cathédrale – Punaauia (Montiton) – Eglise de Mataiea – *7-11:* Ecole Cluny de Papeete		**1857**
Tautira et Paea (Collette) – Fondation Œuvre Propagation de la Foi – *1-11:* Inauguration de l'église de Papeuriri		**1858**
		1859
Faaone (P. Ortaire) – *18-10:* Arrivée des 4 premiers F.I.C. – *2-12:* Ouverture Ecole des F.I.C. – Eglise de Punaauia		**1860**

TUAMOTU GAMBIER – AUSTRALES	MARQUISES Diocèse de Taiohae	COOK – SANDWICH (Hawaii) ILE DE PAQUES et PITCAIRN
21-2: H. Laval à «la Chaîne» (Anaa) – Taenga – Raroia – Katiu	*31-3:* Baptêmes à Taiohae – *23-9:* Chapelle de Hapateki (Ua Pou)	
15-10: Eglise de Tuuhora – Sept: A. Montiton: Rangiroa, Kaukura, Manihi, Makemo, Marokau – Ecole d'Aukena: Urbain, Henry	*12-1 :* Conversion des Ha'ava'o – *23-6:* Hatiheu	
Nukutavake et Vahitahi, Hao (P. Nicolas) – Octobre: Eglise d'Otepipi – Premiers himene aux Tuamotu – Février: P. Laval visite Rapa	Conversion de Nuku-Hiva et Ua-Pou	
(Les «Paumotu» s'appellent désormais «Tuamotu»)	*29-6 :* Baptême du roi Temoana – *30-8:* P. Dordillon à Fatu-Hiva (Omoa) – *28-10:* P. Lecornu à Omoa (1re Mission)	
	21-2: 1re pierre cathédrale de Taiohae – Mgr T. Jaussen, Administrateur apostolique (1854-1855) – *7-11:* Visite à Taiohae	
2-2: 1re pierre de l'église de Tekotika (Anaa) – (Fr. Théophile et Martin) – *19-5:* H. Laval, supérieur de la Mission aux Gambier	*15-2:* P. Lecornu, Pouet à Puamau (Hiva-Oa) – *7-12:* Mgr Dordillon, Vicaire apostolique	
Napuka – P. Montiton évangélise 6 atolls du secteur d'Anaa	*1-8:* Mgr Dordillon à Puamau (Hiva-Oa) – Février: Visite de Mgr Jaussen – *3-9:* Chapelle St-Etienne de Hakahau	
Pukarua (Atanatio) – Iles du milieu (Fouqué) – Iles du Nord (Hébert J.B.)	*3-2:* P. Pouet chez Hapaa et Taipivai – *8-2:* Sacre de Mgr Dordillon (à Valparaiso) – Impression cantiques – Vie de Jésus en marquisien	
Takaroa, Takapoto (J.B. Hébert)	*10-1:* Ouverture d'école gratuite et obligatoire (Taiohae)	
	6-1: Goélette «Etoile de la mer» – *20-1:* Mgr Dordillon à Ua-Huka qui y laisse Siméon et Bibiane comme catéchistes	
P. Montiton lance les premiers «matutu» à Anaa – Eglise de Tuuhora (Fr. Henri, Martin, Liguori)	*16-1:* P. Fournon à Ua-Huka (Vaipaee) – *23-8 :* Bénédiction de N.D. des Marquises (Taiohae)	

TAHITI	MOOREA – HUAHINE – RAIATEA TAHAA – BORA-BORA – MAUPITI	
		1861
Impression de Grammaire et Dictionnaire tahitiens de Mgr Tepano Jaussen (Paris)		**1862**
		1863
31-3: 3 F.I.C. ouvrent une Ecole à Papeuriri (Mataiea)		**1864**
Faaa: fondation par P. Collette – Paea: Gilbertins aident à église (Levêque) – 1re pierre de N.D. de Paix de Tautira (mai)		**1865**
		1866
Papaoa (Arue) et Faaone – Mataiea: Sœurs de Cluny ouvrent une école		**1867**
Chapelle en bois de la vallée de la Mission		**1868**
Fondation des «Ateliers de St-Joseph» (Tepano Jaussen – Collette)		**1869**
(Démolition de la cathédrale par le Gouvernement) – Juillet 1870 à juillet 1873: Construction de l'Evêché – *7-6:* Consécration de St-Paul de Haapape		**1870**
Petit séminaire transféré à Pamatai	Moorea: Fondation Haapiti-Varari	**1871**
Papenoo par G. Eich	Moorea: Fondation Papetoai (Schoutten), Teahoraa (Quirin)	**1872**
24-12: Ordination Abbé Tryphon (1er prêtre mangarévien)	*15-6:* Bénédiction chapelle Papetoai (Fr. Henri et Aloys)	**1873**
(*30-5:* Fermeture du petit séminaire) – Vallée de la Mission achevée		**1874**
Mai: Evêché inauguré – *23-12:* Cathédrale consacrée – Catéchisme et livres gilbertins – Eglises de Paea et de Papara		**1875**

TUAMOTU GAMBIER – AUSTRALES	MARQUISES Diocèse de Taiohae	COOK – SANDWICH (Hawaii) ILE DE PAQUES et PITCAIRN
Fakahina – 4 églises en pierre à Anaa	*30-8:* Baptême de Touametaheva, prêtresse et cheffesse Hakaui	
Hao (P. Bruno)	Janvier : P. Fréchou à Atuona (Hiva-Oa)	
	(*20-3:* Mgr Dordillon, directeur Affaires Indigènes) – *1-5:* Ecole F.I.C. à Taiohae	
Petit séminaire ouvert à Anaotiki (Aukena)	*6-3:* Sœurs Cluny ouvrent une école à Taiohae – Coton à Hiva-Oa – (*1-10:* Mgr Dordillon n'est plus directeur des Affaires Indigènes)	*2-1:* Fr. Eugène Eyraud à l'île de Pâques (Rapa-Nui) (retour: 11-10)
Juin: P. Roussel à Reao, Pukarua, Tatakoto, Nukutavake		
Janvier: P. Roussel à Rapa	(Septembre : Départ des F.I.C. de Taiohae)	*28-3:* Fr. E. Eyraud et P. Roussel – *6-11:* Fr. Escolan et P. Zumbohm à Rapa-Nui
Novembre: P. Montiton à Raroia, Napuka, Fakahina, Fangatau, Takume, Vahitahi	*12-4 à 30-6:* Mgr Dordillon à Tahiti pour les Gambier	
P. G. Fierens évangélise les Tuamotu de l'Est et du Milieu – P. A. Montiton à Tatakoto	Eglise de Hatiheu	
31-3: P. Montiton à Takoto – Hao à fond – Eglise de Taravai	*23-1:* Mgr Dordillon part pour le Concile Vatican I	*20-8:* Mgr Tepano Jaussen achète un terrain à Mangaia (Cook)
Janvier: Amanu; février: Takume, Raroia; mars; Vahitahi (tous par A. Montiton)	*6-12:* Retour de Mgr Dordillon – Mission de Taaoa et Hunatakuua (Hiva-Oa)	
	Mission à Hanaiapa (Hiva-Oa)	(*6-6:* Abandon de Rapanui: départ P. Roussel et des pascuans)
	20-6: Installation à Mauia (Taiohae)	
		Sept.: Arrivée du P. Damien De Veuster à la léproserie de Molokai (Hawaii)
	Ecole de Aakapa (Nuku-Hiva)	
	29-4: 1re pierre de l'église d'Atuona	

TAHITI	MOOREA – HUAHINE – RAIATEA TAHAA – BORA-BORA – MAUPITI	
Papeari – Gilbertins tous convertis – *23-6:* Eglise de Papara consacrée		**1876**
21-12: Consécration chapelle de l'Evêché – Eglise de Paea		**1877**
Construction de l'Eglise de Faaa – Retour des Gilbertins chez eux		**1878**
Juillet: Eglise de Faaone (P. A. Perray)		**1879**
12-12: Consécration église St-Joseph de Faaa – *16-6:* Consécration Paea		**1880**
5-2: Laïcisation des écoles		**1881**
31-1: Création Conseil ecclésiastique – *10-10:* F.I.C. ouvrent école libre	*1-2:* Ouverture Ecole des Katekita à Haapiti (P. G. Eich)	**1882**
27-5: Bénédiction église de Papaoa (Arue) – *1-6:* 1er pèlerinage au S.C. d'Arue – (Pentecôte: Sacre de Mgr Verdier à Quito)		**1883**
11-2: Démission de Mgr T. Jaussen – Mgr M.J. Verdier, 2e Vicaire apostolique		**1884**
Confirmation et extension des écoles de Katekita		**1885**
Conversion des premiers Chinois – Consécration du diocèse au Sacré-Cœur (Pâques)		**1886**
Septembre: Laïcisation de l'école F.I.C. de Mataiea		**1887**
Impression du Nouveau Testament en tahitien		**1888**
		1889
19-12: Noces d'or sacerdotales de Mgr Tepano Jaussen	Varari: Ouverture de «Ecole apostolique» (P. N. Blanc) (2e essai Séminaire)	**1890**
(*9-9:* Mort de Mgr Tepano Jaussen)		**1891**
6-1: «Fête des Missionnaires» – Décembre: Bibliothèque populaire		**1892**

TUAMOTU GAMBIER – AUSTRALES	MARQUISES Diocèse de Taiohae	COOK – SANDWICH (Hawaii) ILE DE PAQUES et PITCAIRN
	15-8: Reprise de la Mission à Ua-Uka et à Fatuiva	
Eglise en pierre d'Anaa		
Eglise en pierre d'Anaa (cyclone aux Tuamotu)		
	21-4: Réouverture de l'école de Taiohae	
	Dictionnaire marquisien : Mgr Dordillon – *11-1:* Ecole à Vaihitahu	
		P. Montiton à Molokai avec P. Damien (jusqu'au 24-4-1885)
1-2: Ouverture école des Katekita aux Gambier (P. N. Blanc)		
10-9: P. Terlijn à Tureia et Tematagi – Toutes les Tuamotu évangélisées	*25-12:* Sœurs Cluny ouvrent école à Atuona (Départ Pères allemands)	
	1-1: Mgr Dordillon inaugure église d'Atuona	
Introduction du Code français à Mangareva		
	11-1: Mort de Mgr Dordillon à Taiohac – *6-5:* P. F. Pouet, Administrateur apostolique	Arrivée du katekita Nicolas Pakarati à l'île de Pâques (décédé le 12-10-1927)
	16-11: Mort du P. F. Pouet	*8-2:* Ile de Pâques rattachée à Santiago/Chili (effectif en 1921) – Fin de l'exclusion des prêtres catholiques aux Cook, I.S.L.V. et Australes
	6-4: P. R. Martin, Administrateur apostolique – *4-8:* Siège du Vicariat à Atuona	
	12-5: Consécration de la Mission au Cœur de Jésus	
Octobre: Sœurs de Cluny ouvrent école à Rikitea (fermée en 1909)	*3-6:* Mgr Martin, 3e Vicaire apostolique (sacre le 1-1-1893) – Achève Evangélisation	

TAHITI	MOOREA – HUAHINE – RAIATEA TAHAA – BORA-BORA – MAUPITI	
Fondation de Afaahiti (Taravao)		**1893**
	Octobre: Prospection G. Eich à Bora-Bora	**1894**
14-8: Chapelle du cimetière des Pères pour Mgr Tepano Jaussen		**1895**
		1896
	(Janvier: Fermeture de Varari) – Avril: I.S.L.V. visitées par G. Eich – *11-6:* Eglise de Haapiti	**1897**
6-8: Sœurs de Cluny ouvrent école à Faaa (fermée en 1927)		**1898**
Fondation de Teahupoo		**1899**
		1900
		1901
		1902
		1903
27-5: G. Eich nommé Coadjuteur (et démissionne) – *14-6:* Sœurs chassées de l'hôpital	Mars: G. Eich à Raiatea et aux I.S.L.V.	**1904**
27-8: Sacre de Mgr A. Hermel, coadjuteur		**1905**
25-4: Constitution de «Corporation catholique d'Océanie»	*4-11:* P. C. Maurel à Huahine et Bora-Bora	**1906**
Vente des biens à la «Corporation catholique d'Océanie» – Grand catéchisme de Mgr Verdier	*17-4:* Fondation Mission de Huahine (Jh. Chesneau)	**1907**
26-2: Démission de Mgr Verdier – Mgr Hermel, 3e Vicaire apostolique – Commission biblique	Fondation à Tahaa	**1908**
15-8: «Te Ve'a Katorika» – *24-8:* «Semeur tahitien» – Février: Arrêt des Frères des SS.CC.	Fondation de la Mission à Uturoa	**1909**
26-12: Consécration St-Etienne de Punaauia	*7-8:* Bénédiction de la chapelle d'Uturoa	**1910**

TUAMOTU GAMBIER – AUSTRALES	MARQUISES Diocèse de Taiohae	COOK – SANDWICH (Hawaii) ILE DE PAQUES et PITCAIRN
		6-9 à 5-10: Mission de prospection du P. G. Eich à Rarotonga (Cook)
	15-4: Réunion des Pères à Atuona – « Matutu »	*29-10:* Fondation d'Avarua (Rarotonga) par B. Castanié et G. Eich
	30-3: Calvaire du cimetière d'Atuona	*15-7:* Ecole St-Joseph de Cluny à Rarotonga – G. Eich à Penrhyn
	16-9 à 6-10: 1re visite pastorale à Ua-Uka	Mars: 1re chapelle de Rarotonga par Théophile Tehema (25-12: bénédiction)
		Avril: 1er mariage à Rarotonga
	13-12: F.I.C. ouvrent école à Puamau (Hiva-Oa) (fermée le 27-12-1904)	
	16-1: F.I.C. ouvrent école à Atuona (Hiva-Oa) (fermée le 27-12-1904)	*14-2:* Bénédiction de la chapelle de Ngatangiia (Cook) – *25-12:* Rectification du dimanche
	Conversion totale de Nuku-Hiva et Tahuata	*28-10:* Mgr Verdier fait la 1re visite pastorale des Cook
	2-9: Jubilé – Impression dictionnaire et catéchisme	Mars: Ouverture de l'école de Ngatangiia (Cook)
(Cyclone aux Tuamotu: 515 morts)		Août: Visite à Mangaia et Aitutaki
		Mars: Paroisse de Mauke (Cook) – *21-5:* Bénédiction de la chapelle
	23-1: Fermeture de l'école de Cluny de Taiohae (restent à la paroisse jusqu'en 1927)	(Février: Décès du catéchiste Théophile Tehema (Rarotonga)
	Spoliation des biens – *23-11:* Tribunal Supérieur les rend	*1-2:* Sœurs de Cluny ouvrent l'école de Arorangi (Rarotonga)
8-2: Cyclone ravage Tuamotu – Mort du V.P. Terlijn	*13-12:* Vente des biens à la « Corporation catholique d'Océanie »	*18-2:* Eglise d'Arorangi (Cook) – *29-10:* Paroisse St-Joseph d'Aitutaki (Cook)
	23-10: Pourvoi en Cassation du Gouverneur Charlier	*29-6:* Eglise de Mauke – *20-8 au 10-9:* Visite de Mgr Hermel
Janvier-février: Tubuai (P. C. Maurel)	*15-8:* Calvaire à Vaihitahu en souvenir	Paroisse d'Atiu (Cook) – *4-6 au 29-7:* Visite à Manihiki (Cook)
Février: Ouverture de la Mission à Makatea – *13-1:* Australes	Ecrits apologétiques de Mgr Martin	*31-5:* Mission à Manihiki et à Penrhyn (Cook) – Juillet: Sœurs de Cluny fondent l'école d'Aitutaki
Lèpre aux Tuamotu de l'Est	*10-5:* 1re fête de Jeanne-d'Arc	

TAHITI	MOOREA – HUAHINE – RAIATEA TAHAA – BORA-BORA – MAUPITI	
Communion des enfants en application du décret de Pie X	Août: Ouverture de l'école des Sœurs de Cluny à Uturoa	**1911**
		1912
		1913
27-1: Chapelle St-Lazarre d'Orofara (léproserie) – *22-6:* Bible complète en tahitien		**1914**
	Mission des I.S.L.V. coordonnée par Jh. Chesneau	**1915**
		1916
		1917
7-6: Pèlerinage au Sacré-Cœur d'Arue pour la Paix		**1918**
		1919
		1920
		1921
		1922
		1923
		1924
Début Evangélisation des Chinois (P. C. Maurel)	*15-8:* Bénédiction de l'école de Cluny à Uturoa	**1925**
		1926
		1927
		1928
		1929
	Septembre: Mission de Bora-Bora (C. Maurel)	**1930**

TUAMOTU GAMBIER – AUSTRALES	MARQUISES Diocèse de Taiohae	COOK – SANDWICH (Hawaii) ILE DE PAQUES et PITCAIRN
	4-6: Premières communions d'enfants (décret Pie X)	Juillet: Ile de Pâques rattachée à Santiago/Chili – *23-1:* P. Paul Mazé aux Cook
	27-5: Mort de Mgr Martin – *11-11:* D. Le Cadre, Administrateur apostolique	*10-6:* Principe admis de séparer les Cook de Tahiti
		8 au 10-1: Grave cyclone sur les Cook du Nord – *1-2:* 1er numéro du «Torea Katorika»
	Mars: Mgr Le Cadre à Papeete	
	4 et 5-12: Visite pastorale de Mgr Hermel	
		15-10 à 30-1-1918: Tournée pastorale de Mgr Hermel aux Cook
	30-12: Mgr Le Cadre, Vicaire apostolique (sacre le 4-9-1921)	
	24-2: Visite *ad limina* – *18-4:* Vente à la C.C.O. annulée	Ile de Pâques desservie effectivement par Santiago/Chili
20-1: Mission à Rapa (P. Janeau)	*18-2:* Retour de Mgr Le Cadre – Tournée pastorale générale – *20-7:* Lois antireligieuses non applicables	*27-11:* Erection Préfecture apostolique des îles Cook (9.517 habitants – 490 catholiques)
	3-9: Réouverture de l'école libre Cluny à Atuona	Mai: Gestion financière autonome des Cook
	7-4: Concession à Mgr Le Cadre de 66 terres par Gouverneur Rivet	Cook ont: 8 chapelles, 3 presbytères et 1 école de Cluny
	12-2: Chapelle St-Lazare à la léproserie de Tohutu (Hiva-Oa)	Mission de Mitiaro (Cook)
		Mission de Rakahanga (Cook) – Octobre: Visite du Délégué apostolique
20-9: Fondation de Rurutu (P. C. Maurel)		Pukapuka (Cook)
Décembre: Bénédiction de l'église de Rurutu		
Février: Chapelle de Fenua-Roa (Rairoa) (P. Materne)		*25-5:* Mgr Hermel propose la création du Vicariat apostolique des Cook

TAHITI	MOOREA - HUAHINE - RAIATEA TAHAA - BORA-BORA - MAUPITI	
		1931
20-2: Mort de Mgr Hermel – *28-8:* Sacre de Mgr A. Nouailles		**1932**
	Eglise de Paopao (Moorea)	**1933**
		1934
Eglise de Vairao		**1935**
Monument du centenaire de la Mission		**1936**
14-8: Mort de Mgr A. Nouailles	*4-8:* Chapelle de Bora-Bora (Mgr A. Nouailles)	**1937**
8-11: Mgr P. Mazé, Vicaire apostolique		**1938**
30-4: Sacre de Mgr P. Mazé – *7-9:* C.A.M.I.C.A. – Eglise de Taravao (P. A. Coquin)		**1939**
20-2: 40e Conseil de la Mission – *27-3:* Fondation du séminaire à l'Evêché (Jh. Chesneau) – Lancement Œuvre St-Pierre Apôtre (France Libre)		**1940**
		1941
		1942
		1943
13-1: La Colonie reconnaît les services de l'Enseignement catholique		**1944**
16-12: 1re pierre du nouveau Collège La Mennais		**1945**
		1946
Fondation des Scouts de France		**1947**
Inauguration du nouveau Collège La Mennais		**1948**
Fondation de l'Amuiraa chinoise		**1949**
30-11: Arrivée des Sœurs missionnaires de N.D. des Anges (Lennoxville et expulsées de Chine)		**1950**

TUAMOTU GAMBIER – AUSTRALES	MARQUISES Diocèse de Taiohae	COOK – SANDWICH (Hawaii) ILE DE PAQUES et PITCAIRN
		Catéchistes de Pukapuka formés aux Samoa
Septembre: Eglise d'Apataki (P. Materne)	*28-8:* Mgr Le Cadre consacre Mgr A. Nouailles à Papeete	
Tuamotu de l'Est: Reao, P. Paul Mazé «aumônier des lépreux»	(*30-5:* Fermeture de la léproserie de Tohutu)	*7-9:* Approbation officielle de la «Mission catholique des Cook»
Lancement du Rosaire Vivant «aux Tuamotu-Est» (P. Mazé)		*24-10:* Ile de Pâques rattachée au Vicariat apostolique d'Araucanie (Chili)
		18-6: Mission permanente à Penrhyn (Cook)
	20-11: Centenaire de la Mission à Atuona	
	10-5: Fondation du C.A.M.I.C.A. (selon décret du 16-1-1939) – *30-4:* Mgr Le Cadre consacre Mgr Paul Mazé à Papeete	*14-5:* Mort de Mgr B. Castanié à Rarotonga – *30-6:* Mgr U. Lehman, Préfet apostolique
		10-1: Province SS.CC. de Hollande prend en charge les Cook
	1-4: Raz de marée destructeur Etablissement des quasi-paroisses	
		12-2: Erection du Vicariat apostolique des îles Cook – *18-4:* Sacre de Mgr U. Lehman

TAHITI	MOOREA – HUAHINE – RAIATEA TAHAA – BORA-BORA – MAUPITI	
19-2: Sœurs missionnaires de N.D. des Anges ouvrent école de Faaa – 1res émissions religieuses radio – Nov.: Séminaire Miti-Rapa (P. Ledoux)		**1951**
Mai: Fondation de l'Aumônerie militaire		**1952**
		1953
29-6: Ordination Michel Coppenrath – *5-9:* Bénédiction église Ste-Thérèse		**1954**
		1955
Ecole Ste-Thérèse fondée par Sœurs de Cluny – *31-1:* Deux premiers séminaristes tahitiens à Nouméa		**1956**
Eglise de Pueu – *26-6:* Ordination Hubert Coppenrath		**1957**
Profession du Frère Maxime (F.I.C.) – *6-10:* F.I.C. ouvrent école St-Paul – *1 au 4/8:* 1er pèlerinage à Lourdes		**1958**
Retour de Michel (juin) et Hubert (février) Coppenrath		**1959**
Sœurs de Cluny ouvrent école de la Mission		**1960**
Premières émissions radio dans le Centre Tepano Jaussen		**1961**
1-1: Filles de Jésus Sauveur fondées à Taravao avec M.N.D.A. par Mgr Mazé		**1962**
		1963
19-12: Ordination du P. Lucien Law		**1964**
28-1: Fondation paroisse Ste-Trinité – Septembre: F.I.C. ouvrent Fariimata – Septembre: M.N.D.A. prennent école Ste-Thérèse		**1965**
21-6: Création de l'Archidiocèse – Février: Eglise Ste-Trinité – *24-9:* Lancement de la Légion de Marie (Sœur Saint-Fidèle)		**1966**
17-8: Arrivée des Sœurs du Bon Pasteur (*24-10:* Centre) – *19-9:* 1re émission Télé – Rénovation du Rosaire Vivant		**1967**
3-6: Sacre de Mgr Michel Coppenrath – *21-12:* Ordination Norbert Holozet – Septembre: F.I.C. ouvrent école St-Hilaire à Faaa	Ouverture d'Afareaitu (Moorea)	**1968**
		1969

TUAMOTU GAMBIER – AUSTRALES	MARQUISES Diocèse de Taiohae	COOK – SANDWICH (Hawaii) ILE DE PAQUES et PITCAIRN
	14-10: Démission – *21-11:* Mort de Mgr Le Cadre à Atuona	
	16-11: Nomination de Mgr Louis Tirilly	
	12-9: Sacre de Mgr Louis Tirilly, Vicaire apostolique	
Plantations à Tematagi et Maturei-Vavao (P. Victor Vallons)		*24-8:* Fondation de la Mission de Niue
Développement du cocotier aux Tuamotu-Est (P. Victor Vallons)		
	Ouverture de l'école et internat de Taiohae	
	30-8: Siège du Vicariat apostolique transféré à Taiohae	
Mission à Raivavae	*21-6:* Création du diocèse de Taiohae, suffrageant de Papeete	*21-6:* Création du diocèse de Rarotonga
	18-10: Mgr H. de Cocq, Administrateur apostolique	

TAHITI	MOOREA – HUAHINE – RAIATEA TAHAA – BORA-BORA – MAUPITI	
Juillet: Ecole des «Katekita» (H. Coppenrath) – *27-8:* 1er Synode diocésain (P. Baronnet) – Conseils presbytéral et pastoral		**1970**
Février: Fondation A.D.M.J. – Centre catéchèse – Foyer Te Maru Pererau – Studio radio – *8-12:* Eglise de Pamatai		**1971**
9-9: Vice-Province SS.CC. à Pirae – Décembre: Arrivée des Filles de la Charité du Sacré-Cœur de Jésus (Sherbrooke)		**1972**
5-3: Mgr Michel Coppenrath, Archevêque – Août: 2e Synode diocésain – Conseil pastoral – *29-10:* Paroisse de Tiarei		**1973**
Fondation de la librairie Pureora – Chapelle Fetia Poipoi (Tipaerui)		**1974**
26-4: Eglise de Tiarei – *7-6:* Inauguration église Maria no te Hau (Papeete) – *15-6:* Fare putuputuraa chinois		**1975**
12-1: Ouverture de l'école des Diacres (H. Coppenrath) – Conseil pastoral		**1976**
30-8: Arrivée des O.M.I. (Lowell) – Octobre: Noviciat de St-Joseph de Cluny – Novembre: Fraternité chrétienne des Malades – *30-5:* Musée «Tenete»		**1977**
Année de «Révision apostolique» – *1-12:* «Pou Utuafare» – Décembre: Union des Supérieurs religieux – Renouveau charismatique		**1978**
24-2: Ordination de 4 diacres permanents – Sept.: Séminaire Jean XXIII – *29-3:* C.O.D.I.E.C. (Comité diocésain de l'Enseignement catholique)		**1979**
Ouverture Noviciat de Jésus Sauveur à Pamatai – Rénovation de l'Evêché – *26-6:* C.D.P.F. (Comité diocésain de Pastorale familiale)		**1980**
7-6: Arrivée des Sœurs Clarisses (Lennoxville) – Septembre: Foyer vocationnel des Filles (Tepapa) – *25-10:* Seconde ordination de diacres permanents		**1981**

TUAMOTU GAMBIER – AUSTRALES	MARQUISES Diocèse de Taiohae	COOK – SANDWICH (Hawaii) ILE DE PAQUES et PITCAIRN
	27-2: Démission de Mgr L. Tirilly (17-3: Evêque titulaire de Budua) – *8-12:* Mgr Hervé M. Le Cleac'h, Administrateur apostolique	
	5-8: F.I.C. prennent l'école St-Joseph de Taiohae	
		31-5: Niue rattachée au diocèse de Rarotonga
	1-3: Nomination – *24-6:* Sacre de Mgr Hervé M. Le Cleac'h, Evêque de Taiohae	
	Décembre: Lancement nouvelle cathédrale de Taiohae (Fr. Gérard)	*22-2:* Ile de Pitcairn rattachée au diocèse de Papeete
	24-6: Inauguration de la cathédrale de Taiohae	
Restructuration de l'Equipe pastorale des Tuamotu	Premier Synode diocésain (P. Baronnet)	
	29-3 : Participation au C.O.D.I.E.C. interdiocésain	
Restructuration de l'action pastorale pour les Gambier		
	26-12: Inauguration de la nouvelle église St-Etienne à Hakahau (Ua-Pou)	

TAHITI	MOOREA - HUAHINE - RAIATEA TAHAA - BORA-BORA - MAUPITI	
Janvier: Fondation « Pou o te Nunaa » (développement) - *26-3:* Chapelle œcuménique « Te Aroha » à Mamao (hôpital) - *25-4:* Ouverture du Foyer SS.CC. Epifania à Pirae - *24-6:* Arrivée des Frères du Sacré-Cœur pour Mangareva - *21-10 à 14-11:* Mission d'Evangélisation du P. Tardif. - *28-12:* Comité diocésain du Renouveau charismatique	*15-8:* Diacre Tihoti Anania, curé de Moorea	**1982**
Janvier: Ouverture de l'école théologique - *25-3:* Ordination sacerdotale de Gérard Mahai	(24 églises, 21 logements, 23 salles paroissiales, 50 classes abîmés par 5 mois de cyclones)	**1983**
Jubilé de la Mission. Nouvel élan missionnaire.		**1984**

TUAMOTU GAMBIER – AUSTRALES	MARQUISES Diocèse de Taiohae	COOK – SANDWICH (Hawaii) ILE DE PAQUES et PITCAIRN
30-6: Fondation du Centre des Frères du Sacré-Cœur à Rikitea – *31-8:* Ouverture du Centre des F.S.C. pour le développement à Rikitea		
(Cyclones destructeurs)	(Graves inondations)	
7-8: 150e anniversaire de l'arrivée des premiers missionnaires aux Gambier		

ANNEXE IV

Diocèses de Papeete et de Taiohae
Evêques – Vicaires et Préfets apostoliques

I. Période commune: 1825-1848

1825 27-11 Création de la Préfecture apostolique des îles Sandwich (Hawaii).

3-12 R.P. Bachelot Alexis (Préfet apostolique des îles Sandwich). Décès: 4-12-1837.

1830 10-01 Création de la Préfecture apostolique d'Océanie Orientale.

1833 02-06 Création du Vicariat apostolique d'Océanie Orientale.
Mgr Rouchouze Etienne, Vicaire apostolique, Evêque titulaire de Nilopolis décédé en mer en mars 1843 au large des Malouines (Falkland).

06-07 R.P. Liausu Chrysostome, Préfet apostolique d'Océanie du Sud à Valparaiso. Décès: 5-9-1839.

1839 25-07 R.P. Maigret Désiré, Préfet apostolique des îles Sandwich.

1840 **R.P. Caret,** François d'Assise, Préfet apostolique d'Océanie Orientale du Sud. Décès: 26-10-1844 à Rikitea (Gambier).

1844 13-08 Création du Vicariat apostolique des îles Sandwich (Hawaii).

31-10-1847: Mgr Maigret Désiré, Vicaire apostolique, Evêque titulaire d'Arathie, décédé à Honolulu le 11-06-1882.

14-10 **Mgr Baudichon,** François de Paul, Evêque titulaire de Basilinopolis,
Coadjuteur de Mgr Rouchouze disparu en mer,
Administrateur apostolique du Vicariat d'Océanie Orientale, sauf Hawaii.

II. Période d'indépendance: 1848...

1848 09-05 Création des Vicariats apostoliques de Tahiti et des Marquises.

A - VICARIAT APOSTOLIQUE ET ARCHIDIOCÈSE DE PAPEETE

1848 09-05 **Mgr Jaussen,** Florentin (Tepano), Evêque titulaire d'Axiéri, Vicaire apostolique.
Sacre le 01-09-1848 à Santiago.
Arrivée: 16-02-1849 – Décès: 09-09-1891.

27-08 Mgr Doumer Magloire, Evêque titulaire de Juliopolis,
Coadjuteur de Mgr Jaussen en résidence à Valparaiso,
Provincial des SS.CC.: 1841-1858 – Décès à Cahors en 1878.

1882 09-07 **Mgr Verdier** Marie-Joseph, Evêque titulaire de Mégare,
Coadjuteur de Mgr Jaussen qui démissionne en 1884,
Vicaire apostolique de 1884 à 1908 – Décès: 17-01-1922.

1905	27-08	**Mgr HERMEL** Athanase, Evêque titulaire de Cassium, Coadjuteur de Mgr Verdier qui démissionne en 1908, Vicaire apostolique de 1908 à 1932 – Décès: 20-02-1932.
1911	Juillet	L'ILE DE PAQUES est rattachée au diocèse de Santiago du Chili, qui en prendra la charge effective en 1921.
1922	27-11	Création de la Préfecture apostolique des ILES COOK. R.P. CASTANIÉ Bernardin, Préfet apostolique – Décès: 14-05-1939.
		12-02-1948: Création du Vicariat apostolique des îles Cook (Rarotonga).
1932	28-08	**Mgr NOUAILLES** Amédée, Evêque titulaire de Furni, Vicaire apostolique de 1932 à 1937 – Décès: 14-08-1937.
1938	08-11	**Mgr MAZÉ** Paul, Evêque titulaire d'Ascalon (sacre le 34-4-1939), Vicaire apostolique de 1938 au 21-06-1966,
1966	21-06	Premier Archevêque de Papeete. Démissionne le 05-03-1973 – Décès: 21-12-1976.
1968	16-02	**Mgr COPPENRATH** Michel, Archevêque titulaire de Tigisi in Numidia, Coadjuteur et Administrateur apostolique du diocèse,
1973	05-03	Second Archevêque de Papeete.

B – VICARIAT APOSTOLIQUE ET DIOCÈSE DE TAIOHAE

1848	09-05	**Mgr BAUDICHON,** François de Paul, Evêque titulaire de Basilinopolis, Vicaire apostolique – Quitte le 15-09-1848. Démissionne le 14-03-1855 – Décès à Tours: 11-06-1882.
1855	14-03	Mgr JAUSSEN Tepano, Vicaire apostolique de Tahiti, nommé Administrateur apostolique des Marquises.
	07-12	**Mgr DORDILLON** René, Ildefonse, Evêque titulaire de Cambysopolis, Vicaire apostolique (sacre à Valparaiso: 08-02-1857). Décès à Taiohae: 11-01-1888.
1888	06-05	R.P. POUET Fulgence, Administrateur apostolique. Décès: 16-11-1889.
1889	16-11	R.P. CHAULET Gérauld, Administrateur apostolique (p.i.). Décès: 22-11-1912.
1890	06-04	**R.P. MARTIN** Rogatien, Administrateur apostolique, (arrive le 04-08-1890).
1892	03-06	Mgr MARTIN Rogatien, Evêque titulaire d'Uranopolis, Vicaire apostolique (sacre: 01-01-1893) – Décès: 27-05-1912.
1912	04-11	**R.P. LE CADRE** David, Administrateur apostolique.

1921	05-01	Mgr Le Cadre David, Evêque titulaire de Démétriade, Vicaire apostolique (sacre: 04-09-1921) – Décès: 21-11-1952.
1953	16-11	Mgr Tirilly Louis-Bertrand, Evêque titulaire de Buthrotum, (sacre: 12-09-1954).
1966	21-06	Mgr Tirilly Louis-Bertrand, premier Evêque du diocèse de Taiohae, démissionne le 27-02-1970 (Evêque titulaire de Budua le 17-03-1970).
1969	18-10	Mgr de Cocq Henry, Evêque de Rarotonga (îles Cook), Administrateur apostolique jusqu'au 08-12-1970.
1970	08-12	**R.P. Le Cleac'h** Hervé-Marie, Administrateur apostolique.
1973	01-03	Mgr Le Cleac'h Hervé-Marie, évêque de Taiohae (sacre: 24-06-1973).

1931 [illegible] Mgr [illegible] (Cap.) David, évêque titulaire de [illegible]
Vicaire apostolique (sacré [illegible] 1931) – Décès [illegible] 1952

1953 [illegible] Mgr Thierry [illegible] Hermann, évêque titulaire de [illegible]
[illegible] 1954 [illegible]

[illegible] Mgr [illegible] Léon [illegible], premier évêque du diocèse de [illegible]
démission le [illegible], évêque titulaire de [illegible]
[illegible]

1969 [illegible] Mgr [illegible] Henry, Léon [illegible]
Administrateur apostolique jusqu'au [illegible] 1970

[illegible] Henry-Marie, Administrateur apostolique [illegible]

[illegible] Mgr [illegible] Henry-Marie, évêque de [illegible] [illegible]

ANNEXE V

Personnel missionnaire : diocèses et congrégations

ARCHIDIOCÈSE DE PAPEETE (Mission de Tahiti)

I – PRÊTRES ET RELIGIEUX

A/ MINISTRES ORDONNÉS

1) Prêtres diocésains

Ordination	NOMS	Prénoms	Né	Décès
1873	MAMA TAIRA PUTAIRI	Tiripone	1846	1881
1954	COPPENRATH	Michel	1924	(Archevêque en 1968)
1957	COPPENRATH	Hubert	1930	
1962	TEPARII (Perry)	Etienne	1937	(1965)
1964	LAW HOCK SIONG	Lucien	1936	
1968	HOLOZET	Norbert	1940	
1975	CHOY CHI KING	Peter	1947	
1983	MAHAI	Gérald	1955	

2) Diacres permanents

1979	ANANIA	Tihoti	1929
	CHIU	André	1914
	MARERE	Petero	1940
	MIN CHIU	Léon	1944
1981	BELLAIS	Tihoti	1936
	CADOUSTEAU	Moïse	1945
	TAVITA	Valselin	1941

B/ MINISTRES INSTITUÉS

- KATEKITA (Catéchistes): 14
- TAUTURU-KATEKITA (Aides): 51
- Ministres extraordinaires de l'Eucharistie: 50

(De 1970, fondation de l'Ecole, à 1982, 257 élèves, dont 18 femmes, ont été formés durant un mois de session annuelle; 169 ont participé à une session et 91 à plusieurs.)

NOTE: PREMIERS MISSIONNAIRES FRANCISCAINS

Arrivée	NOMS	Prénoms	Etat	Départ	Durée
1774	CLOTA	Géronimo	P	1775	1
	GONZALES	Narciso	P	1775	1
	PÉREZ	François	L	1775	1
	RODRIGUEZ	Maximo	L	1775	1

II – PÈRES ET FRÈRES DES SACRÉS-CŒURS (SS.CC.)

Arrivée	NOMS	Prénoms	Etat	Né	Départ	Décès	Durée
1834	* Caret	François d'Assise	P	1802		1844	10
	Laval	Honoré	P	1808		1880	46
	* Murphy	Columban	F-P	1806	1843	1845	9
1835	Costes	Fabien	F	1796		1878	43
	Latour de Clamouze	Urbain	L-M	1794		1868	33
	Liausu	Cyprien	P	1802	1855	1856	20
	Maigret	Désiré	P	1804	1840	1882	5
	* Rouchouze	Etienne	E	1798	1840	1843	5
	Soulié	Gilbert	F	1800		1863	28
1836	* Chausson	Armand	P	1809	1861	1863	25
	Vincent	Alphonse	F	1794	1840	1845	4
1837	* Guilmard	Potentien	P	1803	1856	1856	19
1838	* Fournier	Saturnin	P	1805	1842	1876	4
	* **Heurtel**	Ernest	P	1801		1850	12
	Mouret	Henri	F	1806		1842	4
1841	Pratoursi	Zénon	F	1808	1848	1878	7
1845	* Darque	Martin	F	1816	1862	1863	17
1846	* Dumonteil	Siméon	P	1793	1850	1872	4
	Mouret	Honorat	P	1820	1847	?	1
1848	* Borgella	Louis de Gonzague	P	1808	1853	1873	5
1849	**Blanc**	Nicolas	P	1821		1893	44
	Castan	Barnabé	P	1808		1902	53
	Fouqué	Clair	P	1825	1868	1873	19
	Hébert	Jean-Baptiste	P	1809		1859	10
	* Jaussen	Florentin (Tepano)	E	1815		1891	42
1850	Loubat	Ferreol	P	1819	1866	1867	16
	Mayne	Henri	L-M	?		1877	17
	Pépin	Benjamin	P	1824		1852	2
1852	Montiton	Albert	P	1825	1893	1894	41
1854	**Collette**	Gilles	P	1826		1899	45
	Guilhermier	Théophile	F	1819		1897	43
	Laforge	Vital	P	1828	1855	1868	1
	Laigneau	Joachim	F	1835	1859	1893	1
	Maurin	Liguori	F	1818	1863	1889	9
1856	Heurter	Dalmas	F	1817	1859	1893	3
1857	Delpech	Henri	F	1812		1893	36
1859	Fort	André	F	1832		1885	26

Arrivée	NOMS	Prénoms	Etat	Né	Départ	Décès	Durée
1860	André	Alexandre	F	1824		1872	12
	Fierens	Germain	P	1833		1900	40
	Holtrichter	Aloys	F	1831		1884	24
	Orvain	Ortaire	P	1830	1881	1897	21
	Oursel	Ignace	P	1834	1862	1902	2
	Roldes	Cyprien	F	1817		1886	26
1861	Clouet	Donatien	P	1797	1865	1867	4
	Pascal	Clément	F	1817		1894	33
1862	Rigal	Julien	P	1797		1866	4
	* Roussel	Hippolyte	P	1824		1898	36
1863	Burgerman	André	P	1829	1870	1907	7
	Combette	Martin	F	1823	1865	1879	2
1864	Eyraud	Eugène	F	1820		1868	4
	Lemoing	Richard	P	1834	1895	1903	31
1865	Escolan	Théodule	F	1818		1904	39
1866	Zuhmbohm	Gaspard	P	1823	1871	1887	5
1867	Zetsche	Ghislain	P	1838	1878	1926	11
1868	Eich	Georges (Joseph)	P	1845		1905	37
	Fritzen	Quirin	P	1846	1876	?	8
1870	Kupper	Silvestre	P	1842	1883	1909	13
	Lévêque	Latuin	P	1844		1879	9
	Terlijn	Vincent de Paul	P	1843		1906	26
1873	Duval	Sosthène	P	1841	1877	1907	4
	Perray	Adrien	P	1838	1913	1922	40
1874	Baldner	Damase	P	1850		1879	5
	Béchu	Marie-Michel	P	1850		1910	36
	Lacombe	Marie-Victor	P	1854	1879	1943	5
	Prat	Flavien	P	1849	1875	1940	1
1878	Caresmel	Emmanuel	P	1856	1880	?	1
1879	* Delpuech	Privat	P	1853	1898	?	19
	* Martin	Rogatien	E	1849	1890	1912	11
	* Willemsen	Chrétien	P	1838		1920	41
1883	Verdier	Marie-Joseph	E	1835		1922	39
1884	Janeau	Vincent-Ferrier	P	1859		1944	60
1889	Maurel	Célestin	P	1862		1950	61
	Mérian	Cyrille	P	1864	1900	1935	11
1891	Tourvieille	Clément	P	1867	1931	1941	40

Arrivée	NOMS	Prénoms	Etat	Né	Départ	Décès	Durée
1892	Bayer	Martin	F	1868	1911	1938	19
	Castanié	Bernardin	P	1869	1922	1939	32
	Dournes	Louis	F	1848		1900	8
	Izal	Michel	F	1866	1904	1938	12
1893	Hickel	Placide	F	1861	1898	?	5
1894	Butaye	Isidore	P	1849	1905	1924	11
	Daniels	Paulin	P	1868		1897	3
	Fort	Anaclet	P	1868		1915	21
1898	* Velghe	Jean-Berchmans	P	1857	1899		1
1899	Nouailles	Amédée	E	1875		1937	38
	Frezal	Ferréol	P	1871		1961	62
1900	Kerdal	Joachim	P	1873	1922	1941	22
1901	Durand	Abel	P	1873		1902	1
	Houssay	Bertrand	P	1863	1912	1939	11
1903	Alazard	Félix-Joseph	P	1878		1937	34
	Augée	Marie-François	F	1877		1941	38
	Cavaignac	Caprais	P	1873		1922	19
	Chesneau	Joseph	P	1878		1955	52
	Hermel	Athanase	E	1873		1932	29
	* Robin	Léonard	P	1879		1905	2
1904	Nouviale	Gustave	P	1879		1945	41
1905	Jouette	Alain	P	1871	1915	1953	10
	Kergoat	Corentin	P	1881	1908	1918	3
	Martin	Bonaventure	P	1879		1915	10
	Morvan	Yves	P	1879	1909	1943	4
	Tournellec	Goulven	P	1881		1949	44
1906	Audran	Hervé	P	1880		1918	12
	Boyer	Pierre	P	1881	1908	1948	2
	Cevaer	Materne	P	1881		1964	58
	Erdeven	François d'Assise	P	1881		1928	22
	Jaouen	Pol de Léon	P	1880		1949	43
1907	Bizien	Théophile	P	1880	1915	1924	8
	Toupin	Guénolé	P	1879	1921	1940	14
1908	Oger	Julien	P	1881		1954	46
	Prat	Arsène	P	1884		1918	10
1910	Le Corno	Félicien	P	1880	1915	1952	5
	Talbotec	Richard	P	1883		1918	8
	Mazé	Paul	E	1885		1976	66
1912	Le Guerrannic	Ladislas (Henri)	P	1886		1943	31
	Petit	Félicien	P	1880	1919	?	7

Arrivée	NOMS	Prénoms	Etat	Né	Départ	Décès	Durée
1916	Mégen	Pierre (van)	P	1887	1922	1954	6
1919	Tanguy	Evariste	P	1889	1925	?	6
1920	Olivier	Calixte	P	1896		1974	54
1922	Abgrall	François-Régis	P	1890		1932	10
1927	Noël	Hilarien	P	1897	1935	1976	7
1930	Coquin	Alphonse	P	1896	1975		35
	Costes	Venance	P	1905	1947		17
1932	Guyot	Albert	P	1907	1949		17
	Morvan	Jean-Baptiste	P	1908	1973		41
1934	Bourles	Noël	P	1900		1938	4
1936	Boruta	Stanislas	P	1909		1941	5
	Egron	Daniel	P	1912	1983		47
1938	**L'Haridon**	Germain	P	1912		1979	41
1940	Vallons	Victor	P	1911	1979		39
1942	Cousquer	Laurent	P	1910	1946		4
1946	Michelot	Théophane	P	1917	1953		7
	Putman	André	P	1909	1951		5
	Steux	Philibert	P	1912	1947		1
1947	Auger	Marie-Michel	P	1916	1975		28
	Ledoux	Jean-Louis	P	1923	1981	1981	34
	Leibe	Xavier	P	1912		1966	19
	Mariage	Mandé	P	1897	1952	1976	5
	Vandoorne	Joseph	P	1909		1961	14
1948	**Kuntzmann**	Patrice	P	1912			35...
1949	Ehl	François (Joseph)	P	1922			34...
	Levrel	Ernest	P	1907	1972		28
	Lochou	Corentin	P	1976	1980		31
1951	Le Gall	Romain	P	1925			32...
	Urien	Evremond	P	1926	1980		29
1952	Beunard	Camille	P	1909	1953		1
	Laporte	Pierre	P	1921			31...
1953	Gicquel	Elie	P	1927	1963		10
1954	Briand	Orens	P	1919		1977	23
	Castel	Alexis	P	1918	1959		5

Arrivée		NOMS	Prénoms	Etat	Né	Départ	Décès	Durée
1956		DUBOT	Emile	P	1927			27...
		VERMEIRE	Florentin	P	1924	1973		17
1959		BRENNER	Yves	P	1929			24...
1963		BOSCHER	Maurice	P	1935			20...
		PUECH	Bruno	P	1924			20...
1964	*	JAKIMOWICZ	Nicolas	P	1933			19...
		STEPHAN	Noël	P	1931	1976		12
1965		LE GUEVEL	Pierre	P	1931			18...
1966		AMANS	Ernest	P	1913			17...
		CHEVALIER	Guy	P	1938			17...
1967		DANO	Henri	P	1927			16...
		POUSSET	René	P	1933			16...
1969		LEMOUZY	Léon	P	1942			14...
1971	*	LABRO	René	P	1940			12...
1972		CZERNICKI	Thomas	P	1940	1975		3
		MIODUSKI	Augustin (Stanislas)	P	1932	1978		6
1979	*	LEFEUVRE	Gérard	F	1944			3...
1981		DAYDOU	Paul	P	1931			2...

NOTE: (*): Missionnaires qui ont exercé dans les diocèses (Vicariats) de Papeete et Taiohae.
Noms en caractères gras: ceux qui ont été supérieurs religieux (de même pour toutes les Congrégations).
Etat: E: Evêque; F: Frère; L: Laïc; L-M: Laïc missionnaire; P: Père.

- Total des missionnaires SS.CC.: 167 (inclus île de Pâques jusqu'en 1921, îles Cook jusqu'en 1922).
- Ont quitté 15: 9 %, dont 2 se sont mariés sur place.
- Devenus moines 2 (Bayer, Delpuech).
- Communs avec les Marquises: 21 soit 12,5 %.
- Toute leur vie missionnaire sur place: 87 soit 52,4 %.
- Péris en mer ou cyclone: 5 (Rouchouze, Boruta, Daniels, Guilmard, Terlijn).
- Vie missionnaire:
  - * Total général des années (166): 3.258 ans — Moyenne: 19,62 ans
  - * Total des permanents (68): 1.842 ans — Moyenne: 27,08 ans
  - * Total des temporaires (79): 1.012 ans — Moyenne: 12,81 ans
  - * Total des actuels (19): 404 ans — Moyenne: 21,26 ans

III – PÈRES OBLATS DE MARIE IMMACULÉE (O.M.I.)

Arrivée	NOMS	Prénoms	Etat	Né	Départ	Décès	Durée
1977	**GUY**	Jules	P	1928			6
	MOREL	Patrice	P	1927			6
	NASSANEY	Daniel	P	1947			6
1979	GIROUX	Philippe	Diacre	1952	1981		2
1981	**ROY**	Roger	P	1923			2

IV – PRÊTRES SÉCULIERS *FIDEI DONUM*

Arrivée	NOMS	Prénoms	Origine	Départ	Services
1970	COCHARD	Paul	Angers	1972	Catéchèse
1972	GIRARD	Michel	Angers		Séminaire-Paroisse
1978	HODÉE	Paul	Angers		Animation pastorale
1982	HACQUET	Guy	Rouen		Jeunesse
	RICHARD	René	Metz	1983	Aumônerie scolaire

V – RELIGIEUX EN SERVICE TEMPORAIRE

1) Diocèse

Arrivée	NOMS	Prénoms	Congrégation	Départ	Services
1969	BARONNET	Xavier	S.J.	1972	Synodes
1972	LESTEVEN	Patrice	S.J.	1975	Chinois
1973	JOANNY	Adrien	S.M.	1978	Presse-Média
1975	SAINT-PIERRE	Lauréat	S.S.S.	1979	Paroisse

2) Collège La Mennais

Arrivée	NOMS	Prénoms	Congrégation	Départ	Services
1972	GENDROT	Jean-Baptiste	O.F.M.	1982	Aumônerie
1974	GENDROT	Francis	A.A.	1976	Aumônerie

VI – FRÈRES DE L'INSTRUCTION CHRÉTIENNE DE PLOERMEL (F.I.C.) TAHITI ET MARQUISES

Arrivée	NOMS	Prénoms	Né	Départ	Décès	LIEU Tahiti-Marquises		Durée
1860	Guillet	Arsène	1828	1865	1907	T		5
	Robic	Eubert	1831	1861	1866	T		1
	Ropert	Alpert-Marie	1832	1867	1879	T		7
	Toublanc	Hilaire	1831		1866	T	M. 2	6
1862	Cochet	Stanislas	1802	1866	1876	T	M. 3	4
	Giraud	Pierre de la Croix	1830	1888	1890	T		26
	Quérou	Emilas	1833	1876	1893	T	M. 1	14
1863	Letreust	Philippe	1840	1867	1895	T		4
	Marquer	Gatien	1837	1867	1893	T	M. 2	4
	Rivière	Zoël-Joseph	1838	1869	1911	T		6
1864	**Bellec**	Cyr-Marie	1841	1875	1896	T		11
	Josse	Odon-Marie	1824	1866	1868	T	M. 1	2
	Le Fur	Priscien-Joseph	1840	1865	1898	T	M. 1	1
	Menant	Joseph	1831	1871	?	T		7
	Ory	Zénobe	1826	1865	1893	T		1
	Pleiffer	Arthémas	?	1865	?		.1	1
1867	Blouin	Agape-Marie	1822	1877	1882	T		10
	Cotard	Adolphe-Marie	1832		1887	T		20
	Delestre	Gilles d'Assise	?	1871	1906	T		4
	Denis	Elme	1831	1872	1877	T		5
1874	**Chevalier**	Sénéry-Marie	1833		1878	T		4
	Le Marec	Patrice	1849	1877	1881	T		3
	Mefret	Dalvias de Jésus	?	1875	1890	T		1
1877	Bertho	Pierre-Joseph	1850	1878	1879	T		1
	Le Chafotec	Prudent	1854	1909	1930	T	M. 6	32
	Le Coajou	Amaury	?	1879	?	T		2
	Le Fur	Priscien-Joseph	1840	1878	1898	T		1
	Lesne	Florentius	1856		1878	T		1
	Perron	Floride	1847	1880	1904	T		3
1879	Farard	Juvénal	1828	1890	1894	T		11
	Guitton	Allain-Joseph	1846	1916	1917	T		37
	Tanguy	Evodius	1853	1888	1936	T		9
1888	Le Quelennec	Tiburce	1857	1890	?	T		2
	Onillon	Jules	1866	1889	?	T		1
1890	Conan	Yves	1862	1892	1911	T		2
	Garel	Pontien-Marie	1844	1891	?	T		1
	Le Garrères	Germade	1843	1900	1907	T		10
	Le Tendre	Pierre-Damien	1835		1909	T		19
1893	Plaud	Blimond	1857	1920	1935	T		27

Arrivée	NOMS	Prénoms	Né	Départ	Décès	LIEU Tahiti	LIEU Marquises	Durée
1897	LE DROMAGUET	Thraséas-Marie	1873	1901	?	T	M. 2	4
	LE GÉLÉBART	Anastase	1871	1902	?	T		5
	MAHÉ	Ancillin	1879	1905	1952	T	M. 5	
1898	BUCHOUX	Alphonse	1872	1907	?	T		9
	COTREL	Mesmin	1857		1899	T		1
	GOURMELEN	Emilius	1863	1904	1936	T	M. 5	6
	KERGARAVAT	Léontin	1875	1908	1953	T		10
1901	LE NEVEUX	Théodore	1878	1922	1961	T		21
	LE COR	Hélin-Joseph	1874	1905	1937	T	M. 1	4
1908	CADIET	Th. de Villeneuve	1875	1948	1953	T		40
1909	CAUDART	Enogat-Marie	1873	1951	1954	T		42
1910	LE CLOAREC	Bruno	1866	1914	1951	T		4
1914	LOUIS	Marcel-Georges	1895	1921	1969	T		3
	MAINGUY	Anthème-Jean	1879	1922	1932	T		8
1918	**GRUENAIS**	Ludovic-Georges	1879	1951	1963	T		33
1919	DORVAL	Calixte-Marie	1879	1925	1950	T		6
1922	**BIDE**	Théophile	1875	1929	1954	T		7
	DELANOÉ	Césaire	1899	1930	1981	T		8
	HARDOUIN	Ernestus	1876	1933	1933	T		11
1925	CORLE	Cornélius-Paul	1881	1928	1951	T		3
1927	PICHON	Nicandre	1906		1982	T		56
1928	LE PENNEC	Marie-Ange	1906	1931		T		3
1930	VINCENT	Simplice-Joseph	1897	1935		T		5
1931	**QUENNESSON**	Jean-Stanislas	1907	1935		T		4
1932	TOUTOUS	Henri-René	1902			T		51...
1934	DARSEL	Amand-Paul	1910	1972		T		32
1935	LE LAGADEC	Odon-Marie	1905	1953	1974	T		10
	LE MOINE	Hilaire	1912		1960	T		25
	TALVAT	Romain-Pierre	1904	1951		T		16
1937	BOUROULLEC	Amédée	1900	1948	1969	T		11
	MAHÉ	Albéric-Pierre	1908	1947		T		10
1938	GENDRON	Charles-Marie	1912	1949		T		11
1947	**CADORET**	Léophane	1899	1974	1974	T		27
	DANTEC	Thénénan-Ge.	1924	1951	1952	T		4

Arrivée	NOMS	Prénoms	Né	Départ	Décès	LIEU Tahiti-Marquises	Durée
1947	GEFFROY	L. de Gonzague	1921	1966		T	19
	MÉROT	Arsène	1920	1952		T	5
1948	JEULIN	Euchariste	1926	1952		T	4
	LE GOUIL	Ronan	1916			M. 11	35...
	LE TOQUIN	Berchmans	1916			T	35...
	MÉTAIRIE	Alphonse	1914	1979		T	31
1950	**MESLE**	Daniel-Paul	1924	1962		T	12
1951	BIAN	Christian	1923	1954		T	3
	PELU	Ludovic-Marie	1924	1953		T	2
1953	JOURDAN	Gabriel-Bernard	1930	1965		T	12
1954	**ABIVEN**	Alain-Joseph	1907	1973		T	19
	MORICE	Hyac.-François	1927	1963		T	9
1955	GUIGO	Henri	1935			T	26...
	LE ROY	Joseph-Pierre	1927	1974		T	19
1957	ANDRÉ	Dominique	1933			T	26...
	PAUBERT	Alain	1914			T	26...
1958	LE MÉTAYER	Benoît	1931			T	25...
1960	DAVID	Yves-Georges	1935	1963		T	3
1961	LE MOAL	Jean	1921	1977		T	8
1962	LE PORT	Joseph	1928	1981		T	17
	URVOY	Théophane	1923			T	19...
1963	CHIU	Maxime	1940			T	18...
	GUILLERM	Vincent	1925	1971		T	8
	TANGUY	Louis	1935			T	17...
1964	ESTALL	Georges	1939	1966		T	2
	NÉDÉLEC	Yves	1940			T M. 1	14...
	RUBION	Charles	1940			T	16...
1965	BOISSIERE	Jean-Pierre	1942			T	11...
	COATANROC'H	Bernard	1942			T	15...
	RICHARD	Auguste	1942	1967		T	2
	TABARY	Bernard	1943	1967		T	2
	VIERRON	Marcel	1927			T M. 12	18...
1966	BÉNARD	Dominique	1938	1980		T	14
	BOULANGER	Raymond	1942	1968		T	2
	GAUTIER	Roger	1942	1968		T	2
	RIVIÈRE	Gabriel	1942	1968		T	2
1967	AUDOIRE	Alain	1942	1969		T	2

Arrivée	NOMS	Prénoms	Né	Départ	Décès	LIEU Tahiti-Marquises		Durée
1967	Bouché	Daniel	1944	1969		T		2
	Caillet	Francis	1943			T		16...
	Crespel	Gérard	1943	1969		T		2
	Fériau	Louis	1911	1969		T		2
	Plusquellec	Pierre	1936	1967		T		1
	Stephan	André	1943	1970		T		3
1968	Alanou	Henri	1945			T		14...
	Jouan	Auguste	1920	1969		T		1
	Leconte	Jean-Pierre	1942	1970		T		2
1969	Milin	François	1945	1971		T		2
	Moricet	Jean-Claude	1945	1972		T		3
	Thomas	Eugène	1922			T		14...
1970	Batany	André	1945	1972		T		2
	Kerfourn	Ernest	1945	1972		T		2
	Morel	André	1947	1972		T		2
	Nicolas	Pierre	1948	1973		T		3
	Pedron	Jean-Paul	1946	1972	1973	T		2
	Simon	Claude	1925			T		12...
1971	Fontaine	Jean	1949	1973		T		2
	Le Page	Jacques	1947	1973		T		2
	Prigent	Bernard	1945	1973		T		2
1972	Denis	Jean-François	1948	1974		T		2
	Scuiller	Léon	1947	1980		T		8
1973	Celton	Alain	1949			T		10...
	Creignou	Ernest	1947	1975		T		2
1974	Mest	Jean-René	1950	1976			M. 2	2
1975	Le Goff	Gilles	1952	1977		T		2
	Mingant	Jean-Yves	1952	1977		T		2
1977	Désille	André	1948	1981		T		4
1978	Chouan	Omer	1955	1981			M. 3	3
1981	Briant	Daniel	1958	1982			M. 1	1
1982	Bellec	Jacques	1960			T		

NOTE:
- Total depuis 1860: 140 Frères de Ploërmel.
- Depuis 1964, sur 43 F.I.C., il y a eu 34 V.A.T. dont 6 sont revenus après leurs 2 années de Service d'Aide Technique comme enseignants.
- 27 ont quitté, soit 19,28 %.
- La présence totale représente 1.067 ans, soit une moyenne de 7,62 ans.
- 7 sont morts à Tahiti, dont 1 en mer, soit 0,5 %.

VII – FRÈRES DU SACRÉ-CŒUR (Province de QUÉBEC)

Arrivée	NOMS	Prénoms	Né
1982	DEMERS	Eugène	1926
	FONTAINE	Gilles	1939
	GAGNON	Russell	1936
	LORD	André	1950

DIOCÈSE DE TAIOHA'E (Mission des Iles Marquises)

I – PÈRES ET FRÈRES DES SACRÉS-CŒURS (SS.CC.)

Arrivée	NOMS	Prénoms	Etat	Né	Départ	Décès	Durée
1838	* BORGELLA	Louis de Gonzague	P	1808	1842	1873	4
	DESVAULT	Dosithée	P	1807	1840	1881	2
	LAVAL	Nil	F	1812	1841	1859	3
1839	* BAUDICHON	François de Paule	E	1812	1848	1882	9
	* **CARET**	François d'Assise	P	1802	1841	1844	2
	* FOURNIER	Saturnin	P	1805	1841	1876	2
	GRACIA	Mathias	P	1801	1841	1876	2
	* GUILMARD	Potentien	P	1805	1841	1856	2
	* HEURTEL	Ernest	P	1801	1840	1850	1
	* ROUCHOUZE	Etienne	E	1798	1840	1843	2
	RUAULT	Ladislas	P	1804	1848	1850	9
1840	* **CHAUSSON**	Armand	P	1809	1841	1863	1
	* MURPHY	Columban	P	1806	1841	1845	1
1842	**FRÉCHOU**	Orens	P	1811		1895	53
	PETITHOMME	Amable	P	1796	1846	1860	4
1843	DUBOIZE	Vincent-Ferrier	P	1800	1844	1852	1
	* DUMONTEIL	Siméon	P	1793	1846	1872	3
	ESCOFFIER	Alphonse-Marie	P	1812	1846	?	3
	RAGAULT	Vital	F	1806		1853	10
	RÉVEIL	Victorien	F	1819	1849	1891	6
1846	* DARQUE	Martin	F	1816	1847	1863	1
	DORDILLON	Ildefonse	E	1808		1888	42
	FOURNON	Dominique	P	1815		1892	46
	GUERRIC	Alexis	F	1812		1881	35
	MICHAUD	Jules	F	1817	1847	?	1
1848	LECORNU	Jean	P	1810	1867	1882	19
	THOULOUSE	Victor	F	1817	1851	1854	3
1854	* JAUSSEN	Tepano	E	1815	1855		1
	FORGEOT	Florent-Marie	F	1825		1913	59

Arrivée	NOMS	Prénoms	Etat	Né	Départ	Décès	Durée
1854	HAUTECŒUR	Nicolas	F	1822		1898	44
	LETOURNIER	Séverin	F	1818		1890	36
	POUET	Fulgence	P	1822		1889	35
	* ROUSSEL	Hippolyte	P	1824	1862	1898	8
1857	ANDRÉ	Basile	F	1815	1863	1888	6
1858	CHAULET	Pierre-Gérauld	P	1830		1912	54
	SNEPPÉ	Adrien-Eleuthère	P	1818		1901	43
1866	BLANC	Michel-Eutrope	F	1832		1899	33
	* WILLEMSEN	Chrétien	P	1838	1879	1920	13
1868	AUSSEMS	Rombaud	F	1844	1872	1891	4
	PALLMANN	Othon	F	1843	1874	?	6
1870	JUNG	Anschaire	P	1845	1884	1891	14
	SCHULTE	Emmeran	P	1848	1885	1912	15
1874	CHARMES	Frézal	F	1845	1900	1906	26
1877	ACAR	Marie-Sébastien	F	1850		1896	19
	* DELPUECH	Privat	P	1853	1879	?	2
	MOELLERS	Wendelin	P	1850	1884	1914	7
1884	GIMBERT	Olivier	P	1855		1933	44
1886	**DELMAS**	Siméon	P	1862		1939	53
1888	* VELGHE	Jean-Berchmans	P	1862	1898	1939	10
1889	DALET	Calixte	P	1852	1892	1897	3
	FERNANDEZ	Jean de la Croix	P	1863	1923	1938	34
	LATAPIE	Jean-Pierre	F	1852	1906	?	17
1890	* MARTIN	Rogatien	E	1849		1912	22
1891	BARTZ	Materne	P	1864		1899	8
1894	BOIRIE	Léonard	P	1868	1895	1895	1
1896	HENGST	Boniface	F	1868	1913	1930	17
	GUIRAUDIE	Marius	F	1864	1901	1939	5
1898	MIDDEKE	Bernardin	F	1876	1900	?	2
1899	SAINT-CRICQ	Orens	P	1872	1915	1934	16
1900	**LE CADRE**	David	E	1875		1952	51
	MÉJEAN	Hyacinthe	P	1875	1911	1960	11
1903	SALTEL	Victorin	P	1878		1938	35
	SERRES	Eloi	P	1880		1905	2
1910	**JEGOUSSE**	Ignace	P	1885		1948	38

Arrivée	NOMS	Prénoms	Etat	Né	Départ	Décès	Durée
1921	**YANN**	Mathias	P	1895	1956	1970	35
1922	YVINEC	Désiré	P	1891	1946	1954	24
1925	FALIÈRE	Emile	P	1899	1934		9
1935	ESQUENET	Edouard	P	1911	1975		40
1938	TIRILLY	Louis	E	1912	1969		31
1947	RICA	Jean-Berchmans	P	1918	1959		12
1949	**ALLAIN**	Gilbert	P	1924			24...
1951	KERROUAULT	Léonard	P	1925	1967		16
1953	**PÉNICAUT**	Engelbert	P	1911	1967		14
1955	BRUSQ	Michel	P	1929	1975		20
1963	CALVEZ	Michel	P	1933	1969		6
	MAYAUX	Jean	P	1926			20...
1965	SCHULER	Jean-Jacques	F	1943	1967		2
	SCHWARZ	Michel	F	1943	1967		2
1968	FABRE	Gabriel	P	1939	1977		9
1969	de COCQ	Henry	E	1906	1970		1
1970	DARIELLE	André	P	1936			13...
	* JAKIMOWICZ	Nicolas	P	1933	1971		1
	LE CLEAC'H	Hervé	E	1915			13...
1971	* LABRO	René	P	1940	1971		
1972	KAISER	Robert	F	1938	1973		1
	* LEFEUVRE	Gérard	F	1944	1979		7
1981	SINS	Bernard	P	1941		2...	

NOTE: – Total général des missionnaires SS.CC.: 89.
– Ont quitté: 9, soit 10,4 %.
– Devenus moines: 4.
– Noms en caractères gras: missionnaires qui ont été supérieurs religieux.
* Communs avec Papeete: 21, soit 23,5 %.

– Toute leur vie sur place: 25, soit 29 %.

– Vie missionnaire: * Total général des années	(86):	1.271	Moyenne: 14,8
* Total des années des permanents	(25):	762	Moyenne: 30,48
* Total des années des temporaires	(56):	529	Moyenne: 9,44
* Total des années des actuels	(5):	72	Moyenne: 14,4

II - PRÊTRES *FIDEI DONUM*

Arrivée	NOMS	Prénoms	Origine	Départ	Durée
1978	Aballain	Georges	M.E.P.	1981	3
1980	Richard	René	Metz	1981	2

II - RELIGIEUSES

I. SŒURS DE SAINT-JOSEPH DE CLUNY (Vice-Province d'Océanie)

Arrivées	NOMS	Prénoms	Née	Départ	Décès	LIEU Tah.	LIEU Mq.	LIEU Cook	Durée Tjs	Durée Temp.
1844	Chambeau	Ignace	1815	1859	1885	T				15
	Fléchel	Régis	1808	1857	1876	T				13
	Monlas de	Bruno	1815	1857	1891	T				13
	Moureau	Joséphine	1810		1871	T			27	
1846	Figarole	Suzanne	1822	1852		T				6
	Glissoux	Marie	1819	1849	1866	T				3
	Quelin	Marie-Victoire	1807		1847	T			1	
1847	Bernier	Hélène	1820	1857	1888	T				10
	Boyer	Marcelline	1821	1852	1869	T				5
	Boyer	Sophronie	1816	1857	1904	T				10
1853	Guyonnet	Léopoldine	1825	1868	1903	T				15
	Robbe	Appolonie	1833	1879	1911	T				26
1856	Bernaud	Célestine	1836	1866	1909	T				10
	Bourdon	Marie-de-la-Croix	1814		1862	T			6	
	Jarrier	Mélanie	1801		1879		M		23	
	Morlot	Marie-Frédéric	1828	1861	1886	T				5
	Plantin	Chantal	1835	1875	1901	T				20
	Villemain	Lazarine	1830		1899	T	M		33	
1857	Pivot	Sabine	1836	1876	1931	T				19
1860	Charnay	Albertine	1839	1862	1918	T	M			2
	Delabre	Catherine	1837	1866	1920	T				6
	Leneuf	Hilaire	1823		1901	T			41	
	Soulié	Félicité	1836	1863	1909	T	M			3
	Trésal	Philibert	1829	1874	1919	T				14
1862	**Vigroux**	Anne-Marie	1840		1926	T	M		64	
1863	Boyaux	Aurélie	1840	1876	1924	T				20

Arrivées	NOMS	Prénoms	Née	Départ	Décès	LIEU			Durée	
						Tah.	Mq.	Cook	Tjs	Temp.
1863	DUBUISSON	Roch	1829		1881	T			18	
	GRÉGOIRE	Alph. de Ligori	1836		1907	T			44	
	LABROSSE	Camille	1833	1866	1913	T				3
	PERRAUD	Clotilde	1818	1865	1887	T				2
1866	SANCHEZ	Adélaïde	1821	1868	1893	T				2
1867	**BURGOT**	Marie-Joseph	1826		1871	T			4	
1869	ALLOEND-BESSAND	Thomas	1843	1886	1888	T				17
	FORET	Alexis	1841	1886	1909	T	M			17
	HEARN	Marie	1845		1916	T		C	47	
1874	JALBAUD	Colombe	1821	1897	1898	T				23
1877	**BARNAY**	Louise	1854	1930	1937	T	M			5
	BAUDOUY	Dominique-Marie	1851	1890	1923	T				13
	LUDRINGER	Rosule	1853		1938	T			61	
	MARIE-MICHEL	Flavienne	1856		1944	T	M		67	
	MORET	Radegonde	1852		1909	T			22	
	WATTIER	Ildefonse	1832		1884	T				7
1883	CANTWELL	Catherine	1848	1897	1925	T				14
	HOAREAU	Hugoline	1859	1902	1929	T				19
	MEUNIER	Anne	1857	1913	1919	T				30
1885	**MISSON**	Mélanie	1835		1901	T			16	
	PAYET	François	1863		1890	T	M			5
1886	ARTUS	Apolline	1867		1940		M		54	
	BERGER	Lydie	1850	1906	1930	T		C		20
	JEANJEAN	Aldegonde	1848		1925		M		39	
	JEANJEAN	Ravenose	1857		1934	T	M		48	
	MAINDROT	Saint-Prix	1848	1898	1915		M	C		12
	MUSSET	Félicité	1859	1890	1935	T				4
1888	AIGOUY	Angèle	1856	1895	1909	T				7
	DAUDET	Lydia	1868		1955		M		67	
	MEYER	Gaspard	1865	1906	1921	T				18
	QUILLEVERÉ	Floberte	1864		1919	T			31	
1889	FAROUEL	Joachim	1867		1934	T	M	C	45	
	KÉRISORE	Héloïse-Marie	1864	1895	1953	T				
1890	GALZIN	Madeleine	1855		1892	T				2
1891	SOUCHÉ	Marie-Jean	1868		1910		M			19
1892	BRAS	Edith	1871	1898	1910	T				6
	BRIENS	Léonore	1871	1914	1941	T		C		22
	COUCKE	Odile	1861	1905	1931	T				13
	ORESRE	Céline	1869	1908	1919	T				16
	PERSON	Désirée	1868	1913	1953	T				21
	PICHOULTRES	Amanda	1872	1907	1948	T	M			15

Arrivées	NOMS	Prénoms	Née	Départ	Décès	LIEU Tah.	LIEU Mq.	LIEU Cook	Durée Tjs	Durée Temp.
1893	BERTHIER	Laurence	1870	1909	1953	T		C		16
1895	CAMBON	Philomène	1870	1903	1936	T				8
	FUALDES	Nominande	1870		1948	T			53	
	KERVELLA	Luc	1873	1902	1958	T	M			7
	KRAUSS	Joseph	1874		1901	T			6	
	O'DONNELL	Cécilia	1874	1909	1967	T		C		14
	RANNOU	Juliette	1867	1905	1942	T				10
	WILLIMANN	Nicet	1872	1929	1953	T				34
1896	DUCROUX	Elisabeth	1868	1913	1949	T				17
	KEARNAY	Gabrielle	1877		1898	T			2	
	LÉGÉ	Nésie	1866	1905	1917	T				2
1897	SWETMAN	Thérèse	1876	1910	1960			C		13
1898	HEIDMANN	Estelle	1879		1939	T		C	41	
	KELLY	André	1876		1909			C	11	
1900	GOUTELLE	Philippe	1866		1928		M		28	
	GRAVES	Patrice	1872	1916		T				16
	GUIGNEBAUD	Emma	1875	1906	1936	T				6
	KETTERLÉ	Victoire-Joseph	1871		1924	T	M		24	
	LECHNER	Odile	1878	1905	1922	T				5
1903	BOUSQUET	Cléomène	1867	1903	1950	T				1
	GUILLEMET	Jean	1881	1950	1960	T				47
	GUILLOUX	Théotiste	1873		1950	T			47	
	HEITZ	Marcelline	1873	1928	1929	T				25
	NOUYON	Edouard-Marie	1868	1911	1943	T				8
1907	PILLION	Kieran	1880		1921			C	14	
	ROYER	Louis-Marie	1861		1937	T			30	
1909	**KENNY**	Edmond	1887	1916	1982	T		C		7
1913	BRAILEY	Roseline	1875	1919	1921	T		C		6
	CONAN	Florin	1858	1914	1930	T		C		1
	DOUYÈRE	Théodonie	1881	1930	1937	T				27
	DUBAIL	Thérèse	1877	1925	1960	T				12
	MITRIDE	Parfait	1879		1964		M		51	
	SAUGUES	Gabriel	1865	1925	1932	T				9
1920	GALON	Jean	1878	1952	1965	T				32
	JANOT	Julia	1878	1927	1974	T				7
1923	ALBERT	Eléonore	1859		1929		M		6	
	VERRIER	Paul	1895	1930	1974	T				7
1925	BAAL	Marie-Fanny	1894	1932	1982	T				7
	LE BOSSÉ	Thérèse	1888	1950	1963	T				25
	QUEMENEUR	Gabriel	1899	1925		T				1
	ROUVE	Gabrielle	1904		1927	T	M		2	
	THÉLOT	Rose	1900	1929		T				4

Arrivées	NOMS	Prénoms	Née	Départ	Décès	LIEU			Durée	
						Tah.	Mq.	Cook	Tjs	Temp.
1926	BORIES	Louise	1880	1936	1962	T	M			10
	CLAUSS	Clément	1905	1967		T	M			41
1928	TOQUET	Gabrielle	1879	1947	1971	T	M			19
	TOSCER	Anne-Marie	1901	1947	1982	T				19
1929	BOULLEVRAYE	Ignace	1872	1932	1951	T				3
	HAMILL	Marie-Thérèse	1906	1940	1981	T		C		11
1930	GOUGÉ	Gabrielle	1899	1936		T				6
	GUÉROULT	Rose	1890		1932	T			2	
	KERRIEN	Yves	1906	1950	1968	T				20
	MARRINON	Annette-Marie	1872		1956	T			26	
	MOREAU	Lutgarde	1875	1934	1956		M			4
1931	JACOLOT	Félicité	1891	1950	1966	T	M			19
	LE PODER	Véronique	1874	1950	1959		M			19
	PRIGENT	Ambroise	1908			T			51...	
	ROUGNANT	Emmanuelle	1897			T	M		51...	
	THOREZ	Jeanne	1903	1974		T	M			43
1932	MONNOT	Jeanne-Marie	1878		1961	T			39	
1933	CHAINTREUIL	Madeleine	1895	1946	1964	T				13
	LE ROUX	Amélie	1876	1947	1947	T				14
	MORALES	Gérard	1902		1982	T			49	
	PIERRE	Marie-Philomène	1897	1961		T				28
1937	COTTIN	Aimée	1871		1961	T			24	
	DANHOFF	Stanislas	1918				M		45...	
	GENDRON	Rita	1909	1960		T	M			23
	PÉQUET	François	1910			T			45...	
1938	PELLION	Mell des Anges	1917	1951				C		13
1940	ESPINASSE	Roger	1912			T			42...	
1943	KEENAGHAN	Irène	1894	1949		T		C		6
1947	CHOCHOIS	Geneviève	1924			T	M		35...	
	GODARD	Monique	1923			T	M		35...	
	VERDOT	Bernard	1925	1954		T	M			7
1948	TASSIÉ	Madeleine	1922			T			34...	
1949	GAUDRY	Catherine	1899	1965		T				16
	MAC-GARRY	Bernadette	1928	1954		T				5
	MORIOU	Françoise	1925	1971		T				22
	ROUQUETTE	Rose	1926			T	M		33...	
1950	LE GOANVIC	Noëlla	1925			T			32...	
	PAYEN	Marie	1914	1970		T				20

Arrivées	NOMS	Prénoms	Née	Départ	Décès	LIEU Tah.	LIEU Mq.	LIEU Cook	Durée Tjs	Durée Temp.
1951	ASCOET	Agnès	1897	1961		T	M			10
	GALABERT	Bernard	1919	1961		T	M			10
	HELLARD	Marthe	1915		1971	T			20	
	WINCHESTER	Elisabeth	1922				M		31...	
1954	HARDY	Maria-Goretti	1930	1969		T				15
1955	COSTE	Jean-Luc	1932			T			27...	
1956	GUIAVARC'H	Louise	1931			T			26...	
1958	NEFF	Liliane	1938			T	M		24...	
1959	LOCHOU	Bernadette	1935	1963		T				4
1961	CONFORT	Marie-Reine	1938			T			21...	
	MARTINEZ	Madeleine	1920	1962		T				1
1962	LII-YANG-FAREATA	Pierre-Chanel	1936			T			20...	
	ROUÉ	Pol-Aurélien	1934	1968		T				6
1963	ANÉRAUT	Marguerite	1935			T	M		19...	
	BARJON	Cécile	1937	1968		T				5
1964	PATUREL	Andrée	1936	1972		T	M			8
1965	**BÉHAL**	Charles	1902	1971		T	M			6
	COLLOD	Marie-Michel	1930	1976		T	M			11
	MAGLOIRE	Elisabeth	1921	1969		T				4
1967	VINCENT	Lucille	1912			T			15...	
	WINCHESTER	Maria-Goretti	1933			T	M		15...	
1968	PLOUZENEC	Gisèle	1929			T			14...	
1969	DARNAL	Georges	1933			T			13...	
	GAUTHIER	Bernadette	1938	1970		T	M			1
	TAUFA	Anna	1933	1970		T				1
1970	BOUSQUET	Germaine	1923			T			13...	
1971	PRADEL	Marie-Claire	1929			T	M		11...	
1972	**GAVEAU**	Elisabeth	1925			T	M		10...	
1973	MALLO-VITES	Lourdes	1941				M		9...	
	MAURICE	Jean-Elie	1931	1981		T				8
1975	LAPORTE	Bernard	1920			T	M		7...	
1976	DESROCHES	Henri	1916			T			6...	
	DESROCHES	Marcelline	1907			T			6...	
	GUÉGAN	Marie	1923	1977		T				1

Arrivées	NOMS	Prénoms	Née	Départ	Décès	LIEU Tah.-Mq.-Cook	Durée Tjs	Durée Temp.
1978	HAREUTA	Marie-Marthe	1935			T	4...	
	PRÉVOT	Marie-Bernard	1933			T	4...	
1979	TAUFALELE	Valérie	1944	1981		T		2
1980	AH-SAM	Joséphine	1954			T	2...	
	KIIPUHIA	Félicité	1953			T M	2...	
	MACHOUX	Christiane	1953			T	2...	
	TAHIRORI	Anne	1935			T M	2...	
1982	ASI	Soana	1950			T	1...	
	METOFAKAHAU	Helena	1952			T	1...	

NOTES :

1. Cette liste des Sœurs de Cluny comporte celles qui ont servi à Mangareva de 1892 à 1909, aux îles Cook de 1895 à 1922, à Raiatea depuis 1925 ainsi qu'aux Marquises. Quelques-unes ont aussi servi en Nouvelle-Calédonie qui fait partie de la Vice-Province d'Océanie.

2. Depuis 1844, 5 Sœurs ont quitté la vie religieuse (soit 2,6 %) et 1 s'est faite moniale sur les 190 qui ont exercé en Polynésie.

3. Vie missionnaire : * Total général des années (190) : 3.346 ans Moyenne : 17,61 ans
 * Total des permanentes (40) : 1.243 ans Moyenne : 31,07 ans
 * Total des temporaires (114) : 1.375 ans Moyenne : 12, 06 ans
 * Total des actuelles (36) : 728 ans Moyenne : 20, 22 ans

II – SŒURS MISSIONNAIRES DE NOTRE-DAME DES ANGES
(Lennoxville, Québec – Canada)

Arrivées	NOMS	Prénoms	Née	Départ	Décès	Durée Tjs	Durée Temp.
1950	CARRIER	Béatrice	1910	1964			14
	GODBOUT	Madeleine	1924	1979			29
	LALIBERTÉ	Bernadette	1916	1980			30
	ROSA	Janine	1926	1980			30
1952	HUPPE	Cécile	1918			31...	
	LAFOND	Marthe	1921	1953			1
1954	GENDRON	Antoinette	1911	1955			1
	LACROIX	Hermine	1925			29...	
	MONTMINY	Edwina	1937			29...	
1956	LAROSE	Rose-Alma	1905	1958			2
	TRÉPANIER	Mariette	1930			27...	

Arrivées	NOMS	Prénoms	Née	Départ	Décès	Durée Tjs	Durée Temp.
1957	LAINESSE	Jeanne d'Arc	1919	1969			12
	ROBSON	Thérèse	1929			25...	
1959	LORRAIN	Jacqueline	1931	1968			
	THÉROUX	Losa (St Fidèle)	1936			24...	
1961	BERGERON	Judith	1933	1968			7
1963	LEMIEUX	Florette	1928	1973			10
1964	DAIGLE	Germaine	1934	1972			8
	LISÉE	Bernadette	1938			19...	
	ROCHE	Hélène	1910	1970			6
1965	BELLANGER	Antoinette	1915	1973			8
	BRODEUR	Thérèse	1939			18...	
	FILION	Huguette	1937	1970			5
	GNANAPRAGASSAM	Victorine	1937	1966			1
1966	LABERGE	Jeannette	1937	1972			6
1967	BUTSCHER	Lysette	1943	1971			4
	MORIN	Claudette	1940			16...	
	PARADIS	Ruth	1926			16...	
1968	GRENIER	Angèle	1943	1979			11
	HOUDE	Jeanne	1919	1973			5
1969	CHAMPOUX	Huguette	1941			14...	
	LIU MAN HIN	Jocelyne	1937	1982			13
	NADEAU	Françoise	1917			14...	
1971	CHOO FOO	Margaret	1940			12...	
1973	LEBLANC	Fernande	1943			10...	
1974	BOLDUC	Monique	1939			9...	
	LECLERC	Clarice	1932	1979			5
1975	JUTRAS	Marthe	1941			8...	

NOTES
- Total: 38, dont 22 sont reparties.
- La moyenne du service est de 9,86 années pour celles qui sont parties; et de 13,63 ans pour l'ensemble.

III – FILLES DE JÉSUS-SAUVEUR (Fondées à Taravao en 1962)

Profession	NOMS	Prénoms	Née	Départ
1966	ETILAGE	Reine	1939	1980
1967	TINOMOÉ	Marie-Thérèse	1936	
1978	TEPEHU	Louise	1952	
1982	LIOU FAT	Simone	1957	
	TARA	Rosalie	1959	

IV – SŒURS DE N.D. DE CHARITÉ DU BON PASTEUR D'ANGERS (Province de Melbourne)

Arrivée	NOMS	Prénoms	Né	Départ	Durée Tjs-	Durée Temp.
1967	DORAN	Philomène	1930		16...	
	FARRELY	Kevin	1916	1974		7
	LANGAN	Richard	1931		16...	
	RYAN	Marie-Thérèse	1926	1971		4
1968	HÉRÉDIA	Margot	1914	1970		2
	MÉDÉNILLA	Carmelita	1932		16...	
1971	COYLE	Marie	1934	1975		4
	O'BYRNE	Cécilia	1934	1972		1
	PINEDA	Jane	1939	1972		1
1972	HOLMES	Benedict	1913		11...	
1974	KINSELLA	Camice	1911	1977		3
1975	MURPHY	Marie-Margaret	1935	1978		3
1976	HOGAN	Maureen	1918	1976		1
1977	**COLLINS**	Françis-Xavier	1916		6...	
	O'DWYER	Brigid	1922		6...	
1980	RIMANDO	Jeanette	1940		3...	
1982	KLEIN-BRETELER	Gendrie	1954		1...	

V – FILLES DE LA CHARITÉ DU SACRÉ-CŒUR (La Salle de Vihiers – France) Province de Sherbrooke (Québec – Canada)

Arrivée	NOMS	Prénoms	Né	Départ	Durée
1972	BÉDARD	Jacqueline	1934		11...
	JACQUES	Estelle	1930	1975	3
1973	BÉGIN	Gisèle	1945	1982	9
	BOUCHARD	Carmelle	1933	1976	3
	LESSARD	Denise	1936		10...
	PAQUIN	Céline	1939	1977	4
	PARENT	Hélène	1924	1977	4
	TURGEON	Cécile	1944	1974	1
1974	GAUTHIER	Jocelyne	1940		9...
1979	LAPRISE	Yvette	1923	1982	3
1981	BUSQUE	Micheline	1944		2...

VI – SŒURS CLARISSES du Monastère de Lennoxville (Québec – Canada)

Arrivée	NOMS	Prénoms	Né	Départ
1981	BÉDARD	Christiane	1932	1981
	GOULET	Aline	1944	
	JUNEAU	Rita	1931	
	JUTRAS	Muriel-Agnès	1941	
1982	ROY	Hélène	1936	

ANNEXE VI

Liste alphabétique du personnel missionnaire

ABALLAIN Georges, MEP, 1978-81
ABGRALL François-R., SS.CC, 1890-22-32 †
ABIVEN Alain-J., FIC, 1907-54-73
ACAR M.-Sébastien, SS.CC, 1850-77-96 †
AH SAM Joséphine, SJC, 1954-80...
AIGOUY Angèle, SJC, 1856-88-95
ALANOU Henri, FIC, 1945-68...
ALAZARD Félix-J., SS.CC, 1878-03-37 †
ALBERT Angèle, SJC, 1859-23-29 †
ALLAIN Gilbert, SS.CC, 1924-49...
ALLOEND-BESSAN Thomas, SJC, 1843-69-86
AMANS Ernest, SS.CC, 1913-66...
ANANIA Tihoti, DP, 1929-79...
ANERAUT Marguerite, SJC, 1935-63...
ANDRÉ Alexandre, SS.CC, 1814-60-72 †
ANDRÉ Basile, SS.CC, 1815-57-63
ANDRÉ Dominique, FIC, 1933-57...
ARTUS Apolline, SJC, 1867-86-40 †
ASCOET Agnès, SJC, 1897-51-61
ASI Soana, SJC, 1950-82...
ASING Joséphine, FJS, 1955-82...
AUDRAN Hervé, SS.CC, 1880-06-18 †
AUDOIRE Alain, FIC, 1942-67-69
AUGÉE Marie-Fr., SS.CC, 1877-03-41 †
AUGER Marie-Michel, SS.CC, 1916-47-75
AUSSEMS Rombaud, SS.CC, 1844-68-72

BAAL M.-Fanny, SJC, 1894-25-32
BALDNER Damase, SS.CC, 1850-74-79 †
BARJON Cécile, SJC, 1937-67-68
BARNAY Louise, SJC, 1854-76-30
BARONNET Xavier, SJ, 1969-72
BARTZ Materne, SS.CC, 1864-91-99 †
BATANY André, FIC, 1945-70-72
BAUDICHON François-P., SS.CC, 1812-39-48
BAUDOUY Dominique-M., SJC, 1861-77-90
BAYER Martin, SS.CC, 1868-92-11
BÉCHU Michel, SS.CC, 1850-74-10 †
BÉDARD Christiane, CL, 1932-81-81
BÉDARD Jacqueline, FC, 1934-72...
BÉGIN Gisèle, FC, 1945-73-82
BÉHAL Charles, SJC, 1902-65-71
BELLAIS Tihoti, DP, 1936-82...
BELLANGER Antoinette, NDA, 1915-65-73
BELLEC Cyr-Marie, FIC, 1841-64-75
BELLEC Jacques, FIC, 1960-82...
BÉNARD Dominique, FIC, 1938-66-80
BERGER Lydie, SJC, 1850-86-06
BERGERON Judith, NDA, 1933-61-68
BERNAUD Célestine, SJC, 1836-56-68
BERNIER Hélène, SJC, 1820-47-57
BERTHIER Laurence, SJC, 1870-93-09
BERTHO Pierre-J., FIC, 1850-77-78
BEUNARD Camille, SS.CC, 1909-52-53
BIAN Christian, FIC, 1929-51-54
BIDE Théophile, FIC, 1875-22-29
BIZIEN Théophile, SS.CC, 1840-07-15
BLANC Eutrope, SS.CC, 1832-66-69 †
BLANC Nicolas, SS.CC, 1821-49-93 †
BLOUIN Agape-M., FIC, 1822-67-77
BOIRIE Léonard, SS.CC, 1868-94-95
BOISSIÈRE Jean-Pierre, FIC, 1942-65...
BOLDUVC Monique, NDA, 1939-74...
BORGELLA Louis de G., SS.CC, 1808-48-53
BORIES Louise, SJC, 1880-26-36
BORUTA Stanislas, SS.CC, 1909-36-41 †
BOSCHER Maurice, SS.CC, 1933-63...
BOUCHARD Carmelle, FC, 1933-73-76
BOUCHÉ Daniel, FIC, 1944-67-69
BOULANGER Raymond, FIC, 1942-66-68
BOULLEVRAYE Ignace, SJC, 1872-29-32
BOURDON Marie de C., SJC, 1814-56-62 †
BOURLES Noël, SS.CC, 1900-34-38 †
BOUROULLEC Amédée, FIC, 1900-37-48
BOUSQUET Cléomène, SJC, 1867-03-03
BOUSQUET Germaine, SJC, 1923-70...
BOYAUX Aurélie, SJC, 1840-63-76
BOYER Marcelline, SJC, 1821-47-52
BOYER Pierre, SS.CC, 1881-06-08
BOYER Sophronie, SJC, 1816-47-57
BRAS Edith, SJC, 1871-92-98
BRAILEY Roseline, SJC, 1875-13-19
BRENNER Yves, SS.CC, 1929-59...
BRIAND Orens, SS.CC, 1919-54-77
BRIANT Daniel, FIC, 1958-81-82
BRIENS Léonore, SJC, 1871-92-14
BRODEUR Thérèse, NDA, 1939-65...
BRUSQ Michel, SS.CC, 1929-55-75
BUCHOUX Alphonse, FIC, 1872-98-07
BURGERMAN André, SS.CC, 1829-63-70
BURGOT M.-Joseph, SJC, 1826-67-71 †
BUSQUE Micheline, FC, 1944-81...
BUTAYE Isidore, SS.CC, 1849-94-05
BUTSCHER Lysette, NDA, 1943-67-71

CADIET Thomas-V., FIC, 1875-08-48
CADORET Léophane, FIC, 1899-47-74
CADOUSTEAU Moïse, DP, 1945-82...
CAILLET Francis, FIC, 1943-67...
CALVEZ Michel, SS.CC, 1933-63-69
CAMBON Philomène, SJC, 1870-95-03
CANTWELL Catherine, SJC, 1848-83-97
CARET François d'As., SS.CC, 1802-34-44 †
CARESMEL Emmanuel, SS.CC, 1856-78-80
CARRIER Béatrice, NDA, 1910-50-64
CASTAN Barnabé, SS.CC, 1808-49-02 †
CASTANIÉ Bernardin, SS.CC, 1869-92-22
CASTEL Alexis, SS.CC, 1918-54-59

CALVEZ Michel, SS.CC, 1933-63-69
CAUDART Enogat-M., FIC, 1873-09-51
CAVAIGNAC Caprais, SS.CC, 1873-02-22 †
CELTON Alain, FIC, 1949-73...
CEVAER Materne, SS.CC, 1881-06-64 †
CHAINTREUIL Madeleine, SJC, 1895-33-46
CHAMBEAU Ignace, SJC, 1815-44-59
CHAMPOUX Huguette, NDA, 1941-69...
CHARMES Frézal, SS.CC, 1845-74-00
CHARNAY Albertine, SJC, 1839-56-62
CHAULET Gérauld, SS.CC, 1830-58-12 †
CHAUSSON Armand, SS.CC, 1809-36-61
CHESNEAU Joseph, SS.CC, 1878-03-55 †
CHEVALIER Guy, SS.CC, 1938-66...
CHEVALIER Sénéry-M., FIC, 1833-74-78 †
CHIU André, DP, 1914-79...
CHIU Maxime, FIC, 1940-63...
CHOCHOIS Geneviève, SJC, 1924-46...
CHOO FOO Margaret, NDA, 1940-71...
CHOUAN Omer, FIC, 1955-78-81
CHOY (CHI KING) Peter, PS, 1947-75...
CLAUSS Clément, SJC, 1905-26-67
CLOTA Géronimo, OFM, x-1774-75
CLOUET Donatien, SS.CC, 1797-61-65
COATENROC'H Bernard, FIC, 1942-65...
COCHARD Paul, FD, 1914-70-72
COCHET Stanislas, FIC, 1802-62-66
COCQ de Henry, SS.CC, 1906-69-70
COLLETTE Gilles, SS.CC, 1816-54-99 †
COLLINS Francis-X., BP, 1916-77...
COLLOD M.-Michel, SJC, 1930-65-76
COMBETTE Martin, SS.CC, 1823-63-65
CONAN Florien, SJC, 1858-13-14
CONAN Yves, FIC, 1861-90-92
CONFORT Marie-Reine, SJC, 1938-61...
COPPENRATH Hubert, PS, 1930-57...
COPPENRATH Michel, PS, 1924-54...
COQUIN Alphonse, SS.CC, 1896-30-75
CORLE Cornelius, FIC, 1881-25-28
COSTE Jean-Luc, SJC, 1932-55...
COSTES Fabien, SS.CC, 1796-35-78 †
COSTES Venance, SS.CC, 1905-30-47
COTARD Adolphe-M., FIC, 1832-67-87 †
COTREL Mesmin, FIC, 1857-98-99
COTTIN Aimée, SJC, 1871-37-61 †
COUCKE Odile, FIC, 1861-92-05
COUSQUER Laurent, SS.CC, 1910-42-46
COYLE Marie, BP, 1934-71-75
CREIGNOU Ernest, FIC, 1947-73-75
CRESPEL Gérard, 1943-67-69
CZERNICKI Thomas, SS.CC, 1940-72-75

DAIGLE Germaine, NDA, 1934-64-72
DALET Calixte, SS.CC, 1852-89-92
DANHOFF Stanislas, SJC, 1918-37...
DANIELS Paulin, SS.CC, 1868-94-97 †
DANO Henri, SS.CC, 1927-67...
DANTEC Thénénan, FIC, 1924-47-51
DARIELLE André, SS.CC, 1936-70...
DARNAL Georges, SJC, 1933-69...
DARQUE Martin, SS.CC, 1816-45-67
DARSEL Armand, FIC, 1910-24-72
DAUDET Lydia, SJC, 1868-88-55 †
DAVID Yves-G., FIC, 1935-60-63
DAYDOU Paul, SS.CC, 1931-81...
DELABRE Catherine, SJC, 1837-60-66
DELANOÉ Césaire, FIC, 1899-22-30
DELESTRE Gilles d'Ass., FIC, ?-1867-71
DELMAS Siméon, SS.CC, 1862-86-39 †
DELPECH Henri, SS.CC, 1812-57-93 †
DELPUECH Privat, SS.CC, 1853-79-98
DEMERS Eugène, FSC, 1926-82...
DENIS Elme, FIC, 1831-67-72
DENIS Jean-François, FIC, 1948-72-74
DESILLE André, FIC, 1948-77-81
DESROCHES Henri, SJC, 1916-76...
DESROCHES Marcelline, SJC, 1907-76...
DESVAULT Dosithée, SS.CC, 1807-38-40
DORAN Philomène, BP, 1930-67...
DORDILLON Ildefonse, SS.CC, 1808-46-88 †
DORVAL Calixte-M., FIC, 1879-19-25
DOURNES Louis, SS.CC, 1848-92-00 †
DOUYÈRE Théodonie, SJC, 1881-13-30
DUBAIL Thérèse, SJC, 1877-13-25
DUBOIZE Vincent-F., SS.CC, 1800-43-44
DUBOT Emile, SS.CC, 1927-56...
DUBUISSON Roch, SJC, 1829-63-81 †
DUCROUX Elisabeth, SJC, 1868-96-13
DUMONTEIL Siméon, SS.CC, 1793-46-50
DURAND Abel, SS.CC, 1873-01-02 †
DUVAL Sosthène, SS.CC, 1841-33-77

EGRON Daniel, SS.CC, 1912-36-83
EHL François-R., SS.CC, 1922-49...
EICH Georges, SS.CC, 1845-68-05 †
ERDEVEN François, SS.CC, 1881-06-28 †
ESCOFFIER Alphonse-M., SS.CC, 1812-43-46
ESCOLAN Théodule, SS.CC, 1818-65-04 †
ESPINASSE Roger, SJC, 1912-40...
ESQUENET Edouard, SS.CC, 1911-35-75
ESTALL Georges, FIC, 1939-64-66
ETILAGÉ Reine, FJS, 1939-66-80
EYRAUD Eugène, SS.CC, 1820-64-68 †

FABRE Gabriel, SS.CC, 1939-68-77
FALIÈRE Emile, SS.CC, 1899-25-34
FARARD Juvénal, FIC, 1828-79-90
FAROUEL Joachim, SJC, 1867-89-34 †
FARRELY Kevin, BP, 1916-67-74
FÉRIAU Louis, FIC, 1911-67-69
FERNANDEZ Jean-C., SS.CC, 1863-89-23
FIÉRENS Germain, SS.CC, 1833-60-00 †
FIGAROLE Suzanne, SJC, 1822-46-52
FILION Huguette, NDA, 1937-65-70

FLECHEL Régis, SJC, 1808-44-57
FONTAINE Gilles, FSC, 1939-82...
FONTAINE Jean, FIC, 1949-71-73
FORET Alexis, SJC, 1841-69-86
FORGEOT Florent-M., SS.CC, 1825-54-13 †
FORT Anaclet, SS.CC, 1868-94-15 †
FORT André, SS.CC, 1832-59-85 †
FOUQUÉ Clair, SS.CC, 1825-49-68
FOURNIER Saturnin, SS.CC, 1805-38-42
FOURNON Dominique, SS.CC, 1815-46-92 †
FRÉCHOU Orens, SS.CC, 1811-42-95 †
FRÉZAL Ferréol, SS.CC, 1871-99-61 †
FRITZEN Quirin, SS.CC, 1846-68-76
FUALDES Nominande, SJC, 1870-95-48 †

GAGNON Russell, FSC, 1936-82...
GALABERT Bernard, SJC, 1919-51-61
GALON Jean, SJC, 1878-20-52
GALZIN Madeleine, SJC, 1855-90-92 †
GAREL Pontien-M., FIC, 1844-90-91
GAUDRY Catherine, SJC, 1899-49-65
GAUTHIER Jocelyne, FC, 1940-74...
GAUTHIER Bernadette, SJC, 1938-69-70
GAUTIER Roger, FIC, 1942-66-68
GAVEAU Elisabeth, SJC, 1925-46-49
GEFFROY Louis-G., FIC, 1921-47-66
GENDRON Antoinette, NDA, 1911-54-55
GENDRON Charles-M., FIC, 1912-38-49
GENDRON Rita, SJC, 1909-37-60
GENDROT Francis, AA, ? – 1974-76
GENDROT Jean-Baptiste OFM, ? – 1972-82
GICQUEL Elie, SS.CC, 1927-53-63
GIMBERT Olivier, SS.CC, 1855-84-33 †
GIRARD Michel, FD, 1927-72...
GIRAUD Pierre de C., FIC, 1830-62-88
GIROUX Philippe, OMI, 1952-79-81
GLISSOUX Marie, SJC, 1819-46-49
GNANAPRAGASSAM V., NDA, 1937-65-66
GODARD Monique, SJC, 1923-47...
GODBOUT Madeleine, NDA, 1924-50-79
GONZALÈS Narciso, OFM, ?-1774-75
GOUGE Gabrielle, SJC, 1899-29-36
GOULET Aline, CL, 1944-81...
GOURMELEN Emilius, FIC, 1836-98-04
GOUTELLE Philippe, SJC, 1866-00-28 †
GRACIA Mathias, SS.CC, 1801-39-41
GRAVES Patrice, SJC, 1872-00-16
GRÉGOIRE Alphonse-L., SJC, 1836-63-07 †
GRENIER Angèle, NDA, 1943-68-79
GRUENAIS Ludovic, FIC, 1879-18-51
GUERRIC Alexis, SS.CC, 1812-46-81 †
GUÉROULT Rose, SJC, 1890-30-32 †
GUÉGAN Marie, SJC, 1923-76-77
GUIAVARC'H Louise, SJC, 1931-56...
GUIGO Henri, FIC, 1935-55...
GUILHERMIER Théo., SS.CC, 1889-54-97 †
GUILLEMET Jean, SJC, 1811-03-50
GUILLERM Vincent, FIC, 1925-63-71
GUILLET Arsène, FIC, 1828-60-65
GUILLOUX Théotiste, SJC, 1873-03-50 †
GUILMARD Pontentien, SS.CC, 1805-37-56 †
GUINEBAUD Emma, SJC, 1875-00-06
GUIRAUDIE Marius, SS.CC, 1846-96-01
GUITTON Allain-J., FIC, 1846-79-16
GUY Jules, OMI, 1928-77...
GUYONNET Léopoldine, SJC, 1825-53-68
GUYOT Albert, SS.CC, 1907-32-49

HACQUET Guy, FD, 1932-82...
HAMILL M.-Thérèse, SJC, 1906-28-40
HARDOUIN Ernestus, FIC, 1876-22-33
HARDY M.-Goretti, SJC, 1930-54-69
HAREUTA M.-Marthe, SJC, 1935-78...
HAUTECŒUR Nicolas, SS.CC, 1822-54-98 †
HEARN Marie, SJC, 1845-69-16 †
HÉBERT Jean-B., SS.CC, 1809-49-59 †
HEIDMANN Estelle, SJC, 1879-98-39 †
HEITZ Marcelline, SJC, 1873-03-28
HELLARD Marthe, SJC, 1915-51-71 †
HENGST Boniface, SS.CC, 1868-96-13
HÉRÉDIA Margot, BP, 1914-68-70
HERMEL Athanase, SS.CC, 1873-03-32 †
HEURTEL Ernest, SS.CC, 1801-39-50 †
HEURTER Dalmas, SS.CC, 1817-56-59
HICKEL Placide, SS.CC, 1861-93-98
HOAREAU Hugoline, SJC, 1859-83-02
HODÉE Paul, FD, 1929-78...
HOGAN Maureen, BP, 1918-76-76
HOLMES Benedict, BP, 1913-72...
HOLOZET Norbert, PS, 1940-68...
HOLTRICHTER Aloys, SS.CC, 1831-60-84 †
HOUDÉ Jeanne, NDA,1919-68-73
HOUSSAY Bertrand, SS.CC, 1863-01-12
HUPPE Cécile, NDA, 1918-52...

IZAL Michel, SS.CC, 1866-92-04

JACOLOT Félicité, SJC, 1891-31-50
JACQUES Estelle, FC, 1930-72-75
JAKIMOWICZ Nicolas, SS.CC, 1933-64...
JALBAUD Colombe, SJC, 1821-74-97
JANEAU Vincent-F., SS.CC, 1859-84-44 †
JANOT Julia, SJC, 1878-20-27
JARRIER Mélanie, SJC, 1801-56-79 †
JAOUEN Pol de L., SS.CC, 1880-06-49 †
JAUSSEN Florentin, SS.CC, 1815-49-91 †
JEANJEAN Aldegonde, SJC, 1848-86-25 †
JEANJEAN Ravenose, SJC, 1857-86-34 †
JEGOUSSE Ignace, SS.CC, 1885-10-48 †
JEULIN Euchariste, FIC, 1926-48-52
JOANNY Adrien, SM ? – 1973-78
JOSSE Odon-M., FIC, 1824-64-66
JOUAN Auguste, FIC, 1920-68-69
JOUETTE Alain, SS.CC, 1871-05-15

JOURDAN Gabriel-B., FIC, 1930-53-65
JUNEAU Rita, CL, 1931-81...
JUNG Anschaire, SS.CC, 1845-70-84
JUTRAS Agnès, CL, 1941-81...
JUTRAS Marthe, NDA, 1941-75...

KAISER Robert, SS.CC, 1938-72-73
KEARNAY Gabrielle, SJC, 1877-96-98 †
KEENAGHAN Irène, SJC, 1894-43-49
KELLY André, SJC, 1876-98-09
KENNY Edmond, SJC, 1887-09-16
KERDAL Joachim, SS.CC, 1873-00-22
KERFOURN Ernest, FIC, 1945-70-72
KERGARAVAT Léontin, FIC, 1875-98-08
KÉRISORE Héloïse-M., SJC, 1864-89-95
KERGOAT Corentin, SS.CC, 1885-05-08
KERRIEN Yves, SJC, 1906-30-50
KERROUAULT Léonard, SS.CC, 1925-51-67
KERVELLA Luc, SJC, 1873-95-02
KETTERLÉ Victoire-J., SJC, 1871-00-24 †
KIIPUHIA Félicité, SJC, 1953-80...
KINSELLA Canice, BP, 1911-74-77
KLEIN-BRETELER Gendrie, BP, 1954-82...
KRAUSS Joseph, SJC, 1874-95-01 †
KUNTZMANN Patrice, SS.CC, 1912-38...
KUPPER Silvestre, SS.CC, 1842-70-83

LABERGE Jeannette, NDA, 1937-66-72
LABRO René, SS.CC, 1940-71...
LABROSSE Camille, SJC, 1833-63-66
LACOMBE Marie-V., SS.CC, 1854-74-79
LACROIX Hermine, NDA, 1925-54...
LAFOND Marthe, NDA, 1921-52-53
LAFORGE Vital, SS.CC, 1828-54-55
LAIGNEAU Joachim, SS.CC, 1835-54-59
LAINESSE Jeanne d'Arc, NDA, 1919-56-69
LALIBERTÉ Bernadette, NDA, 1916-50-80
LANGAN Richard, BP, 1931-67...
LAPORTE Bernard, SJC, 1920-75...
LAPORTE Pierre, SS.CC, 1921-52...
LAPRISE Yvette, FC, 1923-79-82
LAROSE Rose-Alma, NDA, 1905-56-58
LATAPIE Pierre, SS.CC, 1852-89-06
LATOUR de Cl. Urbain, SS.CC, 1794-35-68 †
LAVAL Honoré, SS.CC, 1808-34-80 †
LAVAL Nil, SS.CC, 1812-38-41
LAW (HOCK-SIONG) Lucien, PS, 1936-64...
LEBLANC Fernande, NDA, 1943-73...
LEBOSSE Thérèse, SJC, 1888-25-50
LE CADRE David, SS.CC, 1875-00-52 †
LE CHAFOTEC Prudent, FIC, 1854-77-09
LECHNER Odile, SJC, 1878-00-05
LE CLEAC'H Hervé-M., SS.CC, 1915-70...
LECLERC Clarice, NDA, 1932-74-79
LE CLOAREC Bruno, FIC, 1865-10-14
LE COAJOU Amaury, FIC, ?-1877-79
LECONTE Jean-Pierre, FIC, 1942-68-70
LE COR Hélin-Joseph, FIC, 1874-01-37
LECORNO Félicien, SS.CC, 1880-10-15
LECORNU Jean, SS.CC, 1810-48-67
LEDOUX Jean-Louis, SS.CC, 1923-47-81
LE DROMAGUET Thraséas, FIC, 1873-97-01
LEFEUVRE Gérard, SS.CC, 1944-72...
LE FUR Priscien-J., FIC, 1840-64-65
LE GALL Romain, SS.CC, 1925-51...
LE GARRÈRES Germade, FIC, 1843-90-00
LÉGÉ Nésie, SJC, 1866-96-05
LE GÉLÉBART Anastase, FIC, 1871-97-02
LE GUERRANNIC Henri, SS.CC, 1886-12-42 †
LE GUEVEL Pierre, SS.CC, 1931-65...
LE GOANVIC Noëlla, SJC, 1925-50...
LE GOFF Gilles, FIC, 1952-75-77
LE GOUIL Ronan, FIC, 1916-48...
LEIBE Xavier, SS.CC, 1912-47-66 †
LE LAGADEC Odon, FIC, 1905-35-53
LE MAREC Patrice, FIC, 1849-74-77
LE MÉTAYER Benoît, FIC, 1931-58...
LEMIEUX Florette, NDA, 1928-63-73
LE MOAL Jean, FIC, 1921-61-77
LE MOINE Hilaire, FIC, 1912-35-60 †
LEMOING Richard, SS.CC, 1834-64-95
LEMOUZY Léon, SS.CC, 1942-69...
LENEUF Hilaire, SJC, 1823-60-01 †
LE NEVEUX Théodore, FIC, 1878-01-22
LE PAGE Jacques, FIC, 1947-71-73
LE PENNEC Marie-Ange, FIC, 1906-28-31
LE PODER Véronique, SJC, 1874-31-50
LE PORT Joseph, FIC, 1928-62-81
LE QUELENNEC Tiburce, FIC, 1857-88-90
LE ROUX Amélie, SJC, 1876-33-47
LE ROY Joseph, FIC, 1927-55-74
LESCOP Hélin-J., FIC, 1874-01-05
LESNE Florentius, FIC, 1856-77-78 †
LESSARD Denise, FC, 1936-73...
LESTEVEN Patrice, SJ, ?-1972-75
LETENDRE Pierre-D., FIC, 1835-90-09 †
LETREUST Philippe, FIC, 1840-63-67
LE TOQUIN Berchmans, FIC, 1916-48...
LE TOURNIER Séverin, SS.CC, 1818-54-90 †
LÉVESQUE Latuin, SS.CC, 1844-70-79 †
LEVREL Ernest, SS.CC, 1907-49-77
L'HARIDON Germain, SS.CC, 1912-38-79 †
LIAUSU Chrysostome, SS.CC, 1867-34-39
LIAUSU Cyprien, SS.CC, 1802-35-55
LII YANG FAREATA P.Ch., SJC, 1936-62...
LIOU FAT Simone, FJS, 1957-82...
LIOU MAN HIN Jocelyne, NDA, 1937-69-82
LISÉE Bernadette, NDA, 1938-64...
LOCHOU Bernadette, SJC, 1935-59-63
LOCHOU Corentin, SS.CC, 1926-49-80
LORD André, FSC, 1950-82...
LORRAIN Jacqueline, NDA, 1931-59-68
LOUBAT Ferréol, SS.CC, 1819-50-66
LOUIS Marcel-G., FIC, 1895-14-21

LUDRINGER Rosule, SJC, 1853-77-38 †

MAC-GARRY Bernadette, SJC, 1928-49-54
MACHOUX Christiane, SJC, 1953-80...
MAGLOIRE Elisabeth, SJC, 1921-65-69
MAHAI Gérald, PS, 1955-83...
MAHÉ Albéric, FIC, 1908-37-47
MAHÉ Ancillin, FIC, 1879-97-05
MAIGRET Désiré, SS.CC, 1804-35-40
MAINDROT Saint-Prix, SJC, 1848-86-98
MAINGUY Anthème-J., FIC, 1879-14-22
MALLO-VITES Lourdès, SJC, 1941-73...
MAMA TAIRA PUTAIRI Tir., PS, 1846-78-91
MARÈRE Petero, DP, 1940-79...
MARIAGE Mandé, SS.CC, 1897-47-52
MARIE-MICHEL Flav., SJC, 1856-77-44 †
MARQUER Gatien, FIC, 1837-63-67
MARRINON Annette, SJC, 1872-30-56 †
MARTIN Bonaventure, SS.CC, 1879-05-15 †
MARTIN Rogatien, SS.CC, 1849-79-12 †
MARTINEZ Madeleine, SJC, 1920-61-62
MAUREL Célestin, SS.CC, 1862-89-50 †
MAURICE Jean-Elie, SJC, 1931-73-81
MAURIN Liguori, SS.CC, 1818-54-63
MAYAUX Jean, SS.CC, 1926-63...
MAYNE Henry, SS.CC, ?-1850-77 †
MAZÉ Paul, SS.CC, 1885-10-76 †
MEDENILLA Carmelita, BP, 1932-68...
MÉFRET Dalvias, FIC, ?-1874-75
MÉGEN Pierre, SS.CC, 1887-16-22
MÉJEAN Hyacinthe, SS.CC, 1875-00-11
MENANT Joseph, FIC, 1831-64-71
MÉRIAN Cyrille, SS.CC, 1864-89-00
MÉROT Arsène, FIC, 1920-47-52
MESLE Daniel-P., FIC, 1924-50-60
MEST Jean-René, FIC, 1950-74-76
MÉTAIRIE Alphonse, FIC, 1914-48-79
METOFAKAHAU Helena, SJC, 1952-82...
MEUNIER Anne, SJC, 1857-83-13
MEYER Gaspard, SJC, 1865-88-06
MICHAUD Jules, SS.CC, 1817-46-47
MICHELOT Théophane, SS.CC, 1917-46-53
MIDDEKE Bernardin, SS.CC, 1876-98-00
MILIN François, FIC, 1945-69-71
MIN CHIU Léon, DP, 1944-79...
MINGANT Jean-Yves, FIC, 1952-75-77
MIODUSKI Stanislas, SS.CC, 1932-72-78
MISSON Mélanie, SJC, 1835-85-01 †
MITRIDE Parfait, SJC, 1879-13-64 †
MONLAS de Bruno, SJC, 1815-44-55
MOELLERS Wendelin, SS.CC, 1850-77-84
MONNOT Jeanne-M., SJC, 1878-32-61 †
MONTITON Albert, SS.CC, 1825-52-93
MONTMINY Edwina, NDA, 1937-54...
MORALÈS Gérard, SJC, 1902-33-82 †
MOREL André, FIC, 1947-70-72
MOREL Patrice, OMI, 1927-77...
MOREAU Lutgarde, SJC, 1875-30-34
MORICE Hyacinthe, FIC, 1927-54-63
MORICET Jean-Claude, FIC, 1945-69-72
MORIN Claudette, NDA, 1940-67...
MORIOU Françoise, SJC, 1925-49-71
MORLOT M.-Frédéric, SJC, ?-56-?
MORET Radegonde, SJC, 1852-77-09 †
MORVAN Jean-B., SS.CC, 1908-32-73
MORVAN Yves, SS.CC, 1879-05-10
MOUREAU Joséphine, SJC, 1810-44-71 †
MOURET Henri, SS.CC, 1806-38-42 †
MOURET Honorat, SS.CC, 1820-46-47
MURPHY Colomban, SS.CC, 1806-34-43
MUSSET Félicité, SJC, 1859-86-90
MURPHY M.-Margaret, BP, 1935-75-78

NADEAU Françoise, NDA, 1917-69...
NASSANEY Daniel, OMI, 1947-77...
NÉDÉLEC Yves, FIC, 1940-64...
NEFF Liliane, SJC, 1938-58...
NICOLAS Pierre, FIC, 1948-70-73
NOËL Hilarien, SS.CC, 1897-27-35
NOUAILLES Amédée, SS.CC, 1875-99-37 †
NOUVIALE Gustave, SS.CC, 1879-04-45 †
NOUYON Edouard-M., SJC, 1868-03-11

O'BYRNE Cecilia, BP, 1934-71-82
O'DONNELL Cecilia, SJC, 1874-95-09
O'DWYER Brigit, BP, 1922-77...
OGER Julien, SS.CC, 1881-08-54 †
OLIVIER Calixte, SS.CC, 1896-20-74 †
ONILLON Jules, FIC, 1866-88-89
ORESRE Céline, SJC, 1869-92-08
ORVAIN Ortaire, SS.CC, 1830-60-81
ORY Zénobe, FIC, 1826-64-65
OURSEL Ignace, SS.CC, 1834-60-62

PALLMAN Othon, SS.CC, 1843-68-74
PAQUIN Céline, FC, 1939-73-77
PARADIS Ruth, NDA, 1926-67...
PARENT Hélène, FC, 1924-73-77
PASCAL Clément, SS.CC, 1817-61-94 †
PATUREL Andrée, SJC, 1936-64-72
PAUBERT Alain, FIC, 1914-57...
PAYEN Marie, SJC, 1914-50-70
PAYET François, SJC, 1863-85-90 †
PÉDRON Jean-Paul, FIC, 1946-70-72
PELLION Mell des A., SJC, 1917-38-38
PELU Ludovic-M., FIC, 1924-51-53
PÉNICAUT Engelbert, SS.CC, 1911-53-67
PÉPIN Benjamin, SS.CC, 1824-50-52 †
PÉQUET François, SJC, 1910-37...
PERRAUD Clotilde, SJC, 1818-63-65
PERRAY Adrien, SS.CC, 1838-73-13
PERRON Floride, FIC, 1847-77-80
PERSON Désirée, SJC, 1868-92-13
PETIT Félicien, SS.CC, 1880-12-19

PICHON Nicandre, FIC, 1906-27-82 †
PETITHOMME Amable, SS.CC, 1796-42-46
PICHOULTRES Amanda, SJC, 1872-92-07
PIERRE M.-Philomène, SJC, 1897-33-61
PILLION Kieran, SJC, 1880-07-21 †
PINEDA Jane, BP, 1939-71-72
PIVOT Sabine, SJC, 1836-67-76
PLANTIN Chantal, SJC, 1835-56-75
PLAUD Blimond, FIC, 1857-93-20
PLEIFFER Arthémas, FIC, ?-1864-65
PLOUZENEC Gisèle, SJC, 1929-68...
PLUSQUELLEC Pierre, FIC, 1936-67-67
POUET Fulgence, SS.CC, 1822-54-89 †
POUSSET René, SS.CC, 1933-67...
PRADEL M.-Claire, SJC, 1929-71...
PRAT Arsène, SS.CC, 1884-08-18 †
PRAT Flavien, SS.CC, 1849-74-75
PRATOURSI Zénon, SS.CC, 1808-41-48
PRÉVOT M.-Bernard, SJC, 1933-75...
PRIGENT Ambroise, SJC, 1908-31...
PRIGENT Bernard, FIC, 1945-71-73
PUECH Bruno, SS.CC, 1924-63...
PUTMAN André, SS.CC, 1909-46-51

QUELIN M.-Victoire, SJC, 1807-46-47 †
QUEMENEUR Gabriel, SJC, 1899-25-25
QUENNESSON Jean, FIC, 1907-31-35
QUÉROU Emilias, FIC, 1833-62-76
QUILLEVERÉ Floberte, SJC, 1864-88-19 †

RAGAUT Vital, SS.CC, 1806-43-53 †
RANNOU Juliette, SJC, 1867-95-05
RÉVEIL Victorien, SS.CC, 1819-43-49
RICA Jean-Berc., SS.CC, 1918-47-59
RICHARD Auguste, FIC, 1942-65-67
RICHARD René, FD, 1920-80-83
RIGAL Julien, SS.CC, 1797-62-66
RIMANDO Jeannette, BP, 1940-80...
RIVIÈRE Gabriel, FIC, 1942-66-68
RIVIÈRE Zoël-Joseph, FIC, 1838-63-69
ROBBE Appollonie, SJC, 1833-53-79
ROBIC Eubert, FIC, 1831-60-61
ROBIN Léonard, SS.CC, 1879-03-05 †
ROBSON Thérèse, NDA, 1929-1957...
ROCHE Hélène, NDA, 1910-64-70
ROLDES Cyprien, SS.CC, 1817-60-86 †
ROPERT Alpert-M., FIC, 1832-60-67
ROSA Janine, NDA, 1926-50-80
ROUCHOUZE Etienne, SS.CC, 1798-35-43
ROUÉ Pol-Aurélien, SJC, 1934-62-68
ROUGNANT Emmanuelle, SJC, 1897-31...
ROUQUETTE Rose, SJC, 1926-49...
ROUSSEL Hippolyte, SS.CC, 1824-54-71 †
ROUVE Gabrielle, SJC, 1904-25-27 †
ROY Hélène, CL, 1936-82...
ROY Roger, OMI, 1923-81...
ROYER Louise-M., SJC, 1861-07-37 †

RUAULT Ladislas, SS.CC, 1804-39-48
RUBION Charles, FIC, 1940-64...
RYAN M.-Thérèse, BP, 1926-67-71

SAINT-CRICQ Orens, SS.CC, 1872-99-15
SAINT-PIERRE Lauréat, SSS? – 1975-79
SALTEL Victorin, SS.CC, 1878-03-38 †
SANCHEZ Adélaïde, SJC, 1821-66-68
SAUGUES Gabriel, SJC, 1865-13-25
SCHOUTEN Bruno, SS.CC, 1829-57-94
SCHULER J.-Jacques, SS.CC, 1943-65-67
SCHULTE Emmeran, SS.CC, 1848-70-85
SCHWARZ Michel, SS.CC, 1943-65-67
SCUILLER Léon, FIC, 1947-72-80
SERRES Eloi, SS.CC, 1880-03-05 †
SIMON Claude, FIC, 1925-70...
SINS Bernard, SS.CC, 1941-81...
SNEPPÉ Eleuthère, SS.CC, 1818-58-01 †
SOUCHÉ M.-Jean, SJC, 1868-91-10 †
SOULIÉ Félicité, SJC, 1836-60-63
SOULIÉ Gilbert, SS.CC, 1800-35-63 †
STÉPHAN André, FIC, 1943-67-70
STÉPHAN Noël, SS.CC, 1931-64-76
STEUX Philibert, SS.CC, 1912-46-47
SWETMAN Thérèse, SJC, 1876-97-10

TABARY Bernard, FIC, 1943-65-67
TAHIRORI Anne, SJC, 1935-80...
TALBOTEC Richard, SS.CC, 1883-10-18
TALVAT Romain-P., FIC, 1904-35-51
TANGUY Evariste, SS.CC, 1889-19-25
TANGUY Evodius, FIC, 1853-79-88
TANGUY Louis, FIC, 1935-63...
TARA Rosalie, FJS, 1959-82...
TASSIÉ Madeleine, SJC, 1922-48...
TAUFA Anna, SJC, 1933-69-70
TAUFALELE Valérie, SJC, 1944-79-81
TAVITA Valselin, DP, 1941-82...
TEPARII Etienne, PS, 1937-62-65
TEPEHU Louise, FJS, 1952-78...
TERLIJN Vincent de P., SS.CC, 1843-70-06 †
THELOT Rose, SJC, 1900-25-29
THÉROUX St Fidèle (Losa), NDA, 1936-59...
THOMAS Eugène, FIC, 1922-69...
THOREZ Jeanne, SJC, 1903-31-74
THOULOUSE Victor, SS.CC, 1817-48-51
TINOMOÉ M.-Thérèse, FJS, 1936-67...
TIRILLY Louis, SS.CC, 1912-38-69
TOQUET Gabrielle, SJC, 1879-20-47
TOSCER Anne-M., SJC, 1901-28-47
TOUBLANC Hilaire, FIC, 1831-60-66
TOUPIN Guénolé, SS.CC, 1879-07-21
TOURNELLEC Goulven, SS.CC, 1881-05-49 †
TOURVIELLE Clément, SS.CC, 1867-91-31
TOUTOUS Henri, FIC, 1902-32...
TRÉPANIER Mariette, NDA, 1930-56...
TRÉSAL Philibert, SJC, 1829-60-74

TURGEON Cécile, FC, 1944-73-74

URIEN Evremond, SS.CC, 1926-51-80
URVOY Théophane, FIC, 1923-62...

VALLONS Victor, SS.CC, 1911-40-79
VANDOORNE Joseph, SS.CC, 1909-47-61 †
VELGHE Jean-Berc., SS.CC, 1857-88-99
VERDIER M.-Joseph, SS.CC, 1835-83-22 †
VERDOT Bernard, SJC, 1925-47-54
VERMEIRE Florentin, SS.CC, 1924-56-73
VERRIER Paul, SJC, 1845-23-30
VIERRON Marcel, FIC, 1927-65...
VIGROUX Anne-M., SJC, 1840-52-26 †
VILLEMAIN Lazarine, SJC, 1830-56-99 †
VINCENT Alphonse, SS.CC, 1794-36-40
VINCENT Lucille, SJC, 1912-67...
VINCENT Simplice-J., FIC, 1897-30-35

WATTIER Ildefonse, SJC, 1832-78-84 †
WILLEMSEN Chrétien, SS.CC, 1838-66-20 †
WILLIMANN Nicet, SJC, 1872-95-29
WINCHESTER Elisabeth, SJC, 1922-51...
WINCHESTER M.-Goretti, SJC, 1933-67...

YANN Mathias, SS.CC, 1895-21-56
YVINEC Désiré, SS.CC, 1891-22-46

ZETSCHE Ghislain, SS.CC, 1838-67-78
ZUHMBOHM Gaspard, SS.CC, 1823-66-71

SIGLES:

AA: Assomptioniste
BP: Bon Pasteur
CL: Clarisses
DP: Diacres Permanents
FC: Filles de la Charité
FD: Fidei Donum
FIC: Frères de Ploërmel
FJS: Filles de Jésus Sauveur
FSC: Frères du Sacré-Cœur
MEP: Missions Etrangères de Paris
NDA: Sœurs N.D. des Anges
OFM: Franciscain
OMI: Oblats de Marie-Immaculée
PS: Prêtre Séculier
SJ: Jésuite
SM: Mariste
SS.CC: Pères des Sacrés-Cœurs
SSS: Père du Saint-Sacrement

NOTE:
NOM – Prénom – Groupe – Né – Arrivée – Départ – † Mort sur place

ANNEXE VII

Liste des Responsables religieux et civils (1834-1984)

Dates	ÉVÊQUES (Vicaires Apostoliques) TAHITI	MARQUISES	PROTESTANTS (Présidents)	GOUVERNEURS (Commissaires)	MINISTRES – O.M.
1825	BACHELOT Alexis (Hawaï)		L.M.S. (London Missionary Society)		de CHABROL de CROUZOL A.
1827					HYDE DE NEUVILLE G.
1828					DE POLIGNAC A./LE MERCHER – Ch.
1829					TUPINIER/DELLA PORTA/D'ARGOUT
1830					GAUTHIER DE RIGNY H.
1831					
1832	—				
1833	ROUCHOUZE Etienne				
1834					JACOB/DUPIN/DE RIGNY/DUPERRE
1835					
1836					DU CAMPE DE ROSAMEL Cl.
1837					
1838					
1839					TUPINIER J./DUPERRE V.
1840					ROUSSIN A./DUPERRE V.
1841					
1842				—	
1843				BRUAT Armand	ROUSSIN A./DE MACKAU A.
1844	BAUDICHON François de Paule		ORSMOND John		
1845					
1846				LAVAUD Charles	
1847	—				DE MONTEBELLO/GUIZOT F.
1848	JAUSSEN Tepano	BAUDICHON François			— ARAGO/CASY/SCHOELCHER/VERNINAC LE BLANC/BASTIDE/DESTUTT
1849				BONNARD Louis	DESFOSSES R.
1850					
1851				PAGE Théogène	DUCOS/DROUYN/VAILLANT CHASSELOUP-LAUBAT/FORTOUL
1852					—

Dates	ÉVÊQUES (Vicaires Apostoliques) TAHITI	MARQUISES	PROTESTANTS (Présidents)	GOUVERNEURS (Commissaires)	MINISTRES – O.M.
1853					
1854				DU BOUZET Joseph	
1855		JAUSSEN Tepano			HAMELIN F./VAILLANT
1856		DORDILLON Ildefonse			
1857			HOWE William		
1858				SAISSET Jean-Marie	NAPOLÉON-JÉROME Pr.
1859					
1860				GAULTIER DE LA RICHERIE L.	
1861					CHASSELOUP-LAUBAT Cte
1862			———		
1863			ARBOUSSET Thomas		
1864				LA RONCIÈRE Emile	
1865			ATGER François		
1866					
1867					RIGAULT DE GENOUILLY Ch.
1868					
1869				DE JOUSLARD Michel	
1870			VIÉNOT Charles		FOURICHON M. ———
1871				GIRARD Hippolyte	POTHUAU L.
1872					
1873					DE DOMPIERRE D'HORNOY Ch.
1874				GILBERT-PIERRE Octave	DE MONTAIGNAC DE CHAUVANCE I.
1875					
1876				MICHAUX Antoine	FOURICHON/BERTHAUT
1877				BRUNET-MILLET/SERRE/ D'ONCIEU DE LA BATHIE	GICQUEL/ROUSSIN/POTHUAU
1878				PLANCHE Jacques	
1879				———	JAUREGUIBERRY J.
1880				CHESSE Isidore	CLOUÉ G.
1881				DORLODOT DES ESSARTS Fr.	ROUVIER

Dates	ÉVÊQUES (Vicaires Apostoliques) TAHITI	MARQUISES	PROTESTANTS (Présidents)	GOUVERNEURS (Commissaires)	MINISTRES – O.M.
1882					BERLET
1883				MORAU Marie	FAURE F.
1884	VERDIER M. Joseph				
1885				MORACCHINI Dauphin	ROUSSEAU A.
1886				LACASCADE Etienne	DE LA PORTE
1887					ETIENNE E.
1888		POUET Fulgence			FAURE F./DE LA PORTE
1889		CHAULET Gérard		D'INGREMARD Maurice	ETIENNE E.
1890		MARTIN Rogatien		LACASCADE Etienne	
1891					
1892					JAMAIS E.
1893				GRANIER DE CASSAIGNAL/ BOMMIER/OURS	DELCASSE/LEBON
1894			VERNIER Frédéric	PAPINAUD Pierre	BOULANGER/DELCASSE
1895					CHAUTEMTS/GUIEYSSE
1896				GALLET Gustave	LEBON A.
1897				GABRIE Marie-Louis	
1898				GALLET Gustave	TROUILLOT/GUILLAIN
1899				DE POUS Joseph/REY Victor	DECRAIS
1900				GALLET Gustave	
1901				REY Victor/PETIT Edouard	
1902					DOUMERGUE
1903					
1904				COR Henri/LANZERAL V.	
1905				JULLIEN Philippe	CLÉMENTEL
1906					LEYGUES/MILLIES-LACROIX
1907			DE POMARET Louis	CHARLIER ELIE	
1908	HERMEL Athanase			FRANÇOIS Joseph	
1909					TROUILLOT G.
1910				BONHOURE Adrien	MOREL J.

Dates	ÉVÊQUES (Vicaires Apostoliques) TAHITI	MARQUISES	PROTESTANTS (Présidents)	GOUVERNEURS (Commissaires)	MINISTRES – O.M.
1911					MESSIMY/LE BRUN
1912		LE CADRE David		HOSTEIN Charles/ GÉRAUD L.	
1913				FAWTIER William	BESNARD/MOREL/LE BRUN
1914					MAUNOURY/RAYNAUD/DOUMERGUE
1915				JULIEN Gustave	
1916					
1917					MAGINOT/BESNARD/SIMON
1918					
1919				SIMONEAU/ROBERT J.	
1920					SARRAUT A.
1921				THALY G./GUÈDES A.	
1922				RIVET Louis	
1923					
1924				MOREAU Octave	FABRY/DALADIER
1925					HESSE/PERRIER
1926					DARIAL/PERRIER
1927				SOLARI Jean-Baptiste	
1928				BOUGE Joseph	MAGINOT A.
1929					PIÉTRI/DELMONT
1930				JORE Léonce	ARCHIMBAUD/LAMOUREUX/PIÉTRI/ DELMONT/STEEG/BRUNET
1931					REYNAUD/DIAGNE
1932	NOUAILLES Amédée			BOUCHE Alfred	CHAPPEDELAINE/SARRAUT/CANDALE
1933				MONTAGNE Michel	SARRAUT/DALIMIER/PIÉTRI/BRUNET
1934					LAMOUREUX/JOUVENEL/BIBIE/LAVAL ROLLIN
1935				SAUTOT Henri	ROLLIN
1936			VERNIER Charles		STEEG/MOUTET
1937				CHASTENET DE GÉRY Fr.	MOUTET/MONNERVILLE
1938	MAZÉ PAUL				STEEG/MONNERVILLE/MOUTET
1939					MANDEL G. ———

Dates	ÉVÊQUES (Vicaires Apostoliques) TAHITI	MARQUISES	PROTESTANTS (Présidents)	GOUVERNEURS (Commissaires)	MINISTRES – O.M.
1940				Mansard E./de Curton	rollin/Rivière/Lémery/Platon
1941				Brunot/Orselli Georges	Pleyen R. (Brevie/Blehaut)
1942					
1943					
1944					Pleven/Giaccobi
1945			Preiss Georges	Haumant Jean-Camille	Soustelle J.
1946					Moutet/Defferre
1947				Maestracci Pierre	Moutet/Béchard
1948					Coste-Floret/Revillon
1949			Charpier Jean	Anziani Armand	Letourneau/Aujoulat/Gorse
1950				Girault-L/Petitbon R.	Coste-Floret/Aujoulat/ Mitterrand/Coffin
1951			Preiss Georges		Mitterrand/Coffin/Aujoulat
1952					Jacquinot/Aujoulat/Pfimlin
1953		Tirilly Louis			Jacquinot/Caillavet/Scaleiter
1954				Toby Jean	Buron/Duveau
1955					Juglas/Teitgen
1956			Adnet Jean		Defferre G.
1957			Jacot Albert		Jaquet G.
1958				Bailly C/Sicaud Pierre	Colin/Cornut-Gentille
1959					Soustelle J.
1960					Lecourt
1961				Grimald Aimé	Jacquinot/de Broglie
1962					Jacquinot L.
1963			Raapoto Samuel		
1964					
1965				Sicurani Jean	
1966					Billotte P.
1967					
1968	Coppenrath Michel				Le Theule/Inchauspe
1969		de Cocq Henry		Angeli Pierre	Rey H.

Dates	ÉVÊQUES (Vicaires Apostoliques) TAHITI	MARQUISES	PROTESTANTS (Présidents)	GOUVERNEURS (Commissaires)	MINISTRES – O.M.
1970		LE CLEAC'H Hervé			
1971					MESSMER P.
1972					DENIAU X.
1973				VIDEAU Daniel	DENIAU/STASI
1974					STASI/COMITI/STIRN
1975			MARURAI Utia	SCHMITT Charles	STIRN O.
1976					
1977					
1978				COUSSERAN Paul	DIJOUD P.
1979					
1980					
1981				NOIROT-COSSON Paul	EMMANUELLI H.
1982					
1983				OHREL Alain	LEMOINE G.
1984					
1985					

NOTES:

1. Les personnalités citées représentent ceux qui ont en charge des postes soit comme titulaires, soit comme administrateurs intérimaires ; les titres désignant les postes d'Eglise ou d'Etat ont varié depuis 150 ans.
2. L'année retenue est celle de la prise de fonction, même si la « titularisation » a eu lieu plus tardivement pour certains.
3. Depuis le 7 août 1834, nous trouvons :
   * 8 évêques à Tahiti, soit 18,75 années en moyenne,
   * 12 « évêques » aux Marquises, soit 12,5 années en moyenne,
   * 77 « Gouverneurs » en Polynésie depuis 1843, soit 1,85 année en moyenne,
   * 180 « Ministres » chargés de l'« Outre-Mer », soit 0,8 année en moyenne.
4. L'Administration de l'Outre-Mer fit partie intégrante du Département de la Marine de 1626 (Richelieu) à 1880 (l'Amiral Cloué). Depuis 1881, les Colonies et l'Outre-Mer constituent un Département autonome.

ANNEXE VIII

Population : statistiques et démographie

Année	Source	Nature	Lieux	Population	Evolution	Catholiques	Protestants	Autres Cultes	Non déclarés
1774	Cook	Est.	Tahiti	204.000?					
1774	Forster	Est.	Tahiti	120.000?					
1797	L.M.S.	Est.	Tahiti	50.000?					
1797	Wilson	Est.	Tahiti	16.050?					
1803	L.M.S.	Est.	Tahiti	5.000?					
1818	L.M.S.	Est.	Tahiti	8.000?					
1838	«Zélée»	Est.	Tahiti	8.000?					
1848	B.O.	R	I.D.V.	9.969					
1851 [1]	T. Jaussen	Co	Tout	38.020	122				
1857	B.O.	R	I.D.V.	7.212					
1863	B.O.	R	I.D.V.	10.347					
1876	B.O.	R	I.D.V.	10.358					
1881 [2]	B.O.	R	Tout	25.249	81	1.832	8.002		736
						I.D.V.	I.D.V.		I.D.V.
1887	B.O.	R	Tout	24.400	78				
1892	B.O.	R	Tout	22.100	71				
1897	B.O.	R	Tout	30.438	98				
1902	B.O.	R	Tout	29.865	96				
1907 [3]	**J.O.**	**R.O.**	**Tout**	**30.974**	**100 (base)**				
1911	J.O.	R.O.	Tout	31.929	104				
1921	J.O.	R.O.	Tout	29.633	103				
1926	J.O.	R.O.	Tout	35.862	117				
1931	J.O.	R.O.	Tout	39.713	132				
1936	J.O.	R.O.	Tout	43.962	144	8.900	29.000		
1941	J.O.	R.O.	Tout	51.221	167				
1946	J.O.	R.O.	Tout	55.424	181	12.703	29.168	3.696	9.000
1951	J.O.	R.O.	Tout	62.828	205	15.096	34.441	3.285	9.039
1956	J.O.	R.O.	Tout	76.327	249	17.000	33.000	3.800	5.000
1962	J.O.	R.O.	Tout	84.551 [4]	276	24.926	45.767	8.194	5.945
1967	J.O.	R.O.	Tout	98.378	322	24.328	55.756	6.000	5.467
1971	J.O.	R.O.	Tout	119.168	390	39.170	57.286		
1977	J.O.	R.O.	Tout	137.382	449	42.000			
1980	I.T.S.T.A.T.	Est.	Tout	146.124	471	46.500 [5]			

SIGLES: B.O.: Bullatin Officiel – J.O.: Journal Officiel – I.T.S.T.A.T.: Institut Territorial de la Statistique – I.D.V.: Iles du Vent (Tahiti, Moorea) – I.S.L.V.: Iles sous le Vent – R.: REcensement – R.O.: Recensement Officiel – Est: Estimation – Co: Comptage.

Evolution de la population de l'île de Tahiti [6]:

Années	1797	1829	1848	1863	1881	1902	1921	1946	1956	1966	1977	1982
Population	16.050	8.674	8.082	7.642	6.400	11.682	11.746	24.820	38.140	61.519	95.604	105.000

(1) Mgr T. Jaussen a fait un recensement détaillé dont il donne le résultat le 21-2-1851 (Archives SS.CC. 58.1): Marquises: 15.000; Tahiti: 8.557; Moorea: 1.412; I.S.L.V.: 5.070; Australes: 1.870; Gambier: 1.932; Tuamotu: 4.179.

(2) F.O.M. Océanie H 30 – C 132 – Tahiti-Moorea: 10.808; Marquises: 5.776; Tuamotu: 7.270; Gambier: 549; Australes: 846.

(3) Le recensement de 1907 est le premier officiel; il sert de base.

(4) Le recensement de 1971 est le dernier à inclure les données sur l'appartenance religieuse. Il faut regretter la décision de l'I.N.S.E.E. supprimant la religion, contrairement au décret Mandel du 16-1-1939 qui reconnaît le caractère officiel et légal des Eglises en Polynésie et donc le caractère public de la religion.

(5) En 1982, en l'absence de tout recensement actualisé, on estime, pour toute la Polynésie Française, l'appartenance religieuse à: 52-53 % Eglise évangélique – 34-35 % Eglise catholique – 8 % autres confessions – 4 % divers.

(6) R.J. Devatine, in *Cadrans* n° 2: «Mortalité à Tahiti», Papeete 1982, p. 11.

ANNEXE IX

Papeete: état de la Mission catholique à chaque décade

A) SACREMENTS

ANNÉES	BAPTÊMES	CONFIRMATIONS	MARIAGES
1834... 1840	104	0	6
1841... 1850	1.654	0	156
1851... 1860	3.208	164	487
1861... 1870	3.232	103	734
1871... 1880	2.222	1.156	539
1881... 1890	2.416	1.378	642
1891... 1900	2.316	1.711	510
1901... 1910	2.688	1.759	526
1911... 1920	1.624	1.204	367
1921... 1930	3.653	2.001	697
1931... 1940	4.050	1.686	824
1941... 1950	7.450	3.554	1.100
1951... 1960	8.584	4.885	1.132
1961... 1970	11.788	6.013	1.474
1971... 1980	11.468	6.700	1.818
TOTAL	66.457	32.314	11.012

B) PERSONNEL

Années	SS.CC. (1)	Autres	Frères (2)	Cluny (2)	Autres Sœurs	TOTAL	MARQUISES (Pères)
1840	15 (5)					15	3
1850	16 (4)			10		26	7
1860	25 (12)		4	20		51	13
1870	29 (10)		8	22		60	16
1880	27 (7)	1	6	28		64	16
1890	25 (4)		8	29		61	17
1900	22 (3)		11	32		64	15
1910	33 (2)		6	24		58	12
1920	27 (1)		7	22		51	6
1930	22 (1)		8	25		54	8
1940	22 (1)		12	28		59	6
1950	23 (0)		17	30	4	75	7
1960	25 (0)	2	19	35	12	96	6
1970	30 (0)	4	36	31	33	130	9
1980	21 (1)	16	25	39	37	138 (3)	6

(1) Le chiffre () indique l'effectif des Frères « bâtisseurs » inclus dans le total des SS.CC.

(2) L'effectif des Frères de Ploërmel et des Sœurs de Cluny inclut les Marquises.

(3) A ce total, il faut ajouter 4 Sœurs Clarisses implantées en 1981 et 4 Frères du Sacré-Cœur arrivés à Mangareva en 1982.

C) BUDGET

A) Ressources et Dépenses: 1849 à 1957

ANNÉES	RECETTES	DÉPENSES	ANNÉES	RECETTES	DÉPENSES
1849	23.532 F	23.578 F	1908	110.540 F	133.814 F
1871	39.000	40.788	1909	99.328	116.460
1872	66.000	74.961	1910	87.487	132.546
1873	72.000	105.466	1911	87.857	121.171
1874	66.045	96.976	1912	94.714	111.339
1875	68.000	107.067	1913	145.307	126.239
1876	72.000	91.355	1914	126.726	128.350
1877	70.000	77.000	1915	95.374	98.709
1878	68.000	99.614	1916	78.653	86.701
1879	68.293	105.675	1917	75.642	105.622
1880	68.000	62.840	1918	140.463	169.081
1882	72.000	105.000	1919	139.425	188.109
1884	131.245	89.510	1920	187.974	225.000
1885	145.179	133.758	1921	151.323	218.385
1886	123.319	109.193	1922	180.496	217.916
1887	176.253	149.334	1923	170.864	184.068
1888	98.162	98.090	1924	260.089	299.083
1889	113.462	113.428	1925	199.583	319.194
1890	132.436	119.436	1926	139.521	294.801
1891	148.947	127.747	1927	279.381	319.298
1892	201.329	154.985	1928	170.317	294.024
1893	243.977	151.170	1929	324.637	315.882
1894	101.613	94.401	1930	437.555	565.952
1895	124.916	168.195	1934	123.473	173.700
1896	149.576	150.080	1935	96.708	188.000
1897	104.859	86.093	1936	139.275	209.000
1898	91.145	72.018	1939	207.480	249.000
1899	239.461	222.176	1949	2.691.119	2.633.000
1900	122.424	114.000	1950	5.273.000	5.247.000
1901	88.616	78.670	1951	4.740.000	4.764.000
1902	91.446	127.644	1952	3.638.000	3.669.000
1903	131.001	162.172	1953	3.475.000	3.541.000
1904	117.523	131.798	1954	4.757.800	4.843.758
1905	145.217	123.042	1955	3.532.000	3.613.500
1906	115.892	185.902	1956	3.795.910	3.856.777
1907	122.738	169.229	1957	4.482.984	4.617.800

NOTE: Les centimes ont été supprimés des comptes de 1849 à 1930 pour plus de clarté. Les «trous» sont bouchés par les quêtes et les offrandes aux missionnaires qui «tendent la main».

B) A titre de comparaison, pour situer le Budget de la Mission, voici quelques données du Budget du Territoire et de l'Instruction Publique.

ANNÉES	BUDGET GÉNÉRAL	INSTRUCTION PUBLIQUE
1883	1.193.970	116.983
1890	1.203.500	70.029
1895	1.102.726	73.398
1900	670.390	73.020
1905	1.680.285	110.520
1910	1.674.400	85.985
1915	2.640.498	197.351
1921	5.980.000	512.091
1926	11.590.663	874.013
1930	15.286.414	1.776.807
1935	12.885.683	1.318.360
1939	27.560.000	2.546.087

C) Pouvoir d'achat du Franc et Indice des prix (I.N.S.E.E., bulletin mensuel statistique n° 3, mars 1981):

– Pouvoir d'achat du Franc (coefficient de transformation en Francs de 1980. F.F.)

Années	1901	1914	1920	1930	1938	1945	1955	1965	1975	1980
Coeffic.	8,71	7,30	1,69	1,31	1,13	0,295	0,046	3,0	1,59	1

– Indice des Prix en France (Prix de détail à Paris)

Années	1901	1914	1920	1930	1938	1945	1955	1965	1975	1980
Indices	0,13	0,15	0,53	0,88	1	4,01	24,37	38,26	73,24	120,61

Rappelons que le Franc-Or germinal a gardé sa valeur jusqu'en 1914.
Qu'en 1960, on compte en nouveaux Francs (1 N.F.: 100 A.F.).

ANNEXE X

L'homme et le travail en Polynésie française

Eléments pour une réflexion socio-culturelle

Dans la perspective de la refonte du Code du Travail en Polynésie Française, le Professeur Jean-Claude Javillier a demandé une «contribution portant, notamment, sur les aspects culturels et sociaux du travail à Tahiti». Il semble, en effet, «important d'ouvrir un débat le plus large et libre que possible» sur cette question urgente, difficile et assez neuve pour la Polynésie. Les discussions sont passionnées sur ce sujet. Ceux qui connaissent la situation présente et le passé récent de ces îles lointaines mesureront le caractère périlleux et nouveau d'une telle réflexion sociologique, éthique et philosophique sur l'homme et le travail à Tahiti.

Près de dix années de services variés dans le Pacifique francophone et une recherche approfondie en Sciences de l'Education sont les seuls titres à tenter la «contribution» demandée au «Bulletin de Droit comparé du Travail et de la Sécurité Sociale». Le changement politique issu des élections territoriales du 23 mai, certaines tensions socio-économiques à Tahiti, le contexte métropolitain et international, font que cet article ne peut être qu'un «texte-cible» et une incitation à une réflexion plus approfondie sur un sujet mal connu et embrouillé. Qui dit Tahiti s'attend peu à entendre parler de travail! Bougainville et Diderot, Gauguin, Loti et la publicité font de Tahiti un mot qui chante la joie et fait rêver au «paradis»! L'installation du C.E.P. depuis 1963 n'a pas apporté un regard plus objectif sur les Polynésiens. «La bringue et la bombe» ne facilitent pas le regard sur le travail des hommes dans nos îles.

Voir pour faire la vérité, base indispensable pour des solutions neuves et adaptées à la Polynésie qui naît, tel est l'objectif de cette étude. Après avoir rappelé ce qu'est le travail aujourd'hui, nous verrons les données essentielles du Travail en Polynésie et les questions pratiques que son organisation soulève. La documentation qui a servi à bâtir le présent article est donnée dans la bibliographie.

I. QU'EST-CE QUE LE TRAVAIL?

Le *Petit Robert* le définit: «Ensemble des activités humaines coordonnées en vue de produire ou de contribuer à produire ce qui est utile». Définition typique de notre Société de production-consommation. Avec Jean-Paul II dans *Laborem exercens* – à laquelle je renvoie le lecteur pour une étude approfondie – «le travail est toute activité humaine quelles qu'en soient les caractéristiques et les circonstances». Il ne se réduit pas à produire et consommer; le travail, outre le «pain quotidien», contribue au progrès des sciences et des techniques, au développement de la culture et de la Société. Conçu ainsi comme activité humaine économique, culturelle ou morale, le travail est une donnée fondamentale, permanente et sans cesse renouvelée de la vie sociale. Il est la clé essentielle de toute situation socio-économique. Il intéresse «tout homme et tout l'homme» en ce sens qu'il met en jeu les capacités naturelles et culturelles de chacun à travers des techniques, des outils et des machines en évolution permanente et rapide. Ainsi y a-t-il, en plus des activités humaines très variées, des manières, des styles très différents d'accomplir la même tâche selon les cultures et les circonstances. C'est une question très délicate à résoudre par exemple dans l'Education en Nouvelle-Calédonie et en Polynésie; c'est une situation qui provoque beaucoup de difficultés et d'incompréhension dans l'organisation du travail entre travailleurs des groupes ethniques différents ou dans la concurrence entre pays étrangers; songeons au Japon très présent dans le Pacifique. A Tahiti, il n'est pas difficile de voir qu'un Polynésien, un Chinois, un Métropolitain ou un «demi» ne réagissent pas de la même manière devant le travail à entreprendre (1).

---

(1) *Conscience du Temps et Education chez les Océaniens:* chap. III, IV et V.

On ne peut négliger aussi que, dans le monde industriel et post-industriel, le travail humain s'exerce dans des situations de rapports de force et de pouvoir: «monde du capital» propriétaire des moyens de production, «monde du travail» qui loue sa force et son temps; les premiers cherchent le meilleur profit, les seconds le meilleur salaire; les deux se retrouvent pour développer la production-consommation, base du progrès. Le conflit entre capital et travail, sous des formes diverses, marque profondément notre société. Mais ce schéma manichéen du pouvoir économique est quelque peu simpliste. Les «technostructures» ont détrôné de nombreux propriétaires; le «capitalisme d'Etat» fait fleurir de nouvelles corporations; le «pouvoir syndical» n'est pas un mot vide; les «mass-media» ont un impact puissant pour former l'opinion publique. Ce n'est pas en changeant de mains que la possession de «l'avoir, du savoir et du pouvoir» devient moins tentante pour les forts et moins dangereuse pour les démunis. C'est un problème de conscience, de respect de la liberté et de la justice. C'est un problème d'éthique et donc de qualité du «cœur». Les meilleures lois, les Codes les plus parfaits ne valent que ce que valent les hommes. L'homme vaut plus que les choses; le travail humain n'a pas qu'une simple finalité économique, même s'il ne peut se réaliser sans moyens de travail, sans «capital». Tout travail a une dimension personnelle, familiale, sociale et culturelle. Qu'appelle-t-on réellement «actif» dans notre Société?

II. DONNÉES DU TRAVAIL EN POLYNÉSIE

Il convient d'abord de souligner la très grande difficulté de se procurer des données statistiques à caractère économique et social vraiment fiables et actualisées. Il faut courir les divers organismes et dépouiller une abondante documentation fort dispersée. Le jeune Institut Territorial de la Statistique (I.T.S.T.A.T.), mis en place en juillet 1980 et dirigé par G. Baudchon, fait un travail remarquable pour rattraper le retard et mettre à jour les informations socio-économiques. Comme beaucoup, il butte sur l'ancienne habitude des Services à garder secrètes leurs informations; de plus, il ne semble pas encore jouir de la pleine autonomie comme l'I.N.S.E.E. Les données qui suivent viennent donc de sources variées, recoupées entre elles et récoltées depuis près de trois années.

1. Population (2)

Les 150.000 habitants actuels sont disséminés sur les 108 îles principales, regroupées en 5 archipels, la surface totale est de 4.000 km ^{2} (40 % de la Corse), mais pulvérisée à l'échelle de l'Europe Occidentale (4.500.000 km ^{2}; Tahiti étant à Paris, les Marquises seraient à Oslo, les Gambier à Bucarest et Rapa en Sicile). Tout n'est pas également habité. Tahiti a près de 110.000 habitants et la zone urbaine de 35 km autour de Papeete, environ 85.000 habitants. Voici les données de 1977:

Archipel	S. Km ^{2}	Nombre	Densité	%
I. du Vent	1.029	101.392	84	73,8
I. Sous-le-Vent	398	16.311	41	11,9
I. Marquises	661	5.419	8	3,9
I. Australes	141	5.208	37	3,8
I. Tuamotu-Gambier	856	9.052	11	6,6
I. habitées	3.265	137.382	42	100,0

(2) Recensement de la population (29-4-1977) I.N.S.E.E. – *Situation démographique de la Polynésie*, G. Baudchon, 1982.

La zone urbaine, étalée sur la côte Nord-Ouest de Mahina à Paea, regroupait en 1977, 77.781 habitants (56,6 %) dont 23.000 pour Papeete. Ce mouvement s'est accentué malgré un effort de revitalisation des archipels. De 1972 à 1977, 15,4 % de la population avait changé de résidence essentiellement vers Tahiti. A ces migrations internes, il faut ajouter les 12.000 Métropolitains drainés par l'implantation du Centre d'Expérimentation du Pacifique (C.E.P.) de 1962 à 1977, masse considérable qui tend à intégrer la vie socio-économique locale dans les modèles métropolitains.

La densité de 45 h/km ^{2} est assez importante, compte tenu du relief escarpé des îles hautes, de la nature pauvre des atolls coralliens.

La répartition ethnique est très délicate à interpréter en raison des métissages de plus en plus nombreux, les «demis». Certains parlent de l'apparition d'un type «néo-polynésien». En plus de l'ethnie, l'insertion socio-économique joue un rôle important. En 1977, on comptait: Polynésiens (maohi): 90.160 (65 %); demis: 23.720 (17,2 %); Chinois: 7.356 (5,4 %); Européens: 15.338 (11,2 %). La population «asiatique» paraît nettement sous-évaluée.

Le taux de masculinité est de 111 hommes pour 100 femmes. Le taux de natalité est de 30,62 pour mille contre 43,04 pour mille en 1952; le taux de fécondité est de 4,43 enfants pour une femme contre 6,32 en 1959. Il y a donc baisse progressive de la natalité, mais dans une population toujours très jeune: 72.606 (52,8 %) moins de 20 ans et 6.677 (4,9 %) plus de 60 ans – (en France il y a 31,2 % moins de 20 ans et 18,4 % plus de 60 ans). L'accroissement naturel de la population est de 23 pour mille en 1977 contre 35 pour mille en 1963. En matière démographique il y a donc une évolution rapide des mentalités depuis 20 ans par le développement de l'Urbanisation.

2. *Emploi* (3)

En janvier 1982, la population active, au sens économique, est estimée à 51.000 personnes, dont 41.000 cotisants à la C.P.S., y inclus les 2.000 élèves du Technique. Les 10.000 autres représentent les 4.000 fonctionnaires civils de l'Etat, principalement l'Education Nationale, et les 6.000 militaires. Si, depuis 1962, le taux global d'activité des plus de 15 ans est stable, autour de 56 % de la population, une mutation radicale s'est produite sur le plan des secteurs d'activité: la Tertiarisation rapide d'une économie artificielle centrée sur le C.E.P. En 1977, le secteur primaire représentait 17,5 % contre 46,1 % en 1962; le secondaire 18,5 % contre 19,5 % en 1962; le tertiaire 64 % contre 34,7 % en 1962 dont 31,6 % pour les seuls Services Publics contre 11,7 % en 1962.

L'installation du C.E.P. a ainsi profondément affecté la structure de l'emploi depuis vingt ans: effondrement du secteur primaire, stagnation du secteur secondaire, hypertrophie du secteur tertiaire dans lequel les seuls Services Publics représentent 1/3 de la population active de plus en plus concentrée à Tahiti et dans la zone urbaine de Papeete.

Voici la répartition professionnelle en avril 1981:

Secteurs	Professions	Patrons	Salariés
Primaire	Agric.-Elev.-Forêts	127	569
	Pêche-Aquiculture	8	92
	Carrières	10	120
	Totaux:	145 (4,1 %)	781 (2,1 %)

(3) Sources: Office de la Main-d'Œuvre, C.C.I., I.T.S.T.A.T., Inspection du Travail, C.P.S. (Caisse de Prévoyance Sociale).

Secondaire	Industries	190	1.698
	Electr.-Gaz-Eau	6	241
	Bâtiment-T.P.	338	4.975
	Totaux:	534 (15,3 %)	6.914 (18,7 %)
Tertiaire	Administration Civile	715	10.295
	C.E.A. – C.E.P.	142	3.202
	Total public	857 (30,5 % IIIe)	13.497 (46,3 % IIIe)
	Commerce (gros et détail)	569	4.296
	Hôtels, bars, restaurants	199	2.953
	Transports, communications	128	2.529
	Banque, Assur., Immob.	113	1.396
	Services dom.-Ménages	941	4.475
	Totaux	2.807 (80,5 %)	29.146 (79,1 %)
Total général: (40.327)		3.486 (100 %)	36.841 (100 %)

3. Marché de l'emploi (4)

En février 1982, G. Baudchon remarquait qu'en « 1977 le taux de chômage s'élevait à 3,8 %. Le manque d'informations complètes sur le chômage et sur l'emploi ne permettent pas de dresser un bilan plus actuel ». G. Béchouche, Directeur de l'O.M.O. remarque la même chose, malgré le remarquable travail analytique et trimestriel effectué par l'Office. En effet les demandeurs ne sont pas tenus de s'y inscrire ni les employeurs de proposer leurs offres d'emploi. Le taux de pénétration de l'Office de la Main-d'Œuvre, qui est sous la tutelle directe de l'Inspection du Travail, se situe autour de 55-60 % du marché du travail.

La grande constatation est l'inadéquation profonde entre l'offre et la demande; en mai 1982 il y a environ 850 demandes pour 150 offres. Le bâtiment et l'Administration, selon les déblocages budgétaires, sont les secteurs permanents pour les offres. Les crédits sont loin d'être tous utilisés faute de main-d'œuvre dans le secteur des bâtiments-Travaux Publics.

Une analyse plus fine montre plusieurs éléments. D'abord 80 % des demandeurs n'ont ni formation ni qualification. Aussi la demande est forte pour les postes de manœuvres, d'employés de bureau ou de gens de maison. Les moins de 18 ans ont une très faible qualification. Plus le niveau est bas plus la demande non satisfaite est élevée. Il faut remarquer que 49 % des offres d'emploi non satisfaites s'adressent à du personnel qualifié. Il se pose donc un très grave problème de formation professionnelle et, à la source, une inadaptation globale d'un système scolaire importé et axé sur les métiers intellectuels et la formation abstraite (4).

Si la tranche d'âge des 18-25 ans est la plus porteuse des demandes, il faut remarquer l'absence des garçons de 15 à 20 ans, le fait que 59 % des demandes viennent des femmes. Il n'y a pratiquement pas de demandes d'emploi au-delà de 40 ans. Nous sommes ici devant un phénomène socio-culturel délicat à analyser. Les études d'A. Hanson sur Rapa et de S. Raapoto sur la famille en permettent une bonne approche. Les filles sont très vite formées aux travaux domestiques, au soin des enfants. Leur éducation est bien suivie et elles sont appliquées en même temps qu'actives et serviables. Il faut constater que les garçons sont plus vite laissés à eux-mêmes. Très tôt ils se retrouvent en bandes de jeux; l'esprit de groupe est plus profond que l'esprit de famille où le père n'a pas un rôle primordial. « L'adolescence et la jeunesse est un temps de grande liberté sexuelle

(4) Office de la Main-d'Œuvre, I.T.S.T.A.T.

(4) *Conscience du Temps et Education chez les Océaniens:* chap. II, V et X.

qui échappe aux données habituelles... La période de 14 à 21 ans est un temps trouble et l'âge de l'amusement. On prend la vie du bon côté, sans obligation ni responsabilité; on succombe à toutes les tentations, on goûte à tous les plaisirs; on boit, on joue» (S. Raapoto). Le style de vie, la conception de la société, la gestion du temps, les perspectives d'avenir sont très différentes entre un Maohi, un Chinois et un Français. Ce n'est pas une question d'aptitude ni de Q.I.; les tests sont excellents. C'est profondément une question de culture et de civilisation, comme l'étude entreprise par le C.E.S. du Taaone l'a montré.

Si pour la femme qui a charge immédiate de nourrir sa maisonnée, l'emploi est d'abord un gagne-pain, il semble bien que pour les hommes polynésiens l'aspect «valorisation sociale» soit très important; l'image de marque de l'employeur, le prestige des uniformes, la qualité des relations sociales dans l'entreprise sont des éléments qui jouent autant que le niveau des salaires qui ne saurait être trop médiocre. Il est fréquent que mari et femme ne fassent pas caisse commune dans le budget familial.

A l'évidence la question de l'emploi et du chômage, très particulièrement pour l'homme maohi, demande une étude approfondie et une approche pluridisciplinaire qui intègre les dimensions sociales et culturelles. «La justice sociale est très proche d'une justice à rendre à la culture polynésienne» (Mgr M. Coppenrath).

4. Salaires et rémunérations (5)

B.M. Grossart, auteur du dossier n° 1 I.T.S.T.A.T. sur «les ménages de Polynésie Française», constate que la question des revenus est un sujet «tabou» sur lequel on a peu de données précises et fiables. L'absence d'impôt sur le revenu des personnes physiques dans le Territoire, l'actualité constante de ce sujet, la situation présente de la Nouvelle-Calédonie entraînent un point de fixation délicat, surtout chez les nantis du système actuel. Il est incontestable qu'il existe une très forte inégalité au plan des revenus, que l'échelle des salaires est très étendue (1 à 15 environ). Les déshérités sont dans l'agriculture et la pêche et les plus hauts salaires dans l'Administration. Que l'on prenne les données socio-économiques, le statut du chef de famille ou la branche d'activité, les écarts de revenus se situent entre 1 à 12 et 1 à 30.

Ces revenus sont à 66 % d'origine salariale. Sur ce plan on doit constater 4 caractéristiques locales:
- la faible salariarisation des Chinois qui dominent le commerce;
- la forte salariarisation des Européens, demis et Maohi;
- la place modeste de la pêche et de l'agriculture;
- le rôle important des allocations familiales dans les archipels.

Le Conseil de Gouvernement écrivait: «Avec un P.I.B. de 330.000 F.C.P. (18.000 F.F.) par an et par habitant, la Polynésie se situe parmi les 15 pays les plus riches du monde... Cette situation recouvre de très profondes inégalités. L'écart des revenus est très élevé... En 1978, le S.M.I.G. était de 25.000 F.C.P. (1.375 F.F.) et le salaire moyen du secteur public dépassait 125.000 F.C.P. (6.875 F.F.). D'où un attrait excessif pour les emplois non producteurs de la fonction publique.»

A partir des 5 sources citées, bravons le «tabou» et situons ces écarts de revenus salariaux. Il s'agit de *données brutes au 1er avril 1982.* Pour avoir les salaires réels il faudrait ajouter l'indemnité de résidence de 5 %, le coefficient familial, les primes diverses, certains avantages en nature (transports aériens...) et retenir les cotisations (17 à 30 %). Il ne s'agit pas d'une inquisition fiscale, mais simplement de fixer des ordres de grandeur sur ce sujet fort sensible.

(5) Sources: I.T.S.T.A.T., C.C.I., J.O., C.P.S., Conseil de Gouvernement.

a) *Salaires locaux.*

Ils sont basés sur le S.M.I.G. qui est à 242 F.C.P./heure (13,31 F.F.) soit 42.325 F.C.P./mois (2.328 F.F.).

D'après une enquête de la C.C.I. portant sur 2.535 salariés en novembre 1981, le salaire brut moyen se situait à 71.975 F.C.P. (3.958 F.F.) par mois et réparti ainsi:

40 - 50.000 F.C.P.	(2.200 - 2.750 F.F.)	17,9 %
50 - 70.000 F.C.P.	(2.750 - 3.850 F.F.)	19,5 %
70 - 90.000 F.C.P.	(3.850 - 4.950 F.F.)	13,7 %
90 - 120.000 F.C.P.	(4.950 - 6.600 F.F.)	14,4 %
120.000 et plus F.C.P.	(6.600 et plus F.F.)	16,3 %

Une statistique d'ensemble fournie par la C.P.S. donne:

9.163 personnes au S.M.I.G.
11.360 personnes de 42 à 60.000 F.C.P. (2.328 - 3.300 F.F.)
4.822 personnes de 60 à 80.000 F.C.P. (3.300 - 4.400 F.F.)
10.620 personnes de 80 à 85.000 F.C.P. (4.400 - 4.675 F.F.)
9.100 personnes à plus de 85.000 F.C.P. dont 3.500 C.E.A.P.F. (6) et 800 contractuels.

On établissait à 8.000 les «gens de maison», souvent en double emploi, qui étaient au-dessous du S.M.I.G.

On voit donc qu'il y a deux masses importantes: les «smigards» et les hauts salaires parmi lesquels la totalité des agents des Services Publics.

b) *Fonction publique.*

Nous ne prendrons, selon les grilles indiciaires du J.O., que quelques repères parmi les enseignants et les militaires qui sont les deux Corps d'Etat les plus importants. Les autres organismes se situent dans les mêmes ordres de grandeur. Deux paramètres entrent en ligne de compte: X valeur du point d'indice métropolitain pour la fonction publique (208,83 F.F. au 1-4-82) et I index correcteur en Polynésie dont la valeur est:

1,84 à la Société et 2,08 dans les archipels (plus 12 %) pour les civils,
1,81 à la Société et 2,05 dans les archipels (plus 12 %) pour les militaires.

La valeur du point d'indice en F.C.P. s'obtient par la formule suivante:

$$\text{Valeur F.C.P.} = \frac{X}{0{,}055 \times 12} \times I \quad \text{soit} \quad \frac{208{,}83 \text{ F.F.}}{0{,}055 \times 12} \times 1{,}84 = 582{,}19 \text{ F.C.P.}$$

Selon les 4 index correcteurs ci-dessus, on obtient les valeurs d'indice:

Civils	1,84...... 582,19 F.C.P.	2,08...... 658,13 F.C.P.
Militaires	1,81...... 572,70 F.C.P.	2,05...... 648,63 F.C.P.

Enseignants aux Iles de la Société (Index 1,84: 582,19 F.C.P.)

Catégories	Indice du 1-9-79	Mensuel F.C.P.	Mensuel F.F.
Suppléant-Normalien B.E.	252	146.712	8.070
Remplaçant-Normalien B.A.C.	254	147.876	8.134

(6) C.E.A.P.F.: Corps d'Etat pour l'Administration de la Polynésie Française, constitué de locaux.

Instituteur	6ᵉ Ech.	335	195.033	10.726
Instituteur	11ᵉ Ech.	445	259.074	14.250
P.E.G.C.	1ᵉ Ech.	305	177.568	9.767
P.E.G.C.	11ᵉ Ech.	504	293.424	16.139
Certifié	1ᵉ Ech.	335	195.033	10.727
Certifié	11ᵉ Ech.	647	376.676	20.719
Agrégé	1ᵉ Ech.	388	225.889	12.424
Agrégé	11ᵉ Ech.	810	471.573	25.936

Militaires aux Iles de la Société (Index 1,81 : 572,70 F.C.P.)

Grades		Indice du 1-3-80	Mensuel F.C.P.	Mensuel F.F.
Caporal-Chef Br.	1ᵉ Ech.	252	144.320	7.938
Caporal-Chef Br.	8ᵉ Ech.	339	194.145	10.679
Sergent-Br.	1ᵉ Ech.	270	154.629	8.505
Sergent-Br.	8ᵉ Ech.	348	199.299	10.962
Adjudant-Br.	1ᵉ Ech.	310	177.537	9.765
Adjudant-Br.	8ᵉ Ech.	382	218.771	12.033
Lieutenant	1ᵉ Ech.	455	260.578	14.332
Lieutenant	5ᵉ Ech.	545	312.121	17.166
Capitaine	1ᵉ Ech.	530	330.531	16.694
Capitaine	4ᵉ Ech.	685	392.299	21.576
Commandant	1ᵉ Ech.	635	363.664	20.001
Commandant	3ᵉ Ech.	735	420.934	23.151
Lt-Colonel	1ᵉ Ech.	785	449.569	24.726
Lt-Colonel	3ᵉ Ech.	865	495.385	27.246
Colonel	1ᵉ Ech.	966	553.228	30.427
Colonel	2ᵉ Ech.	1.015	581.290	31.976
Généraux	Hors Echelle			

Rappelons qu'il s'agit de données brutes et indicatives. Par rapport à cette échelle indiciaire de la fonction publique, le S.M.I.G. de la Polynésie représenterait l'indice 72.

5. *Economie* (7)

Les Assises régionales de Tahiti du Colloque National pour la Recherche et la Technologie du 30-10-81 la définit comme « une économie dopée par les transferts, artificielle, de type colonial et caractérisée par l'importation quasi totale de l'énergie (99 %) et de l'alimentation (85 %), le déséquilibre (déficit de 94,4 %), l'insuffisance des productions locales et l'inadéquation de la formation à l'emploi ».

Le Conseil de Gouvernement parle « d'une économie limitée (agriculture : 5 % du P.I.B. ; industrie : 17 % du P.I.B.), dépendante (les 2/3 du P.I.B. viennent de France dont 41 % du C.E.P.) et déséquilibrée (voir ci-dessus). Le système fiscal, essentiellement indirect, n'intervient pas pour resserrer l'éventail des revenus. Voilà donc le cercle vicieux qu'il faut rompre pour mettre en place une économie propre au Territoire :

1. le déséquilibre commercial et financier rend nécessaire le renforcement de l'aide métropolitaine ;
2. cette aide transitant par la fonction publique entretient l'attrait pour ce secteur au niveau de l'emploi et alimente la demande ;

(7) Sources : Conseil de Gouvernement, Colloque National sur la Recherche, I.T.S.T.A.T. Banques.

3. l'incitation aux productions locales est insuffisante et on aboutit à l'accélération des importations et au renforcement du déficit».

Personne ne conteste que nous sommes devant une évolution économique et sociale néfaste par les retombées, prévues mais non maîtrisées, de l'implantation du C.E.P. en 1963 : dépeuplement des archipels, urbanisation excessive et sauvage, spéculation foncière, inflation galopante, tertiarisation quasi totale, développement rapide d'une pathologie sociale (alcoolisme, drogue, prostitution, délinquance, bidonvilles...). Tous ces inconvénients avaient été très bien vus lorsque la Commission Permanente de l'Assemblée Territoriale, en février 1964, a cédé à la France, par 3 voix contre 2, les atolls de Moruroa et Fangataufa pour les usages du C.E.P. Charles de Gaulle avait dit que cette «installation se faisait avant tout dans un but de Défense Nationale, mais que ce Centre devra être profitable à l'expansion et à l'équipement du Territoire». G. Pompidou avait rappelé que c'était «ailleurs que dans le C.E.P. que le Territoire devait chercher ses raisons de vivre et ses ressources fondamentales». Cet «ailleurs» permanent et imposé par la géographie aux hommes, c'est la pêche, l'agriculture, le Tourisme. «Les faits sont têtus» et chacun, quelque soit son programme et ses idées, s'aperçoit bien qu'il va falloir replanter le cocotier polynésien sur ses racines naturelles même si ses larges feuilles continuent de bruisser au vent du grand large. Dans le monde d'aujourd'hui, «grand village» interconnecté, personne ne peut demeurer une île.

Par ce moteur très et sans doute trop puissant et à rythme accéléré, la Polynésie est passée d'une économie traditionnelle et paisible de subsistance familiale à une économie frénétique de consommation et d'échanges. Si, par rapport à la population, les activités du C.E.P. apportent une sorte «d'enrichissement sans cause», une telle mutation est irréversible ; irréversible par la facilité imitative et adaptative des Polynésiens aux nouveautés, à tout ce qui est «api» (neuf) ; irréversible par le fait qu'ayant 53 % de moins de 20 ans, la moitié de la population a vu le jour dans cette période d'après 1963 ; irréversible par l'importance des infrastructures collectives construites et des habitudes nouvelles prises : Santé, services de la Gendarmerie, transports en tous genres, Radio-Télévision, scolarisation totale de 6 à 14 ans, consommation intense...

Aussi paradoxal que cela puisse paraître, cette économie tertiaire importée, grâce à l'assistance tutélaire de la France, présente une certaine invulnérabilité. En effet, c'est l'Administration qui opère les transferts publics par ses dépenses de fonctionnement, d'investissement et les salaires (15.000 agents sur 45.000 actifs). Cette demande «solvabilisée» et représentant 66 % des revenus, induit une fonction d'offre commerciale qui fait appel surtout à l'importation. Au passage, par la fiscalité indirecte, «le budget territorial a la comptable illusion de financer de façon autonome ses propres dépenses». Il y a ainsi parallélisme entre l'inflation locale et l'inflation importée. «Illusion comptable, inflation-transfert, ce surcroît est financé en définitive par un sur-salaire fictif des agents de l'Etat qui boucle le circuit des transferts» (I.T.S.T.A.T., mars 1982). Ainsi, à partir du moteur public d'Etat, employeur principal, s'induit un secteur tertiaire de services dont les échanges économiques font vivre le Territoire par la fiscalité indirecte. Les secteurs primaire et secondaire ont été marginalisés par cette économie artificielle et assistée qui ne vit que des transferts publics métropolitains, c'est-à-dire des impôts des contribuables de l'hexagone.

Dans la pratique et globalement on estime que les 10.000 agents métropolitains de l'Etat dépensent sur place l'équivalent de l'index correcteur et qu'ils investissent en France, souvent dans la pierre, leur salaire de base. Les agents étatisés locaux dépensent sur place principalement.

Sur tous les plans, nous avons donc la juxtaposition de deux univers, tournant chacun sur lui-même sans lien naturel entre eux et, dont celui qui est issu de l'Etat, a de plus en plus tendance à déstabiliser et marginaliser le monde autochtone maohi. C'est une situation grave, dangereuse et explosive si on n'y prend pas garde puisque chacun sait que «l'homme ne vit pas seulement de pain».

6. Statut et Protection Sociale [8]

La loi du 12 juillet 1977 fonde le statut d'autonomie interne du Territoire de la Polynésie Française. Sur un fond d'autonomie pour garder sa personnalité propre et disposer de soi-même dont Pouvanaa a Oopa fut le prophète et le «Metua», sa genèse fut difficile avec une crise majeure de juin 1976 au 4 mars 1977. Le statut introduit une dyarchie: le Haut-Commissaire, chef des Services d'Etat et le Vice-Président du Conseil de Gouvernement «considéré en fait comme la clé de voûte du système». Cette dualité ne fait que reconnaître le bilinguisme culturel, officialisé depuis 1980 et souligné avec vigueur aux Assises régionales du Colloque sur la Recherche d'octobre 1981. Les dernières élections du 23 mai ont bien montré une profonde unité sur cette situation: être soi-même et reconnu comme différent au sein de l'ensemble français.

Sur le point qui nous occupe, le Statut crée un «Comité économique et social» à rôle consultatif et la possibilité de «Conventions» Etat-Territoire pour les investissements économiques et sociaux ainsi que l'aide à la formation et à l'emploi. Le Titre III limite de façon stricte les compétences de l'Etat. L'ensemble du secteur économique et social est de compétence territoriale, hormis la monnaie, les changes, le crédit et le commerce extérieur. En raison des profondes mutations économiques, sociales et statutaires, la question de l'adaptation de la législation sociale et du Code du Travail fondés sur la loi de 1952, se trouve posée. Il convient, dans ce domaine comme dans les autres, à la fois de s'adapter à l'évolution actuelle et de tenir compte des réalités locales et des «particularismes» culturels. Tout a été si rapide qu'il y a des lacunes importantes, des vides juridiques et des risques d'explosion sociale. Le contexte de la vie de groupe, l'habitude du dialogue, la vie communautaire développée («amuiraa») font qu'un dialogue franc sur des données objectives peut permettre une recherche harmonisée du bien commun dans le respect de la personnalité polynésienne. La grande force et la seule chance de survie dans de petites îles c'est cette volonté de vivre ensemble au-delà des divergences et des conflits. Le manichéisme, sous une forme ou une autre, rendrait ces îles invivables. La convivence est un acquis socio-culturel polynésien vital et avec lequel il ne faut pas jouer.

Sur la base de la loi du 15-12-1952, instituant le Code du Travail Outre-Mer, la législation de la Protection Sociale en Polynésie s'est développée progressivement. Le 28-9-1956, deux arrêtés instituent l'un le régime des prestations familiales pour les salariés et l'autre une Caisse de Compensation qui deviendra l'ossature de la Caisse de Prévoyance Sociale: la C.P.S. La couverture des accidents du travail, organisée par le décret du 24-2-1957 est confiée à la C.P.S. le 24-10-1961. Le 8-2-1961 est institué le régime d'aide aux vieux travailleurs salariés. La surveillance médicale des salariés est organisée le 25-2-1965. Le régime de prévoyance sociale pour diverses maladies et opérations pour les salariés est institué le 4-10-1966. Le régime de retraite des travailleurs salariés est organisé le 24-8-1967. C'est le 1-2-1979 qu'est institué le régime de protection sociale des agriculteurs, éleveurs, pêcheurs, aquiculteurs et artisans, couvert par une taxe de 1,5 % sur les importations. Ainsi en 1982, la C.P.S. gère 5 régimes, très excédentaires sauf celui de maladie-invalidité. La Caisse de Prévoyance Sociale est un Organisme privé d'utilité publique, chargé de gérer les divers aspects de la protection sociale dans le cadre du Statut du Territoire et selon ses lois. Son directeur, pendant vingt-cinq ans, F. Vanizette, reconnaît que le personnel de la C.P.S. jouit de sérieux avantages dont ne bénéficient pas les autres travailleurs et qui rapproche leur statut de celui des fonctionnaires de l'Etat.

Cet article de réflexion ne peut être exhausif sur une question aussi vaste, complexe et évolutive que celle du travail en Polynésie. Dès 1967, le Secrétaire Général Langlois constatait, devant l'Assemblée Territoriale, l'impuissance de l'Administration à contrôler la situation créée par l'implantation du C.E.P. Tant de nouveautés, une telle masse d'argent facile ont non seulement déstabilisé la vie socio-économique, mais ont aussi corrompu les cœurs; cumuls, trafics, magouilles, scandales... ont empoisonné les relations sociales et la vie politique. Cette économie artificielle

(8) Sources: Assemblée Territoriale; «De l'atome à l'autonomie»; «la Constitution de la République Française»...

«est une croissance sans développement»; les dépenses d'équipement sont réduites par rapport à celles de fonctionnement, les salaires publics sont hypertrophiés par rapport aux investissements (pour 1981 les dépenses de l'Etat s'élèvent à 29.099 millions F.C.P. dont 1.876,9 millions F.C.P. en équipements). Par rapport à elle-même, au contexte français et mondial, la Polynésie est à la croisée des chemins, en particulier en ce qui concerne le travail des hommes qui y vivent, leur bonheur et l'avenir de leur famille sur leurs îles, leur «fenua». Il faut sortir du rêve et du mythe.

III. QUESTIONS POUR UNE RECHERCHE

Le travail, envisagé comme toute activité humaine même non économique et mis au service du bonheur des hommes, a été situé dans ses principales composantes polynésiennes, économiques, sociales, culturelles ou éthiques. Il s'agit maintenant d'en tirer des propositions en vue de l'adaptation particulière et de l'amélioration typée du Code du Travail dans le respect du Statut d'autonomie et de la personnalité culturelle maohi. Ce qui se fait en Métropole n'est ni à rejeter à priori ni à appliquer les yeux fermés. La Polynésie est «autre» et «ailleurs» au sein de la République. La complexité du sujet et la modestie liée à toute recherche socio-culturelle et éthique feront que les 5 séries de propositions se présentent sous forme de questions ou de pistes de réflexion.

1. Faire la Vérité

C'est un préalable méthodologique indispensable et souhaité par tous. Aucun dialogue socio-économique n'est possible sans données objectives et actualisées, sans une connaissance exacte de la situation, sans statistiques fiables et mises à la disposition de tous les partenaires intéressés au développement du Territoire. La création de l'Institut Territorial de la Statistique (I.T.S.T.A.T.) en juillet 1980 répond à cette demande déjà ancienne. Dans son domaine, l'Office de la Main-d'Œuvre joue un rôle analogue. N'est-il pas souhaitable, et même urgent, que ces organismes jouissent d'une pleine autonomie et responsabilité, selon le Statut (art. 21) et à l'exemple de l'I.N.S.E.E. et de l'A.N.P.E., en véritable indépendance à l'égard de l'Administration, du Gouvernement, du patronat et des syndicats? La compétence de leur personnel permet d'envisager que ces Services Publics soient au service de tout le public.

N'est-il pas temps, pour instaurer un dialogue social loyal et une recherche économique sérieuse, que les divers Services et Organismes ne gardent plus jalousement le secret des données et des chiffres? N'y a-t-il pas là appropriation abusive par les administrations des informations collectives nécessaires à la vie de la population? Trop de combines, de trafics, de manipulations, de cumuls, de placements de «copains» dans des Offices bidon et bien payés... émaillent l'histoire récente de Tahiti pour que la population ne souhaite pas clarté, transparence et vérité. L'«Argent» et le «Sexe» ne doivent plus, avec la «Bombe», être les grandes valeurs de la Polynésie.

2. Le C.E.P.

Question majeure, inévitable, piégée et à multiples facettes, même au regard du travail et de l'économie. Son rôle dans la Défense Nationale et l'industrie d'armement est son but essentiel. Malgré ses promesses et 4 jours d'arrêt vite rapportés, même le Gouvernement actuel le trouve nécessaire. La dissuasion atomique est un fait majeur de notre Société de terreur et de force. Même si certains amiraux renvoient les spirituels et les moralistes à «leurs oignons», il se trouve que des savants aussi dénoncent le caractère irrémédiable et absurde des armes nucléaires actuelles (Académie Pontificale des Sciences, 8-10-81). L'interrogation morale de nombreux Polynésiens sur la bombe atomique est respectable. Ils sont loin d'en être les seuls opposants. Cela ne veut pas dire que, sous cet angle éthique, on a l'esprit et la compétence pour se prononcer sur les usages énergétiques, techniques, médicaux de la radio-activité naturelle et artificielle. Nous comprenons que le Centre de Moruroa puisse travailler à cette recherche dans des conditions rigoureuses et contrôlées de sécurité. C'est ce qui fait dire à pas mal de Polynésiens: si le C.E.P. est si inoffensif pourquoi ne pas faire les expériences en France? N'y a-t-il pas assez de camps militaires pour cela?

Sur le plan économique, le C.E.P. se comporte comme une «monoculture» dans le pays en voie de développement qu'est la Polynésie, monoculture aggravée par son caractère artificiel, importé et militaire. Le C.E.P. a fait passer la Polynésie – mais trop vite, brutalement et sans maîtrise socio-économique – d'une économie fruste de subsistance-cueillette à une économie hypertrophiée de consommation de luxe sans production (95 % import, 5 % export). Nulle part le passage d'une telle situation à une économie plus au service de la population par un développement réel, localisé et harmonieux n'est facile à réaliser. Nous sommes devant une situation typiquement coloniale à résorber. Ceci avait été vu lucidement dès avril 1963. La Polynésie vit sur la promesse du général Thiry: «Si les projets actuels devaient cesser, ils seraient remplacés par d'autres.»

Cette situation, avec ce qu'elle induit, fait de l'Etat le principal employeur et le quasi exclusif moteur économique du Territoire: 1 actif sur 3 et les 2/3 des salaires. Par rapport aux questions du travail cela pose un problème original et délicat, l'Etat étant partenaire économique, législateur et arbitre. L'accumulation dans les mêmes mains de «l'avoir, du savoir et du pouvoir», de cette manière et dans de si petites îles éloignées, pose de redoutables questions de Société et d'éthique. Beaucoup en sont-ils conscients, surtout parmi les fonctionnaires et agents publics?

Le lecteur comprend bien que ces réflexions graves ne font pas du C.E.P. comme organisme ni de son personnel le responsable direct ou exclusif des inégalités salariales et de la déstabilisation économique. La responsabilité est d'origine politique. Ce sont des hommes politiques et des syndicalistes qui ont volontairement poussé, sous couvert d'intégration sociale et d'égalité entre «expatriés» et locaux, à l'intégration salariale de la plus grande partie des fonctionnaires polynésiens par la loi du 11-7-1966, appliquée le 5-1-1968; cela signifie, pour les fonctionnaires natifs des îles et y restant, le salaire métropolitain exonéré d'impôts et multiplié par l'index correcteur le doublant. Ne serait-ce pas la caricaturale illustration de la formule grinçante de D. Halévy pour définir l'égalité en France: «des privilèges pour tous»!

3. Partage économique mieux équilibré

La revitalisation des archipels, le développement local des populations est, depuis quelques années, une priorité des élus et responsables du Territoire. En plus des infrastructures collectives créées (communications, dispensaires, écoles, sports, video, radio, gendarmeries...) divers Fonds ont été constitués pour réactiver les secteurs primaire et secondaire: F.A.D.I.P., F.S.D.I.A., F.S.I.D.A.P. (9). Pour l'emploi, l'équilibre de vie, l'entretien des îles, l'activité économique, la vie sociale, c'est une démarche nécessaire et une priorité absolue. Pour réussir, et ainsi résorber progressivement les inégalités qui rapprochent Tahiti plus de l'Amérique latine que de la Métropole, cette volonté politique demande de vivre une double solidarité socio-économique: avec le Pacifique et avec la France.

La Polynésie Française est située au cœur du Pacifique-Sud où elle occupe une zone économique grande comme 9 fois la France. Même si la Métropole a peu développé les relations avec les autres îles du Pacifique, les liens culturels et historiques dans le «triangle polynésien» sont très réels. Les Polynésiens sont du Pacifique où ils plongent leurs racines; ils sont dans le Pacifique dont ils ne peuvent ni ne veulent se séparer tout en étant très attachés à la France. Il n'est donc

(9) F.A.D.I.P.: Fonds d'Aménagement et de Développement des Iles de la Polynésie. – F.S.D.I.A.: Fonds Spécial de Développement de l'Industrie et de l'Artisanat – F.S.I.D.A.P.: Fonds Spécial d'Investissement pour le Développement de l'Agriculture et de la Pêche.

pas indifférent de situer nos îles dans cet ensemble pour le revenu et les dépenses publiques par habitant (en dollars australiens) (10).

Pays	P.I.B. par habitant			Dépense Etat/habitant		
	dollars	en F.F.	en F.C.P.	dollars	ou F.F.	en F.C.P.
Polynésie Française	4.784	(30.139)	547.982	2.098	(13.217)	240.309
Nouvelle-Calédonie	5.638	(35.519)	645.800	1.682	(10.590)	192.545
Wallis-Futuna	870	(5.481)	99.655	671	(4.227)	76.855
Iles Cook	941	(5.928)	107.782	692	(4.359)	79.255
Fidji	1.227	(7.730)	140.545	370	(2.331)	42.382
Kiribati	660	(4.158)	75.600	313	(1.971)	35.836
Samoa U.S.A.	4.097	(25.811)	469.291	1.373	(8.649)	157.255
Samoa West.	304	(1.915)	34.818	288	(1.814)	32.982
Tonga	431	(2.715)	49.364	111	(699)	12.709
Tuvalu	600	(3.780)	68.727	253	(1.593)	28.944

Ce tableau est éloquent. La Polynésie est parmi les très riches du Pacifique grâce aux dépenses de l'Etat. Mais la conséquence en est que Tahiti n'est pas compétitif avec les autres Territoires du Pacifique; même les Territoires américains (Samoa et Hawaii) se situent à un niveau plus modeste. C'est une situation dangereuse pour la production locale et même le tourisme qui est très cher. Cette situation, présentée comme «la vitrine de la France dans le Paficique», est appréciée en termes moins favorables dans les autres îles de la région. Une telle «économie dopée artificiellement» peut-elle survivre longtemps dans une pareille distorsion régionale? Y a-t-elle des débouchés possibles? L'accès à la mer, quasi impossible par la privatisation du littoral, ne grève-t-il pas le tourisme et la vie locale?

Par rapport à la Métropole, la situation socio-économique se traduit par un S.M.I.G. inférieur et des salaires publics doublés et exonérés. La loi du 11-7-1966 a intégré beaucoup de fonctionnaires locaux dans les corps d'Etat, moins l'indemnité d'éloignement, les prestations familiales et la Sécurité Sociale qui restent locales (C.P.S.). C'était une aide au budget territorial et une égalité entre fonctionnaires locaux et fonctionnaires «expatriés». Mais fallait-il aligner les locaux tahitiens sur les locaux de Métropole ou sur les «expatriés»? De plus les locaux de France ont des impôts à payer, des frais de chauffage et autres que le climat de Tahiti, tant vanté pour les touristes, rend inutile. Les «expatriés» sont-ils vraiment hors de la Patrie en étant en Polynésie, Territoire de la République? Ce fameux «index correcteur», héritier du «supplément colonial» de 1933 et source première des injustices et inégalités locales ainsi que des déséquilibres économiques, se justifie-t-il encore? N'oublions pas qu'il s'agit de 1/3 des actifs qui en bénéficient sans compter de nombreux services qui s'alignent plus ou moins sur lui. Cette privatisation en sursalaires de l'argent public venant du contribuable métropolitain ne se fait-elle pas au détriment des investissements qui permettraient la relance des Secteurs Primaire et Secondaire? Ne sommes-nous pas là devant un héritage colonial devenu privilège abusif et corporatiste? L'exonération d'impôts sur le revenu ainsi que les avantages climatiques, ne constitueraient-ils pas, aujourd'hui, un avantage substantiel et suffisant? Et que dire des diverses indemnités, primes, voyages gratuits...? Au nom de quel principe un fonctionnaire vaut-il le double des autres citoyens? Pourquoi un normalien reçoit-il 3 fois le S.M.I.G.?... Litanie de questions qui pourrait continuer longtemps. Nous sommes ici à la racine des inégalités choquantes, du «dopage déséquilibrant» de l'économie locale. Economiquement, la masse «fonction publique» qui «fait du 5,5» comme on dit ici, n'est solidaire ni des Polynésiens ni des Métropolitains. C'est un moteur indépendant qui entraîne, par sa consommation propre, un circuit commercial aussi artificiel et inégalitaire que lui, à écarts de revenus de l'ordre de 1 à 30, bénéficiant surtout à quelques grosses Sociétés omniprésentes.

---

(10) Source: I.T.S.T.A.T.; données de 1978 en dollars australiens: 1 dollar A: 115 F.C.P.: 6,3 F.F. au 25-5-82.

Trop en salaires publics exagérés, trop en divers bénéfices commerciaux, trop peu en investissements productifs au service de la population autochtone, tel est le rééquilibrage à entreprendre rapidement pour rebâtir une économie au service de tous.

4. Aspects socio-culturels du Travail

Tahiti est le lieu de rencontre de 4 cultures et modèles de société : modèle français par l'Administration et l'Ecole, modèle américain par les media et la technologie, modèle chinois par l'activité économique, modèle maohi par le style de vie, la sensibilité et le folklore. De fait et officiellement depuis 1980, le Territoire est bilingue, français et tahitien – (sans oublier l'anglais et le chinois parlés par un bon nombre). Les Assises régionales du Colloque de la Recherche ont beaucoup réfléchi sur ce sujet ; c'est une importante étude à consulter.

Après la guerre de 1939-45, l'ensemble de la Polynésie était encore au stade d'une économie de cueillette et de pêche familiale, avec des secteurs secondaire et tertiaire peu développés. La création d'une capitale politique, administrative, économique, religieuse a fait que, progressivement, le « maohi » de la zone urbaine s'est habitué à un travail régulier et fixe à l'exemple des employés. Du besoin de vivre qui se passait d'argent en 1939, on est passé au besoin de travail pour avoir l'argent et la sécurité qu'il procure. En 1963, l'implantation du C.E.P. a fait de cette évolution tranquille une mutation brutale.

Le Polynésien est un excellent travailleur ; mais il ne travaille pas de la même façon ni pour les mêmes motivations que le Français, sans parler du célèbre « fiu » [11]. Il travaille plus à une tâche précise et à but immédiat qu'à long terme. Il travaille plus en groupe et pour un groupe que seul et pour lui-même. Il n'est ni un cérébral ni un individualiste ; le partage communautaire et la relation affective sont importantes pour lui. La pure compétition individuelle l'intéresse peu. Mais, si le travail en commun est possible, les coopératives sont d'organisation très difficile et ont du mal à réussir à cause de la gestion des fonds et des questions de crédit qui ne sont pas de compétence territoriale. Le maohi aime la création artistique et artisanale qui s'épanouit actuellement en objets originaux et non en simples copies des pièces de musées.

La dimension de « cœur », la fraternité sont importantes ; c'est un grand émotif. Si les querelles personnelles sont inévitables et fréquentes, elles n'amènent pas les intolérances sectaires et le manichéisme de tant de débats métropolitains. La convivence solidaire, vitale sur des petites îles, privilégie les relations affectives sur les disputes idéologiques qui rendraient ces îles invivables.

Une telle sensibilité explique les retards scolaires importants (80 %), l'absence presque complète des Polynésiens dans le Secondaire malgré un Q.I. moyen plutôt supérieur à celui des Européens. Chacun est bien conscient de l'inadaptation du système scolaire métropolitain en Polynésie ; des essais intéressants au niveau de la formation professionnelle sont tentés : C.J.A., C.E.T.A.D., M.F.R., lycées techniques, formation des adultes. Mais il faut que le Territoire s'intéresse de beaucoup plus près à ce secteur comme au Primaire. Avec la meilleure volonté et compétence, ce ne sont pas des enseignants métropolitains, sous contrat de trois ans, qui peuvent assurer une telle opération, ne serait-ce que pour une question de langue locale ; au mieux, ils peuvent être conseillers techniques. Il faudrait entreprendre ici une étude approfondie sur langage et culture... ; contrairement à ce qui est souvent affirmé, culture et langue ne s'identifient pas, ne se superposent pas.

(11) « Fiu » : fatigue mélancolique inhibant l'activité.

5. Choix de société

Les dernières élections du 23 mai l'ont montré ; le choix fondamental est la volonté d'être polynésien dans l'ensemble français : intégrationistes, indépendantistes et idéologues n'ont pas eu grande audience. Le Statut d'autonomie est plutôt une base de départ que chacun veut améliorer selon ses options propres. Cela pose plusieurs questions.

Sur le plan économique, si les choix sont de compétence territoriale, le financement direct ou indirect est métropolitain ; or « qui paie, commande ». Comment harmoniser ? Le crédit reste d'Etat. Comment bâtir une économie sans autonomie du Crédit ?

Sur le plan administratif, l'étatisation de nombreux fonctionnaires locaux à qui on a accordé les privilèges des « expatriés », certaines conventions comme la prise en charge de l'Ecole Normale alors que le Premier Degré est de compétence territoriale, posent de sérieuses questions de responsabilité et de choix des objectifs, d'autant plus que les conventions paraissent ponctuelles et au coup par coup. Le Statut ne se viderait-il pas de sa substance au profit de l'Etat ? Il y a au moins « anomalie dans le système institutionnel en principe autonomiste ». De même la généralisation des communes à tout le Territoire (24-12-1971) demande une bonne harmonisation entre celles-ci, l'Assemblée, le Conseil de Gouvernement sans oublier l'Etat. Cette gestion administrative, liée à la masse des Métropolitains et assimilés, accentue fortement l'intégration à la Métropole. Les projets de Code du Travail iront-ils dans ce sens, contrairement au Statut (art. 21 s) ? Le rapport du médiateur J. Vernaudon remis le 1-10-1982 écrit (p. 46) : « Le débat a porté sur l'autorité qui aurait compétence pour légiférer. Mais le cas paraît tranché en faveur de l'Etat et de l'extension du Code du Travail métropolitain. »

Sur le plan juridique, tout cet ensemble pose une question fondamentale de Droit : décentralisation ou subsidiarité. La décentralisation c'est gérer autrement la collectivité en accentuant la responsabilité au niveau local. C'est une répartition différente des pouvoirs publics ; l'unité est assurée par la délégation. La subsidiarité, qui semble inconnue en droit français, c'est se lier à un partenaire qui est différent et reconnu dans sa personnalité propre. C'est le droit à être respecté dans son particularisme. Les pouvoirs ne viennent pas d'en haut ; c'est l'unité par le pluralisme. C'est reconnaître et vivre la pluralité comme fait naturel et situation historique. En quelque sorte c'est l'Etat au service de la Nation, d'une Nation reconnue comme plurielle[(12)]. Vivre la subsidiarité c'est respecter la compétence de l'autre, ne pas se substituer à lui dans son domaine et à son niveau ; c'est l'associer comme partenaire libre et responsable.

Tant en droit qu'en fait, le Statut d'autonomie de la Polynésie pose cette question, neuve pour une « République une et indivisible ». L'unité en France a toujours été conçue comme l'uniformité, en particulier sur les plans administratifs et scolaires. L'unité par la diversité, l'unité organique de membres différents qui se reconnaissent tels tout en voulant rester unis, est une question majeure de notre temps. La France est une des rares démocraties unitaires ; la plupart sont de type fédéral, habituées à l'unité dans la pluralité. La Polynésie, par sa double requête d'être pleinement elle-même et pleinement française, suscite sur tous les plans une réflexion et qui peut être très enrichissante sur le plan national et au-delà.

De toutes façons, nous sommes là au cœur du problème à résoudre : double culture, bilinguisme, éducation plurielle, Code du Travail adapté, économie ilienne, Statut politique auto-

(12) Par exemple, les « lois laïques » ne s'appliquent pas de droit en Polynésie, même si, de fait historique, « laïcité et Séparation » y furent même anticipés abusivement (note du 17-9-1904, lettre du Président du Conseil 20-7-1922, décret Mandel du 16-1-1939). Le Code du Travail devra tenir compte de ce « particularisme » de la totale liberté d'expression politique et religieuse pour tous, y compris les fonctionnaires étant sauve la « réserve » sur les lieux et dans les temps de travail. On évitera ainsi l'émotion légitime suscitée par une circulaire malencontreuse du 10-3-1982, rectifiée le 14-5-1982. Ce « particularisme » juridique est conforme à la Déclaration Universelle des Droits de l'Homme (art. 18, 19, 20, 21, 26).

nome, vie sociale particulière... La Polynésie a une personnalité originale que la France a rencontré au cours des hasards de l'Histoire. Depuis cent quarante ans, les deux pays voguent de concert avec des fortunes diverses. Désormais la Polynésie souhaite être accueillie et reconnue comme un partenaire à part entière, selon sa personnalité originale et irremplaçable, tout en demeurant partie prenante de l'ensemble français.

Papeete, 30 mai 1982 — Paul Hodée

BIBLIOGRAPHIE

1. Banque de Polynésie: *Rapport du C.A.* (15-4-1981), Papeete – 43 pages.
2. Caisse de Prévoyance Sociale: *Recueil des textes* (1970), Papeete – 80 pages.
3. Caisse de Prévoyance Sociale: *Rapports et délibérations* (1979-82), Papeete – 54 pages.
4. Caisse de Prévoyance Sociale: *Guide de l'assuré* (1981), Papeete – 75 pages.
5. Chambre de Commerce et d'Industrie: *Données statistiques* (mai 1982), Papeete – 10 pages.
6. Colloque National sur la Recherche et la Technologie: *Assises Régionales de Polynésie Française* (oct. 1981), Papeete – 222 pages.
7. Conseil de Gouvernement et Assemblée Territoriale (1981), 4 millions de km², Papeete – 36 pages.
8. A. HANSON – Rapa: *Société des Océanistes* nº 33 – Musée de l'Homme, Paris 1973 – 189 pages.
9. P. HODÉE: *Conscience du Temps et Education chez les Océaniens,* Lyon 1981 – 392 pages.
10. I.N.S.E.E. (1980): Résultats du recensement de la population de la Polynésie Française (29-4-1977), *Etudes et annexes,* 2 tomes – 400 pages.
11. Inspection du Travail: Données statistiques de mai 1982.
12. I.T.S.T.A.T. Papeete: *Bulletins mensuels.*
13. I.T.S.T.A.T. Papeete: *Ménages de Polynésie Française,* B.M. GROSSART, 1981 – 168 pages.
14. I.T.S.T.A.T. Papeete: *Situation démographique en Polynésie Française,* G. BAUDCHON, 1982 – 10 pages.
15. I.T.S.T.A.T. Papeete: *Migrations, emploi et développement en Polynésie Française,* G. BAUDCHON, 1982 – 9 pages.
16. I.T.S.T.A.T. Papeete: *Notes de conjoncture* (mars 1982) – 29 pages; (novembre 1982) – 35 pages.
17. JEAN-PAUL II (14-9-1981): «Le Travail humain» *(Laborem exercens)* – 80 pages.
18. Journal Officiel (1979 et 1980): Grilles de salaires.
19. J.C. MAESTRE: «Constitution de la République Française», *Economica 1980,* pp. 887-890: Statut de la P.F.
20. Ph. MAZELLIER: *Tahiti, de l'atome à l'autonomie,* Papeete 1979 – 575 pages.
21. Office de la Main-d'Œuvre: *Marché de l'Emploi au 31-12-1981,* Papeete – 14 pages.
22. Presse locale *(La Dépêche, Les Nouvelles):* divers articles et compte-rendus.
23. S. RAAPOTO: «La famille polynésienne» (1976) *Ve'a-Notre Lien,* Papeete – 4 pages.
24. R. VIRIEU (Dr): *Le Fiu,* Thèse de Doctorat en psychologie, Nice 1981 – 263 pages.

ANNEXE XI

Eglise locale en Océanie

SERMON DE Mgr MATACA, Archevêque de Suva, à la Messe d'ouverture du Chapitre de la Province d'Océanie (Pères Maristes, février 1977)

Je vous salue avec les mots de bienvenue traditionnels: Ni mata vinaka mai. Je vous souhaite la bienvenue à chacun de vous à Suva, Fiji. Ici à Fiji, nous considérons comme un privilège que, peu de temps après l'érection de la Province d'Océanie, vous ayez choisi Suva de l'Archidiocèse de Suva pour votre première rencontre.

L'Océanie a été confiée à la Société de Marie par le Pape. Les premiers missionnaires, vos ancêtres, nos prédécesseurs, étaient des géants à leur manière. Ils étaient de grands missionnaires. Ils étaient des héros. Ils ont rencontré beaucoup de problèmes et de difficultés, mais ils ont réussi à semer la foi dans le cœur des gens des Iles. Le fruit de leur travail nous pouvons le voir autour de nous aujourd'hui. Dans les Diocèses d'Océanie nous voyons des prêtres, des religieux et des laïcs dévoués qui se donnent au service de la Bonne Nouvelle. Les premiers missionnaires ont fait leur travail. Quel est notre travail? Nous devons construire sur les fondations posées par les premiers missionnaires. Nous devons faire de l'Eglise du Pacifique une Eglise vivante et vraiment locale. Ma conviction sincère est – à moins que nous ne travaillions, et immédiatement, à construire une Eglise vraiment dynamique – que nous ne répondons pas à l'appel de Dieu aujourd'hui. Deuxièmement, nous ne préparons pas l'Eglise de demain, et troisièmement nous rendons inutile le travail héroïque de nos prédécesseurs.

Qu'est-ce que je veux dire en parlant d'une Eglise vivante et vraiment locale? Je pense que VATICAN II l'explique dans le Décret sur l'Activité Missionnaire de l'Eglise:

«L'œuvre de la plantation de l'Eglise dans un groupe humain déterminé atteint dans une certaine mesure son terme, quand l'ensemble des fidèles est déjà enraciné dans la vie sociale et modelé jusqu'à un certain point sur la culture locale, qu'elle jouit d'une certaine stabilité et fermeté; ayant ses ressources propres, fussent-elles insuffisantes en clergé local, en religieux et en laïcs, elle est enrichie de ces ministères et institutions qui sont nécessaires pour mener et développer la vie du Peuple de Dieu sous la conduite de l'Evêque» (A.G. 19).

En d'autres termes, l'Eglise locale devient vivante et réelle dans la mesure où elle peut fondamentalement compter sur elle-même en ce qui concerne la vie interne et la mission extérieure. C'est quand toutes les structures essentielles et les ressources nécessaires pour sa vie et son œuvre peuvent être trouvées en elle, même si des moyens d'aide de l'extérieur continuent encore. Il est extrêmement important que nous nous réalisions aujourd'hui, qu'il est plus que temps que notre Eglise atteigne ce stade. Des événements de par le monde et plus spécialement dans les nations des Iles (la politique de localisation gouvernementale) doivent servir d'avertissement à tel point que le temps n'est peut-être pas de notre côté. Nous devons à l'Eglise et à nos gens de faire tout ce que nous pouvons, dans le temps que la Providence dans sa bonté nous accorde encore, pour construire une Eglise qui a ses chances de survie et de croissance même dans les pires dangers imaginables.

Une telle Eglise doit être: «self-ministering» – «self-propagating» – «self-supporting».

1. «Pour l'alimentation et la croissance du Peuple de Dieu, le Christ Seigneur a institué dans son Eglise une diversité de ministères qui travaillent pour le bien de tout le Corps» (A.G. 18). Le grand saint Paul prêche dans des termes semblables: «Il y a diversité de dons, mais c'est le même Esprit; diversité de ministères, mais c'est le même Seigneur, divers modes d'action, mais c'est le même Dieu qui produit tout en tous. Chacun reçoit le don de manifester l'Esprit en vue du bien de tous» (1 Co 12,4-7). Ce ministère comprend des services qui doivent être présents et actifs dans le Corps du Christ pour les deux fonctions du Corps:

a) pour sa vie et sa croissance: ces services doivent garder le Corps sain et l'accroître avec de nouveaux membres vivants. Ceci est réalisé par la Parole (la Foi) et la nourriture (les sacrements et la liturgie) et par l'organisation de la communauté (le Gouvernement);

b) pour son témoignage et son service du monde (l'apostolat).

Ceci est assuré par toutes sortes d'engagements de l'Eglise dans le monde où elle est appelée à servir de levain, de lumière et de sel du monde et à apporter le Royaume de Dieu parmi les hommes. Nous pouvons dire que dans ce sens large, tous les chrétiens sont appelés à être des ministres depuis qu'ils participent grâce au baptême, à la médiation propre du Christ comme prophètes, prêtres et animateurs. Une Eglise locale ne peut se suffire à elle-même que lorsque tous les services essentiels nécessaires pour sa vie et son œuvre sont réellement assumés par les membres de cette Eglise locale, et pas seulement par l'aide de l'extérieur. Aussi longtemps que ces services dépendent lourdement des missionnaires ou de l'aide extérieure, l'Eglise n'est pas «self-ministering». Cette situation doit être changée dès que possible, si l'Eglise veut se sentir en sécurité face aux dangers de l'histoire. C'est une étape que nous devons franchir maintenant, une étape qui comporte des risques. Nous devons favoriser des structures réalistes, capables d'accélérer et de faciliter ce «self-ministering». C'est une priorité. Notre tâche est d'abord de former un clergé local adéquat et adapté. Il ne peut y avoir une Eglise active sans l'animation du clergé. Le service hiérarchique, qui représente la direction du Christ qui nourrit, coordonne et anime, est un des services de base dans l'Eglise.

Deuxièmement, nous devons renforcer les ministères non ordonnés. La croissance du nombre de prêtres ne résoudra pas par elle-même automatiquement nos problèmes. Le ministère ordonné, j'avoue, est un des services de base indispensable dans l'Eglise. Mais il y a bien d'autres ministères nécessaires au bon fonctionnement du Corps du Christ, l'Eglise. Ces ministères ne sont pas nécessairement ordonnés, ils peuvent être exercés par des laïcs et souvent même mieux par eux.

Troisièmement: c'est notre tâche d'établir et d'encourager la vie religieuse parmi nos gens. La raison n'est pas que la vie religieuse existe d'abord comme un bien propre, c'est-à-dire la sanctification et le salut des membres chrétiens qui sont appelés à l'épouser, mais qu'elle existe pour le bien de toute l'Eglise. L'Eglise, et en même temps le monde entier, a besoin de ce service.

2. Une Eglise «self-ministering» est en même temps une Eglise «self-propagating». Elle est équipée pour assurer sa croissance par l'acquisition de nouveaux membres. L'Eglise est par sa nature missionnaire. Elle ne doit pas devenir un ghetto, renfermée sur elle-même, et nullement intéressée par tous ceux que Dieu aimerait appeler dans l'Eglise. Là où elle devient un ghetto, elle est vouée à l'extinction et à l'affaiblissement de sa vitalité par un manque de sang frais. Une Eglise locale vivante et réelle doit avoir le dynamisme nécessaire pour attirer de nouveaux membres. Une Eglise «self-propagating» est celle qui ne s'appuie pas seulement et surtout sur des missionnaires de l'extérieur pour le recrutement de nouveaux membres, mais sur ses propres membres, sur ses propres initiatives, ses propres méthodes et moyens. Nous devons apprendre toujours davantage à confier à nos fidèles la responsabilité de la croissance de l'Eglise. Il serait dommage qu'avec le manque de personnel missionnaire, l'esprit missionnaire de nos catholiques diminuât en même temps.

3. Une Eglise qui dépend pour son existence et ses services essentiels de la charité continue d'autres Eglises, n'est pas saine, ni établie correctement. Le peuple de Dieu est un peuple terrestre qui boit, achète et vend. Ce n'est pas seulement un avantage pratique, mais c'est aussi une nécessité théologique que l'Eglise locale forme elle-même une unité économique viable. Ces paroles sont du P. Hastings dans son livre sur la «Mission et le Ministère». De fait, nous sommes tous d'accord avec cela en théorie. Mais prenons-nous au sérieux les conséquences logiques de tels principes? Par tradition, notre Eglise dépendait pour sa vitalité économique de l'aide continue de l'extérieur. C'est grâce à cette aide que nous avons pu réaliser nos missions, entreprendre et faire fonctionner des services dispendieux comme des écoles et soutenir nos prêtres, etc. L'organisation matérielle et le réseau des services dans notre Eglise sont tels qu'ils ne peuvent continuer et se développer qu'à la ferveur d'une aide croissante de l'extérieur. Nous nous sommes habitués à pren-

dre tout cela comme allant de soi, et à nous conduire de telle manière que nous pensons que ces dons continueront toujours d'affluer. Mais supposons que ces dons s'arrêtent ou diminuent; supposons que ces généreux missionnaires nous quittent, que deviendront alors toutes ces structures admirables?

Je tremble quand je me pose de telles questions. Une Eglise locale vraiment forte ne peut s'offrir le luxe de tomber dans une telle fausse assurance. Nous pouvons nous asseoir et regarder l'avenir de l'Eglise en sécurité seulement quand la situation est telle que notre Eglise sent qu'elle est «self-supporting» d'une manière réaliste. Ceci implique, tout d'abord, un plan courageux de formation des membres locaux de notre Eglise pour aider leur propre Eglise: trouver l'argent et les biens matériels nécessaires pour le maintien et le fonctionnement de ses services essentiels, aider et soutenir ses travailleurs pastoraux, élargir et développer les services qui ont besoin d'être développés.

Pour atteindre ce but, tout doit être fait afin que nos gens réalisent que l'Eglise est leur affaire. Ils sont l'Eglise; ils sont l'Eglise locale. Le sentiment et l'attitude que les prêtres ou les missionnaires sont propriétaires de l'Eglise doit disparaître. Un nouveau sens de responsabilité doit naître par lequel chacun ressent que la vie et l'apostolat de l'Eglise dépendent de lui ou d'elle. Quelques-uns ont fait des efforts pour créer ce sentiment en formant des conseils paroissiaux et d'autres systèmes de soutien de l'Eglise. Dans beaucoup d'endroits ce sentiment s'accroît. Mais sommes-nous vraiment si avancés? Prenons-nous assez au sérieux cette question? Est-ce que nous réalisons que le temps n'est peut-être pas de notre côté? Peut-être notre façon de faire certaines choses donne l'impression que la contribution des gens est nécessaire, mais nous pouvons le faire aussi bien sans cela. Peut-être que nous aimerions réaliser de grands projets et que nous ne sommes pas prêts à attendre la participation ou le désir intéressé de nos gens? L'Eglise catholique a créé pour elle-même la réputation d'une possibilité économique infinie. Et parfois nous ne voulons pas décevoir l'attente des gens sur ce point. Que ce soit une règle, que le fonctionnement de l'Eglise ne doit pas se faire sans l'intérêt manifesté par les gens. Nous avons des établissements et des services coûteux et compliqués quant au fonctionnement. Pour le besoin de la cause nous devons les maintenir et les faire fonctionner. Mais vous me pardonnez quand je vous dis sans détour, que nous n'avons pas le droit de commencer quelque chose qui engage l'Eglise dans l'avenir, sans la certitude qu'elle puisse la continuer avec des ressources raisonnables trouvées sur place. En faisant le contraire on est injuste à l'égard de l'Eglise locale qui plus tard reste avec une tâche impossible.

Nos gens forment essentiellement une communauté pauvre, tout juste émergeant d'une économie de subsistance. Même s'ils sont héroïquement généreux, il y a sûrement une limite à leur contribution pour aider leur Eglise. Ce n'est pas être réaliste de faire des projets gigantesques et d'en attendre alors la réalisation avec les ressources limitées de nos gens. Il n'est pas juste de leur demander d'aider une Eglise taillée au standard opulent d'Outre-Mer.

Le programme ainsi décrit est un programme ambitieux. Il y a des gens qui pensent sans doute qu'il n'est pas réaliste, que c'est un rêve. C'est ma conviction quand même qu'il ne peut y avoir d'espoir pour l'avenir de notre Eglise sans une application sérieuse de ce programme. Si nous voulons vraiment réaliser ce qui vient d'être décrit, alors il y a une condition: notre Eglise doit être déclericalisée. J'espère que je suis correctement compris ici. Ce que je veux dire est que la vision de l'Eglise telle qu'elle a été présentée ne peut être matérialisée sans que nous réussissions à former un laïcat engagé, puisque l'essentiel de ce plan dépend de l'engagement des laïcs. Les missionnaires ne doivent pas parler moins ou écouter davantage. C'est juste ce qu'il faut. L'Eglise est d'abord tout le peuple laïc. Ils sont l'Eglise. Ils sont largement majoritaires. Donc, la tonalité de la vie et de l'apostolat de l'Eglise est déterminée par la tonalité de la présence de laïcs dans l'Eglise. La hiérarchie, le clergé et même les religieux forment un groupe minime dans l'Eglise et qui est plus: leur raison d'être est le service des larges masses de l'Eglise. Tout plan d'Eglise doit prendre en considération les laïcs.

BIBLIOGRAPHIE

I. ARCHIVES

1. Polynésie

Répertoire des archives de l'archidiocèse de Papeete (RP. A. Cools).
* Tome I Papeete-Rome 6-4-1970.
* Tome II Papeete-Rome 17-6-1977.
* Tome III Papeete-Rome 22-5-1981.

Répertoire des archives du diocèse de Taioha'e (RP. A. Cools).
1 tome de 194 pages Rome 24-4-1975.

Répertoire des archives du diocèse de Rarotonga (RP. A. Cools)
1 tome de 120 pages Rome 31-12-1981.

Archives des Frères de Ploërmel au Collège La Mennais – Papeete.
Archives des Sœurs de Saint-Joseph de Cluny – Vice-Province – Papeete.
Archives de l'Eglise Evangélique de Polynésie Française – Papeete.
Archives Territoriales de Polynésie Française – Papeete.
Archives de la Société des Etudes Océaniennes – Papeete.
Archives du Musée de Tahiti et des Iles – Punaauia.
Archives de l'Institut de Recherches Médicales Louis-Malardé – Papeete.

2. France

Archives de la France d'Outre-Mer, fonds Océanie, au Ministère des D.O.M.-T.O.M. (27, rue Oudinot) Paris – Inventaire E. Taillemite.

Archives de la Société des Missions Evangéliques de Paris (102, bd Arago). D.E.F.A.P. (département évangélique français apostolique) – 2 gros cartons de lettres et rapports sur la Mission d'Océanie.

Archives des Sœurs de Saint-Joseph de Cluny (21, rue Méchain – Paris). Plusieurs dossiers de lettres et documents sur la Mission de Polynésie.

Archives provinciales des Pères des Sacrés-Cœurs (42, avenue Despréaux – Paris). Divers manuscrits à Paris, Graves et Sarzeau.

3. Rome

Archives de la S.C. pour l'Evangélisation des Peuples *(Propaganda Fide)* (Piazza di Spagna, 48 – Roma).

Archives de la Maison Générale des Pères des Sacrés-Cœurs (P. A. Cools) (Via Rivarone, 85 – Roma).

Archives de la Maison Générale des Frères de Ploërmel (Fr. H. Libert) (Via divina Providenza, 44 – Roma).

Dans les trois cas les documents sur l'Océanie sont abondants et bien répertoriés.

Notes. Tous les documents cités dans le présent ouvrage peuvent être consultés dans le fonds spécial «Jubilé des 150 ans». Les originaux ont été soit recopié, soit résumé, soit photocopié. Tous sont répertoriés et classés permettant d'approfondir les sujets abordés en restant à Papeete.

Cet apport de nombreux documents manuscrits originaux venant de Paris et de Rome constitue un complément important des archives existantes en Polynésie.

II. LIVRES ET ARTICLES

ABALOS-MURILLO F., *Missionnaires en action.* Etudes picpuciennes, 8 – Rome 1976.
ALAZARD I., *Essai de bibliographie picpucienne* – Braine-le-Comte 1912.
ARBOUSSET Th., *Tahiti et les îles adjacentes.* Voyages et séjours 1862-65. Grassart – Paris 1867.
AUBE Th., «Entre deux campagnes», notes d'un marin, in *Revue Maritime et Coloniale,* 1873, t. 36 et 38.

BABLET J.P. – CAYET O., Le Monde vivant des atolls. *Société des Océanistes* n° 28, Paris 1980.
BARRET D., *World Christian Encyclopédia* – Oxford University Press, Nairobi 1982.
BARROW T., *L'art de Tahiti.* S.N.E. Chène – Paris 1979.
BAUDCHON G., *Migrations, emploi et développement en Polynésie Française.* Papeete 1982.
Notes de conjoncture: mars et novembre 1982. Papeete.
Situation démographique en Polynésie Française. Papeete 1982.
BLANCHET G., *Les petites et moyennes entreprises polynésiennes.* O.R.S.T.O.M. – Papeete 1981.
BOUGAINVILLE (de) L.A., *Voyage autour du Monde.* U.G.E. Col. 10-18 – Paris 1966.
BRÉCHERET J., «La révision de vie: une démarche», in *Cor Unum,* juin 1979.
BUCK P.H., *Les migrations des Polynésiens.* Payot – Paris 1952.

CAILLOT E., *Histoire des religions de l'archipel Paumotu.* E. Leroux – Paris 1932.
Histoire de la Polynésie orientale. E. Leroux – Paris 1910.
Polynésiens orientaux. E. Leroux – Paris 1909.
CARRIER M., «Un C.P.M. à Tokyo fréquenté par les non-chrétiens, in *Le Christ au Monde,* vol. 18, n° 3 – 1973.
CASTELOT A., *Talleyrand ou le cynisme.* France Loisirs – Paris 1980.
CHAMPAUD J., *Les trucks de Tahiti.* O.R.S.T.O.M. – Papeete 1981.
CHAULET P., *Histoire de la Mission catholique aux Marquises.* SS.CC. – Rome 1874.
CHOPART J.P., *Les îles Gambier et la brochure de M. Jacoliot.* Bancroft – San Francisco 1870.
COBLENTZ P., *Georges Mandel.* Bélier – Paris 1946.
COOLS A., *Evêché de Papeete et les frères bâtisseurs.* SS.CC. – Rome 1981.
Résumé d'histoire de la Mission des îles Cook. SS.CC. – Rome 1982.
Résumé d'histoire de la Mission des îles Marquises. SS.CC. – Rome 1982.
Histoire et documents de la Mission de l'île de Pâques. SS.CC. – Rome 1980.
COPPENRATH G., «Les Chinois de Tahiti». *Société des Océanistes* n° 21 – Paris 1967.
COPPENRATH (Mgr) M., «Eglise du Pacifique», in *Mission de l'Eglise,* juin 1973.
«Les Eglises du Pacifique et l'Evangélisation», in *Mission de l'Eglise,* mai 1976.
«L'Evêque, responsable de l'élan missionnaire de son peuple», in *Sous le signe de la collégialité apostolique.* O.P.M. – Lyon 1972.
«L'Eglise, témoin du mariage de non-chrétiens», in *L'Année canonique* n° 22, 1977.
CUZENT C., *Tahiti de 1854 à 1858.* Ch. Thèze – Rochefort 1860.

DANIEL-ROPS., *Histoire de l'Eglise du Christ,* 11 tomes. A. Fayard – Paris.
DANIELSSON B., *Le Mémorial Polynésien,* 6 tomes. Hibiscus – Papeete 1978.
DE DECKKER P., *Th. Jacques-Antoine Mœrenhout.* Université libre de Bruxelles. Thèse 1981.
DEFOIS G., *Jonas ou l'insurrection de Dieu.* Cana – Paris 1979.
L'Occident en mal d'espoir. Fayard – Paris 1982.
DELACROIX S., *Histoire Universelle des Missions* – Paris 1957.
DELMAS S., *Histoire de la Mission des Marquises.* Annales SS.CC., Braine-le-Comte 1929.
La religion ou le paganisme des Marquisiens. Beauchesne – Paris 1927.
DENING G., *Islands and Beaches – Discourse on a silent land – Marquesas 1774-1880.* M.U.P. – Melbourne 1980.
DESCHANEL P., *Les intérêts français dans l'Océan Pacifique* – Paris 1888.
DESMEDT M., *Centenaire du Vicariat Apostolique d'Océanie Orientale.* Annales SS.CC. 1933.
P. Clair Fouqué et la conversion de l'archipel Tuamotu. SS.CC. – Rome 1977.

DEVATINE F., «Conservation du patrimoine culturel et développement des cultures océaniennes», in *Tauhiti*, juillet 1979 – Papeete.

DEVATINE R.J., Natalité à Tahiti 1956-1966-1976», in *Cadrans* n° 1. Polytram – Papeete 1979.
«Mortalité à Tahiti 1956-1966-1976», in *Cadrans* n° 2. Polytram – Papeete 1982.

DROLLET A., *Grammaire de la langue tahitienne.* S.M.E. – Paris 1934.

DUBOIS M. et TERRIER A., *Les colonies françaises, un siècle d'expansion.* A. Challamel – Paris 1901.

DUCHÊNE G. et DEFOIS G., *Faire vivre.* Le Centurion – Paris 1979.

DUCHÊNE G. et ROZIER, *Sexualité et vie chrétienne.* Le Centurion – Paris 1981.

DUPETIT-THOUARS A., *Voyage autour du monde sur la frégate la Vénus.* Gide – Paris 1864.

EGLISE ÉVANGÉLIQUE DE POLYNÉSIE FRANÇAISE:
166 ans d'histoire – Papeete 1963.
Centenaire des écoles protestantes à Tahiti – Papeete 1966.

EGRON D., *Les Picpuciens en Polynésie Française.* Notes – Rikitea 1968.

FAGES J., *Petit Atlas de la Polynésie Française.* Société des Océanistes, dossier 19 – Paris 1979.

FAIVRE J.P., *L'expansion française dans le Pacifique: 1800-1842.* N.E.L. – Paris 1953.

FÉNELON G., *Inventaire des constructions antérieures à 1900 aux Gambier* – Papeete 1981.

FOURNIER S., *Débuts de la Mission Catholique à Tahiti* (éd. A. Cools). SS.CC. – Rome 1968.

FRIMIGACCI D., *Peuplement de l'Océanie et de l'Australie* (Col. Eveil). D.E.C. – Nouméa 1976.

FROSSARD A., *N'ayez pas peur – Dialogue avec Jean-Paul II.* R. Laffont – Paris 1982.

GAFFAREL P., «L'affaire Pritchard», in *Mémoires* de S.B.G.H. Dijon, t. 27, pp. 471-511 – 1912.

GAILLARD J.M. et Collectif, *Histoire 2e nouveaux programmes.* F. Nathan – Paris 1981.

GARANGER J., *Pierres et rites sacrés.* Société des Océanistes, dossier 2 – Paris 1979.

GARRET J. *To live among the stars* – University of the South Pacific – Geneva, Suva 1982.

GARRONE Card., *Ce que croyait Anne-Marie Javouhey.* Mame – Paris 1979.

GEORGEL J., *Régime des Congrégations.* Jurisclasseur fasc. 217 – 1972.
Police des cultes. Jurisclasseur fasc. 215 – 1972.

GONZALEZ-CARRERA J.V., *Le P. Coudrin et la M. Aymer,* 2 tomes – Rome 1978.

GOYAU G., *Les grands desseins missionnaires de l'abbé de Solages.* Beauchesne – Paris 1933.
La France missionnaire dans les cinq parties du monde, 2 tomes. Beauchesne – Paris 1948.
Le premier demi-siècle de l'apostolat picpucien aux Gambiers. Beauchesne – Paris 1928.

GRIMALDI N., *Le Désir et le Temps.* P.U.F. – Paris.

GROSSART R.M., *Enquête sur les ménages.* I.T.S.T.A.T., dossier 1 – Papeete 1981.

GUIART J., *Les religions de l'Océanie.* P.U.F. – 1962.

GUILLEBAUD J.C., *Un voyage en Océanie.* Seuil – Paris 1980.

GUISSARD L., «L'Histoire n'est plus ce qu'elle était», in *La Croix* (8-12-1980).

HANSON A., *Rapa,* Société des Océanistes n° 33. Musée de l'Homme – Paris 1973.

HAWKESWORTH J., *Voyages autour du monde.* Saillant et Nyon – Paris 1774.

HENRY T., *Tahiti aux temps anciens* (tr. B. Jaunez). P.U.F. Société des Océanistes n° 1 – Paris 1951.

HERMANN B. et DALLET J.M., *Histoire et portrait de la communauté chinoise de Tahiti.* Association Wen Fa – Ch. Gleizal – Papeete 1979.

HUETZ DE LEMPS A., *L'Océanie française.* «Que sais-je» 619. P.U.F. – Paris 1954.

JAUSSEN (Mgr) T., *Grammaire et dictionnaire de la langue maori: dialecte tahitien.* Toinon et Cie – St-Germain-en-Laye 1887.
L'île de Pâques: historique, écriture (éd. I. Alazard). E. Leroux – Paris 1893.

JAVILLIER J.C., *Les réformes du Droit du Travail depuis le 10 mai 1981.* L.G.D.J. – Paris 1982.

JEAN-PAUL II (S.S.), *Le Travail humain* (G. Defois). Le Centurion – Paris 1981.
Le Rédempteur de l'homme. Doc. Cath. 1979.

Dieu, riche en miséricorde. Doc. Cath. 1980.
La catéchèse. Doc. Cath. 1979.
JORE L., *L'Océan Pacifique au temps de la Restauration et de la Monarchie de Juillet: 1815-1848.* 2 tomes. G.P. Maisonneuve – Paris 1959.
Georges Pritchard, in *Revue d'Histoire des Colonies,* 3e trim. 1939 – Paris.
JULIEN Ch. A., *Histoire de l'Océanie.* «Que sais-je», P.U.F. – Paris 1946.

KLING G., *Tahiti (et îles).* «Guides bleus illustrés», Hachette – Paris 1971.
KOHLER J.M., *Mission en Polynésie Française.* O.R.S.T.O.M. – Nouméa 1982.
KOHLER J.M. et PILLON P., *Adapter l'école ou réorienter le projet social.* O.R.S.T.O.M. – Nouméa 1982.

LANGEVIN-DUVAL C., *Vahine Tahiti.* N.E.L., dossier 27 – Paris 1980.
LAVAL H., *Mémoires pour l'histoire de Mangareva.* Société des Océanistes no 15 – Paris 1968.
LAVONDES A., *Art ancien de Tahiti.* Société des Océanistes, dossier 1 – Paris 1979.
Le Tahitien et la mer. N.E.L., dossier 25 – Paris 1979.
LE CABELLEC P., *Les Témoins de Jehovah et la foi chrétienne.* O.C.E.P. – Coutances 1980.
LEGRAS E., *Images littéraires de la Polynésie.* Université Sorbonne Nouvelle, Thèse – Paris 1982.
LERICHE M. et DUPUY J., *La Polynésie Française des origines à nos jours.* S.E.T. – Papeete 1976.
LEVESQUE J., *De « fidei donum » à « Redemptor hominis ».* Doc. Episcopat no 8, avril 1982 – Paris.
LEVI-STRAUSS C., «La crise de civilisation», in Journal *La Croix* (24-01-79) – Paris.
LÉONNET J., *Association.* Dalloz – Paris 1970.
LEYMANG G., «Foi religieuse et vie politique», in journal *La Dépêche* (20-10-1979) – Papeete.
LOEW J. et MESLIN M., *Histoire de l'Eglise par elle-même.* Fayard – Paris 1978.
LOMBARD S., *Essai historique sur l'introduction du christianisme dans l'île de Tahiti.* H. Jouve – Paris 1892.
LUCAS H., *Histoire de la Mission des îles Sandwich (Hawaii).* A. Cools – Rome 1979.

MAESTRE J.C., *Constitution de la République Française.* Economica – 1980.
MALE E., *L'enseignement protestant en Polynésie Française.* Thèse – Strasbourg 1973.
MATACA (Mgr) P., *L'Eglise locale en Océanie.* Suva 1977.
MATÉ G., *Les missionnaires catholiques et les missionnaires protestants.* Lainé – Havard – Paris 1864.
MAUER D., *Aimer Tahiti.* N.E.L. – Paris 1972.
L'Eglise protestante à Tahiti. Société des Océanistes, dossier 6 – Paris 1970.
Tahiti, de la parole à l'écriture. N.E.L., dossier 20 – Paris 1975.
MAZÉ (Mgr) P., «Tahiti à l'heure du Concile», in *Horizons Blancs,* janv. 1963, pp. 373-379.
MAZELLIER Ph., *Tahiti de l'atome à l'autonomie.* Hibiscus – Papeete 1979.
MÉRIAN C., *50 années d'apostolat aux Tuamotu.* SS.CC. – Rome 1930.
MERLAUD A., *Anne-Marie Javouhey, audace et génie.* S.O.S. – Paris 1976.
MOERENHOUT J.A., *Voyages aux îles du Grand Océan,* 2 tomes. A. Maisonneuve – Paris 1942.
MOORTGAT P., «Compte rendu de la mortalité à Tahiti», in *B.S.E.O.* no 220, sept. 1982, pp. 1155-56.
MORETTI J.M. et DINECHIN (de) O., *Le défi génétique.* Le Centurion – Paris 1982.
MORTEVEILLE B., *Le mythe de la Nouvelle Cythère dans la littérature française de Bougainville à Gauguin.* Thèse 1981 Angers
MOULY D., *Cannibales à genoux; l'extraordinaire conversion des Gambier.* Tobra – Paris 1939.

NEYRET J.B., *Les pirogues océaniennes.* Musée de la Marine – Paris 1977.
NEWBURY C., «La conception du Pacifique au XVIIIe s. et la Société des Missions de Londres», in *Le monde non chrétien,* juil.-sept. 1953.

O'REILLY P., *Le Tahiti catholique.* P. Société des Océanistes, dossier 5, S.A.D.A.G. – Paris 1969.
La danse à Tahiti. N.E.L., dossier 22 – Paris 1980.
Tahiti, la vie de chaque jour. N.E.L. – Paris 1982.
Cent ans au service de la jeunesse tahitienne. F.I.C. – Papeete 1960.

O'REILLY P. et NEWBURY C., *Introduction aux Mémoires du P. Laval.* P. Société des Océanistes 15 – Paris 1968.
O'REILLY P. et REITMAN E., *Bibliographie de Tahiti et de la Polynésie Française.* Société des Océanistes n° 14, Musée de l'Homme – Paris 1967.
O'REILLY P. et TEISSIER R., *Tahitiens.* P. Société des Océanistes n° 36 – Paris 1975.
O.R.S.T.O.M., *Atlas de la Nouvelle-Calédonie et dépendances* – Paris 1981.
Colloque National sur la Recherche et Technologie. Assises Régionales – Papeete 1981.

PASSELECQ G. et POSWICK F., *Table pastorale de la Bible.* Lethielleux – Paris 1974.
PAUL VI (S.S.), *L'Evangélisation dans le monde moderne.* Cahiers A.R.S. 113 (15-1-76) – Paris.
Le développement des peuples. Doc. Cath. 1967.
PERBAL P., *Les missionnaires français et le nationalisme.* L'Arc – Paris 1939.
PIERRARD P., «L'Eglise et son passé», in *La Croix* (20-8-1981).
PISANI-FERRY F., *Monsieur l'Instituteur.* J.C. Lattès – Paris 1981.
PLONGERON B., «Conscience missionnaire et histoire des Missions», in *Etudes,* mai 1981, pp. 673 sq.
PRAT V., *Vie de Mgr Tepano Jaussen,* 4 tomes. Ar. SS.CC. – Rome 1921.
PROPAGANDA FIDE, *Guida delle Missioni cattoliche.* S.C.E.P. – Roma 1975.
PUTIGNY B., *Le roi de Pâques.* R. Laffont – Paris 1979.

RAAPOTO D., «Le marae et sa fonction sociale», in journal *La Dépêche* (04-10-79) – Papeete.
RAAPOTO S., «La famille polynésienne», in *Ve'a-Notre Lien,* juin 1974 – Papeete.
RADIGUET M., *Les derniers sauvages.* Hachette – Paris 1860.
RÉTIF A., «En terre de Mission», in *Missionnaires S.J.* Lyon 1944, pp. 156-177.
REY-LESCURE Ph., *Abrégé d'histoire de Tahiti.* Klima – Papeete 1970.
ROUGNANT E., *Centenaire des Sœurs de Cluny à Tahiti: 1844-1944* – Papeete 1943.
RULON C., *Un siècle de travail missionnaire à Tahiti, les Frères de Ploërmel* – Papeete 1959.
RUSSIER H., *Le partage de l'Océanie.* Vuibert et Nony – Paris 1905.

SALINIS (de) P., *Marins et missionnaires.* P. Téqui – Paris 1927.
SEGALEN V., *Les Immémoriaux.* Plon – Paris 1956.
SMITH J., *Le livre de Mormon – Eglise de J.C. des Saints des derniers Jours* – Paris 1965.

TAILLEMITE E., *Inventaire du fonds Océanie.* F.O.M., t. 15 – Paris 1959.
TCHING-TCHI-YEN J., *Le cannabis et les jeunes de Tahiti.* Mémoire d'infirmier – Papeete 1982.
TEILHARD DE CHARDIN P., *Le phénomène humain.* Seuil – Paris 1955.
TEISSIER R., «Les cyclones en Polynésie», in *B.S.E.O.,* t. XIV, mai 1969, pp. 158-235.
TERMIER P. et G., *Introduction à la Paléontologie.* A. Colin – Paris 1958.
TOULLELAN P.Y., Administration des archipels E.F.O., 1865-1914», in *B.S.E.O.,* juin 1982.
«Colons français en Polynésie Orientale, 1830-1914», in *B.S.E.O.,* déc. 1982.

VERNAUDON J., *Rapport d'étude et propositions sur les problèmes sociaux* – Papeete 1982.
VERNIER Ch., *Tahitiens d'hier et d'aujourd'hui.* S.M.E.P. – Paris 1948.
«150e anniversaire de l'arrivée du Duff à Tahiti», in *Journal des Missions Evangéliques,* juin 1947, pp. 123-131.
«Remarques sur les difficultés rencontrées à Tahiti par la L.M.S.», in *Journal de Société des Océanistes,* déc. 1961, p. 515.
VINCENDON-DUMOULIN C. et DESGRAZ C., *Iles Taïti,* 2 tomes – Paris 1844.
VIRIEU R., *Le Fiu, un éprouvé psychique.* Thèse – Université de Nice, 1981.

WILTGEN R.M., «The founding of the Roman Catholic Church», in *Oceania 1825 to 1850.* Australian National University Press – Canberra 1979.

III. OUVRAGES COLLECTIFS

Annales des Sacrés-Cœurs (Paris – Braine-le-Comte – Rome).
Bulletin de la Société des Etudes Océaniennes (fondée en 1917) – Papeete.
Cadrans: Revue des «classes économiques» du Lycée Paul-Gauguin – Papeete.
C.C.I. Papeete (Chambre de Commerce et d'Industrie): publications et rapports.
C.E.S. (Conseil Economique et Social) de Polynésie Française: divers rapports et recommandations.
Cluny-Mission: Annales des Sœurs de Saint-Joseph de Cluny – Paris.
Concile Vatican II: Constitutions, décrets, déclarations. Centurion – Paris 1967.
C.P.S. (Caisse de Prévoyance Sociale) de Papeete: guide de l'assuré et divers rapports d'activité.
C.P.S. (Commission du Pacifique-Sud) de Nouméa:
 * Conférence sur le développement – Papeete 1979.
 * Population 1978, bulletin statistique n° 15 – Nouméa 1979.
C.R.D.P. (Centre de Recherche et Documentation Pédagogique). Documents – Papeete.
Dépêche (la – de Tahiti): quotidien de Papeete.
Encyclopédia Universalis: art. Missions, Océanie, Pacifique, etc.
Haut-Commissariat de Papeete: tableau de bord économique – Papeete 1979.
Horizons Blancs: revue des Pères des Sacrés-Cœurs de France – Paris.
I.N.S.E.E.: Résultats du recensement général de la Polynésie Française – 29-4-1977.
I.T.S.T.A.T. (Institut Territorial de la Statistique) Papeete:
 * Bulletins statistiques mensuels.
 * Notes de conjoncture économique.
 * Dossiers socio-économiques.
Journal des Missions: revue des Missions protestantes – S.M.E. Paris.
Journal de la Société des Océanistes: Musée de l'Homme – Paris.
Missi: revue missionnaire internationale – Lyon.
Mission de l'Eglise: revue de réflexion missionnaire – Paris.
Nouvelles (journal les –): quotidien de Papeete.
O.R.S.T.O.M. (Office de la Recherche Scientifique et Technique Outre-Mer) – Papeete.
Peuples du Monde: revue missionnaire générale des O.P.M. – Paris.
Quid: encyclopédie – R. Laffont – Paris 1983.
Quillet: dictionnaire encyclopédie. Articles divers – Paris 1968.
Revue des grands procès contemporains n° 8: Les prêtres de Picpus en correctionnelle – Paris 1903.
Semeur Tahitien: journal bi-mensuel en français de la Mission – Papeete.
SOCREDO (banque de développement): rapports d'activités – Papeete.
T.O.B. (Traduction œcuménique de la Bible). Cerf – Paris 1975.
Vea Katorika: journal mensuel tahitien de la Mission – Papeete.
Vea Porotetani: journal tahitien de l'Eglise évangélique – Papeete.
Vice-Rectorat de Papeete: statistiques scolaires et documents.

INDEX

I. INDEX ALPHABÉTIQUE[1]

1. Ces index ne répertorient que les noms principaux.
Abréviations utilisées :
Am : *Amiral* – C. : *Capitaine, officier* – Ca : *Cardinal* – Ch. : *Chef, sergent* – di : *diacre permanent* – Fr : *Frère* – Gr : *gouverneur commissaire* – ka : *catéchiste* – Mgr : *Evêque* – P. : *Prêtre* – Pr : *Pasteur (français)* – Rev : *Révérend (anglais)* – S.M. : *Roi, Souverain* – Sr : *Sœur* – S.S. : *Pape* – St : *Saint.*
Les chiffres renvoient aux pages.
A *renvoie aux annexes avec leur numéro. Navires en italiques.*

C

D

N

O

P

Q

R

S

T

U

V

W

Y

Z

II. INDEX des ORGANISMES, ASSOCIATIONS et CONGRÉGATIONS

III. INDEX GÉOGRAPHIQUE (pays, régions, îles) (1)

IV. INDEX BIBLIQUE (Livres cités)

Ancien Testament

Nouveau Testament

V. INDEX PHOTOGRAPHIQUE

VI. INDEX CARTOGRAPHIQUE

TABLE DES MATIÈRES

Achevé d'imprimer en juin 1983
sur les presses de l'Imprimerie Saint-Paul
55001 Bar le Duc, France
Dépôt légal: juin 1983
ISBN 2-85049-272-8
N° 3-83-219

Échelle 1:50 000 000

(A) Trust Territory of the Pacific Islands (U.S.A.)